Beck-Wirtschaftsberater

Kultur-Marketing

dtv

Beck-Wirtschaftsberater

Kultur-Marketing

Das Marketingkonzept für Kulturbetriebe

Von Prof. Dr. Armin Klein

Deutscher Taschenbuch Verlag

Originalausgabe
Deutscher Taschenbuch Verlag GmbH & Co. KG,
Friedrichstraße 1a, 80801 München
© 2001. Redaktionelle Verantwortung: Verlag C.H. Beck oHG
Druck und Bindung: Druckerei C.H. Beck, Nördlingen
(Adresse der Druckerei: Wilhelmstraße 9, 80801 München)
Satz: Fotosatz Otto Gutfreund GmbH, Darmstadt
Umschlaggestaltung: Agentur 42 (Fuhr & Partner), Mainz
ISBN 3 423 50848 5 (dtv)
ISBN 3 406 47746 1 (C.H. Beck)

Inhaltsverzeichnis

Wozu und für wen ist dieses Buch?

„Kunst" und „Markt", „Kultur" und Marketing" – stehen sie nicht zueinander wie Feuer und Wasser, sind sie nicht diametral entgegengesetzte Bereiche? Wie soll das zusammenpassen: hier das „interesselose Wohlgefallen" der Kunst, dort die harte Ökonomie des Marktes? Hatten nicht bereits 1944 die deutschen Philosophen Max Horkheimer und Theodor W. Adorno angesichts der amerikanischen Situation ihre Kritik der „Kulturindustrie" entwickelt: „Schon heute werden von der Kulturindustrie die Kunstwerke, wie politische Losungen, entsprechend aufgemacht, zu reduzierten Preisen einem widerstrebenden Publikum eingeflößt, ihr Genuss wird dem Volke zugänglich wie Parks. Aber die Auflösung ihres genuinen Warencharakters bedeutet nicht, dass sie im Leben einer freien Gesellschaft aufgehoben wären, sondern dass nun auch der letzte Schutz gegen ihre Erniedrigung zu Kulturgütern gefallen ist."[1]

Kultur-Marketing – heißt das im Kern also nicht die schiere Vermarktung höchster Werte und Güter, bedeutet dies in der Konsequenz nichts anderes, als bloß dem (angeblich meist hohlen) Publikumsgeschmack hinterherzulaufen? Sind nicht schlechter Geschmack und Vermassung die unausweichlichen Folgen, führt die „Marktorientierung" von Kunst und Kultur nicht automatisch zu einem Abbau künstlerischer Ansprüche, zur Überproduktion von Seichtem, zu Populismus, zur Reduzierung auf das bloße Event und zum Verzicht auf jedwedes künstlerische Experiment und kulturelle Innovation?

Zweifelsohne sind dies die zentralen Befürchtungen und Ängste, die viele Kulturschaffende, insbesondere im öffentlichen Kulturbetrieb, vor einer Nutzung eines der Kultur und Kunst angepassten Marketings zurückschrecken lassen. Ihre Hauptsorge ist dabei, dass das künstlerische Produkt, das kulturelle Programm der Nachfrage angepasst werde, das Sperrige, Widerständige, Unzugängliche, das Sich-Widersetzende, das Kunst und Kultur im Kern ausmache, notgedrungen verschwinden würde.

In diesem Buch wird genau die entgegengesetzte Position ent-wickelt. Gerade weil im öffentlich getragenen oder geförderten Kul-turbetrieb das nicht-kommerzielle künstlerische oder kulturelle „Produkt" im Vordergrund steht und stehen muss, darf dieses in sei-nem Inhalt nicht angetastet werden, nur um ein möglichst großes Publikum zu erreichen. Jeder kommerzielle (Kultur-)Anbieter wird seine Produkte so weit wie erdenklich dem Publikumsgeschmack anpassen, um davon möglichst viele abzusetzen: seien es Musical-tickets, seien es Tonträger oder Bücher. Nicht nur weil Art 5/3 GG die Freiheit der Kunst schützt, sondern gerade weil der öffentliche Kulturbetrieb mit seinen Fördermitteln das Nicht-Angepasste in Kunst und Kultur unterstützen will („Fördern, was es schwer hat!"), bleibt der Weg der Produktanpassung – eines der wichtigsten Mar-ketinginstrumente – im öffentlichen Kulturbetrieb weitestgehend versperrt. Nur deshalb legitimieren sich die rund 16 Milliarden För-dergelder, die Bund, Länder und Gemeinden als deutscher „Kultur-staat" jährlich in den öffentlichen Kulturbetrieb investieren.

Gerade aber weil das künstlerische und kulturelle Produkt nicht dem Markt angepasst werden darf, müssen allerdings umso mehr sämtliche anderen Marketinginstrumente (also die Preis-, die Dis-tributions-, die Kommunikations- und die Servicepolitik) ent-wickelt und zum Einsatz gebracht werden. Künstlerisch wertlose Programme, die Säle und Hallen füllen, erhöhen die Einnahmen der Veranstalter, sind aber unter kulturellen und künstlerischen Ge-sichtspunkten ohne Sinn. Was aber ist mit künstlerisch hoch ste-henden Programmen, die vor leeren Zuschauerreihen stattfinden? Sind nicht gerade sie die besondere Herausforderung für ein enga-giertes Kultur-Management, Kultur-Marketing? Kunst und Kultur können allerdings nur teilweise auf dem kommerziellen Marketing aufbauen, sie benötigen vielmehr ein eigenständiges Marketing – und hiervon handelt dieses Buch!

„Wo geht's hier zum Publikum?"[2] Dies ist sicherlich eine der zen-tralen Fragen, die gegenwärtig die öffentlichen Theater, Volkshoch-schulen, Museen, Orchester, Bibliotheken, soziokulturellen Zen-tren, Musikschulen usw. bedrängen. Unter diesem bezeichnenden Titel skizzierte ein Zeitungsbericht schon vor einigen Jahren fol-gendes Bild unserer gegenwärtigen Kulturlandschaft: „Kultur in

Not! Länder, Städte und Gemeinden müssen sparen wie noch nie. Die Feuilletons der regionalen Zeitungen sind voller Weh und Ach: hier beklagt ein Theater das drohende Ende seines Balletts, dort haben die Büchereien künftig an drei Tagen pro Woche geschlossen und wieder anderswo streicht eine kleine Graphikwerkstatt die Segel, weil die ABM-Stelle ausgelaufen ist. Die Kulturszene reagiert auf die neue Lage mit Unverständnis allein schon deshalb, weil sie die neue Lage als die alte empfindet. Kultur, so zumeist ihre These, ist schon immer zu kurz gekommen."

Und weiter: „Die Klage der Kulturszene ist dennoch überzogen – es ist ja nicht allein die Kunst, die dran glauben muss. In Kindergärten, Altentreffs, Krankenhäusern, bei der Straßenausbesserung, in der Pflege der Parks und Spazierwege wird genauso geknausert. Das wissen natürlich nur jene, die noch ein bisschen mehr von ihrer Zeitung lesen als nur das Feuilleton. Die Klage der Kulturszene ist darüber hinaus auch unproduktiv. In allen Bereichen staatlicher Leistungen – in den Krankenhäusern, in den Ämtern, an den Universitäten – wird darüber nachgedacht, wie Strukturen so zu verändern sind, dass mit geringerem finanziellen Einsatz die gleiche, womöglich sogar eine bessere Leistung angeboten werden kann. Wir stecken an vielen Orten unserer Gesellschaft mitten in einer Modernisierungsdebatte. Die Kultur darf sich davor nicht drücken."

Doch wie geht der Kulturbetrieb vielfach (noch) mit diesem Modernisierungsdruck um? Im März 1999 veröffentlichte das Fraunhofer-Institut für Arbeitswirtschaft und Organisation eine Studie zur Situation der deutschen öffentlichen Theater und zum Einsatz von entsprechenden Managementinstrumenten im Theaterbetrieb. Hierbei ergab sich unter anderem, dass rund drei Viertel der befragten Theater die gegenwärtige kulturpolitische bzw. finanzielle Situation vor allem als Bedrohung sehen, während nur ein Viertel sie als Chance für mögliche Veränderungen begreifen.[3]

Es ist ein nur schwer, wenn überhaupt, begreifbarer Widerspruch: allabendlich verlangen die öffentlichen Theater als künstlerische Produktionsstätten auf ihren Bühnen von ihrem (von der Mühsal der Tagesarbeit geplagten!) Publikum zu Recht Offenheit und Sensibilität für das „Neue", das „Experimentelle", das „Noch-nie-Gesehene und Unerhörte" – und sie selbst als Betriebe sehen die anstehenden gesellschaftlichen Veränderungen überwiegend mit Furcht und Angst. Und was hier für die Theater gesagt wird, gilt für die anderen öffentlichen Kunst- und Kulturbereiche im gleichen Sinne!

Einerseits lastet ein enormer Erwartungsdruck auf den öffentlichen Kultureinrichtungen; andererseits wird von diesen hierauf in erster Linie mit Verunsicherung, mit Angst und häufig damit verbunden mit der aggressiven Ablehnung neuer Methoden, insbesondere aus dem Bereich des Kultur-Management, reagiert. Angst ist indes allemal ein schlechter Lehrmeister und häufig werden durch diese prinzipiell ablehnende Haltung die großen Chancen übersehen, die in der Aneignung zunächst – scheinbar – kunst- und kulturfremder, gar kommerziell gescholtener Methoden liegen.

Kein vernünftiger Mensch, dem die Aufrechterhaltung, Stabilisierung und Fortentwicklung des Systems der großzügigen und in der Tat auch großartigen Kulturförderung in Deutschland am Herzen liegt, wird eine Auslieferung der Künste an den Markt, die vielbeschworenen „amerikanischen Verhältnisse" fordern – davon kann aber auch bei bundesweit durchschnittlich 85-prozentiger Förderung der Theater durch die öffentliche Hand ernsthaft wohl keine Rede sein!

Diese jahrzehnte-, ja jahrhundertelang unangefochtene (allerdings auch wenig hinterfragte), also als selbstverständlich genommene, Bestandsgarantie hat – so richtig und wichtig sie ist – indes einen entscheidenden strukturellen Webfehler: der Theaterzuschauer, der Konzert- und Ausstellungsbesucher, der Kursteilnehmer in der Musikschule oder Volkshochschule – sie alle geraten zunehmend in Gefahr, aus dem Blickfeld des öffentlich getragen oder geförderten Kulturbetriebs, dessen Bestand durch die öffentliche Trägerschaft ja prinzipiell gesichert scheint, zu verschwinden. Und dies nach dem Motto: Im Mittelpunkt unserer Bemühungen steht der Mensch – nur steht er uns dort häufig im Weg!

Der Theaterschriftsteller und Weimarer Hoftheaterintendant Johann Wolfgang von Goethe wusste vor fast 200 Jahren bereits sehr genau: „Nichts ist für das Wohl eines Theaters gefährlicher, als wenn die Direktion so gestellt ist, dass eine größere oder geringere Einnahme der Kasse sie persönlich nicht weiter berührt und sie in der sorglosen Gewissheit hinleben kann, dass dasjenige, was im Laufe des Jahres an der Einnahme der Theaterkasse gefehlt hat, am Ende desselben aus irgendeiner anderen Quelle ersetzt wird. Es liegt einmal in der menschlichen Natur, dass sie leicht erschlafft, wenn persönliche Vorteile oder Nachteile sie nicht nötigen."[4]

Und er kannte bereits sehr genau den Zusammenhang zwischen **Qualität** im Theater einerseits und **Geld** bzw. **Publikumsresonanz** andererseits. In einem ausführlichen Gespräch mit Eckermann am 1. Mai 1825 stellte er u. a. fest: „Shakespeare und Molière: Beide wollten auch vor allen Dingen mit ihren Theatern Geld verdienen. Damit sie aber diesen ihren Hauptzweck (!) erreichten, mussten sie dahin trachten, dass fortwährend alles im besten Stande und neben dem alten Guten immer wieder von Zeit zu Zeit etwas tüchtiges Neues da sei, das reize und anlocke (...) Es muss die beste Leitung an der Spitze haben, die Schauspieler müssen durchweg zu den besten gehören, und man muss fortwährend so gute Stücke geben, dass nie die Anziehungskraft ausgehe, welche dazu gehört, um jeden Abend ein volles Haus zu machen."[5]

Insofern sollte die jetzige Situation, die gekennzeichnet ist durch eine nur zögerliche Erhöhung bzw. teilweise sogar rückläufige Entwicklung öffentlicher Finanzmittel, vor allem als Chance zur (Wieder-)„Entdeckung des Zuschauers"[6] im Theater, des Zuhörers in Konzerten, des Besuchers von Ausstellungen, des Teilnehmers von Kulturveranstaltungen begriffen usw. werden.

An dieser Stelle ist eine erste Anmerkung zu den verwendeten Begriffen notwendig: wie sollen wir diejenigen, an die sich die Anstrengungen der Kultureinrichtungen letztendlich richten, nennen? Das allgemeine Marketing spricht problemlos von „Kunden" – doch sträuben sich vielen Kunst- und Kulturschaffenden sämtliche Haare, wenn sie diese Begrifflichkeit im Zusammenhang mit ihrer Tätigkeit hören. Da die Akzeptanz der hier zu entwickelnden Gedanken und Vorschläge indes nicht bereits an terminologischen Vorbehalten scheitern soll, sprechen wir in Zukunft so oft wie möglich von „Besuchern", von „Zuschauern", von „Teilnehmern", von „Schülern" (und an manchen Stellen, wo dies als sinnvoll erscheint, auch von „Nachfragern", von „Nutzern", von „Käufern", gelegentlich auch von „Kunden") und denken dabei stets an dasselbe. Und

– auch dies sei hiermit von vornherein klargestellt – meinen dabei selbstverständlich jeweils auch die weibliche Form mit.

Bevor (ab Kapitel 3) auf den Kultur-Marketing-Managementprozess als das entscheidende „Wie" sehr detailliert eingegangen wird, sind zunächst im ersten Kapitel einige Grundsatzfragen zu klären. Denn trotz unübersehbarer Veränderungen wird Marketing – nicht nur im Kulturbetrieb, sondern ganz allgemein – vielfach immer noch auf „Werbung", „Verkauf", „Absatz", oder gar – mit stark negativ wertendem Unterton – auf „Konsumterror", „Manipulation", „Überflussproduktion" reduziert. Die Vorwürfe kumulieren in dem hinlänglich bekannten sarkastischen Vorwurf, Marketing bedeute „einem Wüstenscheich Sand oder einem Eskimo einen Kühlschrank zu verkaufen". Fast alle diese Vorbehalte konzentrieren sich dabei im Wesentlichen auf eine ganz bestimmte Betriebs- bzw. Unternehmensfunktion des Marketing: nämlich auf den Absatz fertiger Produkte, d. h. Marketing wird in diesen Vorstellungen reduziert auf ein Instrument zur Schaffung bzw. Steigerung der Nachfrage. Marketing ist jedoch sehr viel mehr!

Gegenwärtig lassen sich drei Positionen im öffentlichen Kulturbetrieb im Hinblick auf Kultur-Marketing erkennen:

(1) Angesichts der eingangs skizzierten, viele Jahre lang weit verbreiteten prinzipiell kritischen Einstellung gegenüber Marketing überhaupt, kann es kaum verwundern, dass Überlegungen hinsichtlich der Übertragbarkeit von Marketingkonzepten speziell auf Kunst und Kultur im öffentlichen Kulturbetrieb zunächst auf weit reichende Befremdung bzw. massive Kritik stießen und nach wie vor stoßen. Aus dieser **fundamentalistisch-puristisch ablehnenden** Perspektive heraus wird Kultur-Marketing bis heute prinzipiell abgelehnt.

(2) Im Gegensatz zu dieser grundsätzlich ablehnenden Einstellung ist im öffentlichen Kulturbereich seit einiger Zeit zunehmend aber auch die genau entgegengesetzte, die **„enthusiastisch-euphorisch" bejahende** Position zu beobachten. Im Rahmen knapper werdender öffentlicher Mittel, angesichts einer rasch wachsenden Konkurrenz von kommerziellen Erlebnisanbietern gerade auf dem kulturellen Sektor und nicht zuletzt auf Grund vielerorts rückläufiger Besucherzahlen in kulturellen Einrichtungen, übt der Begriff

Marketing im Kunst- und Kulturbereich plötzlich eine schier magische Anziehungskraft aus. Mit Hilfe seiner ausgeklügelten Methoden, Instrumente und Techniken sollen nun auf einmal möglichst rasch neue Besucherströme entdeckt und in die eigenen Veranstaltungen gelenkt werden, sollen Sponsoren zur bereitwilligen Hergabe finanzieller Mittel begeistert, soll unverwechselbares Profil bzw. eine überzeugende „corporate identity" auf dem Erlebnismarkt gewonnen werden – und was der Hoffnungen und Träume mehr sind.

War (und ist für viele noch immer) Marketing im öffentlichen Kulturbetrieb schieres „Teufelszeug" und werden entsprechende Vorbehalte nach wie vor sorgfältig gepflegt, so sehen auf der anderen Seite manche Kulturmanager gerade auch öffentlicher Kultureinrichtungen im Marketing plötzlich die „Wunderdroge", die sie von allen finanziellen Nöten und Sorgen um Zuschauerzuspruch erlöst. Nicht selten ist diese euphorische Position mit der Zurückstellung des eigentlichen kulturellen und künstlerischen Auftrags verbunden, wird nahezu ausschließlich auf die (erwarteten) Besuchermassen geschielt, die zur jeweiligen Sonderausstellung, dem Festival, dem Kulturevent kommen sollen. Die Soziologen Helmut Häußermann und Walter Siebel sprachen angesichts solcher Entwicklungen zu Recht schon vor Jahren sehr kritisch von einer „Festivalisierung der Stadtpolitik"[7].

Beide ansonsten so entgegengesetzten Positionen finden sich indes erstaunlicherweise nicht selten in einer beiden gemeinsamen Argumentation wieder, wenn es nämlich um die Fragen der Realisierbarkeit bzw. Umsetzung geht. Sowohl die grundsätzlich Ablehnenden (diese eher triumphierend) als auch die euphorisch Befürwortenden (diese eher resignativ) stellen sehr häufig gemeinsam die Fragen: Wer soll das bezahlen? Muss für die Entwicklung und Umsetzung eines Marketingkonzeptes nicht zusätzliches Personal eingesetzt werden? Wie kommen wir an das nötige Know-how? Haben die Kultureinrichtung hierfür überhaupt die Zeit im laufenden Kulturbetrieb?

(3) Die sicherlich weit verbreitetste Position ist drittens jene, die zwar prinzipiell gegenüber dem Kultur-Marketing offen ist, dieses aber mehr oder weniger **reduziert auf Werbung, Presse- und Öf-**

fentlichkeitsarbeit bzw. auf das **richtige Verkaufen**. Hierbei wird davon ausgegangen, „dass sich die Kultur schlecht verkauft (...) Sie ist tatsächlich erstens nicht sehr geschickt, wenn es um Selbstdarstellung und Öffentlichkeitsarbeit geht – das können andere Ressorts seit langem viel besser: Sie ist aber, zweitens, auch nicht in jedem Fall gut geeignet, mundgerecht, mediengemäß auf den Markt geworfen und werbegerecht dargestellt zu werden."[8] Dieses Missverständnis bzw. die Reduktion des Kultur-Marketing auf das bessere Verkaufen hat sich bislang am stärksten durchgesetzt. Wie im Folgenden zu zeigen sein wird, sind aber die klassischen Maßnahmen der Werbung, der Presse- und Öffentlichkeitsarbeit nur **ein** einziges Instrument unter anderen, sind sie nur **ein** Element innerhalb eines sehr viel komplexeren Marketing-Managementprozesses.

Gegenüber den drei skizzierten Positionen wird hier im folgenden Buch davon ausgegangen, dass Kultur-Marketing

• weder (jeweils gleichermaßen irrational gesehen) furchterregendes „Teufelszeug" noch heilsversprechende „Wunderdroge" ist, sondern einen rationalen, stets überprüf- und kontrollierbarer Managementprozess erfordert, der versucht, die zahlreichen positiven Ansätze, die in den Kulturbetrieben bereits vorhanden sind, in ein systematisches Gesamtkonzept, eben das rational angelegte und gesteuerte **Kultur-Marketing-Managementkonzept**, zu bringen;

• sich nicht auf die Funktion von Werbung, Presse- und Öffentlichkeitsarbeit reduzieren lässt, sondern vielmehr die Bereiche der grundsätzlichen **Zielsetzung**, der sorgfältigen **Analyse**, der längerfristigen **Strategienplanung**, des angemessenen **Instrumenteneinsatzes** innerhalb des Marketingmix sowie des begleitenden **Controlling** bzw. der **Abschlusskontrolle** umfasst;

• für öffentliche Non-Profit-Kulturbetriebe sehr wohl einer **eigenständigen Fundierung** bedarf und sich nicht umstandslos aus dem kommerziellen oder Dienstleistungsmarketing ableiten lässt. Zwar kann es sich in weiten Bereichen der allgemein entwickelten Marketingmethoden bedienen, muss diese jedoch **für den Kulturbereich adaptieren**. Auch hier gilt: Kapieren, nicht kopieren!

Dabei lässt sich durchaus daran anknüpfen, dass bereits vielfach in Kulturbetrieben das eine oder andere Marketinginstrument erfolgreich angewandt wird. Die eine Kultureinrichtung führt regelmäßig Besucherbefragungen durch, die andere wendet langfristig-strategische Planungsüberlegungen an, die dritte bemüht sich um eine ausgeprägte Corporate Identity und die vierte verfügt über eine Vielzahl origineller Werbemethoden. Überall gibt es also schon sehr viele erfreuliche Beispiele, wie Leiter von Theatern, Museen, Musikschulen, Bibliotheken, soziokulturellen Zentren, Volkshochschulen, kommunalen Galerien und Ausstellungshäusern usw. gemeinsam mit ihren Mitarbeitern besucherorientiert arbeiten. Die Beispiele zeigen, wie dies in öffentlichen Kultureinrichtungen ohne großen finanziellen Aufwand geschehen kann:

• So liegt etwa im **Badischen Staatstheater** in Karlsruhe in Visitenkartengröße, aber für alle Besucherinnen und Besucher dennoch deutlich sichtbar, ein Faltblatt mit dem Titel „Nach dem letzten Vorhang…" aus, das den „Fahrplan nach 21.00 Uhr" aller S-Bahnen enthält und selbstverständlich ist die Eintrittskarte ins Theater gleichzeitig die Fahrkarte.

• Zu seiner Ausstellung „Innenleben. Die Kunst des Interieurs. Vermeer bis Kabakov" gab das **Städelsche Kunstinstitut** in Frankfurt ein umfangreiches, kostenloses Begleitheft in Postkartenformat heraus, das auf den Texten des Kataloges basierte und in knapper Form die notwendigen Informationen zu den einzelnen Bildern gab.

• Die **Wiener Volksoper** entwickelte eine Opern-Card, die neben den theaterüblichen Preisnachlässen Verbilligungen in diversen Parkhäusern, Restaurants, Cafès usw. ermöglicht.

• Die **Museen in Baden und im Elsass** haben einen Museumspass ins Leben gerufen, der bei Erwerb den kostenlosen Eintritt in eine Vielzahl von Museen rechts und links des Rheins gewährt: „Statt nur einmal ein paarmal öfter ins Museum gehen. Statt nur in seiner Umgebung in der weiteren. Statt alleine mit der Familie. Statt nur in einem sich in vielen Fachgebieten tummeln."[9]

• Das **Ulmer Theater** hat ein junges Forum gegründet, das – sehr erfolgreich – sowohl Angebote für Jugendliche zum Mitmachen (Schauspielkurse, Intensivworkshops, eine eigene Jugendclubproduktion 2000) als auch für Lehrer und Schulen (mit Führungen, Gesprächsrunden mit Künstlern, dramaturgischem Material usw.) unterbreitet.

Alles nur „peanuts"? Aus der Vielzahl dieser vermeintlichen Kleinigkeiten ergibt sich das Gesamtbild einer „besucherorientierten Kultureinrichtung" – und die Besucherinnen und Besucher spüren dies an eben diesen Kleinigkeiten im Alltag. Deshalb werden wir im zweiten Kapitel ausführlicher auf Besucherorientierung- und -bindung von Kultureinrichtungen eingehen, denn die Gewinnung und langfristige Bindung von Kulturbesuchern geht sehr viel weiter – sie kann und sollte ein normatives Leitziel jeder Kultureinrichtung sein. Und hier ergibt sich auch die notwendige Verknüpfung zwischen der inhaltlichen Arbeit einerseits, den Marketinganstrengungen andererseits.

Ein weiteres Beispiel mag dies zeigen. Über das 1998 wiederum zum „Opernhaus des Jahres" gewählte Stuttgarter Theater schreibt *Der Spiegel* voller Anerkennung: „In ihrer mustergültigen ‚Jungen Oper', einem aus Privatgeldern finanzierten Filialbetrieb, geben die Stuttgarter Paukern und Pennälern Nachhilfeunterricht in Musik. Bei dieser über die Region verbreiteten Studioarbeit werden kidsgerechte Werke in diversen ‚Spielmodellen' einstudiert, zudem Probenbesuche ermöglicht und Gespräche mit Künstlern vermittelt. Die Nachwuchspflege überwacht ein eigens angestellter Theaterpädagoge, der Lehrstoff kommt auf CD. In der letzten Spielzeit brachte es die ‚Junge Oper' auf 41 Vorstellungen. Für den nächsten Termin haben sich bereits 100 Lehrer angesagt. (Der Operndirektor A. K.) Zehelein: ‚Wir haben da eine Lawine losgetreten', und die rollt bis an die Vorverkaufskassen auch des Großen Hauses: Zehn Prozent aller Karten sind dort selbst bei den Bestsellern stets für schulpflichtige Youngsters reserviert."[10] So baut sich ein Opernhaus erfolgreich sein zukünftiges Publikum auf.

Das Buch soll öffentlichen Kultureinrichtungen Mut machen, sich dem **Konzept Kultur-Marketing** zu öffnen. Es kommt dabei keineswegs darauf an, alles neu zu erfinden, denn sehr vieles gibt es schon seit vielen Jahren, was bislang (noch) nicht unter dem Gesichtspunkt „Marketing" betrachtet wurde (z. B. der Förderverein, z. B. die Beschaffungsfragen, z. B. die detaillierte Umfeld-, Konkurrenz- und Potentialanalyse, z. B. Sponsoring und Fundraising usw.).

Worauf es diesem Buch ankommt ist, die vielfach vorhandenen Ansätze und Ideen zu bündeln und vor allem in eine umfassende Strategie einzubinden. Kultur-Marketing lässt sich also keineswegs auf eine **Funktion**, nämlich die des Absatzes von fertigen Produkten oder Dienstleistungen reduzieren. Es stellt vielmehr eine **prinzipielle Orientierung** dar, die keineswegs nur Sache einer Abteilung oder einer Person sein kann, sondern die ganz grundsätzlich alle Beschäftigten angeht und einbindet. Plädiert wird also für ein engagiertes besucherorientiertes Kultur-Marketing, das dabei die ästhetischen, künstlerischen, kulturpolitischen usw. Zielsetzungen nicht nur nicht aufgibt, sondern ganz im Gegenteil versucht, noch mehr Menschen als bisher für die eigenen Produkte und Dienstleistungen zu begeistern.

Eines sollte allerdings von Anfang an nicht verschwiegen, sondern im Gegenteil noch betont werden: dass nämlich die Entwicklung und die Umsetzung von Marketingkonzepten und der Aufbau entsprechender Strategien Zeit und Anstrengungen kostet! Auf die Dauer gesehen werden sich diese Bemühungen jedoch (in jeder Hinsicht) lohnen, da viele Fehlentwicklungen bereits im Ansatz erkannt (und damit hoffentlich vermieden) werden können. Und die richtige Implementierung von Marketingdenken in eine Kultureinrichtung entfaltet darüber hinaus durchaus motivierende Kräfte bei den beteiligten Mitarbeiterinnen und Mitarbeitern. Konsequente Besucherorientierung lässt sich dementsprechend durchaus auch als zeitgemäße **Führungskonzeption** innerhalb der Kulturorganisation verstehen.

Anmerkungen:

[1] Horkheimer, Max und Theodor W. Adorno: Dialektik der Aufklärung. Philosophische Fragmente, Neuausgabe 1969 S. 169

[2] Schleider, Tim: Wo geht's hier zum Publikum? In: *Das Sonntagsblatt* vom 16. 2. 1995

[3] Fraunhofer-Institut für Arbeitswirtschaft und Organisation: Management-Konzepte und betriebswirtschaftliche Instrumente im öffentlichen Theater, Stuttgart 1999 S. 13

[4] Eckermann, Johann Peter: Gespräche mit Goethe in den letzten Jahren seines Lebens. Mit einer Einführung herausgegeben von Ernst Beutler, München 1976 S. 508 f.

[5] Eckermann, a.a.O.

[6] So der Titel einer Untersuchung der Theaterwissenschaftlerin Erika Fischer-

Lichte, die bedauerlicherweise in erster Linie den Zuschauer nur als *dramaturgisches* Element auf der Bühne zum Gegenstand hat: Fischer-Lichte, Erika: Die Entdeckung des Zuschauers. Paradigmenwechsel auf dem Theater des 20. Jahrhunderts, Tübingen/Basel 1997

[7] Häußermann, Helmut und Walter Siebel (Hrsg.): Festivialisierung der Stadtpolitik. Stadtentwicklung durch große Projekte, In: *Leviathan*, Sonderheft 13, Frankfurt 1993

[8] Schmidt, Dietmar N.: Vorwort. In: Hanemann, Peter: Kultur in die Öffentlichkeit. Ein Handbuch zur kulturellen Presse- und Öffentlichkeitsarbeit, Essen 1991 S. 9

[9] Museum Museen/Musèe Musées. Der Oberrheinische Museumspaß, Karlsruhe 1999

[10] Umbach, Klaus: Schwabens neuer Stern. In: *Der Spiegel* Nr. 41, 1998, S. 284

1. Was ist Kultur-Marketing?

1.1 Grundlegende Definitionen

• Der Mensch und seine Bedürfnisse

Um zu erkennen, was unter **Marketing** zu verstehen ist und worin die Besonderheiten des Kultur-Marketings liegen, sind zunächst einige grundsätzliche Überlegungen notwendig. Dabei wird vom einzelnen Menschen und seinen Bedürfnissen ausgegangen, denn jeder Mensch hat eine Vielzahl ganz unterschiedlicher Wünsche, Bedürfnisse, Interessen usw. Der amerikanische Psychologe Abraham Maslow[1] hat bereits 1954 diese Bedürfnisse näher beschrieben und recht anschaulich in eine hierarchische Ordnung („Bedürfnispyramide") gebracht.

Bedürfnis kann dabei ganz allgemein definiert werden als der Ausdruck eines empfundenen Mangels an Zufriedenstellung: man hat beispielsweise Hunger. Aus einem Bedürfnis, d. h. diesem empfundenen Mangelgefühl, entsteht zumeist ein konkreter **Wunsch**, d. h. das Verlangen nach konkreter Befriedigung: man möchte etwas essen, um seinen Hunger zu stillen. Bedürfnisse und Wünsche können unter Zuhilfenahme unterschiedlicher Methoden befriedigt werden. In der Regel lebt der Mensch in hoch zivilisierten, arbeitsteiligen Gesellschaften mit anderen Menschen zusammen, die ebenfalls produzieren. Unter zivilen Bedingungen wird er zur Bedürfnisbefriedigung in einen **Tausch** mit Anderen eintreten.

Der **Ort**, an dem dieser Austausch zwischen Anbietern und Nachfragern stattfindet, wird ganz allgemein **Markt** genannt. Dieser Ort muss keineswegs ein „realer" sein, wie etwa die großen mittelalterlichen Marktplätze, die die Jahrhunderte überstanden haben und heute noch die attraktive Kulisse für die so beliebten Wochenmärkte liefern, sondern er kann durchaus „virtuell" sein, wenn etwa an den erst in den letzten Jahren entstandenen und sich rasant entwickelnden Marktplatz Internet gedacht wird.[2] Darüber hinaus wird der Begriff des Marktes auch übertragen auf andere Bereiche, wenn etwa vom Arbeitsmarkt, vom Europäischen Markt oder Weltmarkt die Rede ist.[3]

Grundlegend ist dabei stets das **Prinzip des Austausches**: Menschen haben etwas, das sie tauschen möchten. Marketing lässt sich daher zunächst in einer ersten, ganz lapidaren Form definieren als

> Austausch von Dingen oder Leistungen von Wert und die Beeinflussung dieses Prozesses.

Damit es auf den unterschiedlichen Märkten überhaupt zu einem **Tausch** kommt und es dabei (zumindest einigermaßen) fair zugeht, müssen eine ganze Reihe von Bedingungen erfüllt sein. So muss es z. B. (mindestens) zwei Parteien geben; jede Partei muss etwas haben, was für die andere Partei von Wert sein könnte; jede Partei muss in der Lage sein, mit der anderen Partei zu kommunizieren und das Tauschobjekt zu übergeben; jeder Partei muss es frei stehen, das Angebot anzunehmen oder abzulehnen; jede Partei muss der Überzeugung sein, dass es angebracht oder wünschenswert ist, mit der anderen Partei in Kontakt zu treten usw. Sieht man einmal von dem (unglückseligen) Sonderfall des märchenhaften „Hans im Glück" ab, so steht in der Regel jede Partei nach dem Austausch besser da als zuvor. Dieser Aspekt des Marketing, der sich mit dem Austausch von Gütern befasst, wird als **Transaktionsmarketing**[4] bezeichnet.

Da es aber Menschen bzw. Gruppen von Menschen sind, die miteinander Güter austauschen, ist bei diesem Austausch sehr viel mehr im Spiel: Emotionen, Gefühle wie Vertrauen (oder Misstrauen), Zuneigung (oder Ablehnung), Ehrlichkeit (oder Täuschung) usw. In diesem Zusammenhang spielen also die Beziehungen zwischen den am Austausch beteiligten Parteien die zentrale Rolle. Das sog. **Beziehungsmarketing** stellt daher eine sehr viel umfassendere Betrachtungsweise als das reine Transaktionsmarketing, bei dem es um den Austausch von Gütern bzw. Dienstleistungen geht, dar. Das Beziehungsmarketing befasst sich dabei insbesondere mit den Beziehungen der am Austauschprozess beteiligten oder einwirkenden Partner untereinander.

Der kluge Austauschpartner hat sich daher schon immer bemüht, mit den Besuchern, den Kunden, den Absatzmittlern, den Händlern und Zulieferern usw. eine **langfristige, vertrauensvolle und für beide Seiten vorteilhafte Beziehung aufzubauen**. Eine derartige Beziehung bringt eine Stärkung der wirtschaftlichen, technischen und sozialen Bande zwischen den Angehörigen von zwei Organisationen mit sich. Mit der Zeit steigt das Vertrauen der Partner zueinander und auch das Interesse, dem anderen zu helfen. Dabei wird angestrebt, unter den Beziehungspartnern ein **Marketingnetzwerk** aufzubauen, das als besonderes Aktivum für die Organisation bzw. das Unternehmen betrachtet werden kann, wenn es wettbewerbsstark und krisenfest ist.[5]

Gerade in Zeiten, in denen öffentliche Kultureinrichtungen einem zunehmendem Konkurrenzdruck von privaten Kulturanbietern ausgesetzt sind (bei gleichzeitig sinkender Bereitschaft der Kulturpolitik, in bisher gewohntem Umfang und quasi selbstverständlich finanziell für die öffentlichen Kultureinrichtungen einzustehen), kommt dem Beziehungsmarketing eine ganz besondere Bedeutung zu. Um es am Beispiel zu erläutern: das sog. Fundraising (d. h. das systematische und kontinuierliche Einwerben von Geldern aus verschiedenen Quellen für Organisationen, z. B. kulturelle Einrichtungen oder Veranstaltungen), ist auf der einen Seite Teil des sog. **Beschaffungsmarketing**. Auf der anderen Seite ist Fundraising gleichzeitig aber immer auch Bestandteil des kontinuierlichen Werbens und der ständigen Kommunikation mit den verschiedenen Zielgruppen von Kunst und Kultur, um eine langfristige Beziehung zu Freunden und Förderern aufzubauen. Wer Geld oder Sachleistungen für eine bestimmte Kultureinrichtung gibt, fühlt sich dieser in der Regel sehr viel stärker verbunden als ein normaler Besucher, der den Kaufpreis für ein Eintrittsticket und damit seinen Teil der Tauschbeziehungen erfüllt hat. Fundraising in diesem Sinne ist daher immer auch **Friendraising**[6] – also Beziehungsmarketing im o. a. Sinne.

• Die Kultureinrichtung und ihre Bezugsgruppen

Welches sind nun die **Austauschpartner** bzw. **Bezugsgruppen** einer kulturellen Einrichtung, d. h. mit wem tritt die Kulturorganisation in

Austauschbeziehungen? Am Beispiel des Theaters in der folgenden Abbildung lässt sich dies verdeutlichen.[7] Alle dort aufgeführten Gruppen haben ein jeweils spezifisches Interesse an der Organisation „Theater" und wollen darum mit diesem in Austauschbeziehungen treten: für die einen ist es ein (gegenwärtiger oder zukünftiger) Arbeitsplatz, für andere ist es ein Abnehmer von Produkten bzw. Personen (Texte, Holz, Leinwand, technisches Equipment, bzw. ausgebildete Schauspieler, Tänzer, Musiker usw.), für wieder andere ein Lieferant von Kunst usw. Diese Interessen (bzw. eng verbunden damit die einzelnen Bezugsgruppen) lassen sich – entsprechend ihrer Funktion – in fünf Kategorien einteilen:

(1) Zu den sog. **Input-Gruppen** zählen zunächst alle jene, die der Organisation **Ressourcen** wie Geld, Zeit, Arbeit oder moralische und ideelle Unterstützung bereitstellen, wie z. B. **Lieferanten aus der Wirtschaft** (also Stoff für Kostüme, Holz für Bühnenbilder usw., aber auch Verlagsrechte für Aufführungen, Druckereien für Programmhefte) und **Förderer** (wie z. B. Fördervereine usw.).

(2) Inputorientiert sind auch die sog. **regulierenden Organe**, die Verhaltensregeln festlegen und Einfluss auf deren Durchsetzung

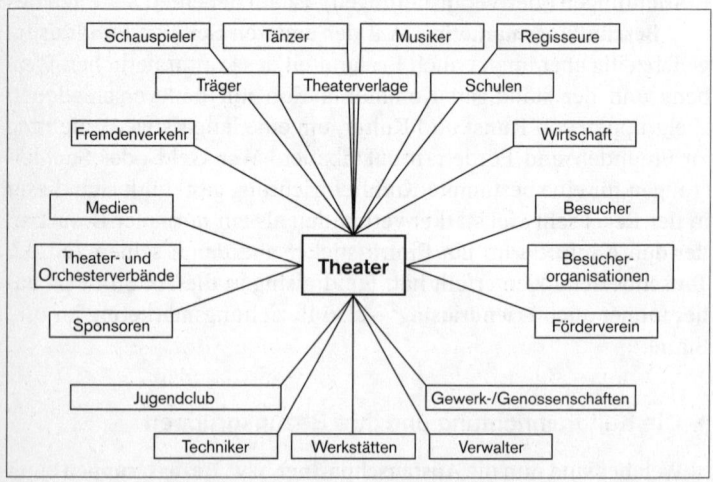

Abb. 1: Interessengruppen einer Kultureinrichtung

nehmen; hierzu zählen z. B. die Träger (Länder und Städte), aber auch die verschiedenen Verbände wie der Deutsche Bühnenverein, die Deutsche Bühnengenossenschaft, die Orchestervereinigung, die IG Medien, die ÖTV usw.

(3) Die **internen Gruppen** wie Künstler / Solisten (Schauspieler, Sänger, Solotänzer, Regisseure, Dramaturgen, Bühnen- und Kostümbildner usw.) und Kollektive (Chor, Ballett, aber auch Werkstätten, Technik und Verwaltung) sind **outputorientiert**, d. h. für die eigentliche Leistungserstellung, also die verschiedenen Produkte des Theaters wie Schauspiel, Oper, Operette, Ballett, aber auch Programmhefte, Plakate usw. verantwortlich.

(4) Der Output, d. h. die von den internen Gruppen erstellte Leistung, wird den Abnehmergruppen mit Hilfe von **Übermittlergruppen** zugeführt. Hierzu zählen vor allem die verschiedenen Abonnenten- bzw. Besucherorganisationen.

(5) Unter die sog. **Abnehmergruppen** schließlich fallen alle jene, die die erstellten Leistung bzw. das Produkt nachfragen: zunächst und vor allem also die Besucher; hierzu zählen aber auch alle jene allgemeinen Interessentengruppen, die von der Leistung zwar betroffen sind, diese aber nicht direkt nachfragen, wie z. B. der Fremdenverkehr, Sponsoren und nicht zuletzt die Medien.

Im Englischen bezeichnet man alle diese Gruppen, die mehr oder weniger nachdrücklich auf eine Organisation (in diesem Beispiel das Theater) Einfluss zu nehmen versuchen, als „Stakeholder". Für den Begriff ‚stakeholder' findet sich allerdings keine adäquate bzw. eindeutige Übersetzung ins Deutsche. ‚To have a stake' kann mit ‚interessiert sein, Anteil haben' übersetzt werden; Stakeholder können daher auch als die **Interessenten**- oder **Anspruchsgruppen** einer Organisation oder eines Unternehmens bezeichnet werden. Die „Stakeholder-Philosophie" geht von einer engen Einbindung der Interessentengruppen in den strategischen Entscheidungsprozess einer Non-Profit-Organisation aus. Stakeholder sind dabei:

- **beeinflussend**, d. h. sie üben auf ihr Umfeld und auf die kulturelle Organisation, mit der sie in Verbindung stehen sowie auf die Zielerreichung der Organisation unterschiedlich starken Einfluss aus;
- **dynamisch**, d. h. die Ziele und Ansprüche der Stakeholder kön-

nen sich im Zeitablauf rasch und dramatisch verändern; die Einstellung zu einer Organisation kann je nach Problemlage sehr unterschiedlich ausgeprägt sein;

- **vernetzt**, d. h. Stakeholder dürfen in ihren Beziehungen zu einer Organisation nicht isoliert betrachtet werden. Sie stehen in einem dichten Beziehungsgeflecht zu anderen Anspruchsgruppen. Auch diese Beziehungen gestalten sich dynamisch und sind in den strategischen Überlegungen zu berücksichtigen.[8]

Zwischen den in der obigen Abbildung dargestellten Bezugsgruppen z. B. eines Theaters – die hier nur beispielhaft und keineswegs vollständig aufgeführt sind – ergibt sich eine Vielzahl von Beziehungen (und sicherlich auch Überschneidungen, wenn beispielsweise ein lokaler Lieferant wie der Besitzer der Druckerei, die die Spielplanplakate und Programmhefte druckt, über seine Lieferantenrolle hinaus sowohl Sponsor des Theaters als auch Mitglied in dessen Förderverein, Gemeinderat und nicht zuletzt engagierter Theaterbesucher ist). Diese Überschneidungen wird ein kreatives Kultur-Marketing, das sich explizit als Beziehungsmarketing begreift, zu nutzen verstehen!

• Das Kulturprodukt und seine Nutzendimensionen

Kommen wir noch einmal auf den Begriff des ‚Marktes' zurück und lassen quasi vor unserem inneren Auge das bunte Treiben eines besonders attraktiven Wochenmarktes oder die Faszination eines südlichen Marktes erscheinen und vergleichen dieses Bild mit dem eher nüchternen Tauschgeschäft in einem beliebigen Supermarkt. Dabei wird sehr schnell deutlich, dass die Attraktivität des Marktgeschehens über die dort angebotenen Waren weit hinaus reicht. Marktplätze waren und sind immer auch Orte des Zusammentreffens von Menschen; Menschen sprechen miteinander, tauschen Nachrichten, Klatsch und Tratsch miteinander aus. Das Marktgeschehen spricht alle Sinne an: Geräusche, Gerüche hängen in der Luft, man sieht andere Menschen und wird von anderen gesehen; auf dem Marktplatz kann man über den Preis verhandeln oder feilschen – was angesichts der eindeutig ausgepreisten Waren im Supermarkt kaum möglich ist.

Zugespitzt kann man sagen: treffen im Supermarkt (aber auch im immer mehr an Boden gewinnenden Internethandel, dem sog. E-Commerce) vorrangig Menschen auf Produkte, so liegt die große Attraktivität der soeben geschilderten „lebendigen" Märkte zweifelsohne darin, dass dort Menschen auf Produkte **und** Menschen auf Menschen treffen. Es wird dort also weitaus mehr ausgetauscht als Ware gegen Geld. Man kann von einem solchen Markttreiben durchaus erfüllt zurückkommen, ohne überhaupt etwas gekauft zu haben (oder, wie nicht selten zu beobachten, mit etwas völlig anderem oder sehr viel mehr, als man ursprünglich zu kaufen beabsichtigt hatte).

Unter **Produkt** versteht man zunächst alles, was einer Person oder einer Gruppe von Personen angeboten werden kann, um ein Bedürfnis bzw. einen Wunsch zu befriedigen. Dies kann ein hergestelltes **Gut** (im Falle von Kunst und Kultur etwa ein Gemälde, ein Buch, eine CD usw.) oder aber auch eine **Dienstleistung** (z. B. eine Theateraufführung, ein Konzert, ein Kursangebot in der Volkshochschule, der Musikschule usw.) sein. Beides ist im Folgenden gemeint, wenn einfach von „Produkt" die Rede ist.

Allerdings befriedigen die meisten Produkte in aller Regel keineswegs nur **ein** Bedürfnis, stillen sie nicht nur **einen** Wunsch, erfüllen sie nicht nur einen einzigen, sondern meist mehrere Nutzen. Ein Auto ist nicht nur ein Fortbewegungsmittel, sondern auch ein Statussymbol; Turnschuhe sind häufig nicht nur die adäquate Fußbekleidung zur Ausübung einer bestimmten Sportart, sondern signalisieren (spätestens seit ein Umweltminister sich in ihnen vereidigen ließ) auch die Zugehörigkeit zu einem bestimmten Lebensstilgefühl. Der Besuch der Salzburger Festspiele ist über den schieren Kunstgenuss hinaus stets auch ein gesellschaftliches Ereignis ersten Ranges und so mancher Bürger geht nicht nur in die Volkshochschule, um bestimmte Fähigkeiten zu lernen, sondern auch um andere Menschen zu treffen usw.

Produkt kann und soll deshalb präziser definiert werden als ein **Satz / Set von möglichen Nutzen** bzw. Vorteilen, und zwar – dies ist sehr wichtig – **wie sie von dem Nachfrager wahrgenommen werden**. Denn von ganz entscheidender Bedeutung für das Zustandekommen eines Austauschs ist nicht die Sicht des Anbieters (der von dem

Nutzen seines Produktes, gerade im Kulturbereich, wahrscheinlich ausgesprochen überzeugt sein dürfte), sondern der **Nutzen** des entsprechenden Produktes **aus der Sicht des Besuchers**. Es geht also um dessen Einschätzung und Überzeugung bezüglich der Fähigkeit des Produktes, seine jeweiligen und unterschiedlichen Bedürfnisse tatsächlich zu befriedigen. Zugespitzt gesagt: Menschen kaufen keine Produkte, sondern sie kaufen einen Nutzen! Marketing, insbesondere Kultur-Marketing, hat es daher im Kern mit „Wahrnehmungen" zu tun, und zwar mit der Wahrnehmung des/der jeweiligen Nachfrager. Marketing ist daher nur dann erfolgreich, wenn es dem Anbieter gelingt, den Nutzen des jeweiligen Produktes aus der **Sicht der Kunden**, im Bereich des Kultur-Marketing aus der Perspektive der Zuschauer, der Besucher, der Kursteilnehmer usw. zu betrachten.

Die Teilnahme an diesem Austauschprozess ist im künstlerischen und kulturellen Bereich in aller Regel **freiwillig.** Vermutet der mögliche Nachfrager in dem ihm unterbreiteten Angebot keinen Nutzen, wird er in der Regel nicht in einen Austauschprozess eintreten, es sei denn, man „zwingt" ihn hierzu. (Ironisch dargestellt an jenen „Zwangsvorstellungen", denen vorwiegend Schülerinnen und Schüler ausgesetzt sind und die der Theatermann Karl Valentin unter dem gleichnamigen Titel auf den sicherlich wenig erstrebenswerten Punkt gebracht hat: „Woher diese leeren Theater? Nur durch das Ausbleiben des Publikums. Schuld daran – nur der Staat. Warum wird kein Theaterzwang eingeführt? Wenn jeder Mensch in das Theater gehen muss, wird die Sache gleich anders. Warum ist der Schulzwang eingeführt? Kein Schüler würde die Schule besuchen, wenn er nicht müsste. Beim Theater, wenn es auch nicht leicht ist, würde sich das unschwer ebenfalls doch vielleicht einführen lassen. Der gute Wille und die Pflicht bringen alles zustande")[9].

Wie in unserer obiger **Nutzenbestimmung** deutlich wird, ist der Nutzen also nichts quasi Objektives, d. h. etwas, das einem spezifischen Produkt von vornherein und für alle Zukunft anhaftet (z. B. „Made in Germany"), sondern dieser Nutzen ist sehr stark von der Einschätzung des möglichen Nachfragers abhängig. Was damit gemeint ist, können zwei Beispiele aus der Praxis der Kulturarbeit verdeutlichen.

- Führt man getrennte Befragungen bei Leitern bzw. Lehrern von Musikschulen einerseits und Eltern bzw. Schülern andererseits mit der Frage durch, was ihrer Meinung für den Besuch der Musikschule besonders wichtig sei, so trifft man recht häufig auf folgendes Phänomen: für die Leiter bzw. Lehrer der Musikschule steht gewöhnlich an allererster Stelle die **Qualität** des angebotenen Unterrichts. Diese Qualität ist relativ einfach „objektivierbar", d. h. quantifizierbar und messbar an der Zahl der Preisträger bei entsprechenden Wettbewerben wie „Jugend musiziert". Innerhalb dieser Logik heißt dies: je mehr Preisträger, umso besser ist die Musikschule.

Fragt man hingegen die Eltern, so ergibt sich nicht selten ein völlig anderes Bild. Gewöhnlich wird hier an erster Stelle als Motiv für die Anmeldung zur Musikschule genannt: „Die Kinder sollen nachmittags etwas ‚Vernünftiges' machen" oder „Sie sollen was mit anderen Kindern zusammen machen." Als weitere Motive werden dann genannt, dass es für die Kinder wichtig sei, „zu lernen, bei einer Sache konsequent und über einen längeren Zeitraum dabei zu bleiben" oder „ihre musischen Fähigkeiten zu entdecken" oder „bei der Hausmusik, z. B. bei Festen, mitzuwirken". Erst relativ spät in diesem Katalog kommt dann der Wunsch, dass die **Qualität** des angebotenen Musikunterrichts möglichst hoch sein sollte.

Nun könnte man sich dies damit erklären, dass von den Eltern gerade Letzteres, was bei den Leitern oder Lehrern an erster Stelle steht, deshalb so selten genannt wird, weil es in einer öffentlichen Musikschule schlichtweg vorausgesetzt wird oder von den Eltern auch gar nicht unmittelbar beurteilbar ist und daher hierauf stillschweigend vertraut wird. Allerdings ist darüber hinaus sehr sorgfältig zu prüfen, welchen Stellenwert die anderen Wünsche und Bedürfnisse tatsächlich haben. Denn es ist ja durchaus denkbar, dass – falls etwa der soziale Aspekt, d. h. das Zusammenwirken mit anderen, absoluten Vorrang hat – die Eltern u. U. auch eine weniger gute Qualität in Kauf nehmen würden, wenn die anderen Bedürfnisse stattdessen besser erfüllt werden. Oder umgekehrt: eine Musikschule, die angesichts sinkender Schülerzahlen sich ausschließlich darauf konzentriert, die inhaltliche Qualität ihres Angebotes zu verbessern, könnte möglicherweise die völlig falsche Strategie verfolgen, wenn sie die anderen, ebenso wichtigen bzw. vielleicht sogar noch wichtigeren Aspekte nicht zur Kenntnis nimmt.

- In einem Marketingseminar berichten die Leiterinnen und Leiter von verschiedenen Volkshochschulen übereinstimmend von folgender Beobachtung: in der VHS A finden sich in einem Englischkurs, der morgens zwischen zehn und zwölf Uhr angeboten wird, vorrangig junge Frauen zusammen; in der Volkshochschule B ist es der vormittägliche Französischkurs, der eine ähnliche Schar von Teilnehmerinnen anzieht, in der VHS C findet sich die gleiche Klientel gar im Informatikkurs für Einsteiger und schließlich platzt ein Seminarteilnehmer heraus: „Wir könnten auch Russisch anbieten und hätten den gleichen Besucherkreis." In der folgenden Diskussion stellt sich schließlich heraus, dass viele dieser jungen Frauen gerade Mütter geworden sind bzw. noch sehr kleine Kinder im Hause haben. Der Volkshochschulkurs bietet ihnen eine willkommene Gelegenheit, nach der intensiven Mutter-Kind-Bindung der ersten Säuglingsmonate quasi den ersten Schritt zurück ins gesellschaftliche Leben zu tun – und zwar ohne die geliebten Kleinen. Zwar boten einige der Volkshochschulen bzw. andere Initiativen in den jeweiligen Gemeinden auch spezielle Mutter-Kind-Gruppen an – aber genau dieses wollten die Teilnehmerinnen auf Befragen nicht, sondern „etwas Vernünftiges" machen. Im Vordergrund des Bedürfnisses standen also weniger der „Inhalt" oder die „Qualität" des Produkts, sondern die Möglichkeit, wieder ungezwungen mit anderen Menschen zusammenzukommen.

Gerade kulturelle Produkte haben (mindestens) vier verschiedene Nutzen-Dimensionen, die die jeweiligen Anbieter mit ganz unterschiedlichen Strategien ansprechen sollten.

(1) Zunächst hat jedes Produkt einen **direkten** bzw. sog. **Kernnutzen**. So soll z. B. in einer Musikschule das (möglichst optimale) Beherrschen eines Instruments vermittelt werden. Das ist ihr Auftrag, deshalb melden die Eltern ihre Kinder dort an. Diesen Kernnutzen kann die Musikschule durch die Verfolgung einer **Qualitätsstrategie** optimieren, d. h. sie wird sich möglichst bemühen, die besten Lehrer für ihre Schülerinnen und Schüler zu gewinnen und den Unterricht unter optimalen Bedingungen stattfinden zu lassen.

(2) Vor allem kulturelle Dienstleistungen werden allerdings häufig nicht individuell bzw. isoliert nachgefragt (kein Mensch fühlt sich wohl in einem leeren Theater und sei das Bühnengeschehen noch so gut), sondern in einem bestimmten **sozialen Kontext**. Es spielt eine große Rolle, ob und vor allem wer sonst noch an dieser Nachfrage beteiligt ist. Bei einem Theaterbesuch, insbesondere bei einem bedeutenden Festival oder einer Premiere, ist es für viele Menschen wichtig, „wer sonst noch kommt": man sieht und will gesehen werden, man trifft ganz bestimmte Menschen, mit denen man

vielleicht ins Gespräch kommen möchte oder möglicherweise sogar geschäftliche Kontakte anknüpfen möchte oder auch nur, um gegenüber Freunden und Bekannten gegenüber renommieren zu können.

Großstädtische Museen in den USA bieten seit einigen Jahren mit sehr großem Erfolg „Single-Abende im Museum" an; der Hintergrund des Erfolgs ist die Tatsache, dass gerade in Großstädten immer mehr Singles leben, die nach Orten suchen, wo sie ungezwungen Menschen in der gleichen Lebenssituation mit ähnlichen Interessen treffen können – und da Discos und Bars nicht jedermanns Sache sind, ist das Museum ein solcher Ort – ob dies den vorrangig auf die reine Qualität hin orientierten Kunstenthusiasten gefallen mag oder nicht.

Der Besuch eines Volkshochschulkurses bietet für viele in eine Gemeinde neu zugezogene Bürger die zwanglose Möglichkeit, Mitbürger kennen zu lernen. Und beim Besuch der Musikschule interessieren sich die Kinder, vor allem aber auch die Eltern, welche anderen Kinder sonst noch hingehen und wen man dort möglicherweise treffen könnte. Die Sportvereine, die sich angesichts des Aufblühens von Fitnesstudios, in denen die Menschen den Sport vorrangig individuell betreiben, von Mitgliederschwund bedroht sahen, haben dies übrigens schon vor Jahren erkannt und eine bundesweite Werbekampagne unter dem Motto: „Sport ist im Verein erst schön" gestartet. (Der Deutsche Sportbund liefert im Übrigen in jüngster Zeit ein zweites anschauliches Beispiel für den sozialen „Nebennutzen" seines Kernangebots mit der Kampagne: „Wir machen Kinder stark gegen Sucht und Drogen").

Eine entsprechende **Sozialstrategie** wird vor allem diese Aspekte in den Vordergrund stellen. Sinnvollerweise wird man deshalb gegenüber verschiedenen Adressaten unterschiedliche Nutzendimensionen des eigenen Produktes betonen. Die öffentlichen Musikschulen werden z. B. in ihrer Abgrenzungsstrategie gegen die Konkurrenz der zahlreichen Musikvereine, die ebenfalls Musikunterricht – und zwar in einem dichten sozialen Kontext anbieten – vor allem auf die Professionalität und Qualität des eigenen Angebots abheben; gegenüber den Privatmusikschulen (die in der Regel kostengünstigen Einzelunterricht, aber kein Ensemblespiel anbieten), betonen sie sinnvollerweise gerade nicht den Qualitätsaspekt, der dort vielleicht genau so gegeben ist, sondern den Sozialaspekt unter Hinweis auf die Möglichkeit des Ensemblespiels usw.

(3) Produkte, aber auch Dienstleistungen haben darüber hinaus sehr häufig einen **symbolischen** bzw. **affektiven** Wert. Man kauft nicht irgendein Auto oder irgendwelche Turnschuhe, sondern ein Produkt, das „zu einem passt", d. h. es muss sich in das Bild bzw. Image fügen, das man von sich selbst hat bzw. das man nach außen vermitteln will. So ist – um im Beispiel der Musikschule zu bleiben – sowohl für die Eltern als auch vor allem für die Kinder (als die direkten Nutzer) von großer Bedeutung, welches Image und welchen Stellenwert die Musikschule in einer Kommune hat. Gilt sie als verstaubte, strenge Lehranstalt, so werden die Kinder wahrscheinlich sehr viel weniger Lust haben, dorthin zu gehen, als wenn sie als eine Organisation wahrgenommen wird, bei der man einfach dabei sein muss (egal wie, und wenn man nur die Triangel spielt!).

So kann – häufig zum großen Leidwesen des pädagogischen Personal durchaus unabhängig von der Qualität der tatsächlich geleisteten Arbeit – der Besuch einer Musikschule „in" oder eben auch „out" sein. Der ständige Verweis der Kultureinrichtung darauf, wie gut man doch „eigentlich" sei, wird da nicht viel weiterhelfen, sondern diesem Problem kann man nur mit einer entsprechenden **Imagestrategie** beikommen.

(4) Eine weitere wichtige Dimension des Besuchernutzens ist der auf das Produkt gerichtete **Service** bzw. die **Besucherbetreuung / -beziehung**. Besonders im Bereich neuer technischer Geräte (z. B. bei der Anschaffung von PCs) spielen die Betreuung, der Service vor Ort oder die Hotline eine besondere Rolle; ggf. ist der Kunde sogar bereit, einen höheren Preis zu bezahlen, wenn ihm rasche Hilfe bei immer wieder möglichen Problemen garantiert wird. Auch im kulturellen Sektor spielt – wie gerade die kommerziellen Musicalunternehmen zeigen – die Servicefunktion eine kaum zu unterschätzende Rolle.

Unterhält man sich mit verantwortlichen Mitarbeitern öffentlicher Theater über die Konkurrenz kommerzieller Musicaltheater, so wird nicht selten geringschätzig geäußert, die kommerziellen Musicalunternehmen wären nur deshalb so stark, weil sie ihre Besucher von überall her „ankarrten" und „von hinten bis vorne" bedienten. Wie wahr! Aber was ist – genau besehen – eigentlich verkehrt daran? In Zeiten, wo selbst Rundfunksender Besucherbindung per Kundenclub betreiben, ist es schwer verständlich, warum die Theater nicht alle Kraft daransetzen, im Sinne des bereits angesprochenen Beziehungsmarketings ihr ureigenstes, klassisches Marketinginstrument, die Besucherorganisation, neu zu definieren. Eine Befragung der Staats- und Stadttheater in Städten mit mehr als 100 000 Einwohnern von 1998 zum Thema Marketing ergab zum einen, dass 86,5 % der Theater ihre Karten über Besucherorganisationen absetzen, aber nur 15 % die **Gespräche mit Vertretern der Besucherorganisationen und Abonnenten-Vertrauensstellen** als eine vorrangige Aufgabe der Öffentlichkeitsarbeit betrachten (und somit diese Gespräche an letzter Stelle nennen)![10] Das seit Jahren die Besuche von Abonnenten bzw. Besucherorganisationen rückläufig sind, kann da kaum noch verwundern.

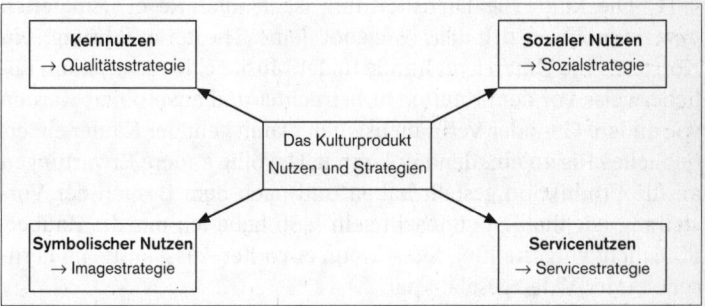

Abb. 2: Nutzendimensionen des Kulturprodukts und Strategien

Ein wesentliches Merkmal von gesättigten Märkten mit hoher Konkurrenz – und hiermit haben wir es im Kulturbetrieb seit Mitte der 80er Jahre zweifelsohne zu tun – ist die Tatsache, dass sich kaum mehr ein Produkt ausschließlich über den Kernnutzen „vermarkten" lässt. Alle aufgeführten Nutzendimensionen spielen zusammen und dementsprechend wird eine Kultureinrichtung sicherlich gut beraten sein, nicht nur an einen Nutzen zu appellieren und auf eine einzige Strategie zurückgreifen, sondern so weit wie möglich alle Dimensionen des Produktes in den Austauschprozess einbringen.

Um allerdings einem naheliegenden Missverständnis hier gleich ein für allemal zu begegnen: natürlich stehen gerade im öffentlichen Kulturbetrieb die Qualität und der Kernnutzen im Vordergrund! Eine schlechte Prduktqualität lässt sich mit noch so gut ausgeklügelten Marketingaktivitäten auf Dauer nicht oder nur schwer verkaufen! Entscheidend allerdings ist: diese Produktqualität alleine reicht heute kaum noch aus!

• Die Besonderheiten des Kulturprodukts

Speziell die **kulturelle Dienstleistung** (nicht das materielle Kulturgut wie Buch, Gemälde und Graphik, CD, Film usw.) hat – gegenüber anderen Produkten – noch eine ganze Reihe von Eigenschaften, die im Austauschprozess durch den Einsatz weiterer spezifischer Strategien berücksichtigt werden müssen.

(1) Die kulturelle Dienstleistung ist in aller Regel **immateriell** bzw. **ungreifbar**, d.h. das Angebot (eine Theateraufführung, ein Konzert, eine Unterrichtsstunde in der Musikschule usw.) kann üblicherweise vor dem Kauf nicht betrachtet und ausprobiert werden wie andere Ge- oder Verbrauchsgüter. Damit geht der Käufer ein erhebliches Risiko ein, denn er kann u. U. völlig andere Erwartungen an die Produktion gestellt haben und nach dem Besuch der Vorstellung nachhaltig enttäuscht sein („So habe ich mir die Zauberflöte nicht vorgestellt!"), selbst wenn er vorher Ausschnitte im Fernsehen oder Video gesehen hat.

Die Eigenschaft der materiellen Ungreifbarkeit stellt daher hohe Anforderungen vor allem an die Kommunikation. Jeder Theaterdramaturg kennt dieses Problem: wie soll er bei der Vorstellung des Jahresspielplans ein Stück beschreiben, zu dem noch keine einzige Probe stattgefunden hat und keinerlei Fotos, vielleicht nur der Entwurf eines Bühnenbildes vorliegen? Oder wie kann er für den Hörfunk einen O-Ton (Original-Ton) im Voraus produzieren? Hier gilt es viel Phantasie zu entwickeln: ein Besuch in der Kostümschneiderei des Theaters, die Darstellung der Entwicklung eines bestimmten Kostümentwurfs vom Reißbrett der Zeichnerin über die Werkstätten bis zum fertigen Kostüm usw. liefern z. B. dem Fernsehen sinnlichere Bilder als das bloße Interview mit dem Regisseur über seine Inszenierungsidee.

(2) Darüber hinaus ist die kulturelle Dienstleistung **vergänglich**; im Gegensatz zu einem lagerfähigen Kulturgut wie einem Buch oder einer CD haben Tickets für ein Konzert oder eine Theateraufführung, ja selbst eine sechswöchige Ausstellung nur ein begrenztes Leben und ein genau bestimmbares Verfallsdatum, d. h. was zu dem entsprechenden Aufführungs- bzw. Schließungstermin nicht verkauft ist, wird nie mehr verkauft.

(3) In engem Zusammenhang damit steht die **fehlende Lagerfähigkeit**, d. h. Produktion und Rezeption fallen (wiederum anders als bei einer beliebig oft abspielbaren CD oder einem Video oder einem Buch) unmittelbar zusammen. Vergänglichkeit und fehlende Lagerfähigkeit erfordern eine hohe Flexibilität in der Angebots- und Preispolitik. An manchen Theatern sind deshalb mittlerweile, ganz ähnlich wie im Flugtourismus, „Last-Minute-Schalter" durchaus üblich; ein sinnvoll aufgebautes Data-Base-Marketing kann immer wieder neue Angebotspakete schnüren und so die o. a. Probleme auffangen.

(4) Ein weiteres Merkmal der kulturellen Produktion ist die – häufig sogar die zentrale ästhetische Zielsetzung bildende – **Veränderlichkeit** des Produktes, d. h. das Kulturprodukt ist **heterogen**. Im Gegensatz zu standardisierten, maschinell gefertigten Produkten besteht das Kulturprodukt aus Elementen, die der Anbieter nicht oder nur zum Teil kontrollieren kann. Durch die in den allermeisten Fällen notwendige Interpretationsleistung entstehen jeweils völlig unterschiedliche Produkte. Während der Käufer ein bestimmtes Markenprodukt gerade deshalb kauft, weil er damit „weiß was er hat", geht der interessierte Besucher normalerweise nur deshalb zum **achten Mal** in eine Inszenierung des „Hamlet", weil er gerade **nicht** weiß, was ihn erwarten wird. Auch dies stellt besondere Anforderungen an die Kommunikation, die herausstellen muss, warum sich die potentiellen Besucher gerade diese Interpretation anschauen müssen.

(5) Auf die unterschiedlichen Erwartungshaltungen (jede/r Zuschauer/in hört, sieht, weiß und interpretiert das Angebot anders)

wurde bereits eingegangen; durch diese mit dem Kunstgenuss zwangsläufig und notwendig verbundene Interpretationsleistung kommt es zu einer **starken Besucherbeteiligung**. Der Konsument steht in direktem Kontakt mit dem Produktionsprozess, d. h. das Gehörte und Gesehene lassen sie und ihn nicht kalt. Im Extremfall kann der Konsument durch sein Eingreifen auch die Produktion (zer-)stören – sei es durch lautes Buh-Rufen oder sei es auch nur durch das permanente Husten in Oper und Konzert! Diese starke Besucherbeteiligung muss – insbesondere wenn das Angebot nachhaltig erschüttert – durch entsprechend gut ausgebildete, kontaktfreudige, motivierte und vor allem informierte Mitarbeiter aufgefangen werden.

- ● **Angebot und Nachfrage**

Auf dem Markt – es wurde bereits eingangs darauf hingewiesen – stehen die Anbieter mit ihren Produkten den Nachfragern gegenüber. **Nachfrage** lässt sich dabei bestimmen als der **Wunsch nach spezifischen Produkten, begleitet von der Fähigkeit und der Bereitschaft zum Tausch**. Die Fähigkeit zum Tausch kann durch ganz verschiedene Restriktionen eingeschränkt sein: so können gesetzliche Vorschriften (z. B. Jugendschutz) Kinder und Jugendliche am Besuch bestimmter Veranstaltungen (vor allem im Filmbereich) hindern. Aber auch finanzielle Einschränkungen können den erwünschten Besuch einer Konzertveranstaltung unmöglich machen. Und Bereitschaft meint in diesem Zusammenhang, bei vorhandenem Wunsch und entsprechender Fähigkeit, den Besuch einer Veranstaltung dann tatsächlich zu realisieren und sich nicht im letzten Moment doch noch für ein anderes Angebot zu entscheiden. Nur wenn diese Bedingungen erfüllt sind, lässt sich tatsächlich von einer entsprechenden Nachfrage sprechen, für das Angebote entwickelt werden können.

Angebot und Nachfrage können dabei logisch gesehen drei mögliche Marktkonstellationen eingehen:

(1) Angebot und Nachfrage halten sich die Waage. In diesem Falle wird exakt genau so viel produziert, wie nachgefragt wird; um im Konzertbereich zu bleiben: es stehen exakt genau so viele Sitzplätze wie Konzertbesucher zur Verfügung. Dieses Ideal liegt jedweder Wunschvorstellung von Planwirtschaft zugrunde: dass der Produzent die Bedürfnisse und Wünsche seiner Besucher so gut kennt, dass er nicht mehr und nicht weniger produziert als tatsächlich abgenommen wird. Aus vielfältiger eigener Erfahrung weiß man allerdings, dass sich dies in der Praxis in den allerseltensten Fällen realisieren lässt.

In der Realität finden sich in aller Regel zwei andere Konstellationen:

(2) Zum einen **übersteigt die Nachfrage das Angebot**, d. h. die Besucher wünschen mehr Produkte oder Dienstleistungen als der Produzent herzustellen in der Lage ist. Dies ist eine Konstellation, in der die Nachfrager den Produzenten die Angebote förmlich aus den Händen reißen, das Produkt sich quasi selbst verkauft. Dies ist sicherlich der heimliche Traum eines jeden Produzenten, denn in diesem Falle kann weitestgehend er die Konditionen bestimmen, unter denen das Produkt oder die Dienstleistung ausgetauscht werden. Der Verkäufer hat somit einen großen Handlungsspielraum bei der Produktgestaltung (es wird ihm ja in jedem Falle abgenommen), bei der Preisfestsetzung (die Besucher bezahlen nahezu jeden Preis), er kann die Orte bestimmen, wo die Besucher das Produkt oder die Dienstleistung (bzw. die Eintrittskarte hierfür) abholen müssen und Werbung ist kaum vonnöten; und schließlich ist der Besucher auch mit dem einfachsten Service zufrieden.

Da die Macht in diesem Falle beim Anbieter der Produkte und Dienstleistungen liegt, spricht man von einem **Verkäufermarkt**. Der Verkäufer muss sich kaum um Absatz und Marketing kümmern. Sein Hauptaugenmerk liegt vor allem auf der Produktion bzw. der Verteilung, d. h. der Gewährleistung, dass die (knappen) Produkte tatsächlich die Besucher erreichen bzw. dass erreicht wird, dass eine zusätzliche Zahl weiterer Produkte (mit möglichst gleicher Qualität) produziert wird und auf den Markt kommt. Dies ist sicherlich der Fall bei herausragenden Events oder bei bedeutenden Festivals, bei denen schon im zeitlichen Vorfeld vielfach eine sehr viel höhere Nachfrage besteht, als durch angebotene Eintrittskarten abgedeckt werden kann – also normalerweise recht selten.

(3) Schließlich kann auch **das Angebot die Nachfrage überstei-**

gen, d. h. es wird mehr angeboten, als tatsächlich nachgefragt wird. In diesem Falle liegt die Macht im Austauschprozess beim Besucher: er hat die Wahl zwischen vielfältigen Angeboten, er vergleicht, wägt ab und entscheidet sich in aller Regel für jenes, das ihm den größten (vermeintlichen oder tatsächlichen) Nutzen bringt. Man spricht deshalb von einem **Käufermarkt**. Diese Konstellation dürfte gerade im Kulturbetrieb die weitaus häufigste sein.

Bereits 1992 hatte der Kultursoziologe Gerhard Schulze in seinem Buch „Die Erlebnisgesellschaft" für viele im öffentlichen Kulturbetrieb Beschäftigte sicherlich recht desillusionierend festgestellt: „Am Entscheidungshorizont eines Großstadtbewohners, der gerade dabei ist, sein Wochenende zu planen, tauchen öffentlich geförderte Erlebnisangebote neben vielen anderen Möglichkeiten auf. Das Theater konkurriert mit der Sportschau, die Oper mit der Disco, das Museum mit dem Freizeitpark, die öffentlich subventionierte Kleinkunstbühne mit dem Kino, der deutsch-türkische Folkloreabend im Kulturzentrum mit dem nächstgelegenen Skigebiet (...) Nicht von der **Herstellungsgeschichte** hängt es ab, für welche Möglichkeiten sich der Konsument entscheidet, sondern von der **Rationalität der Erlebnisnachfrage**. Öffentliche und private Erlebnisangebote müssen sich denselben Selektionskriterien der Erlebnisverbraucher stellen – insofern gibt es keinen Unterschied zwischen Theater, Kulturzentrum, Museum auf der einen Seite und Automatensalon, Comics und Fitnessstudio auf der anderen (...) Aus der Perspektive der Erlebnisnachfrager besteht kein Unterschied zwischen **öffentlich** und **privat** produzierten Erlebnisangeboten."[11]

Diese „Gleichgültigkeit der Erlebnisnachfrage gegenüber der Herstellung des Erlebnisangebots (...) rückt das **Publikum in eine strategisch günstige Position**."[12] Wir haben es daher im kulturellen Bereich (sieht man von einigen wenigen Spitzenangeboten ab) in aller Regel mit **Käufermärkten** zu tun. Wollen die verschiedenen Anbieter, öffentliche wie private, dennoch ihre Produkte und Dienstleistungen erfolgreich in den Austauschprozess einbringen, so müssen sie die Bedingungen, unter denen dieser Austausch stattfindet, möglichst genau kennen und die Wünsche und Bedürfnisse ihrer Besucher sorgfältig ermitteln. Nur dann sind sie in der Lage, diese Austauschprozesse – wo möglich – zu ihren Gunsten zu gestalten.

Die Kultureinrichtung, die für ihr eigenes Angebot möglichst viele Besucher erreichen möchte, muss also sehr genau die jeweilige Marktsituation analysieren, um sie zu ihren Gunsten beeinflussen zu können. Die oben (als vorläufig gegebene) Definition von Marketing lässt sich dementsprechend erweitern:

> Marketing will erklären, wie Austauschprozesse zustande kommen und Hinweise zur Ausgestaltung dieser Austauschbeziehungen ableiten und diese anschließend in entsprechende Maßnahmen umsetzen.[13] Marketing ist also gleichermaßen analysierendes Vorgehen wie gestaltendes Handeln.

Will man die in dieser immer noch sehr allgemeinen Definition angesprochenen **Hinweise zur Ausgestaltung von Austauschbeziehungen** genauer fassen, so kann man sich folgender Definition anschließen.

> Marketing ist die Analyse, die Planung, die Durchführung und Kontrolle von Programmen, die darauf gerichtet sind, zum Erreichen der Organisationsziele einen beidseitigen nützlichen Austausch und Beziehungen mit Teilmärkten einzuleiten, aufzubauen und zu erhalten. Das Marketing-Management stützt sich dabei in erster Linie auf die systematische Analyse der Bedürfnisse, Wünsche, Wahrnehmungen und Präferenzen der Zielgruppen sowie der Zwischenmärkte. Die Ergebnisse dieser Analyse bilden die Grundlage zur effizienten Gestaltung des Produktdesigns, der Preisbildung, der Kommunikation und der Distribution.[14]

1.2 Die Besonderheit von Kultur-Marketing in öffentlichen bzw. Non-Profit Kulturbetrieben

• Kommerzielles Kultur-Marketing

Durch die recht allgemeine Formulierung – **„Erreichen der Organisationsziele"** - ist diese Definition von Marketing nach wie vor sowohl für kommerzielle wie für Non-Profit-Kultureinrichtungen gültig. Was ist nun der entscheidende Unterschied zwischen dem Kultur-Marketing für kommerzielle einerseits und öffentlich getragene bzw. unterstützte Kultureinrichtungen andererseits?

Für **kommerziell** orientierte Kulturbetriebe ist das entscheidende Kriterium für einen aus ihrer Sicht erfolgreichen Austausch in aller Regel der realisierte **finanzielle** Gewinn, denn der produzierende Betrieb wird das angebotene Produkt normalerweise auf Dauer nicht zum Herstellungs- bzw. Selbstkostenpreis (oder gar noch darunter) anbieten. Die Ausnahme der besonders niedrig angesetzten sog. „Dumpingpreise", bei denen ein Anbieter bei jedem verkauften Produkt möglicherweise sogar einen Verlust erleidet, verfolgt die Strategie, längerfristig einen bestimmten Markt bzw. bestimmte Besucher für sich zu erobern bzw. unliebsame Konkurrenten auszuschalten – mit der Zielsetzung, dort langfristig und auf Dauer entsprechende Gewinne zu erzielen. Dies wird allerdings jeder Anbieter nur eine bestimmte Zeit lang durchhalten.

Im Regelfall wird der Anbieter das Produkt mit einem Aufschlag, der entsprechend seinen **finanziellen Gewinn** darstellt, offerieren. Oder, wie es Patrick Mc Kenna, die rechte Hand des weltweit erfolgreichen Musicalkomponisten Sir Andrew Lloyd Webber und Geschäftsführer dessen (bezeichnenderweise „The Really Useful Group Limited" genannten) Unternehmens, vor einiger Zeit ohne Schnörkel auf den Begriff brachte: „Wir wollen so viel Geld verdienen wie irgend möglich." Und die Rechnung scheint aufzugehen: die RUG hatte bis 1994 nicht nur einen Umsatz von 246 Millionen DM erreicht, sondern auch einen Gewinn von mehr als 100 Millionen DM eingespielt. [15] Und in gleichem Sinne äußerte sich der langjährige Geschäftsführer der STELLA, Günter Irmler: „Die Frage ‚Macht Kultur Gewinn' lässt sich für uns mit einem einfachen ‚Ja' beantworten. 1994 machte die STELLA Musical AG mit vier privatwirtschaftlich organisierten Theatern einen Gewinn von 11,4 Mill. DM."[16]

Dieser Zielsetzung der finanziellen Gewinnmaximierung folgend wird der Anbieter sein jeweiliges Produkt so gestalten, dass der Kunde es möglichst oft und umfangreich nachfragt, denn desto höher und dauernder wird der Gewinn ausfallen. Noch einmal über die

RUG: „McKenna ist von dem dauerhaften Erfolg von Andrew Lloyd Webber und seiner Gesellschaft überzeugt (...) Ihm ist es egal, dass die Kritiken schlecht sind (...): ‚Hauptsache, die Leute kommen in unsere Vorstellungen.'"[17] Und Günter Irmler zum gleichen Thema: „Bei der Auswahl der richtigen Show setzt STELLA auf solche Stücke, die sich international bereits erfolgreich bewährt haben. Doch das allein reicht nicht aus – es bedarf auch des richtigen Gespürs für den deutschen Markt. Nicht jeder Broadway-Import trifft auch den Nerv des deutschen Publikums. Grundsätzlich gilt dabei: Voraussetzung für einen großen Musicalerfolg, der sich jahrelang am deutschen Markt behaupten kann, ist zu allererst eine Geschichte, die den Zuschauer bewegt (...) Der Auslöser für die Entscheidung zum Kauf eines Musicaltickets oder einer Musical-Städtereise liegt im Erlebniswert des Produktes selbst: Ein Musical kann das Bedürfnis des Besuchers zu lachen, zu weinen und zu träumen befriedigen. Erst wenn dies möglich wird, ist die Wertigkeit des Erlebten bestätigt, erst so wird der Kaufpreis gerechtfertigt und erst dann ‚macht Kultur Gewinn'."[18]

In diametralem Gegensatz hierzu steht der Satz eines öffentlichen Theaterleiters, des langjährigen Wiener Burgtheater-Intendanten und jetzigen Leiters des Berliner Ensembles, Claus Peymann, der die Zielsetzung und das Selbstverständnis der öffentlichen Theater markiert: „Wir kriegen das Geld nicht, damit wir schön sprechen oder die Leute dauernd zum Lachen bringen. Das auch. Aber vor allem bekommen wir dieses Geld, um Widerstand zu leisten gegen die Macht, gegen die Mächtigen, gegen die schlechten Sitten, gegen die Korruption, gegen das Verbrechen, gegen den Faschismus, gegen die Xenophobie, gegen den Antisemitismus."[19]

Im kommerziellen Kulturbetrieb wird der Anbieter also prinzipiell stets **von der Nachfrage her** denken, d. h. kommerzielle Kulturbetriebe gestalten – eingeschränkt nur durch entsprechende ethische Grenzziehungen – ihre Angebote in aller Regel so, dass sie den Nachfragern gefallen, gemäß der alten Anglerweisheit: „Der Wurm muss dem Fisch schmecken, nicht dem Angler". Und längst verfügt die Marktforschung über die entsprechenden Instrumente, nicht nur vorhandene Bedürfnisse aufzuspüren, sondern auch an der Kreation zukünftiger Wünsche tatkräftig mitzuwirken und die entsprechenden Produkte hierfür zu gestalten. Kommerzielle Kulturanbieter können also direkt auf die Erkenntnisse des Konsumgüter- bzw. Dienstleistungsmarketing zurückgreifen.

Die für kommerzielle Kulturbetriebe somit eindeutig beantwortbare Frage „Macht Kultur Gewinn?"[20] lässt sich für den öffentlichen, explizit **non-profit-orientierten** Kulturbetrieb nicht so einfach lösen. Der Museumsbesuch und die Bibliotheksnutzung beispielsweise sind häufig kostenlos, die Kursgebühren der Musikschule oder der Volkshochschule keineswegs kostendeckend, und das auf der Welt einmalige deutsche System von Staats- und Stadttheatern und Landesbühnen kann nur dank jährlicher öffentlicher Zuwendungen in Milliardenhöhe existieren.

Was definiert also im öffentlichen Kulturbetrieb den „Gewinn", was ist hier das Richtmaß für einen erfolgreichen Austausch zwischen Anbieter und Nachfrager? Die obige, den **Inhalt** des Organisationsziel ausdrücklich offen lassende, Definition von Marketing signalisierte bereits, dass es im Marketing keineswegs nur und ausschließlich um den **finanziellen Gewinn** gehen muss. Die Kernidee von Marketing liegt vielmehr darin, dass zwei Parteien oder Gruppen oder Organisationen **freiwillig** in eine Austauschbeziehung mit Gütern unterschiedlicher Art eintreten. Dabei können Gegenstand des Austausches alle ‚Wertgegenstände' sein, also Geld, Produkte, Zeit, Mühen, Gefühle, emotionale Anstrengungen usw.[21]

So lässt sich beispielsweise das sog. „Sozialmarketing" definieren als der Entwurf, die Durchführung und die Kontrolle von Programmen, die darauf abzielen, das **Urteil** gewisser Zielgruppen über eine soziale Idee, eine soziale Aufgabe oder soziale Praktiken im positiven Sinne zu beeinflussen.[22] Beispiele für Non-Profit-Marketing sind Anti-Raucher-Kampagnen oder Aufforderungen zum Stromsparen. Und auch die Kampagne von Greenpeace gegen das Weltunternehmen *SHELL* anlässlich der Versenkung der Bohrinsel *BRENT SPAR* auf hoher See ist ein Musterbeispiel für eine höchst erfolgreiche Marketingkampagne – im Sinne eines „Gewinns" für die Umwelt.[23]

Zwar geht es auch im Kulturbereich, ebenso wie in der industriellen Produktion bzw. dem Dienstleistungsbereich, sehr häufig um den Austausch manifester Werte, also von Gütern (z. B. das Bild eines Künstlers) bzw. Dienstleistungen (z. B. in das Konzert mit dem Sinfonieorchester) gegen Geld (z. B. die Eintrittskarte) und es ist keineswegs ausgeschlossen, dass mit Kunst und Kultur ein erheblicher finanzieller Gewinn (etwa mit Kunstwerken oder Antiquitäten) erzielt werden kann.[24] Doch darüber hinaus kommt es zu vielfältigen weiteren Austauschbeziehungen, werden neben **materiellen** Dingen wie Geld bzw. Gütern noch viele andere Dinge von Wert ausgetauscht.

So versprechen sich die **Anbieter** öffentlich getragener bzw. unterstützter Kulturleistungen, die nicht gewinnorientiert (und leider viel zu häufig noch nicht einmal nach Wirtschaftlichkeitsprinzipien) arbeiten, vom Austauschprozess einen ganz bestimmten immateriellen bzw. inhaltlichen Nutzen aus ihren diversen Angeboten. Möglicherweise wollen sie die Nachfrager **bilden**, deren **ästhetisches** Urteilsvermögen stärken, deren **soziales** oder **politisches** Bewusstsein fördern, einen **kulturellen Auftrag** erfüllen usw. Ihr Zielsystem definiert sich also nicht vom finanziellem Gewinn her, sondern vom Grad der (vorgegebenen bzw. selbstgesteckten) künstlerischen bzw. kulturellen **inhaltlichen Zielerreichung** her. Gelingt es etwa dem Stadttheater, seine künstlerischen Ziele im Laufe von einer Spielzeit erfolgreich zu realisieren? Kann die Musikschule ihre bildungspolitischen Zielvorgaben umsetzen? Kann der Kunstverein sein ästhetisches Programm verwirklichen? usw.

Aber auch die **Nachfrager** kultureller Angebote bringen ihrerseits vielfältige Leistungen in den Austauschprozess ein. Da sind zunächst einmal ganz bestimmte **finanzielle** Leistungen; so entstehen beispielsweise für einen Theaterbesuch gewöhnlich neben der (hochsubventionierten) Eintrittskarte Kosten für An- und Abfahrt, vielleicht für den Parkplatz, für Programmheft, Pausensnack, möglicherweise Friseurbesuch, Garderobe, Babysitter usw. Darüber hinaus wird wertvolle **Zeit** in Anspruch genommen: nicht nur die Zeitkosten für die Dauer der Aufführung, sondern auch die Zeit für An- und Abreise, für Parkplatzsuche, für die notwendigen Vorinformationen (Was wird nächsten Samstag gespielt? Wie war das Stück im Feuilleton besprochen? Was sagt der Opernführer dazu? Wo sind Tickets erhältlich?) bzw. Nachbereitung (z. B. wird das Stück vielleicht zu Hause noch einmal nachgelesen, weil der Regisseur es bis zur Unkenntlichkeit verändert hat) fließen in die Zeitkalkulation ein.

In aller Regel entstehen auch (möglicherweise unerwünschte) **Kommunikationskosten** vor, nach und in der Pause der Vorstellung, die man u. U. vermeiden will, wenn man den ganzen Tag in Konferenzen und Besprechungen zugebracht hat und am liebsten mit niemand mehr reden möchte usw. Den Zuschauern entstehen darüber hinaus aber auch **emotionale Kosten**, etwa bei kritischen Schauspielaufführungen wie Peter Weiss' „Die Ermittlung". Und sie haben sich gewissen **intellektuellen** bzw. **geistigen Anstrengungen**, etwa bei einem modernen Musikstück, zu unterziehen.

Natürlich sind diese Kosten (zumindest teilweise) umgekehrt auch **Nutzenfaktoren**: vielleicht freut man sich ja gerade auf die intellektuelle Herausforderung (wenn man den ganzen Tag in nervtötenden Sitzungen verbracht hat); möglicherweise liegt der Reiz der abendlichen Veranstaltung in der zwanglosen Kommunikation, wenn man gleich interessierte und engagierte Menschen trifft; unter Umständen sucht man gerade die Provokation eines zeitgenössischen Musikstücks, als Antimittel gegenüber der allgegenwärtigen musikalischen Dauerberieselung usw.

Die möglichen Nachfrager öffentlicher Kulturangebote sind dabei – es wurde oben bereits darauf hingewiesen – einer Vielzahl anderer, konkurrierender Angebote ausgesetzt. Sie wägen bei ihren Entscheidungen – wie der oben von Schulze so anschaulich beschriebene Großstadtbewohner, der gerade dabei ist, sein Wochenende zu planen – die sog. „Opportunitätskosten" jedes einzelnen Angebotes sorgfältig ab: was bringt mir der Besuch einer kulturellen Veranstaltung und was kostet er mich andererseits? „Das grundlegende ökonomische Prinzip der Knappheit besagt, dass, wenn man sich für eine Sache entscheidet, eine andere dafür aufgegeben werden muss (…) Die so entstehenden **Opportunitätskosten** bestimmen den Wert der eingesetzten Ressourcen. Neben Arbeit und Kapital stellt insbesondere auch die Zeit eine knappe Ressource dar. Jeder muss sich entscheiden, ob er seine Zeit der Kunst widmet (sei es als Produzent oder als Konsument) oder einen alternativen Verwendungszweck wählt."[25] Die kulturinteressierten Menschen sind dementsprechend nur dann bereit, sich in diesen Austauschprozess zu begeben, wenn sie sich hiervon nicht nur irgendeinen – wie immer definierten – Nutzen versprechen (Bildungsgewinn, ästhetische Erbauung, Belehrung, Dabeisein, soziale Kontakte, Unterhaltung, Mitredenkönnen, Erlebnisse welcher Art auch immer usw.), sondern wenn dieser Nutzen die dafür eingesetzten Kosten (Geld, Zeit, intellektuelle Anstrengungen, Emotionen, Kommunikationskosten usw.) übersteigt.

Um Nachfrager für das eigene Angebot zu gewinnen, kann der Anbieter daher prinzipiell zwei verschiedene Strategien wählen: zum einen kann er den **Produktwert steigern**, zum anderen die **Kosten der Nachfrager senken**. Da hierauf im Folgenden immer wieder und ausführlich eingegangen wird, seien die beiden möglichen Grundstrategien hier nur kurz erläutert.

• Der **Produktwert** kann z. B. dadurch gesteigert werden, dass zusätzlich zu dem Produkt weitere (u. U. kostengünstige bzw. kostenlose) Zusatzleistungen (wie etwa das Begleitheft zur Ausstellung) oder Dienstleistungen (z. B. Führung durch die Ausstellung, Eintrittskarte gleichzeitig ÖPNV-Ticket usw.) angeboten werden, dass der Imagegewinn erhöht wird (z. B. durch das Angebot von Exklusivveranstaltungen durch besondere Betreuung im VIP-Service, durch Vorzugskarten usw.).

• Die **Kosten** der **Nachfrager** können ebenfalls durch gezielte Maßnahmen gesenkt werden, so die finanziellen z. B. durch ein kostenloses Parkplatzangebot, verbilligte Eintrittskarten, Rabatte; die zeitlichen Kosten durch die regelmäßige Zusendung des Veranstaltungskalenders, durch Buchungsmöglichkeiten per Internet oder E-Mail usw.

Sowohl kommerzielle wie öffentliche Anbieter bedienen sich dieser Strategien. An einem entscheidenden Punkt allerdings werden sich die Anbieter **öffentlicher** Kulturprodukte – sehr zu recht – weigern, die Kosten zu senken: alles, was die **inhaltliche** bzw. **ästhetische Dimension** des Produkts betrifft, kann nicht kostengünstiger angeboten werden! Kein verantwortungsbewusster Intendant eines öffentlich finanzierten Theaters wird sich bereit erklären, die emotionalen bzw. die intellektuellen Kosten eines Theaterstückes zu senken, damit mehr Zuschauer kommen! Kein ernst zu nehmender Musikschullehrer wird seine qualitativen Maßstäbe im

Geigenunterricht nach unten öffnen, um dadurch mehr Schüler zu erhalten!

Öffentlichen Kulturbetrieben, die ihre Legitimation gerade nicht aus dem Prinzip der Gewinnmaximierung ableiten, ist also der Weg der beliebigen Produktanpassung an den jeweiligen Publikumsgeschmack nicht nur versperrt, sondern sie würden geradezu die Legitimation der öffentlichen Subventionierung verlieren, wenn sie ihre Produkte und Dienstleistungen an der jeweiligen Nachfrage orientierten. (Das Sekretariat für gemeinsame Kulturarbeit in Nordrhein-Westfalen hat dies bereits vor Jahren prägnant in der Formel zusammengefasst: „Fördern, was es schwer hat"). Im Vordergrund der Arbeit öffentlich getragener oder subventionierter Kulturbetriebe steht vielmehr immer die möglichst optimale Realisierung ihrer jeweiligen künstlerischen, kulturellen, ästhetischen, bildungspolitischen usw. Zielsetzung, denn nur aus ihr heraus sind sie kulturpolitisch legitimiert und von dem Zwang befreit, gewinnorientiert arbeiten zu müssen.

> Damit ist der Grad der **inhaltlichen** bzw. **ästhetischen Zielerreichung** das entscheidende (wenn häufig auch nicht leicht zu fassende) Beurteilungskriterium für den Erfolg bzw. Misserfolg einer Kultureinrichtung.

Wenn gesagt wird, dass dieses inhaltliche bzw. ästhetische Kriterium nicht leicht zu fassen ist, so heißt dies aber keineswegs, dass es **beliebig** ist. Sei es die (jeweils gattungsspezifische) öffentliche Meinung (wie sie sich etwa in allen Formen der Fachkritik, sei es in der Presse, in Hörfunk und Fernsehen ausdrückt), sei es die Anerkennung durch die Fachwelt, durch Kolleginnen und Kollegen, sei es durch Jurys (die sich beispielsweise in Einladungen zu Gastspielen oder Theatertreffen niederschlägt) oder sei es das Interesse von Künstlerinnen und Künstler, in einem bestimmten Museum ausstellen oder an einem bestimmten Theater arbeiten zu wollen, die einen hervorragenden Ruf genießen – all dies sind durchaus messbare, qualitative Kriterien der Erreichung inhaltlicher und ästhetischer Zielvorgaben.

Wenn also das im öffentlichen Kulturbetrieb erstellte Produkt aus

Gründen der inhaltlichen und ästhetischen Zielsetzung nicht nur nicht beliebig der Nachfrage angepasst werden darf, sondern im Gegenteil dessen Profil besonders scharf herausgearbeitet werden muss, so wird unmittelbar klar, welche herausragende Rolle sowohl **die Strategie der Erhöhung des Produktwertes** (die allerdings nicht in die inhaltliche bzw. ästhetische Substanz des Produktes eingreift) wie auch die **Strategie der Kostensenkung** der übrigen Elemente des Austauschprozesses spielen.

Kultur-Marketing in öffentlichen Kulturbetrieben muss also immer zwei Ziele möglichst optimal verwirklichen:

(1) zum einen sind die vorgebenen bzw. selbstgesteckten inhaltlichen Zielsetzungen so gut wie möglich zu realisieren und dabei

(2) andererseits den anvisierten Interessentenkreis so weit wie möglich zu erreichen.

Weder die inhaltlich und ästhetisch wertlose Theateraufführung, die stets volle Häuser bringt, noch die höchsten Ansprüchen genügende Inszenierung, die vor leeren Stuhlreihen gegeben wird, kann die Kulturmanagerin, den Kulturmanager im öffentlichen Kulturbetrieb zufrieden stellen. Dies bedeutet, dass die künstlerischen Ziele der Kulturorganisation einerseits und die Bedürfnisse des Publikums andererseits so in Einklang miteinander zu bringen sind, dass die Ziele des einen erreicht und die Bedürfnisse des anderen zufrieden gestellt werden.[26] Dass dies eine keineswegs leichte Aufgabe, sondern stets ein schwieriger Balanceakt ist, muss nicht betont werden.

Leider ist vor allem in öffentlichen Kultureinrichtungen sehr häufig anschaulich zu beobachten, wie beide Zieldimensionen miteinander vermischt werden. Wie der Kultursoziologe Schulze ironisch feststellt[27], ist besonders hier der „Erfolg eine selbst konstruierbare Größe", ganz nach dem Motto: „Ist der Saal ausgebucht, ist die Veranstaltung erfolgreich; ist der Saal leer, war das Niveau eben so hoch, dass es nur etwas für wirkliche Kenner war – und davon gibt es leider nicht so viele". Deshalb bedarf die inhaltliche Festlegung notwendigerweise einer Ergänzung (und damit Selbstfestlegung des/der Kulturmanager/in) dahingehend, dass nämlich das angestrebte (und deshalb vorher möglichst exakt zu definierende) Publikum auch tatsächlich möglichst weitestgehend erreicht wird – und dies nicht zuletzt aus Verantwortung gegenüber den verpflichteten Künstlerinnen und Künstlern!

Hieraus ergibt sich schließlich die Definition:

> Kultur-Marketing in öffentlichen Kulturbetrieben ist die Kunst, jene Marktsegmente bzw. Zielgruppen zu erreichen, die aussichtsreich für das Kulturprodukt interessiert werden können, indem die entsprechenden Austauscheigenschaften (z. B. Preis, Werbung, Vertrieb, Service usw.) dem künstlerischen Produkt bzw. der kulturellen Dienstleistung möglichst optimal angepasst werden, um dieses mit einer entsprechenden Zahl von Nachfragern erfolgreich in Kontakt zu bringen und um die mit der allgemeinen Zielsetzung des Kulturbetriebs in Einklang stehenden Ziele zu erreichen.[28]

1.3 Die Bedeutung von Kultur-Marketing für den öffentlichen bzw. Non-Profit Kulturbetrieb

Seit Beginn der neunziger Jahre befassen sich auch öffentliche Kulturbetriebe in Deutschland (mehr oder weniger zögerlich) mit Fragen des Kultur-Marketings. Von Kritikern wird dabei häufig die Auffassung vertreten, dies geschehe eher der Not gehorchend denn aus Überzeugung und vor allem deshalb, weil sich der Staat (aus schierer Finanznot oder gestalterisch bewusst „neoliberalen" Grundsätzen folgend) immer mehr aus seiner kulturellen Verantwortung zurückziehe, das Feld Sponsoren oder ehrenamtlichem (und das heißt in den Augen der Kritiker zumeist und vor allem: kostengünstigem) Engagement überlasse und seine Einrichtungen der rauhen Luft des Marktes aussetze.

Bei aller möglicher Berechtigung im Detail – was etwa die Finanzlage der öffentlichen Hand oder die eine oder andere kulturpolitische Position betrifft – greift diese Kritik insgesamt (bei nach wie vor ca. 16 Milliarden öffentlicher Zuwendungen auf den Ebenen von Bund, Länder und Gemeinden pro Jahr für Kultur!) viel zu kurz. Tatsächlich machen eine ganze Reihe anderer gewichtiger Aspekte deutlich, welche Bedeutung zukünftig die Beschäftigung mit Marketing für öffentliche Kulturbetriebe haben wird. Zugespitzt gesagt:

auch wenn sich in (noch keineswegs absehbaren) fernen Zeiten die Finanzlage der öffentlichen Hand wieder entscheidend verbessern sollte, wird im öffentlichen Kulturbetrieb wenig noch so sein wie in der Aufbruchsstimmung einer neuen Kulturpolitik seit Mitte der siebziger und achtziger Jahre – und zwar nicht zuletzt deshalb, weil sie ihr Programm so erfolgreich umgesetzt und damit die Rahmenbedingungen der Kulturpolitik grundlegend verändert hat.

Welche Veränderungen, die einerseits Risiken, andererseits aber mindestens ebenso große Chancen für den öffentlichen Kulturbetrieb darstellen, sprechen für eine verstärkte Befassung mit Kultur-Marketing? Hierauf soll kurz eingegangen werden.

• Das zumeist als erstes angesprochene **finanzielle** Argument ist natürlich keineswegs von der Hand zu weisen. Betrachtet man alleine die gesamten Kulturausgaben der Städte und Gemeinden, die in Deutschland hauptsächlich die Träger der Kulturarbeit vor Ort sind, so ist festzustellen, dass nach zwanzig Jahren eines stetigen und in aller Regel überproportionalen (verglichen mit der Teuerungsrate bzw. der allgemeinen Haushaltsentwicklung der Kommunen) Zuwachses der kommunalen Kulturausgaben 1995 erstmals ein prozentualer Rückgang von –1,2 % bei den **Kulturausgaben insgesamt** und, was noch gravierender ist, von –2,4 % bei den **laufenden Kulturausgaben** (Verwaltungshaushalt) zu verzeichnen ist.[29]

Dieser erstmals festzustellende Rückgang ist vor allem deshalb so gravierend, weil Kultureinrichtungen in aller Regel ausgesprochen personalintensiv sind. Besonders bei den großen, kostenträchtigen Kultureinrichtungen wie den Orchestern und Theatern, aber auch den Musikschulen, den Volkshochschulen usw. sind ca. 85 % der Ausgaben Aufwendungen für Löhne und Gehälter, also Personalkosten. Die auf Bundes- bzw. Länderebene ausgehandelten Tarifabschlüsse sind von den betroffenen Einrichtungen selbst nicht zu steuern (etwa die BAT-Tarife in Museen, Musikschulen, Volkshochschulen, Stadtbibliotheken usw.), müssen von diesen allerdings übernommen werden. Darüber hinaus lassen die Personalkosten sich auch nur sehr bedingt durch gesteigerte Produktivität (z. B. verbessertes Management) senken. Dadurch wird rasch deutlich, dass bei wachsenden Personalkosten und sinkenden Gesamtzuschüssen dies entweder zu Personalabbau führen oder zu Lasten der sog.

sonstigen Ausgaben führen wird. Hierunter fallen dabei in aller Regel zum einen die Sachkosten innerhalb der einzelnen Einrichtungen (im Theater beispielsweise Bühnenbilder, Kostüme, Programmhefte, Werbung usw.), zum anderen die Zuschüsse an freie Kulturträger.

Angesichts dieser finanziellen Situation sind die öffentlichen Kultureinrichtungen – neben aller Sparsamkeit – gezwungen, zum einen trotzdem so weit als möglich ihre Ausgaben zu senken, andererseits aber ihre Einnahmen zu erhöhen. Dies ist zum einen möglich durch eine **Steigerung der Erlöse** (durch Eintrittsgelder, Unterrichtsgebühren, Beiträge usw.), zum anderen durch die **Erschließung neuer Finanzierungsquellen** (wie Sponsoring, Fundraising, Merchandising, Licensing, Vermietungen usw.).[30] In beiden Fällen der Einnahmensteigerung spielt Marketing eine zentrale Rolle.

• Auf die Bedeutung der **wachsenden Konkurrenz** zwischen öffentlichen und privat getragenen Kultureinrichtungen wurde bereits hingewiesen. Betrachtet man beispielsweise die in der Theaterstatistik erfassten Theaterbesuche seit der Spielzeit 1991/92 (als erstmals eine einheitliche, gesamtdeutsche Theaterstatistik veröffentlicht wurde), so ergibt sich zunächst, dass Jahr für Jahr die Zahl der Theaterbesuche kontinuierlich ansteigt, von rund 29,2 in 1991/92 auf rd. 36,2 Millionen in 1998/99, also eine Erhöhung um 8 Millionen Besuche in acht Spielzeiten. Von der so oft behaupteten „Theatermüdigkeit" des Publikums kann also keine Rede sein! In dieser Statistik sind allerdings nicht nur die öffentlichen Theater, also die Staats-, Stadt- und Landestheater erfasst, sondern ebenso die sog. Privattheater. Hinter dieser Kategorie verbergen sich zwei ganz unterschiedliche Typen: auf der einen Seite die sog. freien Theater, die in aller Regel nicht-kommerziell arbeiten und sehr häufig (in gewissem Umfang) staatliche Zuwendungen erhalten und zweitens die rein kommerziell orientierten Musicaltheater.

Differenziert man die Besuchszahlen zwischen öffentlichen und privaten Theater, so ergeben die Zahlen für die öffentlichen Theater allerdings ein weniger erfreuliches Bild: während nämlich die Besuche **öffentlicher** Theater seit Jahren bei etwa 22 bis 23 Millionen **stagnierten** und in den Spielzeiten 95/96 und 96/97 und 1998/99 sogar zurückgingen, **stiegen** die Besuchszahlen privater Theater seit

1991/92 kontinuierlich: von rund 7,2 Mill. auf rd. 11,0 Millionen in 1998/99, also ein Zuwachs von vier Millionen in nur acht Spielzeiten! War das Verhältnis Besuche öffentlicher Theater zu Privattheatern in der Spielzeit 91/92 noch 75 % zu 25 %, so veränderte sich diese Relation kontinuierlich innerhalb von nur acht Spielzeiten auf 66 % zu 34 % zugunsten der Musicaltheater! Zugespitzt kann also gesagt werden: immer mehr Menschen besuchen Theater, aber immer weniger gehen in öffentliche (im Vergleich zu privaten).

Die zunehmende privatwirtschaftliche Konkurrenz betrifft keineswegs nur die Theater, sondern nahezu alle öffentlichen Kultureinrichtungen, wie das zweite Beispiel zeigt. In einer in der *Frankfurter Allgemeinen Zeitung* veröffentlichten Beilage zum Thema Franchise[31] fanden sich in der Top-30-Franchise-Hitparade der Vollexistenzen (nach Zuwächsen der Franchise-Nehmerbetriebe) 1998 unter den ersten zehn Wachstumsstars zwei Privatmusikschulen: auf Platz 4 die YAMAHA-Musikschulen mit einem Zuwachs gegenüber dem Vorjahr von 14,4 %, auf Platz 8 die *Musikschule Fröhlich* mit einem Wachstum von 9,5 %.

Wenn manche Musikschulen die notwendige Auseinandersetzung mit der privaten Konkurrenz (und somit auch mit dem Thema Kultur-Marketing) immer noch unter Hinweis auf die eigenen langen Wartelisten abtun, so kann sich dies langfristig gesehen als höchst problematische Strategie erweisen! Welcher Gemeinderat mag nicht insgeheim – gerade in Zeiten öffentlicher Finanznot – mit dem Gedanken spielen, die kommunale Musikschulnachfrage durch private Anbieter zu befriedigen? Und welche private Musikschule, die (kaum geheim zu haltende) Informationen über lange Wartelisten hat, wird hier nicht versuchen, vor Ort ein entsprechendes Angebot aufzubauen? Nur durch die Entwicklung von entsprechenden Marketingaktivitäten (wie z. B. eine detaillierte, systematische und permanente Konkurrenzanalyse) können sich öffentliche Kultureinrichtungen längerfristig erfolgreich gegenüber privatwirtschaftlicher Konkurrenz behaupten.

• Als eine Folge sowohl der wachsenden Finanznot wie auch des steigenden Konkurrenzdrucks ist eine **zunehmende Professionalisierung** des gesamten Kulturbetriebs seit Ende der achtziger Jahre zu beobachten. Ging es im öffentlichen Kulturbetrieb in den siebziger und achtziger Jahren noch vornehmlich darum, die Betriebe und die finanziellen Mittel möglichst ordentlich zu verwalten und neue Angebote zu entwickeln, so stehen seit Beginn der neunziger Jahre ganz andere Herausforderungen im Raum. Öffentliche Kultureinrichtungen stehen mehr und mehr auf dem Prüfstand der Effizienz und müssen sich zunehmend um die Akquisition von Finanzmitteln aus dem Privatbereich (Sponsoring, Fundraising, Public-Private-Partnership usw.) bemühen.

Weitere Indikatoren dieser Professionalisierung sind die Einrichtung von Kultur-Management-Studiengängen auch in Deutschland (nachdem in anderen Länder dies bereits sehr viel früher erfolgte), das rapide Anwachsen entsprechender wissenschaftlicher Forschungen, das fast schon als explosionsartig zu bezeichnende Erscheinen entsprechender Literatur, vor allem von Praxishandbüchern[32], von Einführungen in den Bereich Kultur-Management[33], von Studienbriefen[34] sowie die Gründung von fachspezifischen Beratungsgesellschaften usw.

• In dem oben beschriebenen Konkurrenzkampf haben die öffentlichen Kulturbetriebe zunächst mit einem kaum zu unterschätzenden Nachteil zu kämpfen. Sie sind ebenso wie die kommerziellen Kulturanbieter auch **kundenorientierte Dienstleistungsbetriebe**, werden aber vielfach immer noch nach Kriterien der **Ordnungsverwaltung** (wie das Pass- und Meldewesen, die Kämmerei, das Sozialamt, das Ordnungsamt, das Rechtsamt usw.) geführt: das Museum z. B. als städtisches Amt, das Theater als Regiebetrieb, die Musikschule als Abteilung des Kulturamtes usw.

Schon vor Jahren hat dies der geschäftsführende Direktor der Frankfurter Oper, Martin Steinhoff, ironisch auf den Punkt gebracht: „Wer ein Opernhaus betritt, betritt die Räumlichkeiten einer Behörde. Diese Behörde ist seit Jahren und Jahrzehnten als Behörde geführt worden, das heißt sie ist immer etwas **der Logik der Geschichte von Behörden** gefolgt. Diese Logik heißt: mehr im nächsten Jahr zu bekommen, als man bereits im letzten Jahr hatte. Das ist nicht die Logik der Künstler in der Oper, das ist die **Logik dieser Institutionen.** Im Einwohnermeldeamt, im Garten- und Friedhofsamt, bei den Stadtwerken wird man genau die gleiche Logik finden. Im Stellenplan etwas mehr, das Budget etwas größer, das ist die Perspektive fürs nächste Jahr. Und die Stadt, die Parlamente, die Politiker, die Ausschüsse, die Journalisten leben mit dieser Logik und haben es nicht verstanden, eine dynamische, eine unternehmerische Logik auch für diese Betriebe jemals wirklich zu akzeptieren. Ein großer Teil der Probleme aller Opernhäuser hat etwas zu tun mit der Behördenhaftigkeit ihrer staatlichen und städtischen Führung. Zum Beispiel der unglaubliche Personalberg: wie in allen öffentlichen Betrieben hat man Probleme immer nur gelöst mit Personal."[35]

Grundsätze, die für eine Ordnungsverwaltung durchaus Sinn machen, erweisen sich für kundenorientierte Dienstleistungseinrichtungen, wie sie Kulturbetriebe nun einmal darstellen, häufig als ausgesprochen kontraproduktiv. Zu nennen ist hier an erster Stelle das Rechnungswesen der öffentlichen Hand, die sog. Kameralistik[36]. Aber auch das Personalwesen, die Aufbauorganisation der Verwaltung mit ihren sprichwörtlich langen Dienstwegen, das öffentliche Dienstrecht usw. stehen dem flexiblen Erbringen einer Dienstleistung entgegen.

Die öffentlichen Träger (seien es die Bundesländer, seien es die Kommunen) schlagen deshalb mittlerweile – wenn sie nicht bloß weitermachen wie bisher – in der Regel zwei verschiedene Reformwege ein. Zum einen überführen sie eine nach öffentlichem Recht geführte Einrichtung in eine privatrechtliche Organisationsform (meistens in eine [gemeinnützige] GmbH, in einen Verein oder eine Stiftung)[37], um auf diese Weise mehr Flexibilität zu erreichen. Oder sie dezentralisieren im Rahmen der sog. **Neuen Steuerungsmodelle** sowohl Ressourcen als auch Verantwortungen und stärken und motivieren damit die Eigentätigkeit der öffentlichen Kultureinrichtungen[38]. Beide Wege ermöglichen nicht nur eine stärkere Besucherorientierung („Der Bürger als Kunde"), sondern sie erfordern vielmehr vehement verstärkte Marketinganstrengungen.

• Neben diesen finanziellen und strukturellen Aspekten, die verstärkt seit Beginn der neunziger Jahre die Rahmenbedingungen öffentlicher Kulturbetriebe nachhaltig veränderten und weiterhin verändern werden, erhöhte vor allem der seit Beginn der siebziger Jahre zu beobachtende tief greifende **gesamtgesellschaftliche Wandel** (der amerikanische Soziologe Ronald Inglehard analysierte ihn bereits 1977 unter dem Begriff der „Silent Revolution" als einen Wertewandel von materiellen hin zu postmateriellen Werten[39]) den Stellenwert von Kultur und Kunst. Schlicht und einfach gesagt: Immer mehr Menschen nehmen an Kunst und Kultur teil (wie die ständig steigenden Besuchs- bzw. Teilnehmerzahlen der Theater[40], der Museen[41], der Musikschulen usw. eindrucksvoll belegen) und lassen diese zu einem selbstverständlichen Teil ihres Alltags werden.

Dass dies so ist, hat eine ganze Reihe von soziologischen Ursachen, aber auch Gründe, die in Entwicklungen der (post-)modernen Kunst selbst liegen. Den sicherlich wichtigsten **gesellschaftlichen** Grund bezeichnete der Soziologe Ulrich Beck schon 1986 als den „Fahrstuhl-Effekt", wenn er feststellt, dass die Besonderheit der sozialstrukturellen Entwicklung in der Bundesrepublik dadurch geprägt ist, dass die ‚Klassengesellschaft' **insgesamt** eine Etage höher gefahren wird; es gibt dadurch – bei allen sich neu einpendelnden oder durchgehaltenen Ungleichheiten – ein **kollektives Mehr** an Einkommen, Bildung, Mobilität, Recht, Wissenschaft, Massenkonsum.[42]

Und nicht zuletzt eine so überaus erfolgreiche Politik der „Kultur für alle" mit ihrem Konzept der Demokratisierung von Kultur und der von ihr geschaffenen Ausweitung des Kulturangebotes seit Mitte der siebziger Jahre mit immer neuen Museen, Veranstaltungsorten, soziokulturellen Einrichtungen usw. sowie der von ihr propagierten und durchgesetzten Erweiterung des Kulturbegriffes („Kultur von allen") hat dazu geführt, dass Kunst und Kultur für zunehmend mehr Menschen Teil der Alltagswirklichkeit werden.[43] Dies bietet für öffentliche Kultureinrichtungen die Möglichkeit und Herausforderung, neue Interessenten, Besucher und Teilnehmer zu gewinnen.

• Die Kulturbesucher wurden und werden in jeder Hinsicht immer **flexibler** und vor allem auch **geographisch mobiler**. Die sich ständig verbessernde verkehrstechnische Infrastruktur einerseits und die wachsende Attraktivität von Ausstellungen, Theateraufführungen, Konzerten, Festspielen, ja im Sonderfall selbst die regelmäßige Teilnahme am Musikschulunterricht andererseits lassen, die Besucherinnen und Besucher immer weitere Wege zu Kunst- und Kulturangeboten zurücklegen. So ermittelten die Salzburger Festspiele in einer Untersuchung von 1998, dass nur 40 % ihrer Besucher aus

Österreich kamen (und hiervon nur ein Viertel aus dem lokalen oder regionalen Raum), 60 % dagegen internationales Publikum sind.[44]

Eine Begleituntersuchung zur Renoir-Ausstellung der Kunsthalle Tübingen (von Januar bis Mai 1996) ergab u. a., dass 20,1 % der Besucher zwischen 100–200 km und gar 41,3 % mehr als 200 km Anfahrtsweg zur Ausstellung zurücklegten, d. h. mehr als 60 % der Besucher von außerhalb der Region kamen.[45] Und sogar Musikschulen, die normalerweise einen lokalen Einzugsbereich haben, locken bei hervorragender Angebotsqualität ihre Schüler durchaus in einem Einzugsbereich von bis zu 40 km, wie das Beispiel der baden-württembergischen Mittelstadt Trossingen zeigt.

Wenn der ehemalige Bundespräsident Roman Herzog in seiner Rede zum 150. Bestehen des Deutschen Bühnenvereins forderte, dass die Bevölkerung in einer Stadt sich permanent und fest mit ihrem Theater identifizieren solle und dass es prononciert ,ihres' sein sollte, genauso wie ,ihr' Fußballklub[46], so klingt dies auf den ersten Blick einleuchtend, übersieht aber die Realität sowohl der Fußballklubs wie der Theaterbesucher. Denn so wie erstere ihre Fanclubs (zumindest in der ersten Liga) mittlerweile längst bundesweit haben, orientieren sich Theaterbesucher zunehmend überregional, insbesondere in Ballungsgebieten. Die Neueinrichtung einer ICE-Trasse zwischen zwei Städten oder der dreispurige Ausbau einer Autobahn und die damit verbundene Verkürzung der Fahrtzeiten können ggf. Publikumsströme wirksamer und nachhaltiger umlenken als ein glückloser Theaterintendant. Qualität des Angebots und Erreichbarkeit werden somit zunehmend zu zentralen Kriterien für die Besucherbindung.

• Nicht zuletzt auf Grund der o. a. **Erweiterung des Kulturbegriffs** veränderte sich in den letzten Jahrzehnten immer mehr das, was unter Kunst und Kultur verstanden wurde und wird. So fand beispielsweise das Institut für Demoskopie in Allensbach heraus, „unbedingt zur Kultur gehörten" 1984 für 85 % der Befragten Goethes Werke (1991 waren dies nur noch 79 %), für 80 % die Musik von Mozart (gegenüber nur noch 76 % in 1991) oder für 65 % Volkslieder (56 %). Umgekehrt gehörten unbedingt zur Kultur in 1991 für 40 % die Bilder von Salvatore Dali (gegenüber 27 % in 1984) oder für 18 % die Werke von Josef Beuys (gegenüber 12 % in 1984) oder für 14 % Jazz in Kellerkneipen (gegenüber 10 %).[47]

Damit erweitert sich die bereits oben angesprochene Konkurrenzsituation des öffentlichen Kulturbetriebes noch einmal in einer anderen Dimension: denn plötzlich gilt vieles als Kultur (oder gar als Kunst), was vor dreißig, vierzig Jahren noch aus diesem hehren Bezirk verbannt war: Pop- und Rockmusik, Straßentheater, Installationen und Performances, aber auch Lebensstil, Ess- und Trinkkultur erheben legitimen Anspruch auf Interesse (und das heißt Zeit und Geld) der Menschen.

Neben diesem zu allen Zeiten zu beobachtenden kulturellen Geschmackswandel fällt in den letzten Jahren zunehmend auf, dass sich die Grenzen von „E" (wie „ernst") und „U" (wie „unterhaltend") zunehmend auflösen. Schon Anfang der neunziger Jahre schrieb Konrad Heitkamp mit Blick auf den Musikbereich unter dem Titel: „Weder E noch U": „Es scheint noch nicht ins Bewusstsein vorgedrungen zu sein: Die Demontage der Schlagbäume an der Grenze zwischen U- und E-Land war nicht die Idee von Gremien, Kritikern, Institutionen, Kulturverwaltern, meint auch nicht musikalisches Tutti-Frutti oder kulturellen Ausverkauf, nein, sie beruht vielmehr auf einem Faktor, der stillschweigend übergangen wird: das Publikum (...) Das Publikum, soviel ist sicher, kümmert sich wenig darum: Kultur ist was gefällt, eine universelle Mixtur, und die Diskussion über eine neue Grenze bleibt Feuilleton-Puzzle. Es ist das Publikum, das sich frei bewegt, herumschnüffelt und ausprobiert."[48]

Diese „freie Bewegung" und das „Herumschnüffeln" – verbunden mit dem Wunsch, sich nach Möglichkeit erst in allerletzter Minute entscheiden zu müssen – bekommen beispielsweise die öffentlichen Theater in der Buchungspraxis ihrer Besucher längst deutlich zu spüren. In den acht Spielzeiten von 91/92–98/99 fiel der Anteil der per **Abonnement** abgesetzten Karten von 24,6 % auf 21,7 %, also ein Rückgang von fast 3 %. Der Anteil der durch **Besucherorganisationen** abgesetzten Karten fiel in diesen Spielzeiten kontinuierlich gar von 18,9 % auf 14,4 %, also ein Rückgang von 4,5 %. Fasst man dies zusammen, so sank der Anteil der längerfristig sich an ein Theater bindenden Besucherinnen und Besucher in nur acht Spielzeiten von 43,5 % auf 36,1 %, also um ca. 7 %![49]

Wollen die öffentlichen Kultureinrichtungen diesem Publikums-schwund nicht nur tatenlos zusehen, müssen sie wirksame Marke-tingaktivitiäten entfalten und ihre Angebote entsprechend auf dem Nachfragermarkt plazieren.

• Dem gesellschaftlichen Wandel, der mehr Menschen Kunst und Kultur als etwas Alltägliches empfinden lässt, korrespondiert, wie bereits angesprochen, eine **ähnliche Bewegung in den Künsten**. Am Ende des 20. Jahrhunderts beobachten wir, dass sich unter dem Be-griff der Erlebnisgesellschaft bzw. eng damit zusammenhängend, dem des Lebensstil, auf der **kollektiven**, d.h. **gesamtgesellschaftli-chen** Ebene ein Phänomen durchsetzt, das so schon Ende des 19., Anfang des 20. Jahrhunderts, dort allerdings als **individuelle** Er-scheinung in der Gestalt des Dandy oder als **avantgardistische Grup-penbewegung** wahrzunehmen war: Das Leben, der Alltag sollen nach künstlerischen bzw. kulturellen Kriterien gestaltet werden. Pe-ter Bürger fasst diese Ansätze in seiner „Theorie der Avantgarde"[50] dahingehend zusammen: „Die Intention der Avantgardisten lässt sich bestimmen als Versuch, die ästhetische (der Lebenspraxis op-ponierende) Erfahrung, die der Ästhetizismus herausgebildet hat, ins Praktische zu wenden. Das, was der zweckrationalen Ordnung der bürgerlichen Gesellschaft am meisten widerstreitet, soll zum Or-ganisationsprinzip des Daseins gemacht werden."

Doch erst in der postindustriellen Wohlstandsgesellschaft des letzten Drittels des 20. Jahrhunderts scheint sich in der sog. Post-moderne die Kluft zwischen Alltag und Kunst zunehmend zu ver-ringern. „Gebildet (...) zu sein, schließt heute ein, sich auch mit Po-pulärkultur auszukennen, nicht nur mit der hochgezüchteten Avantgarde, die ohnehin nicht so leicht zu identifizieren ist und im Verdacht der Scharlatanerie steht. Der Kanon von ‚gutem Ge-schmack' und Elitismus in der Kultur hat sich zwar keineswegs ganz aufgelöst, aber er ist viel reflektierbarer geworden", wie Heinz Stei-nert jüngst in seinem Buch über die Kulturindustrie plastisch be-schreibt. „Wir verstehen heute Geschmacks-Kulturen tolerant als einfach verschieden, die Pflege exklusiver Kultur-Vorlieben als (ver-suchten) Ausweis von Zugehörigkeit, die Hierarchie der Kulturwer-te sehen wir als aufgelockert. Unter den Gebildeten ist Vielfalt der Kultur-Kenntnisse und Reflektiertheit des Umgangs mit diesen vielen Angeboten zum Ausweis von besonderer Kompetenz geworden. Gebildet ist, wer nicht nur über Schönberg, sondern auch über Autorennen verständig reden kann (...) man will (...) wieder sein Vergnügen an dem Warenangebot in seiner ganzen Breite haben."[51] Und Siegfried Hummel, Münchens früherer Kulturreferent, wird mit dem Satz zitiert, man gehe eben heute in die Oper, morgen zu einem Avant-Garde-Spektakel, um sich übermorgen bei der Schaumparty zu treffen.[52]

• Diese Entwicklung erhält ihre besondere Relevanz dadurch, dass die Menschen nicht nur regional, sondern auch **sozial immer mobiler** werden. Bis in die siebziger und achtziger Jahre hinein operierten Soziologie ebenso wie die Markt- und die Wahlforschung noch recht erfolgreich mit dem Konzept des sog. **Schichtenmodells** der Gesellschaft. Mit der gesamtgesellschaftlichen Wohlstandsmehrung ging allerdings der Verlust der sog. Statuskonsistenz einher: ein hoher **Bildungsgrad** garantiert nicht mehr automatisch einen entsprechenden **Beruf** mit dem dazugehörigen **Einkommen**.

Der in der soziologischen Literatur viel zitierte „Taxifahrer Dr. phil." (mit hohem Bildungsgrad einerseits, aber niedrigem Berufsimage und in der Regel niedrigem Einkommen im Verhältnis zur Ausbildung andererseits) dient als Paradebeispiel für diese Statusinkonsistenz, die die Entwicklung von Lebensläufen und Verhalten seither so schwer vorhersehbar machen. Im Rahmen des sog. Lebensstilkonzepts wurden deshalb neue Muster zur Erklärung bzw. zur Prognose z. B. von Konsum- oder Wahlverhalten entwickelt. Das Lebensstilkonzept[53] dabei geht vom aktiven Handeln der Einzelnen aus; dieses Handeln wird vor allem als (Aus-)Wahl-Handeln begriffen, in dem explizit kulturellen Orientierungen eine besondere Bedeutung zukommt (die sog. Toskana-Fraktion in der damaligen Sozialdemokratie zeichnete sich nicht nur durch spezifische politische Werte und Einstellungen, sondern auch durch spezifische künstlerische, kulturelle und nicht zuletzt kulinarische Vorlieben aus). Diese kulturellen Orientierungen werden wichtige Bestandteile des neuen Marketingskonzeptes. Aus der Perspektive des Lebensstils ist Marketing daher „ein Prozess, bei dem man die Kunden mit Steinchen für ein potentielles Mosaik versorgt, aus dem sie – die Gestalter ihres eigenen Lebensstils – die geeigneten Bausteine für den Aufbau der zum jeweiligen Zeitpunkt am besten erscheinenden Gesamtkomposition aussuchen und entnehmen können. Wer als Marketer seine Produkte unter diesem Gesichtspunkt betrachtet, will auch deren potentiellen Beziehungen zu anderen Elementen des Lebensstils eines bestimmten Konsumenten erkennen, um dadurch die Zahl der Möglichkeiten für eine sinnvolle Einordnung seiner Produkte in das Muster weiter zu erhöhen."[54]

• Im Zuge dieses gesamtgesellschaftlichen Wandels haben sich in den achtziger und neunziger Jahren auch **tief greifende Veränderungen im Nachfrager- bzw. Verbraucherbild** vollzogen, die sich in scharfer Kontrastierung so zusammenfassen lassen: Anders als noch in den fünfziger und sechziger Jahren wird nicht mehr in erster Linie vom Produkt bzw. vom Angebot („Made in Germany") her gedacht, sondern vorrangig von der Nachfrage, d. h. vom Kunden. Der Nachfrager tritt gleichrangig neben den Anbieter und ist (mehr oder weniger) gleichberechtigter Partner in der Kommunikation. Der Kommunikationsprozess ist deshalb nicht länger mehr oder minder eindimensional und hierarchisch (d. h. vom Anbieter zum Nachfrager hin strukturiert), sondern **interaktiv**.

Damit wird **Kommunikation komplexer, differenzierter und offener**, weil sich der Nachfrager zunehmend seiner Bedeutung bewusst wird. Hierdurch kommt es zu einer starken Rückkoppelung mit dem Nachfrager nicht erst in der Verkaufsphase des Produktes, sondern bereits bei der Gestaltung. Und schließlich: Die Nachfrage ist nicht mehr vorrangig produktorientiert, sondern vor allem erlebnisorientiert[55]. War früher der Kulturbesuch alleine bereits ein Event, so ist heute die Teilnahme an Theateraufführungen, Konzerten, Ausstellungen usw. – nicht zuletzt dank der Demokratisierung der Kultur in den siebziger und achtziger Jahren – zu einem Stück Alltag geworden (sieht man vom traditionellen Festspiel einmal ab). Um Anreize für den Besuch von Kulturveranstaltungen zu schaffen, bedarf es jenes gewissen Mehr, das das Eventmarketing generiert.

Dieser Wandel im allgemeinen Besucherverhalten wirkt sich entsprechend massiv auf den Kulturbetrieb und seine Angebote aus. In einem Feuilleton zur Münchner Musikszene heißt es dazu: „Auch bei den städtischen Institutionen geht der Trend zum kundenorientierten, servicefreundlichen, diversifizierten Dienstleistungsunternehmen: weg vom steifen, hochgestochenen Bildungs- und Erbauungsort, hin zum postbürgerlichen Recreation-Center für Geist und Seele. **Das symphonische Konzert mit dem weltberühmten Maestro als anspruchsvolle Alternative zu einem Besuch im Erlebnisbad**. Die Münchner Philharmoniker werben jetzt mit einem Turnschuh im Graphikdesign für neue Abonnenten. Wer hinter solchen Driftbewegungen und dem Publikumswandel, mit dem sie einhergehen, sofort fatalen Kulturverfall und den Untergang der hehren Tonkunst wittert, sollte allerdings vorsichtig sein: Gerade der Inbesitznahme der Klassik durch das saturierte Bildungsbürgertum alter Prägung haftet nicht selten etwas Gusseisernes, Erstarrtes an. Nichts ist der Musik abträglicher als die Gruftatmosphäre verkasteter Abonnementreihen."[56] Die öffentlichen Kultureinrichtungen haben es zunehmend (so sie sich nicht zunemend auf ihre traditionellen Nutzergruppen reduzieren) mit völlig neuen Publika mit veränderten Aneignungsgewohnheiten von Kunst und Kultur zu tun; dementsprechend müssen diese neuen Interessenten an der Kunst und Kultur mit neuen Mitteln angesprochen werden.

• Die **Wirtschaft** hat die Bedeutung von Kunst und Kultur längst erkannt und setzt sie gezielt ein, um neue Besucher für ihre Produkte und Dienstleistungen zu finden. Die drei Hauptsponsoren der Salzburger Festspiele werben 1999 mit folgenden Slogans: „Nestlé und die Salzburger Festspiele: eine gemeinsame Leidenschaft für Qualität."; „In Partnerschaft mit der Kunst" (Audi); „Wie man es auch dreht und wendet: die Wirtschaft braucht die Kultur. Wie man es auch dreht und wendet: die Kultur braucht die Wirtschaft" (Siemens). Und genau hier – und keineswegs nur in den Finanznöten der öffentlichen Hand – liegen auch die weitreichenderen Beziehungen zwischen Kulturbetrieben einerseits und den Sponsoring-Interessen der Industrie andererseits bzw. entsprechender Private-Public-Partnerships Dies heißt in aller Klarheit, dass Kunst und Kultur keineswegs die ausschließlich Nehmenden sind, sondern im Gegenteil durchaus viel zu geben haben. Dementsprechend selbstbewusst sollten sie auch bei Verhandlungen auftreten.

• Unübersehbar ist allerdings auch, dass die an sich erfreuliche Erweiterung bzw. Veränderung des Publikums neben Chancen auch erhebliche Risiken hinsichtlich **der Legitmation öffentlicher Kultur-**

einrichtungen mit sich bringt. Alte bildungsbürgerliche (scheinbare) Selbstverständlichkeiten brechen zunehmend weg, bislang quasi selbstläufig funktionierende Legitimationsmuster („Theater muss sein") werden zunehmend obsolet. „Der kulturelle Kanon hat sich verlagert, das Konzertpublikum ist nicht selten überaltert; doch gerade die alten Normen greifen nicht mehr."[57] Eine „Platzmiete" in einem Staatstheater zu haben, ist für viele Menschen längst kein Statussymbol oder eine Sache des „Prestiges" mehr. „Aus der Perspektive der Erlebnisnachfrager besteht kein Unterschied zwischen öffentlich und privat produzierten Erlebnisangeboten. Für die Nachfrager spielt der Entstehungszusammenhang dieser Güter keine soziologisch bedeutsame Rolle."

Was dies kulturpolitisch bedeutet, beschreibt recht plastisch Dirk Schümer schon 1996 im Zusammenhang mit dem Beschluss über die Bereitstellung von 45 Millionen zum Bau eines privatwirtschaftlich-kommerziell ausgerichteten Musicalhauses in Bremen. Pikanterweise fiel diese Entscheidung (ausdrücklich unter **Wirtschaftsförderungsmaßnahmen**) in der nämlichen Senatssitzung, in der eine neue Sparrunde für das **öffentliche** Bremer Theater eingeläutet wurde. „Braucht diese Stadt ein Theater? (. . .) (Die Frage) zeigt, dass die panischen Einsparungsversuche nur Symptome für den grundlegenden Konflikt sind. Es geht um das Wegbrechen einer ganzen Kultur, der bürgerlichen und ihrer Institutionen."[58]

Wenn das Bremer Beispiel also kein Einzelfall ist, sondern eine allgemeine Entwicklung darstellt, dann müssen die öffentlichen Kultureinrichtungen selbst in sehr viel stärkerem Maße als bisher Beziehungsmarketing im Sinne des Aufbaus einer Lobby für Kunst und Kultur in der Öffentlichkeit betreiben. Die Zeiten, wo dies getrost den engagierten Kulturpolitikern überlassen werden konnte, sind längst vorbei (auch wenn sich dies noch nicht allgemein herumgesprochen haben mag).

• Und ein Letztes, leider viel zu oft Vergessenes, spricht für verstärkte Bemühungen um Marketing im öffentlichen Kulturbetrieb: öffentliche Kultureinrichtungen haben nicht nur gegenüber dem Publikum, der Politik oder den Sponsoren eine Verpflichtung, sondern auch gegenüber den Künstlerinnen und Künstlern. Diese haben, nach oft jahrzehntelanger Ausbildung und Arbeit, ein entsprechendes Produkt geschaffen und die Aufgabe des Kulturmanagers ist es, dafür zu sorgen, dass dieses möglichst vielen Menschen zugänglich gemacht wird!

Zusammenfassend lässt sich also feststellen, dass eine Vielzahl von Gründen für eine intensivere Beschäftigung gerade öffentlicher Kultureinrichtungen mit Kultur-Marketing sprechen, denn selbst wenn – wofür allerdings keinerlei Anzeichen vorhanden sind – die öffentlichen Gelder wieder wie in den goldenen siebziger und achtziger Jahren fließen sollten, werden diese Kulturbetriebe auf die tief greifend veränderte gesellschaftliche Umwelt entsprechend reagieren müssen. Kultur-Marketing in öffentlichen Kultureinrichtungen ist also das Gebot der Stunde.

Anmerkungen:

[1] Maslow, Abraham H.: Motivation und Persönlichkeit, Olten 1977

[2] Für Jeremy Rifkin werden in absehbarer Zeit sowohl der Markt wie das Eigentum verschwinden und stattdessen der *Access*, der Zugang zu spezifischen Nutzungen die entscheidende Rolle spielen; vgl. Rifkin, Jeremy: Access. Das Verschwinden des Eigentums, Frankfurt / New York 2000

[3] Vgl. hierzu ausführlich: Kurnitzky, Horst: Der heilige Markt. Kulturhistorische Anmerkungen, Frankfurt 1994

[4] Vgl. hierzu und dem Folgenden Kotler, Philip und Friedhelm Bliemel: Marketing-Management. Analyse, Planung, Umsetzung und Steuerung, Stuttgart [9]1999, a.a.O. S. 13

[5] Kotler / Bliemel, (1999) S. 13 f

[6] Lissek-Schütz, Ellen: Die Kunst des Werbens um Gunst und Geld. Fundraising als Marketingstrategie auch für Kulturinstitutionen. In: Handbuch Kultur-Management, Stuttgart 1992 ff (Lieferung Oktober 1997 Handmarke E 4.2) S. 2

[7] Vgl. hierzu ausführlich: Kotler, Philip: Marketing für Nonprofit-Organisationen, Stuttgart 1978 S. 17–36 sowie Müller-Hagedorn, Lothar: Studienbrief Kultur-Marketing, Hagen 1993 (Fernuniversität Hagen – Weiterbildungsstudiengang Kultur-Management) S. 22 f

[8] Horak, Christian, Christian Matul und Fritz Scheuch: Ziele und Strategien von NPOs. In: Badelt, Christoph: Handbuch der Nonprofit-Organisation. Strukturen und Management, Stuttgart [2]1999 S. 172

[9] Valentin, Karl: Zwangsvorstellungen. In: ders.: Sturzflüge im Zuschauerraum. Der Gesammelten Werke anderer Teil. München 1969 S. 50

[10] Mayer, Karin: Elvira: Zum Stand des Marketings in deutschen Staats- und

Stadttheatern. In: Heinrichs, Werner und Armin Klein: Deutsches Jahrbuch für Kultur-Management, Band 2, Baden-Baden 1999 S. 149 bzw. 153

[11] Schulze, Gerhard: Die Erlebnisgesellschaft. Kultursoziologie der Gegenwart, Frankfurt 1993 S. 507

[12] Schulze (1993) S. 516

[13] Vgl. hierzu die Definition von Müller-Hagedorn, Lothar: Einführung in das Marketing, Darmstadt 1990 S. 18

[14] Kotler / Bliemel (1999) S. 23

[15] Schulz, Bettina: Wir wollen soviel Geld verdienen wie möglich. Andrew Lloyd Webber, Musicals und Manager. In: *Frankfurter Allgemeine Zeitung* vom 25. 11. 1995

[16] Irmler, Günter: Der Zuschauer läßt sich nichts vormachen. Zum Publikumserfolg der Musicaltheater. In Heinrichs, Werner: Macht Kultur Gewinn? Kulturbetrieb zwischen Nutzen und Profit, Baden-Baden 1997 S. 127

[17] Schulz (1995)

[18] Irmler (1995) S. 130

[19] Peymann gegen alle. Eine „Abrechnung" in Wien. In: *Frankfurter Allgemeine Zeitung* vom 16. 12. 1998

[20] So der Titel eines im April 1996 vom Institut für Kultur-Management in Ludwigsburg durchgeführten Symposiums; vgl. hierzu ausführlich: Heinrichs, Werner (Hrsg.): Macht Kultur Gewinn? Kulturbetrieb zwischen Nutzen und Profit, Baden-Baden 1997

[21] Müller-Hagedorn (1993) 15

[22] Kotler (1999) S. 717

[23] Die für *GREENPEACE* so erfolgreiche und für *SHELL* so nachteilige Kampagne löste innerhalb des Weltkonzerns einen nachhaltigen Umdenkungsprozess aus, der sich in der Broschüre *Die Ereignisse um Brent Spar in Deutschland* Hamburg 1995 niederschlug. Im Vorwort dazu heißt es: „Die Ereignisse um die Ölverlade- und Lagereinrichtung Brent Spar im Frühsommer 1995 verdienen eine kühle Analyse. Denn es zeigten sich während der Auseinandersetzung zwischen Greenpeace und Shell gesellschaftliche Entwicklungen, die einer nachträglichen Betrachtung wert sind. Bürger, Politik, Wirtschaft, Interessengruppen jeder Art und Medien, kurz die Gesellschaft unseres Landes, waren und sind davon in gleichem Maße betroffen. Die Phänomene, die zutage getreten sind, könnten in Zukunft wieder auftreten."

[24] Vgl. hierzu die Untersuchungen zum Kunstmarkt: Pommerehne, Werner W. und Bruno S. Frey: Musen und Märkte. Ansätze einer Ökonomik der Kunst, München 1993

[25] Pommerehne/Frey (1993) S. 9

[26] Vgl. hierzu auch Müller-Wesemann, Barbara: Marketing im Theater. Herausgegeben vom Zentrum für Theaterforschung der Universität Hamburg und *Deutschen Bühnenverein* e. V., Bundesverband Deutscher Theater, Hannover [2]1992;

diess.: Die Affäre mit dem Publikum. Mit empirischen Marketing-Methoden Besucherpotentiale gezielt mobilisieren. In: Handbuch Kultur-Management, Stuttgart
1992 ff (Lieferung Oktober 1992 Handmarke D.1)

[27] Schulze (1993) S. 513

[28] Vgl. hierzu Colbert, Francois: Marketing Culture and the Arts, Montreal 1994
S. 22

[29] Vgl. hierzu ausführlich: Klein, Armin: Zur Struktur der kommunalen Kulturausgaben von 1975–1995. In: Heinrichs, Werner und Armin Klein (Hrsg.): Deutsches Jahrbuch für Kultur-Management 1997, Baden-Baden 1998 S. 175 ff; bedauerlicherweise hat das jährlich erscheinende Statistische Jahrbuch Deutscher
Gemeinden seit 1995 keine neueren Zahlen vorgelegt, da seither grundlegend
über eine Neugestaltung dieser Statistik nachgedacht wird.

[30] Vgl. hierzu ausführlich: Heinrichs, Werner: Kulturpolitik und Kulturfinanzierung. Strategien und Modelle für eine politische Neuorientierung der Kulturfinanzierung, München 1997

[31] („Franchise" bedeutet, daß Franchise-Geber Franchise-Nehmer suchen, die
auf der Basis einer vertraglichen Vereinbarung mit eigenem Kapitaleinsatz Waren
oder Dienstleistungen unter einem einheitlichen Marketingkonzept anbieten; bekannte Franchiseunternehmen sind etwa McDonalds, Foto-Quelle, AVIS, OBI-
Heimwerkermärkte, Photo Porst, First-Reisebüros usw.)

[32] Beispielhaft genannt werden können die Handbücher des Raabe-Fachverla-
ges zu den Themen Kultur-Management, Kultur und Recht, Eventmarketing und
Sponsoring

[33] Ebenfalls beispielhaft die Einführung in das Kultur-Management von Werner
Heinrichs, die 1999 bereits in 2. Auflage erschien oder das Handlexikon Kultur-
Management von A – Z von Klein/Heinrichs, München 2001 ebenfalls in 2. Auf-
lage

[34] Vgl. hierzu die Studienbriefe der Fernuniversität Hagen

[35] Steinhoff, Martin: Vom Aussterben der Dinosaurier. Zur Zukunft des Musiktheaters. In: *Kulturpolitische Mitteilungen* 59, IV, 1992 S. 22.

[36] Vgl. hierzu ausführlich: Klein, Armin: Der kommunale Kulturhaushalt – Instrument aktiver Kulturgestaltung, Köln 1995; ders.: Grundlagen des öffentlichen
Haushaltsrechts. In: Handbuch Kultur und Recht, Düsseldorf 1998; ders.: Der
kommunale Kulturhaushalt. Teil 1: Der Haushaltsplan der Gemeinde: Steuerungselement für die Wirtschaftsführung der Kommune. In: Handbuch Kultur-Management, Stuttgart Februar 1994 Handmarke F 1.2: Teil 2: Die Bewirtschaftung des
kommunalen Kulturhaushalts im Normalfall und in Ausnahmefällen. In: Handbuch
Kultur-Management, Stuttgart August 1996 Handmarke F 1.2)

[37] Vgl. zur formalen Privatisierung im Gegensatz zur materiellen im Kulturbetrieb: Heinrichs, Werner: Privatisierung öffentlicher Kulturbetriebe aus kulturpolitischer Sicht. In: Heinze, Thomas (Hrsg.): Kultur und Wirtschaft. Perspektiven gemeinsamer Innovation, Opladen 1995 S. 296–309; zu möglichen Rechtsformen für

Kulturbetriebe: Deutscher Städtetag: Neue Rechtsformen für Kultureinrichtungen. Von: Bernd Meyer, Markus Tiedtke und Regine Meißner, Köln 1996 (Reihe C DST-Beiträge zur Bildungs- und Kulturpolitik, Heft 22)

[38] Die Literatur hierzu ist mittlerweile kaum noch überschaubar; als kurze Einführung sei empfohlen: Reichard, Christoph: Umdenken im Rathaus. Neue Steuerungsmodelle in der deutschen Kommunalverwaltung, Berlin 1995; für den Kulturbetrieb: Richter, Reinhard u. a. (Hrsg.):,Unternehmen Kultur'. Neue Strukturen und Steuerungsformen in der Kulturverwaltung, Hagen/Essen 1995 sowie die groß angelegte Studie der Bertelsmann-Stiftung unter dem Titel Wirkungsvolle Strukturen im Kulturbereich, Gütersloh 1992 ff

[39] Inglehard, Ronald: The Silent Revolution. Changing Values and Political Styles Among Western Publics, Princeton 1977; für den deutschen Bereich vgl. vor allem Klages, Helmut und Peter Kmieciak (Hrsg.): Wertewandel und gesellschaftlicher Wandel, Frankfurt a. M./New York 1979

[40] Vgl. hierzu die jährlich erscheinende Theaterstatistik des *Deutschen Bühnenvereins*

[41] Vgl. hierzu die jährlich erscheinende Statistik des *Instituts für Museumskunde*

[42] Beck, Ulrich: Risikogesellschaft. Auf dem Weg in eine andere Moderne, Frankfurt 1986 S. 122

[43] Eine breit angelegte empirische Untersuchung zum Stellenwert von Kultur in Mittelstädten (durchgeführt vom *Institut für Kultur-Management Ludwigsburg* im Auftrag der *Wüstenrot Stiftung*) ergab u. a., dass Kultur in der Stadt (verstanden als kulturelles Erscheinungsbild und Kulturangebot) eine zentrale Rolle hinsichtlich der *Attraktivität* einer Stadt für ihre Bürger spielt.

[44] Gaubinger, Bernd: Die wirtschaftliche Bedeutung der Salzburger Festspiele. Eine Studie über Besucherstruktur und Umwegrentabilität, Salzburg 1998 S. 33

[45] Häusser, Tilman und Monika Friedrich: Ökonomische Sekundäreffekte auf den örtlichen Einzelhandel sowie Gastronomie- und Beherbergungsbetriebe durch Ausstellungsbesucher der Kunsthalle Tübingen. In: Heinrichs, Werner und Armin Klein (Hrsg.): Deutsches Jahrbuch für Kultur-Management, Baden-Baden 1998 S. 90

[46] Herzog, Roman: Zum 150. Jubiläum des Deutschen Bühnenvereins. Rede des Bundespräsidenten in Oldenburg. In: Presse- und Informationsamt der Bundesregierung. Bulletin Nr. 46/493 Bonn 10. Juni 1996

[47] Vgl. hierzu Institut für Demoskopie Allensbach: Kulturverständnis und -präferenzen der westdeutschen Bevölkerung 1984 und 1991, Umfragen 4038 und 5053

[48] Heitkamp, Konrad: Weder E noch U. In: *Die Zeit* vom 23. 4. 1993. Die amerikanische Variante beschreibt sehr amüsant John Seabrook in seinem Buch: Nobrow. The culture of marketing, the marketing of culture, London 2000

[49] Dies wäre dann nicht weiter aufregend, stünde diesem Rückgang an lang-

fristigen Buchungen eine entsprechende Zunahme beim Verkauf der *Tageskarten* gegenüber. Genau dies ist aber nicht der Fall, denn deren Anteil stieg zwar in den Spielzeiten von 1991/92 von 31,7 % auf 33,0 % in 1994/95, sank seither aber in den dann folgenden Spielzeiten kontinuierlich auf 32,7 % und stieg dann auf 34,8 % in 1998/99.

[50] Bürger, Peter: Theorie der Avantgarde, Frankfurt 1974 S. 44

[51] Steinert, Heinz: Kulturindustrie, Münster 1998 S. 20

[52] Makowsky, Arno: Neues Leben in der Nacht. Willkommen in Fun City. In: *Süddeutsche Zeitung* vom 14. 1. 1995

[53] Zur Einführung sehr gut geeignet: Flaig, Berthold Bodo, Thomas Meyer und Jörg Ueltzhöffer: Alltagsästhetik und politische Kultur. Zur ästhetischen Dimension politischer Bildung und politischer Kommunikation, Bonn 1993; speziell unter Marketinggesichtspunkten: Banning, Thomas: Lebensstilorientierte Marketing-Theorie. Analyse und Weiterentwicklung modelltheoretischer und methodischer Ansätze der Lebensstilforschung im Marketing, Heidelberg 1987

[54] Boyd, Harper und Sindney J. Levy: Promotion. A. Behavioral View, Englewood Cliffs 1967 S. 38

[55] Schulze, Gerhard: Warenwelt und Marketing im kulturellen Wandel. In: Heinze, Thomas: Kultur-Management. Professionalisierung kommunaler Kulturarbeit, Opladen 1994 S. 23 ff

[56] Spahn, Claus: Jimmys Showroom. Was die neue Dirigententrias Levine, Mehta und Maazel in München bewirkt. In: *Die Zeit* vom 8. April 1999

[57] Koch, Gerhard A.: Großes Rücken. Albin Hänseroth zur Kölner Philharmonie. In: *Frankfurter Allgemeine Zeitung* vom 12. 05. 1999

[58] Schümer Dirk: Ein Pfund Kultur. Deutsche Szene: Theaterkrach in Bremen. In: *Frankfurter Allgemeine Zeitung* vom 10. 2. 1996

2. Das Ziel: Die besucherorientierte Kultureinrichtung

2.1 Störenfried Kunde?

„Störenfried Kunde: Vom König zum Bittsteller" titelte vor ein paar Jahren *Der Spiegel*[1]. *Die Zeit* machte ihrerseits „Das Ärgernis Kunde"[2] aus: „Bis auf wenige Ausnahmen ist das Urteil über deutschen Service vernichtend. Und bei dieser Beurteilung geht es gar nicht um das, was wir Konsumenten uns wünschen, um unsere offenen und geheimen Bedürfnisse. Es geht nicht um proaktiven Service oder gar Servicestrategie-Entwicklung, nein es geht um plumpes Auftreten, Unbeweglichkeit, Vorurteile und immer und immer wieder um ein unmögliches Verhalten bei Reklamationen."[3] Das *Deutsche Besucherbarometer* stellte fest: „Die Kundenorientierung ist auf einem Tiefpunkt. Der Negativtrend lässt sich an fast allen wichtigen Faktoren festmachen, sei es der Kompetenz in der Beratung, der Freundlichkeit, des Kundenservices bzw. der so genannten Kundendienstleistungen oder dem Beschwerde- und Reklamationsmanagement, sofern ein solches überhaupt existiert. Die Erwartungshaltung und das Anspruchsniveau der Verbraucher steigen; der Kunde weiß ganz genau, was er will – viele Unternehmen wissen dies nicht – und abwandernde, unzufriedene Kunden werden von den Unternehmen als naturgegeben betrachtet."[4]

Was hier ganz allgemein zur Dienstleistung gesagt wird, trifft in weiten Bereichen ebenso auf den öffentlichen Kulturbetrieb zu. Häufig möchte man im Stadttheater Eintrittskarten bestellen und das Telefon ist entweder besetzt oder niemand nimmt den Hörer ab. Die Unterlagen zur Anmeldung der Kinder in der Musikschule können nur persönlich während der Öffnungszeiten des Sekretariates von 9.00 bis 11.00 und 14.00 bis 16.00 Uhr abgeholt werden, weil – angeblich – das entsprechende Geld für das Porto fehlt. Bei der großen Sonderausstellung im Museum am Sonntagnachmittag ist lediglich eine Kasse geöffnet und es bildet sich eine lange Besucherschlange bis in den strömenden Regen vor das Haus hinaus. Nach reichhaltigem Einkauf im gutbestückten Museumsshop will der Besucher mit Kreditkarte bezahlen. Dies wird jedoch – mit Verweis auf entsprechende Verwaltungsvorschriften – abgelehnt, lediglich Bargeld oder der Euroscheck als einzig gültiges Zahlungsmittel akzeptiert. Beim Konzertbesuch erhält man auf die Frage nach einer Pause ein unfreundliches „Keine Ahnung", verbunden mit dem Zusatz: „Steht übrigens im Programmheft!" Die große Opernaufführung dauert genau zehn Minuten länger als der Abfahrtermin der letzten S-Bahn; also früher die Veranstaltung verlassen oder ein teures Taxi nehmen?

Alles nur Nebensächlichkeiten, die den wahren Kunstfreund nicht abschrecken? Um zunächst in aller Eindeutigkeit klarzustellen: Natürlich muss die Qualität des Kunst- oder Kulturproduktes stimmen! Ist dessen Qualität schlecht, so wird – zumindest auf Dauer – auch der beste Service, die beste Dienstleistung um das Produkt herum wenig helfen. Doch umgekehrt reicht gute Qualität alleine mittlerweile in den wenigsten Fällen aus, ein Kunst- oder Kulturprodukt erfolgreich an möglichst viele Interessierte zu vermitteln. Längst erwarten die Kultur-Besucher mehr!

Resultieren die oben gestellten Fragen nur aus ganz persönlichen Eindrücken, handelt es sich um zufällige Einzelfälle, die für gar nichts stehen? „,Schon geschlossen', sagt die Angestellte an der Hamburger Theaterkasse. Die Kartenausgabe endet werktags Schlag sieben Uhr; eine Minute später, das macht die Dame hinter dem Schalter unmissverständlich klar, ist eine Minute zu spät. Feierabend, Pech gehabt", schrieb *Der Spiegel* vor längerer Zeit[5] und analysierte erst unlängst „Das Theater als Behörde."[6]

Und das Branchenblatt *Theatermanagement aktuell*[7]: „Sonntag Nachmittag in der letzten Spielzeit. Für den Abend ist der Besuch einer Vorstellung im Schauspielhaus der Stadt K. geplant. Doch vor dem großen Ereignis steht bekanntlich der Erwerb einer Eintrittskarte, wenn es denn noch welche gibt. Der Griff zum Telefon soll Klarheit verschaffen. Schade, der Anschluss der Theaterkasse ist nicht besetzt. Stattdessen meldet sich der Anrufbeantworter mit einer freundlichen Männerstimme, die die gewählte Telefonnummer wiederholt, brav die Kassenöffnungszeiten aufsagt und sich wieder

verabschiedet. Immerhin!? Kein Wort darüber, wo eventuell noch
Karten erhältlich sind, wann die Abendkasse geöffnet wird usw. Der
Anruf bei der Abendkasse bleibt sogar unbeantwortet. Weder Anrufbeantworter noch Kassenpersonal melden sich. Tja, dann eben
doch mit der Freundin ins Kino gehen, oder? Nein, so leicht gebe
ich nicht auf. Da ist ja noch der regionale Kartenservice. Ein Anruf
und prompt meldet sich eine freundliche Dame am anderen Ende
der Leitung. Nein, Karten kann sie nicht mehr verkaufen, aber sie
weiß, wann das Stück anfängt, wann die Abendkasse öffnet und
kann auf ihrem PC sehen, dass noch Plätze frei sind. Das Glück ist
eben doch mit den Fleißigen. Oder – wer nicht fleißig ist, geht besser direkt ins Kino. Das nenne ich Kulturdarwinismus nach dem
Motto: ‚Survival of the fittest'. Der Abend war dann doch noch 'ne
Wucht (...) Die Aufführung war amüsant und hat gefallen, Standing
Ovation zum Abschluss. Leider waren nur etwa 50 Prozent der
Plätze gefüllt. Wundert Sie das? – Mich nicht. Schade, die Künstler
hätten auch mehr verdient."

Die Besucher von Kultureinrichtungen bzw. -veranstaltungen akzeptieren mangelhaften Service immer weniger. Sie fragen nicht,
warum die Rahmenbedingungen in vielen öffentlichen Kultureinrichtungen immer noch derartig bürokratisch und bürgerfeindlich
sind, sondern sie wollen Lösungen – oder sie bleiben zunehmend
weg. Und oftmals sind es ja auch keineswegs allein die bürokrati-
schen Vorgaben, die den schlechten Service bedingen. Als Besucher
von Konzerten, Ausstellungen, Theateraufführungen usw. kann
man sich manchesmal des Eindrucks nicht erwehren, dass die Mitarbeiterinnen und Mitarbeiter mit ihren Besuchern nur deshalb in
der beschriebenen Weise umgehen, weil sie selbst als Kundinnen
und Kunden andernorts – etwa bei Behörden, im Supermarkt, beim
Arztbesuch, bei der Bahn usw. – ebenso behandelt werden.

Hier entwickelt sich allerdings ein sehr gefährlicher Teufelskreis
in Form von negativem Lernen dahingehend, dass man sich ein positives Verhalten allmählich kaum mehr vorstellen kann. „Wenn der
Deutsche eine Maschine bedient, glänzen seine Augen, wenn er einen Menschen bedient, sträuben sich seine Haare", lautet ein in diesem Zusammenhang gern zitierter Satz. Dass sich die westlichen
Gesellschaften immer mehr zu Dienstleistungsgesellschaften ent-

wickeln, ist eine banale Alltagserkenntnis; dass hierbei aber die Worte „dienen" und „Leistung" im Vordergrund stehen, scheint eine geradezu revolutionäre Forderung!

Viele Büroräume, insbesondere im öffentlichen Dienst, erfreuen die Besucher mit – wahrscheinlich witzig gemeinten – Sprüchen wie: „Der Kunde ist König, aber die Monarchie wurde bekanntlich abgeschafft", „Nicht hetzen, wir sind bei der Arbeit und nicht auf der Flucht", „Alle Kunden sind gleich – mir jedenfalls" oder „Bei uns wird Kundenzufriedenheit groß geschrieben: wir schätzen es nämlich, wenn unsere Kunden freundlich sind!"[8] Manchmal fragt man sich doch recht fassungslos, was wohl in den Köpfen derer vorgehen mag, die sich und ihre Arbeit auf diese Weise definieren.

Aber auch in vielen öffentlichen Kultureinrichtungen, wo die Abgrenzung gegenüber dem Besucher nicht so demonstrativ vollzogen wird, verraten Sprache, Haltung und interne Organisation alles andere als Besucherorientierung: „Die Kasse ist im Moment nicht besetzt"; „Nein, der Spielplan für nächsten Monat liegt mir noch nicht vor, da müssen Sie übermorgen noch einmal kommen"; „Kataloge gibt's nur an der anderen Kasse, hier gibt's nur Plakate"; „Die Abmeldung aus dem Kurs ist nur zum neuen Kursjahr möglich"; „Der Gemeinderat hat unsere Mittel gekürzt; da müssen Sie sich schon bei den Politikern beschweren"; „Die Umtauschgebühr für Ihre Abonnementsvorstellung kostet zwei DM. Direkter Umtausch geht nicht, neue Karten gibt's an der anderen Kasse. Nein, telefonisch geht das überhaupt nicht, wie stellen Sie sich denn das vor?"; „Dafür bin ich nicht zuständig"; „Das kann ich doch wohl besser beurteilen"; „Das ist doch alles nicht meine Schuld"; „Rufen Sie doch später noch einmal an" gehören zum Standardrepertoire in öffentlichen Kultureinrichtungen. Sätze, an die sich die resignierten Besucher schon gewöhnt zu haben scheinen. Das einzige, was den reibungslosen Betriebsablauf stört, ist aus dieser, leider noch viel zu weit verbreiteten Sicht, der Besucher. Angesichts allgemein zugänglicher (und aus jeweils eigener Erfahrung sicherlich jederzeit problemlos nachvollziehbarer) Ergebnisse der Kundenforschung können solche Einstellungen indes nur verwundern; so wurde u. a. festgestellt:

• Es ist fünf- bis sechsmal teurer, einen neuen Kunden zu gewinnen, als einen Stammbesucher zu halten; doch was tut die einzelne

Kultureinrichtung für die gezielte Pflege ihrer jeweiligen Stammbesucher?

• 98 % der klassischen Werbung landen ungenutzt und ungelesen auf dem Müll, 97 % der Deutschen fühlen sich mit Informationen überlastet[9] – doch welche Kultureinrichtung nutzt konsequent die Möglichkeiten des Beziehungsmarketings zu ihren treuen Besuchern?

• Jeder zufriedene Kunde bringt mindestens drei weitere neue Kunden; doch welche Kultureinrichtung baut auf ihre zufriedenen Kunden und nutzt (und belohnt) diese systematisch als Werbeträger und Multiplikatoren der eigenen Organisation?

• Mindestens jeder vierte unzufriedene Kunde wechselt sofort den Anbieter, wenn er eine bessere Alternative hat; doch welche Kultureinrichtung geht systematisch den Gründen für die Unzufriedenheit nach?

• Ein den Kunden verletzendes Verhalten führt wesentlich häufiger zum Geschäftsabbruch als fehlerhafte Produkte; doch welche Kultureinrichtung schult ihre Mitarbeiter entsprechend systematisch im Umgang mit den Besuchern?

• Ein unzufriedener Kunde erzählt sein Negativerlebnis zehn weiteren potentiellen Besucher; doch was wird getan, um unzufriedene Besucher zurückzugewinnen?

• Die Wiederverkaufsrate steigt, je vertrauter und zufriedener Kunden mit den gebotenen Leistungen sind; doch welche Volkshochschule mit zufriedenen Teilnehmern baut dies in ihre Kommunikationsstrategie ein?

• Stammkunden weisen eine geringere Preisempfindlichkeit auf als Neukunden; doch welches Theater hat schon klare Vorstellungen über das Preisverhalten seiner Besucher?

• Kundenfreundliche Unternehmen können sogar höhere Preise verlangen als die Wettbewerber; doch welche Kultureinrichtung nutzt diese Erkenntnis für ihre Preiskalkulationen?

Wegen ihrer notwendigen Marktorientierung (denn diese entscheidet weitestgehend über den zukünftigen Bestand der Einrichtung) geraten **kommerzielle** Kulturbetriebe weitaus seltener in die Gefahr, die Besucherorientierung aus dem Blick zu verlieren. Das ökonomische „Überlebensproblem" (Schulze) beispielsweise von kommerziellen Musicaltheatern besteht – im Gegensatz zu den zu etwa 85 % staatlich subventionierten Theatern – darin, Gewinn zu machen und allabendlich ihr Publikum neu erreichen zu müssen. Hiervon geht ein heilsamer Zwang zur Besucherorientierung und Innovation aus.

Das Risiko, die überlebensnotwendige Besucherorientierung aus dem Blick zu verlieren, kann allerdings auch bei einem kommerziellen Unternehmen, dass nicht nur die Notwendigkeit von Marketing begriffen hat, sondern auch alle entsprechenden Werkzeuge einsetzt, entstehen. Diese Gefahr droht dann, wenn ein Produkt über die Jahre hinweg so gut gelaufen ist und so hohe Rendite abgeworfen hat, dass der entsprechende Betrieb zunehmend dazu neigt, die Zukunft als bloße Verlängerung der bisher so günstigen Vergangenheit zu begreifen und in seinen Anstrengungen nachlässt. Die traditionellen Marketing-Organisatoren managen **Produkte und Leistungen** und haben noch nicht so Recht verstanden, dass sie nach der Jahrtausendwende ihre **Kunden** managen müssen.

2.2 Die organisationszentrierte Kultureinrichtung

Gerade öffentliche Kulturbetriebe scheinen über dieses menschlich-allzumenschliche Trägheitsmoment hinaus ganz besonders für die sog. **Organisationszentrierung**, d. h. die vorrangige Konzentration auf den eigenen Betrieb, prädestiniert zu sein. Nicht, weil hier andere oder gar schlechtere Menschen tätig sind, sondern weil diese Kulturbetriebe durch die oben dargestellte notwendige und ihre Arbeit allein legitimierende **Ziel-** bzw. **Produktorientierung** in der Praxis leider sehr schnell dazu tendieren, ebenso legitime **Besucherinteressen** unberücksichtigt zu lassen. Gerade **weil** die Kultureinrichtung, ihre Leitung oder ihre Mitarbeiter so sehr von der jeweiligen Aufgabe, der inhaltlichen Zielsetzung, dem kulturpolitischen Auftrag oder dem eigenen künstlerischen Anspruch überzeugt sind (und auch sein **müssen**), übersehen sie die Gefahr, dass die anvisierten Besucher dieser Sichtweise unter Umständen nicht unbedingt folgen müssen. Viel zu sehr bauten über Jahrzehnte hinweg öffentliche Kultureinrichtungen auf den von dem Preußischen Staatskanzler Fürst von Hardenberg überlieferten Satz an den Intendanten Karl Moritz von Bühl, der dem legendären Iffland als Theaterleiter folgte: „Machen Sie das beste Theater in Deutschland und danach sagen Sie uns, was es kostet."[10]

Eine fachlich ausgewiesene und recht engagierte Museumsleiterin erklärte den staunenden Studierenden des Studiengangs Kultur-Management noch vor kurzer Zeit, dass sie einen Ausstellungskatalog in allererster Linie für die Fachkollegen bzw. die Wissenschaft mache, dann für die Presse – und sicherlich schließlich **auch** für das interessierte Publikum! Und Schuck/Schuck-Wersig weisen darauf hin, dass aus ganz ähnlichen Gründen bis in die 90er Jahre hinein Museumsmarketing in Deutschland kaum eine Chance hatte: „Zu weit waren die an eigenen wissenschaftlichen Fragestellungen, kulturellen Bewahrungsaufgaben und tradierten Bildungsvorstellungen orientierten Museumsmitarbeiter noch von der Vorstellung entfernt, ihre Arbeit konsequent auf ihre tatsächlichen und potentiellen Publika auszurichten."[11]

Die hier angelegte Gefahr der Organisationszentrierung hat Gerhard Schulze schon vor Jahren sehr treffend auf den Begriff der „korporativen Selbsterhaltung" gebracht. Eine ihrer zentralen Strategien ist die der **„institutionellen Verfestigung"**. Demnach werden im Laufe der Jahre Etatzuweisungen, Stellenkontingente, Gebäude und langfristig tätiges Personal allmählich zu politischen **Selbstverständlichkeiten** mit einer **Eigendynamik des Fortbestehens**. Wenn eine öffentliche Institution längere Zeit existiert hat, ist die zukünftige Existenz oft ausreichend durch die vergangene legitimiert.[12]

Aber nicht nur staatlich getragene Kultureinrichtungen wie Theater, Museen, Musikschulen, Volkshochschulen usw., sondern auch private, aber öffentlich unterstützte Kultureinrichtungen haben – auf Grund der weit reichenden Bestandssicherung durch öffentliche Zuwendungen – eine ausgeprägte Tendenz „zu einer ‚innenzentrierten' Produktionsorientierung bis hin zu einer ausgeprägten ‚Beschäftigung mit sich selbst'."[13] Dies kann im Negativfall sogar dazu führen, dass „eine Korporation ohne kulturpolitischen Wert sehr wohl jahrelang weiterexistieren (kann), wenn sie mit guten Überlebenstrategien agiert."[14] Die allermeisten dieser Überlebensstrategien (wie z. B. die Beschaffung von Legitimität, d. h. die Anerkennung als wertvoll und förderungswürdig; die informellen Beziehungen zu administrativen Handlungsträgern, d. h. der gute Draht zum richtigen Schreibtisch; das erreichte Ausmaß von institutioneller Verfestigung usw.) zeichnen sich dadurch aus, dass ihr Adressat eben **nicht das Publikum**, sondern Bürokratien sind.

Typische Merkmale dieser Organisationszentrierung[15] (die in aller Regel mit einem ausgesprochen verkürzten bzw. gespannten Verhältnis zu Kultur-Marketing einher geht) sind:

(1) Die Kulturorganisation betrachtet ihre jeweiligen **Angebote als per se wünschenswert**. Die Leitung bzw. die Mitarbeiter können sich daher kaum vorstellen, dass ihr – qualitativ möglicherweise durchaus hochwertiges – Angebot, von dem sie selbst so felsenfest überzeugt sind (und auch sein müssen), nicht auf eine entsprechende Resonanz beim anvisierten Publikum stoßen könnte. Sehr häufig ist – wenn das Publikum ausbleibt – als entsprechende (beleidigte?) Reaktion die Haltung zu beobachten: „Die Qualität unseres Produktes steht eben so hoch, dass es tatsächlich nur für einen kleinen Kreis von Experten zugänglich ist." Das Marketingproblem steckt dabei vor allem darin, dass je schwieriger künstlerisch-ästhetische Maßstäbe zu definieren sind, „desto mehr Erfolg **subjektiv** konstruiert werden (kann). Ohne hartes Erfolgskriterium tendiert man dazu, Erfolg selbst zu definieren."[16]

(2) Da in der organisationszentrierten Kultureinrichtung prinzipiell vom Produkt und dessen Qualität her gedacht wird, spielt **die Kenntnis und Erforschung der Besucherwünsche nur eine untergeordnete Rolle**. Man kennt sie in den seltensten Fällen (und will sie häufig auch gar nicht kennen). Im Frühjahr 1987 kam eine Umfrage des Zentrums für Theaterforschung der Universität Hamburg u. a. zu dem Ergebnis, dass der Theaterbesucher, sieht man von seinem Alter und Geschlecht einmal ab, ein den Theatern unbekanntes Wesen ist; die einzigen Gruppen im Theater, in die das Publikum üblicherweise unterteilt wird, sind Jugendliche, Abonnenten und ‚freie Besucher'; alle weiteren Differenzierungen beruhen mehr oder minder auf Spekulation. Wo und wie sich der theaterinteressierte Besucher informiert und welches letztendlich seine Entscheidungskriterien für und wider einen Besuch sind, entzieht sich der Kenntnis der Theater.[17]

Mehr als zehn Jahre später gaben 1998 bei einer Befragung deutscher Staats- und Stadttheater in Städten über 100 000 Einwohnern immer noch 36,5 %, also mehr als ein Drittel, an, keine gezielten Marketinguntersuchungen durchzuführen.[18] Und wo dann tatsächlich fundierte Befragungen in Angriff genommen werden, kann es immer wieder dazu kommen, dass Kunst und empirische Wissenschaft in einen tief greifenden Dissens darüber geraten, „was" denn nun gefragt werden dürfe bzw. wo die Publikumsmitsprache endet und die Kunstfreiheit anfängt.[19]

(3) In organisationszentrierten Kultureinrichtungen besteht eine ausgeprägte Haltung, die **grundsätzliche Bedürfniskonkurrenz zu ignorieren** oder misszuversehen. Weil man so stark auf das eigene Angebot und dessen Qualität fixiert ist, vermutet und sucht man die tatsächliche (oder auch die mögliche) Konkurrenz nahezu ausschließlich in der jeweils eigenen Angebotskategorie. Wenn beispielsweise Musikschulen nach möglichen Konkurrenten vor Ort befragt werden, dann wird in aller Regel lediglich das Angebot von Privatmusikschulen bzw. Privatlehrern genannt. Geht man dagegen nicht ausschließlich von der (tatsächlichen oder manchmal auch nur behaupteten) **Qualität** bzw. dem Kernnutzen des eigenen Angebots aus, so zeigt sich sehr schnell eine ausgesprochen breite Konkurrenz. Diese reicht über die bereits genannte privatwirtschaftliche Konkurrenz weit hinaus. Da gibt es dann etwa die diversen Musikvereine und Chöre in der Gemeinde, die wegen akuten Nachwuchsmangels selbst Unterricht anbieten. Es gibt vielleicht aktive Kirchengemeinden mit ihrer musisch-kulturellen Jugendarbeit, die Sportvereine, die ein weit über ihr Kerngebiet hinausreichendes Angebot entwickeln, unter Umständen einen engagierten Schulmusiklehrer, der eine Bigband gegründet hat und aktive Musikarbeitsgemeinschaften in Schulen leitet usw.

Und nimmt man die oben angesprochenen „sonstigen Produktkomponenten" aus Nutzersicht hinzu (etwa dass die Kinder nachmittags etwas ‚Vernünftiges' und dies gemeinsam mit anderen tun sollen oder dass es für die Kinder wichtig sei, zu lernen, bei einer Sache konsequent und über einen längeren Zeitraum dabei zu bleiben usw.), so erweitert sich die potentielle Konkurrenz sehr schnell auf den Sportbereich, kirchliche und konfessionell ungebundene Jugendgruppen usw.

(4) Organisationszentrierte Kultureinrichtungen gehen in aller Regel von einem ausgesprochen verkürzten Begriff von Marketing aus und **reduzieren Marketing auf Werbung oder Reklame**. Diese Haltung ist immer wieder in Kulturbetrieben anzutreffen, wenn die Ansicht geäußert wird, man sehe zwar durchaus die Notwendigkeit von Marketing ein, habe aber leider nicht die finanziellen Mittel für umfangreiche Programmhefte, Plakate, Handzettel oder Zeitungsanzeigen. Beispielhaft sei hier ein langjähriger Theaterintendant zitiert, der – mit Blick auf die privaten Musicalhäuser – sagte: „Diese kommerziellen Anbieter können sich schlicht und einfach etwas leisten, was sich kein Stadttheater wirklich leisten kann: Marketing."[20] Dabei wird geflissentlich übersehen, dass der Marketing-Managementprozess, wie er hier im Folgenden dargestellt werden wird, sehr viel umfassender und differenzierter ist und vor allem auf Analyse und strategischer Planung beruht (Dinge, die zunächst wenig bis kein Geld, dafür umso mehr analytische und kreative Anstrengung beanspruchen). Die entsprechende Kommunikation (also Werbung, Öffentlichkeitsarbeit, Verkaufsförderung) ist dagegen nur **ein** Instrument neben anderen, die im Marketing-Mix sinnvoll aufeinander abgestimmt werden müssen.

(5) Wenn sich organisationszentrierte Kultureinrichtungen überhaupt dem Marketing öffnen, so wird sehr häufig die **eine beste Marketingstrategie** gefordert und als ausreichend angesehen. Am Produkt selbst wird dabei meist nur der Kernnutzen hervorgehoben; alle weiteren Nebennutzen spielen strategisch keine bzw. kaum eine Rolle. Die Preise werden meist in zwei, höchstens drei Kategorien aufgeteilt: voller Preis, ein Ermäßigungspreis aus verschiedenen Gründen (Schüler, Studenten, Zivildienstleistende, Erwerbslose usw.) und vielleicht noch eine Gruppenermäßigung. Dass differenzierte Preise darüber hinaus wichtige und ganz unterschiedliche Steuerungsfunktionen wahrnehmen können (z. B. Subskription, um Früh-Bucher zu erreichen; Ermäßigungen, um Interessenten auf traditionell besuchsschwache Termine zu locken; Treuerabatte, um Stammkunden zu gewinnen usw.) wird dabei völlig übersehen.

Alle potentiellen Besucher werden in der Regel mit denselben Medien (z. B. Plakat, Handzettel und Zeitungsanzeigen) angesprochen. Völlig unberücksichtigt bleibt dabei das unterschiedliche, vor allem altersspezifische Informationsverhalten (z. B. gerade bei Jüngeren sowohl die überdurchschnittlich starke Nutzung des Internet als auch die Bedeutung der Rolle von Freunden und Bekannten als Informationsmittlern bzw. die weit gehende Bedeutungslosigkeit von Zeitungen und Zeitschriften). Die Distribution der Karten erfolgt meist höchst phantasielos über einige wenige Verkaufsstellen, die zwar für die jeweilige Organisationsverwaltung leicht erreichbar sind (Tageskasse / Abendkasse im Hause), nicht aber für die Besucher.

(6) Entsprechend der Reduzierung des Marketings auf bloße Werbung wird in organisationszentrierten Kultureinrichtungen das Marketingpersonal vorrangig wegen seiner Kommunikationsfähigkeit eingestellt. Gefragt ist der „große Kommunikator", der Kontakte zu allen möglichen Multiplikatoren hat und bei dem die entsprechenden Fäden zusammenlaufen. (Entsprechend sind dann die Stellenausschreibungen formuliert: „Wir suchen eine Persönlichkeit mit herausragender kommunikativer und sozialer Kompetenz, mit Durchsetzungsvermögen und Überzeugungskraft, mit einem hohen Maß an Eigeninitiative und dem absoluten Willen zum Erfolg").

2.3 Die besucherorientierte Kultureinrichtung

Im Gegensatz zu dieser (trotz aller unübersehbaren Anstrengungen leider nach wie vor in vielen öffentlichen Kulturbetrieben anzutreffenden) Organisationszentrierung steht die konsequente **Besucherorientierung**. Demnach liegt der zentrale Anspruch an ein modernes Marketing darin, den (potentiellen) Besucher als Menschen, als Individuum zu akzeptieren, ihn anzusprechen und ihn in den **Mittelpunkt des Geschehens** der Kulturorganisation zu stellen, um so eine dauerhafte Beziehung, eine Partnerschaft zwischen dem Besucher auf der einen und der Kulturorgansaiton auf der anderen Seite herzustellen.[21] Entsprechend zeichnen sich **besucherorientierte**[22] Kultureinrichtungen durch folgende Kennzeichen aus:

Natürlich ist die die Grundvoraussetzung einer erfolgreichen Kultureinrichtung oder eines Kulturprojekts, dass die künstlerische Qualität des Produktes stimmt. Die inhaltliche Qualität der Inszenierung, des Konzertes, der Ausstellung, aber auch der Unterrichtsstunde in der Volkshochschule oder der Musikschule wird hier vorausgesetzt. Es kann auf gar keinen Fall darum gehen, schlechte oder auch nur mittelmäßige kulturelle oder künstlerische Produkte möglichst gut zu verkaufen. Vielmehr muss das Ziel sein, für die von der jeweiligen Organisation präsentierten Kunst- und Kulturprodukte ein möglichst großes Publikum zu finden, das möglichst oft und gerne wiederkehrt.

(1) In der besucherorientierten Kultureinrichtung wird deshalb bei aller notwendiger primärer Orientierung an den eigenen künstlerischen und kulturellen Zielen und Inhalten vom Kenntnisstand und der Interessenlage, **von den Bedürfnissen und Wünschen der Besucher her gedacht**. Um die Menschen zu bewegen, muss man wissen, was **sie** bewegt. Dies ist sicherlich auch das Hauptziel der sog. Kulturpädagogik, geht aber weit über die inhaltlichen Aspekte hinaus.

Gerade weil die besucherorientierte Kultureinrichtung von der Qualität ihrer jeweiligen Angebote so fest überzeugt ist, setzt sie ihr ganzes Engagement darein, möglichst viele Besucher (z. B. im Theater, im Museum, im Konzert, im soziokulturellen Zentrum usw.) und Teilnehmer (z. B. in der Musikschule, in der Volkshochschule usw.) zu erreichen. Somit ist in der besucherorientierten Kultureinrichtung die zentrale Frage: Wo stehen unsere Besucher? Wo müssen wir sie kognitiv und emotional abholen? Wie erreichen wir sie möglichst optimal? Was müssen wir als Kultureinrichtung tun, damit die Besucher unsere Angebote wahrnehmen? Wie können wir sie dauerhaft an uns binden? Wie können wir sie als Mittler und Multiplikatoren gewinnen?

(2) Um optimal auf die Besucherwünsche eingehen zu können, ist deren möglichst genaue Kenntnis unabdingbar. Die organisationsorientierte Sichtweise geht davon aus: Der Besucher ist planbar, in seinem Verhalten von der eigenen Einrichtung maßgeblich beeinflussbar, erziehbar und berechenbar; die besucherorientierte Denkweise dagegen setzt einen sehr viel höheren **Unsicherheitsfaktor** voraus: Der Besucher einer Kultureinrichtung ist weitgehend unberechenbar, sein Verhalten nicht prognostizierbar. Was wir heute über die für uns interessanten Besucher-, Zuschauer- und Teilnehmergruppen wissen, kann morgen schon Makulatur sein.

Dies bedeutet allerdings weder Resignation noch ein Rückfall in ein typisch organisationsorientiertes „Dann können wir es ja gleich bleiben lassen". Vielmehr wird in der besucherorientierten Kultureinrichtung ein besonderes Schwergewicht auf die **permanente und systematische Besucherforschung** gelegt. Diese beginnt (und endet) keineswegs bei der aufwändigen Befragung mittels ausgeklügelter Fragebogentechnik. In der täglichen Arbeit einer Kultureinrichtung fallen eine Vielzahl von Informationen an, deren Bedeutung für eine besucherorientierte Arbeit häufig gar nicht erkannt wird und die leider selten genug systematisch aufbereitet und genutzt werden.

Jede Musikschule erfasst beispielsweise das Geburtsdatum ihrer Schülerinnen und Schüler, aber welche dieser Organisation schickt ihren kleinen Kunden zum Geburtstag einen freundlichen und persönlich gehaltenen Brief, unterschrieben von der jeweiligen Lehrerin oder dem Lehrer? Jede schriftliche Kartenbestellung bzw. -versendung ergibt im Theater eine neue Adresse eines Zuschauers, doch welche Einrichtung pflegt diesen Kontakt auch weiterhin durch die Zusendung von spezifischem Informationsmaterial?

Jede systematische Auswertung der Besucherstatistik weist auf Trends im Nachfrageverhalten hin, die mögliche Maßnahmen überlegenswert machen (z. B. An welchen Tagen gibt es regelmäßig schwachen Besuch? Wann kommen besonders häufig Familien? Wie verteilen sich die Besucher über die einzelnen Öffnungszeiten? Wie besucherfreundlich sind diese ggf.?). Jede Analyse der verschiedenen Theaterabonnements gibt Aufschluss über die regionale Herkunft des Publikums und ermöglicht somit weiterreichende Fraugen: An welchen Faktoren könnte es liegen, dass eine bestimmte Region über-, eine andere dagegen unterrepräsentiert ist? Liegt dies an den Anfahrtswegen, am Öffentlichen Personennahverkehr? Was kann dagegen gemacht werden? Jede simple, zu Seminarbeginn gestellte Frage, wie die Teilnehmer des Weiterbildungskurses Kultur-Marketing auf die Veranstaltung aufmerksam geworden sind, gibt wichtige Hinweise auf die Effizienz (bzw. Ineffizienz) der eingesetzten Werbemittel.

Das Auslegen (und vor allem anschließende Auswerten!) eines Besucherbuches, die Anwesenheit und das aufmerksame, aktive Zuhören der Mitarbeiter in Pausengesprächen oder an der Abendkasse („Die besonders erfolgreichen Unternehmen sind bessere Zuhörer"[23]), ja, schon die freundliche (und vor allem ernst gemeinte!) Frage nach der Zufriedenheit mit dem Programm, dem Service usw. geben wichtige Informationen für mögliche Verbesserungen. Ein Prager Studententheater stellt am Ausgang fünf Boxen mit der Aufschrift „sehr gut", „gut", „unentschieden", „wenig zufrieden" und „völlig unzufrieden" auf und die Besucherinnen und Besucher können ohne irgendwelchen Zusatzaufwand ihre Tickets quasi als Abstimmungszettel benutzen, indem sie sie in die entsprechenden Kästen werfen: so erhält das Theater jeden Abend ein aktuelles Feed-back.

Ein genaueres Meinungsbild ist mit folgender Karte möglich, die beim Betreten der Ausstellungshalle ausgehändigt wird. Die Besucher brauchen die Karten nur an vier Ecken entsprechend ihren Antworten einzureißen und einzuwerfen: eine kleine Mühe, der sich kaum jemand verweigert, dem Veranstalter aber auf Grund der zahlreichen Antworten einen ausgesprochen guten Überblick über das Publikumsverhalten gibt. In größeren Abständen, aber regelmäßig und systematisch durchgeführte, umfangreichere Besucherbefragungen liefern darüber hinaus wichtige Daten über längerfristige Trends und Veränderungen.

(3) Die besucherorientierte Kultureinrichtung **definiert den Wettbewerb sehr weit**. Trotz aller Überzeugung von der Qualität der eigenen Produkte bewahren sich die Mitarbeiter genug Selbstdistanz und entsprechenden Realitätssinn, dass sie sich durchaus vorstellen können, dass es Menschen mit anderen Interessen als den eigenen geben könnte. Sie bemühen sich deshalb nicht nur um eine möglichst genaue Kenntnis der Wünsche und Interessen ihrer (tatsächlichen und potentiellen) Besucher, sondern sie sind vor allem auch neugierig auf die Angebote und Serviceleistungen der unterschiedlichen Konkurrenten.

Dies gelingt allerdings nur, wenn alle Beteiligten mit möglichst offenen Augen und Ohren sensibel Trends und Veränderungen wahrnehmen, seien sie längerfristiger und umfassender Art (internationale, globale Moden), seien sie regional oder sogar lokal begrenzt („Szenen"). Nur wenn offen und ehrlich (an-)erkannt wird, warum die anvisierten Besucher bevorzugt zu den Angeboten der unter-

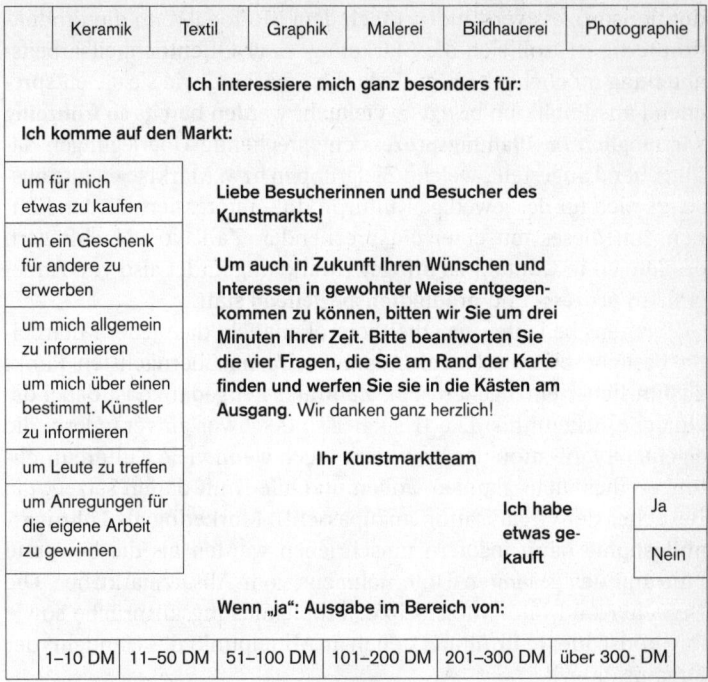

Keramik	Textil	Graphik	Malerei	Bildhauerei	Photographie

Ich interessiere mich ganz besonders für:

Ich komme auf den Markt:

um für mich etwas zu kaufen	**Liebe Besucherinnen und Besucher des Kunstmarkts!**
um ein Geschenk für andere zu erwerben	**Um auch in Zukunft Ihren Wünschen und Interessen in gewohnter Weise entgegen-**
um mich allgemein zu informieren	**kommen zu können, bitten wir Sie um drei Minuten Ihrer Zeit. Bitte beantworten Sie**
um mich über einen bestimmt. Künstler zu informieren	**die vier Fragen, die Sie am Rand der Karte finden und werfen Sie sie in die Kästen am**
um Leute zu treffen	**Ausgang.** Wir danken ganz herzlich!
um Anregungen für die eigene Arbeit zu gewinnen	**Ihr Kunstmarktteam**

Ich habe etwas gekauft

	Ja
	Nein

Wenn „ja": Ausgabe im Bereich von:

1–10 DM	11–50 DM	51–100 DM	101–200 DM	201–300 DM	über 300- DM

Abb. 3: Befragungskarte im Veranstaltungsbereich

schiedlichen Konkurrenten (und nicht zum eigenen) kommen und gefragt wird, was ihnen dort besser gefällt, dann kann es der eigenen Einrichtung (möglicherweise) gelingen, diese zu gewinnen bzw. wieder zurückzugewinnen. Der Leiter eines erfolgreichen österreichischen Musikfestivals schickt seine Mitarbeiter regelmäßig auf Kosten der Festspiele zu anderen Veranstaltungen mit dem ausdrücklichen Auftrag: „Sagt mir, was die anderen besser machen als wir."

(4) Grundlage der Besucherorientierung ist die Erkenntnis, dass Marketing sehr viel mehr ist als Werbung. Vielmehr wird in der besucherorientierten Einrichtung **Kultur-Marketing als ein ganzheitliches Organisationsprinzip** verstanden. „Ganzheitlich" ist hier durchaus in verschiedenen Dimensionen zu verstehen. Erstens wird Marketing in diesem Konzept nicht als eine bloße **Funktion** im Pro-

duktionsprozess verstanden (nach dem Motto: „Wenn die Produktion fertig ist, soll sich die Marketing- oder Öffentlichkeitsarbeitsabteilung möglichst kreativ Gedanken machen, wie sie sie entsprechend ans Publikum bringt"). Vielmehr werden bereits **so frühzeitig wie möglich im Planungsprozess** entsprechende Überlegungen dahingehend angestellt, welche Zielgruppen bzw. Marktsegmente aussichtsreich für das jeweilige Kulturprodukt interessiert werden können, um dieses mit einer entsprechenden Zahl von Nachfragern erfolgreich in Kontakt zu bringen. Marketing findet also von Anbeginn an **prozess**- und **produktionsbegleitend** statt.

Zweitens bedeutet „ganzheitlich" aber auch, dass jeder Mitarbeiter besucherorientiert denkt; darauf wird im übernächsten Punkt ausführlicher einzugehen sein. Zentraler Leitgedanke ist dabei die einfache Erkenntnis: Die Besucher sind schwer zu verändern, die eigene Organisation dagegen nicht (auch wenn viele Kultureinrichtungen dies nicht glauben wollen und alle Kraft darein setzen, die Besucher der Organisation anzupassen!). Marketing als **Führungsphilosophie** kann insofern umschrieben werden als die bewusste Führung des gesamten Unternehmens vom Absatzmarkt her. Die Besucher und ihre Nutzen- bzw. Problemlösungsansprüche sowie ihre konsequente Erfüllung stehen im Mittelpunkt des Handelns der Organisation.[24]

So berichtete ein Musikschulleiter auf einer Tagung, dass seine Musikschule – wie so viele andere auch – bei manchen Musikinstrumenten mit langen Wartelisten zu kämpfen habe (was – wenn sich dies herumspricht – geradezu eine Einladung für die Gründung privater Konkurrenzunternehmen ist). Andererseits zeige sich dann aber gar nicht selten, dass ein Kind, das endlich in den langerwarteten Geigenunterricht aufgenommen werde, hierfür völlig ungeeignet, dann aber aus betriebsinternen Gründen für ein Jahr vertraglich gebunden sei. Deshalb habe er ein Prinzip entwickelt, dass jede Unterrichtsstunde, die krankheits- oder anders bedingt von Schülerseite abgesagt werde, von dem jeweiligen Lehrer quasi als „Schnupperstunde" einem Kind auf der Warteliste kostenlos angeboten werde. Ganz typisch für organisationszentriertes Denken waren die spontanen Kommentare der an der Tagung teilnehmenden Leiterkollegen: „Da brauchen Sie aber einen gut funktionierenden Computer", „…und ein ebensolches Telefonsystem", „…und vor allem flexible Lehrer". In der Tat – aber ohne diese Flexibilität wäre diese Musikschule nicht das innovative Vorbild, das sie ist! Dementsprechend meint Marketing „in moderner Sicht eine **Führungskonzeption** von Unternehmen oder generell von Organisationen, in deren Zentrum eine spezielle Technologie zur zielorientierten Gestaltung von Austauschprozessen mit verschiedenen Umweltpartnern steht."[25]

(5) Die besucherorientierte Kultureinrichtung geht weder von „dem Publikum" aus noch baut sie auf „die eine beste" Strategie. Vielmehr werden **die Besucher sehr kreativ, sensibel und strategisch in verschiedene Zielgruppen differenziert**. Hierzu bedarf es allerdings einer Vielzahl von möglichst aktuellen Informationen. So unterschiedlich die Besuchergruppen bzw. Marktsegmente sind, so differenziert und ausgeklügelt müssen die verschiedenen Strategien sein, um diese Besuchergruppen erfolgreich zu erreichen. Aufgrund der eingangs beschriebenen starken Individualisierungstendenzen in unserer Gesellschaft und der fortschreitenden Sozialisierung in Lebenstilszenen geht das noch am Schichtenmodell orientierte Konzept einer „Kultur für **alle**" (so sehr es normativ zu begrüßen sein mag), an der soziologischen Realität vorbei. Mit der **einen besten Strategie** mögen vielleicht „jeder" und „alle" anvisiert werden; ob sie allerdings erfolgreich erreicht werden, darf indes sehr stark bezweifelt werden.

(6) Deshalb ist der eine „große Kommunikator" in der besucherorientierten Kultureinrichtung mehr als fehl am Platz. Vielmehr **verstehen sich alle Mitarbeiterinnen und Mitarbeiter als für das Marketing mit verantwortlich**. Was nützt es, wenn die ständigen Klagen der Besucher über die ungünstigen Anfangszeiten der Konzertveranstaltungen angesichts des ÖPNV den Kartenverkäuferinnen an der Abendkasse auf die Nerven gehen, diese wichtigen Informationen aber nicht das Künstlerische Betriebsbüro, das für die Planung zuständig ist, erreichen? Was bringt beispielsweise der Musikschule eine für viel Geld gestartete Werbekampagne, wenn zwar das dadurch geweckte Interesse der Eltern riesengroß, das Sekretariat, das die Anfragen bzw. Anmeldungen entgegennehmen soll, aber nur von 10.00 bis 12.00 Uhr besetzt ist (und die entsprechende Mitarbeiterin am Telefon vielleicht noch nicht einmal ausreichend auf den Ansturm vorbereitet ist und möglicherweise entsprechend überfordert reagiert)?

Eine Dramaturgin berichtete in einem Marketingseminar, dass die Dramaturgie zusammen mit der Theaterleitung über mehrere Monate hinweg ein neues Marketingkonzept entwickelt habe. Um nun zu kontrollieren, wie dessen Implementierung in die Theaterpraxis funktioniere, habe sie sich abends an die Theaterkasse gestellt und sei dort Zeugin folgender Szene geworden. Ein älteres Ehepaar will Karten kaufen; die Frau fragt die Ticketverkäuferin: Ist das Stück auch lustig? Darauf hin die Verkäuferin: In diesem Theater haben wir schon seit drei Jahren nichts mehr zu lachen! Dass die Freude am Theaterbesuch einen empfindlichen Dämpfer erhielt und sich das Paar – ohne Vorstellungsbesuch! – für den Gang ins nächstgelegene Restaurant entschied, versteht sich fast von selbst. Der Fehler ist indes vor allem bei jenen zu suchen, die es verabsäumten, ihre Marketingüberlegungen allen klar und deutlich zu machen. „Praktisch jeder würde zustimmen, dass die Mitarbeiter unser wertvollstes Kapital sind. Nur verhält sich fast niemand danach."[26]

Natürlich ist es durchaus sinnvoll, in öffentlichen Kulturbetrieben wie Theatern, Museen, Musikschulen usw. entsprechend ausgebildete Marketingfachleute einzustellen, die für die permanente Durchsetzung von besucherorientiertem Marketingdenken im Kulturbetrieb verantwortlich zeichnen. Funktionieren wird dies auf Dauer allerdings nur dann, wenn **alle** Mitarbeiterinnen und Mitarbeiter ein entsprechend besucherorientiertes Marketingdenken nicht nur verinnerlichen, sondern zum Leitbild ihres alltäglichen Handelns machen.

Zweifelsohne ist unter Marketinggesichtspunkten eines der zentralen Probleme im öffentlichen Kulturbetrieb, dass häufig gerade diejenigen Personen innerhalb einer Kulturorganisation am schlechtesten bezahlt sind, die den engsten und häufigsten Kontakt mit den Besuchern haben, wie das Kassenpersonal, Garderobendamen, Sekretärinnen, das Aufsichtspersonal in Museen und Ausstellungen usw. und die dementsprechend oft auch am geringsten motiviert sind.

Sehr plastisch und ironisch schildert dies Petra Schuck-Wersig am Negativbeispiel französischer Museen unter dem Motto „Clusterbildung": „Das Aufsichtspersonal versammelt sich während der Öffnungszeiten augenscheinlich mit Vorliebe im Eingangsbereich an der Kasse. Als einzelner Besucher steht man also beim Betreten des Museums erst einmal einer Art Phalanx gegenüber und es bedarf schon eines gerüttelten Maßes an Selbstvertrauen, dagegen anzugehen und diese menschliche Mauer zu durchbrechen. Nicht jeder Besucher wird den musternden Blicken standhalten. Einladend sind derartige Situationen auf gar keinen Fall (...) Die unbekümmerte Lautstärke, in der sich das Personal nicht nur in Grüppchen zusammensitzend oder -stehend unterhält, sondern auch über ganze Stockwerke hinweg im Treppenhaus, ist mehr als nur störend, sie ist ganz einfach rücksichtslos (...) Diese Arbeit ist nun mal nicht die spannendste, erst Recht nicht dann, wenn das Museum keine oder kaum Besucher hat. Verständlich, dass man da versucht, sich die Arbeitszeit so angenehm wie möglich zu gestalten. Geschieht dies aber über längere Zeit, so scheint sich dabei eine Art Gewohnheitsrecht zu entwickeln, das auch durch einen plötzlich in diese Idylle eindringenden Besucher nicht mehr außer Kraft gesetzt werden kann. In nicht wenigen Museen hatten wir den Eindruck, dass dieser Punkt bereits erreicht war: Das Museum hatte ein Eigenleben entwickelt, in dem alles, was ‚von draußen' kam mehr oder weniger störte und man sich eher unwillig auf den Weg machte, um den Besucher auf seinem Rundgang zu begleiten, besser: ihn unter Kontrolle zu halten (...) Mag sein, dass dies alles nur Banalitäten sind, aber sie gehören nun mal dazu, wenn der Besucher sich wohl fühlen soll. Vielleicht aber soll sich der Besucher gar nicht wohl fühlen oder man meint, der wahre Bildungsmensch hat keine physischen Bedürfnisse und nur der gehört hierhin."[27]

Allerdings soll hier gleich vor einem großen Missverständnis gewarnt werden. Die von Schuck-Wersig so plastisch beschriebenen Verhaltensweisen werden zwar vom Aufsichtspersonal an den Tag gelegt, aber sie sind eindeutig ein **Führungsproblem**! Vor allem folgende Führungsmängel sind gerade in Museen und Ausstellungshäusern immer wieder zu beoachten:

• Die Aufsichten wissen häufig nicht, was sie „sollen" bzw. „dürfen", d. h. welche Rolle sie überhaupt spielen. Das einzige was klar scheint, ist: „Es darf nichts passieren!" Aber was ist „nichts"? Wenn von der Aufsicht nachhaltig verärgerte Besucher empört das Haus verlassen und sich schwören, dieses Museum nicht so schnell wieder zu betreten: Bedeutet dies, dass „nichts" passiert ist?!

• Zu der fehlenden Abklärung der Aufgaben kommen nicht selten mangelnde oder unklare, manchmal sogar widersprüchliche Rollenzuweisungen seitens der Führungsebene hinzu. Sind z. B. die Museumspädagogen (oder „Kunstvermittler", wie es mancherorts mittlerweile heißt) vorrangig an der Öffnung hin zum Publikum orientiert, so ist die Verwaltung, die sich mit den Versicherungen auseinander setzen muss, vor allem auf die Sicherheit bedacht. Die einen wünschen sich die Aufsicht eher als detektiv-ähnlichen Undercoveragenten bzw. Security-Mitarbeiter, die anderen als freundliche und aufgeschlossene Informationsvermittler.

• Gepaart mit dieser grundlegenden Unsicherheit ist häufig fehlender Ermessens- oder Handlungsspielraum. Aus gutem Grund ist es in aller Regel verboten, im Museum zu essen und zu trinken. Stellt ein Kind im Kinderwagen mit einem Apfel aber tatsächlich eine grundlegende Gefährdung für Kunstwerke dar? Ist ein Einschreiten nicht eher bei einem Jugendlichen mit der Pommes & Ketchup-Tüte angebracht? Muss misstrauisch eingeschritten werden, wenn eine Museumspädagogin mit einer Schulklasse kommt, oder sollte hier nicht die Aufsicht (aber auch Verantwortung!) nicht dieser Mitarbeiterin überlassen werden?

• Sehr häufig wird übersehen, dass Aufsichten es mit ganz unterschiedlichen Besuchergruppen zu tun haben und dies rasch zu Hilflosigkeit und Überforderung führen kann. Sie sollten lernen, mit unterschiedlichen Gruppen unterschiedlich umzugehen. Wenn im Museum Fotografieren generell verboten ist, einem Journalisten aber eine Ausnahmegenehmigung erteilt wird, so sollte die- oder derjenige, der sie erteilt, sich auch die Mühe machen, dies dem Personal in entsprechender Form mitzuteilen!

• Es gibt darüber hinaus Probleme, die von der Führung wenn schon nicht veranlasst, so doch gelegentlich übersehen werden. Wenn ein Haus für die „Lange Nacht der Museen" wirbt, sollte diese sich auch darauf einstellen, dass u. U. mehr Menschen kommen als tagsüber (denn sonst würde man dies wohl nicht veranstalten!).

Naiv ist es deshalb, wenn nicht zusätzliches Personal eingesetzt (bzw. zumindest in Bereitschaft gehalten wird), das dem möglichen Massenansturm gewachsen ist!

• Viele der angesprochenen Probleme resultieren daraus, dass in den meisten Museen keine entsprechenden systematischen und vor allem gemeinsamen Schulungen des gesamten (!) Personals stattfinden bzw. diese immer wieder auftauchenden Probleme nicht ausreichend besprochen werden. Viel zu oft ist von dem Aufsichtspersonal (bzw. dem Einlasspersonal, den Kassenpersonal, den Garderobefrauen usw.) zu hören, „die da oben", „die Chefs" hätten ja gar keine Ahnung von ihren Problemen. Umgekehrt heißt es, diese Mitarbeiter im Aufsichsbereich seien eben nicht motiviert bzw. noch schlimmer, überhaupt nicht motivierbar, sondern nur am Feierabend interessiert usw. Tatsächlich herrschen dagegen sehr oft große Unsicherheiten und Unklarheiten, die in wiederholten (nicht einmaligen!) gemeinsamen Gesprächen geklärt werden könnten.

• Deutlich muss allerdings auch gesagt werden, dass es auch ein Führungsproblem ist, wenn die von Schuck-Wersig geschilderten Verhaltensweisen von der Museumsleitung überhaupt geduldet werden! Als letzte (aber wirklich nur letzte nach Durchführung aller anderer o. a. Maßnahmen) Konsequenz muss von einer verantwortungsvollen Leitung entsprechend mit allen arbeitsrechtlichen Konsequenzen eingegriffen werden! Bevor es hierzu kommt, sollte allerdings vorher äußerst gewissenhaft geprüft werden, ob die Leitung der Kultureinrichtung alle anderen Führungsprobleme beachtet und gelöst hat!

Positiv betrachtet besteht andererseits in der Einbindung möglichst aller Mitarbeiterinnen und Mitarbeiter einer Kultureinrichtung ein großes **Motivationspotential**, denn die allerwenigsten Menschen haben Freude daran, ihrer Arbeit lustlos nachzugehen. Oftmals fehlt es ihnen aber schon an den notwendigsten Informationen, die von den jeweiligen künstlerischen Leitungen nicht weitergegeben oder häufig völlig unzureichend aufbereitet werden. Denn zur notwendigen Information gehören ebenso Erklärungen und Interpretationsangebote hinzu. Warum machen Museen und Ausstellungshäuser Sonderführungen und Vorvernissagen in Anwesenheit der Künstler zwar mit Sponsoren und sonstigen VIPs, nicht aber mit dem hauseigenen (Aufsichts-)Personal? Warum gibt man sich so viele Mühe, Interesse bei externen Gästen, nicht aber bei den internen Mitarbeitern zu wecken?

Dass und wie dies geht, schildert *Der Spiegel* wiederum am Beispiel der Stuttgarter Oper: „Genau so wichtig wie die Breitenarbeit nach außen nimmt das Stuttgarter Führungsduo die hausinterne Kommunikation. Alle sechs Wochen setzen sich Leute aus der Chefetage mit jenen Verkäufern zusammen, die an Telefon und Billettschalter den Kontakt zwischen Haus und Publikum halten. Auch unter Schließerinnen und Garderobieren, ‚die es oft mit ratlosen oder auch wütenden Zuschauern zu tun haben‘, leisten Mitglieder der Direktion frühzeitig Aufklärungsarbeit. ‚Das alles‘, resümiert Zehelein, sei ‚anstrengendes und risikoreiches Theater.‘ Aber ‚das Zeitgenössische‘ finde eben ‚nicht nur im Spielplan statt‘".[28]

Auf der Basis der im ersten Kapitel vorgeschlagenen Definition von Kultur-Marketing in öffentlichen Kulturbetrieben, die von der prinzipiellen Vorrangstellung des künstlerischen bzw. kulturellen Produktes ausgeht, lässt sich definieren:

> Eine Kultureinrichtung arbeitet dann **besucherorientiert**, wenn sie – immer im Rahmen ihrer künstlerischen und kulturellen Zielsetzungen – alle Anstrengungen unternimmt, sensibel die jeweiligen Besucher- oder Teilnehmerwünsche und Bedürfnisse wahrzunehmen, zu bedienen und vor allem langfristig zu befriedigen.[29]

Öffentliche Kulturbetriebe haben leider erst zum Teil erkannt, wie sehr ihre Zukunft von dieser Besucherorientierung abhängt. Nur die Kulturorganisation, die sich streng **besucher-** und das heißt streng **problemlösungs-orientiert** verhält, hat die Chance, die prinzipiell zu kleine Nachfrage in Käufer-Märkten in möglichst hohem Maße auf die eigene Organisation und ihr Angebot zu lenken.[30]

Um die Besucherorientierung in der Kulturorganisation erfolgreich durchzusetzen, sollten (mindestens) drei Forderungen erfüllt werden:

(1) Besucherorientierung muss gelebter **Teil der eigenen Kulturorganisationsphilosophie** werden, d. h. alle Aktivitäten der Kulturorganisation orientieren sich – im Rahmen der künstlerischen bzw.

kulturellen Zielsetzung – an den Erwartungen, Bedürfnissen, Wünschen und Qualitätsauffassungen der Besucher.

(2) Dies bedeutet innerhalb der Kultureinrichtung die **Überwindung des Funktionsegoismus**. Jedwedes „abteilungs"- oder „funktions"orientierte Denken muss überwunden werden; gefordert ist, sich vielmehr konsequent an den Besucherbedürfnissen zu orientieren. Eine Abteilung allein – etwa die Kultur-Marketingabteilung oder die Presse- und Öffentlichkeitsabteilung – kann nicht die entsprechende besuchergerechte Qualität garantieren. Jeder und jede an ihrem jeweiligen Platz ist verantwortlich für besuchergerechtes Handeln.

(3) Dies bedeutet gleichzeitig ein **koordiniertes Mitwirken von allen in der Kulturorganisation**, d. h. für die Verwirklichung der Besucherorientierung sind grundsätzlich alle Mitarbeiter zuständig. Deshalb ist es – wie immer wieder betont – so wichtig, möglichst viele Mitarbeiter am Marketing-Managementprozess zu beteiligen, sei es durch entsprechende Schulungen, sei es durch aktive Einbindung in Zielfindungsprozesse. Dies erfordert ein hohes Maß an innerbetrieblicher Koordination durch Entwicklung und Einsatz entsprechender Koordinations- und Integrationsinstrumenten.[31]

Anmerkungen:

[1] Störenfried Kunde. Vom König zum Bittsteller. In: *Der Spiegel* Nr. 26,1994

[2] Das Ärgernis Kunde. Um den Service im deutschen Handel ist es schlecht bestellt. In: *Die Zeit* Nr. 44, 1995

[3] Neuland, Rudi: Der Gegenschrei. Von der konfliktären Reklamation zur Reklamationskultur, Künzell 1999 S. 40

[4] Gründling (1998) S. 80 f

[5] Maul halten, zahlen. In: *Der Spiegel* Nr. 26/1994

[6] Das Theater als Behörde. In: *Der Spiegel* Nr. 29/2000

[7] Othello, Rüdiger: Wenn Du geredet hättest, Desdemona... In: *Theatermanagement aktuell*, Nov. 1997 S. 3

[8] Vgl. hierzu ausführlich: Ederer, Günter und Lothar J. Seiwert: Das Märchen vom König Kunde, Offenbach 1998 S. 84 f

[9] Geffroy, Edgar K.: Abschied vom Verkaufen. Wie Besucher endlich wieder von alleine den Weg zu Ihnen finden, Frankfurt/New York 1997

[10] Waidelich, Jürgen-Dieter: Studienbrief Problemaufriß und Geschichte des Theatermanagements bis zur Gegenwart, Hagen 1991 (Fernuniversität Hagen – Weiterbildungsstudiengang Kultur-Management) S. 34

[11] Schuck-Wersig, Petra und Gernot Schuck: Museumsmarketing in den USA. Neue Tendenzen und Erscheinungsformen, Berlin 1999 S. 19

[12] Schulze (1993) S. 504

[13] Schwarz, Peter: Stichwort: *Nonprofit-Management*. In Gablers Wirtschaftslexikon, Wiesbaden [13]1993 ff; vgl. ausführlich hierzu: Schwarz, Peter, Robert Purtschert und Charles Giroud: Das Freiburger Management-Modell für Nonprofit-Organisationen, Bern u. a. [2]1995

[14] Schulze (1993) S. 504

[15] Vgl. hierzu: Kotler, Philip and Joanne Scheff: Standing Rooms only. Strategies for Marketing the Performing Arts, Boston MA, 1997 S. 37–42

[16] Schulze (1993) S. 510

[17] Müller-Wesemann ([2]1992a) S. 5

[18] Mayer (1999) S. 145

[19] Ein gutes Beispiel hierfür beschreibt Jacobs, Inge: Mit „albernen Fragen" zur Kunst beim Staatstheater aufgelaufen. Weshalb eine Theaterbesucherbefragung der Universität Stuttgart scheiterte. In: *Stuttgarter Zeitung* vom 20. 7. 1998

[20] „Wir brauchen auch Clowns und Komödianten!" Hellmuth Matiasek im Gespräch mit Claus Spahn über das Verhältnis von Subventionstheater(n) und der neuen deutschen Musicalindustrie. In: *Theater heute*, 4,1995, S. 39

[21] Gündling (1998) S. 83

[22] Im Museums und Ausstellungsmanagement hat sich bereits vor Jahren der Gedanke bzw. Begriff der Besucherorientierung durchgesetzt. Besucherorientierung im engeren Sinne meint als Maxime innerhalb des Museums- und Ausstellungswesens, bei der Ausstellungsgestaltung im weitesten Sinne, d. h. einschließlich aller Dienstleistungsangebote, den Bedürfnissen der unterschiedlichen Zielgruppen und Individuen so weit wie möglich gerecht zu werden. Ziel ist es, die Museen in lebendige Kulturdienstleistungsbetriebe zu verwandeln, mit verschiedensten Kenntnissen und Motivationen ausgestattete Besucher anzusprechen und zufriedenzustellen sowie neue Zielgruppen für die Museen zu erschließen. Voraussetzung hierfür ist eine möglichst differenzierte Besucherforschung. vgl. hierzu ausführlicher: Schäfer, Helmut.: Wie besucherorientiert darf / muss ein Museum sein? Das Beispiel des Hauses der Geschichte der Bundesrepublik Deutschland. In: Das besucherorientierte Museum, hrsg. vom Landschaftsverband Rheinland, Rheinisches Archiv- und Museumsamt, Köln 1997 S. 91–97; Kommunale Gemeinschaftsstelle für Verwaltungsvereinfachung (KGSt): Die Museen. Besucherorientierung und Wirtschaftlichkeit, Köln 1988

[23] Peters, Thomas J. und Robert H. Waterman: Auf der Suche nach Spitzenleistungen. Was man von den bestgeführten US-Unternehmen lernen kann, München/Landsberg am Lech [5]1994 S. 229

[24] Becker, Jochen: Das Marketingkonzept. Zielstrebig zum Markterfolg, München 1999 S. 2

[25] Strategisches Marketing. Hrgg. Von Hans Raffée und Klaus-Peter Wiedmann, Stuttgart 1989 S. 5

[26] René McPherson, zitiert nach Peters/Waterman (1994) S. 39

[27] Schuck-Wersig, Petra und Gernot Wersig: Museen und Marketing in Europa. Großstädtische Museen zwischen Administration und Markt, Berlin 1992 (Materialien aus dem Institut für Museumskunde Heft Nr. 37) S. 38

[28] *Der Spiegel* (1998)

[29] Vgl. hierzu Kotler/Scheff (1997) S. 36

[30] Becker (1999) S. 13

[31] Kotler/Bliemel (1999) S. 65

3. Der Kultur-Marketing-Managementprozess

3.1 Die unterschiedlichen Ebenen im Marketing

Marketing, dies sollte durch das bisher Gesagte deutlich geworden sein, wird im Folgenden nicht bloß als eine (Absatz-)Funktion innerhalb des Produktionsprozesses verstanden, sondern als ein ganz wesentliches Element des (möglichst kundenorientierten) Kultur-Managementprozesses. Wie im Management allgemein, so kann auch im Kultur-Management und speziell im Marketing-Management prinzipiell unterschieden werden zwischen der **normativen**, der **strategischen** und der **operativen** Ebene des betrieblichen Handelns.

• Die Ebene des **normativen** Managements beschäftigt sich mit den **generellen Zielen** einer Organisation, mit ihren Prinzipien, Normen und Spielregeln, die darauf ausgerichtet sind, die Lebens- und Entwicklungsfähigkeit der Unternehmung zu ermöglichen.[1] Hierzu zählen vor allem die grundsätzliche Mission als quasi „oberste Orientierungsgröße"[2] der Organisation, ihr strategisches Leitbild und ihr eigenes Selbstverständnis (die sog. Corporate Identity, in die die Werthaltungen der Mitarbeiter und Führungskräfte einfließen; „values"), spezifische Verhaltensgrundsätze und schließlich die Hauptstoßrichtung der Organisation, d. h. die grundsätzliche Entscheidung darüber, auf welchen Geschäftsfeldern die Organisation tätig werden möchte (Unternehmenspolitik-„vision"). Dies wird Thema des folgenden, vierten Kapitels sein.

• Auf der **strategischen Ebene** geht es um den Aufbau, die Pflege und die Nutzung von **Erfolgspotentialen**, für die Ressourcen eingesetzt werden müssen. Während das normative Management Aktivitäten begründet, ist es Aufgabe des strategischen Managements, **richtend** auf Aktivitäten einzuwirken.[3] Strategisches Kultur-Management ist stets zukunftsgerichtet, es geht um Entwurf und Gestaltung von Umwelt zur Schaffung und Sicherung von Potenzialen, die die Grundlage für die Erfolge von morgen bilden können.[4] Aus der langfristigen **Gesamtstrategie** einer Organisation (z. B. eines Mehrsparten-Theaters) werden Einzelstrategien für die **einzelnen Geschäftsfelder** (z. B. die Oper, die Operette, das Schauspiel, das Ballett, das Orchester usw.) entwickelt, die ihrerseits wiederum widerspruchsfrei zueinander und zur Gesamtstrategie stehen müssen.

• Die Funktion des **operativen Managements** schließlich besteht darin, die normativen und strategischen Vorgaben in praktische Handlungen und Operationen umzusetzen.[5] Aufgabe der operativen Ebene ist dabei die möglichst rationale und effiziente unmittelbare Umsetzung von Zielen in konkrete Projekte und zeitnahe Handlungen.[6] Diese Fragen werden ausführlich im Rahmen des Marketing-Mix, d. h. des konkreten Einsatzes der Marketing-Instrumente (im neunten bis dreizehnten Kapitel) behandelt.

In der Praxis vieler Kultureinrichtungen findet sich – quasi noch unterhalb der operativen Ebene – sehr häufig allerdings eine vierte Ebene, die zwar auch in gewissem Sinne „operativ" ist. Sie ist jedoch selten genug rational, sondern sehr viel eher emotional und gefühlsmäßig gesteuert, das sog. „**Management**" (in unserem besonderen Falle das des **Kultur-Marketing**) „**aus dem Bauch**". Wegen der besonderen Rolle, die diese weit verbreitete Form des Marketing gerade im öffentlichen Kulturbetrieb (allerdings keineswegs nur hier) spielt, sei hierauf zunächst eingegangen.

3.2 „Kultur-Marketing aus dem Bauch"

Was ist mit dem „Marketing aus dem Bauch"[7] nun genauer gemeint? Gerade in der Konfrontation mit einem strategischen, prozesshaften und langfristig angelegten Kultur-Marketing, für das hier plädiert wird, trifft man in öffentlichen Kulturbetrieben sehr häufig auf eine ablehnende Haltung, die sehr häufig ganz bestimmte Begründungsmuster herausgebildet hat. Man „kenne schließlich doch sein Publikum", heißt es etwa, man habe „den richtigen Riecher", das „glückliche Händchen" oder das entsprechende „feeling" – wozu dann noch große Analysen und komplizierte Strategien? Wichtig sei doch viel eher, dass man „instinktiv" wisse, was in der jeweiligen Situation zu tun sei.

Es kann und soll hier keineswegs bestritten werden, dass diese eher emotionalen, weniger kognitiv gesteuerten Wahrnehmungen gerade im Kulturbetrieb mit seinen häufig wechselnden Vorlieben und Moden seitens der Nachfrager eine ganz wichtige Rolle spielen. Der Intendant, der viele Jahre in „seiner" Stadt Theater aufführt, der Konzertmanager, der über lange Zeit Konzertreihen in einer bestimmten Region anbietet, der Museumsleiter, der „weiß", wann er wieder einmal „seinem" Publikum einen bestimmten Künstler mit einer Ausstellung zeigen muss – sie alle haben zweifelsohne ein gutes Gespür für das, was bei den Besucherinnen und Besuchern ankommt und was abgelehnt wird. Und der Konzertveranstalter beispielsweise wird, wenn er über genug Erfahrung verfügt, auch ganz gut wissen, welche Mischung traditioneller und innovativer Stücke er – etwa an einem Konzertabend – zusammenstellen muss, damit sein Publikum ihm treu bleibt und ihm auf seinem künstlerisch begründeten Weg zu immer schwierigeren Stücken folgt.

Mit diesem hier so genannten „Kultur-Marketing aus dem Bauch" sind aber andererseits eine ganze Reihe von Problemen verbunden, die keineswegs gering geschätzt werden können.

(1) Das Kernproblem des „Kultur-Marketing aus dem Bauch" besteht darin, dass es in aller Regel **personenzentriert**, d. h. **ausgesprochen subjektiv** bzw. **an eine einzelne Person gebunden** ist. Gewöhnlich ist diese Person der Leiter oder die Leiterin der Organisation (die diese wahrscheinlich sogar aufgebaut und lange geleitet haben) bzw. – eher seltener – ein einzelner Mitarbeiter. Diese können die anfallenden Marketingaufgaben wahrscheinlich in der Regel auch recht gut lösen und mit sicherer Hand die Geschicke der Organisation steuern. Allerdings kann diese Personenzentrierung ganz unmittelbar zu fatalen Konsequenzen führen, wenn nämlich diese Person – aus welchen Gründen auch immer, sei es durch Weggang zu einem anderen Unternehmen oder im schlimmsten Fall durch Tod – der Organisation nicht mehr zur Verfügung steht.

Diese einzelne Person hatte alle Kontakte, sie allein „wusste", was zu tun und was zu lassen ist, und mit dieser einzelnen Person „verschwindet" auf einen Schlag das gesamte Marketingwissen. Aber selbst wenn es nicht zum Schlimmsten kommt, so führt die starke Personenzentrierung auch bereits im laufenden Betrieb zu

Reibungsverlusten und Problemen. So wissen die einzelnen Mitarbeiterinnen und Mitarbeiter gewöhnlich nicht, welche Marketingmaßnahme warum geschieht bzw. sie müssen sich ständig bei der entsprechenden Person rückversichern, ob die ergriffene Maßnahme denn nun richtig oder falsch war. Dieses überlastet einerseits die für Marketing zuständige Person, andererseits wird das Selbstbewusstsein der entsprechenden Mitarbeiterinnen und Mitarbeiter nicht gerade gestärkt und es entstehen nicht zu unterschätzende Motivationsprobleme.

(2) In aller Regel hat das sog. „Marketing aus dem Bauch" **keine entwicklungsorientierten,** d. h. **strategischen Ziele.** Die vorhandenen Potenziale werden nicht voll entfaltet, sondern es wird lediglich versucht, eine aktuelle Problemsituation mehr oder weniger erfolgreich zu bewältigen. Marketing aus dem Bauch **reagiert statt zu agieren.** So mag beispielsweise der Konzertveranstalter der bis dahin so erfolgreichen Sonntagsmatinee auf einmal überrascht feststellen, dass sein bislang so treues Publikum plötzlich immer spärlicher kommt. Um hier einen Einbruch zu verhindern, startet er mit großem finanziellen Aufwand eine Werbekampagne, reduziert die Preise, holt besondere Stars usw. Tatsächlich steigen seine Besucherzahlen wieder (wenn auch auf Grund der erhöhten Werbekosten nicht unbedingt sein Gewinn). Eine auch nur oberflächliche Analyse der Altersstruktur anhand der Abonnentenkartei seines bisherigen Publikums hätte ihm aber wahrscheinlich verraten, dass dieses zunehmend in ein Alter kommt, wo der Tod nichts Ungewöhnliches mehr ist und sich das für den Veranstalter zunächst (scheinbar gelöste) Problem bald wieder stellen wird. Er versäumt also, sich rechtzeitig Gedanken darüber zu machen, wie er ein neues Publikum – vielleicht mit neuen Angeboten – an diese Sonntagmorgenveranstaltung heranführen könnte. „Marketing ist nicht etwas, das man gelegentlich macht oder einsetzt, sondern etwas, das **Nachhaltigkeit** voraussetzt, und zwar konzeptionell ausgerichtete."[8]

(3) Da die nötige Distanz und Reflexion fehlt, **lernt das „Marketing aus dem Bauch" weder aus erfolglosen noch aus erfolgreichen Maßnahmen.** War die Maßnahme erfolgreich, so braucht naturgemäß nicht über sie nachgedacht zu werden: wer verschwendet schon seine Zeit damit, darüber nachzudenken, warum etwas

klappt? Die Möglichkeit, zusätzliches Publikum zu erschließen, wird deshalb verschenkt. Umgekehrt wird in diesem Verständnis in aller Regel aber auch nicht darüber nachgedacht, **warum** eine Maßnahme gescheitert ist, sondern es wird gewöhnlich sofort nach einem neuen Instrument gesucht und gegriffen (mit dem man dann – vielleicht – den gewünschten Erfolg hat, der dann ebenfalls weiteres Nachdenken erspart).

Gerade aber das Finden der Ursachen für das Scheitern könnte einen Lernprozess in Gang setzen. Vielleicht war eine bestimmte Maßnahme ja gar nicht so schlecht, wie ursprünglich vermutet wurde, sondern spielten andere Dinge eine Rolle, die man zunächst übersehen hatte. Sehr viel sinnvoller ist es deshalb, aus Fehlern zu **lernen**. Eine – nur scheinbar paradoxe – Aufforderung der modernen Organisationstheorie lautet deshalb: „Macht Fehler, aber macht sie schneller, damit wir schneller lernen können!" Hierzu ist es allerdings wichtig, dass in der Kulturorganisation ein Klima geschaffen wird, das es zulässt, Fehler machen zu dürfen (und nicht dazu herausfordert, diese aus Angst vor Sanktionen zu vertuschen). Beschwerden beispielsweise sind ein wichtiges Instrument der Organisationsentwicklung, denn sie signalisieren, dass Fehler (zumindest aus der Perspektive der Kundenerwartung) gemacht wurden. Allerdings ist das Produzieren von Fehlern (bzw. von Reklamationen) natürlich kein Selbstzweck, sondern nur sinnvoll, wenn sie entsprechend reflektiert und verbessert werden.

(4) Das „Nicht-Lernen" hat häufig aber auch – nach dem Motto, dass das Gute der Feind des Besseren ist – die fatale Nebenfolge, dass **mögliche weitere aussichtsreiche Maßnahmen vernachlässigt werden, wenn andere kurzfristig funktionieren**. Das kann dann dazu führen, dass in einer dynamischen, schnelllebigen Umwelt manche Kulturorganisation aktuell zwar noch lebensfähig ist. Sie entwickelt aber keinerlei Bewusstsein dafür, dass sie langfristig kaum noch Chancen hat, entsprechende Besucher zu erreichen, wenn sie selbst sich nicht grundlegend wandelt.

Ein typisches Beispiel hierfür ist die – erstaunlicherweise – in manchen öffentlichen Kultureinrichtungen nach wie vor geführte Diskussion, ob die intensive Nutzung der Marketingmöglichkeiten im Internet sinnvoll sei oder nicht. (So gaben im Rahmen einer entsprechenden Befragung von 1998 zwar drei Viertel der befragten Staats- und Stadttheater an, über eine Homepage im Internet zu verfügen, aber in nur 40 % der Häuser war eine Kartenreservierung per Internet möglich!)[9] Diese „Zukunfts"-Frage ist indes längst entschieden – offen ist nur noch, wie intensiv hier eingestiegen wird!

(5) Als Kernproblem des „Marketing aus dem Bauch" wurde oben die starke Personenzentrierung mit den Problemen der Zentralisierung und Subjektivierung des Marketingwissens hervorgehoben. Dieses Problem hat aber auch noch einen anderen Aspekt: den der **Motivation** bzw. **Nichtmotivation der Mitarbeiter**. Wenn es denn zutrifft, dass erfolgreiches Marketing möglichst alle Mitarbeiterinnen und Mitarbeiter einer Kulturorgansiation einbinden sollte, so liegt auf der Hand, dass das „Marketing aus dem Bauch" es verabsäumt, die Mitarbeiter so weit wie möglich an der Zielfindung zu beteiligen. Auf diese Weise kann es kaum zur Herausbildung einer Corporate Identity kommen.

Wenn Ziele und ihre Bedeutung – gerade in öffentlichen Kulturbetrieben – nicht nur nicht klar sind, sondern vielleicht auch nicht von allen Mitarbeiterinnen und Mitarbeitern mitgetragen werden, dann dürfte die entsprechende Motivation, sie in der Praxis auch umzusetzen, recht gering sein. Es fehlt darüber hinaus bei den Mitarbeitern auch die Motivation, marketingkonform zu denken und z. B. wichtige Informationen, die sie erhalten, tatsächlich an die entsprechenden Stellen weiterzureichen. Die Lehrer und freien Mitarbeiter in der Musikschule, die Dozentinnen und Dozenten in der Volkshochschule, die Mitarbeiterinnen und Mitarbeiter in der Ausleihe in der Stadtbibliothek, die Aufseher im Museum, die Garderobendamen und Platzanweiser im Theater – sie alle haben tagtäglich intensive Kundenkontakte und erhalten sehr viele für die Organisation wichtige Informationen über Publikumsresonanz, Beanstandungen, Kritik, Verbesserungsvorschläge usw. Sind sie nicht entsprechend motiviert, werden sie diese Informationen nicht weitergeben.

(6) Mit der fehlenden Transparenz und Kenntnis der Ziele bzw. Motivation der Mitarbeiter hängt schließlich ein weiteres Problem des Marketing aus dem Bauch zusammen: es versäumt, die **Kernziele der Organisation in der Außenkommunikation** (mit dem Publi-

kum, den Künstlern, den Lieferanten, der Presse, den Politikern usw.) bei allen Mitarbeitern quasi zu **internalisieren**. Positiv formuliert sollte im Idealfall jede Mitarbeiterin, jeder Mitarbeiter zu jeder Zeit und an jedem Ort in knapper Form Auskunft darüber geben können, für was die entsprechende Kulturorganisation steht. Dies kann indes nur dann gelingen, wenn das Marketingwissen objektiviert und allen zugänglich ist. Besondere Bedeutung kommt daher der Formulierung des sog. Mission Statements zu.

Aus allen diesen Gründen erscheint das „Marketing aus dem Bauch" wenig geeignet, die schwierigen Probleme zu lösen, vor denen gerade öffentliche Kulturbetriebe stehen und in Zukunft stehen werden, zu lösen. Plädiert wird daher dafür, Marketing als einen Managementprozess, als eine langfristig angelegte, also als **strategische** Aufgabe zu begreifen.

3.3 Der Kultur-Marketing-Managementprozess als strategische Aufgabe

Je unsicherer, unklarer und damit risikoreicher die Zukunft wird, desto dringlicher ist eine langfristige strategische Planung, die Alternativen und Handlungsmöglichkeiten für die unterschiedlichsten Entwicklungsszenarios bereithält. Die achtziger und neunziger Jahre dieses Jahrhunderts stellen sich im Rückblick als eine solche Phase rasanter Modernisierung dar. Angesichts der Revolution durch Digitalisierung und neue Informationstechnologien, die wie zu Zeiten der Erfindung des Buchdrucks nicht nur die Kommunikations- und Informationsgewohnheiten grundlegend verändern, sondern auch nachhaltige Auswirkungen auf die Gesellschaften und ihre Kultur insgesamt haben (grundlegende Veränderung der Arbeitswelt, Individualisierung der Gesellschaft, Wertewandel usw.), geht die Rede von der „Modernisierung der Moderne" (Ulrich Beck), von einer „Zweiten Moderne" (Heinrich Klotz) bzw. von „Globalisierung" und sehen manche das „Ende der Gutenberg-Galaxis" (Norbert Bolz) dämmern. Dieser umfassende Modernisierungsdruck setzt Unternehmen, Betriebe und Organisationen unter einen massiven Innovationsdruck, um entweder auch in Zukunft überleben zu können oder unterzugehen. Vor diesem Hintergrund lassen sich zugespitzt drei Typen von Organisationen definieren:

- those that **make things happen**;
- those that **watch things happen** and
- those that **wanderered what happend**.[10]

Von diesen gesamtgesellschaftlichen Entwicklungen blieb auch der **Kulturbetrieb in Deutschland insgesamt** (also der öffentliche, privatwirtschaftlich-kommerzielle sowie der privatrechtlich-gemeinnützige Sektor zusammengenommen) nicht verschont (auch wenn es Viele gerade im öffentlichen Kulturbetrieb bis heute nicht wahrhaben wollen). Durch die verschärfte Konkurrenz unterschiedlicher Anbieter, den Rückgang öffentlicher Zuwendungen und Privatisierungstendenzen im öffentlichen Bereich, den Wandel des Kulturbegriffs und das Wegbrechen traditioneller Kundensegmente, durch die wachsende Mobilität der Kunden, durch Lebensstil- und Erlebnisorientierung usw. wird auch im öffentlichen Kulturbetrieb in Zukunft wenig so bleiben wie es früher war. Gerade weil die Zukunft auf Grund der Schnelllebigkeit der Entwicklungen und Trends immer ungewisser wird, gewinnt strategische, in die Zukunft gerichtete Planung ständig an Bedeutung.

Das Beispiel des scheinbar am besten abgesicherten Sektors im öffentlichen Kulturbetrieb mag dies verdeutlichen. Spätestens seit der Schließung des Schiller-Theaters in Berlin, diversen Spartenschließungen in den neuen Bundesländern oder der diskutierten Zusammenlegung der drei Opern in Berlin haben wir es selbst in dem scheinbar bestandsgesicherten deutschen Theatersystem verstärkt mit Organisationen zu tun „that wonderered what happend", also mit solchen, von denen nur noch in der Vergangenheitsform geredet werden kann. So schrieb der Direktor des Deutschen Bühnenvereins, Rolf Bolwin, bereits vor Jahren sehr kritisch: „Die jährlich vom Deutschen Bühnenverein herausgegebene Theaterstatistik weist vor allem bei den Stadt- und Staatstheatern **rückläufige Zuschauerzahlen** auf. Dies hat zur Folge, dass diese Theater wegen der hohen Kosten, die sie verursachen, in einen **erheblichen Legitimationsdruck** geraten (...) Die Schwierigkeiten werden umso größer, als die häufig beißende Kritik der Feuilletons sich nicht mehr auf die Aufführungen beschränkt, sondern dazu neigt, das **System** der

Staats- und Stadttheater **generell in Frage zu stellen**. Dies führt wiederum dazu, dass Politiker zumindest eine deutliche Neigung erkennen lassen, den Sinn der hohen Theaterkosten einer Überprüfung zu unterziehen (...)."

Bolwin formuliert hier sehr klar das **strategische Kernproblem** des deutschen Theatersystems und kommt dabei u.a. zu folgenden Schlussfolgerungen bzw. Zielsetzungen: „Es ist dafür Sorge zu tragen, dass der **Rückgang des Interesses der Zuschauer am künstlerisch anspruchsvollen Theater zumindest gestoppt** und möglichst eine **Umkehrung dieses Trends** erreicht wird. Eine dahin gehende **verbesserte Akzeptanz des Theaters durch die Zuschauer** führt indirekt auch zu einer **besseren Legitimation der öffentlichen Finanzierung** der Theater."[11]

Das Problem wird also nun neu formuliert: es ist nicht mehr eines der Finanzierung, sondern es handelt sich hier zweifelsohne um ein strategisches Kultur-Marketingproblem. Doch wie ist dieses strategische Problem zu lösen? Öffentliche Kultureinrichtungen haben „aufgrund träger Strukturen und mangelnden Marktdruckes die Tendenz zum **kurzfristigen Reagieren**. Erfolgreiches Management beruht aber auch in Non-Profit-Organisationen auf einer **systematischen Zukunftsorientierung** durch vorausschauende Problem-Früherkennung und planmäßiges Handeln. Diese schafft die Möglichkeit zum **aktiven, weitgehend selbstbestimmten Agieren**."[12]

In den nun folgenden Kapiteln wird der Marketing-Managementprozess systematisch in allen seinen einzelnen Schritten dargestellt. „Strategisches Marketing verlangt den Einsatz von Planungstechniken, mit deren Hilfe ein vielfältiges Spektrum von Fakten und Meinungen so dargestellt wird, dass die notwendigen Strategien erkannt bzw. abgeleitet werden können."[13] Es empfiehlt sich deshalb, bei der Entwicklung einer Marketingkonzeption für eine Kultureinrichtung – sei es eine Musikschule, ein Theater, ein Museum, eine Stadtbibliothek, ein Museum oder eine Volkshochschule – planmäßig den im Folgenden dargestellten einzelnen Schritten zu folgen und die dort gestellten Aufgaben und Probleme konsequent zu lösen.

Im ersten Kapitel wurde ausführlich dargelegt, dass für öffentlich getragene bzw. geförderte Kultureinrichtungen die **inhaltliche** Orientierung ausschlaggebend ist. Da hier – anders als in privatwirtschaftlich-kommerziellen Kulturbetrieben – nicht der Gewinn, sondern die inhaltliche Zielorientierung ausschlaggebend ist, bildet die ausdrückliche Festlegung der grundsätzlichen Zielrichtung der Kulturorganisation, die sich in ihrem **Mission-Statement**, aber auch dem **Strategischen Leitbild** (vision) sowie der gelebten **Corporate Identity** (values) ausdrückt, den Ausgangspunkt des Marketing-Managementprozesses (Kapitel 4). Ohne klar formulierte Mission, die die inhaltliche Grundrichtung einer Organisation festschreibt, kann keine Unternehmung, vor allem keine Non-Profit-Organisation, sinnvoll arbeiten, da in diesem Falle weder Steuerungs- und Controllinghandeln möglich noch Kontroll- oder Erfolgsmessungen realisierbar sind.

Ist geklärt, was die grundsätzliche inhaltliche Orientierung einer Kultureinrichtung ist, so schließt sich eine ausführliche **Analyse der Rahmenbedingungen**, unter denen diese Organisation arbeitet, an. Ihrer besonderen Bedeutung wegen wird die **Nachfrageanalyse** in einem eigenen Kapitel (5) ausführlich abgehandelt. Das sechste Kapitel widmet sich der eingehenden Analyse der **internen** (eigenes Potenzial) und **externen** (Umweltentwicklung, Konkurrenz, Beschaffungsmarkt) **Rahmenbedingungen**.

Auf der Basis dieser Analyse, deren Ergebnisse aller Wahrscheinlichkeit nach nicht ohne Rückwirkungen auf das ursprüngliche Ziel bleiben werden (sei es, weil festgestellt werden muss, dass die Kulturorganisation doch nicht alles das leisten kann, was sie sich vorgenommen hat, weil dazu die notwendigen Ressourcen und Potenziale fehlen; sei es weil es die Nachfrage nicht in dem Maße wie zunächst vermutet wurde, vorhanden ist; sei es, dass es bis dahin übersehene Konkurrenzangebote gibt; sei es, dass die Umweltentwicklungen eine Realisierung in der ursprünglich geplanten Form nicht zulassen), müssen die Ziele der Kultureinrichtung präzisiert und die Kriterien für den Erfolg benannt werden (Kapitel 7).

Die verschiedenen **Marketingstrategien** (Kapitel 8) bilden quasi die Schnittstelle bzw. das Scharnier zwischen Zielsetzungen einerseits und dem Einsatz der verschiedenen Marketinginstrumente andererseits. Die von der jeweiligen Kultureinrichtung ausgewählten Strategien bestimmen dementsprechend den Einsatz der Marketinginstrumente, den sog. **Marketingmix**, der die **Produkt**- bzw. **Pro-**

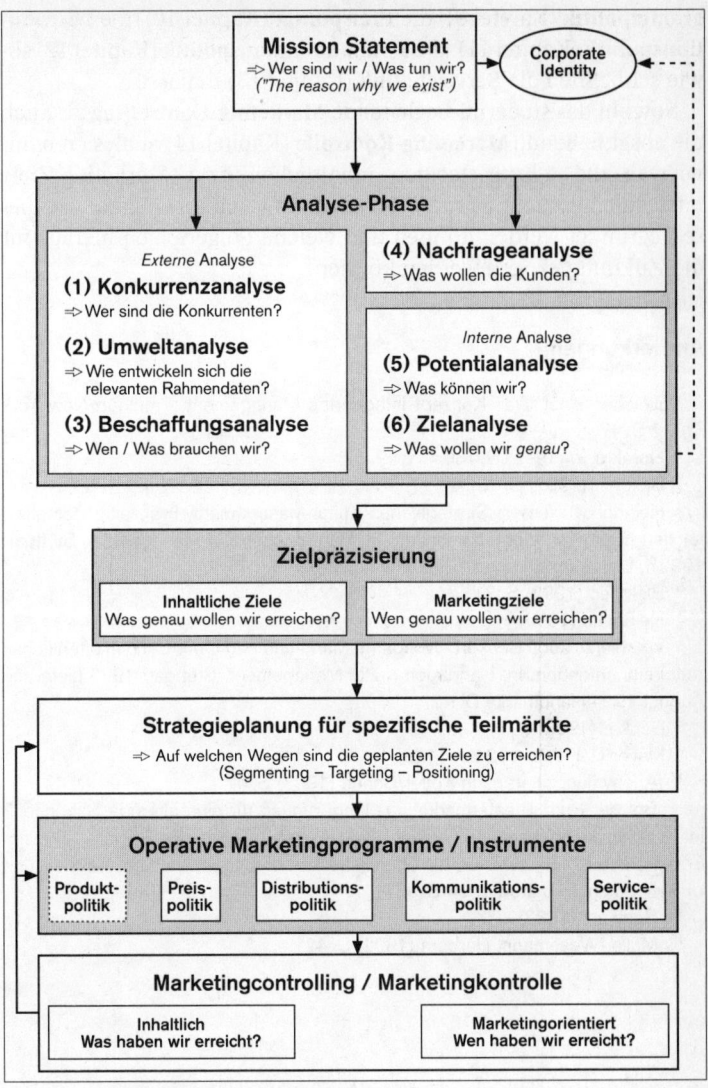

Abb. 4: Der Kultur-Marketing-Managementprozess

grammpolitik (Kapitel 9), die **Preispolitik** (Kapitel 10), die **Distributionspolitik** (Kapitel 11), die **Kommunikationspolitik** (Kapitel 12) sowie schließlich die **Servicepolitik** (Kapitel 13) umfasst.

Sowohl das steuernd-begleitende **Marketing-Controlling** als auch die abschließende **Marketing-Kontrolle** (Kapitel 14) analysieren, inwieweit die selbstgesteckten inhaltlichen bzw. Marketing-Ziele tatsächlich erreicht wurden, wo es zu Abweichungen kam, wie diese begründet werden können und welche Folgerungen hieraus für die Zukunft gezogen werden können.

Anmerkungen:

[1] Bleicher, Knut: Das Konzept Integriertes Management, Frankfurt/New York [2]1992 S. 47

[2] Horak u. a. (1999) S. 166

[3] Bleicher (1992) S. 70

[4] Heinrichs, Werner: Strategisches Kultur-Management. Frühzeitig Potentiale für den Erfolg von morgen schaffen. In: Handbuch Kultur-Management, Stuttgart 1992 ff, Lieferung Oktober 1996, Handmarke C 1.2) S. 2

[5] Bleicher, (1992) S. 71

[6] Heinrichs (1996)

[7] Vgl. hierzu auch Benkert, Wolfgang: Marketing und Controlling in öffentlichen Kultureinrichtungen. In: Handbuch Kultur-Management, Stuttgart 1992 Lieferung August 1994 Handmarke D 1.2)

[8] Becker (1999) S. 1

[9] Mayer (1999) s. 152 bzw. 149

[10] Anonymus, zitiert nach Kotler/Scheff (1997) S. 47

[11] Bolwin, Rolf: Theatermarketing. Jungbrunnen für eine alternde Schönheit? In: Krzeminski, Michael und Clemens Neck (Hrsg.): Praxis des Social Marketing. Erfolgreiche Kommunikation für öffentliche Einrichtungen, Vereine, Kirchen und Unternehmen, Frankfurt 1994 S. 83 f

[12] Schwarz (1993)

[13] Müller-Wesemann, Barbara (1992) S. 42

4. Wer sind wir?

4.1 Der Organisationszweck der Kultureinrichtung

Jedwede Planung beginnt mit einer ersten, grundsätzlichen Zielsetzung: Warum existiert die Kulturorganisation überhaupt, was ist ihr grundlegendes Ziel, welches der Grund, warum sie überhaupt existiert („The reason why we exist?")? Der kommerzielle Kulturbetrieb hat, wie bereits festgestellt wurde, eine eindeutige Zieldefinition, nämlich finanziellen Gewinn zu machen. Diesem Ziel wird mehr oder weniger jede Unternehmensentscheidung untergeordnet. Seine Erreichung lässt sich – spätestens – anhand des Jahresabschlusses mühelos überprüfen: stehen dort schwarze oder rote Zahlen? Dies schließt nicht aus, dass u. U. ganz bewusst über einen gewissen Zeitraum hinweg in bestimmten Marktsegmenten ein Verlust einkalkuliert werden kann, z. B. um diese Marktsegmente der Konkurrenz abzujagen oder um dem Gesamtunternehmen dadurch ein bestimmtes Image zu geben (z. B. Förderung unbekannter Künstler im Rahmen eines kommerziellen Festivals oder sog. „Imprint"-Verlage unter dem Dach eines kommerziellen Verlages usw.). Auf die Dauer gesehen muss indes der Gesamtbetrieb Gewinn erwirtschaften, da sonst sein Bestand gefährdet ist.

Der öffentliche Kulturbetrieb, der nicht profitorientiert ist, legitimiert sich dagegen vorrangig durch **künstlerische**, **kulturpolitische**, **ästhetische**, **kulturpädagogische** bzw. sonstige **inhaltlichen** Zielsetzungen. Zwar müssen auch hier bestimmte ökonomische Zielvorgaben (wie z. B. die Einhaltung des Haushalts-Solls oder die Erreichung eines bestimmten Kostendeckungsgrades bzw. Eigenwirtschaftsanteils) berücksichtigt werden, spielen aber nicht die zentrale Rolle, denn unter rein wirtschaftlichen Gesichtspunkten wäre es natürlich am rationalsten, jeden zuschussbedürftigen Kulturbetrieb sofort zu schließen. Diese vorrangig **qualitativen** Zielsetzungen lassen sich allerdings – anders als die reine Gewinnorientierung – nur sehr schwer **quantifizieren** bzw. **operationalisieren** (d. h.

mess- und damit kontrollierbar) machen Dies führt in öffentlich getragenen bzw. unterstützten Kulturbetrieben – wie in allen anderen sonstigen Non-Profit-Organisationen (NPO) auch – zu erheblichen **Planungs**-, **Steuerungs**- und vor allem **Effizienz**- und **Kontrollproblemen**.

„Non-Profit-Organisationen verfügen gegenüber gewinnorientierten Unternehmen über ein mehrdimensionales und komplexeres Zielsystem, in dem viele Komponenten **qualitativer** Natur sind. Dies erschwert vor allem das Messen der Zielerreichung und setzt eine entsprechend präzise und strategisch orientierte Zielformulierung voraus. Die Dimensionen entstehen aus der **Vielzahl von Anspruchsgruppen**, die teilweise sehr unterschiedliche Zielvorstellungen haben."[1]

Der **Intendant** eines Staatstheaters mit seinem eigenen künstlerischen Konzept hat über seine eigenen Ideen hinaus beispielsweise die Zielvorstellungen der beiden **Träger**, Bundesland und Stadt, zu erfüllen. Die verschiedenen **Publikumsgruppen** haben wahrscheinlich ganz unterschiedliche Erwartungen an Spielplan und Programm. Diese Zuschauererwartungen divergieren u. U. deutlich von denen der der **Besucherorganisationen** aus dem ländlichen Raum; deren inhaltlichen und ästhetischen Zielvorstellungen differieren möglicherweise wiederum deutlich von denen der **Presse** (die wiederum lokal, regional oder überregional ganz verschiedene Maßstäbe anlegt). Die **Künstlerinnen** und **Künstler**, die seit Jahren fest am Haus im Ensemble arbeiten, haben gegenbenfalls andere Ziele als die verpflichteten **Gäste**. Die Bereiche **Bühnentechnik**, **Werkstätten**, **Verwaltung**, **Kollektive** und **Solisten** ihrerseits differieren in ihren Bedürfnissen usw. Die örtliche **Wirtschaft**, die **Tourismus**- und **Fremdenverkehrswirtschaft**, das **Stadtmarketing** – sie alle bilden Interessengruppen, die mehr oder weniger prägnant Zielvorstellungen an die Adresse des Theaters richten.

Damit eine Kulturorganisation unter solchen Rahmenbedingungen nicht ständig wechselnd und schlingernd dem jeweils größten Druck nachgibt und überhaupt noch handlungs- und steuerungsfähig ist und bleibt, muss daher zunächst eine Grundsatzentscheidung darüber getroffen werden:

• Wer sind wir?

- Was tun wir (bzw. wollen/sollen wir in Zukunft tun)?
- Warum produzieren wir?
- Wo arbeiten wir (regionales Einzugsgebiet)?
- Für wen sind wir da?
- Ggf.: mit welchen wichtigen Partnern kooperieren wir?

4.2 Das Mission-Statement

Dieser Grundsatzentscheidung, der **Mission** der Kulturorganisation, die über einen längeren Zeitraum (im Falle des Theaters beispielsweise für die Dauer der Laufzeit des Intendantenvertrages, in der Regel also fünf Jahre) Bestand haben sollte, ordnen sich alle anderen Ziele, auf die ausführlicher im siebten Kapitel eingegangen wird, unter. Die Mission legt somit die klare Absicht des organisatorischen Anliegens und Tuns fest und gibt dem organisatorischen Vorgehen damit sowohl einen bestimmten **Handlungsrahmen** als auch eine bestimmte **Handlungsrichtung** vor.[2] Eine Musikschule etwa mit der grundsätzlichen Mission, eine Einrichtung der kulturellen Breitenarbeit und -förderung zu sein, wird nicht urplötzlich damit beginnen können, ausschließlich junge musikalische Elitekünstler auszubilden, ohne in Konflikt mit einer ganzen Reihe der o. a. Interessengruppen zu kommen. Ein Theater mit dem öffentlich gemachten Anspruch, progressives und experimentierfreudiges Musiktheater zu produzieren, wird in erhebliche Legitimitätskonflikte geraten, wenn es sich weitestgehend auf die Präsentation von Operetten konzentriert.

Diese grundsätzliche Entscheidung, also der **Organisationzweck**, ist in dem sog. **Mission-Statement** zusammengefasst. Dieses ist **das alles beeinflussende Oberziel**, dem sich das restliche Zielsystem unterzuordnen hat. Eine Non-Profit-Organisation, die keine ausgeprägt **Mission** formuliert hat, weiß auf lange Sicht nicht, in welche Richtung sie sich bewegen und welchen Zweck sie eigentlich erfüllen soll. Alle Aktivitäten müssen auf diese Mission ausgerichtet sein. Eine NPO, die sich nicht aktiv mit der Entwicklung einer Mission auseinandersetzt, hat in vielen Fällen Probleme mit der Fokussierung auf den eigentlichen Sinn und Zweck. Dies drückt sich oft in einer Vielzahl von erbrachten Leistungen aus, die nicht unbedingt der Zielerreichung der NPO dienen müssen.[3]

Eine Kulturorganisation ohne eine klare Mission ist daher mit einem Schiff vergleichbar, welches ohne funktionierenden Kompass in See sticht. So lange die Küste (also irgendwelche kurzfristigen Nahziele) in Sicht sind, kann noch einigermaßen der Kurs gehalten werden. Weiter entfernte Ziele lassen sich so allerdings kaum bzw. nur zum Preis großer Unsicherheit ansteuern. Da sich aber, wie bereits mehrfach betont, die Umweltbedingungen immer schneller verändern, ist zur langfristigen Erfolgssicherung strategische Planung notwendig, diese allerdings ist ohne einen festen Orientierungspunkt nicht möglich.

Trotz aller gegenteiliger Behauptungen fehlt diese inhaltliche Klarheit, die ein Mission-Statement verdeutlichen soll, aber in vielen Kultureinrichtungen bzw. kann oft nur sehr unklar beschrieben werden und ist somit nur selten als ausdrückliches Oberziel, dem alle anderen Ziele unterzuordnen sind, fixiert. Daher drängen sich gerade in Zeiten geringerer öffentlicher Zuschüsse zunehmend **finanzielle** Ziele in den Vordergrund, die ihrerseits den scheinbaren Vorzug haben, recht einfach quantifizierbar zu sein.

Bei aller Notwendigkeit von Effizienz und Wirtschaftlichkeit in öffentlichen Kulturbetrieben, für die das Kultur-Management plädiert und sich engagiert, muss doch die Binsenweisheit immer wieder wiederholt werden, dass Sparen kein Selbstzweck ist. Auf diesem Feld können die öffentlichen Kulturbetriebe also von vornherein, aus rein logischen Gründen, immer nur verlieren. Umso wichtiger ist es deshalb, sich selbst und damit auch den Anderen die Notwendigkeit der eigenen Existenz immer wieder vor Augen zu führen und sehr sorgfältig zu begründen – so mühsam dies zugegebenermaßen auch sein mag. Schlagworte wie „Kunst und Kultur als Überlebenmittel", als „Innovation für die Zukunft", als „Kitt der Gesellschaft" usw. mögen zwar in Sonntagsreden gut klingen, werden aber langfristig gesehen als Legitimation kaum mehr ausreichen. Aber vielleicht ist für die öffentlichen Kulturbetriebe in gewisser Weise der Gedanke motivationsfördernd, dass sich jeder kommerzielle Kulturbetrieb tagtäglich dieser Aufgabe der (Neu-)Positionierung stellen muss, wenn er überleben will.

Damit das Mission-Statement von allen internen und externen Mitarbeitern und Partnern der Kultureinrichtung verstanden (besser gesagt: „verinnerlicht") werden und somit seine Rolle als zentrale Steuerungsgröße spielen kann, muss es **allgemein verständlich** und **kurz** sein. Dabei sollte das Mission-Statement gleichzeitig

- **allgemein** genug sein, um nicht ständig revidiert werden zu müssen und
- **speziell** genug sein, um klar die Ziele und das Programm zu verdeutlichen.

Das Mission-Statement ist allerdings keinesfalls mit einem **Werbeslogan** oder gar einem **Motto** zu verwechseln (diese können sich idealerweise aus dem Mission-Statement ableiten), sondern es hat eine doppelte Orientierungsfunktion:

- In der **Innenwirkung** ist die Mission das zentrale Planungs-, Steuerungs- und Kontrollinstrument, d. h. die möglichst präzise Festlegung des kulturellen Betätigungsfeldes trägt dazu bei, alle Ressourcen auf ganz bestimmte Fixpunkte hin auszurichten. Die Konzentration der Kräfte sensibilisiert die Betroffenen für relevante Trends, Chancen und Gefahren und bestimmt die nötige Qualifikation der Mitarbeiter, erhöht deren Motivation und fördert die Koordination von Abteilungen und Aktivitäten.[4] Das Mission-Statement ist somit ein Maßstab, an dem die Organisation und ihre Mitglieder sich selbst orientieren und messen können, denn alle Mitarbeiter (Aufgabenträger) einer Kulturorganisation können nur dann „sinnvoll" geleitet werden, wenn ihnen das Selbstverständnis und die Grundsätze der Kultureinrichtung **bekannt** sind und diese von ihnen als auch **handlungsrelevant** anerkannt werden.[5]

Hat sich beispielsweise das Stadttheater in seinem Mission-Statement explizit darauf festgelegt, „zeitgenössisches und gesellschaftskritisches Theater" zu spielen, so werden alle etwaigen Versuche der Intendanz oder der Dramaturgie, Komödien, Lustspiele oder Musicals in den Spielplan aufzunehmen sicherlich zu heftigen Diskussionen hinsichtlich des eigenen Selbstverständnisses des Hauses führen. Wenn denn eine Operette in den Spielplan aufgenommen werden sollte, dann sicherlich ausgesprochen kritisch reflektiert bzw. inszeniert. Begreift sich die örtliche Musikschule ausdrücklich als „schülerorientiert", so muss sich dies in entsprechenden Öffnungs- und Unterrichtszeiten, in Freundlichkeit des Personals, in der Vertragsgestaltung gegenüber den Schülern usw. niederschlagen.

• In der **Außenwirkung** bzw. -**kommunikation** ist die Mission die zentrale, immer wiederkehrende Botschaft gegenüber allen externen Interessengruppen wie Publikum, Presse, Sponsoren, Politik und Verwaltung, Lieferanten, Konkurrenten usw. Somit ist das Mission-Statement das grundlegende „Versprechen" der Kultureinrichtung und dadurch auch der zentrale Maßstab, an dem die Umwelt die Organisation messen kann. Tut diese etwas anderes, als sie nach außen hin signalisiert, wird ihr dies sicherlich sehr schnell vorgehalten werden. Die Presse wird in ihren Kritiken darauf hinweisen, dass das Theater etwas völlig anderes spielt, als versprochen und die Eltern der Musikschulkinder werden sich massiv bei der Musikschulleitung beschweren, wenn die einzelnen Mitarbeiterinnen und Mitarbeiter nicht schülerorientiert arbeiten.

Diese immer wiederkehrende Botschaft muss von den Mitarbeiterinnen und Mitarbeitern der Institution verinnerlicht werden, damit jede und jeder in allen Situationen diese zentrale Botschaft bereithat und in der Außenkommunikation vertreten kann (und nicht das bekannte Spiel einsetzt: „Moment, da muss ich erst mal den Direktor, Intendanten, Schulleiter usw. fragen"). Dies kann wiederum nur funktionieren, wenn möglichst alle Mitarbeiterinnen und Mitarbeiter an dem Zielvereinbarungsprozess[6] („Management by objectives") beteiligt sind. Dadurch wird erneut deutlich, dass strategisches Marketing als eine **Führungskonzeption**[7] zu verstehen ist.

Das Mission-Statement lässt sich allerdings auch nicht auf den bloßen **Auftrag** reduzieren (den etwa ein Museum oder ein Theater von Seiten des öffentlichen Trägers erhält). Natürlich spielt dieser Auftrag eine zentrale Rolle. Andererseits ist aber eine Kultureinrichtung eine lebendige Organisation (wie übrigens jedes andere Unternehmen auch, weshalb sich in den beiden letzten Jahrzehnten zunehmend die Erkenntnis von der zentralen Bedeutung der sog. **Unternehmenskultur** durchsetzte), deren Mitglieder eigene Vorstellungen einbringen und den Auftrag entsprechend interpretieren und ausgestalten. Besonders deutlich wird dies, wenn alte Mitglieder ausscheiden oder neue hinzukommen und von der Organisation ganz spezifisch auf deren Bedürfnisse und Anforderungen hin sozialisiert werden oder wenn Organisationen (mit ihren unterschiedlichen Organisationskulturen) fusionieren. Darüber hinaus verändert sich aber auch die Umwelt permanent und stellt die Kulturorganisation vor neue Herausforderungen, denen diese sich in der Interpretation des Auftrags flexibel anpassen muss.

Dies lässt deutlich werden, dass sich das Mission-Statement aus ganz verschiedenen Quellen speist:
- Naturgemäß spielt der jeweilige, explizit ausformulierte Auftrag des Trägers (z. B. der Stadt, des Landes oder möglicherweise sogar des Bundes, etwa beim Haus der Geschichte in Bonn oder der Bundeskunsthalle) eine zentrale Rolle. Ausdrücklich festgelegt sind solche Ziele etwa in der **Gründungsurkunde** bzw. im **Stifterwillen** (wenn es sich um eine Stiftung handelt) oder in der **Vereinssatzung** (wenn die Kulturorganisation in dieser Rechtsform geführt wird wie z. B. das Goethe-Institut). Sollte es sogar ein eigenes **Gesetz** geben (was im Kulturbereich nur in Ausnahmen der Fall sein wird, wie z. B. im Weiterbildungsgesetz in Nordrhein-Westfalen), so finden sich die entsprechenden Festlegungen dort. Hinzu kommen – gerade auf der kommunalen Ebene – entsprechende **Beschlüsse der politischen Vertretungen** bzw. **Anweisungen der Verwaltung**.
- Eine weitere wichtige Rolle spielen **Verträge**, wenn z. B. mehrere Partner sich zur Realisierung bestimmter Aufgaben zusammenschließen (wie dies etwa die Gesellschafterversammlung im sog. Gesellschaftsvertrag einer Gesellschaft mit beschränkter Haftung tut, wo im § 3 Abs. 1/2 der „Gegenstand des Unternehmens" festgelegt wird). Aber auch die sog. **Zweckverbände**, die gemeinsam eine Musikschule oder eine Stadtbibliothek gründen und betreiben, werden die entsprechenden Aufgaben und Regelungen vertraglich fixieren. Auch eine Stadt, die einer freien Theatergruppe kostenfrei einen Spieltort und finanzielle Zuwendungen gewährt, wird in einem entsprechenden Vertrag fixieren, was das Ziel (und somit die Aufgabe) dieses Theaters ist und dessen Tätigkeit daran messen.
- Die jeweiligen **Dachverbände** (z. B. der Verband Deutscher Musikschulen e. V., der Deutsche Bühnenverein-Bundesverband Deutscher Theater, die Bundesvereinigung Deutscher Bibilotheksverbände e. V., der Deutsche Museumsbund e. V., der Deutsche

Volkshochschulverband usw.) legen ihrerseits entsprechende Standards, Richtlinien, Musterverträge usw. fest, die nach Möglichkeit von den einzelnen Mitgliedern in ihrer täglichen Arbeit berücksichtigt bzw. durchgesetzt werden sollen. Dieses Wechselspiel bzw. die Aufgabe von Dachverbänden ist recht gut in der Einführung zum „‚Wer ist Wer' bundesweiter Kulturverbände des Deutschen Kulturrats" beschrieben: „Ihre zentrale Rolle ist dabei, aus der Vielzahl von Meinungen und Anschauungen **mehrheitsfähige Auffassungen** zu aggregieren und komplexe Zusammenhänge zu vermitteln. Letzteres wiederum sowohl in Richtung der Politik als auch ihrer Verbandsmitglieder. Mit der Weitergabe der Informationen und Entscheidungen ihrer Verbandsmitglieder nehmen sie eine wichtige Funktion in der Artikulation von Interessen wahr."[8]

• Keine Kultureinrichtung arbeitet isoliert, sondern in einem spezifischen Umfeld. Auch wenn eine Kultureinrichtung eine spezifische Aufgabenstellung und ein entsprechendes Selbstverständnis hat (und haben muss), so wird sie dennoch auch fragen, was die (tatsächlichen oder potentiellen) **Besucher** von ihr erwarten, wie sie sich gegenüber der **Konkurrenz** abgrenzen kann, welche **Künstlerinnen und Künstler** sie anziehen möchte – all dies fließt ebenfalls in das Mission-Statement ein.

• Neben diesen äußeren bzw. formalen Faktoren spielen auch die Vorstellungen der jeweiligen Leitung bzw. der Mitarbeiter eine wichtige Rolle. Jede Organisation hat ihre eigene Geschichte, ihre eigene **Organisations- bzw. Unternehmenskultur**. Diese besteht aus bestimmten Traditionen, Werten, Normen und Mythen, die zwar vielfach eher untergründig wirken, durchaus aber auch explizit in das Mission-Statement als Ausdruck des eigenen Selbstverständnisses einfließen können (vgl. hierzu ausführlich unten 4.4).

• Daneben spielt – da gerade der kulturelle Bereich kaum durch rechtliche Normen fixiert ist und somit der Interpretation recht offen steht – die **Idee** oder **Unternehmensphilosophie** einer Einrichtung eine wichtige Rolle, weil ein zunächst recht allgemein formulierter Auftrag der jeweiligen **Interpretation** bedarf. So gleicht keine Volkshochschule der anderen, keine Musikschule ist genau wie eine zweite und Einrichtungen wie Museen sind geradezu gehalten, eigene Sammlungsschwerpunkte zu bilden (die oftmals sehr stark von den Kenntnissen, Fähigkeiten und Neigungen der jeweiligen Leitung geprägt sind) und Theater entwickeln eigene Profile, die bestimmt werden von den künstlerischen Vorstellungen des Intendanten, der Regisseure und Dramaturgen.

Unter **Unternehmens**- bzw. **Organisationsphilosophie** werden dabei die grundlegenden Einstellungen, Überzeugungen, Werthaltungen verstanden, welche das Denken und Handeln der maßgeblichen Führungskräfte in einer Kultureinrichtung beeinflussen („values"). Bei diesen Grundhaltungen handelt es sich um Normen, um Werturteile, die aus den verschiedensten Quellen stammen und ebenso geprägt sein können durch ethische und religiöse Überzeugungen wie auch durch die Erfahrungen in der bisherigen Laufbahn einer Führungskraft.[9] Die aktuelle Unternehmenskultur bildet das aus der Vergangenheit heraus entwickelte Werte- und Normensystem ab; dagegen geht es bei der Management-Philosophie darum, die Grundlagen jener Werte, die in der Unternehmenskultur zumeist verdeckt bleiben und nur am Verhalten der Mitarbeiter erkennbar werden, deutlich zu machen. Aufgabe der Mangement-Philosophie ist also die **Erhellung der vorhandenen Werte** und die **Definition erwünschter Veränderungen dieser Werte**.[10]

• Eine Kultureinrichtung hat nicht nur eine Vergangenheit, sie handelt keineswegs nur in der jeweiligen Gegenwart, sondern sie entfaltet (hoffentlich!) auch **Visionen** für die Zukunft („visions"). Sowohl die Umwelt der Kultureinrichtung als auch diese selbst sind also nichts Starres, sondern sie wandeln sich (obwohl es leider gerade im Kulturbereich noch viel zu viele Gegenbeispiele gibt). Diese Veränderungen sollten im Idealfall von der Kulturorganisation im Rahmen eines strategischen Kultur-Marketings selbst **kontrolliert vorangetrieben** werden und nicht von außen herangetragen werden (wie dies seit Beginn der 90er Jahre etwa durch den Rückgang der öffentlichen Fördermittel, durch Privatisierung bzw. die Überstülpung neuer Steuerungsmodelle vielfach geschieht). Nur eine Veränderung, die von der Kulturorganisation selbst durchgeführt wird, hat die Chance, von dieser auch akzeptiert und gesteuert zu werden. Die kontrollierte Veränderung des Organisationszwecks (der Mission) bedeutet zugleich, dass eine Kultureinrichtung frühzeitig und aktiv notwendige Veränderungen bzw. Weiterentwicklungen aus eigenem Antrieb initiieren muss[11], d. h. die Mission bedarf der notwendigen Ergänzung durch die Vision.

Die **Vision** ist zukunftsgerichtet und entwickelt die Mission, deren Aufgabe es ist, den Bestand zu sichern, weiter. Visionen sind dabei durch folgende Basisfragen und ihre entsprechende Beantwortung gekennzeichnet: Wo müssen wir hin? Wie müssen wir uns weiterentwickeln? Wie können wir Existenz und Wachstum sichern? Wovon träumen wir? Ehrgeizige Visionen streben gewöhnlich nach machbaren Utopien und versuchen Quantensprünge in Bezug auf bisherige Problemlösungen zu realisieren. Sie sind in aller Regel auf (völlig) neue Lösungsansätze gerichtet, mit anderen Worten auf Leistungen mit innovativem Charakter.[12]

Innovation ist das zentrale ästhetisch-inhaltliche Kennzeichen von Kunst und Kultur; doch muss das, was für die Inhalte gilt, nicht gleichermaßen auch für den Betrieb bzw. die Dienstleistung gelten? Oder, wie es der Pressesprecher eines Stadttheaters einmal ironisch zuspitzte: „Unsere Dramaturgen erwarten von unserem Publikum allabendlich, dass es sich für ästhetische Experimente öffnet – und dieselben Dramaturgen verweigern sich PC und Internet und schreiben ihre Programmheft-Texte weiterhin noch mit der Schreibmaschine!"

Der an sich paradoxe Begriff der „machbaren Utopie" ist bei der Entwicklung von Visionen im Hinblick auf den Betrieb und die eigenen Mitarbeiter durchaus sehr ernst zu nehmen. Denn **zu wenig ehrgeizige** Visionen mobilisieren nicht, schaffen kaum die erwünschte Aufbruchstimmung; andererseits können **zu extrem formulierte** Visionen sogar lähmen, weil ihre Realisierung zu aussichtslos erscheint.[13] Positiv formuliert heißt dies, dass die Vision ein Zukunftsbild sein sollte, nahe genug, dass die Realisierbarkeit noch gesehen werden kann, aber schon fern genug, um die Begeisterung der Organisation für eine neue Wirklichkeit zu erwecken.[14]

• Keineswegs zu unterschätzen sind neben allen diesen mehr oder weniger positiven Faktoren, die die Zielsetzung, das Handeln und die Entwicklung einer Kulturorganisation bestimmen, die jeweils **impliziten Mitarbeiterwünsche**, die sich keineswegs immer nur an hehren Zielen orientieren müssen. Aus der Organisationssoziologie ist bekannt, dass Organisationen zwar **auch** das tun, was sie als Ziel ausgeben, daneben aber sehr viel anderes, was mit dieser offiziellen Zielsetzung u. U. sehr wenig zu tun hat.[15] So hat jede Organisation vor allem das Ziel, weitermachen zu können bzw. umgekehrt formuliert, keineswegs den Wunsch, sich selbst überflüssig zu machen.

Vielleicht steht für viele Mitarbeiter der Wunsch nach geregelten Arbeitszeiten im Vordergrund (im Theater ein permanenter Konflikt zwischen Kunst und Apparat) oder nach einem guten Betriebsklima oder nach Arbeitszeitverkürzung usw. Vielleicht will sich der neue Geschäftsführer durch viele Innovationen beim Träger der Einrichtung profilieren, die Mitarbeiter aber, dass am liebsten alles so bleibt, wie es ist. Solche Dinge werden natürlich in den seltensten Fällen ausdrücklich ausgesprochen; umso mehr gilt es, auf diese impliziten Wünsche möglichst sensibel hinzuhören und sie bei der ehrgeizigen Formulierung des Mission-Statements quasi im Hinterkopf zu haben.

Durch die Darstellung der Bedeutung des Mission-Statements als zentralem Planungs-, Steuerungs- und Kontrollinstruments im öffentlichen Kulturbetrieb einerseits und der unterschiedlichen Quellen, aus denen sich dessen Entwicklung speist, dürfte bereits deutlich geworden sein, dass seine Formulierung erst das Ergebnis eines längeren Diskussionsprozesses mit möglichst allen Mitarbeitern der Organisation, aber auch Externen, sein kann. Aus diesem Grunde kommt auch der Rückkopplungsschleife nach der Analysephase in der Darstellung des Kultur-Marketing-Managementprozesses ganz besondere Bedeutung zu, denn wenn die Ergebnisse der verschiedenen Analysen wirklich ernst genommen werden, modifizieren sie mit ziemlicher Wahrscheinlichkeit die ursprüngliche Zielformulierung.

Bei der Formulierung des Mission-Statements für eine Kulturorganisation muss von vornherein klar sein, dass dies kaum in einer einzigen Sitzung oder Besprechung durchgeführt werden kann. Dies ist in aller Regel ein längerfristiger, zäher Prozess, der mit viel Geduld durchlaufen werden muss und durchaus einige Monate dauern kann. Es empfiehlt sich deshalb, hierbei schrittweise vorzugehen.

• In einem **ersten Schritt** müssen **alle** möglichen Quellen, die für das Mission-Statement eine Rolle spielen können (gemäß o. a. Strukturierung), zunächst identifiziert, aufgedeckt, gesammelt und dargestellt bzw. dokumentiert werden (z. B. durch die unterschiedlichen Moderatoren- bzw. Präsentationstechniken[16]). Gerade im Bereich der oben angesprochenen impliziten Mitarbeiterwünsche und der quasi untergründig wirksamen Mythen und Normen der Organisationskultur dürfte dies allerdings nicht immer einfach bzw. konfliktfrei möglich sein. Hier – wie auch im nächsten Schritt – ist deshalb sinnvollerweise auf die Unterstützung eines externen Moderators zurückzugreifen, der möglichst überparteilich und emotionslos die verschiedenen Ansätze kognitiver und vor allem emotionaler Art herauslockt und somit einer produktiven Bearbeitung zuführt.

• In einem **zweiten Schritt** sollten dann die dort aufgefundenen Ziele möglichst klar benannt und ausformuliert bzw. die unterschiedlichen Ansätze zusammengefasst werden. Sehr hilfreich ist dabei die Herausarbeitung von jenen zentralen **Schlüsselbegriffen** (key-words), die auf gar keinen Fall im zu formulierenden Statement fehlen dürfen. Nach und nach werden auf diese Weise alle überflüssigen Worte eliminiert, so dass zum Ende hin tatsächlich die Kernbegriffe, die starken Signalcharakter haben, übrig bleiben.

• In einem **letzten Schritt** müssen dann die Zentralbegriffe in eine logische und verständliche syntaktische Struktur gebracht, d. h. **ein** (maximal drei) **Satz** (bzw. Sätze) formuliert werden.

Beispiele für solche Mission-Statements im Kulturbereich sind etwa:

> Das Theater am Turm in Frankfurt a. M. ist eine Spiel- und Produktionsstätte für internationale freie Theatergruppen und will all denen ein Forum bieten, die ihre künstlerischen Ideen und Vorstellungen auf konventionelle Weise oder aus finanziellen Gründen anderswo nicht umsetzen können. Das Haus wird den Künstlern mit seiner gesamten personellen und technischen Ausstattung zur Verfügung stehen, um eine optimale Realisierung ihrer Projekte zu gewährleisten. Gewollt wird das Experiment.[17]

oder:

> The National Museum of Natural History is dedicated to understanding the natural world and our place in it. To do this we conduct research, develop, preserve, and manage national collections, present educational programs, so that the integrity, stability, and beauty of our natural and cultural heritage can be valued, sustained, and enjoyed.[18]

oder:

The National Museum of American History dedicates its collections and scholarships to inspiring a broader inderstanding of our nation and its many peoples. We create learning opportunities, stimulate imaginations, and present challenging ideas about our country's past.

oder:

The Missouri Historical Society exists to provide its diverse community with information about past human thought and activity which supplies critical context for analysis of persistent themes and significant issues in the present. In order to accomplish this mission, the Missouri Historical Society collects, perserves, and interprets objects and materials pertinent to an understanding of the St. Louis area, state of Missouri based on an ongoing program of systematic historical research.

Entscheidet sich eine Kultureinrichtung für eine Internet-Präsentation (und sie sollte dies unbedingt tun), so eignen sich die Schlüsselworte eines sorgfältig ausgearbeiteten Mission-Statements auf der sog. Startseite ganz hervorragend, um diese per Hyperlink mit den entsprechenden ausführlicheren Darstellungen der Zielgruppen und der Angebote auf den folgenden Unterseiten zu verbinden.

4.3 Strategisches Leitbild und Organisationspolitik

Das Mission-Statement kommuniziert also die Essenz der grundsätzlichen strategischen Stoßrichtung einer Kultureinrichtung nach innen und außen. Damit das Mission-Statement allerdings seine o. a. organisationsinterne Steuerungsfunktion effizient wahrnehmen kann, wird auf seiner Grundlage in aller Regel eine **Organisationspolitik** bzw. ein **Strategisches Leitbild** entwickelt, das zwar ebenfalls knapp und präzise, insgesamt aber umfangreicher als die Mission ist und grundsätzliche Leitlinien vor allem für die Mitarbeiterinnen und Mitarbeiter festlegt.

Aufgabe der Formulierung der Organisationspolitik bzw. des strategischen Leitbildes ist dabei, die Vision der Einrichtung oder der obersten Führungskräfte auszudrücken, damit alle Mitarbeiter an einem Strick und gemeinsam in eine Richtung ziehen. Die Organisationspolitik kann daher als die Gesamtheit der Organisationsgrundsätze gelten, die nach Möglichkeit in einem Leitbild festgehalten sind. Diese regeln das Verhalten in der Kultureinrichtung und geben an, welcher künstlerischer oder kultureller Vision, welchen Werten, Normen und Idealen sich die Einrichtung verpflichtet sieht. Sie darf dabei kein starres System von Grundsätzen sein, sondern sollte zu einer **Denkmethode** werden, mit deren Hilfe man organisationsexterne und interne Entwicklungen erfassen, ihre Bedeutung für Motivation und Engagement der Mitarbeiter ordnen und entsprechend die Strategie festlegen und überprüfen kann.[20]

Strategische Leitbilder steuern also das Alltagshandeln in einer Kulturorganisation. Wichtig ist allerdings, dass im Rahmen des Leitbilds die allgemeinen Grundsätze einer Organisation **schriftlich ausformuliert** und damit **kommunizierbar** gemacht werden. Auch das Leitbild sollte wie die Mission im Team erarbeitet werden – damit es in der Praxis auch von allen akzeptiert wird – und eine detaillierte Grundlage für die daraus abzuleitenden Strategien bieten.[21] Auf diese Weise ist eine Kultureinrichtung grundsätzlich in der Lage, sich in einem bestimmten Umfeld zu positionieren, ihren Kurs zu halten und aktiv in Entwicklungen einzugreifen.

Das **Museum of Science** in Boston konkretisiert entsprechend seine Mission in einem Strategischen Leitbild mit drei Oberzielen:

(1) Delivering the Mission to the Public
Assumptions for this perspective: The Museum of Science strives for excellence, as a community of people and a physical environment dedicated to science education for the general public. The Museum implements its educational mission through the following goals: (...)

(2) Advancing the Organization
Assumptions for this perspective: The Museum of Science supports staff and volunteers throughout the organization; protects and enhances its resources; and promotes goodwill and understanding of the Museum and its mission. These intentions are implemented by expecting high standards in addressing the following goals: (...)

(3) Working with other Professional Institutions
Assumptions for this perspective: The Museum of Science enhances its vitality as an institution, and its staff as professionals, through relationships with other professional institutions: peer groups of science education institutions world wide; other cultural institutions; local, state, and federal go-

vernment; and individual peer professional groups. The Museum strives both to benefit from and to contribute to these relationships through the following goals: (. . .)[22]

4.4 Die Corporate Identity der Kultureinrichtung

Organisationen sind keine abstrakten Gebilde, sondern bestehen aus menschlichen Wesen und ihren Interaktionen, aus Menschen, die positive und negative Erfahrungen gemacht haben und machen und die lernen können. Daher bilden sich in Organisationen jeweils eigene (Organisations- oder Unternehmens-)Kulturen heraus, wobei unter Kultur in diesem Zusammenhang zunächst ganz allgemein ein System von Wertvorstellungen, Verhaltensnormen, Denk- und Handlungsweisen, das von einem Kollektiv von Menschen erlernt und akzeptiert worden ist und bewirkt, dass sich diese soziale Gruppe deutlich von anderen Gruppen unterscheidet verstanden wird.

Weil die Organisationskultur sehr viel mehr umfasst als bloß **formale** Festlegungen und Strukturen (z. B. Aufbauorganisation, Hierarchien, Dienstwege, Geschäftsanweisungen, Beschwerdewege usw.), bewirkt sie zunächst eine **informale** Integration vergangenheitsgeprägter Tradition und Gegenwart der Organisation und schafft auf diese Weise die Grundlage für zukünftige Innovationen: **Erfahrungen**, die eine Kultureinrichtung mit gelungenen und misslungenen Problemlösungen gesammelt hat (kognitive Dimension der Kultur) werden in ungeschriebenen Gesetzen in die Gegenwart übertragen. Hierzu treten **Werte** und **Einstellungen**, die das Verhalten der Systemmitglieder prägen (affektive Dimension der Kultur). Dieses grundlegende Muster von nicht mehr hinterfragten, selbstverständlichen Voraussetzungen des Verhaltens und Handelns in einer Organisation führt letztlich zu einer ‚kollektiven Programmierung des menschlichen Denkens‘ (Hofstede), die über ein System von **Symbolen**, **Mythen**, **Zeremonien**, **Ritualen** und **Erzählungen** kommunizierbar und sichtbar wird.

Dabei ist es keineswegs einfach, hinter die Oberflächenstruktur einer kulturellen Prägung von Organisationen zu schauen. Zwar enthüllen sich dem kritischen Beobachter sehr schnell greifbare Unterschiede etwa zwischen Organisationen gleicher Branche, er gewinnt Eindrücke über Äußerlichkeiten, dennoch bleibt das Ausloten der hinter ihnen stehenden Werte und Normen und erst recht der sie begründenden grundlegenden Annahmen einer oberflächlichen Beurteilung weitgehend verschlossen, weil sie von den Beteiligten meist als selbstverständlich vorausgesetzt werden.[23]

In ihrem Klassiker „Auf der Suche nach Spitzenleistungen" haben Thomas J. Peters und Robert H. Waterman empirisch in einer Vielzahl von erfolgreichen Unternehmungen die beherrschende Rolle einer in sich schlüssigen Firmenkultur als wesentlichen Erfolgsfaktor einer kundenorientierten Organisation festgestellt und kamen zu dem Ergebnis, dass je stärker diese Kultur ausgeprägt war und je **marktnäher** sie war, das Unternehmen umso weniger geschäftspolitische Handbücher, Organigramme oder detaillierte Regeln und Verfahrensvorschriften brauchte. In diesen Unternehmen **wissen** die Mitarbeiter auf allen Ebenen fast in jeder Situation, was sie zu tun haben, denn die wenigen Leitwerte sind kristallklar formuliert. In exzellenten Organisationen ist **das Selbstverständnis eindeutig klar**, nicht zuletzt durch die überaus reiche **Mythologie**. Weniger erfolgreiche Unternehmen haben häufig auch eine starke Kultur, nur ist sie eher kontraproduktiv. Sie ist gewöhnlich auf „Innenpolitik" und **nicht auf den Besucher ausgerichtet**. In erfolgreichen Organisationen dagegen legt die Organisationskultur kompromisslos die wenigen wirklich ins Gewicht fallenden Anforderungen fest, und sie vermittelt deren Sinn und Zweck. Doch innerhalb dieses qualitativen Rahmens (und in fast jeder anderen Hinsicht) werden die Mitarbeiter ermutigt, sich hervorzutun, innovativ zu sein.[24]

Auf der jeweils spezifischen Organisationskultur, die sich über die Jahre des Bestehens einer Organisation herausgebildet hat (und auch weiterhin durch neue Mitglieder bzw. den Wandel der Umwelt mit ständig neuen Herausforderungen konfrontiert ist), basiert die unverwechselbare **Corporate Identity** einer Einrichtung. Diese **Organisationsidentität** zeigt sich im Handeln, Verhalten und in der Wahrnehmung sowohl von **außen** (**Corporate Image** = Fremdbild) als auch innen (**Corporate Personality** = Organisationspersönlichkeit = Selbstbild). Sie spiegelt den gegenwärtigen Zustand der Organisation, ihre Tradition, die bisherige Organisationspolitik sowie die Einstellungen, Werte und Normen ihrer Führungskräfte und Mitarbeiter wider. Bei der Entwicklung einer Corporate Identity geht es darum, das **Selbstbild** (also wie die Organisation sich selbst sieht oder sehen will) als Ziel (eigener Entwurf, Vision der Organisation) zu verstehen und über geeignete Maßnahmen das **Fremdbild** (wie andere die Organisation sehen) nach Möglichkeit in Übereinstimmung zu bringen.[25] Nach außen wie nach innen soll ein möglichst überzeugendender Zusammenhang von Erscheinung, Worten, Taten, Einstellungen usw. hergestellt werden.[26]

Die **Corporate Identity** einer Kulturorganisation äußert sich (nach innen wie nach außen!) in drei wesentlichen Dimensionen:

- in der **Corporate Communication** (wie kommuniziert die Organisation),
- in dem **Corporate Behaviour** (wie verhält sich die Organisation) sowie schließlich
- in dem **Corporate Design** (wie stellt sich eine Organisation optisch dar).

Wie eingangs dieses Buches festgestellt wurde, ist der Kulturmarkt in weiten Bereichen ein Käufermarkt, d. h. das Angebot übersteigt bei weitem die mögliche Nachfrage. Um sich hier angesichts starker Konkurrenz entsprechend positionieren zu können, kommt es für die einzelne Kultureinrichtung auf rasche **Wiedererkennbarkeit** und **Unverwechselbarkeit** an.

▶ **Corporate Communication** bedeutet dabei die Festlegung einer bestimmten Kommunikationsstrategie innerhalb einer Organisation, d. h. wie in welcher Sprache (im direkten und übertragenen Sinne) die Besucher angesprochen werden. Durch eine einheitliche Gestaltung aller nach außen, aber auch nach innen gerichteten Kommunikationsaktivitäten (also optische, akustische, verbale, nonverbale usw. Signale) soll ein möglichst klar strukturiertes Erscheinungsbild von den Zielen und Aktivitäten dieser Kultureinrichtung sowohl in der Öffentlichkeit als auch bei den Mitarbeitern erreicht werden. Die Corporate Communication übersetzt die Identität einer Organisation in Kommunikation und bildet das strategische Dach für die unterschiedlichsten Kommunikationsaktivitäten nach innen und außen.[27]

Ein Staatstheater wird in seiner Besucheransprache höchstwahrscheinlich eine andere Sprache wählen als eine freie Theatergruppe; ein Anbieter klassischer Konzerte wird seinen Ansagetext auf dem Anrufbeantworter sicherlich nicht mit einem Rockjingle einleiten; das Einlasspersonal bei einem Jazzkonzert wird u. U. eher geneigt sein, die Besucher zu Duzen, was bei einem Konzert des Rundfunksinfonieorchesters eher ungewöhnlich wäre. In manchen Kultureinrichtungen ist das Sprechen von Dialekt, von Slang oder von Anglizismen sicherlich ein Markenzeichen, in anderen würde es eher auf Befremden stoßen usw. Die Regelung einer möglichst einheitlichen Kommunikation ist vor allem für Kultureinrichtungen – wie für Dienstleistungseinrichtungen überhaupt – von besonderer Bedeutung, da sie sich in aller Regel nicht direkt über die von ihnen angeboten physischen Produkte darstellen können, sondern auf abgeleitete abstrakte Signale angewiesen sind.

▶ **Corporate Behaviour** bezeichnet das allgemeine Auftreten und Verhalten der Organisation bzw. der einzelnen Organisationsmitglieder gegenüber Lieferanten, Besuchern, Konkurrenten, Auftraggebern, Sponsoren, Spendern, Politikern, Problemgruppen (Kritikern) und anderen Austauschpartnern (z. B. Presse, Multiplikatoren usw.) sowie gegenüber den eigenen Mitarbeiterinnen und Mitarbeitern. Hierzu zählen sowohl das bereits angesprochene verbale als auch das nonverbale Verhalten (optisches Erscheinungsbild, Kleiderordnung, Umgangsformen, Pünktlichkeit usw.).

Eine Organisation, die sich als weltoffen und innovativ definiert, wird mit Kritik und Kritikern wahrscheinlich anders umgehen als eine weltabgewandte, sich als elitär begreifende Einrichtung der Kulturförderung. Legerer Umgang mit den Anfangszeiten wird in der Staatsoper anders akzeptiert werden als auf einem Festival freier Theatergruppen. Ein solcher Verhaltenskodex kann durchaus schriftlich in entsprechenden Geschäftsanweisungen festgelegt werden (z. B. die Regelungen, dass jeder Brief innerhalb von 14 Tagen zu beantworten ist, dass Diskussionen über Probleme und Fehler der Organisation prinzipiell nicht in Anwesenheit von Besuchern ausgetragen werden, wie mit Beschwerden umzugehen ist, dass kein Telefon länger als fünfmal klingelt, ohne dass abgehoben wird, dass keine direkten Besuchergespräche zu unterbrechen sind, wenn das Telefon klingelt, dass dem Besucher prinzipiell angeboten wird, ihn bei Rückfragen zurückzurufen bis hin zur Festlegung des Eingangssatzes, mit dem die Mitarbeiterinnen der jeweiligen Kultureinrichtung sich am Telefon melden).

Am Beispiel: „Wir sind ein Team, helfen den anderen und vertrauen einander (...) Wir hören zu und lernen: von unseren Besucher, von unseren Partnern, von unseren Kolleginnen und Kollegen."[28] Dieses Beispiel macht deutlich, dass ein solches Leitbild gelebt werden muss, d. h. dass die Mitarbeiterinnen und Mitarbeiter auch tatsächlich bereit sind (und entsprechend geschult sein müssen) sich den propagierten Regeln gemäß zu verhalten – und dass Verstöße dagegen auch tatsächlich sanktioniert werden.

▶ **Corporate Design** schließlich meint das möglichst unverwechselbare visuelle Erscheinungsbild einer Organisation, vor allem durch die konstante Verwendung gleicher optischer Gestaltungsmerkmale (Schrifttyp, Farbe, Logo, Erkennungsmelodie usw.) zur Wiedererkennbarkeit. Das Corporate Design umfasst dabei (wo möglich) das **Objektdesign** (d. h. die optische Gestaltung der Produkte bzw. der Dienstleistung, z. B. der Programmhefte, der Bildunterschriften bei Museen, der Cover von CDs, der Katalogeinbände), das **Architekturdesign** (Gebäude, Einrichtungsgegenstände, Möbel, Plakatständer, Hinweistafeln in Gebäuden usw.) und das **Graphikdesign** (Typographie, Lay-out, Farbgebung, Fotostil usw.).

Nur wenn alle drei Dimensionen übereinstimmen, kann die Kultureinrichtung ihre Corporate Identity entsprechend optimal nach außen darstellen.

Anmerkungen:

[1] Horak, Christian und Peter Heimerl-Wagner: Management von NPOs – Eine Einführung. In: Christoph Badelt (Hrsg.): Handbuch der Non-ProfitOrganisation. Strukturen und Management, Stuttgart [2]1999 S. 150

[2] Becker (1999) S. 13

[3] Horak/Matul/Scheuch: Ziele und Strategien von NPOs. In: Badelt (1999) S. 154

[4] Nieschlag, Robert, Erwin Dichtl und Hans Hörschgen: Marketing, Berlin [18]1997 S. 77

[5] Becker (1999) S. 8

[6] vgl. hierzu z. B. Meier, Rolf: Führen mit Zielen, Fördern-Fordern-Motivieren, Regensburg 1998

[7] Haedrich, Günther und Torsten Tomczak: Strategische Markenführung, Bern [2]1996 S. 16

[8] Schulz, Gabriele: Verbände – mehr als ein Notpflaster der Demokratie. In: Das ,Wer ist Wer' bundesweiter Kulturverbände 1998/99. Herausgegeben vom Deutschen Kulturrat, Bonn 1998/99 S. 21 f

[9] Ulrich, Peter: Management. Gesammelte Beiträge, Bern und Stuttgart 1984 S. 312

[10] Bleicher (1992) S. 64

[11] Becker (1999) S. 19

[12] Becker (1999) S. 19

[13] Becker (1999) S. 19

[14] The Boston Consulting Group: Vision und Strategie. Die 34. Kronberger Konferenz, München 1988 S. 7

[15] Klassisch hierzu Luhmann, Niklas: Funktionen und Folgen formaler Organisationen, Berlin 1964; Weick, Karl E.: Der Prozess des Organisierens, Frankfurt 1995

[16] Vgl. hierzu z. B. Seifert, Josef W.: Visualisieren-Präsentieren-Moderieren, Offenbach [9]1996

[17] Konzeption des *THEATER AM TURM*/Frankfurt am Main 1980

[18] Mission-Statement des National Museum of Natural History, Smithsonian Institution Washington. In: Schuck-Wersig/Schuck (1999) S. 169

[19] Mission-Statement des Museum of Science, Boston. In: Schuck-Wersig/ Schuck (1999) S. 140

[20] Hinterhuber, Hans-Herbert: Strategische Unternehmensführung Band I: Strategisches Denken, Berlin/New York [4]1989 S. 27

[21] Horak/Matul/Scheuch (1999) S. 166

[22] Schuck-Wersig/Schuck (1999) 142

[23] Bleicher, Knut: Stichwort „Unternehmenskultur" In: Gablers Wirtschaftslexikon, Wiesbaden [13]1993 S. 3407; für eine empirische Analyse ausgesprochen hilf-

reich ist der Ansatz von Scholz, Christian und Werner Hofbauer: Organisationskultur. Die vier Erfolgsprinzipien, Wiesbaden 1990; ein (origineller, aber in unserem Kontext nicht unproblematischer) Versuch der Übertragung auf Kulturorganisationen findet sich bei: Weck, Michael: Die Kultur der Kulturverwaltung. Eine
hermeneutische Analyse von Biographie und Verwaltungshandeln, Opladen 1995

[24] Peters/Waterman (1994) S. 134

[25] Buß, Eugen: Image-Management: wie Sie Ihr Image-Kapital erhöhen. Erfolgsregeln für das öffentliche Ansehen von Unternehmen, Parteien und Organisationen, Frankfurt 2000

[26] Vgl. ausführlich in diesem Zusammenhang die einschlägigen Stichworte bei:
Pepels, Werner: Lexikon des Marketing, München 1996 sowie Pepels, Werner:
Kommunikationsmanagement. Marketing-Kommunikation vom Briefing bis zur
Realisation, Stuttgart 1994

[27] Raffée/Wiedmann (1989) S. 666

[28] Leitbild *Deutsche Lufthansa*. In: Roth, Peter und Axel Schrand (Hrsg.): Tourismusmarketing München 1995 S. 54

5. Wer sind unsere Besucher?

Man kann die Menschen nur bewegen, wenn man weiß, was sie bewegt! Was reizt sie, in eine Impressionisten-Ausstellung zu gehen und dafür stundenlanges Anstehen in einer Warteschlange in Kauf zu nehmen? Was begeistert sie an einem Konzert mit Sir Simon Rattle und lässt sie dafür dreistellige Eintrittspreise bezahlen? Was fasziniert an einer Inszenierung von Peter Stein so sehr, dass manche eine weite Anreise und Übernachtung in Kauf nehmen, um eine vielstündige Aufführung zu erleben? Was sind das für Menschen? Kann man diese vielen einzelnen Individuen typisieren? Und was hält andere Menschen (noch) davon ab, diese Kunst- und Kulturproduktionen nachzufragen? Warum kommen manche Besucher ganz oft, manche eher selten? Mit wem kommen sie? Zu welchen Anlässen kommen sie ins Theater oder Konzert? Wie fallen ihre Entscheidungen? Welche Faktoren haben einen positiven, welche einen negativen Einfluss auf ihre Entscheidung für oder gegen Kunst und Kultur? Würden manche Menschen eher kommen, wenn bestimmte Dinge anders wären – z. B. die Preise niedriger, die Werbung besser, der Zugang zu Eintrittskarten einfacher?

Im Marketing-Managementprozess kommt der **Nachfrageanalyse** naturgemäß eine ganz besondere Bedeutung zu[1]: Wer sind die **Besucher** von Kultureinrichtungen und Kulturveranstaltungen? Was weiß die Kultureinrichtung über sie und ihr Verhalten? Was wollen die Besucher? Was erwarten sie von der jeweiligen Kultureinrichtung? Von was sind sie u. U. enttäuscht? Was beeinflusst ihr Entscheidungsverhalten? Wer sind die überzeugten **Nicht-Besucher**, die sich auf gar keinen Fall und unter keinen Umständen für den Besuch einer Kulturveranstaltung begeistern lassen wollen? Welche möglichen, d. h. **Noch-nicht-Besucher** gibt es, die vielleicht bzw. unter bestimmten Umständen kommen würden? Und wer sind die **Nicht-mehr-Besucher**? Aus welchen Gründen kommen sie nicht mehr?

Um diesen Fragen systematisch nachzugehen, soll in einem ersten

Schritt in 5.1 zunächst der Prozess, der beim Kulturnachfrager im Zusammenhang mit dem schließlichen Entschluss **für** (oder im negativen Falle: **gegen**) diese Teilnahme abläuft, als **Wahl-** bzw. **Entscheidungshandeln** in seinen einzelnen Phasen dargestellt werden. Dieser Entscheidungsprozess ist – wie im Übrigen jede Kaufentscheidung – eine Entscheidung unter **Risiko**. Zu fragen ist deshalb, welche Risiken hier eine Rolle spielen und wie diese nach Möglichkeit vom Anbieter verringert werden können, denn aus der Sicht der Kulturorganisation bedeutet dieses Risiko immer, dass es nicht zu dem von ihr gewünschten Austausch kommt. Die Darstellung des Kulturbesucherverhaltens als eines **Entscheidungshandelns unter Risiko** wird deutlich machen, wie wichtig es ist, möglichst viele und genaue Daten über den Besucher und sein Verhalten zu haben, um deren Entscheidungsprozesse zugunsten der Kultureinrichtung zu gestalten.

Diese **Besuchermerkmale** lassen sich in zwei große Gruppen einteilen[2]:

● **Strukturelle** Besuchermerkmale. Hierbei steht im Vordergrund die Frage: **wer** sind die Besucher der Kultureinrichtung, **woher** (im geographischen Sinne) kommen sie, welche **soziodemographischen** (z. B. Alter, Geschlecht, Beruf, Einkommen usw.) und **psychographischen** (z. B. Einstellungen, Interessen, Werte usw.) Merkmale haben sie?

● **Verhaltensorientierte** Besuchermerkmale. Hierbei interessiert vor allem, **warum** die entsprechenden Kulturprodukte gekauft werden (Kaufziele), **wann** gekauft wird (Kaufanlässe), **wo** gekauft wird

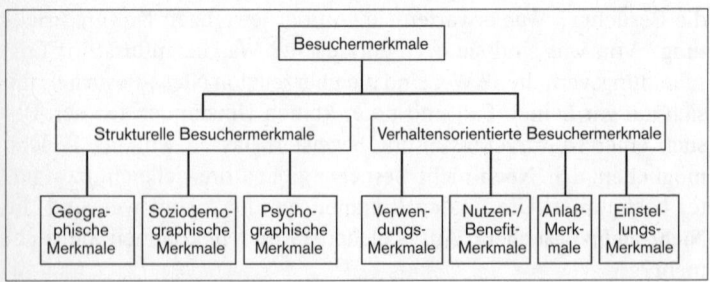

Abb. 5: Besuchermerkmale

(Kaufstätten), **mit wem** gekauft wird (Kaufbeeinflusser) und **wie** gekauft wird (Kaufprozesse)?

In einem zweiten Schritt werden daher zunächst die Merkmale, die das Nachfrageverhalten bestimmen, analysiert werden: zuerst die **strukturellen** (vgl. hierzu 5.2) und dann die **verhaltensorientierten** Faktoren (vgl. hierzu 5.3). Hierauf aufbauend werden dann in 5.4 die Möglichkeiten der Kulturmarketingforschung skizziert, um möglichst gezielt auf das Besucherverhalten eingehen zu können.

5.1 Nachfrage nach Kunst- und Kulturprodukten als Entscheidungshandeln unter Risiko

Die Analyse von Entscheidungshandlungen geht stets von einem **Problem** aus, dass es zu lösen gilt. Hierzu müssen in der Regel mehrere mögliche Lösungsalternativen vorliegen, um überhaupt vor einem Entscheidungsproblem zu stehen – denn hat man nur eine Alternative, so besteht keine Wahlmöglichkeit. Analysiert man dementsprechend das Nachfrageverhalten des einzelnen Kulturbesuchers als **Entscheidungsprozess**,[3] so ist der Ausgangspunkt der Überlegungen das zugrundeliegende **Bedürfnis**, das befriedigt werden soll. Das vom Besucher zu lösende Problem ist hier also die Diskrepanz zwischen einem tatsächlichen Zustand und einem Wunschzustand – also der Wunsch, passiv-rezipierend oder aktiv an Kunst und Kultur teilzuhaben, sei es, dass man eine Ausstellung besuchen möchte oder selbst einen Zeichenkurs belegt, dass man in ein Konzert gehen oder selbst ein Instrument lernen möchte, eine Theatervorstellung besuchen oder seine eigenen mimischen Fähigkeiten erproben möchte usw.

Dabei sollte man sich stets bewusst sein, dass dieses Bedürfnis keineswegs immer zielgerichtet (z. B. auf Kunst und Kultur) sein muss – vielfach besteht oft auch bloß der Wunsch, seine Freizeit sinnvoll zu verbringen oder sich zu entspannen oder interessante andere Menschen zu treffen usw. Dieses kritische Bewusstsein verhindert einerseits eine zu ausgeprägte Organisationszentrierung der Kultureinrichtung (vgl. hierzu Kap. 2). Andererseits hält es die Aufmerksamkeit wach für mögliche Konkurrenten der eigenen Kultureinrichtung (die keineswegs nur aus dem kulturellen Bereich kommen müssen), sondern aus der jeweiligen Interessenlage der möglichen Kunden resultieren. Derjenige, der sich nur entspannen will, kann dies möglicherweise ebenso gut auf dem Sportplatz wie in der Komödie tun; diejenige, die interessante Menschen kennen lernen will, kann dies im Konzert, ebenso aber auch auf einer Urlaubsreise tun usw.

Dieses das Entscheidungshandeln auslösende Bedürfnis wird sowohl durch **externe** wie **interne** Faktoren beeinflusst:

• **Interne** Faktoren sind dabei solche, die aus der Erziehung, der Sozialisation, den erlernten Kenntnissen und Fähigkeiten, dem persönlichen Ego, den eigenen zentralen Werten, der Motivation usw. resultieren. Sie sind also mehr oder weniger direkt vom Handelnden abhängig und weisen eine relativ große Stabilität und Dauerhaftigkeit auf (Hat man z. B. von Haus aus eine Nähe zur Musik oder fühlt man sich eher unmusikalisch? Liest man gerne Literatur oder macht man einen großen Bogen darum? Ist man von Theater fasziniert oder sagt einem dies wenig? Versteht man die Erzeugnisse der modernen Kunst oder sind diese einem fremd? Empfindet man die viel zitierte Schwellenangst in Staatstheatern oder nicht?). Kulturelle Sozialisation bzw. die Bemühungen der Kulturpädagogik, die den Zugang zu Kunst und Kultur erleichtern wollen, spielen hier eine ganz zentrale Rolle.

• **Externe** Faktoren sind dagegen solche, die vom Handelnden relativ unabhängig sind und aus den jeweiligen **situativen Rahmenbedingungen** resultieren: Gibt es z. B. die Möglichkeit, in erreichbarer Nähe ein Instrument zu lernen? Gibt es in der näheren Umgebung ein Theater? Existiert vor Ort eine Musikschule? Eine wichtige Rolle spielt dabei auch die mehr oder minder **aktuelle Situation**: Hat die Musikschule gerade eine große Kampagne zur Gewinnung neuer Schüler gestartet? Ermuntern die Eltern ein Kind, dieses Angebot wahrzunehmen oder wollen diese von sich aus in die Musikschule?

Zu den externen Faktoren zählen auch ganz bestimmte **Umweltreize**, wie z. B. **emotionale** Reizwirkungen (Schaffung innerer Erregung, z. B. durch bestimmte Signale der Plakatwerbung), **kognitive Reize** (gedankliche Konflikte, Dissonanzen, Widersprüche, z. B. durch spontanes Nicht-Verstehen einer absichtlich rätselhaften oder scheinbar sinnlosen Werbebotschaft) und schließlich **physische Reizwirkungen** (akustische, optische, haptische oder Geruch-Signale).

Das Zusammenspiel von **externen** und **internen** Faktoren bestimmt das sog. **Involvment**, d. h. den Grad der Motivation bzw. des Interesses, das Bedürfnis tatsächlich entsprechend zu befriedigen. (Ein Musikschulleiter traf diesbezüglich einmal sehr plastisch die Unterscheidung zwischen „motivierten" und „muttivierten" Schülern, um zwischen externem und internem Involvment zu differenzieren).

• Sog. **High-Involvment**-Käufe oder -konsumentscheidungen sind für den Kulturkunden besonders wichtige und stehen in enger Verbindung zu seiner Persönlichkeit und Selbsteinschätzung. Daher wird er viel Zeit, Energie und ggf. Geld für die Suche und Auswahl der Produktalternativen aufwenden; so wird sich der Mozart-Enthusiast nicht mit irgendeiner Einspielung der „Jupiter-Sinfonie" zufrieden geben, sondern nur mit der eines ganz bestimmten Orchesters oder Dirigenten.

• **Low-Involvment**-Entscheidungen sind für den Besucher dagegen weniger wichtig, nur mit geringem Risiko verbunden und oft durch verfestigte Kaufprogramme bestimmt. So wird für o. a. Mozart-Begeisterten der Einkauf von Waschmitteln oder Zahnpasta wahrscheinlich nicht mit demselben Engagement ausgeführt wie die Suche nach der ganz spezifischen CD-Einspielung. Ein einfacher Musikliebhaber ohne entsprechende Spezialkenntnisse wird dagegen sehr viel eher einen preiswerten CD-Sampler „Klassik zum Entspannen" mitnehmen, der dem wahren Kenner wahrscheinlich Schauer über den Rücken jagen würde.

Sicherlich liegt eines der Hauptprobleme des Marketing im öffentlichen Kulturbetrieb darin, dass auf Grund der ausgeprägten **eigenen** Zielorientierung der Kultureinrichtung in aller Regel auch beim möglichen Besucher per se ein High-Involvment vorausgesetzt wird. Gerade weil man selbst so überzeugt und engagiert von der künstlerischen Qualität ist, die man anbietet oder vermittelt, kann mancher sich kaum vorstellen, dass dies bei anderen, vor allem möglichen Besuchern, nicht unbedingt der Fall sein muss! Ein engagierter Dramaturg für Neue und allerneuste Musik, der ein entsprechendes Konzertprogramm zusammenstellt, wird sich nur schwerlich auf ein Publikum einstellen können, für das die Zwölftonmusik bereits der unüberschreitbare Gipfel der musikalischen Moderne ist. Die möglichst genaue Einschätzung des Involvments der jeweiligen Zielgruppen ist daher eine zentrale Voraussetzung für die Entwicklung von Strategien, das anvisierte Publikum möglichst optimal zu erreichen!

Externe und interne Faktoren stehen in einem engen Wechselverhältnis. So kann z. B. der Wunsch zum Erlernen eines Instrumentes sehr groß, dessen Realisierung aber mit nur schwer überwindbaren Hindernissen (die nächste Musikschule ist dreißig Kilometer entfernt, die Familie verfügt über kein Auto und zu allem Überdruss sind die Musikschulgebühren dort ausgesprochen hoch) verbunden sein. Umgekehrt können auch ideale äußere Bedingungen bei ausgesprochen geringer innerer Motivation kaum eine entsprechende Anmeldung für einen Kurs hervorrufen. Sowohl die internen wie die externen Faktoren lassen sich mit Mitteln der Analyse und der Marktforschung genauer analysieren und in bestimmtem Umfang verändern und nutzen.

Um vor allem die **Störanfälligkeit** des auf ein erwachtes Bedürfnis hin folgenden Entscheidungsprozesses adäquat zu verstehen, muss man sich verdeutlichen, dass kulturelle Kauf- bzw. Konsumentscheidungen (wie alle Kaufentscheidungen) **Entscheidungen unter Risiko** sind.

Hierbei lassen sich vier Risiken unterscheiden (vgl. nebenstehende Abbildung):

(1) Zentral für eine Kaufentscheidung ist zunächst das **funktionale Risiko**, d. h. die Frage, ob und wie das Produkt die grundsätzlichen Erwartungen erfüllt, die man in es gesetzt hat. Diese Frage richtet sich im Wesentlichen auf den **Kernnutzen** bzw. die grundsätzliche **Qualität** eines Produktes. Am Beispiel einer Musikschule wäre dies also die Frage: Lernt das Kind in der Musikschule tatsächlich auch das ordentliche Beherrschen eines Instrumentes?

(2) Hinzu kommt zweitens das **ökonomische Risiko**, d. h. zunächst die Frage, ob man sich das Produkt zu dem angegebenen Preis überhaupt leisten kann oder will bzw. anschließend die Frage, ob das Produkt seinen Preis tatsächlich wert ist (oder ob es das Pro-

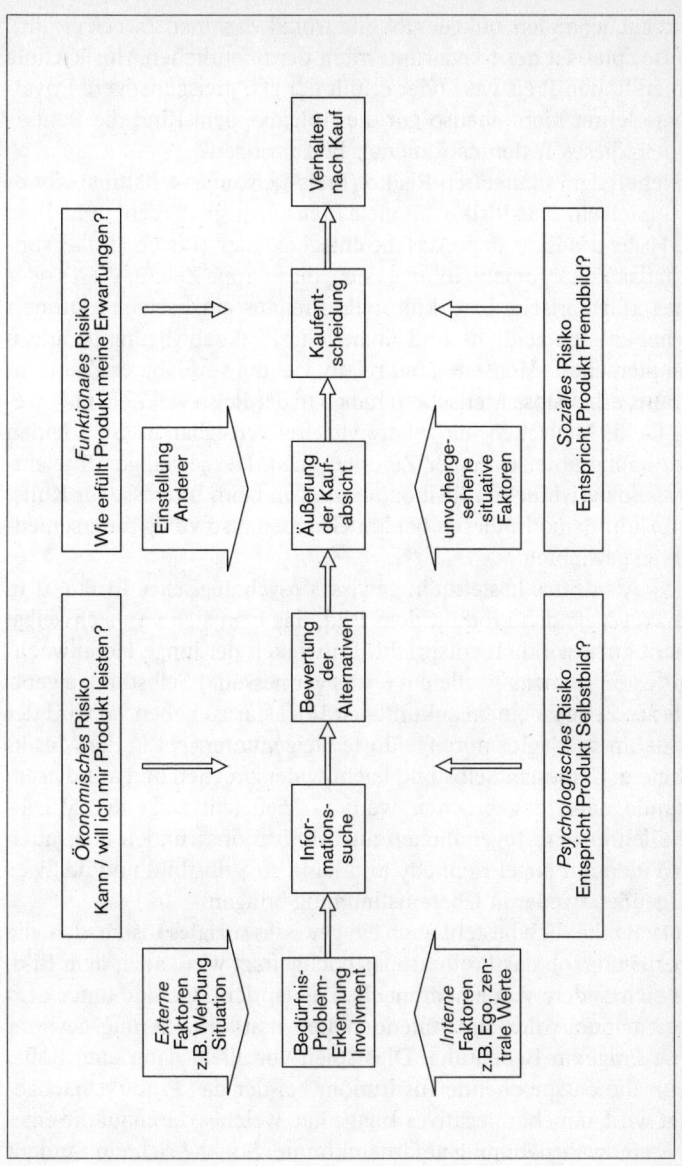

Abb. 6: Kaufentscheidungen als Entscheidungshandeln unter Risiko

dukt ggf. woanders billiger gibt und trotzdem seinen Zweck erfüllt). Im Beispiel: Ist der Klavierunterricht der öffentlichen Musikschule seinen hohen Preis wert oder erfüllt der ggf. preisgünstigere Privatklavierlehrer nicht ebenso gut die Aufgabe, dem Kind die Beherrschung dieses Tasteninstrumentes beizubringen?

Neben dem monetären Risiko (Preis-Leistungsverhältnis) gibt es aber auch ein Zeit-Risiko: für viele Menschen spielt nicht unbedingt die Höhe des Eintrittspreises die entscheidende (Risiko-)Rolle, sondern das Zeitargument: lohnt es sich, die knappe Zeit für dieses oder jenes künstlerische bzw. kulturelle Ereignis einzusetzen? Oftmals verhalten sich zeitliche und finanzielle Risikoabwägung geradezu komplementär: Menschen mit relativ viel frei verfügbarer Zeit (junge, alte, arbeitslose Menschen) haben in der Regel viel Zeit, aber wenig Geld; Menschen mit relativ viel frei verfügbarem Geld leiden sehr häufig unter extremer Zeitknappheit. Der jeweilige Mitteleinsatz, die individuellen Risikoabwägungen beim Interesse für Kunst und Kultur sind in diesen beiden Gruppen also völlig unterschiedlich zu gewichten!

(3) Als drittes besteht ein gewisses **psychologisches Risiko**, d. h. die Frage, ob das Produkt dem Bild, das man sich von sich selbst macht auch wirklich entspricht. Entwickelt der junge Heranwachsende von sich das (vielleicht etwas vermessene) Selbstbild, eigentlich das Zeug zu einem zukünftigen Rockstar zu haben, so wird der bis dahin so klaglos durchgeführte Geigenunterricht in der Musikschule u. U. diesem Selbstbild leicht widersprechen und aus diesem Grunde dann abgebrochen werden. Vielleicht zeigt der Musikschullehrer dem Jugendlichen aus Motivationsgründen aber auch ein Video mit Nigel Kennedy und kann so Selbstbild und fleißiges Geigeüben wieder in Übereinstimmung bringen!

(4) Schließlich besteht auch ein gewisses **soziales Risiko**, d. h. die Überlegung, ob das Produkt, das nachgefragt wird, auch dem Bild, das sich andere von einem machen, entspricht. Gerade unter dem Gesichtspunkt der zunehmenden Lebensstilorientierung gewinnt diese Frage an Bedeutung. Dies spielt vor allem dann eine Rolle, wenn die entsprechende Institution, bei der das Produkt nachgefragt wird, ein eher negatives Image hat, welches dann auf die eigene Fremdwahrnehmung abfärben könnte. So mag sich ein Student

durchaus für die Musik von Richard Wagner begeistern, dies jedoch im Kreise der Kommilitonen, wo dieser vielleicht verpönt ist, auf gar keinen Fall äußern und die jährliche Reise nach Bayreuth diskret verschweigen. Wird der soziale Druck ggf. zu stark, kann dies u. U. sogar zu einem Abbruch der Austauschbeziehungen führen.

Diese subjektiven Risikovermutungen wirken stets im Hintergrund mit, d. h. sie erwachen nicht unbedingt an irgendeiner Stelle innerhalb des Entscheidungsprozesses und lassen sich dann irgendwann durch rationale Argumentation entscheiden (und somit ausschalten), sondern sie tauchen möglicherweise immer wieder, sehr häufig sogar nach dem Kauf auf. „Subjektiv" werden diese Risikovermutungen hier deshalb genannt, weil sie sich nicht objektiv an dem jeweiligen Entscheidungsgegenstand festmachen lassen. Beispielsweise ist die Kategorie teuer oder preiswert für eine Konzerteintrittskarte nicht unabhängig von den jeweiligen Einkommensverhältnissen desjenigen, der eine Entscheidung zu treffen hat, noch gelten diese möglichen Risiken für alle Entscheider in gleicher Weise. Modebewusste Trendsetter werden vermutlich das psychologische und soziale Risiko einer extravaganten Kleider-Entscheidung sehr viel eher suchen, während andere Menschen das Risiko, durch entsprechende Kleidung aufzufallen, nach Möglichkeit vermeiden wollen.

Will die Kultureinrichtung das Entscheidungsverhalten möglicher Nutzer oder Besucher zu ihren Gunsten beeinflussen, sollte sie nicht nur das Vorhandensein möglicher **Risiken erkennen** (wiederum sind entsprechende Marktforschung bzw. Kundenbefragungen ausgesprochen hilfreich), sondern weiter gehend alle Anstrengungen dahingehend unternehmen, diese innerhalb des Entscheidungsprozesses durch entsprechende Maßnahmen und Strategien für den Nachfrager so weit als möglich zu **minimieren**.

Stellt sich das **Bedürfnis** als so stark und stabil heraus, dass man es tatsächlich zu befriedigen beabsichtigt, so wird man sich zunächst auf die entsprechende **Informationssuche** begeben. Um beim Beispiel des Erlernen eines Musikinstruments zu bleiben: man wird wahrscheinlich sämtliche Möglichkeiten prüfen, wo und zu welchen Bedingungen Musikschulunterricht in der näheren Umgebung angeboten wird: in der örtlichen Musikschule, bei einzelnen

Privatlehrern, in einer privaten Musikschule im Nachbarort, in zwei örtlichen Musikvereinen und in einem dem Sportverein angeschlossenen Fanfarenzug. In dieser Phase ist von besonderer Bedeutung, dass die nötigen **Informationen** der eigenen Kultureinrichtung möglichst präsent, leicht verfügbar und ansprechend aufbereitet sind.

Entscheidend ist hier allerdings das **spezifische Informationsverhalten der jeweiligen Zielgruppe**. Lesen die Adressaten der jeweiligen Zielgruppe keine Zeitung, ist es wenig sinnvoll, dort Anzeigen zu schalten; ist das Internet die erste Informationsquelle, wäre es verheerend, dort keine entsprechende Präsentation zu haben. Die Fragen nach dem spezifischen Informationsverhalten können ebenfalls nur durch spezifische Marktforschung geklärt werden (und manche Kultureinrichtung hat sich schon gewundert, welche Resultate sich dabei ergaben!). Auch hier sollte ganz gezielte Marktforschung das möglichst spezifische Informationsverhalten ermitteln; eine pauschale Zahl wie die, dass nur 8 % der Bundesbürger aktive Internetnutzer sind, sagt in der Praxis wenig über das tatsächliche Verhalten der anvisierten Zielgruppe. Unter Umständen stellt sich nämlich heraus, dass gerade deren Mitglieder zu 80 % ihre ersten Informationen aus dem Netz ziehen und erst dann weitere Informationsquellen befragen.[4]

Sind die entsprechenden Informationen gesammelt und wird der Suchprozess abgeschlossen (d.h. entschieden, keine weiteren Informationen zu suchen oder zu berücksichtigen), so werden die **möglichen Alternativen** nach den unterschiedlichsten Kriterien **bewertet**: Wie ist die Qualität des jeweiligen Angebotes? Was kostet es? Wie ist die Erreichbarkeit? Kennt man die Lehrer oder andere Teilnehmer? Wie lange muss man sich vertraglich binden? usw. Man sollte sich dabei allerdings stets bewusst sein, dass sich dieser Informationssuch- und Bewertungsprozess in den seltensten Fällen nach rein rationalen Kriterien vollzieht.

Zwar geht die **Theorie der rationalen Wahl**, die den Entscheidungstheorien zugrunde liegt, u. a. von den Annahmen aus, dass alle möglichen Alternativen bekannt sind und vom Entscheider sorgfältig erwogen werden, dass alle Konsequenzen der einzelnen Alternativen bekannt sind und entsprechend abgewogen werden, dass keinerlei Beschränkungen hinsichtlich der Komplexität der Berechnungen, die zur Feststellung der optimalen Entscheidung angestellt werden müssen, bestehen und schließlich, dass der Entscheider als Einzelperson handelt, unbeeinflusst von Meinungen anderer oder Gruppennormen.

Doch die **Praxis tatsächlicher Entscheidungen** zeigt ein hiervon deutlich abweichendes Bild. Denn die Entscheider verfügen nur höchst selten vollständig über alle tatsächlichen Informationen (und suchen sie auch nicht unbedingt!), haben häufig nur ein unvollständiges Bild der Situation (dies genügt ihnen aber völlig), kennen niemals sämtliche Alternativen (und wollen dies auch gar nicht), berechnen auch nicht alle möglichen Konsequenzen (weil sie nämlich noch genug anderes zu tun haben) und Handlungsalternativen werden in aller Regel nur unzureichend bewertet, da es ausgeschlossen ist, mögliche Ergebnisse exakt zuzuordnen. Die **Theorie der begrenzt-rationalen Wahl** geht deshalb – empirisch sehr viel plausibler – nicht von optimalen, sondern lediglich von **zufrieden stellenden** Entscheidungen aus, d. h. von der Entscheidung für die erste Alternative, welche eine **zufrieden stellende** Zielerreichung gewährleistet.[5]

Der Umfang der Informationssuche hängt dabei von einer ganzen Reihe von Faktoren ab. An erster Stelle steht wiederum die Frage des High-/Low-Involvements. Je höher das Engagement ist, umso umfänglicher wird die Suche ausfallen. Eine wichtige Rolle spielt auch die Frage der Kosten (im umfassenden Sinne), wobei auch dies wiederum subjektiv bedingt ist: Je höher die Kosten sind (z. B. die Bindungswirkung im Falle der Wahl einer öffentlichen Musikschule die vertragliche Bindung für ein Jahr oder bei der Buchung eines Theaterabonnements für eine ganze Spielzeit), umso sorgfältiger wird dieser Entscheidungsprozess durchgeführt werden.

Ist er entsprechend weit gediehen, sind alle Für und Wider gegeneinander abgewogen, so wird in aller Regel **die getroffene Entscheidung kundgetan**. Beispielsweise teilen die Eltern dem Kind mit, dass sie beabsichtigen, dieses in der Musikschule anzumelden oder sie sprechen mit anderen Eltern darüber. Anders als in der Theorie rationaler Wahl unterstellt, wird (und kann) der Entscheider gewöhnlich also seine Wahl keineswegs unbeeinflusst von Meinungen

anderer oder Gruppennormen treffen. So wird vielleicht das anzu-
meldende Kind in der Schule mit anderen Klassenkameraden darüber sprechen und diese werden ihm u. U. mitteilen, wie doof Musikschule doch eigentlich ist und dass im Sportverein sehr viel mehr
los ist. Oder Nachbarn, die ebenfalls Kinder in der Musikschule haben, werden den Eltern über ihre Erfahrungen berichten und ggf.
zu- oder abraten. Die Entscheidung, die in gewisser Weise eigentlich
schon positiv gefällt worden war, kann durch **das Urteil anderer**
u. U. wieder ins Wanken geraten, d. h. in dieser Phase ist der Entscheidungsprozess besonders störanfällig.

Hat die entsprechende Kultureinrichtung Informationen über die
anstehende, aber noch nicht vollzogene Entscheidung (etwa, wenn
sie sich die Adresse der Interessenten notiert hat), so kann sie in dieser Phase das Entscheidungshandeln ggf. zu ihren Gunsten verändern. So sollte z. B. freundlich und vor allem nicht aufdringlich nach
einigen Tagen nachgefragt werden, ob noch weiterer Informationsbedarf besteht, ob ein weiteres Gespräch gewünscht wird oder ob
das Kind das Instrument vielleicht erst einmal ausprobieren möchte. Sehr schnell wird man dann feststellen können, welche Widerstände einer positiven Entscheidung ggf. entgegenstehen und entsprechend darauf eingehen können.

Deutlich wird hierbei wiederum, wie wichtig es für die betreffende Kultureinrichtung ist, die bereits gewonnenen, zufriedenen Nutzer als positive Werber einzusetzen – und sei es nur, dass allgemein
ein gutes Image über die eigene Kultureinrichtung verbreitet wird,
das somit im Hintergrund wirkend anstehende Entscheidungen positiv beeinflusst. Besonders problematisch ist es dagegen, wenn gerade in einer solch prekären **Vor-Kauf-Situation** (wo die eigentliche
Entscheidung im Prinzip zwar getroffen, aber noch nicht vollzogen
ist), sich negative Bekundungen durch Dritte häufen, denn in diesem Moment hat der Kunde noch die Möglichkeit, seine Entscheidung zu revidieren.

In dieser Phase können außerdem noch weitere unvorhergesehe-
ne bzw. unvorhersehbare **situative Faktoren** die bereits getroffene
Entscheidung wieder in Frage stellen. So gibt es möglicherweise für
den geplanten Kurs plötzlich so viele Anmeldungen, dass eine Warteliste angelegt werden muss. Oder auf Grund eines Gemeinderats-

beschlusses werden zum neuen Schuljahr die Gebühren drastisch erhöht; das Gymnasium bietet im neuen Schuljahr zusätzlich eine eigene Musik AG an; der Sportverein, in dem das Kind seit vielen Jahren in eine Mannschaft eingebunden ist, legt seine Trainingsstunden genau auf den Zeitpunkt, zu dem eigentlich der Musikschulunterricht vorgesehen ist usw.

Alle diese Faktoren können u. U. eine bereits getroffene Entscheidung wieder revidieren. Für die besucher- bzw. teilnehmerorientierte Kultureinrichtung ist es deshalb wichtig, gerade in dieser Phase Präsenz zu zeigen und den möglichen Besuchern oder Nutzern möglichst sensibel beratend zur Seite zu stehen und ggf. nachzufragen, warum eine bereits kundgetane Entscheidung letztendlich doch nicht vollzogen wird – und vor allem **warum** nicht! Vielleicht sind es ja nur Kleinigkeiten, die rasch behoben werden könnten und den Interessenten veranlassen, die getroffene Entscheidung doch zu vollziehen. So kann man vielleicht die Unterrichtsstunde anders terminieren oder einen Gebührennachlass bei Erstanmeldungen gewähren usw. Auf jeden Fall sollte sich die Kulturorganisation so flexibel wie ihr nur irgend möglich präsentieren. Darüber hinaus lernt die Kulturorganisation für die Zukunft und kann ggf. verhindern, dass sich solche Fälle wiederholen.

Mit der getroffenen Entscheidung – in unserem Falle also die Anmeldung für einen ein Jahr dauernden Kurs in der Musikschule – ist der Prozess allerdings noch keineswegs abgeschlossen. Denn – wer kennt dies nicht von sich selbst? – mit der vollzogenen Entscheidung fangen u. U. auch die Zweifel an. Zwar ist man einerseits froh, nach langem Suchen und Fragen nun endlich eine Entscheidung getroffen zu haben (weil man nämlich jetzt den Kopf wieder frei hat für anstehende dringende andere Entscheidungen), aber war die soeben getroffene auch wirklich richtig? Auf einmal fallen einem u. U. eine ganze Reihe von Dingen auf, die man beim ersten Mal so nicht wahrgenommen hat. War die Musikschulsekretärin bei der Anmeldung nicht deutlich kürzer angebunden, als beim allerersten Beratungsgespräch? Widmet der Lehrer, bei dem das Kind angemeldet ist, diesem tatsächlich so viel pädagogische Aufmerksamkeit, wie man vermutet hat? Und müsste in der Musikschule nicht überhaupt öfter mal sauber gemacht werden, die Papierkörbe quellen ja schon über?

Oder bildet man sich dies möglicherweise alles nur ein? Vielleicht ist die fehlende penible Sauberkeit der Musikschule ja auch Ausdruck einer gewissen Lockerheit und Kreativität, die dem Kind gut tun? Und vielleicht will der Lehrer, der die Kinder erst einmal herumspielen lässt, diesen Freiraum zur eigenen kreativen Entfaltung geben? Und hatte die überforderte Musikschul-Sekretärin in Wirklichkeit nicht fünf Anmeldungen gleichzeitig zu bewältigen? Der Interessierte wird also in aller Regel versuchen, möglicherweise auftauchende sog. **kognitive Dissonanzen** (d. h. sich widersprechende Bewusstseinswahrnehmungen) so weit wie möglich abzubauen, zu rationalisieren und eine **konsonante**, d. h. mit seiner ursprünglichen Erwartung zusammenklingende Einstellung zu entwickeln. Die Entscheidungstheorie spricht in diesem Zusammenhang daher sehr zutreffend von **retrospektiver Rationalität**, d. h. Entscheidungen werden häufig erst **nach** dem Entschluss ausreichend begründet, also ex post rationalisiert. Ganz wesentliche Phasen des Entscheidungsprozesses laufen demnach auch noch **nach** und nicht nur vor dem Wahlakt ab.[6]

Dem **Verhalten nach dem Kauf**, dem sog. **Nachkaufmarketing**, kommt deshalb eine ganz besondere Bedeutung zu und die Kultureinrichtung sollte den Besucher bei seinen diesbezüglichen Fragen und Problemen keineswegs alleine lassen. Bei entsprechend eingestelltem und geschultem Personal verfügt sie über eine breite Palette von Möglichkeiten, mögliche Dissonanzen abzubauen: diese gehen von einem persönlichen Anschreiben, in dem zur Anmeldung in der Musikschule gratuliert wird (vielleicht zusammen mit der Übersendung eines ersten Notenhefts mit Aufdruck des Namens des Musikschulkindes) über die telefonische Nachfrage, ob denn alles zur Zufriedenheit laufe bis hin zu einer baldigen Elternversammlung. Im Mittelpunkt aller diesbezüglichen Überlegungen und Anstrengungen sollte dabei stets das Bemühen stehen, **dem Besucher die nachhaltige Sicherheit zu geben, die richtige Wahl getroffen zu haben**.

Um allerdings die Austauschbeziehungen im eigenen Interesse beeinflussen zu können, ist es wichtig, die Besucher und ihr Verhalten möglichst genau zu kennen. Kundenkenntnis zu erwerben ist jedoch nicht einfach. Es gibt oft große Unterschiede zwischen dem, was die Besucher **sagen** und was sie tun, zwischen dem, was sie **tun** und was sie im Innersten wirklich **wollen**, und zwischen dem, was sie sich **vornehmen** und was sie aufgrund einer Sinnesänderung in letzter Minute dann **tatsächlich tun**.[6] Daher wird kein Kulturanbieter ohne eine möglichst genaue Kenntnis der **strukturellen** und **verhaltensorientierten** Merkmale seiner Besucher auskommen können.

5.2 Strukturelle Merkmale der Besuchernachfrage

Besucht man eine sog. Performance in einer freien Galerie oder geht man abends in eine Aufführung von Goethes „Iphigenie" im Stadttheater, so wird man auf den ersten Blick feststellen, dass sich die jeweiligen Besucherinnen und Besucher durch eine ganze Reihe von Merkmalen unterscheiden. Vielleicht wird man feststellen, dass die Galeriebesucher deutlich jünger sind als jene im Theater; möglicherweise überwiegen im Theater die weiblichen Gäste. Schaut man etwas genauer hin, so wird man wahrscheinlich auch Unterschiede in der Kleidung bemerken oder im Verhalten, das im Theater mutmaßlich etwas steifer ist als in der Performance, wo das Publikum eher einen legeren Eindruck macht. Bekommt man rein zufällig etwas von den Gesprächen mit, so drängt sich vielleicht der Eindruck auf, dass im Theater der heimische Dialekt dominiert, während in der Galerie eine große Bandbreite von Dialekten, ja sogar Fremdsprachen zu hören sind. Auf diese Weise bildet man sich einen ersten, flüchtigen Eindruck der jeweiligen Publika.

Was man hier beobachtet, lässt sich unter dem Oberbegriff der **strukturellen** Merkmale von Kulturbesuchern zusammenfassen. Diese zunächst nur oberflächlich wahrgenommenen Eindrücke können von der Kultureinrichtung systematisch erfasst, gesammelt, systematisiert, ausgewertet und für entsprechende Marketingmaßnahmen aufbereitet werden. Die wesentlichen strukturellen Merkmale sollen im Folgenden dargestellt werden.

▶ Geographische Merkmale

Dieser Aspekt richtet sich auf die Frage: woher kommen die Besucher von Kultureinrichtungen regional? Bereits in den einleitenden Überlegungen wurde festgestellt, dass es ein wesentliches Kennzeichen der gegenwärtigen Veränderungen im Kulturbetrieb ist, dass die Kulturbesucher immer mobiler werden. Die genaue Kenntnis des regionalen Einzugsbereich ist für ein effizientes Kulturmarketing daher unabdingbar. Die Daten lassen sich wie folgt differenzieren:

• **Nation**. Durch das Zusammenwachsen Europas werden Ländergrenzen sehr viel leichter übersprungen als noch vor ein, zwei Jahrzehnten. Für eine interessante Ausstellung oder ein bedeutendes Konzert fahren manche Menschen hunderte oder tausende von Kilometern. Die möglichst genaue Kenntnis darüber, aus welchen Ländern Besucher der Kultureinrichtung kommen, gibt für das Kulturmarketing wichtige Aufschlüsse z. B. darüber, in welcher Sprache Informationen, Kataloge usw. sinnvollerweise gedruckt werden; in welchen Ländern ganz offensichtlich Besucher wohnen, die in Zukunft verstärkt angesprochen werden können (z. B. in Grenzregionen), wie sich Kooperation mit Hotelketten oder Fremdenverkehrsvereinigungen gestalten lassen usw.

• **Bundesland/Region**. Während der Begriff des Bundeslandes eindeutig definierbar ist, ist der der Region nicht so exakt zu fixieren, gibt aber oftmals sehr viel besser als formale Einteilungen wie „Regierungsbezirk", „Landschaftsverband" oder auch „Landkreis" bestimmte gemeinsame Mentalitäten bzw. über die Jahrhunderte gewachsene Traditionen und Orientierungen wider, die sich auch im Konsumverhalten spiegeln.

Jede Region kennt solche über Jahrzehnte oder gar Jahrhunderte gewachsene Verhaltensweisen, die sich in Faustregeln niederschlagen: Am Bodensee ist zu hören, dass „der Lindauer" niemals in Friedrichshafen einkauft; „der Wiesbadener" geht nicht im nahe gelegenen Mainz ins Theater. „Der Marburger" orientiert sich eher ins ca. 80 km entfernte Kassel als ins nur 25 km entfernte Gießen und die abgrundtiefe Abneigung zwischen „den" Frankfurtern und „den" Offenbachern ist schon sprichwörtlich. Dies kann Kulturveranstalter, die mit solchen Mentalitäten wenig vertraut sind, vor erhebliche Probleme stellen: so wenn eine privatwirtschaftlich-kommerzielle Musicalproduktion („Tommy") vor Jahren ausgerechnet in Offenbach platziert wurde (und damit mehr oder weniger bewusst auf das Einzugsgebiet Frankfurt verzichtete); oder wenn das mittlerweile so erfolgreiche Rheingau-Musikfestival noch vor einigen Jahren „den" Frankfurtern noch erklären musste, wo der (nur ca. 50 km entfernte) Rheingau eigentlich liegt.

- **Stadt/Gemeinde/Umland.** Hier ist vor allem von Interesse, welches Einzugsgebiet (rein quantitativ) eine Stadt hat; wie das Verhältnis der Ein- bzw. Auspendler zu werten ist; welche Umlandgemeinden sich mit ihrem Kulturangebot bewusst von den Zentralgemeinden absetzen wollen usw. Von ganz besonderer Bedeutung sind hier die Verkehrsflüsse, d. h. wie der Öffentliche Personennahverkehr organisiert ist, wann die letzten Busse und Straßenbahnen fahren, welche Gebiete nur völlig unzureichend angeschlossen sind, wie die Autobahnanbindungen sind usw.

- **Stadtteil.** Für den Kulturanbieter kann es u. U. von besonderem Interesse sein, zu erfahren, aus welchen Stadtteilen die Besucher kommen; stellt sich z. B. heraus, dass bestimmte Stadt- oder Ortsteile in der Publikumsstruktur sehr stark unterrepräsentiert sind, so sollte weiter gefragt werden, woran dies liegen könnte. Vielleicht bestehen die o. a. „mentalen" Barrieren u. U. auch innerhalb einer Stadt und eingemeindeten Stadtteilen? Dieses Phänomen ist gerade in den durch die in allen Bundesländern in den siebziger Jahren durchgeführte Funktionalreform, die mehrere Kleingemeinden – oft gegen deren Willen – zu Verbandsgemeinden zusammenführte, entstandenen Orten nicht selten zu beobachten: In der Praxis bedeutet dies, dass „man" nicht nach XYZ geht, noch nicht einmal für ein Konzert, das einen eigentlich interessiert. Die im Rahmen einer zu entwickelnden Kulturkonzeption kolportierte Geschichte, ein an einem Samstagnachmittag im Ortsteil X liegen gebliebener Autofahrer habe auf das freundliche Angebot, ihn in den Ortsteil Y, wo noch eine Tankstelle geöffnet sei, abzuschleppen mit der Antwort reagiert, lieber verzichte er das ganze Wochenende auf seine Mobilität, als seinen Wagen dort reparieren zu lassen, lenkte die Diskussionen über den zukünftigen Standort der Stadtbibliothek in völlig neue Bahnen!

Liegen die Adressen der Besucher vor (sei es, dass es Mitgliederdateien gibt, sei es, dass diese Adressen explizit erfragt wurden, um Informationen zuzusenden, sei es durch eine allgemeine Befragung ermittelt), so können diese systematisiert und entsprechend ausgewertet werden, indem sie z. B. mit Verkehrsverbindungen, durchgeführten Werbemaßnahmen, Verbreitungsgebiet von Printmedien, aber auch mit der Bevölkerungsstruktur usw. verglichen werden.

▶ Soziodemographische Merkmale

Neben dem geographischen Kriterium zeichnen sich die Menschen aber auch noch durch eine ganze Reihe von anderen Merkmalen aus, die direkt mit ihrer Person verbunden sind, wie z. B. **Geschlecht**, **Alter**, **Konfession**, **Nationalität**, **Beruf**, **Einkommen**, **Bildung** usw. Die Kenntnis dieser Merkmale kann zunächst unmittelbare Relevanz für den Kulturveranstalter haben, etwa wenn das Theater ein Jugendstück produziert und über eine Adressenkartei verfügt, die nach Altersgruppen abrufbar ist oder das Museum eine Ausstellung zeigt, die sich explizit an Frauen richtet und diese direkt angeschrieben werden können oder das städtische Kulturamt Internationale Wochen durchführt und gezielt ausländische Mitbürgerinnen und Mitbürger einladen möchte.

Die spezifische **Kombination einiger dieser Merkmale** war allerdings über viele Jahrzehnte für die Marketingforschung noch aus einem anderen Grunde von zentraler Bedeutung (und ist dies teilweise heute noch). Denn für die Marktforschung stellt sich (ebenso wie für die Soziologie, aber anders als die Psychologie, die sich in der Regel am Individuum orientiert) die zentrale Frage im **deskriptiven** Sinne (also nicht im **moralischen**, d. h. woran liegt es, dass es den einen besser und den anderen schlechter geht) nach der gesellschaftlichen **Gleichheit** bzw. **Ungleichheit**, d. h.: **nach welchen Kriterien formieren sich Menschen innerhalb einer Gesellschaft zu erkennbaren (Groß-)Gruppen** wie etwa Ständen, Kasten, Zünften, Klassen, Schichten usw.? Aus diesen Gruppenbildungen sowie der möglichst exakten Beschreibung ihrer spezifischen Merkmale und vor allem Handlungsweisen wurde und wird versucht, deren **zukünftiges** Handeln, z. B. bei Wahlen oder bei Konsumentscheidungen, zu prognostizieren.

Bis in die 70er und 80er Jahre hinein operierte die Soziologie (ebenso wie die Markt- und die Wahlforschung) in den westlichen Industriegesellschaften noch recht erfolgreich mit dem Konzept des sog. **Schichtenmodells** der Gesellschaft. Unter **Schichten** werden dabei übereinander liegende **Statusgruppen**, die durch horizontale Grenzen voneinander geschieden sind, verstanden. Der **Status** wiederum wird ermittelt durch die Stellung eines (Berufs-) Positionsinhabers auf den Abstufungen von **Qualifikation**, **Einkommen** und **Prestige**. Aus den **Einzelstatus**' innerhalb der einzelnen Dimensionen sozialer Ungleichheit setzt sich dann der **Gesamtstatus** eines Menschen zusammen.

Will man den Gesamtstatus eines Menschen ermitteln, so fällt dies leicht, wenn er einen ähnlich hohen Status auf allen Dimensionen sozialer Ungleichheit besitzt. Diesen Zustand bezeichnet man als **Statuskonsistenz**. In einer **statuskonsistenten** Lage befindet sich beispielsweise eine Inspektorin im Finanzamt, die über mittlere Reife, ein mittleres Einkommen und mittleres Berufsprestige verfügt.[7] Die übereinander liegenden Schichten innerhalb der Gesellschaft gleichen etwa einer Zwiebel, die oben („Oberschicht") und unten („Unterschicht") relativ schmal ist und sich vor allem durch eine breite Mitte auszeichnet.

Entscheidend für die Schichtenzugehörigkeit sind also die drei, relativ einfach messbaren, **sozioökonomischen** Variablen (1) **Bildung** (formaler Abschluss), (2) **Einkommen** und (3) **Beruf** (Prestige). Das Marketing ging lange Zeit von der – seinerzeit sicherlich zu-

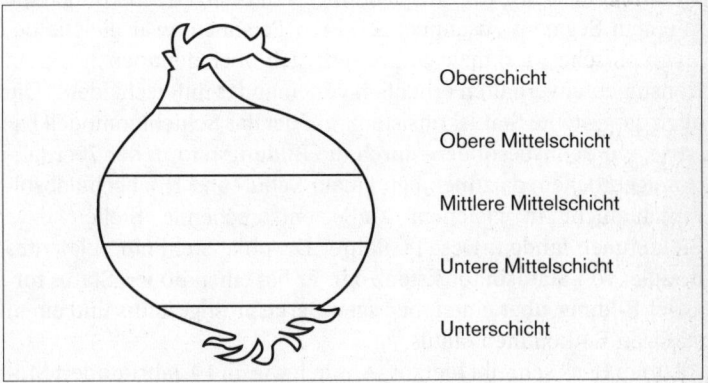

Abb. 7: „Zwiebelmodell" Sozialer Schichtung

137

treffenden – Hypothese aus, dass die Mitglieder der gleichen sozialen Schicht stärker zu ähnlichen Verhaltensweisen als Mitglieder unterschiedlicher Schichten neigen. Aus der jeweiligen Schichtzugehörigkeit wurden dann entsprechende Kauf- und Konsumgewohnheiten abgeleitet.

So hieß es noch unlängst in einem Marketing-Grundlagenwerk: „**Soziale Schichten** zeigen eindeutige Produkt- und Markenpräferenzen bei **Bekleidung**, **Wohnungsausstattung**, **Freizeitgestaltung**, **Automobilen** und in anderen Bereichen. Die sozialen Schichten unterscheiden sich auch hinsichtlich der von ihnen bevorzugten **Medien**. Während Angestellte der oberen Schichten Zeitschriften und Büchern den Vorrang geben, ist bei den unteren Schichten das Fernsehen Medium Nummer eins. Selbst innerhalb eines spezifischen Mediums wie dem Fernsehen unterscheiden sich die von den verschiedenen Schichten bevorzugten Sendungen. Die Zuschauer der sozial hoch stehenden Klassen schalten ihr Gerät in erster Linie für Nachrichtensendungen und Theaterübertragungen ein, während die unteren Schichten lieber leichte Unterhaltung wie ‚Seifenopern‘ und Ratespiele sehen."[8]

Die in der Marktsegmentierung lange Zeit verwendeten **regionalen**, **demographischen** und schließlich **sozioökonomischen** Daten haben zwar den Vorteil einer realtiv leichten Erfassung, weisen auf der anderen Seite aber den Nachteil auf, eine nur noch eingeschränkte Relevanz für Entscheidungen zu besitzen. So können die in einem Segment zusammengefassten Personen zwar gleiche demographische Merkmale aufweisen, sich aber dennoch in ihrem Konsumentenverhalten erheblich voneinander unterscheiden.[9] Die oben dargestellte Statuskonsistenz, auf der das Schichtenmodell basierte, wurde insbesondere durch die Bildungsreform der 70er Jahre aufgebrochen, da zunehmend mehr Schul- und Hochschulabsolventen nicht in gleichem Maße entsprechende Stellen bzw. Einkommen fanden: Der ‚Taxifahrer Dr. phil.‘ stellt ein eklatantes Beispiel von Status**in**konsistenz dar. Er hat einen hohen Status formaler Bildung, aber einen niedrigen Berufsprestigestatus und einen mäßigen Einkommensstatus.[10]

Ulrich Beck schreibt hierzu: „Ähnlich wie im 19. Jahrhundert Modernisierung die ständisch verknöcherte Agrargesellschaft aufgelöst und das Strukturbild der Industriegesellschaft herausgeschält hat, löst Modernisierung heute die Konturen der Industriegesellschaft auf, und in der Kontinuität der Moderne entsteht eine andere gesellschaftliche Gestalt."[11] Und an anderer Stelle: „Sehr schematisch gesprochen: an die Stelle von Ständen treten nicht mehr soziale Klassen, an die Stelle sozialer Klassen tritt nicht mehr der stabile Bezugsrahmen der Familie. **Der** oder **die einzelne** selbst wird zur lebensweltlichen Reproduktionseinheit des Sozialen. Oder anders formuliert: die Individuen werden innerhalb und außerhalb der Familie zum Akteur ihrer marktvermittelten Existenzsicherung und der darauf bezogenen Biographieplanung und -organisation."[12]

Die herkömmlichen gesellschaftlichen Gruppierungskategorien **Klasse** oder **Schicht** verlieren zunehmend ihre Relevanz und damit ihre Tauglichkeit zu Prognose von Kauf- (und auch politischen Wahl-)Entscheidungen. Der oder die Einzelne hat nicht nur, wie vormals der Dandy als Verkörperung des Lebensstils Ende des letzten Jahrhunderts, die **Möglichkeit** zu wählen, sondern er ist – ob er will oder nicht – **gezwungen zu wählen**, d. h. sie stehen „unter der **Bedingung der Beziehungswahl**"[13], um sich gesellschaftlich zu integrieren, d. h. „irgendwo dazuzugehören".

▶ **Psychographische Merkmale und Lebensstil**

Trotz fortschreitender Individualisierung der Gesellschaft in den 80er und 90er Jahren zerfällt diese allerdings keineswegs in atomisierte Individuen; an die Stelle der Vergesellschaftung über **Schichten** tritt zunehmend die Sozialisierung über sog. **Lebensstile**, die ihrerseits **milieubildend** wirken. **Soziale Milieus** lassen sich dabei mit Gerhard Schulze als Personengruppen definieren, die sich durch **gruppenspezifische Existenzformen** und **erhöhte Binnenkommunikation** voneinander abheben. Soziale Milieus haben unter der Bedingung der Beziehungswahl den Doppelcharakter einer das Denken und Handeln beeinflussenden objektiven gesellschaftlichen Wirklichkeit, die andererseits durch das Denken und Handeln ständig neu konstruiert wird und die deshalb die Subjekte nicht nur beeinflusst, sondern auch auf säkulare Veränderungen der Subjekte reagiert.[14]

Im Konzept der Lebensstile spielt **Kultur** im umfassenden Sinne eine zentrale Rolle, da die Fragen der Gruppenzugehörigkeit und Gruppenidentität vornehmlich über **kulturelle Symbole** vermittelt wird. Kultur ist somit zu einer zentralen gesellschaftlichen Ebene geworden. Kultur soll und muss lösen, was eine immer abstrakter werdende Industriegesellschaft an Problemen aufgehäuft hat. Was Familie, Beruf, und Moral einmal an Identität vermittelten, hat seine kulturelle Selbstverständlichkeit weitgehend verloren. Jeder muss heute für sich die Selbst- und Fremdbilder entwickeln, in denen das eigene Leben verläuft. Die Folge davon ist eine Vielzahl von Suchbewegungen auf dem Feld der Kultur im weitesten Sinne – wie Eberhard Knödler-Bunte schon vor Jahren schrieb.[15]

Die Marketingforschung, vornehmlich in den USA, seit Beginn der 80er Jahre zunehmend auch in Deutschland, erkannte sehr viel früher als die Soziologie die spezifische Bedeutung des Lebensstils. Während entsprechende Konzepte in der europäischen Soziologie, zunächst vor allem bei Pierre Bourdieu 1979[16] in Frankreich („Die feinen Unterschiede") und erst Ende der 80er Jahre dann auch in der deutschen Soziologie empirisch[17] und theoretisch[18] entwickelt und diskutiert wurden, reflektierte die amerikanische Marketingforschung dieses Konzept bereits seit 1963.[19]

Erstmals im Zusammenhang mit der Marketing-Theorie wurde der Begriff des Lebensstils von William Lazer auf der Winter-Konferenz der American Marketing Association 1963 diskutiert. Die entscheidenden Impulse für die Weiterentwicklung kamen aus unterschiedlichen, voneinander weitgehend unabhängigen Forschungsansätzen. Gemeinsam ist ihnen allerdings, dass sie der Marketing-Philosophie entsprechend den Kunden in den Mittelpunkt der Untersuchungen und Modelle stellten, wobei die schlechte Erklärungs- und Prognoserelevanz der bis dahin verwendeten Modelle zum Anlass für die Suche nach aussagekräftigeren Forschungsansätzen zum Verbraucherverhalten wurde. Statt Vorstellungen vom ‚homo oeconomicus' oder statt soziodemographischer Marktsegmentierungskriterien wurden in zunehmendem Maße unbewusste Determinanten des Verbraucherverhaltens oder psychologische Marktsegmentierungskriterien diskutiert.[20] Von diesem **psychographischen** Ausgangspunkt ausgehend entwickelten sich drei verschiedene Ansätze: die **Activity & Attitude Research**[21], der **A-I-O-Ansatz**[22] sowie schließlich das **VALS-Modell**[23].

Während das sog. Schichtenmodell nur mit den drei Variablen Bildung, Beruf und Einkommen operierte, ist diesen Modellen gemeinsam, dass sie **mehrdimensional** angelegt sind, d. h. eine Vielzahl von Variablen (neben den soziodemographischen Daten durch Einstellungen, Wertorientierungen, Haltungen, Aktivitäten usw.) miteinander in Beziehung setzen (korrelieren). Die Entwicklung dieser sehr viel komplexeren Modelle verlief parallel zum rasanten Fortschritt der elektronischen Datenverarbeitung, die eine rasche Durchführung zunehmend komplexerer Rechneroperationen (Clusteranalyse[24]) ermöglichte.

Unter **Lebensstil** wird zusammenfassend eine **relativ stabile**, **reflexive** Lebensform eines Individuums verstanden, in dem es seine politischen, kulturellen und ästhetischen Vorstellungen vor allem **symbolisch** ausdrückt. Diesen Lebensstil teilt es mit einer gesellschaftlichen Gruppe, deren Mitglieder sich ähnlich verhalten. Als solche **gruppenkonstitutiven** Faktoren symbolisieren ‚Lebensstile‘ Identität und Zugehörigkeit und dienen zur Abgrenzung von anderen Gruppen.[25] **Relativ stabil** ist diese Lebensform, weil sie zum einen weniger stabil ist als die traditionellen Vergesellschaftungsmuster des Schichten- oder gar des Klassenmodells, aber dennoch stabiler als nur irgendeine Mode. **Reflexiv** ist sie im doppelten Sinne, da die Aneignung und Aussendung entsprechender Symbole ein Vorgang größter Überlegung, Reflexion ist, gleichzeitig aber nur funktioniert, wenn die Adressaten die Symbole (an-)erkennen und widerspiegeln, reflektieren. Lebensstile der Gegenwart sind nicht – wie beim Dandy der Jahrhundertwende – individualistisch, sondern **gruppenkonstitutiv**, da sie sowohl Identität und Zugehörigkeit (z. B. durch erhöhte Binnenkommunikation), als auch Abgrenzung von anderen Milieus ermöglichen.

In Deutschland dauerte es allerdings mehr als zwei Jahrzehnte, bis hier das Lebensstil-Konzept zum allgemeinen Durchbruch kam. Zwar entwickelten schon seit Mitte der siebziger Jahre vor allem Zeitschriftenverlage unterschiedliche Ansätze, die auf Life-Style-Modelle zurückgriffen. Aber zum von einem größeren Interessentenkreis wahrgenommenen Durchbruch kam es erst Mitte der 80er

Jahre im Zusammenhang mit zwei Studien zum Wählerverhalten, zum einen durch die Studie des Heidelberger Forschungsinstituts (1) *Sinus*-„Planungsdaten für eine mehrheitsfähige SPD" (1984)[26] und (2) Peter Gluchowskis Untersuchung: „Lebensstile und Wandel der Wählerschaft in der Bundesrepublik Deutschland" (1987)[27].

• Das Heidelberger *Sinus-Institut* griff den unter Marketingaspekten entwickelten Lebensstilansatz Ansatz mit sozialwissenschaftlichen Methoden auf und verdichtete einzelne Lebensstile zu sog. **Milieus**. Dieser seit 1979 verfolgte Ansatz stellt eine der mittlerweile bekanntesten Möglichkeiten der Marktsegmentierung anhand von Lebensstilen in Deutschland dar. In regelmäßiger Folge wird eine Segmentierung der bundesdeutschen Bevölkerung in kombinierte Werte- und Sozialschichtgruppen vorgenommen. Erhebungskriterien der *Sinus*-Methode sind: **Lebensziel** (Lebensgüter, Werte, Lebensstrategie, Lebensphilosophie); **Arbeit / Leistung** (Arbeitsethos, Arbeitszufriedenheit, gesellschaftlicher Aufstieg, Prestige, materielle Sicherheit); **Gesellschaftsbild** (politisches Interesse, Engagement, Systemzufriedenheit, Wahrnehmung und Verarbeitung gesellschaftlicher Probleme, technologischer Wandel, Umwelt, Frieden usw.); **Familie/Partnerschaft** (Einstellung zu Partnerschaft, Familie, Kindern; Geborgenheit, emotionale Sicherheit; Vorstellungen vom privaten Glück); **Freizeit** (Freizeitgestaltung, Freizeitmotive; Kommunikation und soziales Leben); **Wunsch- und Leitbilder** (Wünsche, Tagträume, Phantasien, Sehnsüchte; Leitbilder, Vorbilder, Identifikationsobjekte); **Lebensstil** (ästhetische Grundbedürfnisse; Alltagsästhetik, milieuspezifische Stilwelten) sowie schließlich **Soziale Lage** (soziodemographische Struktur des Milieus).

Die in differenzierten Fragebögen ermittelten Einstellungen und Merkmalsausprägungen werden alle insgesamt miteinander korreliert; wo sich Häufungen abzeichnen, werden soziale Milieus vermutet. Die Zielsetzung dieses Ansatzes ist es, die **Lebenswelt** von Zielgruppen unter Berücksichtigung sich verändernder Einstellungen und Wertorientierungen möglichst adäquat zu erfassen. Unter **Lebenswelt** werden dabei alle relevanten Erlebnisbereiche verstanden, mit denen das Individuum tagtäglich zu tun hat (Arbeit, Familie, Freizeit, Konsum etc.) und die maßgeblich zur Entwicklung und Veränderung von Einstellungen, Werthaltungen und Verhaltensmustern beitragen.[28] Entscheidend für das Kulturmarketing ist, dass den einzelnen Milieus bestimmte Kunst- und Kulturpräferenzen zugeordnet werden können und sich somit eine gewisse Prognostizierbarkeit von Kulturverhalten ergibt.

• Peter Gluchowski ging bei seiner Analyse der Bundestagswahl 1987 von der These aus, dass der Wandel der Wertorientierungen, der seit Mitte der sechziger Jahre auch in der Bundesrepublik stattfindet, zu einer stärker politisch interessierten und involvierten Wählerschaft geführt habe, die nicht mehr so stark nach gewachsenen Parteibindungen entscheidet, sondern zunehmend politische Themen und Lebensstile jenseits der traditionellen Weltanschauungen und sozialen Herkünfte zum Gegenstand von Wahlentscheidungen mache. Auf der Basis von 100 einzelnen Einstellungen für die Definition von Lebensstilen und insgesamt 5000 bzw. 3000 befragten Wahlberechtigten kam Gluchowski zu folgenden Lebensstilen und ihrer prozentualen Verteilung in der Bevölkerung:

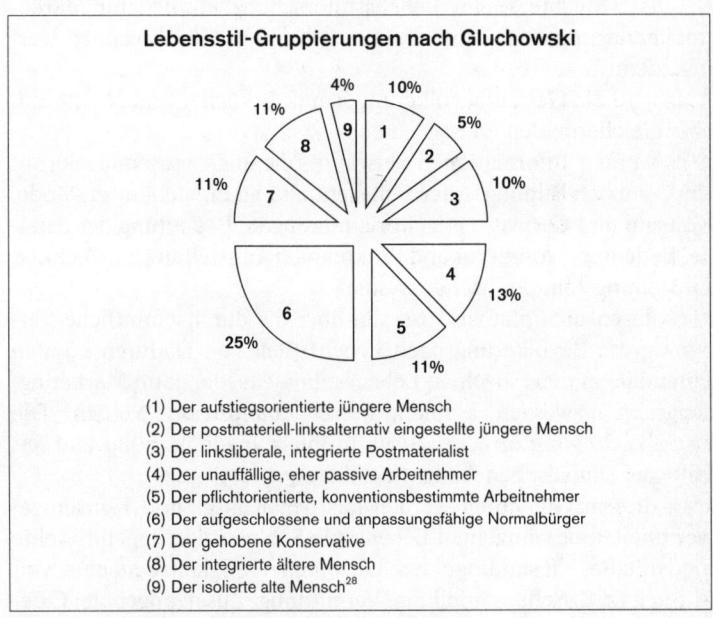

Abb. 8: Lebensstilgruppierungen in der Bevölkerung nach Gluchowski

Auch in der Studie von Gluchowski lassen sich Lebensstile und Kulturpräferenzen einander zuordnen.

Im Kulturbereich wurde die Bedeutung dieser Vorgehensweise hinsichtlich der Zielgruppenbestimmung bzw. mit Blick auf die Marktsegmentierung als erstes von den Museen erkannt. So heißt es bereits in dem KGSt-Gutachten „Die Museen. Besucherorientierung und Wirtschaftlichkeit" von 1988: „Herkömmlich wird die Bevölkerung grob in Schichten (Ober-/Mittel-/Unterschicht) eingeteilt, um ihre soziale Stellung zu bestimmen. Für Zwecke des Marketing ist diese Einteilung unzureichend, da sie inhaltliche Aspekte ausblendet (...) Die Lebensstilforschung strebt an, das Alltagsleben von Menschen in seiner Vielfalt und Dynamik sensibel und adäquat zu erfassen. Die im Wege statistischer Methoden aufbereiteten Daten von langfristig angelegten Primärbefragungen ermöglichen eine neue Klassifizierung anhand gemeinsamer Wertorientierungen, die Lebensstil und Alltagseinstellungen einbeziehen (...) Die Ergebnisse der Lebensstilforschung können für Marketingüberlegungen im Museum sinnvoll und praktisch genutzt werden, denn

• es wird die Gesamtbevölkerung, damit Besucher und Nichtbesucher gleichermaßen erfasst;

• es werden Informationen verwandt, die auch museumsrelevant sind, nämlich Bildung, Alter, Selbstentfaltung, Einstellung zu Mode, Konsum und Genuss, Freizeitorientierungen, Bedeutung der Familie, Bedeutung von Beruf und Einkommen, Einstellung zur Technik, Einstellung zum politischen System

• es liegen quantitative Aussagen über die durchschnittliche Verteilung der Bevölkerung nach Lebensstilen vor. Dadurch können Potentiale in den einzelnen Lebensstilmilieus, die dann Marketingzielgruppen werden können, besser quantifiziert werden. Die Berücksichtigung örtlicher Strukturunterschiede ist nötig und mit Hilfe der statistischen Ämter machbar."[30]

In diesem Gutachten werden aus den Kultur- und Konsumgewohnheiten der einzelnen Lebensstile Schlussfolgerungen für eine modellhafte Gestaltung der einzelnen Tätigkeitsbereiche von Museen (z. B. Schausammlung, Vermittlung, Zusatzangebote, Cafeteria, Gebäude usw.) gezogen. Damit war die Bedeutung der Segmentierung für den Kulturbereich nach Lebensstil-Kriterien überzeugend dargelegt.

Mittlerweile haben diese und andere Lebensstiltypologien längst Einzug in die unterschiedlichen Marketingbereiche gehalten und werden ständig weiter differenziert. So operiert etwa die ARD-Kulturstudie 1999 mit neun Lebensstilgruppen, um die Mediennutzertypen unter dem Aspekt ihrer kulturellen Interessen zu analysieren.[30] Sie bezeichnen sie als (1) **Junge Wilde**, (2) **Erlebnisorientierte**, (3) **Leistungsorientierte**, (4) **Neue Kulturorientierte**, (5) **Unauffällige**, (6) **Aufgeschlossene**, (7) **Häusliche**, (8) **Klassisch Kulturorientierte** und schließlich (9) **Zurückgezogene**. Als Beispiel seien zwei dieser Gruppen näher dargestellt.

Der **Neue Kulturorientierte** interessiert sich, wie die Benennung nahe legt, für Kultur. Sein Durchschnittsalter ist Anfang 40. Hörfunk und Fernsehen scheinen ihm nicht viel zu bedeuten. Im Zweifel schaltet er lieber das Radio ein und entscheidet sich für die Öffentlich-rechtlichen. Die Neuen Kulturorientierten sind kreativ, weltoffen, intellektuell und geistig beweglich. Ihre Interessen und ihre Rezeptionsbereitschaft beziehen sich auf ein sehr breites Kulturspektrum: neue kulturelle Formen und Angebote ebenso wie klassische Kultur gehören selbstverständlich zum Repertoire. In diesem Milieu sind eigene musikalische Aktivitäten am ausgeprägtesten.

Der **Klassisch Kulturorientierte** (Durchschnitt: Anfang 60) ähnelt dem früher als Bildungsbürger bezeichneten Typus. Er ist geistig beweglich, weltoffen und selbstbewusst, zuweilen elitär. Klassisch Kulturorientierte sind durch ein hohes Interesse an etablierter Kultur gekennzeichnet. Sie sind über Kultur hinaus sehr stark an allgemeinen Fragen zu Politik, Gesellschaft, Wirtschaft und Wissenschaft interessiert. Gegenüber neueren kulturellen Hervorbringungen in Musik, Kunst und Literatur, die von Form und Inhalt her Werte verkörpern, die mit ihrem eher konservativ-traditionellen Werteverständnis nicht übereinstimmen, zeigen sie sich distanziert. Fernsehen und Hörfunk sind gleich bedeutsam, wenn sie auch unterdurchschnittlich genutzt werden. Sie bevorzugen die öffentlich-rechtlichen Sender.

Zusammenfassend lässt sich feststellen, dass Zielgruppenansprache der Lebensstil-Forschung ein ganzes Bündel von Aufgaben zufällt, welche man in die Kategorien der **strategischen Entscheidungen** und der **Instrumentalentscheidungen** einteilen kann. Ohne Zweifel bilden die strategischen Aspekte dabei den Teil, dem in der

Lebensstil-Forschung größere Aufmerksamkeit zukommt. Aufgrund der engen Verknüpfung zwischen differenzierten Marketing-Konzepten und Marktsegmentierung wird die Lebensstil-Forschung insbesondere in Zusammenhang mit der **Marktsegmentierung** angewendet. Den zweiten wichtigen Bereich der Nutzung der Lebenstil-Forschung für strategische Entscheidungen stellt die **Produktpositionierung** dar. In engem Zusammenhang hierzu sind Strategien der Imagebildung und des Imagetransfers zu sehen. Schließlich kann die Lebensstil-Forschung im instrumentellen Bereich genutzt werden, so für Entscheidungen zur Produktpolitik und zum Design oder zur Distribution.[31]

5.3 Verhaltensmerkmale der Nachfrage

Die zuletzt aufgeführten psychographischen Merkmale gehen weit über die bloßen soziodemographischen Daten hinaus und nähern sich stark dem **aktiven Handeln** bzw. **Verhalten** der einzelnen Menschen. Denn nicht nur durch seine strukturellen Merkmale, auch durch sein tatsächliches Besucherverhalten differenziert sich das Kulturpublikum. Manche Menschen gehen beispielsweise nur an Sylvester in die Oper, weil es ihrer Meinung nach eben dazugehört; andere besuchen stets nur zusammen mit der Familie Museen und Ausstellungen. Die einen buchen ihre Eintrittskarten sehr langfristig, andere wiederum kaufen diese nur kurzfristig an der Abendkasse. Manche kaufen Bücher, um sie zu haben (ohne sie zu sofort zu lesen), manche kaufen Bücher und lesen sie, wieder andere kaufen Bücher vor allem, um sie zu verschenken usw.

Auch diese Verhaltens-Daten lassen sich, wie die strukturellen, ermitteln, erfassen, systematisieren und entsprechend für das Marketing nutzen. Als Kriterien hierfür dienen zunächst die **Verwendungsmerkmale** (Verwendungsrate und Verwenderstatus), **Nutzen-/Benefitmerkmale**, **Anlassmerkmale** sowie schließlich **Einstellungsmerkmale**.[33]

▶ **Verwendungsmerkmale (Verwendungsrate und Verwenderstatus)**

Unter dem Gesichtspunkt des Verwendungsstatus bzw. der Verwendungsrate lassen sich fünf große Besuchergruppen unterscheiden:

(1) Die Nicht-Besucher
(2) Die Noch-Nicht-Besucher
(3) Die Nicht-Mehr-Besucher.
(4) Die Erstbesucher
(5) Die Stammbesucher

Diese sollen im Folgenden differenziert betrachtet werden.

(1) Die Nicht-Besucher: Unter „Nicht-Besucher" sollen alle jene verstanden werden, die auf gar keinen Fall und unter gar keinen, wie auch immer günstig gestalteten Bedingungen, entsprechende Kulturangebote nachfragen. Auch wenn es dem mit viel aufklärerischem Impetus arbeitenden Kulturpädagogen oder -politiker noch so großen Kummer bereiten mag, so ist dennoch davon auszugehen, dass ein ganz bestimmter (und sicherlich nicht sehr kleiner) Prozentsatz der Bevölkerung sich für Kunst- und Kulturprodukte einfach überhaupt nicht interessiert, sondern ganz anders gelagerte Interessen hat. Der Prozentsatz der überzeugten Nicht-Besucher ist dabei sicherlich je nach Kunst- und Kultursparte weiter zu differenzieren. So dürfte der Anteil der Bevölkerung, der überhaupt aussichtsreich für Neue Musik zu begeistern ist, wahrscheinlich deutlich niedriger liegen als derjenige, der sich beispielsweise für Operette oder Volksmusik entzückt. Dies sollte von den Kulturanbietern auch so akzeptiert und respektiert werden – nicht zuletzt auch deshalb, um die eigenen Ressourcen möglichst sinnvoll einzusetzen! Umso mehr Kraft und Engagement ist indes auf die anderen vier Besucher-Kategorien zu verwenden.

(2) Die Noch-Nicht-Besucher/Potentielle Besucher: Deutlich zu unterscheiden von den entschiedenen Nicht-Besuchern, die ausdrücklich erklären bzw. sonstwie zum Ausdruck bringen, dass sie auf gar keinen Fall zu Kulturbesuchern werden wollen sind die **Noch-Nicht**- bzw. die **potentiellen** Besucher. Kaum eine Kultureinrichtung kann für ihre Veranstaltungen oder Aktivitäten tatsächlich

147

alle diejenigen Besucher gewinnen, die eigentlich kommen müssten, sondern es bleibt immer noch ein mehr oder minder großer Rest: die einen haben nichts davon mitbekommen, dass ein Konzert stattfindet, andere haben zu dem Termin gerade keine Zeit, wieder anderen fehlt das Geld und manche kämpfen hart mit sich, ob sie zu dem Konzert oder dem Aufstiegsspiel ihres Sportvereins in die nächst höhere Liga gehen sollen, um sich dann schließlich doch für den Sport zu entscheiden.

Die **möglichen Besucher** bilden den **Markt einer Kultureinrichtung**, d. h. der Markt ist die Gesamtheit der möglichen Käufer eines Produkts. Die Größe eines Marktes hängt also von der **Zahl der möglichen Käufer** ab, die man einem bestimmten Marktangebot begrifflich zuordnet. Die möglichen Käufer sollte man nach drei Merkmalen beurteilen: **Interesse**, **Kaufkraft** und **Zugang** zum Marktangebot.[33] Aus der Marktforschung sind Zahlen bekannt, wie groß in etwa der Marktanteil für bestimmte Kulturprodukte ist, d. h. wie viele Menschen sich ganz allgemein z. B. für Kammermusik oder zeitgenössische Musik, für Ausstellungen moderner Kunst oder das Kursangebot von Volkshochschulen interessieren und in einem bestimmten Zeitraum auch tatsächlich nachfragten.

So ergab beispielsweise die Auswertung einer Befragung der *Gesellschaft für Konsumforschung* in Nürnberg im Auftrag des *Interessenverbandes Deutscher Konzertveranstalter und Künstlervermittler e. V.* in der Zeit vom 1. Januar 1994 bis zum Juni 1995 eine Reihe recht aufschlussreicher Daten zu den **Interessen** und zum **Verhalten** von Konzertbesuchern und deren Besuchsintensität. Demnach haben 26 % der Bevölkerung im fraglichen Zeitraum **insgesamt** 11-mal Pop- und Rockkonzerte besucht; mit einer erstaunlich hohen Prozentzahl folgen die Kirchenkonzerte: 17 % der Bevölkerung besuchten durchschnittlich 4,4 dieser Konzerte. Am höchsten war die Besuchsintensität der Besucher von Musikclubs; 4 % besuchten 11,9mal entsprechende Veranstaltungen.[35] Auch die Statischen Ämter der einzelnen Städte führen immer wieder entsprechende Befragungen durch.[36] Diese Zahlen können – wenn man auf eigene Marktforschung vor Ort verzichtet – für die Arbeit im eigenen Bereich als Ausgangspunkt für eigene Überlegungen zugrunde gelegt und der entsprechende Bevölkerungsanteil abgeschätzt werden.

Neben dem Interesse müssen die Besucher allerdings auch über die entsprechende **Kaufkraft** verfügen, so dass sie sich ein entsprechendes Angebot überhaupt leisten können. Der potentielle Markt wird also durch die beim Publikum vorhandene Kaufkraft und das Preisniveau eingeschränkt. Wie gravierend diese Einschränkung sein kann, zeigt das folgende Ergebnis. So bejahten in der oben zitierten Untersuchung der *Gesellschaft für Konsumforschung* die Frage, ob sie schon einmal nicht zu einer Veranstaltung gegangen seien, weil der Eintrittspreis zu hoch gewesen sei, entsprechend den einzelnen Musikrichtungen: 75 % Pop/Rockbesucher, 73 % der Besucher klassischer Musikveranstaltungen, aber nur 68 % der Musikclub-Besucher.[37] Finanzielle Hürden schränken also mögliche inhaltliche Interessen u. U. ganz erheblich ein.

Als dritte Barriere ist die **Zugänglichkeit** zu nennen, worunter eine ganze Reihe von Faktoren fallen können. Hierzu zählen z. B. **altersmäßige** Beschränkungen (z. B. Jugendschutz) oder **spezifische Zugangsvoraussetzungen** oder **Qualifikationen** (z. B. Besuch eines Grundkurses, um in einen Aufbaukurs aufgenommen zu werden). Auch die **regionale Zugänglichkeit** spielt eine wichtige Rolle, d. h. die Frage, wie weit ein Besucher fahren muss, um ein bestimmtes Angebot überhaupt nachfragen zu können. Die Bereitschaft, entsprechende Strecken zurückzulegen, ist allerdings nicht konstant, sondern differiert je nach dem inhaltlichen Angebot. So nehmen etwa 40 % der Pop-/Rockfans einen mehr als 100 km weiten Anfahrtsweg in Kauf, während hierzu nur 18 % der Besucher von Kirchenkonzerten und nur 12 % der Anhänger der Volksmusik bereit sind. Diese sind insgesamt am wenigsten mobil: 27 % geben an, maximal 10 km fahren zu wollen, gefolgt von den Kirchenkonzertbesuchern (24 %) und dem Publikum der Klassischen Musikveranstaltungen (21 %). Diese wiederum sind in großer Zahl (41 %) bereit, max. 50 km zu fahren, gleichauf mit den Volksmusikfans.[38]

Der potentielle Markt von Besuchern eines Popkonzertes in einer Größenordnung von 26 % der Bevölkerung kann also alleine durch die Zugangsschranken **Höhe der Eintrittsgelder**, **Entfernung vom Wohnort** und **mögliche Zugangsschranken** unter Umständen bereits erheblich eingeschränkt werden, d. h. der tatsächlich zugängliche Markt ist also erheblich kleiner als der potentielle Markt!

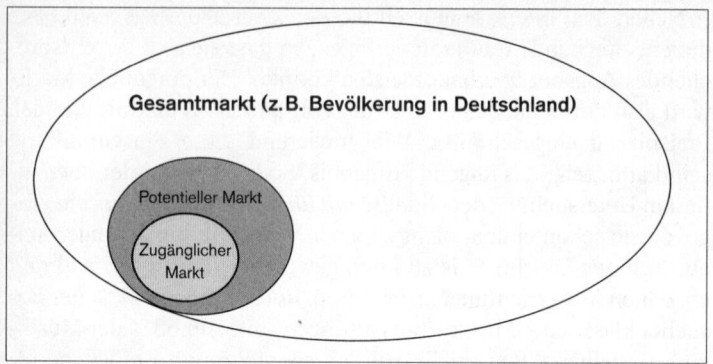

Abb. 9: Marktverhältnisse

Die Suche nach Besuchern wird sich also zunächst auf den **zugänglichen** Markt konzentrieren, d. h. alle diejenigen einbeziehen, die sowohl Interesse als auch Kaufkraft als auch die entsprechende Möglichkeiten aufweisen, eventuelle sonstige Barrieren zu überspringen. Sie wird allerdings auch den größeren Kreis der potentiellen Besucher nicht unberücksichtigt lassen und ggf. Strategien entwickeln, um diese ebenfalls einzubeziehen (z. B. wohnortnähere Auftritte, ggf. Ermäßigung für kaufkraftschwache Gruppen usw.).

(3) Nicht-Mehr-Besucher: Bevor die beiden wichtigen Gruppen der **Besucher**, die Erst- bzw. Stammbesucher ausführlicher dargestellt werden, sei hier zunächst noch auf eine leider häufig allzu sehr vernachlässigte Gruppe eingegangen, die der **Nicht-mehr**-Besucher. Diese lässt sich wiederum in (mindestens) vier weitere Untergruppen differenzieren:

• Zunächst fallen hierunter alle jene Besucher, die auf Grund **äußerer** (d. h. nicht oder nur sehr schwer zu verändernden) **Bedingungen** Angebote nicht mehr nachfragen können. Hierzu zählen zum einen diejenigen Besucher, die verstorben sind, zum anderen aber auch alle jene, die durch Wohnortwechsel in weit entfernte Regionen bedingt keine Möglichkeiten (oder nur auf Kosten hoher Ausgaben für Anreise, Übernachtung usw.) mehr haben, das Kulturangebot nachzufragen.

• Anders dagegen verhält es sich mit jenen, die früher treue Besucher waren, aber auf Grund **expliziter organisatorischer Bestimmungen** der Einrichtung das Angebot nicht mehr nachfragen können. Begrenzt z. B. eine örtliche Musikschule das Alter der Teilnehmer auf 21 Jahre, so scheiden automatisch alle Älteren aus; gleiches würde gelten, wenn die Musikschule nur Kinder aus derjenigen Gemeinde aufnehmen würde, die diese Musikschule trägt. Aber auch jeder Volkshochschulkurs endet irgendwann einmal und der Kunde wird zum Nicht-mehr-Besucher (natürlich nur bezogen auf diesen Kurs, nicht auf die VHS als Ganze).

• Drittens fallen hierunter weiterhin alle Besucher, die unter **negativen Vorzeichen** die Kultureinrichtung verlassen haben: sei es, weil ihnen die Ziele oder Inhalte nicht (mehr) gefallen haben, sei es, weil andere Elemente des Marketing-Mix nicht zu ihrer Zufriedenheit ausgefallen sind: sei es, weil die Eintrittspreise oder Teilnehmergebühren für sie mittlerweile zu hoch sind; sei es, dass die Erreichbarkeit (z. B. durch die Einstellung bestimmter Verbindungen im ÖPNV) deutlich verschlechtert wurde; sei es, dass der Service nachgelassen hat oder sei es schließlich, dass sie nur unter Mühen an die jeweils aktuellen Informationen kommen. Häufig sind es aber nur die berühmten Kleinigkeiten, die die Besucher veranlassen, bestimmte Produkte gar nicht mehr oder bei der Konkurrenz nachzufragen.

• Die vierte Gruppe schließlich wird gebildet durch alle jene, die **im Guten** von der Kulturorganisation geschieden sind, z. B. weil sich ihr Interesse an einer bestimmten Veranstaltungsart erschöpft hat oder weil sich ihre Lebensbedingungen grundlegend verändert haben. Der einstige Theaterenthusiast, der keine Premiere ausließ, hat mittlerweile eine Familie gegründet und ist viel stärker als früher an Zuhause gebunden. Oder die berufliche Belastung hat so zugenommen, dass man am Sonntagmorgen lieber ausschläft, statt – wie früher – zur Vernissage in den Kunstverein zu gehen. Oder bedingt durch den frühen Dienstschluss fährt man lieber bereits am Freitagmittag zum verlängerten Wochenende in die Ferienwohnung an der See, statt in das ehemals so geschätzte Abendkonzert in der Stadthalle zu gehen.

Durch diese Differenzierung wird bereits deutlich, dass diese ehemaligen Besucher in ganz unterschiedlichem Maße für die Kultureinrichtung erreichbar und auch ganz unterschiedlich nutzbringend sein können.

• Die erste Gruppe ist von der Kulturorganisation nicht oder kaum mehr erreichbar bzw. nur unter erheblichem Aufwand. Dieser kann allerdings dann durchaus vertretbar sein, wenn es um eine große Sache geht. Muss etwa ein Stadtmuseum für den Erwerb einer bestimmten Sammlung eine hohe Summe an privaten Spendengeldern aufbringen, so kann es schon durchaus sinnvoll sein, in der Kartei der ehemaligen treuen Besucher nachzuschauen, um festzustellen, wohin diese verzogen sind und ihnen gegenüber ggf. eine Einladung mit Übernahme der Fahrt- und Hotelkosten auszusprechen, wenn man sich eine entsprechende Spendengroßzügigkeit davon erhofft.

• Anders verhält es sich bei jenen Ehemaligen, die von der Organisation selbst auf Grund entsprechender Regelungen zu Nicht-mehr-Besuchern gemacht wurden. Ist die Kultureinrichtung daran interessiert, diese – aus welchen Gründen auch immer – dennoch weiter an die Institution zu binden, sollte darüber nachgedacht werden, wie die entsprechenden organisatorischen Normen zu lockern sind (indem z. B. die Altersgrenze nach oben verschoben wird) oder welche spezifischen Angebote für diese Zielgruppe entwickelt werden können. Darüber hinaus gilt alles das, was unten zu der vierten Gruppe gesagt wird.

• Die Gruppe der Unzufriedenen ist für das Marketing einer Kultureinrichtung gleich aus mehreren Gründen von großem Interesse. Wenn es, wie oben unter dem Stichwort Besucherorientierung behauptet, fünf- bis sechsmal teurer ist, einen neuen Besucher zu gewinnen als einen Stammbesucher zu halten, so wird der Versuch der Rückgewinnung eines Besucher, der bereits in Kontakt mit der Einrichtung stand, bereits aus ökonomischen Gründen unmittelbar plausibel.

Aber der Unzufriedene kann – sofern er gefragt wird (und diese Möglichkeit steht den meisten Kultureinrichtungen zur Verfügung, die ein entsprechendes Beschwerdemanagement haben) – der Kultureinrichtung auch mitteilen, welche Mängel ihn dazu bewogen haben, die Einrichtung oder ihre Veranstaltungen nicht mehr zu besuchen. Somit gibt er der Kultureinrichtung u. U. wichtige Warnsignale vor weiterer Besucherabwanderung sowie Hinweise auf mögliche Verbesserungsmöglichkeiten bzw. -notwendigkeiten.

Und schließlich: wenn die weitere Erkenntnis der Konsumforschung, dass ein unzufriedener Kunde sein Negativerlebnis mindestens zehn weiteren potentiellen Besucher erzählt, zutrifft, so wird auch von daher unmittelbar die Notwendigkeit deutlich, die Unzufriedenheit so weit wie möglich nicht nur zu erkennen, sondern produktiv für die Kultureinrichtung zu nutzen.

• Die vierte Gruppierung schließlich fragt nicht mehr wie früher die Angebote nach, obwohl sie durchaus gute Erinnerungen an die Kultureinrichtung hat. Diese Gruppe lässt sich u. U. als Besucher zurückgewinnen, wenn möglicherweise besser auf ihre veränderten Lebensbedingungen eingegangen wird. Längst haben viele Kultureinrichtungen aus den Veränderungen der Lebensbedingungen in der Erlebnisgesellschaft ihre Konsequenzen gezogen und ihre Premieren, Vernissagen u.ä. Termine vom Samstag auf den Freitag oder sogar auf den Donnerstag vorgezogen, um ihre ursprünglichen Besucher zurückzugewinnen.

Aber die Kulturorganisation kann von diesen ehemaligen, zufriedenen Besucher noch viel mehr profitieren. Denn diese Besucher können, wenn sie entsprechend angesprochen werden, durchaus als Botschafter bzw. Werber der entsprechenden Kultureinrichtung gelten. Auch als Mitglieder in einem Förderverein, als „Gate-Opener" bei Sponsoring-Maßnahmen und im Fundraising oder schließlich auch als Lobby im (kultur-)politischen Feld haben ehemalige zufriedene Besucher eine wichtige Unterstützungsfunktion für die Kultureinrichtung.

(4) Erst Besucher: Entscheidet sich der potentielle Kunde zu einem Kauf (z. B. eines Theatertickets oder einer Eintrittskarte für ein Konzert oder die Anmeldung zu einem VHS-Kurs), so wird aus dem **potentiellen** Besucher ein **Erstbesucher**. Im Gegensatz zu dem potentiellen Besucher, der sich vielleicht bereits Informationen über die Kultureinrichtung besorgt und diese eifrig studiert haben mag, ohne dann letztlich tatsächlich eine Veranstaltung zu besuchen oder einen Kauf zu tätigen, hat der Erstkunde diesen entscheidenden Schritt vollzogen. Diese Entscheidung muss nun stabilisiert werden, um ihn langfristig als Stammkunden zu gewinnen.

Um als Kulturanbieter die Bedeutung dieses Vorgangs richtig einzuschätzen, muss man sich klar machen, dass der Erstbesucher vor einer völlig neuen Problemstellung steht, bei der ihm seine sonstigen Erfahrungen nur wenig helfen. Der erste Besuch einer Oper bei den Salzburger Festspielen, das erste Betreten des neu eröffneten Museums, die erste Unterrichtsstunde in der Musikschule, das erste Abonnement im Staatstheater, der erste Kurs in der Volkshochschule – jede noch so große oder kleine Erstentscheidung beinhaltet eine Mischung aus (teilweise großen) Erwartungen, aber auch Befürchtungen, manchmal sogar Ängsten: Ist man richtig gekleidet? Wer und wie sind die anderen Teilnehmer? Was macht man in der Pause? Wann darf geklatscht werden? usw. Auch wenn die sog. Schwellenängste im Kulturbereich heute sehr viel niedriger liegen mögen als noch vor zwanzig, dreißig Jahren, so sind diese Gefühle vom Anbieter durchaus ernst zu nehmen.

Die zunächst sicherlich sehr skeptische Besucherbewertung und die **individuelle Frustrationstoleranz** entscheiden ganz maßgeblich darüber, ob der Erstbesucher zu einem Wiederholungskäufer wird. Wenn der Kulturanbieter sich dessen bewusst ist, sollte er alles in der Kraft seiner Organisation stehende tun, um diese Entscheidung positiv ausfallen zu lassen. Hier ist die entsprechende **Serviceleistung** (nach dem Motto: „Es gibt keine dummen Fragen, sondern nur dumme Antworten") von zentraler Bedeutung. Unsichere Besucher können durch entsprechend sensibles und geschultes Personal nicht nur erkannt, sondern auch entsprechend freundlich beraten werden – und zwar ohne jede Herablassung und Arroganz! Sicherlich hat sich schon jede und jeder in Situationen befunden, in denen man mehr oder weniger orientierungs- bzw. hilflos war – und wie hilfreich war da eine „helping hand", die den richtigen (Aus-)Weg wusste. Die sog. „Volunteers", also freiwillige Mitarbeiter oder Mitglieder in amerikanischen Theatern und Museen stellen sehr schöne Beispiele für ein offenes und aktives Zugehen auf Besucher dar – und jeder, der sich einmal in den großen Kulturhallen verirrt hat, wird dies zu schätzen wissen!

Ist ein solches besucherorientiertes Verhalten bei manchen Veranstaltungen, in denen der Erstkunde nur schwer als solcher zu erkennen ist (etwa beim Museumsbesuch oder dem Erwerb einer

Festivalkarte) auch nicht ganz einfach (aber nichtsdestotrotz notwendig), so sollte es überall dort, wo in irgendeiner Form **Anmeldungen** stattfinden (bei Kursen, aber auch bei Abonnements und Veranstaltungen mit Rückantwortkarte) im Sinne des o.a. Nachkaufmarketings geradezu angemessene Pflicht sein! Und niemals sollte die offene Frage fehlen: Würden Sie die Kultureinrichtung weiterempfehlen? Nur ein zufriedener Erstkunde wird sich – nicht notgedrungen, aber möglicherweise – zu einem Stammbesucher entwickeln.

(5) **Die Stammbesucher:** Hierunter sind alle jene zu verstehen, die mit einer Kultureinrichtung mehr oder weniger regelmäßig in Kontakt treten, sei es, dass sie sog. **Stammbesucher** sind, sei es, dass sie nur **gelegentlich kommen** bzw. die sog. **Laufkundschaft** bilden. Ein erstes wichtiges Kriterium zur Differenzierung der Besucher ist zunächst also die **Häufigkeit** der Nachfrage. Die Besucher, die mehr oder weniger konstant eine Kultureinrichtung besuchen, sind die Basis der Nachfrage; die jeweilige Kultureinrichtung zieht direkten ökonomischen Nutzen aus der Besuchertreue.

• Einmal gewonnene Stammkunden sind sehr viel preiswerter – darauf wurde wiederholt hingewiesen. Doch die Vorteile reichen viel weiter.

• Abonnenten, die sich für eine Spielzeit an ein Orchester oder Theater binden, Buchklubkunden, die sich für ein Jahr oder länger verpflichten, eine bestimmte Anzahl von Büchern zu kaufen, Musikschüler, die einen Jahresvertrag über Unterricht abschließen – sie alle geben der Kultureinrichtung Planungssicherheit und damit ökonomische Perspektiven für einen bestimmten Zeitraum.

• Im Sinne des Beschwerdemanagements können die treuen Besucher ein wichtiges Frühwarnsystem für mögliche Fehlentwicklungen der Kultureinrichtung sein. Manche Industrie- und Dienstleistungsunternehmen nutzen diese Erkenntnis und etablieren sogar sog. **Kundenparlamente**. „Der einfachste Weg, in sich rasch wandelnden und zunehmend atomisierten Märkten Kundenwünsche in ihrer Komplexität, Wechselhaftigkeit und nicht selten auch Widersprüchlichkeit zu erfassen, ist der unmittelbare Dialog der Entscheidungsträger des Unternehmens mit den Käufern draußen, zum Beispiel durch die Einrichtung eines Kundenparlaments. Das Kundenparlament – gelegentlich auch Kundenbeirat genannt – ist eine Dialogplattform, auf der eine überschaubare Zahl von Käufern eines Produktes oder einer Dienstleistung durch das Unternehmen zusammengeführt wird, um gemeinsam über die Stärken und Schwächen des Angebotes, Beschwerdeanlässe und Verbesserungsmöglichkeiten zu diskutieren. Wertvoll ist ein solches Forum besonders in Unternehmen, wo sehr viele Kunden vorhanden sind, die Unternehmensspitze also keinen persönlichen Kontakt zum Käufer mehr hat (...) Der Reiz des Kundenparlamentes liegt in der ungefilterten Information der Käuferprobleme und -wünsche für diejenigen, die mit dem Durchschnittskunden sonst nie Direktkontakt haben."[39]

- Zufriedene Besucher sind darüber hinaus sehr häufig bereit – ggf. forciert durch ein adäquates Anreizsystem, dass keineswegs stets materieller Art sein muss, sondern durchaus auch auf dem Faktor soziale Anerkennung fundieren kann – werbend für die Kultureinrichtung einzutreten, der sie sich verbunden fühlen. Vor einigen Jahren ergab eine in einer Sommerakademie für Bildende und Darstellende Kunst durchgeführte Befragung, wie die Teilnehmer auf die Veranstaltung aufmerksam geworden seien, dass ca. 80 % entsprechende Informationen über Freunde und Bekannte erhalten hatten. Die Leitung schichtete im darauf folgenden Jahr die Werbemittel um, verzichtete weitestgehend auf kostspielige Anzeigen und setzte die zufriedenen eigenen Besucher als Werbeträger ein: für jeden geworbenen Neukunden reduzierte sich die Teilnehmergebühr um 50,00 DM (was dazu führte, das einige Teilnehmer sogar noch Geld zurückbekamen, alle Kurse innerhalb von drei Wochen komplett ausgebucht waren und der Werbeetat um die Hälfte verringert werden konnte).

Die Angelegenheit hatte aber noch einen ganz anderen erfreulichen, wenig vorhersehbaren Effekt. Bis zu oben dargestellter Werbeaktion erfolgten alle Beschwerden, von den winzigsten Mängelrügen bis zu wirklichen Problemen, direkt an die Veranstalter; bei der jeweiligen Eröffnung waren die Mitarbeiterinnen und Mitarbeiter gewöhnlich einen Tag lang gebunden, zu 90 % Kleinigkeiten bis hin zu Nichtigkeiten zu korrigieren. Dies änderte sich nun völlig überraschend auf einen Schlag, denn die ersten 2–3 Tage kamen zunächst überhaupt keine Beschwerden. Erst am dritten Tag erschienen einige Stammkunden mit einer Liste von Wünschen hinsichtlich möglicher Veränderungen. Was war geschehen? Die geworbenen Teilnehmerinnen und Teilnehmer hatten sich zunächst an die Werbenden gewandt und angemahnt, dass dieses und jenes doch nicht so sei, wie sie sich das vorgestellt hätten! Dies neuen (übrigens ausgesprochen knappen) Listen hatten darüber hinaus den für die Veranstalter großen Vorteil, dass sie sich auf wesentliche (und im Prinzip ohne großen Aufwand zu lösende) Probleme beschränkten – die 90 % Nichtigkeiten hatten sich schnell verflüchtigt, als die Teilnehmer spürten, dass es insgesamt toll lief.

Ein zentraler Punkt bei einem solchen Vorgehen ist allerdings, dass die so als Mittler eingesetzten Stammkunden in irgendeiner Form belohnt werden. Im dargestellten Beispiel geschah dies gleich dreifach; zum einen dadurch, dass die Leitung umgehend alle gerügten Mängel abstellte – die werbenden Stammkunden konnten dies innerhalb ihrer Gruppen als ihre Leistung verkaufen und so einen gewissen sozialen Prestigegewinn verbuchen. Darüber hinaus lud die Leitung die erfolgreichsten Werber zu einem besonderen Essen ein; dies war Dank und Ansporn für das nächste Jahr und neue Werber zugleich! Und natürlich war da noch die vorab erfolgte Preisreduktion

- Im Sinne des Beschaffungsmarketing sind die treuen Stammkunden naturgemäß die ersten, die angesprochen werden können, wenn es darum geht, einen Förderverein zu gründen, erfolgreiche Fundraising- oder Sponsoring-Strategien zu entwickeln usw., denn sie haben als Stammbesucher sicherlich mit das größte Interesse (neben der Organisation selbst), dass die Arbeit erfolgreich weiterläuft.

▶ Ansichten- und Einstellungsmerkmale

Die sog. **Einstellungsmerkmale** sind die am häufigsten zur Erklärung des Besucherverhaltens herangezogenen Variablen.[40] Zu differenzieren ist dabei zunächst zwischen **Ansichten** und **Einstellungen**. Unter **Ansicht** versteht man die gedankliche Beschreibung des Bildes, das sich ein Mensch von etwas macht[41], wobei diese Ansichten sowohl auf tatsächlichem Wissen als auch auf ganz persönlicher Meinung oder reinem Glauben beruhen können. Ansichten sind also nicht unbedingt etwas Objektives, sondern in hohem Maße subjektiv besetzt. Objektiv gesehen verdichten sie sich allerdings zu einem bestimmten **Image**, das z. B. eine bestimmte Kultureinrichtung hat – mehr oder weniger unabhängig davon, was dort tatsächlich passiert!

Einstellungen sind dagegen innere Bereitschaften (Prädispositionen) eines Individuums, auf bestimmte Stimuli der Umwelt konsistent positiv oder negativ zu reagieren[42] bzw. eine feste subjektive Bewertung eines Objektes[43]. Einstellungen beinhalten immer eine Gegenstandsbeurteilung, d. h. man hat eine positive oder negative – Einstellung zu einer Kultureinrichtung oder -veranstaltung. Einstellungen entstehen durch Lernprozesse, das heißt, das Individuum entwickelt aufgrund unmittelbarer oder mittelbarer Erfahrungen mit einem Objekt Überzeugungen, Vorurteile oder Meinungen.[43]

Einstellungen bedeuten Handlungsentlastung, denn der Kunde muss nicht stets neu abwägen und entscheiden, sondern er kann auf bestimmte gelernte Erfahrungen zurückgreifen; Einstellungen führen demnach zu relativ konsistentem Verhalten gegenüber ähnlichen Objekten. Sie bewirken, dass Menschen nicht jedes Objekt neu interpretieren und auf andere Weise darauf reagieren müssen, sondern dass mit Energie und Denkaufwand sparsam umgegangen wird. Aus diesem Grund sind Einstellungen sehr schwer zu ändern. Alle Einstellungen einer Person verschmelzen zu einem Einstellungssystem, und die Änderung einer einzelnen Einstellung könnte auch die Änderung anderer Einstellungen erforderlich machen.[45]

Harald Hilger[46] unterschied beispielsweise in seiner Untersuchung von 1985 zum Theatermarketing folgende **Einstellungsmuster** bei den Theaterbesuchern:

• Die **Gesellschaftsbewussten**; ihnen kommt es vor allem auf den gesellschaftlichen Rahmen des Stückes an; das Stück selbst – meistens eine Oper oder ein Musical, es darf auch mal eine Komödie sein – ist weniger interessant. Wichtig ist, dass man andere sieht und man selbst – natürlich in entsprechender Kleidung – selbst gesehen wird; auch spielt für diese Gruppe der Preis der Theaterkarten weniger eine Rolle.

• Die **Traditionalisten**; sie legen Wert auf eine ‚originalgetreue‘ Aufführung; das zeitgenössische Theater wird von ihnen nur bedingt angenommen. In der Oper sind besonders Werke von Mozart, Puccini und Rossini, letztere natürlich in italienischer Sprache, gefragt. Operette, Musical und Klassisches Ballett wird ebenfalls, allerdings deutlich weniger besucht; stellen einen beachtlichen Stamm der Abonnenten an bundesdeutschen Bühnen, denn sie sind auch sehr preisbewusst.

• Die **Mitläufer**; sie gehen oft rein gewohnheitsmäßig ins Theater und zählen meistens zu den Abonnenten oder erhalten ihre Karten von den Besucherorganisationen. Im Unterschied zu den o. a. Traditionalisten fehlt es ihnen an fundierten Vorkenntnissen in der Literatur und in der Musik. Sie erwarten nichts Spektakuläres, es soll nur unterhaltend sein. Man trifft sie oft in Operetten und Musicalaufführungen (des Stadttheaters), aber auch das sog. Klassische Schauspiel wird von ihnen gern besucht.

• Die **Neugierigen**; sie sind besonders in (Ur-)Aufführungen zeitgenössischer Theaterstücke anzutreffen; nach ihren Vorstellungen sollte die Inszenierung eines Klassikers möglichst Probleme der heutigen Zeit reflektieren. Eine Favorisierung des Schauspiels bei den Theatersparten ist nicht zu übersehen; außerdem findet das Tanztheater in dieser Gruppe großen Zuspruch.

• Die **Experimentierfreudigen**; diese relativ kleine Gruppe sog. ‚Theaterfreaks‘ findet sich vornehmlich in den großen Theatermetropolen; sie favorisiert vor allem zeitgenössische Theaterstücke. Zu den Experimentierfreudigen zählen auch einige (wenige) Anhänger moderner Opernstücke; auch das moderne Tanztheater wird von ihnen gerne besucht. Operette und Musical empfinden sie als nicht zeitgemäß; sie fühlen sich besonders in den Studiobühnen der öffentlichen Theater heimisch und sind für entsprechende Abonnements durchaus zu gewinnen.

Diese Darstellung (vor allem aber die von Hilger 1985 gewählten, hier nicht weiter ausgeführten Beispiele, die deutlich werden lassen, wie rasch der Neugierige von gestern zum Traditionalisten von heute werden kann) zeigt die **Zeitgebundenheit** und nur **relative Stabilität** solcher Einstellungsmerkmale. Gleichwohl können solche Typologisierungen im Alltag durchaus hilfreich sein, um sich sein eigenes Publikum stärker zu veranschaulichen. Eine besucherorientierte Kultureinrichtung ist daher gut beraten, eine möglichst objektive und genaue Kenntnis von den Ansichten und Einstellungen zu erlangen, die ihr von den unterschiedlichen Besuchergruppen entgegengebracht werden. Um mit diesen umgehen zu können, empfiehlt sich eine bestimmte Typisierung, die anhand etwa der ausführlich dargestellten Lebensstilorientierungen für die jeweilige Kultureinrichtung zu leisten ist.

▶ **Nutzen-/Benefitmerkmale**

Die Segmentierung auf der Basis von **Nutzenvorstellungen** (beim Besucher) bzw. von **Nutzenversprechen** (durch die Kultureinrichtung) geht von der Frage aus, **welche(n) Nutzen** bzw. sog. **benefit(s)** sich die Besucher von dem jeweiligen Angebot versprechen. Neben den **produktspezifischen** Eigenschaften (Kernnutzen) spielen dabei vor allem die **affektiven** und **emotionalen** Aspekte des Austauschprozesses eine wichtige Rolle, die dann in der Kommunikationspolitik besonders betont werden. Hierauf wurde bereits ausführlich eingegangen.

Für die Marketingstrategie einer Kultureinrichtung ist die Analyse und möglichst genaue Kenntnis der Nutzenerwartungen unterschiedlicher Zielgruppen von großer Bedeutung, um in der Kommunikationspolitik entsprechend darauf eingehen zu können. „Schlechte Werbung hingegen lässt den Stolz ihrer Macher bei der Produktleistung (Angebotsanspruch) in der Umsetzung spüren und wirkt damit deutlich an der Nutzenorientierung der Zielpersonen vorbei."[46]

▶ **Anlass-/Verwendungsmerkmale**

Anlass- bzw. Verwendungsmerkmale geben darüber Aufschluss, zu welchen spezifischen Anlässen bzw. zu welchen **Verwendungszwecken** Besucher das entsprechende Kulturangebot nachfragen. Diese können ganz unterschiedlich sein, z. B.

• **familär**, d. h. bestimmte Kultureinrichtungen bzw. -veranstaltungen werden bei dieser Gruppe vorrangig oder sogar ausschließlich im Familienverbund besucht, z. B. das alljährliche Weihnachtsmärchen im Stadttheater mit den Kindern, der Opernball mit dem Ehepartner, der Besuch des Naturkundemuseums mit den Kindern usw.;

- **beruflich**, d. h. einmal im Jahr lädt der Chef seine Firmenbelegschaft ins Staatstheater ein oder mit den jeweiligen Geschäftskunden werden jeweils die Konzerte des berühmten Sinfonieorchesters besucht usw.;
- **mit Freunden**, d. h. zusammen mit bestimmten Freunden hat man sich vorgenommen, nach und nach alle Kunstmuseen der Region bzw. der weiteren Umgebung kennen zu lernen; oder ein bestimmter Freundeskreis fährt jährlich im Herbst in eine andere europäische Kunstregion und erschließt sich diese usw.;
- **saisonal**, d. h. bestimmte Kulturaktivitäten wie Theater- und Konzertbesuche stoßen bei dieser Gruppe nur im Herbst und Winter auf Interesse, während im Sommer sportliche Freizeitaktivitäten dominieren usw.;
- **besonderer Anlass**, d. h. diese Gruppe besucht nur bei bestimmten Anlässen (Geburtstag, Hochzeitstag, Jubiläum usw.) oder bei Festspielen bestimmte Kultureinrichtungen;
- **produktabhängig**, d. h. hier werden nur ganz bestimmte Produktionen (z. B. Operette im Theater, Klassische Moderne im Museum, Zeitgenössische Musik im Konzertbereich usw.) nachgefragt;
- **preisabhängig**, d. h. nur wenn bestimmte Sonderermäßigungen gewährt werden, fragen diese Besucher das Produkt nach;
- **promotionsabhängig**, d. h. diese Besuchergruppe reagiert nur auf ganz konkrete und zielgerichtete Werbung, um entsprechende Produkte nachzufragen, z. B. Direkt-Mailing;
- **distributionsabhängig**, d. h. diese Gruppe interessiert sich für bestimmte Produkte nur dann, wenn sie an entsprechenden Orten angeboten werden; z. B. besucht diese Darbietungen modernen Tanzes nur im soziokulturellen Zentrum, niemals aber im Stadttheater.

Die möglichst genaue Kenntnis dieser Verwendungszwecke bezogen auf die einzelnen Besucher ist für das Marketing einer Kultureinrichtung von großer Bedeutung; weiß man z. B., welche Besucher nur gezielt zu Galaveranstaltungen ins Konzerthaus kommen, so kann dieser Besucherkreis durch ein gezieltes, persönliches Direct-Mailing angeschrieben werden. Hat man die Kenntnis von bevorstehenden Firmenjubiläen (der Wirtschaftsteil der lokalen oder überregionalen Zeitungen ist auch in diesem Falle von großer Bedeutung für die Kultureinrichtung!), so können diesem Wirtschaftsunternehmen gezielte Programmvorschläge gemacht werden (z. B. „Mitarbeiterfest im Stadttheater mit anschließendem Galadinner") usw.

5.4 Kultur-Marketingforschung

Wie kann nun die jeweilige Kultureinrichtung erfahren, wer ihre Besucher und Nutzer sind, was diese wollen und was sie nicht wollen, was sie vermissen oder sich wünschen? Wie sie sich verhalten, wie sie sich informieren, wann und wie sie ihre Tickets erwerben, ob sie alleine oder mit anderen kommen? Wie kann sie wissen, wer ihre möglichen Nutzer sein könnten? Wie kann sie herausbekommen, weshalb ihre ehemaligen Nutzer sich abgewandt haben und nun nicht mehr kommen? Wie groß ist überhaupt das Marktvolumen für ein bestimmtes Kulturangebot wie etwa zeitgenössische Musik? Wie schnell wächst dieser Markt in den nächsten Jahren – oder schrumpft er? Inwieweit ist beispielsweise der Absatzmarkt für Ausstellungen der Klassischen Moderne ausgeschöpft oder wo liegen noch neue Potentiale, Besucherpotentiale, die bislang noch nicht angesprochen wurden?

Auf alle diese Fragen Antworten zu finden ist Aufgabe der (Kultur-)**Marketingforschung**. Irrtümlicherweise wird der Begriff der **Marketingforschung** (marketing research) häufig mit dem der **Marktforschung** (market research) gleichgesetzt. Der Begriff der Marktforschung ist indes umfassender dahingehend, als hiermit sowohl die **Absatz**- als auch die **Beschaffungs**märkte (also Faktoren wie Lieferanten und Zulieferer, Lieferfristen, Einkaufsqualitäten usw.) angesprochen sind. Marketingforschung im Sinne der **Absatzforschung** bezieht sich dagegen ausschließlich auf die **Absatzmärkte** (also z. B. Marktpotential, Marktvolumen, Marktstruktur, Bedarfsstruktur, Nutzermerkmale, Nutzerverhalten usw.).[48]

Marketingforschung meint also die systematische Erhebung, Analyse und Interpretation von Informationen über (subjektiv oder objektiv) bedingte Gegebenheiten und Entwicklungen auf dem Absatzmarkt, um relevante Informationen für eigene Marketing-Entscheidungen bereitzustellen. Ausgangspunkt ist dabei in der Regel immer ein ganz konkretes Problem bzw. eine ganz konkrete Fragestellung, d. h. es geht in der Marketingforschung üblicherweise nicht um ein allgemein orientiertes, sondern um **ganz gezieltes** Fragen.

Diese auf den ersten Blick zunächst so banale Feststellung ist deshalb so wichtig, weil sie sowohl die Zielsetzung als auch die zu wählenden Methoden, als vor allem auch die in der praktischen Untersuchung zu stellenden Fragen („Was gehört denn in einen Fragebogen hinein"?) recht schnell und eindeutig begrenzt. Genau diejenige Methode ist die richtige, die die besten Antworten auf die zu stellende Ausgangs- bzw. Grundfrage liefert; entsprechend gehören genau diejenigen Fragen in einen Fragebogen, die zur Klärung der Grundfrage beitragen, alle anderen sind verzichtbar.

▶ Primär- und Sekundärforschung

Hinsichtlich der Methoden der Marketingforschung kann zunächst ganz grundsätzlich unterschieden werden zwischen der sog. Primärforschung (field research) und der sog. Sekundärforschung (desk research).

- Im Rahmen der **Primärforschung** (Feldforschung) werden die Daten originär, quasi aus erster Hand, mit unterschiedlichen Methoden der empirischen Sozialforschung[49] direkt am Markt erhoben. Die nahe liegenden Vorteile der Primärforschung sind, dass die Daten aktuell sind, dass sie in der Regel der Konkurrenz nicht zugänglich sind und dass sie (wenn methodisch sauber gearbeitet wird) genau auf das jeweilige Problem abgestimmt sind. Somit kann sie – bei allem Aufwand – langfristig gesehen durchaus Kosten senkend wirken, wenn etwa hinsichtlich der Informationsgewohnheiten festgestellt wird, dass kostenträchtige Anzeigen in bestimmten Medien von den potentiellen Nutzern überhaupt nicht zur Kenntnis genommen werden. Ebenso sind aber auch die Nachteile unübersehbar: Primärforschung kann (je nach Aufwand) recht zeit-, personal- und damit kostenintensiv sein. Sie macht nur Sinn, wenn sie methodisch sauber durchgeführt wird (was wiederum entsprechende

Kenntnisse bzw. Schulung voraussetzt). Sie muss darüber hinaus – damit die Ergebnisse aktuell bleiben – in regelmäßigen Abständen durchgeführt werden.

• Die **Sekundärforschung** (Schreibtischforschung) hat die Beschaffung, Zusammenstellung und Analyse anderweitig bereits vorhandener Daten – sei es außerhalb, sei es innerhalb der Organisation – zur Aufgabe. Ihre Vorteile sind die (relativ) schnelle und kostengünstige Informationsbeschaffung, da auf bereits erhobene Informationen zurückgegriffen werden kann. Darüber hinaus ergibt sich ein schneller Einblick in ein Untersuchungsgebiet sowie schließlich die Unterstützung der eigenen Primärforschung, etwa bei der Hypothesenbildung und dem Formulieren der entsprechenden Fragen. Nachteile sind, dass die Informationen nicht immer genau für das in Frage stehende Problem geeignet sind, da sie ursprünglich für andere Zwecke erhoben wurden, dass die Daten oftmals zu alt sind und nicht mehr gegenwärtigen Problemsituationen entsprechen und dass auch die Konkurrenz Zugriff darauf hat.

Um die jeweiligen Vor- und Nachteile zu kompensieren empfiehlt sich daher ganz pragmatisch eine Kombination aus beiden Methoden, d. h. um sich in ein Thema einzuarbeiten ist zu raten, bereits vorhandene Erkenntnisse und Ergebnisse zu sichten und für die eigenen Zwecke auszuwerten. Ein Museum beispielsweise muss für eine geplante Besucherbefragung keineswegs mühsam einen entsprechenden Fragebogen entwerfen (und alle dabei üblichen Fehler wiederholen), sondern sollte sinnvollerweise auf entsprechende Fragebogen ähnlicher Einrichtungen zurückgreifen und diese für die eigenen Untersuchungszwecke entsprechend einrichten.

Innerhalb der beiden grundsätzlichen Methoden Primär- bzw. Sekundärforschung gibt es wiederum eine ganze Reihe von Methoden, zwischen denen auszuwählen ist.[49]

▶ **Primärforschung**

Im Rahmen der Primärforschung erhebt die Kultureinrichtung selbst bzw. von ihr beauftragte Forschungseinrichtungen (hier können z. B. Hochschuleinrichtungen bzw. Studenten, die Themen für Abschlussarbeiten suchen, ausgesprochen hilfreich sein) unter ganz bestimmten Gesichtspunkten Daten. Dabei kommen die unterschiedlichen Methoden der empirischen Sozialforschung (vor allem die **Befragung**, die **Beobachtung** und der **Test** zum Einsatz).

Am Anfang jeder Primärforschung steht die möglichst genaue Beschreibung der Fragestellung bzw. des Problems. Im Prinzip können drei verschiedene Arten von Daten zur Lösung der jeweiligen Fragestellung erhoben werden:

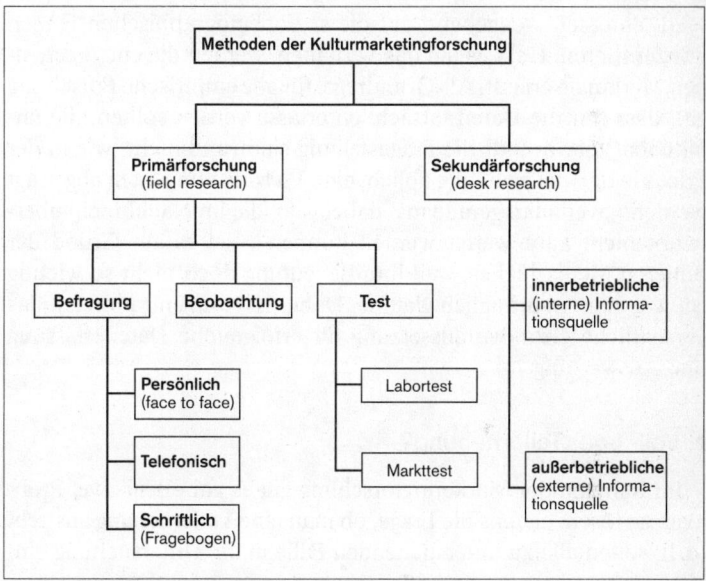

Abb. 10: Methoden der Sozialforschung

* **Soziodemographische** Daten (hierzu zählen Alter, Geschlecht, Wohnort, Einkommen, Schulabschluss, Nationalität usw.; diese Daten können direkt abgefragt werden);
* **Einstellungsmerkmale** (hierzu zählen bestimmte Wertvorstellungen, Meinungen, Einstellungen, Vorlieben, Wissen, Vorkenntnisse usw. Entsprechende Fragen sind: „Was halten Sie von...“; „Was ist Ihre Meinung zu...?“, „Was wissen Sie über...?“ usw.) sowie schließlich

• **Verhaltensmerkmale** (hierzu zählen Nutzungshäufigkeit, Nutzungsanlass, Verweildauer, Informationsmedium, Verkehrsmittel usw. Entsprechende Fragen sind: „Wie oft kommen Sie…?", Mit wem kommen Sie…?"; „Wann kommen sie…?" usw.).

Je nach Fragestellung richtet sich das Interesse auf andere Merkmale und werden andere Fragen gestellt. Will man vorrangig Erkenntnisse über die Struktur der Besucher erreichen (d. h. wie diese sich z. B. altersmäßig oder bildungsmäßig zusammensetzen), so wird man sich weitgehend auf die soziodemographischen Fragen konzentrieren. Geht es um das Verhalten, werden die entsprechenden Merkmale erfasst. Als Grundregel für alle empirische Forschung gilt, dass nur die Daten tatsächlich erfasst werden sollten, die unmittelbar relevant für die Fragestellung sind (und nicht, wie in der Praxis leider viel zu häufig üblich, eine Vielzahl von Daten abgefragt werden („weil man gerade mal dabei ist"), die im Nachhinein überhaupt nicht ausgewertet werden können – sei es auf Grund der schieren Menge, sei es, weil ihre Bedeutung doch nicht so wichtig ist, wie man ursprünglich glaubte. Daher ist Konzentration auf das Wesentliche Grundvoraussetzung für erfolgreiche Datenerfassung und Auswertung.

▶ **Voll- oder Teilerhebung?**

Im Rahmen der Marketingforschung gilt es vor allem zwei Probleme zu lösen: erstens die Frage, ob man eine **Vollerhebung** anstrebt (d. h. sollen alle zu untersuchenden Fälle in die Untersuchung einbezogen werden) oder eine **Teilerhebung** ausreicht (d. h. genügt es, wenn nur eine gewisse Anzahl von Fällen herausgegriffen werden)? Zweitens gilt es, **die richtige Methode** auszuwählen; hierauf wird anschließend eingegangen.

• Eine **Vollerhebung** ist auf die Grundgesamtheit ausgerichtet, d. h. auf diejenige Menge von Individuen, Fällen oder Ereignissen, auf die sich die Aussagen der Untersuchung beziehen sollen und die vor Untersuchungsbeginn klar abgegrenzt werden muss. Eine solche Grundgesamtheit wären z. B. **alle** Besucher einer bestimmten Theateraufführung, **alle** Mitglieder eines Volkshochschulkurses, **alle** Schüler eines Musikschulensembles usw. Werden diese **alle** (ohne

Ausnahme!) in die Untersuchung einbezogen, so handelt es sich um eine **Vollerhebung**. Der große Vorteil liegt zweifelsohne darin, dass sich nur durch eine Vollerhebung wirklich exakte Aussagen machen lassen; der große Nachteil, dass sich die einzelnen Fälle nicht immer alle erfassen lassen (ein Musikschüler ist krank, ein Theaterbesucher hat einen dringenden Termin und verlässt die Veranstaltung früher, ein VHS-Kursteilnehmer verweigert aus Datenschutzgründen die Teilnahme an der Untersuchung usw.). Darüber hinaus ist eine Vollerhebung nur bei überschaubaren Grundgesamtheiten möglich, weil ansonsten der finanzielle und personelle Aufwand zu groß würde.

Dies wäre z. B. dann der Fall, wenn man Aussagen nicht nur über die Teilnehmer eines einzelnen VHS-Kurses, sondern über alle Teilnehmer eines Semesters in der VHS machen möchte; Aussagen nicht nur über ein einzelnes Musikschulensemble, sondern über alle Musikschüler, über alle Ausstellungsbesucher, alle Abonnenten usw. angestrebt sind. Aufgrund der großen Zahl empfiehlt sich hier eine **Teilerhebung**, d. h. eine Auswahl aus der Grundgesamtheit. Das Ziel dabei ist, dass diese Auswahl möglichst repräsentativ für die vorab definierte Grundgesamtheit ist.

Entscheidet man sich für eine **Teilerhebung**, so gibt es wiederum eine Reihe von Folgeentscheidungen. Die Auswahl der einzelnen zu untersuchenden Elemente („Stichprobe") muss nach ganz bestimmten, festgelegten Regeln erfolgen. Die willkürliche Auswahl einzelner Elemente (z. B. unter dem Gesichtspunkt, wie aufgeschlossen und aussagefreudig die einzelnen Personen eingeschätzt werden, ob sie telefonisch erreichbar oder ob sie besonders hübsch sind o. ä.) würde die Stichprobe unzulässig verzerren; diese Form der Auswahl ist daher strikt untersagt.

Die einzelnen Elemente müssen also **bewusst** (d. h. **nicht-willkürlich**) ausgewählt werden. Eine Auswahlmöglichkeit ist die reine Zufallsstichprobe. „Zufall" ist dahingehend definiert, dass jedes einzelne Element der Grundgesamtheit exakt die gleichen Chancen wie alle anderen haben muss, in der Stichprobe aufzutauchen. (Beispiele hierfür sind die Lottokugeln; die umfassende Kartei des Einwohnermeldeamtes, aus der z. B. jede zehnte Adresse gezogen wird; jeder zwölfte Museumsbesucher u. ä.). „Zufall" ist also keineswegs,

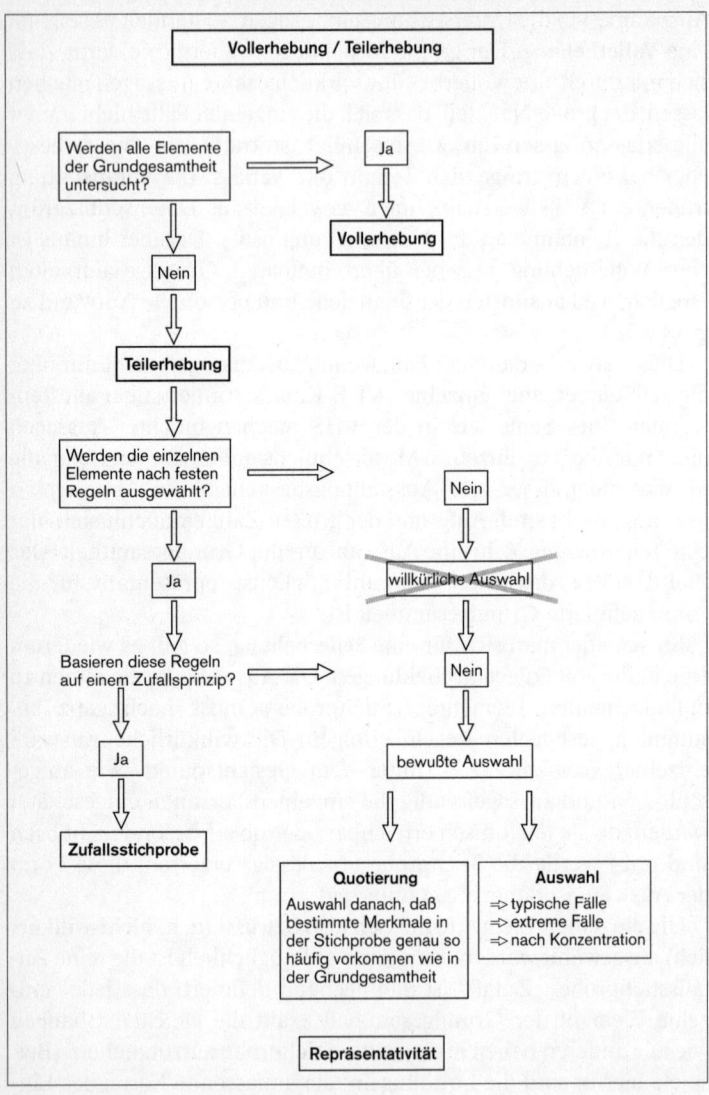

Abb. 11: Modell Voll- und Teilerhebung

wenn man jeden X-Beliebigen fragt, der einem auf der Straße zufällig begegnet, denn hier wäre die Grundgesamtheit lediglich alle Personen, die sich zu dem Zeitpunkt der Befragung in dieser Straße aufhalten.

Außer der exakten **Stichprobenauswahl** gibt es noch weitere Möglichkeiten der bewussten Auswahl. Neben der bewussten Auswahl **typischer** oder **extremer** Fälle bzw. nach dem **Konzentrationsprinzip** wird vor allem die sog. **Quotierung** angewandt. Hier erfolgt die Auswahl danach, dass bestimmte Merkmale in der Stichprobe möglichst ebenso häufig vorkommen, wie in der Grundgesamtheit.

Will man z. B. in einem soziokulturellen Zentrum eine Besucherbefragung durchführen, so sollte man sich zuvor informieren, welche Programmschienen (z. B. Folkclub, Lesungen, Kino, Disconacht, Podiumsdiskussionen, Jazzinitiative usw.) es dort gibt und wie sich in etwa die Besucher auf die einzelnen Veranstaltungen bzw. Veranstaltungsreihen verteilen. Das gleiche Zahlenverhältnis muss sich dann auch in der Stichprobe widerspiegeln. Ein zweites Merkmal könnte das Alter sein, das in den unterschiedlichen Angeboten möglicherweise unterschiedlich ist. Als ein drittes Kriterium wäre die Geschlechtszugehörigkeit denkbar, weil bestimmte Angebote eher von Frauen, andere eher von Männern nachgefragt werden. Alle diese Merkmale müssen nun in der Stichprobe in ähnlicher Gewichtung auftauchen wie in der Grundgesamtheit. Dieses kleine Beispiel zeigt bereits, wie kompliziert sich die Sache relativ schnell entwickeln kann. Ist die Quotierung so differenziert durchgeführt, dass in der Stichprobe nahezu hundertprozentig dieselben Merkmale wie in der Grundgesamtheit vertreten sind, spricht man von einer **repräsentativen** Stichprobe.

▶ **Welche Untersuchungsmethode?**

In Darstellung 10 wurde bereits auf die unterschiedlichen Untersuchungsmethoden verwiesen; für die spezifische Kulturmarktforschung sind vor allem die **Beobachtung**, der **Test** und die **Befragung** von Interesse.

• Die Forschungsmethode der **Beobachtung** ist durch verschiedene Stufen der Formalisierung gekennzeichnet; sie reicht vom alltäglichen Bemerken von Tatsachen, Vorgängen und Abläufen und dem Festhalten derselben (z. B. durch Schrift, Bild, Ton usw.) bis hin zu hoch standardisierten Beobachtungen mit vorher festgelegten Protokollverläufen. Die Beobachtung kann **teilnehmend** sein (wenn der Forscher Teil der zu beobachtenden Gruppe ist), sie kann aber auch unter strengen **Labormethoden** von außerhalb erfolgen.

Anhand der Unterscheidungspaare:

- teilnehmend/nicht-teilnehmend
- strukturiert/unstrukturiert
- offen/verdeckt
- natürliche/künstliche Beobachtungssituation

lassen sich folgende 16 Beobachtungssituationen typisieren, die ihrerseits jeweils ganz eigenen Regeln gehorchen:

Beobachtungs-situationen[51]		Teilnehmende Beobachtung		Nicht-Teilnehm. Beobachtung	
		Verdeckt	Offen	Verdeckt	Offen
Natürliche Beobach-tungssituation	Strukturiert	1	2	3	4
	Unstrukturiert	5	6	7	8
Künstliche Beobach-tungs-situation	Strukturiert	9	10	11	12
	Unstrukturiert	13	14	15	16

Abb. 12: Methoden der Beobachtung

- Auf den ersten Blick scheint der **Test** ein ungewöhnliches Verfahren im Kulturbetrieb zu sein; auf der anderen Seite wird er vielfach – wenn vielleicht auch unter anderem Namen – tagtäglich verwandt. Jede Generalprobe ist ein Test in dem Sinne, dass auf der einen Seite geprüft wird, ob alle Bühnenabläufe hundertprozentig im Sinne des Regisseurs ablaufen; natürlich kommt es dabei aber auch auf die Zuschauerreaktionen, mithin Nachfrageforschung, an. In den USA sind mehrere Vorpremieren keineswegs selten, um die Zuschauerreaktionen zu testen und jahrzehntelang erprobte man Stücke erst in der Provinz, ehe man sie an den Broadway brachte.
- Das wichtigste Instrument in der Kulturmarktforschung ist – wie

in der Marktforschung überhaupt – sicherlich die (Besucher-)**Befragung**.[52] Da diese Methode auch im öffentlichen Kulturbereich immer mehr an Bedeutung gewinnt, hat der *Deutsche Städtetag* eine sehr informative Arbeitshilfe zum Thema **Methodik von Befragungen im Kulturbereich** herausgebracht; die *Kommunale Gemeinschaftsstelle (KGSt)* hat die sehr hilfreiche Publikation „Kundenbefragungen. Ein Leitfaden[53]" veröffentlicht, um dem gestiegenen Bedürfnis nach von den jeweiligen Einrichtungen selbst durchgeführten Befragungen Rechnung zu tragen.

Die Befragung lässt sich zunächst in **mündliche** und **schriftliche** Befragungen unterscheiden. Vorteile der **mündlichen** Befragung (Interview) liegen darin, dass schwierige Sachverhalte erläutert werden können und der Interviewer somit Regel- und Kontrollfunktionen hinsichtlich des Gesprächsablaufes hat. Nachteile ergeben sich aus den hohen (Personal-)Kosten und der Gefahr der Einflussnahme durch den Interviewer (Verzerrungseffekte). Die **schriftliche** Befragung ist dagegen in der Regel kostengünstiger, eine Einflussnahme des Interviewers ausgeschlossen; darüber hinaus gewährt sie auch bei heiklen Themen Anonymität und erreicht hier Antworten, die einem persönlich anwesenden Interviewer ggf. verweigert werden. Nachteile liegen darin, dass nicht sichergestellt ist, wer den Fragebogen tatsächlich ausfüllt, d. h. eine Beeinflussung des Befragten durch Dritte durchaus möglich ist. Auch ist oftmals ein schlechter Rücklauf zu bemängeln und die Möglichkeit der Rückfrage (beim Interviewer) nicht möglich.

Egal, ob man sich für mündliche (Interview) oder schriftliche Befragungen (Fragebogen) entscheidet, auf jeden Fall sollte man eine Reihe von Grundregeln beachten.

• Bei jeder Frageformulierung muss man immer vom Bewusstsein bzw. Kenntnisstand der Befragten her denken (Kurze Sätze, Fremdworte und Abkürzungen vermeiden, geläufige Begriffe verwenden, einfacher Satzbau usw.).

• Jede Frage sollte sich nur auf ein einziges Qualitätsmerkmal beziehen (also keine und/oder-Verknüpfungen).

• Insgesamt sollte – um die Antwortbereitschaft zu wecken – auf eine persönliche Ansprache großer Wert gelegt werden.

• Beim Lay-out eines Fragebogens sollte geachtet werden auf eine übersichtliche Anordnung der Fragen, klare Verweise (z. B. bei sog. Filterfragen wie: „Wenn dies nicht zutrifft, bitte mit Frage weitergehen").

● Achten sollte man darüber hinaus auf klares Druckbild, deutliche Überschriften, eine, maximal zwei Schriftgrößen bzw. Schriftstärken, möglichst einheitliche Gestaltung der Fragen bzw. Antwortkategorien, angemessenen Umfang, den Verweis auf Anonymität sowie den Dank für die Antwortbereitschaft am Ende.

Hinsichtlich der Fragestellung kann man zwischen sog. **offenen** und **geschlossenen** Fragen unterscheiden. Bei den **geschlossenen** Fragen kann unterschieden werden zwischen folgenden Formen:

● Dichotome Fragen („Ich kenne die Arbeit der Musikschule: ja/nein")

● Alternativfragen/Multiple Choice („Der Besuch der Theaterveranstaltung erfolgt: alleine/mit Ehefrau/mit Ehefrau und Kindern/mit Freund(en)/mit Familie und Freunden")

● Likert-Skala/Zustimmungsgrad („Die Ausstellungstätigkeit des Museums ist ganz hervorragend: Ich stimme zu/unentschieden/ich stimme nicht zu.")

● Semantisches Differential/Skala zwischen zwei Begriffen („Ich finde die Volkshochschule altmodisch O – O – O – O – O modern")

● Gewichtungsskala („Dass der Staat Musikschulen fördert finde ich: wichtig/ziemlich wichtig/weniger wichtig/unwichtig")

● Beurteilungsskala/Schulnotenskala („Die Arbeit des örtlichen soziokulturellen Zentrums finde ich: sehr gut/gut/befriedigend/genügend/ungenügend")

Die Vorteile der geschlossenen Fragestellung liegen darin, dass auch sprachlich weniger Geübte daran teilnehmen können, sie relativ schnell durchzuführen und auszuwerten sind und von daher auch recht kostengünstig sind. Nachteile liegen in den starken (Antwort-)Vorgaben durch den Befrager sowie eine gewisse Unterforderung, da nur Kreuzchen gemacht werden müssen.

Bei der **offenen** Fragestellung bestehen folgende Möglichkeiten:

● Völlig unstrukturierte Fragestellung („Was halten Sie eigentlich von der Musikschule in X?")

● Wortaussoziationstest („Welches Wort fällt Ihnen zuerst ein, wenn Sie den Begriff ‚Stadttheater' hören?")

- Satzergänzungstest („Wenn ich in eine Ausstellung gehe, ist für mich ganz besonders wichtig, dass ...")
- Storyergänzungstext („Bei uns in der Schulklasse gab es neulich eine große Diskussion darüber, ob Musikschulen nicht völlig altmodisch sind; einige fanden es viel cooler, mit Hilfe des PCs gleich seine eigene Musik zu komponieren.")
- Ballon-Test (Wie in einer Comic-Episode enthält eine Spruchblase einen mehr oder weniger provozierenden Satz [„Ich finde Museum so was von megaout"], die zweite Spruchblase ist leer zur Ergänzung).

Vorteilhaft bei der offenen Fragestellung ist, dass sie den Befragten viel Raum für eigene Antworten lässt und man dadurch an vielschichtige Informationen (Expertenwissen) gelangen kann; es bleibt die Gelegenheit zu unvorhergesehenen Antworten. Nachteilig kann die möglicherweise fehlende Vollständigkeit sein (Selbstverständliches wird vorausgesetzt und somit nicht mehr ausdrücklich gesagt). Zu einem Problem kann vor allem die schwierige Auswertung werden, da die gegebenen Antworten zu bewerten und zusammenzufassen sind und hier unwillkürlich Interpretationen und Wertungen seitens der Auswerter hereinspielen.

Um Fehler zu vermeiden, sollte vor der eigentlichen Befragung ein sog. Pretets, also ein Vortest vor dem eigentlichen Test durchgeführt werden. Hierzu wird mit dem Fragebogenentwurf eine kleine Gruppe von Personen **mündlich** befragt, die der späteren Befragungsgruppe sehr ähnlich sein sollte, um festzustellen, wie diese Personen auf den Fragebogen reagieren. Dabei geht es vor allem um folgende Problemkreise:

- Bei welchen Fragen entstanden Verständigungsunterschiede bzw. -probleme?
- Bei welchen Fragen gab es Probleme mit den Antwortkategorien?
- Gab es Themenbereiche, bei denen die Befragten gerne noch mehr gesagt hätten?
- Bei welchen Fragen reagierten die Befragten unwillig oder gar unwirsch?
- Wurden Fragen von den Befragten als überflüssig oder inhaltlich gleich erlebt?
- Bei welchen Fragen ergaben sich für den Interviewer Formulie-

rungsschwierigkeiten (z. B. zu viele Fremdworte, zu indiskrete Fragen, zu komplizierter Satzbau)?

Wenn das hier Dargestellte auf den ersten Blick auch sehr arbeitsintensiv und mühsam klingen mag, so ist dennoch auf die vielen langfristigen Vorteile zu verweisen, die sich aus primär erhobenen Daten für die jeweilige Kultureinrichtung ergeben. Und die moderne Datenverarbeitung hat mittlerweile ausgesprochen einfach zu handhabende und dennoch komfortable Auswertungssoftware (z. B. das sog. SPSS = Statistical Package for the Social Sciences) entwickelt, die auch dem Nicht-Fachmann schnell geläufig ist – und auf allzu komplizierte analytische statistische Methoden wird die Kulturorganisation in der Regel sowieso nicht zurückgreifen.

▶ Sekundärforschung

Die Sekundärforschung wertet bereits vorhandene Daten, die aus bestimmten Gründen gezielt erhoben wurden oder quasi nebenbei anfielen, gezielt aus. Dabei kann unterschieden werden zwischen Daten, die **innerhalb des jeweiligen Kulturbetriebs** erhoben werden oder anfallen und **außerbetrieblichen Daten**.

• **Innerbetriebliche** Daten sind solche, die innerhalb des jeweiligen Kulturbetriebs gezielt erhoben werden oder im Zuge der allgemeinen Betriebsabläufe (wie Ticketverkauf, Buchführung, Kostenrechnung usw.) anfallen und entsprechend aufbereitet werden müssen. Dies sind zunächst **quantitative** Daten; hierzu zählen z. B. alle Arten von eigenen **Statistiken**: **Besucherstatistiken** in Museen (Wie verteilen sich die Besucher auf die verschiedenen Tageszeiten bzw. die einzelnen Wochentage? Wie viele Besucher kommen jeweils am Anfang, in der Mitte oder zum Ende eines Ausstellungszeitraums? Wie reagieren die Besucher auf Verlängerungen von Öffnungszeiten bzw. Ausstellungszeiträumen usw.); **Abonnementstatistiken** im Theater (Wie ist die Altersstruktur der Abonnenten? Wie ist die lokale, regionale Verteilung der Abonnenten? Wie verteilen sich die Abonnements hinsichtlich der einzelnen Sparten usw.); **Teilnehmerstatistiken** in Musikschulen (Welche Instrumente werden besonders gefragt, welche weniger? Wie ist die Altersstruktur der Kursteilnehmer? In welche Schulen gehen die Kinder? Mit welchem Lebensjahr beenden sie ihre Teilnahme am Musikschulunterricht usw.).

Ziel der Auswertung dieser Statistiken ist es,

– zum einen **Regelmäßigkeiten** zu erkennen (Gibt es z. B. bestimmte gleich bleibende Wochentage mit schwachem Museumsbesuch? Erhöht sich die Altersstruktur im Abonnement systematisch? Überwiegen in der Musikschule die Gymnasiasten?);

– zum anderen auffällige **Unregelmäßigkeiten** bzw. **Brüche** festzustellen (Gibt es aus der Entwicklungsreihe fallende besondere Besucheranstürme zu bestimmten Terminen? Was ist der Anlass hierfür? Gibt es auffallende Rückgänge im Abonnement in bestimmten Spielzeiten? Worauf könnte dies zurückzuführen sein? Brechen die Teilnehmer überproportional im 15. Lebensjahr ihre Musikschulkarriere ab?)

Unabdingbare Voraussetzung zur Erkennung solcher Verläufe bzw. Brüche sind daher sorgfältig geführte Statistiken und deren regelmäßige Auswertung. Erst wenn diese vorliegen und entsprechende Schlüsse gezogen werden, können entsprechende (Gegen-) Maßnahmen überlegt werden: Ermäßigter Eintritt an traditionell besucherschwachen Tagen; besondere Aufmerksamkeit und Betreuung im Abbruch-Alter in der Musikschule usw.

Aber im täglichen Betriebsablauf fallen auch jede Menge **qualitativer** Daten an, die leider viel zu wenig als solche erkannt und wahrgenommen werden. In den meisten Museen bzw. Ausstellungen liegen sog. Gäste- bzw. Besucherbücher aus, in denen Besucher ihre Kommentare oder Anregungen festhalten; diese bieten, richtig ausgewertet, gewöhnlich eine Vielzahl von überlegenswerten Hinweisen. An der Kasse, an der Garderobe, im Foyer äußern sich Besucher; die entsprechenden Mitarbeiterinnen und Mitarbeiter vor Ort sind zu motivieren, die wichtigen Informationen, die ihnen zugetragen werden, an die entsprechenden Stellen weiterzuleiten: Äußerungen über ungünstige Anfangszeiten, Verärgerung über den zum x-ten mal versagenden Parkscheinautomaten in der Tiefgarage, Kommentare über die völlig überteuerten Programmhefte usw. Aber auch die Beschwerdeeingänge, die im Rahmen des Beschwerdemanagements bearbeitet werden, bilden wichtige quantitative Daten, die auf Schwachstellen innerhalb der Kultureinrichtung hinweisen, die erfasst und entsprechend verbessert werden müssen. Alle diese Daten fallen gewöhnlich mehr oder weniger nebenbei an, bilden aber eine gute erste Grundlage, um weiterreichende Überlegungen anzustellen. Sie können allerdings auch ganz gezielt erhoben und ausgewertet werden.

• **Außerbetriebliche Daten** sind solche, die von Dritten gezielt erhoben, aufbereitet und allgemein zur Verfügung gestellt werden. Auch hier kann wiederum zwischen quantitativen und qualitativen Daten unterschieden werden. An erster Stelle bei den quantiativen Daten stehen wiederum die Statistiken, vor allem die allgemein, d. h. in öffentlichen Bibliotheken ohne großen Aufwand zugänglichen Statistiken, etwa von Bund, Länder und Gemeinden, wie das *Statistische Jahrbuch für die Bundesrepublik Deutschland*, die Veröffentlichungen der entsprechenden Statistischen Ämter der einzelnen Bundesländer oder das *Statistische Jahrbuch Deutscher Gemeinden*, die alle eine Vielzahl von relevanten Statistiken für den Kulturbereich enthalten.

Daneben gibt es eine Vielzahl von Einzelpublikationen; beispielhaft seien nur genannt der vom *Verband Deutscher Städtestatistiker* publizierte „Strukturbericht zum Thema Kultur und Bildung"[53] oder das bereits etwas ältere, vom *Statistischen Bundesamt* herausgegebene: „Im Blickpunkt: Kultur in Deutschland. Zahlen und Fakten"[54]. Aber auch die einzelnen Gemeinden (z. B. die Kölner Statistischen Nachrichten) bzw. der Deutsche Städtetag als Zusammenschluss der deutschen Städte veröffentlichen regelmäßig Untersuchungen und statistische Daten.

Eine weitere wichtige Quelle für Datenmaterial sind die Publikationen der einzelnen Verbände; beispielhaft seien hier nur genannt die alljährlich erscheinende Theaterstatistik des *Deutschen Bühnenvereins* oder die entsprechenden Veröffentlichungen der Besucherzahlen in deutschen Museen durch das *Institut für Museumskunde*. Wichtige Daten finden sich in den Jahrbüchern der beiden Fernsehanstalten ARD und ZDF bzw. im Allensbacher Jahrbuch der Demoskopie. Darüber hinaus werden von den einzelnen Marktforschungsinstituten (z. B. der *Gesellschaft für Konsumforschung* in Nürnberg, vom *SPIEGEL-Institut* u. a. immer wieder allgemeine Untersuchungen bzw. Statistiken veröffentlicht).

Neben diesen mehr oder weniger rein quantitativen, d. h. auf nackten Zahlen beruhenden Daten gibt es auch hier eine Vielzahl von qualitativen Darstellungen und Untersuchungen. Hier spannt sich der Bogen von allgemeiner soziologischer und psychologischer Literatur bis hin zum engeren Bereich kultursoziologischer Untersuchungen. Beispielhaft seien hier nur genannt der sog. Pop-Corn-Report, der in unregelmäßigen Abständen „Die neuesten Trends für unsere Zukunft"[56] darstellt oder von Gerken/Konitzer „Trends 2015. Ideen, Fakten, Perspektiven"[57]; für den zweiten Bereich Albrecht Göschels „Ungleichzeitigkeit in der Kultur. Wandel des Kulturbegriffs in vier Generationen"[57] oder die bereits mehrfach zitierte kultursoziologische Studie von Gerhard Schulze zur „Erlebnisgesellschaft".

Anmerkungen:

[1] Vgl. hierzu grundlegend: Kroeber-Riel, Werner und Peter Weinberg: Konsumentenverhalten, München 6 1996

[2] Vgl. hierzu auch Kotler/Bliemel (1999) S. 436 ff

[3] Vgl. hierzu auch: Kotler/Bliemel (1999) S. 338 ff

[4] Vgl. hierzu ausführlich: Staehle, Wolfgang H.: Management. Eine verhaltenswissenschaftliche Perspektive, München 7 1994 S. 492 ff

[5] Staehle (1994) S. 494

[6] Kotler/Bliemel (1999) S. 307

[7] Hradil, Stefan: Schicht, Schichtung und Mobilität. In: Korte, Hermann und Bernhard Schäfers (Hrsg.): Einführung in Hauptbegriffe der Soziologie, Opladen 2 193 S. 151

[8] Kotler, Philip und Friedhelm Bliemel: Marketing-Management. Analyse, Planung, Umsetzung und Steuerung, Stuttgart 7 1992 S. 252

[9] Banning (1987) S. 35

[10] Hradil (1993) S. 151

[11] Beck (1986) S. 14

[12] Beck (1986) S. 119

[13] Schulze (1992) S. 178

[14] Schulze (1992) S. 174 bzw. 178

[15] Kamper, Dietmar, Eberhard Knödler-Bunte, Marie-Louise Plessen und Christoph Wulf: Tendenzen der Kulturgesellschaft. Eine Diskussion. In: Ästhetik und Kommunikation Heft 67/68: Kulturgesellschaft. Inszenierte Ereignisse, Berlin 1987 56

[16] Bourdieu, Pierre: La distinction. Critique sociale du jugement, Paris 1979; deutsch unter dem Titel: Die feinen Unterschiede. Kritik der gesellschaftlichen Urteilskraft, Frankfurt 1982

[17] Gluchowski, Peter: Lebenstile und Wandel der Wählerschaft in der Bundesrepublik Deutschland. In: *Aus Politik und Zeitgeschichte*, Nr. 37, B 12 vom 21. 03. 1987 S. 18–32

[18] Müller, Hans-Peter: Lebensstile. Ein neues Paradigma der Differenzierungs- und Ungleichheitsforschung? In: *Kölner Zeitschrift für Soziologie und Sozialpsychologie* Nr. 41, 1989 S. 53–71; Lüdtke, Hartmut: Expressive Ungleichheit, Opladen 1989

[19] Der Begriff taucht erstmals auf der Winter-Konferenz der *American Marketing Association* auf; vgl. hierzu ausführlich Banning (1987)

[20] Banning (1987) S. 31

[21] Hustad, Thomas and Eduard A. Pessemier: Segmenting Consumer Markets with Activity and Attitude Measures, Lafayette (Purdue University) 1971

[22] Mitchell, Arnold: The Nine American Life Styles, New York 1983

[23] Rönz, Bernd und Hans-Gerhard Strohe (Hrsg.): Lexikon Statistik, Wiesbaden 1994

[24] Wagner, Bernd: „Lifestyle ohne Emission"? Die Lebensstildiskussion in der Kulturpolitik. In: Lebensstil und Gesellschaft – Gesellschaft der Lebensstile? Neue kulturpolitische Herausforderungen, Hagen 1991 (Dokumentation 39 der *Kulturpolitischen Gesellschaft e. V.*) S. 198

[25] Sinus: Planungsdaten für eine mehrheitsfähige SPD, *Sinus* Heidelberg 1984

[26] Gluchowski (1987)

[27] Meffert, Heribert: Marketing. Grundlagen marktorientierter Unternehmensführung. Konzepte, Instrumente, Praxisbeispiele, Darmstadt [8]1999 S. 192 f

[28] Gluchowski (1987) S. 21

[29] Kommunale Gemeinschaftsstelle (KGSt) (1989) S. 37

[30] Kultur in Hörfunk und Fernsehen: Publikumsinteressen, Senderimages und -bewertungen. Von Claudia Dubrau, Ekkehard Oehmichen und Erik Simon. In: *Media Perspektiven* 2/2000 S. 59

[31] Banning (1987) 52 ff

[32] Vgl. hierzu auch Kotler/Bliemel (1999) S. 444 f

[33] Kotler/Bliemel (1999) S. 220

[34] Zahlen aus: *Gesellschaft für Konsumforschung* im Auftrag des *Interessenverbandes Deutscher Konzertveranstalter und Künstlervermittler e. V.* in Zusammenarbeit mit *Der Musikmarkt e. V.*: Studie zum Verhalten von Konzert- und Veranstaltungsbesuchern. Branchen-Analyse des Veranstaltungsgewerbes (GfK-Panel-Services), o. J. o. O. S. 4

[35] Vgl. in Übersicht hierzu: Methodik von Befragungen im Kulturbereich. Eine Arbeitshilfe, Köln 1994 (*DST-Beiträge zur Statistik und Stadtforschung,* Reihe H, Heft 40) S. 113–157

[36] GfK S. 10

[37] GfK S. 11

[38] Dehr, Gunter und Thomas Biermann: Marketing Management, München / Wien 1998 S. 42

[39] Meffert (1999) S. 113

[40] Kotler/Bliemel (1999) S. 330

[41] Meffert (1999) S. 133

[42] Kotler/Bliemel (1999) S. 332

[43] Meffert (1999) S. 113 f

[44] Kotler/Bliemel (1999) S. 332

[45] Hilger, Harald: Marketing für öffentliche Theaterbetriebe, Frankfurt am Main/ Bern/New York 1985

[46] Pepels (1996) S. 745

[47] Pepels (1996) S. 618)

[48] Vgl. hierzu beispielsweise die Standardwerke von Atteslander, Peter: Methoden der empirischen Sozialforschung, Berlin/New York, 1995; Diekmann, Andreas: Empirische Sozialforschung. Grundlagen, Methoden, Anwendungen, Reinbek bei Hamburg 1995; Friedrichs, Jürgen: Methoden empirischer Sozialforschung, Opladen 1990; Kromrey, Helmut: Empirische Sozialforschung, Opladen 1994

[49] Vgl. hierzu: Kastin, Klaus S.: Marktforschung mit einfachen Mitteln. Daten und Informationen beschaffen, auswerten und interpretieren, München 1995 S. 17

[50] Kromrey (1994) S. 259

[51] Vgl. ausführlich und für den Einstieg ausgesprochen hilfreich: Heinrichs, Werner: Publikumsbefragungen im Kulturmarketing. Methodische Grundlagen zur Informationsgewinnung für Kulturinstitutionen. In: Handbuch Kultur-Management, Stuttgart 1992 ff (Lieferung August 1995 Handmarke D 2.3)

[52] Kommunale Gemeinschaftsstelle: Kundenbefragungen. Ein Leitfaden, Köln 1997 (Bericht 13)

[53] Städte in Zahlen. Heft 8. Ein Strukturbericht zum Thema Kultur und Bildung. *Verband Deutscher Städtestatistiker*, Oberhausen 1998

[54] Statistisches Bundesamt: Im Blickpunkt: Kultur in Deutschland. Zahlen und Fakten, Stuttgart 1994

[55] Popcorn, Faith: Clicking. Der neue Popcorn-Report. Die neuesten Trends für unsere Zukunft, München 1999

[56] Gerken, Gerd und Michael-A. Konitzer: Trends 2015. Ideen, Fakten, Perspektiven, München 1996

[57] Göschel, Albrecht: Die Ungleichzeitigkeit in der Kultur. Wandel des Kulturbegriffs in vier Generationen, Stuttgart/Berlin/Köln 1991

6. Welche Chancen und Risiken gibt es?

Strategisches, zukunftsorientiertes Handeln ist für öffentliche Kultureinrichtungen angesichts der ständig zunehmenden Geschwindigkeit der Veränderungen unserer Umwelt nur dann möglich, wenn die äußeren und inneren Rahmenbedingungen, unter denen dieses Handeln stattfindet, sorgfältig und so weit als möglich vorausschauend geklärt sind. Angesichts der wachsenden Unberechenbarkeit menschlichen und gesellschaftlichen Handelns lässt sich die Zukunft immer weniger vorhersagen oder als bloße Fortschreibung der Vergangenheit begreifen. Andererseits lassen sich doch viele Unsicherheiten durch sorgfältige Beobachtung und Analyse der relevanten Daten mehr oder weniger gut prognostizieren und somit mehr oder minder plausible Annahmen über zukünftige Entwicklungen dem eigenen Tun zugrunde legen („Szenarien").

Nachdem im letzten Kapitel bereits ausführlich auf die Analyse der Nachfrage eingegangen worden ist, geht es nun um die Analyse der (6.1) längerfristigen Entwicklung der mehr oder weniger „globalen" Rahmendaten (**Umweltanalyse**), (6.2) des Handelns der Mitwettbewerber (**Konkurrenzanalyse**), (6.3) der eigenen Möglichkeiten der Kultureinrichtung (**Potentialanalyse**) sowie schließlich (6.4) der spezifischen Bedingungen, unter denen die für die Herstellung des Kulturprodukts notwendigen Ressourcen (z. B. Künstler, Geld, Räume, Texte/Libretti, Rechte, politische Unterstützung usw.) besorgt werden können (**Beschaffungsmarktanalyse**).

6.1 Umweltanalyse

Das Handeln der einzelnen Kultureinrichtung findet (wie das einer jeden Organisation) nicht im luftleeren Raum statt, sondern ist in hohem Maße abhängig von der Entwicklung der relevanten Rahmenbedingungen innerhalb einer Gesellschaft. Diese Rahmenbedingungen sind dadurch gekennzeichnet, dass sie sich von der einzelnen Kulturorganisation – wenn überhaupt – nur schwer beeinflussen lassen, d. h. die einzelne Kultureinrichtung muss diese Entwicklungen sehr sensibel beobachten und in ihr eigenes Kalkül aufnehmen.

Zu unterscheiden ist dabei sinnvollerweise zwischen einerseits dem **Makroumfeld**, d. h. Entwicklungen, die weltweit zu beobachten sind und im Zuge der Globalisierung ihre Relevanz für das engere Umfeld der Kultureinrichtung entfalten. So begann beispielsweise der Siegeszug des Internet in den USA, ist aber längst ein weltweites Phänomen. Andererseits arbeitet jede Kultureinrichtung in einer **Mikroumwelt**, d. h. einem ganz spezifischen engeren Umfeld, das das eigene Handeln beeinflusst. So sind z. B. die Rahmenbedingungen der Kulturpolitik in Deutschland wesentlich anders als die in den USA oder Großbritannien[1], bzw. **innerhalb** Deutschlands zwar ähnlich (im Vergleich zu anderen Staaten), in den einzelnen Bundesländern aber durchaus unterschiedlich akzentuiert.

Die Grenze zwischen Makro- und Mikroumwelt ist daher nur schwer zu ziehen. Vielmehr ist die Kernfrage stets: **Welche ganz spezifischen Auswirkungen haben bestimmte Umweltentwicklungen für die jeweilige Kultureinrichtung**, für die ein Marketingkonzept zu erstellen ist? Welche neuen **Chancen** ergeben sich aus ganz bestimmten Trends bzw. umgekehrt, welche **Risiken** bzw. womöglich sogar **Gefährdungen** zeichnen sich in naher oder in ferner Zukunft ab? Oder haben bestimmte Entwicklungen keinerlei Einfluss auf die jeweilige Kulturorganisation und können demzufolge vernachlässigt werden bzw. völlig unberücksichtigt bleiben?

Vor einer allzu leichtfertigen bewussten Negierung (bzw. schlichten Nicht-zur-Kenntnisnahme) der Bedeutung unterschiedlichster Einflussfaktoren (vielleicht aus Bequemlichkeitsgründen) kann allerdings nur gewarnt werden. Einerseits werden durch eine solche Haltung wichtige Chancen gar nicht oder erst zu spät erkannt, andererseits können eventuelle Risiken übersehen werden. Die folgenden, sicherlich nur stichwortartigen bzw. skizzenhaften Überlegungen sollten daher auf ihre unmittelbare Praxisrelevanz für die jeweilige Kultureinrichtung hin präzisiert werden.

Die sog. **Globalisierungsthese** (Markroumwelt) geht davon aus, dass technische und wirtschaftliche Entwicklungen zunehmend die nationalen und kulturellen Unterschiede einebnen. Dazu zählen vor allem weltweite, grenzenüberschreitende und durch nationale Regierungen nicht mehr zu kontrollierende **Kommunikationsmöglichkeiten** via Internet; international auf einem einzigen **Weltmarkt** operierende Konzerne; schließlich aber auch die **Globalisierung der Zivilisationsrisiken**: „Nahrungsmittelketten verbinden praktisch jeden mit jedem auf der Erde. Sie tauchen unter Grenzen durch. Der Säuregehalt der Luft knabbert nicht nur an Skulpturen und Kunstschätzen, sondern hat längst schon die modernen Zollschranken aufgelöst."[2] Sie machen – positiv wie negativ – „das Ende all unserer hochgezüchteten Distanzierungsmöglichkeiten, die eigenen vier Wände, reale und symbolische Grenzen, hinter die die scheinbar Nichtbetroffenen sich zurückziehen konnten"[3] deutlich.

Zukunftsforscher wie John Naisbitt analysieren seit Jahrzehnten sog. **Megatrends**, worunter sie eine breite soziale, wirtschaftliche, politische und technologische Veränderung verstehen, die sich langsam bildet und die, wenn sie einmal in Kraft getreten ist, lange Einfluss ausübt. So prognostizierte er bereits 1990 eine ganze Reihe von **Megatrends 2000**. Während sich die Trendvorhersagen von John Naisbitt zumeist auf die gesellschaftliche Gesamtheit beziehen, konzentriert sich die Futurologin Faith Popcorn mehr an psychologischen Grundstimmungen bestimmter Personengruppen (und nähert sich damit der Lebesstil-Analyse). In der jüngsten Ausgabe ihres „Popcorn-Reports" prognostiziert sie die neuesten Trends für unsere Zukunft.[4]

Die beiden deutschen Trendforscher Gerd Gerken und Michael-A. Konitzer schließlich haben die globalen mit lokalen (deutschen) Entwicklungen verbunden und prognostizieren auf dieser Basis Trends für das Jahr 2015.[5] Wie gerade die im Popcorn-Report skizzierten Strömungen in all ihrer Allgemeinheit zeigen, geht es in diesem Zusammenhang keineswegs darum, jede einzelne Zukunftsentwicklung im Detail vorherzusagen. Vielmehr kommt es darauf an, im Hier und Jetzt Sensibilitäten für das Neue und Unerwartete zu entwickeln. Die wichtigsten Entwicklungsbereiche, die es im Rahmen der Umweltanalyse des Kultur-Marketing sehr sorgfältig zu analysieren gilt, werden im Folgenden skizziert.

▶ Technologische Entwicklungen

In den letzten zehn, zwanzig Jahren sind es vor allem die technologischen Entwicklungen im Rahmen der sog. digitalen Revolution, d. h. die Fortschritte in der Informations- und Kommunikationstechnologie, die weltweit ganz wesentlich die Rahmenbedingungen wirtschaftlichen und gesellschaftlichen Handelns bestimmen. Die neuen Informationsmedien beschleunigen nicht nur die Nachrichtenübermittlung, sondern das gesellschaftliche (Zusammen-)Leben insgesamt. Um sich diese Entwicklung in aller Dramatik zu verdeutlichen, versuche man sich nur einmal klar zu machen, dass gegenwärtig das jahrtausendalte Paradigma, dass die Jungen von den Alten lernen (mit allen Konsequenzen) durch die Dynamik der technologischen Entwicklung auf den Kopf gestellt wird. Während manch älterer Mensch noch mit den Tücken seines Faxgerätes kämpft, chatten und mailen Kinder und Jugendliche mit höchster Selbstverständlichkeit weltweit. Diese permanente technologische Revolution hat nachhaltige Folgen insbesondere auch für den Kulturbetrieb. Können sich, um ein Beispiel aus dem Musikbetrieb zu nehmen, heute fünfzigjährige Erwachsene noch an die Existenz von Schellackplatten erinnern und bezogen sie ihre musikalischen Hörerlebnisse – wenn nicht aus Konzerten – vor allem aus dem Radio oder der Schallplatte und dem Tonband, so kennen die Jüngeren vorwiegend nur noch die Compact Disc oder die Musikkassetten. Doch auch dies scheint bald „out" zu sein. So hieß es unlängst unter dem bezeichnenden Titel „Das Internet revolutioniert den Vertrieb von Musiktiteln" in einer Tageszeitung: „In den vergangenen Monaten hat eine Revolution im Internet stattgefunden: Zum ersten Mal seit Bestehen des weltumspannenden Datennetzes ist in den Suchmaschinen nicht das Wort ‚Sex' am häufigsten nachgefragt worden. Noch häufiger haben die Benutzer die Datenbestände nach dem zunächst wenig anregenden Begriff ‚MP3' gesucht. MP3 ist ein Verfahren zur Komprimierung und Übertragung von digitalisierten Musikstücken über das Internet. Programme, mit denen man die MP3-Dateien abspielen kann, sind nach Erhebungen von Marktforschungsinstituten bis zum vergangenen Februar schon 50 Millionen Mal aus dem Internet heruntergeladen worden."

Betrug der gesamte Internet-Musikmarkt nach Schätzungen 1998 noch ca. 22 Millionen Dollar, so wird für das Jahre 2005 bereits das fünfundvierzigfache, nämlich 1893 Millionen Dollar prognostiziert, wobei 37 % in Lizenzgebühren, 28 % in die Werbung, 22 % in die Inhalte und 13 % in Dienstleistungen fließen werden. „MP3-Dateien lassen sich direkt von der Festplatte des Computers abspielen, von dort auf eine Compact Disc brennen oder auf so genannten MP3-Spielern abhören (...) Jugendliche, die früher die Hitparaden im Radio auf Cassette mitgeschnitten hätten, sind heute von der Möglichkeit begeistert, sich Musikstücke in digitaler Qualität auf verschiedenste Medien herunterladen zu können. Denn es kommt ein weiterer Vorteil hinzu: Die MP3 Daten werden häufig kostenlos angeboten (...) Genutzt wird das Medium MP3 bisher vor allem von Künstlern, die sich auf diesem Weg ohne Unterstützung durch eine große Plattenfirma einem breiten Publikum vorstellen wollen."[6] Die Firma *Napster* hat im Frühjahr des Jahres 2000 begonnen, eine kostenlose Tauschbörse mit Musiktiteln im Internet zu organisieren – ein Vorgang, der in den USA bereits die Gerichte auf den Plan gerufen hat.

Aber nicht nur die Musik, auch die Bildenden Künste stehen vor ganz neuen Möglichkeiten und Herausforderungen. Der Spaziergang durch den Louvre und das Musée d'Orsay in Paris bzw. durch die National Galery of Art in Washington per CD-Rom und Internet ist schon seit Jahren möglich. Weltweit tätige Internetgalerien sind längst eine Selbstverständlichkeit und manche Ausstellungen finden von vornherein nur noch im Netz statt. Das Karlsruher ZKM (Zentrum für Kunst- und Medientechnologie) präsentiert in Deutschland die neuesten Entwicklungen in diesem Bereich.

Die Buchverlage unterliegen derzeit ebenfalls grundlegenden Veränderungen. Hörbücher (d. h. auf Tonträger fixierte Bücher), das „elektronische Buch" (das quasi einen PC mit Monitor in Buchform darstellt), „Electronic-Publishing" (d. h. das Publizieren ausschließlich im Netz, aus dem die Texte auf den eigenen Bildschirm gerufen werden können), das „Publishing on demand" (bei dem Bücher einzeln je nach An- bzw. Nachfrage gedruckt werden) usw. wird die in Jahrhunderten gewachsene Struktur des Buchhandels revolutionieren.

Alle diese technologischen Entwicklungen stellen ganz besondere Herausforderungen an das Kultur-Management dar. Bei aller Technikphobie oder -euphorie sollte allerdings die große Chance der authentischen Erfahrung durch persönlich erlebte und vermittelte Kunst und Kultur nicht nur nicht übersehen, sondern sehr viel stärker seitens des Kultur-Managements hervorgehoben werden. Denn für Menschen, die ganze Tage vor Monitoren verbringen, kann die künstlerische Erfahrung in einem Konzertsaal oder Theater, beim gemeinsamen Musizieren oder Betrachten eines Originalgemäldes durchaus wieder etwas Besonderes werden!

▶ **Demographische Entwicklung**

Die Demographie beschreibt den Zustand und die Veränderung der Bevölkerungszahl und -zusammensetzung, insbesondere der **Altersstruktur**. Diese Daten geben wesentliche Auskünfte über die Zahl und Zusammensetzung des Publikums. So wird etwa seit Mitte der 60er Jahre die Bevölkerungsstruktur im früheren Bundesgebiet bzw. – ab November 1990 – in Deutschland insgesamt entscheidend durch die Zu- und Abwanderung von Ausländerinnen und Ausländern beeinflusst. Zwischen 1961 und 1995 sind insgesamt 21,8 Mill. ausländische Staatsangehörige in das frühere Bundesgebiet bzw. nach Deutschland zugezogen, und 15,7 Mill. haben es wieder verlassen.[7] Das Zusammenleben verschiedener Kulturen stellt die Gesellschaftspolitik, aber auch das Kultur-Management vor ganz besondere Herausforderungen. Die einzelnen Bundesländer bzw. Regionen innerhalb Deutschlands unterscheiden sich sehr stark in der räumlichen **Bevölkerungsverteilung** bzw. der **Bevölkerungsdichte pro Quadratkilometer**. Im früheren Bundesgebiet stieg sie im Zeitraum 1950/95 von 201 auf 266 an. In den neuen Ländern und Berlin-Ost verringerte sich dieser Wert zwischen 1950 und 1995 von 171 auf 143 Einwohner. Am dichtesten besiedelt sind die Stadtstaaten (Berlin: 3897 Ew. pro km^2, Hamburg: 2262; Bremen: 1682); Mecklenburg-Vorpommern verzeichnet dagegen nur 79 Ew. pro qm^2, Bayern 170 Baden-Württemberg 289, das Saarland 422, Nordrhein-Westfalen 525.[8]

Um den **Altersaufbau** der Bevölkerung zu veranschaulichen, verwendet man in der Statistik eine graphische Darstellungsform, die als **Alterspyramide** beschrieben wird. Während diese zu Beginn des 20. Jahrhunderts noch deutlich die klassische Pyramidenform erkennen ließ, gleicht ihr Bild heute eher einer „zerzausten Wettertanne".[9] Waren 1955 noch 30,2 % der Bevölkerung bis 19 Jahre alt und nur 15,6 % 60 und älter, so waren vierzig Jahre später, 1995 nur noch 21,5 % unter 19 Jahre alt, aber 20,7 % älter als 60! Betrug der sog. **Jugendquotient** (d. h. die Altersgruppe der bis 19-Jährigen bezogen auf die Altersgruppe der 20- bis 59-Jährigen) noch 55,6 % und der **Altersquotient** (d. h. die Altersgruppe der 60-jährigen und Älteren bezogen auf die Altersgruppe der 20–59-Jährigen) 28,8 %, so betrug 1995 der Jugendquotient nur noch 37,3 %, der Altersquotient 35,8 %.

Die **Lebenserwartung** hat sich in den letzten 120 Jahren von 37 (1871) auf 75 Jahre (1990) verdoppelt (Männer: 72 Jahre, Frau 79 Jahre). Die Deutschen werden also immer älter. Im Jahr 2000 werden Männer eine Lebenserwartung von 75 Jahren, Frauen eine Lebenserwartung von 82 Jahren haben.[10] Diese Entwicklung hat naturgemäß nachhaltige Auswirkungen auf die Publikumsstruktur. Die „Senioren" bilden längst einen attraktiven Markt für Kulturangebote, da sie in der Regel interessiert, gut ausgebildet, gesund und aktiv sind – und überdurchschnittlich über gute Einkommen verfügen.

In der Entwicklung der **Kinderzahl pro Ehe** spiegelt sich der Übergang von der Groß- zur Kleinfamilie wider; damit einher geht die Abnahme der **Haushaltsgröße** bei wachsender Zahl der Haushalte. Gab es 1900 nur 7,1 % Einfamilienhaushalte, so waren dies 1995 bereits 35,9 % und damit die bevorzugte Haushaltsgröße; war umgekehrt der 5- und Mehr-Personenhaushalt 1900 mit 44,4 % dominant, so gab es 1995 nur noch 5 % dieser Haushaltsgröße. In den Großstädten (früheres Bundesgebiet) sind insbesondere die Einpersonenhaushalte (47 % dieser Haushalte befinden sich dort) zahlreich vertreten. Im Jahre 1995 lebte jeder vierte bis fünfte Großstadtbewohner (23 %) allein, während in Gemeinden mit weniger als 100 000 Einwohnern nur etwa jeder achte (13 %) einen Einpersonenhaushalt führte.[11] Vor allem in den USA haben die großen Kultureinrichtungen wie Museen und Theater längst den **Single-Markt** entdeckt und sprechen diese Zielgruppe ganz bewusst mit eigenen Angebotsformen (wie die Single-Nacht einmal im Monat im Museum) an.

Diese wenigen Zahlen mögen genügen, um zu verdeutlichen, welche Herausforderungen die Demographie nicht nur an Politik (z. B. Bildungssystem, Renten- und Alterssicherung), Wirtschaft (Arbeitskräfte) und Gesellschaft, sondern auch an Kultur-Management und -Marketing stellen. Da der Anteil der über 60-Jährigen permanent steigt, entwickeln sich hier interessante neue Märkte (z. B. im Bereich des Kulturtourismus). Wenn z. B. Berlin doppelt so viele Einwohner wie Bremen hat, so kann vermutet werden, dass dort auch sehr viel stärker entsprechende kulturelle Angebote nachgefragt werden. Die ausländischen Mitbürgerinnen und Mitbürger bringen ihre kulturellen Vorstellungen und Anregungen in das kommunale Kulturangebot mit ein, wünschen aber auch entsprechende Angebote. Familien mit Kindern erwarten gewöhnlich andere Kulturangebote (vor allem zu anderen Zeiten) als Single-Haushalte usw.

Je nachdem, wie weit auf Grund der Nachfrageanalyse der Einzugsbereich für die jeweilige kulturelle Einrichtung abgesteckt ist, müssen die entsprechenden Daten vor Ort (also in der Gemeinde, in der Region, im Bundesland, in den angrenzenden Regionen/Ländern bzw. Staaten, etwa in Grenzgebieten) erhoben werden. Diese sind erhältlich beispielsweise bei den Statistischen Bundes- oder Landesämtern, den Einwohnermeldeämtern, den Statistischen Ämtern der Landkreise und Gemeinden. Plant z. B. ein Städtisches Kulturamt ein spezielles Angebot für Kinder, so sollte zunächst festgestellt werden, wie sich die Kinder zahlenmäßig auf die einzelnen Stadtgebiete verteilen usw.

▶ **Wirtschaftliche Veränderungen**

Die Ökonomie setzt ebenfalls gewichtige Rahmendaten für das Kultur-Marketing. Die allgemeine Konjunkturlage entscheidet darüber, wie viel Geld in Form von Löhnen, Gehältern und Bezügen an die Beamten, Angestellten und Arbeiter verteilt werden kann. Sie erhält ihre Bedeutung aber auch im Zusammenhang mit dem Sponsoring: stehen den Unternehmen in genügendem Umfang Werbemittel zur Verfügung, dass sie entsprechend Sponsoringmittel an Kultureinrichtungen geben können? Hier liegt auch ein psychologischer Faktor des Sponsoring von nicht zu unterschätzender Bedeutung: rationalisiert ein Unternehmen möglicherweise, um Kosten zu sparen und entlässt daher auf der einen Seite Mitarbeiter und engagiert sich auf der anderen Seite mit hohen Sponsorengeldern? Welche psychologischen Wirkungen hat dies auf das entlassene bzw. das verbleibende Personal? Werden aus diesem Grunde ggf. Sponsorengelder eingefroren?

Die Konjunktur entscheidet über die Beschäftigungslage bzw. die Arbeitslosenrate. Seit vielen Jahren leben die meisten westlichen Industrieländer mit einer relativ hohen Arbeitslosenquote (wobei diese in der Europäischen Union durchaus unterschiedlich ist). Diese Menschen haben in der Regel sehr viel freie Zeit (sind also von daher das ideale Publikum für Kulturveranstaltungen), verfügen aber gewöhnlich über wenig Geld. Ihre Integration in das kulturelle Leben der Gesellschaft stellt große Herausforderungen an die Kulturpolitik. Die oben beschriebene höhere Lebenserwartung geht – aufgrund der Rationalisierung – einher mit einer immer kürzeren Lebens-, Jahres- und Wochenarbeitszeit, d. h. mit dem rapiden Anstieg des Lebensalters ist ein deutlicher Rückgang der Berufsarbeit verbunden. Schon in den 50er Jahren hatte die Philosophin Hannah Arendt prognostiziert: „Was uns bevorsteht, ist die Aussicht auf eine Arbeitsgesellschaft, der die Arbeit ausgegangen ist."[12]

Betrug der Anteil des Arbeitslebens an der gesamten Lebenszeit 1871 noch 70 %, so soll er nach Prognosen bis zum Jahre 2010 auf 43 % sinken. Derzeit liegt das durchschnittliche Rentenеintrittsalter bei 57,9 Jahren, d. h. wer mit 58 Jahren in den vorzeitigen Ruhestand geht, hat als Mann noch eine Lebenserwartung von mindestens 15 Jahren, als Frau von 22 Jahren vor sich. „Noch nie hatte eine Generation – objektiv gesehen – so viel Freizeit: Die **werktägliche** Freizeit nahm in den letzten vierzig Jahren von 1,5 (Allensbach 1952) auf 4,1 Stunden (B. A. T. Institut 1992) zu, die **Wochenendfreizeit** verlängerte sich von 1,5 auf 2 Tage und die **Urlaubsdauer** hat sich von 9 auf 31 Tage mehr als verdreifacht."[13]

Doch scheint dies keineswegs zu mehr Freizeit, sondern direkt zu

Freizeitstress zu führen: „Dem objektiv feststellbaren Freizeitgewinn steht aber subjektiv kein entsprechendes Freizeitbewusstsein gegenüber. Trotz deutlicher Arbeitszeitverkürzungen in den letzten zwanzig Jahren wächst das subjektive Gefühl, über zu wenig Freizeit zu verfügen. Mit anderen Worten: Die Freizeitrevolution ist im subjektiven Bewusstsein der meisten Berufstätigen nicht angekommen. Die in der öffentlichen Meinung vorherrschende These von der dramatischen Freizeitvermehrung hinkt dem subjektiven Bewusstsein der berufstätigen Bevölkerung hinterher. Weil die eigene Freizeit im subjektiven Empfinden viel zu gering erscheint, wird sie zunehmend kostbarer und wertvoller eingeschätzt. Die Arbeitnehmer rennen förmlich den vielfältigen Freizeitmöglichkeiten hinterher – auch aus Angst, vielleicht etwas zu verpassen."[14]

▶ Soziokultureller Wandel

Im Laufe der letzten Jahrzehnte Zeit wandelten sich ganz nachhaltig gesellschaftliche Haltungen und Einstellungen. Der soziokulturelle Wandel betrifft vor allem das Verhältnis der Menschen zu sich selbst, zu ihren Mitmenschen, zu den politischen und gesellschaftlichen Institutionen, zur Natur und zum Universum. Insbesondere im **Bildungssystem** haben seit Mitte der 70er Jahre tief greifende Veränderungen stattgefunden. Die Effekte der Bildungsrevolution spiegeln sich beispielsweise im quantitiativen Bedeutungsverlust der Volks- bzw. Hauptschule und den Gewinnen der weiterführenden Schularten. Während 1952 noch rund 81 % der 13 jährigen Mädchen und 78 % der gleichaltrigen Jungen mit der Volksschule abgeschlossen hatten, waren es 1981 nur noch 35 % der Mädchen und 42 % der Buben. Übersetzt heißt dies, dass innerhalb von drei Jahrzehnten die Zahl derer, die eine **höhere** Schulausbildung (entweder Realschule oder Gymnasium bzw. Gesamtschule absolviert haben, sich bei den Mädchen schon fast verdreifacht, bei den Jungen fast verdoppelt hat.

In diesem Sinne hat der Massenkonsum höherer Bildung – unabhängig davon, ob er sich in beruflicher Münze auszahlt – einen **Riss zwischen den Generationen** im Nachkriegsdeutschland entstehen lassen, der erst ganz allmählich in seiner Breiten- und Tiefenwirkung auf das Verhältnis zwischen den Geschlechtern, das Erziehungsverhalten der Eltern, auf die politische Kultur (neue soziale Bewegungen) sichtbar wird. Auf diese Weise wurde ein Stück Abschied von den klassenkulturellen Bindungen und Vorgaben des Herkunftsmilieus vollzogen. Mit der Verlängerung schulischer Bildung werden traditionale Orientierungen, Denkweisen und Lebensstile durch universalistische Lehr- und Lernbedingungen, Wissensinhalte und Sprachformen relativiert oder verdrängt.[15]

Aber auch die **Berufsstruktur** hat sich in den letzten fünfzig Jahren nachhaltig verändert, weg vom sog. ersten (Agrarwirtschaft) und zweiten Sektor (Industrie) hin zum sog. dritten Sektor, der Dienstleistung bis zur sog. **Informations**- bzw. **Wissensgesellschaft**. Demnach verändern sich auch die Anforderungen an die Berufstätigen: nicht mehr die körperliche, sondern vor allem die geistige, kreative Tätigkeit steht im Vordergrund. Dies eröffnet ganz unmittelbar neue Chancen und Möglichkeiten für Kunst und Kultur, denn durch entsprechende Angebote wird „die beschäftigungswirksame Ansiedlung neuer Betriebe in den ausgesprochenen Hightech-Branchen und in den hochkarätigen Dienstleistungsbereichen erleichtert, da diese Unternehmen überdurchschnittlich stark auf Spitzenkräfte angewiesen sind, die hohe Ansprüche an die Lebensqualität von Standorten stellen. Erstklassige kulturelle Angebote sind insoweit Kristallisationskerne für den Rohstoff Geist. (...) Insgesamt wird der Prozess der notwendigen technischen und wirtschaftlichen Erneuerung von einem attraktiven kulturellen Umfeld nicht unwesentlich beflügelt."[16]

Aber auch indirekt bleibt dieser Wandel der Arbeitswelt nicht ohne bedeutsame Konsequenzen für Kunst und Kultur; schon vor zwanzig Jahren wurde dies in einer Prognose recht plastisch beschrieben. Demnach „hat die lebensprogrammatische Bedeutung der relativ zur Arbeitszeit selbstbestimmt verbrachten Zeit zugenommen. Je mehr die Berufsarbeit abnimmt, umso tiefer sinkt sie in den Schatten der expandierenden Zeiträume autonom geregelter Tätigkeiten hinab (...) Die Eignung der Berufsarbeit, kulturell als Element der Lebenserfüllung zu gelten, nimmt mit dem Maß der Berufsarbeitszeit ab, das zur Lebensfristung sowie zur Erhaltung und Steigerung des materiellen Niveaus der Lebensfristung nötig ist. Je weniger Lebensarbeitszeit der Beruf uns abverlangt, umso geringer wird auch dessen Lebensbedeutsamkeit im Verhältnis zu allem, was man außerhalb seiner Arbeitszeit zu tun zunehmend Gelegenheit findet. Nicht die Arbeitsmoral ist gesunken, vielmehr haben sich die Chancen erweitert, neben der Berufsarbeit selbstverwirklichungs-dienlich tätig zu werden."[17] Die Menschen haben immer mehr Freizeit und dies schafft völlig neue Beschäftigungs- und Berufsfelder – vom Animateur bis hin zum Kulturmanager: auch die Freizeit will immer professioneller gemanagt werden!

Wenn die Berufswelt – wie beschrieben – ihre lebensprogramma-tische Bedeutung verliert, kann dies nicht ohne Konsequenzen für die **Wertstruktur** einer Gesellschaft bleiben, die jahrhundertelang von eben den Werten (Zuverlässigkeit, Ordnung, Pünktlichkeit usw.) geprägt war, die für das Funktionieren einer entsprechend strukturierten Arbeitswelt unabdingbar waren. „Wie die verfügba-ren Daten zeigen, hat in der Bundesrepublik in der Zeit zwischen dem Beginn der 60er Jahre und der Mitte der 70er Jahre eine tief greifende Veränderung der in der Bevölkerung verbreiteten Werte stattgefunden, die sich durch die Formel ‚von Pflicht- und Akzep-tanzwerten zu Selbstentfaltungswerten' kennzeichnen lässt. Unge-achtet verschiedenster Bewegungen in der Wertsphäre, die in frühe-rer Zeit stattfanden, kann man diese Veränderung als den deutlichsten Wertwandelsschub ansehen, den es in neuer Zeit auf deutschem Boden gab."[18] Die in regelmäßigen Abständen veröf-fentlichte Shell-Jugendstudie gibt beredt Auskunft über den Wandel der Einstellungen und Haltungen bei Jugendlichen.

Die beschriebenen Veränderungen hatten darüber hinaus Aus-wirkungen auf das Erleben von Kunst und Kultur. Wie Albrecht Gö-schel in seiner Studie zur „Ungleichzeitigkeit in der Kultur"[19] über-zeugend aufgezeigt hat, „erleben" die einzelnen Generationen (hier gemessen in Zehn-Jahres-Kohorten!) Kultur und Kunst völlig un-terschiedlich, haben für sie Kunst und Kultur jeweils grundlegende andere Bedeutungen. Seit Beginn der neunziger Jahre hat sich in der (Kultur-) Soziologie der Begriff der „**Erlebnisgesellschaft**" (Schulze) durchgesetzt als Bezeichnung für eine Gesellschaft, in der (sowohl im historischen als auch im interkulturellen Vergleich) „innenori-entierte" Lebensauffassungen eine relativ große Rolle für den Aufbau der Sozialwelt spielen. Ästhetisierung und Psychologisierung der Alltagswelt sind demnach Kennzeichen einer Gesellschaft, deren existentielle Kernprobleme nicht mehr darin bestehen, physisch oder sozial zu überleben, sondern ein „schönes" Leben zu führen, d. h. Leben wird zum Er-Leben. Während in eher außenorientierten Gesellschaften die Ziele des Handelns immer nach außen, d. h. auf die jeweilige Situation, gerichtet sind, konzentrieren sie sich im Gegensatz dazu bei der Innenorientierung immer auf das Subjekt selbst. Man wählt aus, um sich selbst in bestimmte Zustände zu versetzen, d. h. Erlebnisrationalität ist Selbstmanipulation des Subjekts: Jeder ist für seine Erlebnisse selbst verantwortlich.

Allerdings konsumieren die Einzelnen in der Erlebnisgesellschaft nicht die gleichen Erlebnisse in gleicher Weise, sondern sie wählen aus dem Erlebnisangebot bestimmte Schemata aus. Diese „ästhetischen Beziehungswahlen" erfolgen keineswegs beliebig, sondern werden vorrangig durch physische und psychische Dispositionen beeinflusst, wobei Lebensalter und Bildung zentrale Bestimmungsfaktoren sind. Diese sog. „Beziehungswahlen" (d. h. diejenigen Schemata, auf die sich der/die Einzelne jeweils bezieht) werden für Schulze nun unmittelbar struktur-, d. h. „milieubildend". Soziale Milieus bilden sich demnach in der Erlebnisgesellschaft nicht länger durch schichtbezogene Beziehungsvorgaben (wie Einkommen, Berufsprestige und formaler Bildungsabschluss), sondern durch Beziehungswahl. Milieus werden den Menschen in Gesellschaften mit einem hohen Lebensstandard nicht einfach vom Schicksal verordnet, sondern man kann wählen bzw. man muss wählen, wenn man überhaupt noch irgendwo dazugehören möchte.

Kulturproduktion, Kulturrezeption und Kulturpolitik haben im Rahmen der Erlebnisgesellschaft einen zentralen Stellenwert, da vorwiegend über kulturelle Güter und Dienstleistungen Erlebnisse stimuliert werden. Folgt man Schulze, so sind öffentliche wie private Kulturanbieter den gleichen Mechanismen des Erlebnismarktes ausgesetzt und können sich diesen kaum entziehen. Durch die Gleich-Gültigkeit der Erlebnisnachfrage gegenüber der Herstellung des Erlebnisangebots, sei die Produktion privatwirtschaftlich organisiert oder öffentlich gefördert, rückt das Publikum nun in eine strategische Position auf dem Erlebnismarkt: Je mehr der Erlebnismarkt ausufert, je mehr Publikum zum knappen Gut wird, desto eher sind die Anbieter auch im kulturpolitischen Handlungsfeld bereit, ihre offizielle Anspruchshaltung durch eine inoffizielle Bereitschaft zu unterlaufen, sich dem Geschmack des Publikums anzupassen. Es ergibt sich eine wachsende Diskrepanz zwischen manifester Ambitioniertheit der Kulturpolitik und latenter Bequemlichkeit der ästhetischen Praxis öffentlicher Kulturarbeit.

▶ Entwicklung der politischen und rechtlichen Rahmenbedingungen

Der öffentliche Kulturbetrieb in Deutschland ist wesentlich dadurch gekennzeichnet, dass er nur in sehr geringem Maße (im Vergleich zu anderen Politikfeldern) juristisch normiert ist. Gleichwohl gibt es eine ganze Reihe von Gesetzen, die direkt, vor allem aber indirekt die Handlungsmöglichkeiten beeinflussen. Zum Kulturrecht sind im Einzelnen zu zählen:

- das **Kulturverfassungsrecht**, d.h die verfassungsrechtlichen Grundlagen kulturellen Handelns des Staates sowie die verfassungsrechtlichen Garantien für die Arbeit der Künstler und Kulturvermittler;
- öffentlich-rechtliche Rechtsbeziehungen im Inland und im Ausland, wie beispielsweise die **Künstlersozialversicherung** oder die **Auswärtige Kulturpolitik**;
- das **Urheberrecht**, das die Rechte am geistigen Eigentum sowie die Verwertung dieser Rechte regelt;
- das **allgemeine Vertragsrecht** zur Regelung vertraglicher und haftungsrechtlicher Beziehungen zwischen Vertragsparteien in kulturellen Angelegenheiten;
- das **Medienrecht**, soweit es kulturelle Belange betrifft sowie schließlich
- die **sonstigen Rechtsvorschriften**, die den Kulturbereich betreffen wie beispielsweise Erbschaftsrecht, Steuerrecht, Denkmalschutz usw.[20] In den letzten Jahren sind darüber hinaus
- eine ganze Reihe von **europäischen Rechtssetzungen** in der Diskussion bzw. bereits beschlossen worden (z. B. die viel diskutierte Buchpreisbindung zwischen den EU-Staaten Österreich und

Deutschland, das Folgerecht, europäische Urheberrechtsdiskussionen, vor allem im Zusammenhang mit den neuen Kommunikationstechnologien, Konzentrationsverbote, vor allem im Mediensektor usw.).

Ein wichtiges Beispiel aus der Vergangenheit stellt die 1981 geschaffene und 1983 in Kraft getretene Künstlersozialversicherung dar, die die sozialen Lebensbedingungen der Künstler in der Bundesrepublik Deutschland sichern soll. Unter bestimmten Voraussetzungen sind demnach selbständige Künstler pflichtversichert; der Beschluss dieses Gesetzes bedeutete für die besonders personalintensiven Kulturbetriebe eine nicht unerhebliche Ausgabensteigerung.[21] Weitere Beispiele, die den Kulturbereich nachhaltig betreffen, sind die gesetzlichen Regelungen gegen die sog. Scheinselbständigkeit, die Festlegung der Ausländersteuer, der Ende der 90er Jahre viel diskutierte sog. Sponsoringerlass, der die Versteuerung von Sponsoringeinnahmen durch die Kultureinrichtung regelt usw.

Neben diesen juristischen Festlegungen spielen auch die kulturpolitisch-normativen Zielsetzungen eine erhebliche Rolle. Eben weil der juristische Rahmen relativ weit gesteckt ist und Kulturpolitik in Deutschland darüber hinaus auch nicht zentralistisch (wie in Frankreich, Spanien oder auch England) organisiert ist, sondern Ländersache ist, kommt dem kulturpolitischen Diskurs, also der Diskussion und Festlegung entsprechender kulturpolitischer Zielsetzungen in der Bundesrepublik, den einzelnen Bundesländern und den Gemeinden eine so wichtige Bedeutung zu.[22] Wenn eine Kultureinrichtung die Rahmenbedingungen des eigenen Handelns richtig einschätzen will, ist sie gut beraten, sich mit den entsprechenden (ggf. konkurrierenden) kulturpolitischen Zielsetzungen vor Ort vertraut zu machen.

Wie aus diesen, notwendigerweise nur skizzenhaften Anmerkungen deutlich geworden ist, sind globale, regionale und lokale Entwicklungstrends eng miteinander verwoben. Keineswegs laufen sie überall gleich ab und teilweise können globale kulturelle Entwicklungstrends durch bewusste nationale Gegenpositionen (wie in Frankreich etwa die berühmte „exception culturelle" im Bereich der Medien und viele Jahre die Haltung des dortigen Staates zum Internet)[23] oder lokale Trends (z. B. der Regionalisierung oder der Folklorisierung) konterkariert werden. Kunst und Kultur finden (sieht man von der medial vermittelten ab) in der Regel jeweils am konkreten Ort statt. Um realistisch die dort wirksamen Kräfte und Einflüsse beurteilen und die Rahmenbedingungen für das eigene Marketinghandeln richtig einschätzen zu können, bedarf es daher einer sorgfältigen Analyse sowohl der global als auch lokal wirksamen Faktoren.

6.2 Konkurrenzanalyse

Der selbstbewusste Satz des Weimarer Hofintendanten Johann Wolfgang von Goethe „... und am Ende ist doch das schlechteste Theater besser als die beste Langweil"[24] hat schon seit langem seine Berechtigung verloren. Der flexible kulturinteressierte Kunde der Erlebnisgesellschaft kennt längst andere Möglichkeiten, als sich im schlechten Theater zu langweilen. Er kennt sie und er und nutzt sie.

▶ **Was bedeutet Konkurrenz im Kulturbetrieb?**

Unterhält man sich mit Leitern oder Mitarbeitern von Kulturorganisationen, so stößt man ziemlich oft auf folgendes Phänomen: fragt man nach der Konkurrenz der jeweiligen Kultureinrichtung vor Ort, so kommen kaum bzw. nur wenige Nennungen. Handelt es sich etwa um eine Musikschule, so wird möglicherweise spontan der Name einer Privatmusikschule in derselben Gemeinde genannt, nach einigem Nachdenken vielleicht noch der eine oder andere private Musikschullehrer und nach noch längerer Zeit ggf. der örtliche Musikverein, der zur Nachwuchsförderung eine eigene Kinder- und Jugendabteilung mit Musikunterricht (meist in ausgewählten Instrumenten) aufgemacht hat. Darüber hinaus wird gewöhnlich keine Konkurrenz gesehen.

Stellt man dagegen die Frage, warum die betreffende Musikschule so massive Nachwuchsprobleme hat, so sprudeln sofort die Antworten: das Angebot für die Kinder und Jugendlichen sei heute eben so groß, dass die Musikschule zwangsläufig nur ein Anbieter unter vielen sei: da gebe es vor allem die zahlreichen Sportvereine, die Arbeitsgemeinschaften in den Schulen, die nachmittags viele Schüler anzögen und vor allen Dingen natürlich die neuen Medien, besonders die Möglichkeiten der Computertechnologie mit ihren faszinierenden Spielen und die schier unendlichen Angebote des Internets, die die Kids wahlweise an die Bildschirme bzw. an die Monitore bannten.

Bemerkenswert an diesem Phänomen, das sich ähnlich bei sehr vielen Kultureinrichtungen feststellen lässt, ist zweierlei: zunächst wird der Begriff der **Konkurrenz sehr enggefasst**, d. h. man sucht Mitwettbewerber in aller Regel zunächst (und oft ausschließlich) im Bereich des Kernnutzens des eigenen Produkts. Ändert man dagegen die Fragestellung bzw. damit verbunden die Perspektive, so tauchen auf einmal eine **sehr große Zahl von Konkurrenten** auf. Zweitens wird dabei allerdings nicht empirisch geprüft, ob und in welcher Form es sich tatsächlich um Konkurrenz handelt, d. h. es entstehen sehr häufig unhinterfragte Mystifikationen, die das weitere Nachdenken überflüssig zu machen scheinen.

Die hier schematisch skizzierten Konkurrenzverhältnisse lassen sich am Beispiel des Theaterangebots verdeutlichen. Der Besucher

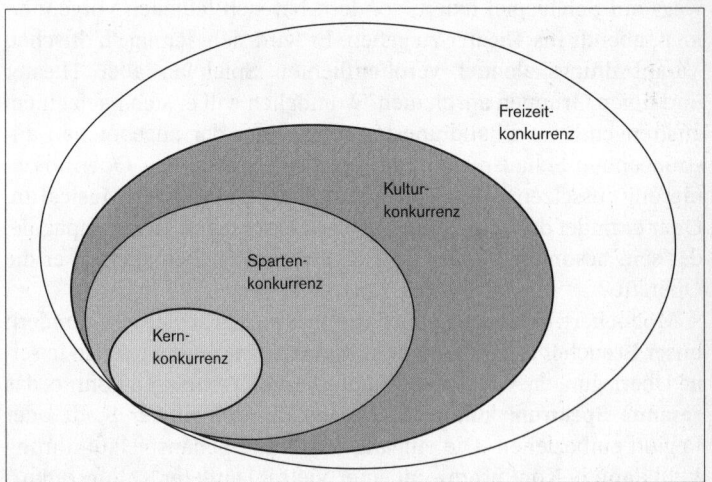

Abb. 13: Konkurenzverhältnisse im Kulturbetrieb

einer Großstadt, der das dringende Bedürfnis verspürt, abends eine **Schauspielaufführung** zu besuchen, kann dieses gewöhnlich in einem Stadttheater oder vielleicht sogar Staatstheater vor Ort tun. In dieser Großstadt gibt es sicherlich auch einige freie professionelle Theatergruppen, von denen die eine oder andere unter Umständen ebenfalls Schauspiel anbietet. Und möglicherweise existiert an der Universität eine ambitionierte studentische Theatergruppe, die ebenfalls dieses Feld besetzt. Vielleicht wohnt unser fiktiver Theaterbesucher in einem Ballungsraum (etwa dem Ruhrgebiet, dem Rhein-Main-Gebiet oder in Berlin) und ist mobil, so dass er zusätzlich die Wahl zwischen einer ganzen Reihe von Stadt- und möglicherweise Staatstheatern hat. Möglicherweise hat er an einem Abend die Chance zwischen drei unterschiedlichen Aufführungen der „Räuber" auszuwählen. Im Bereich der sog. **Kernkonkurrenz** konkurrieren Anbieter gleicher oder sehr ähnlicher Produkte miteinander.

Der Bereich der **Spartenkonkurrenz** umfasst dagegen **sämtliche Theaterangebote**, die in einem Ort oder einer erreichbaren Region zur Auswahl stehen. Unser Besucher, vielleicht auf Dienstreise mit Übernachtung in einer fremden Stadt, ist unter Umständen keineswegs auf Schauspiel fixiert, sondern hat sich lediglich vorgenommen, abends ins **Theater** zu gehen. Er wird sich den im städtischen Veranstaltungskalender veröffentlichten Spielplan aller Theater und freien Gruppen anschauen. Womöglich will er sich nach einem anstrengenden Verhandlungstag nicht einer der angebotenen anstrengenden Schauspielaufführungen oder modernen Operninszenierung aussetzen und schaut sich stattdessen lieber ein Musical an. Oder er findet das spannende Angebot einer freien Tanzcompagnie, der sein besonderes Interesse gilt. Oder vielleicht präferiert er die Operette?

Möglicherweise muss es aber auch gar nicht Theater sein, sondern unser Besucher ist einfach nur **kulturinteressiert**. Er wird also in seine Überlegungen, wie er den Abend sinnvoll verbringen könnte, das **gesamte Spektrum kultureller Veranstaltungen** in der Stadt oder Region einbeziehen. Die eingangs erwähnte Schauspielaufführung steht dann in Konkurrenz mit einer Vielzahl anderer Kulturkonkurrenten, die um die Zeit, das Geld und die Aufmerksamkeit unseres

Besuchers kämpfen. Da ist das vielfältige Musikangebot, die Museen und Ausstellungshäuser mit ihrer „Langen Nacht", der Jazzkeller oder Folkmusikclub, die zahlreichen Filmtheater, die interessanten Lesungen in Buchhandlungen oder Vorträge in der Volkshochschule, ja selbst der Multivisionsabend über ein interessantes Land in der Stadthalle erregen das Interesse unseres Besuchers.

Aber neben all den vielen reizvollen Kulturangeboten bietet eine Stadt noch vielfältige andere Möglichkeiten: der Besucher kann sich dort mit Freunden oder Bekannten treffen, er kann gut essen gehen, sich ein Bundesligaspiel anschauen, eine politische Diskussionsveranstaltung besuchen, einfach durch die Stadt streifen und die verlängerten Ladenöffnungszeiten für einen Einkaufsbummel nutzen, eine Disco besuchen – oder einfach nur im Hotel sitzen und zwischen einer Vielzahl von Fernsehprogrammen wählen. Je unspezifischer also die Nachfrage ist (d. h. also, je offener der Kulturkunde in seinen Interessen ist), umso größere Konkurrenz-Kreise werden in die Überlegungen miteinbezogen. Ist die direkte Kernkonkurrenz in aller Regel recht gut überschaubar, so wird es mit zunehmender Ausweitung der Kreise immer schwieriger, die Konkurrenz im Auge zu behalten.

▶ Quellen der Konkurrenzanalyse

Wenn dieser Befund zutrifft, so muss sich jede Kulturorganisation um eine **systematische** und vor allem **permanente Konkurrenzanalyse** bemühen. Dieser Prozess der Konkurrenzanalyse muss systematisiert, organisiert und kontrolliert werden. In einem ersten Schritt müssen zunächst die möglichen **Quellen der Konkurrenzanalyse** festgestellt und nach dem Grad ihrer Zugänglichkeit kategorisiert werden.

• Die unproblematischste Quelle zur Analyse der jeweiligen Konkurrenz sind allgemein zugängliche **Veröffentlichungen Dritter über die Konkurrenz**, wie z. B. allgemeine Spielpläne, Vorankündigungen und Übersichten in örtlichen Veranstaltungskalendern oder auf Sammelplakaten. Diese geben zunächst einmal wichtige Informationen darüber, welche Einrichtungen es in der jeweiligen Stadt bzw. Region überhaupt gibt und ggf. in eine Betrachtung einbezogen werden müssen. Wichtige Informationen enthalten aber auch Presseberichte, Kritiken, allgemeine Darstellungen einer Einrichtung. Amtliche Quellen sind darüber hinaus allgemein zugängliche Statistiken (wie z. B. die jährliche Theaterstatisik des *Deutschen Bühnenvereins*, denen interessante Daten über Besucherzahlen, Wirtschaftsdaten usw. der Kernkonkurrenz zu entnehmen sind). Hinzu kommen öffentlich zugängliche Haushaltspläne, etwa des Landes oder der Kommunen, die so manchen Hinweis darauf geben, wie sich mögliche Kulturkonkurrenten u. U. auf Grund gestiegener öffentlicher Zuwendungen in Zukunft entwickeln werden.

• Ebenso offen und unproblematisch zugänglich sind die **eigenen Veröffentlichungen und Selbstdarstellungen der möglichen Konkurrenten**. Hierzu zählen Vorankündigen (z. B. das jährliche Ausstellungsprogramm, die Jahresvorankündigung der Theater, Programmübersichten von Weiterbildungseinrichtungen usw.). Für die eigene Planung ist es von Bedeutung, wann zum Beispiel in der gleichen Stadt ein großes Festival, eine Premiere oder Uraufführung oder eine große Ausstellung stattfinden. Nicht ohne Interesse dürfte auch sein, wie große Sportereignisse (Olympische Spiele, Weltmeisterschaften oder Europacupspiele) terminiert sind. Kataloge und Programmhefte geben wichtige Informationen über Sponsoren (und damit avisierte Zielgruppen!) und Lieferanten der Konkurrenz, über deren Vertriebssysteme (z. B. Ticketsysteme), Preisgestaltung usw.

Dies ist vor allem dann von ganz besonderer Bedeutung, wenn ein langjähriger Mitwettbewerber, der bisher keine größere Konkurrenz darstellte, auf einmal inhaltlich einen deutlichen Kurswandel vollzieht und somit plötzlich zu einem eindeutigen und ernst zu nehmenden Konkurrenten wird. Möglicherweise startet beispielsweise das soziokulturelle Zentrum auf einmal eine hochinteressante Filmreihe und wird damit zum Konkurrenten des Kommunalen Kinos. Zeitungsanzeigen können auf plötzlich auftauchende Konkurrenten hinweisen (z. B. inseriert eine neu gegründete Privatmusikschule ihr Angebot und wird somit zur Konkurrentin der alteingesessenen öffentlichen Musikschule). Aber auch Reden (z. B. aus Anlass von Jubiläen oder sonstigen besonderen Anlässen) geben u. U. wichtige Hinweise auf das, was die Konkurrenz in Zukunft plant.

Stellenanzeigen verraten, wie sich Konkurrenten verstärken bzw. u. U. über die Akquisition neuer Kompetenzen neue Geschäftsfelder besetzen möchten.

• Auch **physische Veränderungen**, wie zunehmende Bautätigkeit, Erweiterung des Fuhrparks, veränderte Ausstattung, Anschaffung neuen Mobiliars, vermehrte Neueinstellungen oder Entlassungen geben wichtige Hinweise. Wenn z. B. das oben erwähnte soziokulturelle Zentrum auf einmal mit der Einrichtung einer Theaterbühne und dem Erwerb entsprechender technischer Einrichtungen und Materialien (wie Scheinwerfer, Tonanlagen usw.) beginnt, sollte dies für das Stadttheater Grund zum Nachdenken sein. Auch die zusätzliche Einrichtung von Gastronomie usw. gibt wichtige Hinweise über Veränderungen bei Konkurrenten.

• Nicht so leicht zugänglich und aus verschiedenen Gründen teilweise problematisch sind **nicht öffentlich zugängliche Informationen aus dritter Hand** über die Konkurrenz. Hierzu zählen etwa Auskünfte von gemeinsamen Lieferanten, Sponsoren oder Vertriebspartnern (wenn etwa Vorverkaufsstellen u. U. über den Ticketverkauf der Konkurrenten erzählen). Oftmals werden aber auch erstaunlicherweise höchst freizügig und freiwillig Informationen von jetzigen (der berühmte Kantinentratsch) oder ehemaligen Mitarbeitern (etwa bei Bewerbungs- und Einstellungsgesprächen) gegeben. Diese Informationen sind aber stets sehr sorgfältig auf ihren Wahrheitsgehalt hin zu überprüfen; vieles wird oft nur gesagt, um sich selbst interessant zu machen und erweist sich bei näherem Hinsehen bzw. genauerer Nachprüfung als „Ente". Auch sollten ausdrücklich als vertraulich gegebene Informationen aus Gründen der eigenen Selbstachtung stets als solche behandelt werden.

▶ **Informationssystem zur Konkurrenzanalyse**

Damit die vielen eingehenden Informationen und Daten sinnvoll verarbeitet werden und als Grundlage für entsprechende strategische Marketingentscheidungen dienen können, müssen sie systematisch erhoben und aufbereitet werden. Dies geschieht sinnvollerweise in vier Schritten.

(1) Zunächst geht es um die **Einrichtung des Informationssys-**

tems. Wichtig ist dabei zunächst die Klärung der Frage, **wo** überhaupt gesammelt werden soll, d. h. welche Konkurrenten systematisch beobachtet werden sollen. Besondere Aufmerksamkeit wird man dabei zunächst sicherlich der Kern- und der Spartenkonkurrenz widmen und auch die Kulturkonkurrenz vor Ort sollte keineswegs außer Acht gelassen werden. Zweitens muss definiert werden, **was** und **in welcher Form** gesammelt werden soll. Drittens muss geklärt werden, **wer** sammelt bzw. an **welcher Stelle in der Organisation die Daten und Informationen zusammenfließen**. Dabei ist es durchaus möglich, dass alle Mitarbeiterinnen und Mitarbeiter der Organisation mit speziellen Bereichen der Konkurrenzbeobachtung betraut werden, d. h. dass eine Person beispielsweise systematisch alle Spielpläne zusammenträgt, eine andere Programmhefte sammelt und eine dritte die Augen offen hält hinsichtlich physischer Veränderungen und eine vierte entsprechend die Ohren spitzt. Auch die permanente Beobachtung der Internetseiten der Konkurrenz sollte eine Selbstverständlichkeit sein. Gleichwohl ist sicherzustellen, dass erstens nicht doppelt, zweitens aber nicht lückenhaft und nicht nach dem Zufallsprinzip gesammelt wird. Diese Sammlung, es sei noch einmal betont, sollte allerdings nur so erfolgen, dass – möglicherweise aus gut gemeintem Übereifer – weder ethische noch juristische Normen (Betriebsspionage) verletzt werden!

(2) Das bloße Zusammentragen von Vorankündigen, Handzetteln und Programmheften schafft zwar Lagerprobleme, ist aber ansonsten nutzlos, wenn die Daten nicht entsprechend **aufbereitet** werden. Dementsprechend ist ein System zu entwickeln, nach welchen Gesichtspunkten die Daten einheitlich ausgewertet und aufbereitet werden (zum Beispiel: was tut die Konkurrenz gegenwärtig, was plant sie für die nahe Zukunft, welche weiteren Perspektiven hat sie usw.). Dieses kann zum einen in herkömmlicher Weise mit Hilfe von Karteikarten geschehen, auf denen systematisch alle relevanten Beobachtungen nach einem festzulegenden System eingetragen werden. Hierzu kann allerdings auch per EDV eine entsprechende Datenbank eingerichtet werden, auf die nur die entsprechenden Mitarbeiter Zugriff haben. Egal, für welche Methode man sich entscheidet: wichtig ist bei alledem, dass die Daten nach einem bestimmten einheitlichen, einfach zu nutzenden und die Mitarbeiter zeitlich wenig beanspruchenden System geordnet werden. Ist das System zu kompliziert, bleiben u. U. für die eigene Entscheidung wichtige Daten unberücksichtigt auf irgendwelchen Zetteln, in dicken Programmheften oder auch nur in den vergesslichen Köpfen einzelner Mitarbeiter vergraben.

(3) Bevor die vielen Daten in die Entscheidungsfindung einfließen können, müssen sie zunächst **geordnet** und darüber hinaus **gewichtet**, d. h. das Wichtige vom Unwichtigen getrennt, werden. Der Grad der Wichtigkeit bemisst sich dabei in erster Linie nach der Bedeutung des jeweiligen Konkurrenten: je dichter er mit seinem Angebot an dem der eigenen Organisation ist bzw. je leichter der Kunde von der eigenen Organisation zu genau dieser abwandern kann, umso bedeutender sind hier auch Kleinigkeiten. Sodann müssen die erhobenen Daten und Informationen **auf ihre Verlässlichkeit hin überprüft** werden, und zwar umso genauer, je relevanter sie für die eigene Einrichtung sind. In einem weiteren Schritt sollten diese Daten nach Möglichkeit bereits **interpretiert** und **kommentiert** werden bzw. überlegt werden, was sie für das Handeln der eigenen Organisation bedeuten könnten.

(4) Wird wie oben beschrieben vorgegangen, so wird sich die Zahl der für die Organisation relevanten Daten sehr wahrscheinlich auf einige wenige verdichten, die aber von besonderer Bedeutung und Tragweite sind. Diese **Informationen mit Schlüsselcharakter** sind an die entsprechenden Entscheidungsträger weiterzuleiten. Auf Grund der zuverlässigen Daten können und müssen dann die strategisch relevanten **Entscheidungen getroffen** und **entsprechende Maßnahmen** eingeleitet werden. Diese Informationen bilden deshalb **eine** der zentralen Grundlagen für die eigenen Strategieentscheidungen.

▶ **Organisationsvergleiche und Benchmarking**

Die sensible Beobachtung der Konkurrenz ist noch aus einem ganz besonderen weiteren Grund wichtig. Wie mehrfach betont wurde, ist der Besucher auf Grund der im Kulturbereich gewöhnlich besonders ausgeprägten Konkurrenzverhältnisse strategisch in der günstigen Position, **wählen** zu können – und er tut dies auch.

Gleichzeitig überträgt er Standards und Erfahrungen, die er bei der Konkurrenz erlebt hat, unwillkürlich auf andere Kultureinrichtungen. Für die jeweilige Kulturorganisation ist es deshalb wichtig, sich nicht mit den traditionellen Standards im eigenen Betrieb zufrieden zu geben, sondern sich an den sog. **best practices** der jeweiligen Konkurrenz bzw. am sog. Klassenbesten zu messen.

Zu Beginn der 90er Jahre startete die Bertelsmann-Stiftung im Rahmen der damals aufkommenden Diskussionen um das sog. ‚Neue Steuerungsmodell' in den öffentlichen Verwaltungen das groß angelegte Projekt „Wirkungsvolle Strukturen im kommunalen Kulturbereich". Ausgehend von der Grundüberlegung, „dass Unternehmen sich permanent an der Leistung konkurrierender Unternehmen messen und danach streben müssen, ihre Kundenorientierung, ihren Umsatz, ihren Marktanteil, ihren Ressourceneinsatz im Sinne der Existenzerhaltung zu optimieren"[25], wurden in **Leistungsvergleichen** Kultureinrichtungen in den unterschiedlichen Sparten[26] (Musikschulen, Volkshochschulen, Theater; Kulturämter, Museen usw.) in verschiedenen Städten nach bestimmten Kennzahlen miteinander verglichen.

Ziele dieses Vergleiches waren:
- Messung des Grades der Aufgabenerfüllung
- Verbesserung der Kundenorientierung
- Wirtschaftlichkeit der Aufgabenerledigung
- Transparenz der Kosten und Leistungen
- Mitarbeiterbeteiligung an notwendigen Veränderungsprozessen.[27]

Im industriellen Produktionssektor und im kommerziellen Dienstleistungsbereich kennt man dies schon seit Jahrzehnten unter dem Begriff **Benchmarking**[28] und bezeichnet damit den kontinuierlichen Vergleich von Produkten, Dienstleistungen sowie Prozessen und Methoden mit (mehreren) Betrieben, um die Leistungslücke zum Klassenbesten zu erkennen und nach Möglichkeit systematisch zu schließen. Die Grundidee ist dabei, festzustellen,
- welche Unterschiede bestehen
- worauf diese Unterschiede beruhen und
- welche Verbesserungsmöglichkeiten beim eigenen Betrieb existieren[29].

Umfassender lässt sich Benchmarking definieren als externer Blick auf interne Aktivitäten, Funktionen oder Verfahren, um eine ständige Verbesserung zu erreichen. Ausgehend von einer Analyse der existierenden Aktivitäten und Praktiken im Unternehmen will man Prozesse oder Aktivitäten verstehen und dann einen externen Bezugspunkt identifizieren, einen Maßstab, nach dem die eigene Aktivität gemessen und beurteilt werden kann.[30] Benchmarking (aus engl. ‚bench' = ‚Werkbank' und ‚mark' = ‚Markierung', also: Bezugspunkt, Standard, an dem etwas gemessen werden soll; „Referenzpunkt einer gemessenen Bestleistung"[31]) meint also die systematische Suche nach übertragbaren Lösungen aus anderen Bereichen. Allerdings steht der Lern- bzw. Anpassungseffekt im Vordergrund: bloßes Kopieren ersetzt keine Innovation, d. h. dass die Übersetzung auf die eigene Situation nur dann – und wirklich nur dann – funktioniert, wenn sie an das eigene Umfeld angepasst wird.[32]

Der Grundgedanke des Benchmarking wird besonders deutlich, wenn man auf dessen mittlerweile legendäre Entstehung zurückgreift. Demnach soll Henry Ford 1916 bei einem Besuch des Chicagoer Schlachthofes das Vorbeigleiten der geschlachteten Schweine an Haken auf einer Einschienenbahn von einem Arbeiter zum nächsten, der sie dann weiter jeweils verarbeitete, beobachtet haben. Diese Methode wurde dann von ihm mittels Fließbandfertigung, die diese Idee adaptierte, auf die Automobilindustrie übertragen.

Konzentrierte sich der seinerzeitige Betriebsvergleich der Bertelsmann-Stiftung weitgehend auf den Abgleich lediglich von Kennzahlen, so arbeitet Benchmarking eher **ganzheitlich** bzw. **prozessorientiert**: Warum arbeitet die andere Kultureinrichtung insgesamt „besser" als die eigene? Welche Methoden lassen sich von einer anderen Kultureinrichtung (**Konkurrenzbenchmarking**), vielleicht sogar von einer kommerziell orientierten Kultureinrichtung wie z. B. den Musicaltheatern, den kommerziellen Großkonzerten, den Kinobetrieben usw. (**Branchenbenchmarking**), ja vielleicht sogar aus völlig kulturfremden Unternehmen wie z. B. die Kundenklubidee, das Merchandising usw. (**Best-in-Class-Benchmarking**) auf eine öffentliche Kultureinrichtung übertragen? Im Vordergrund stehen dabei zum einen **die kritische Selbstreflexion**, zum anderen die **Lernbereitschaft**. „Über Benchmarking soll das Unternehmen zu einer lernfähigen und lernbereiten Organisation werden, bei der dauerhaftes Lernen zwar Instabilität bequemer Zustände provoziert, langfristig aber über dynamisierte Positionsüberprüfung die Überlebensfähigkeit der Unternehmung gesichert wird."[33]

Für eine Kultureinrichtung wie z. B. eine öffentliche Musikschule, stellt sich der Benchmarkingprozess wie folgt dar:

Einfaches Benchmarking am Beispiel einer Musikschule

(1) Planungsphase
- Zielvorgabe: Was soll überhaupt gemessen werden? (z. B. Verbesserung der Kundenfreundlichkeit des Anmelde- und Aufnahmeverfahrens in der eigenen Musikschule)
- Auswahl des geeigneten Benchmarkingpartners (z. B. eine Musikschule, die wegen ihres kundenorientierten Aufnahmeverfahrens verbandsweit berühmt ist)
- Auswahl des Benchmarks (das Anmeldeverfahren)
- Auswahl der Datenerhebungsmethode (z. B. Beobachtung; Kundenbefragung usw.)

(2) Messen
- Interne Analyse (Wie funktioniert das Verfahren in der eigenen Musikschule?)
- Externe Analyse (Wie funktioniert es in der Vergleichsschule?)
- Bestimmung der Leistungslücke (Wo liegen die entscheidenden Unterschiede?)

(3) Lernen
- Verstehen der Praktiken (Was machen die Anderen besser?)
- Überprüfung der Adaptionsfähigkeit (Ist das Verfahren übertragbar? Gibt es entsprechend Personal, Öffnungszeiten etc.?)
- Entwicklung von Aktionsplänen (Wie können die Verbesserungen in der eigenen Musikschule umgesetzt werden?)

(4) Umsetzen
- Durchführung der Veränderung (Einrichten eines neuen Anmelde- und Aufnahmeverfahrens)

- Kontrolle der Veränderungen (Wie funktioniert das Verfahren?)
- Setzen neuer Ziele (Verbesserung auch anderer Bereiche, z. B. Verbesserung der Interessenteninformation, der Kundenberatung, des Abmeldeverfahrens? usw.)

6.3 Potential-/Leistungsanalyse

Ist geklärt, was eine bestimmte Kultureinrichtung grundsätzlich **will** (dies erfolgt, wie dargelegt, in der Fixierung des Mission Statements) und unter welchen äußeren Konditionen (Umwelt- wie auch die Konkurrenzanalyse) sie arbeitet, so stellt sich die Frage, was sie tatsächlich **kann**, denn Wollen impliziert keineswegs automatisch Können. Es ist also „nicht damit getan, im externen Umfeld attraktive Marktchancen aufzutun. Das Unternehmen muss auch über die notwendigen Fähigkeiten verfügen, diese Chancen erfolgreich wahrzunehmen."[34] Bei der **Potential**- bzw. **Leistungsanalyse** geht es vorrangig um eine **interne** Analyse der Kultureinrichtung, wobei diese wiederum nicht isoliert und solitär, sondern immer auch im Vergleich mit anderen betrachtet wird. Der wesentliche Unterschied zur Umwelt- bzw. zur Konkurrenzanalyse besteht allerdings darin, dass die Rahmenbedingungen nur relativ schwer zu verändern sind, während es weitgehend in der Hand der Kulturorganisation liegt, sich selbst zu verändern (wobei dies zugegebenermaßen durchaus mühsam sein kann).

Die Potentialanalyse untersucht zunächst vor allem die **Stärken** (die ihr u. U. noch gar nicht in allen Details klar sind) bzw. die **Schwächen** (die sie vielleicht ebenso wenig sieht bzw. recht häufig leider gar nicht sehen **will**), die eine Kultureinrichtung hat. Es geht also im Wesentlichen darum, die Leistungsstärke und die Ressourcen, die die jeweilige Kultureinrichtung auszeichnen, möglichst (selbst-)kritisch zu analysieren, um dadurch (relative) Sicherheit darüber zu gewinnen, welche Erfolgschancen sie auf dem jeweiligen Markt hat.

▶ Die Stärken-Schwächen-Analyse

Ein wichtiges Instrument der Potentialanalyse ist daher die sog. **Stärken-Schwächen-Analyse**. In ihr werden die Leistungsfaktoren dieser Einrichtung bewusst gemacht, eingeschätzt bzw. bewertet, um daraus Handlungsmöglichkeiten und -strategien zu entwickeln. Das Kernelement der Stärken-Schwächen-Analyse ist der **möglichst genaue und ehrliche Vergleich**; dieser kann in unterschiedlichen Dimensionen stattfinden.

(1) Der einfachste und in aller Regel am wenigsten aufwendige Vergleich ist die Gegenüberstellung der **eigenen Leistung mit allgemeinen Standards bzw. Vergleichsdaten**. Sowohl die Statistischen Ämter des Bundes, der Länder und der Kommunen wie die Dachverbände der einzelnen Kultursparten verfügen über umfangreiches, mehr oder minder professionell aufbereitetes Datenmaterial. Will eine Musikschule z. B. wissen, wie sie hinsichtlich der Bezuschussung durch öffentliche Körperschaften pro Schüler liegt, so wird sie auf solche Vergleichsdaten zurückgreifen; das Theater wird auf die entsprechende **Deutsche Theaterstatistik** zurückgreifen.

(2) Eine weitere Möglichkeit ist die **Selbsteinschätzung der Stärken und Schwächen durch die jeweilige Kultureinrichtung selbst (Soll-Ist-Vergleich)**. Anhand einer Liste der wahrscheinlich wichtigsten Leistungsmerkmale (z. B. angebotene Produkte, Preisstaffelung, Serviceleistungen, Werbemaßnahmen usw.) und ihrer wahrscheinliche Erfolgswichtigkeit wird von den Mitarbeitern der Kultureinrichtung darüber diskutiert (und anschließend entschieden), wie die eigenen Leistungen in jedem einzelnen Punkt ehrlicherweise einzuschätzen sind. Dieses Vorgehen ist allerdings nicht unproblematisch, denn zum einen kann trotz besten Wissens und Gewissens das eine oder andere Faktum entweder übersehen oder falsch eingeschätzt werden. Zum anderen besteht aber die nahe liegende Gefahr, nicht ganz ehrlich zu sein bzw. sich in die Tasche zu lügen, d. h. den Zustand der Kultureinrichtung sehr viel besser einschätzen, als er tatsächlich ist. Deshalb sollten solche Verfahren nach Möglichkeit mit externen Moderatoren, mit Metaplantechnik oder so weit wie möglich anonym erfolgen.

(3) Bereits sehr viel aufwendiger ist die Konfrontation des **Eigen-**

bildes (d. h. wie sehen die Leitung bzw. die Mitarbeiter einer Kultur-einrichtung diese selbst) mit dem **Fremdbild** (wie sehen die Nutzer diese Einrichtung). Hierbei können sich oft gravierende Unter-schiede ergeben, die – das muss ausdrücklich betont werden – zunächst einmal nicht unbedingt viel aussagen müssen, sondern vielmehr den Anstoß zu weiteren Überlegungen geben sollten. Bei dem Vergleich Eigenbild/Fremdbild sollte sinnvollerweise wie folgt vorgegangen werden:

• Zunächst müssen die aus der Sicht der Einrichtung, vor allem aber auch aus Sicht der Kunden **wichtigen Leistungsmerkmale** (Kun-dennutzenanalyse) erhoben werden (z. B. durch Vorgespräche in-nerhalb der Einrichtung bzw. mit den Besuchern).

• Die wichtigsten Leistungsmerkmale, die genauer untersucht wer-den sollen, werden anschließend **aufgelistet**, wobei man sich auf die wichtigsten konzentrieren sollte, um die Nutzer nicht zu überfor-dern bzw. ggf. ungenaue Bewertungen zu erhalten.

• Neben diese Leistungsmerkmale sind **Beurteilungskriterien** anzu-bringen. Diese können entweder **verbal** (**sehr wichtig**, **wichtig**, **nicht so wichtig** usw.) oder **numerisch** wie Schulnoten (1–5) ausgebracht werden. Es kann hierbei eine gerade oder ungerade Zahl von Beur-teilungskriterien gewählt werden. Der Vorteil der **geraden** Zahlen, z. B. Noten von 1–6, ist, dass es keine natürliche Mitte – wie bei un-geraden Zahlen – gibt; dadurch wird der Beurteilende gezwungen, sich auf jeden Falle eher positiv oder eher negativ zu entscheiden. Bei ungeraden Zahlen – z. B. zwischen 1–5, gibt es sehr häufig einen Trend zur Mitte, also zur 3, was auf Unentschiedenheit schließen lässt).

• Schließlich ist eine Spalte vorzusehen, in der angegeben wird, **wer**, d.h. **welche Gruppe**, den Fragebogen ausgefüllt hat.

• Ganz wichtig ist es, um tatsächlich ehrlich und selbstkritisch zu bleiben, **vor** der Untersuchung festzulegen, bis zu welcher Beurtei-lung eine Leistung als stark bzw. als Stärke bzw. ab wann sie als schwach bzw. als Schwäche interpretiert werden soll. Diese Festle-gung ist nicht „objektiv" festlegbar, sondern hängt selbstverständ-lich von den Standards ab, die sich eine Einrichtung selbst gibt. Geht man beispielsweise von einer Notenskala von >1 bis 5< aus, so kann man etwa festlegen, dass alle Mittelwerte, die bis 2,5

6. Welche Chancen und Risiken gibt es?

Fragebogen ausgefüllt von:	☐ Lehrern		☐ Eltern	☐ Kindern	
Leistungs-Merkmal	Sehr gut 1	Gut 2	Befriedigend 3	Ausreichend 4	Mangelhaft 5
Qualität des Unterrichts					
Freundlichkeit Sekretariat					
Platzierung Unterrichtsstunden					
Anbindung an ÖPNV					
Höhe der Unterrichtsgebühren					
Integration in Gemeindeleben					
Arbeit der Ensembles					

Abb. 14a: Fragebogen zur Stärken-Schwächen-Analyse am Beispiel einer Musikschule

reichen, als Stärke, alles was dagegen unter dem Mittelwert von 3,9 liegt, als Schwäche angesehen wird.
• Die einzelnen Fragebögen sind anschließend zunächst **innerhalb** der jeweiligen Gruppe auszuwerten, d. h. **alle** Noten für jedes einzelne Leistungsmerkmal zu addieren und anschließend durch die Zahl der ausgefüllten Fragebogen zu dividieren, um so die entsprechenden **Mittelwerte** zu bilden. Diese Mittelwerte sind dann in einen Bogen der jeweiligen Befragtengruppe, also z. B. **Beurteilung Eltern** einzutragen.

Nach den vorab festgelegten Werten zählen in unserem Beispiel aus Sicht der Eltern zu den **Stärken** der Musikschule die **Arbeit der Ensembles**, die **Integration ins Gemeindeleben**, die Qualität des Unterrichts, sowie die **Anbindung an den ÖPNV**; dagegen werden als **Schwächen** wahrgenommen die **(Un-)Freundlichkeit im Sekretariat**, die **Platzierung der Unterrichtsstunden** sowie die **Höhe der Unterrichtsgebühren**.

Befragt man die Lehrer, so ergibt sich ein teilweise deutlich anderes Bild. Aus ihrer Sicht sind **Stärken** – wen wundert es – die **Qua-**

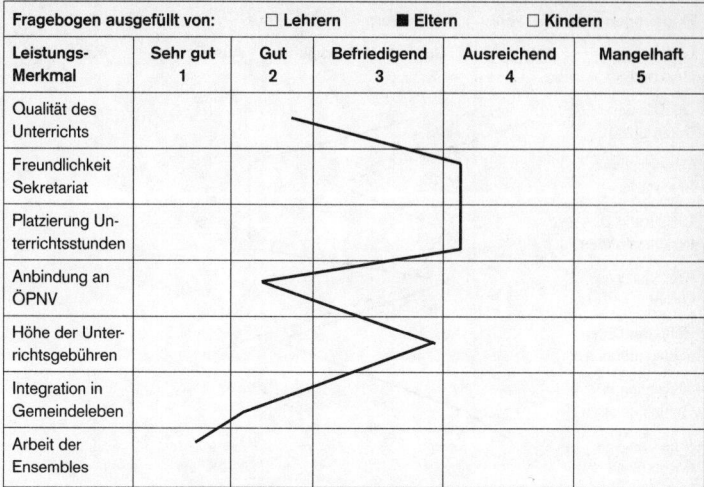

Abb. 14 b: Durchschnittliche Beurteilung aller Eltern

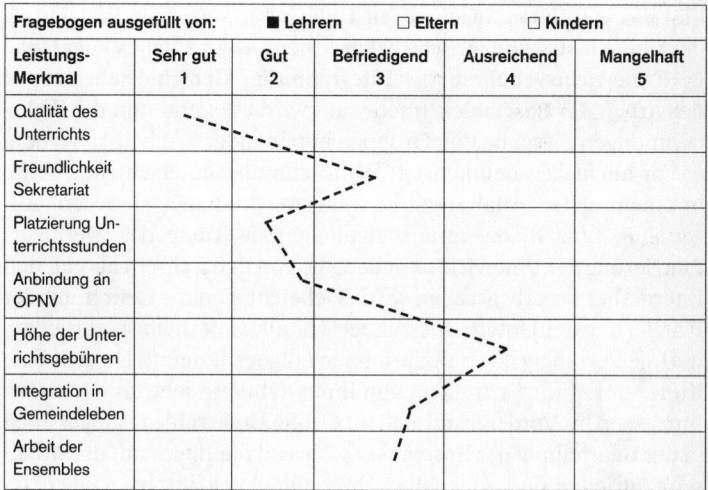

Abb. 14 c: Durchschnittliche Beurteilung Lehrer

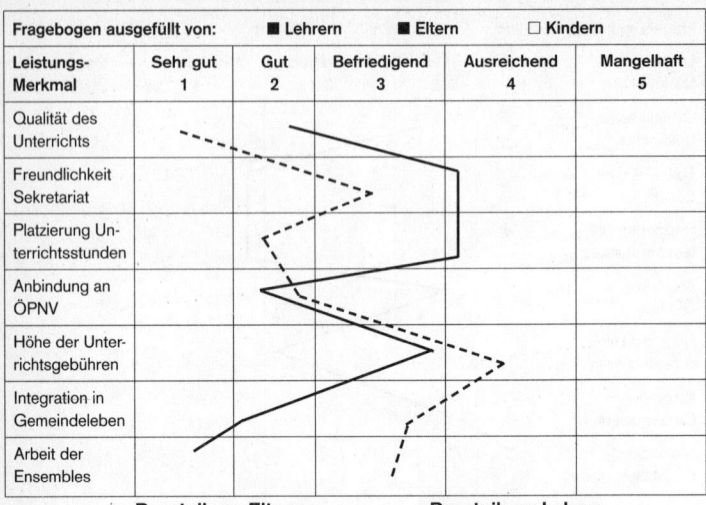

Fragebogen ausgefüllt von:		■ Lehrern		■ Eltern	□ Kindern
Leistungs- Merkmal	Sehr gut 1	Gut 2	Befriedigend 3	Ausreichend 4	Mangelhaft 5
Qualität des Unterrichts					
Freundlichkeit Sekretariat					
Platzierung Un- terrichtsstunden					
Anbindung an ÖPNV					
Höhe der Unter- richtsgebühren					
Integration in Gemeindeleben					
Arbeit der Ensembles					

———— Beurteilung Eltern   – – – – – – – – Beurteilung Lehrer

Abb 14 d: Vergleich Eltern-Lehrer-Beurteilung

lität des von ihnen angebotenen Unterrichts sowie die **Platzierung der Unterrichtsstunden**. **Schwächen** sehen sie vor allem bei der **Höhe der Unterrichtsgebühren**, der **Integration ins Gemeindeleben** sowie der **Arbeit der Ensembles**. Interessant wird es, wenn nun die Wahrnehmungen dieser beiden Gruppen miteinander verglichen werden.

Vor allem den deutlichsten Wahrnehmungsunterschieden sollte in einem ersten Analyseschritt weiter nachgegangen werden. Augenfällig ist z. B. die unterschiedliche Bewertung des Merkmals **Platzierung der Unterrichtsstunden**, die von den Lehrern als gut, den Eltern aber negativ gesehen wird. Vielleicht sind die Lehrer mit der Platzierung der Unterrichtsstunden vor allem deshalb so zufrieden, weil sie vorrangig ihren Bedürfnissen entgegenkommt. Da aber eine Kultureinrichtung vor allem von ihren Schülern lebt, sollten deren Interessen im Vordergrund stehen! Große Unterschiede gibt es auch in der Beurteilung der Ensembles: während die Eltern mit der Arbeit sehr zufrieden sind, sehen die Lehrer dies eher kritisch; vielleicht legen sie indes allzu kritische Maßstäbe an das an, was solch ein Musikschulensemble sinnvollerweise leisten kann und was nicht.

Diese Beurteilungen bzw. Gegenüberstellungen können nun mit allen an einer Kultureinrichtung beteiligten Input- bzw. Output-Gruppen durchgeführt werden, die sich hierfür bereit erklären (also z. B. Nutzer, Leitungsmitarbeiter, Mitarbeiter, aber auch Sponsoren, Förderkreismitglieder, Lieferanten usw.). Handelt es sich dabei um relativ kleine Gruppen (max. 30), so lassen sich die entsprechenden Auswertungen recht problemlos mit einem Taschenrechner vornehmen; bei größeren Gruppen (etwa Eltern- und Schülerbefragungen) sollte auf die Hilfe der elektronischen Datenverarbeitung zurückgegriffen werden, etwa das Rechnerprogramm SPSS.

Ziel dieser Vergleiche ist die Erkenntnis von Stärken und **Schwächen aus der Sicht der jeweils anderen Gruppe**. Während – um im Beispiel zu bleiben – die Ensemblearbeit aus Sicht der Lehrer als Schwäche eingestuft wird, schätzen die Kunden (bzw. deren Eltern) sie ausdrücklich als Stärke ein! Deshalb wäre zunächst zu klären, wie es zu dieser unterschiedlichen Wahrnehmung überhaupt kommen kann, wie sie zu gewichten und wie damit umzugehen ist (die sicherlich unproduktivste Lösung wäre beispielsweise, die Eltern dahingehend aufzuklären, dass die von ihnen irrtümlicherweise als Stärke wahrgenommene Leistung in Wirklichkeit aber eine Schwäche sei!).

(4) Diese Vergleiche können ebenso aber auch **gegenüber der jeweiligen Hauptkonkurrenz** durchgeführt werden, wenn die eigenen Mitarbeiter, die mit der Konkurrenzanalyse befasst sind, bzw. ggf. die befragten Besucherinnen und Besucher über entsprechende Informationen (z. B. „Kennen Sie das Theater X?") bzw. Erfahrungen („Waren Sie schon einmal im Theater X?") verfügen. Hier werden dann die Einschätzung der eigenen Einrichtung („Wie sehen Sie unsere Serviceleistungen?") mit denen der Konkurrenz („Wie schätzen Sie die Serviceleistungen des Theaters X ein?") verglichen und es kann ermittelt werden, was dort als Stärken bzw. Schwächen festgestellt werden. „Es hat sich in der Praxis als sehr vorteilhaft herausgestellt, Stärken-Schwächen-Analysen von wenigstens zwei bis drei anbietenden Unternehmen in einem Profil graphisch darzustellen. So werden Schwerpunktbildungen der unterschiedlichen strategischen Ausgangssituationen besonders prägnant deutlich."[35]

Aus dieser (sicherlich Verdeutlichungsgründen etwas zugespitz-

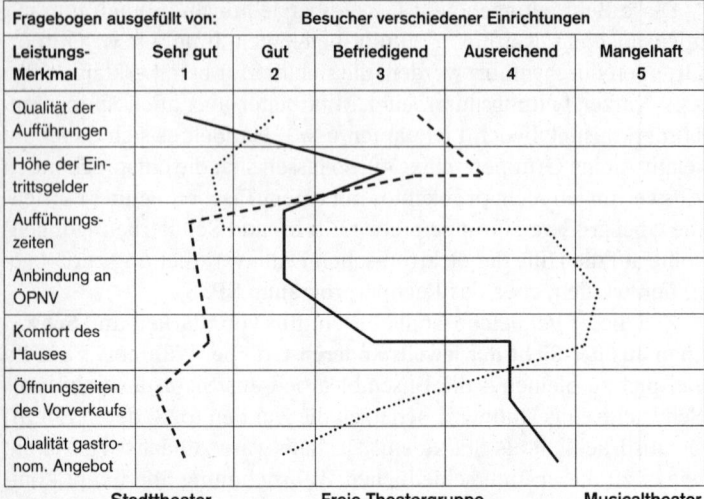

Leistungs-Merkmal	Sehr gut 1	Gut 2	Befriedigend 3	Ausreichend 4	Mangelhaft 5
Qualität der Aufführungen					
Höhe der Ein-trittsgelder					
Aufführungs-zeiten					
Anbindung an ÖPNV					
Komfort des Hauses					
Öffnungszeiten des Vorverkaufs					
Qualität gastro-nom. Angebot					

——— Stadttheater .... Freie Theatergruppe – – – – – Musicaltheater

Abb. 15: Vergleich dreier direkter Konkurrenzunternehmen

ten) Darstellung wird ersichtlich, dass die Musicaltheater hinsichtlich der **Serviceleistung** führend sind; dafür werden die **Qualität** und die **Eintrittspreise** als Schwäche angesehen. Die freie Theatergruppe wird als preiswert mit guten Aufführungszeiten und ordentlicher Qualität eingestuft; dafür sind die Serviceleistungen offensichtlich miserabel.

Die so erhobenen Daten sind für sich allein genommen allerdings noch zu wenig aussagekräftig. Zu der bloßen Abfragung der **Bewertung** sollte nach Möglichkeit auch noch eine Angabe der besonderen **Wichtigkeit** der Leistungsmerkmale für die Befragten ermittelt werden. So könnte beispielsweise das Leistungsmerkmal **Teilnahme der Musikschule am kommunalen Leben** als nicht besonders stark eingestuft werden; vielleicht ist dies aber den Musikschuleltern auch gar nicht so besonders wichtig. Der Fragebogen kann deshalb noch ergänzt werden um die spezifische Wichtigkeit für den Befragten.

Es bedarf keiner allzu großen Phantasie, um festzustellen, dass die hier dargestellte Musikschule erhebliche Probleme haben dürfte! In nahezu allen Bereichen, die für die Eltern von besonderer

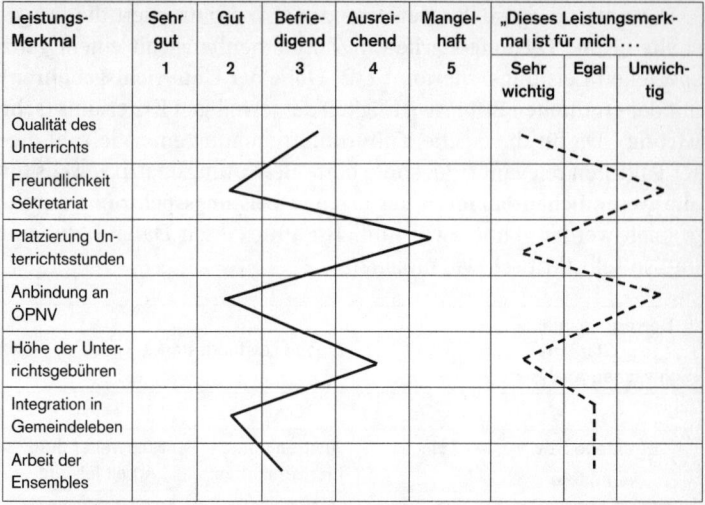

Leistungs-Merkmal	Sehr gut 1	Gut 2	Befrie-digend 3	Ausrei-chend 4	Mangel-haft 5	„Dieses Leistungsmerk-mal ist für mich …		
						Sehr wichtig	Egal	Unwich-tig
Qualität des Unterrichts								
Freundlichkeit Sekretariat								
Platzierung Un-terrichtsstunden								
Anbindung an ÖPNV								
Höhe der Unter-richtsgebühren								
Integration in Gemeindeleben								
Arbeit der Ensembles								

Abb. 16: Beurteilung der Leistungsfaktoren/Einschätzung der Wichtigkeit durch die Eltern

Wichtigkeit sind, erhält sie schlechte Noten; relativ gut bewertet werden gleichzeitig solche Kriterien, die für die Eltern eine geringere bzw. keine Bedeutung haben!

Wie ist nun mit solchen Ergebnissen bzw. Erkenntnissen umzugehen? „Die Analyse der Leistungsfähigkeit zeigt, dass man weder sämtliche Schwächen beseitigen (einige sind bedeutungslos) noch alle Stärken beklatschen soll (auch hier sind einige irrelevant). Die große Frage lautet vielmehr, ob man das Geschäft künftig auf diejenigen Marketingchancen beschränken soll, für die man die erforderlichen Stärken schon besitzt, oder ob man andere, möglicherweise bessere Chancen suchen sollte, für deren Wahrnehmung noch bestimmte Fähigkeiten zu erwerben sind."[36] Vieles wird eine Kultureinrichtung dabei aus und mit eigenen Kräften schaffen (z. B. durch intensive Schulung ihrer Mitarbeiterinnen und Mitarbeiter), manches wird allerdings auch nur durch zusätzliche Kräfte von außen gelingen, z. B. in dem man neue Mitarbeiterinnen und Mitarbeiter mit den entsprechenden Kenntnissen und Fähigkeiten einstellt oder Aufgaben nach außen vergibt (**Outsourcing**).

Die unten dargestellte Bewertungsmatrix kontrastiert die festgestellte **eigene Leistungsstärke** (im Zusammenhang mit einem ganz speziellen Leistungskriterium, z. B. **Höhe der Unterrichtsgebühren**) mit der **ermittelten Erfolgswichtigkeit** des jeweiligen Kriteriums (**sehr wichtig**). Da für die eigene Kulturunternehmung eine Vielzahl dieser Faktoren relevant sind, sollte diese Bewertungsmatrix **jeweils für alle wesentlichen Faktoren des eigenen Leistungsspektrums** durchgespielt werden – und zwar tunlichst auf exakten Daten beruhend und so selbstkritisch wie möglich!

Bewertungsmatrix zur Stärken-Schwächen-Analyse[37]	Eigene Leistungsstärke		
		Gering	Hoch
Ermittelte bzw. vermutete Erfolgswichtigkeit	Hoch	Anstrengungen hier verstärken!	Hier weiter gute Arbeit leisten!
	Gering	Verbesserungen nicht dringlich!	Vorsicht vor übertriebenem Einsatz!

Abb. 17: Handlungsmatrix zur Erfolgswichtigkeit

Wird durch die Befragung deutlich, dass einem (oder mehreren) Leistungskriterien aus Sicht der Kunden eine ganz besondere Wichtigkeit zukommt, die eigene Leistungsstärke in diesem Bereich aber **schwach** ist, so sollten sämtliche Alarmglocken schrillen und umgehend entsprechende Maßnahmen zur Leistungssteigerung ergriffen werden. Stellt man indes hohe Zufriedenheit in einem Bereich fest, der nur geringe Relevanz aus der Wahrnehmung der Kunden hat, so muss man nicht die ganze Kraft der Kulturunternehmung darein setzen, hier noch besser zu werden, sondern man sollte versuchen, den einmal erreichten Standard zu halten. Auf der Basis dieser Kriterien ergeben sich eine Vielzahl von Handlungsanweisungen, die entsprechend ihrer Gewichtung (sehr wichtig, wichtig, weniger wichtig usw.) in eine **zeitliche Reihenfolge** gebracht und entsprechend abgearbeitet werden sollten.

• Wird z. B. auf Grund von Besucherbefragungen (oder durch gezielte Konkurrenzbeobachtung) festgestellt, dass die Besucher eines Festivals sehr großen Wert auf die Möglichkeit legen, vor oder nach den Veranstaltungen in unmittelbarer Nähe des Aufführungsortes in entsprechendem Ambiente essen und trinken zu können (die Erfolgswichtigkeit dieses Faktors also sehr hoch ist), sich aber das eigene entsprechende Angebot mehr auf dem Niveau einer Imbissbude bewegt, sollten hier gezielte Anstrengungen unternommen werden.

• Ergibt sich umgekehrt, dass das Publikum auf entsprechende gastronomische Angebote nur einen sehr geringen Wert legt, dies aber für die Festivalmacher von großer Bedeutung ist (vielleicht, weil sie mehrere Wochen auf dem entsprechenden Gelände wohnen und arbeiten), so sollte hier vor übertriebenem Einsatz gewarnt werden.

• Zeigt sich, dass die ganz überwiegende Mehrzahl der Besucher mit dem PKW zu den Veranstaltungen kommt, so sind ausreichende Parkmöglichkeiten erfolgswichtig; bei entsprechender Nutzung des ÖPNV dagegen weniger.

Ausdrücklich sei aber darauf hingewiesen, dass die Wertigkeitsentscheidungen des Publikums keineswegs stabil sind, sondern einem permanenten Wandel unterliegen. War z. B. das Interesse an der Nutzung von Buchungsmöglichkeiten per Internet vor einigen Jahren noch recht gering (und dementsprechend die vermutete Erfolgswichtigkeit ebenfalls niedrig), so hat sich dies in der letzten Zeit grundlegend geändert und steigt permanent! Es kommt deshalb darauf an, durch gezielte Marktbeobachtung und -forschung die Veränderung der Kundenwünsche zu verfolgen und für die eigene Planung zu berücksichtigen.

▶ **Die SWOT-Analyse**

Es ändern sich aber nicht nur ständig die Kundenbedürfnisse, sondern auch die **Umweltfaktoren**, wie in Kap. 6.2 dargestellt wurde. Dies bedeutet: eine bisherige Stärke einer kulturellen Einrichtung kann auf Grund einer gravierenden Veränderung der Umwelt plötzlich in eine deutliche Schwäche umkippen. Am Beispiel:

• Ein Konzertveranstalter hat über viele Jahre hinweg vor allem mit Orchestern aus dem ehemaligen Ostblock zusammengearbeitet, weil diese recht kostengünstig zu verpflichten waren und entsprechende Gewinne erzielt. Die Kontakte zu einheimischen Ensembles wurden entsprechend vernachlässigt. Auf Grund der Veränderung der Ausländersteuer kann sich dies plötzlich als erhebliches Problem erweisen.

• Möglicherweise hat eine Kultureinrichtung in der Vergangenheit nur wenig Wert auf politische Überzeugungsarbeit zur Erreichung öffentlicher Zuwendungen gelegt, weil das Geld ja eh' immer regelmäßig kam, und entsprechend innerhalb der eigenen Kultureinrichtung kaum Potentiale für eine gezielte politische Lobbyarbeit ausgebildet. Für die nahe Zukunft lässt sich anhand plausibler Kriterien vermuten, dass sich die **Mittelbeschaffung für kulturelle Projekte im öffentlichen Bereich** (EU-, Bundes-, Landes- oder kommunale Zuwendungen) wesentlich schwieriger und aufwendiger gestalten wird als dies in der Vergangenheit der Fall war. Diese bislang von der Kultureinrichtung noch gar nicht in vollem Umfang erkannte Schwäche kann u. U. existenzgefährdend werden, wenn nicht entsprechend gegengesteuert wird.

Es kommt also nicht nur darauf an, die eigenen Stärken und Schwächen richtig einzuschätzen, sondern diese auch immer in Beziehung zur Umweltentwicklung zu setzen. Zur Analyse dieser Entwicklungen ist die oben dargestellte Matrix ebenfalls ausgesprochen hilfreich. An die Stelle der **durch Befragung** ermittelte Erfolgswichtigkeit tritt die entsprechend **vermutete** auf der Basis der Analyse von Zukunftsentwicklungen. In diesen Entwicklungen können für die Kultureinrichtung sowohl

• **O**pportunities (Chancen) als auch
• **T**hreats (Risiken) liegen.

Diese beiden Aspekte ergänzen also die bisher dargestellte Analyse der

• **S**trengths (Stärken) und
• **W**eaknesses (Schwächen),

weshalb in diesem Zusammenhang von **SWOT-Analyse** gesprochen wird. Sie stellt eine Verbindung von (interner) Potentialanalyse und (externer) Umweltentwicklungs-Analyse dar und lässt sich schematisch wie folgt darstellen.

Einige Beispiele können dies erläutern:

• **Feld 1/3**: Eine der Stärken öffentlicher Musikschulen liegt zweifellos in dem Angebot der Ensemblearbeit; sollte die Analyse der

Die SWOT-Analyse[38]	(3) Chancen • .... •	(4) Risiken • .... • ....
(1) Stärken • .... • .... •	(1/3) AUSBAUEN! Maßnahmen: ☞ .... ☞	(1/4) ABSICHERN! Maßnahmen: ☞ .... ☞ ....
(2) Schwächen • .... • .... •	(2/3) AUFHOLEN! Maßnahmen: ☞ .... ☞	(2/4) MEIDEN! Maßnahmen: ☞ .... ☞ ....

Abb. 18: SWOT-Analyse

längerfristigen Umweltentwicklung zeigen, dass gerade junge Menschen dies verstärkt nachfragen, so sollte diese Chance genutzt und das Angebot entsprechend **ausgebaut** werden.

• **Feld 1/4**: Die Stärke einer örtlichen Volkshochschule war über viele Jahre hinweg das differenzierte und hervorragende Angebot in Computerkursen; mittlerweile hat sich eine Reihe weiterer Anbieter etabliert, wodurch die Konkurrenz verstärkt und die zukünftige Entwicklung risikobehaftet wird. Hier ist die vorrangige Aufgabe, die eigenen Stärken (z. B. durch permanente technische Innovation, durch entsprechend qualifizierte Lehrkräfte, durch teilnehmerorientierte Lehrmethoden usw.) abzusichern.

• **Feld 2/3**: Sinnvoll aufgebaute und entsprechend betreute Museumsshops entwickeln sich auch in Deutschland zunehmend nicht nur als Möglichkeit der Finanzierung, sondern auch der Kundenbindung. Stellt nun ein Museum fest, dass das eigene Sortiment mehr als schwach ist, so sollte hier so bald wie möglich mit dem **Aufholen** gegenüber anderen Anbietern begonnen werden.

• **Feld 2/4**: Nach einem mehr als ein jahrzehntelangem Boom im (kommerziellen) Musicalbereich zeigt sich die Zukunft dieser Theaterart neuerdings nicht mehr so eindeutig; ein Stadttheater, das hier über die Jahre hinweg versucht hat, mit seinen bescheidenen Mitteln mitzuhalten, ohne tatsächlich eine den kommerziellen Anbietern auch nur vergleichbare Leistung zu erbringen, sollte in Zukunft vielleicht diese Spielform **meiden**.

Grundvoraussetzung für den Erfolg einer SWOT-Analyse sind Ehrlichkeit und ausreichende Distanz bzw. Selbstkritik gegenüber der eigenen Kultureinrichtung; „SWOT-Analysen sind ein sehr pragmatisches Instrument der Beurteilung eigener Entwicklungen, Chancen und Risiken. Dabei liegt eine große Verantwortung bei den beteiligten Personen, d. h. eine ehrliche und nüchterne Bestandsaufnahme wird vorzunehmen sein."[39] Sie sind die Grundlage, um überhaupt **strategische** Entscheidungen (vgl. hierzu Kapitel 7) treffen zu können und nicht nur rein operativ im Tagesgeschäft zu reagieren.

6.4 Analyse des Beschaffungsmarktes

Lange Zeit stand im Mittelpunkt des Marketinginteresses lediglich der **Absatz**, d. h. die Frage, wie das fertige Produkt am besten an die Kunden gebracht werden kann. Allerdings setzt kein Betrieb nur ab, sondern muss – um Produkte herstellen zu können – selbst **Rohstoffe** beschaffen. Jeder Betrieb ist also zugleich sowohl Verkäufer als auch Käufer, d. h. die Austauschbeziehungen, die eingangs als wesentliches Element von Marketing definiert wurden, erstrecken sich auch auf den **Beschaffungsmarkt**. Von daher ist es notwendig, zum einen die jeweiligen Beschaffungsmärkte möglichst genau zu analysieren, zum anderen aber – wie auf dem Absatzmarkt – Strategien zu entwickeln, wie die entsprechenden dortigen Austauschbeziehungen möglichst optimal für den eigenen Betrieb zu organisieren sind. Unter **Beschaffungsmarketing** versteht man daher die Ausdehnung des ursprünglich absatzmarktorientierten Marketingskonzeptes auf die Gesamtheit aller auf die Beschaffungsmärkte gerichteten Aktivitäten von Organisationen mit dem Ziel ihrer Beeinflussung.[40] Die zur Beeinflussung dieser Märkte eingesetzten Instrumente können analog der absatzmarktpolitischen Marketinginstrumente entwickelt werden.

Dieser Gedanke lässt sich mühelos auf Kulturbetriebe übertragen, denn eng mit der Frage, was eine Kultureinrichtung **will** und **kann**, hängt die Überlegung zusammen, **welche** weitere Ressourcen sie – neben den vorhandenen eigenen Potentialen – braucht, um überhaupt arbeiten zu können, **woher** sie diese bekommt und **wie** sie dabei vorgeht. Für ein effizientes Kultur-Management sind die Beschaffungsmärkte (und ihre mögliche) Beeinflussung von ganz besonderer Bedeutung. In der Regel sind für die eigentlichen Kunst- und Kulturschaffenden die Veranstaltungen planenden und durchführenden Kulturbetriebe (Theater, Museen, Agenturen, Kulturämter usw.) **Absatzmärkte** (also weniger der direkte Endnachfrager, d. h. das Publikum), während für diese Veranstalter die Kunst- und Kulturschaffenden ganz wesentliche Beschaffungsmärkte darstellen.

Qualität und Herstellungskosten der von Kulturbetrieben hergestellten Dienstleistungen und Sachgüter sind von diesen Beschaffungsmärkten abhängig. Hierbei geht es zunächst um **Personalbeschaffung** (z. B. Kosten und Qualität von Musikern, Schauspielern, Bildenden Künstlern, Autoren usw.), aber auch um **Sachmaterialien** (etwa Stoff, Holz, Leinwand für das Theater, Musikinstrumente und Noten für Musikschulen usw.) sowie schließlich um **Rechte** und **Lizenzen** (z. B. die Aufführungsrechte für Theaterstücke und Musicals; Literaturstoffe für Verfilmungen usw.). Gerade für den öffentlichen Kulturbetrieb geht es darüber hinaus vor allem aber auch um die Beschaffung der notwendigen **Finanzaustattung** (öffentliche Zuwendungen, Sponsorenmittel, Fundraising) sowie der (kultur-)politischen **Legitimation**.

Auf Grund der Durchdringung von Absatz- und Beschaffungsmärkten und den Möglichkeiten ihrer Beeinflussung ergeben sich für ein kreatives Kultur-Management sehr interessante Handlungsmöglichkeiten. Aus der Perspektive einer Kommunalen Galerie, eines Kunstvereins bzw. eines Museums sind z. B. die Angebote von Beleuchtungsfirmen (zur adäquaten Ausleuchtung der Galerieräume bzw. von Sonderausstellungen) ein wichtiger Beschaffungsmarkt. Da diese Beleuchtungsfirmen ihrerseits ein Interesse haben, ihre Produkte nicht nur für den öffentlichen, sondern auch für den privaten Gebrauch anzubieten, werben diese gerne mit der besonders gelungenen Ausstattung von Galerien, Kunstvereinen usw. (so z. B. die Herstellerfirma von Beleuchtungskörpern ERCO, die, nachdem sie jahrzehntelang in Deutschland die Ausleuchtung deutscher Kunstvereine und Galerien betrieben hatte, den Auftrag erhielt, die Illumination der Pyramide des Louvre zu übernehmen).

▶ Der Stakeholderansatz

Auch der Beschaffungsmarkt zeichnet sich durch Knappheit aus; auch hier sind entsprechende Strategien zu entwickeln, um erfolgreich zu sein. Der Grundgedanke, der alledem zugrunde liegt, ist recht einfach: Kunst und Kultur sind – gerade in der (post-) modernen Gesellschaft – keineswegs nur Bittsteller um Geld und Ressourcen! Sie liefern ihrerseits zentrale Werte bzw. Rohstoffe für das Leben in dieser: von der Bildung bis zur Unterhaltung, vom einzelnen Event bis hin zum dauerhaften Image einer Stadt oder Region, von der individuellen Kreativität hin zum gesellschaftlichen Potential einer ästhetischen Allgemeinbildung usw. Sind sich die künstlerischen Individuen und auch die kulturellen Einrichtungen dieser Leistungen selbst ausreichend bewusst (und eine Aufgabe des Kultur-Managements ist es sicherlich, sie in dieser Bewusstseinsbildung zu unterstützen), so werden sie sehr viel selbstbewusster diese in den Austauschprozess einbringen und entsprechende Gegenleistungen fordern.

Die Kultureinrichtung ist zunächst auf eine ganze Reihe von Zulieferen angewiesen, die möglicherweise keinerlei Interesse an der jeweiligen Einrichtung haben: die Heizölfirma, die die Volkshochschule mit dem notwendigen Brennmaterial versorgt, die Textilfirma, die das Theater mit Stoffen für Kostüme beliefert, die Druckerei, die Kataloge für das Museum druckt – sie alle setzen ihre Produkte auch auf anderen Märkten ab und sind auf den ersten Blick kaum auf die jeweilige Kultureinrichtung angewiesen.

Andere Lieferanten stehen dagegen zwar in keinem Abhängigkeitsverhältnis, wohl aber in einem sehr viel direkteren Austauschverhältnis als die eben genannten Betriebe: die Musikalienhandlung, die Instrumente und Notenmaterial für die Musikschule liefert, die Ausstattungsfirma für Ton und Licht im Theater, der Rahmenhersteller, der das Museum und den Kunstverein beliefert usw. – sie alle stehen zunächst in einem sehr viel direkteren Austauschverhältnis mit den jeweiligen Kultureinrichtungen und haben ein Interesse an ihnen.

Könnte es also nicht – im Sinne der Gestaltung von Austauschbeziehungen – gelingen, die der Einrichtung zunächst ferner stehenden Lieferanten stärker an die eigene Organisation zu binden? Könnte die Textilfirma, die für die Qualität ihrer Stoffe wirbt, durch ihre Tätigkeit nicht als Werbepartner gewonnen werden? Können die qualitativ höchsten Ansprüchen genügenden Museumskataloge der heimischen Druckerei dieser nicht als Referenzmittel für die Akquisition neuer Aufträge in der Werbewirtschaft dienen usw.? Ziel sollte es also sein, möglichst viele der Austauschpartner auf dem Beschaffungsmarkt zu den der eigenen Kultureinrichtung nahe stehenden **Stakeholdern** zu machen. Bereits im ersten Kapitel wurde kurz auf die Bedeutung der Stakeholder hingewiesen; sie sind diejenigen, die ein ganz besonderes Interesse an einer Kultureinrichtung haben.

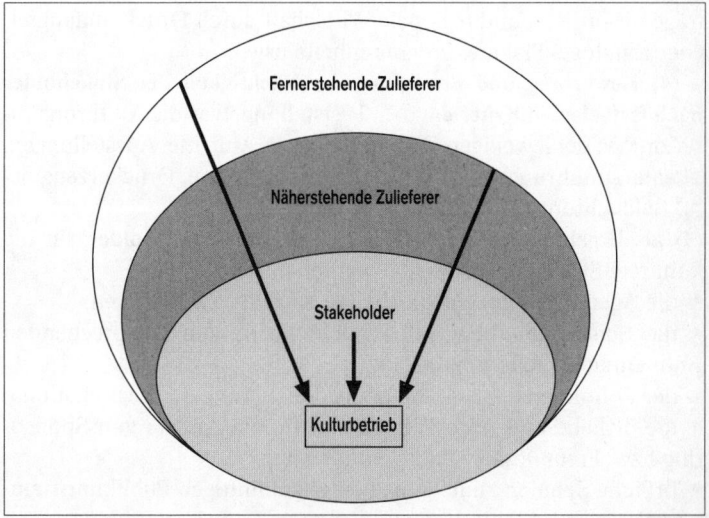

Abb. 19: Stakeholderansatz im Kulturbetrieb

Um die Austauschbeziehungen mit diesen für die jeweilige Kultureinrichtung möglichst optimal zu gestalten, empfiehlt sich folgendes Vorgehen.[41]

(1) Ermittlung der Stakeholder, d. h. Erhebung, welche Interessentengruppen einer Kultureinrichtung überhaupt feststellbar sind

(z. B. Künstler, Agenturen, Politiker, Verwaltung, Medien, Wirtschaftsunternehmen, Schulen, Druckereien, Fremdenverkehrseinrichtungen, Verlage, Verbände, Zulieferer usw.);

(2) Zusammenfassung und Ordnung der Stakeholder, d. h. die Erarbeitung und Auflistung einer vernünftig bearbeitbaren Anzahl von Stakeholder-Gruppen (z. B. Künstler, Mandatsträger im Bundesland und Gemeinderat, Mitglieder des Kulturausschusses, Kulturamtsleiter, Vorsitzende der Fremdenverkehrsverbände, Gewerbetreibende, Verbandsvorsitzende, Stadtmarketingamt, Medienvertreter; Spezialfirmen usw.);

(3) Charakterisierung der Stakeholder, d. h. Klärung der Frage, was diese von einer Kultureinrichtung erwarten (z. B. Bildungsangebot für Schulen, attraktive Events für Tourismus, lukrative Aufträge für örtliche und regionale Wirtschaft durch Druck umfangreicher Kataloge, Plakate, Programmhefte usw.);

(4) Bewertung und Ermittlung der Wichtigkeit der Stakeholder nach festgelegten Kriterien; d. h. Feststellung, was die Kulturorganisation von der jeweiligen Gruppe will: z. B. Auftritte, Ausstellungen, Theateraufführungen, Geld, Legitimation, Rechte, Druckerzeugnisse, Beleuchtungsanlage usw.;

(5) als Ergebnis ergeben sich die **wichtigsten Stakeholder**, für die konkrete Strategien entwickelt werden müssen, z. B.

• die Agenturen, um entsprechende Künstler zu erreichen;
• die Schauspiel- bzw. Musikhochschulen, um entsprechenden Bühnennachwuchs zu erlangen;
• der Politikbereich zur langfristigen Sicherung der Legitimation;
• die örtliche und regionale Wirtschaft zum Aufbau von Sponsoring bzw. Freundeskreisen für Fundraising;
• örtliche Schulen zum Aufbau eines zukünftigen Publikumsstammes;
• die Zulieferbetriebe, um entsprechende Ausstattungen zu bekommen usw.

(6) Festlegung von Normstrategien in Abhängigkeit von den gewählten Kriterien, d. h. Klärung der Frage, wie mit bestimmten Stakeholdergruppen ganz allgemein umgegangen werden soll. Aufgrund der Arbeitsteilung in Kultureinrichtung wird sinnvollerweise nicht eine Person gleichzeitig intensive Beziehungen zu allen Stakeholdern aufbauen und halten. Damit gewährleistet ist, dass die Kultureinrichtung dennoch eine gemeinsame Sprache spricht, müssen allgemeinverbindliche Sprachregelungen gefunden werden. Diese Frage hängt sehr stark mit der Corporate Identity, der Unternehmenskultur und den avisierten Zielgruppen zusammen.

(7) **Betrachtung der einzelnen Stakeholder und Festlegung spezifischer Strategien**, d. h. die Frage, wie auf der Basis der in Punkt 5 angesprochenen allgemeinen Normstrategien ganz konkret mit den einzelnen Stakeholdern umgegangen werden soll. Der großzügige Mäzen eines Festivals will und wird sicherlich eine andere Behandlung erfahren wollen als ein gelegentlicher Spender.

(8) **Abstimmung, Umsetzung und Kontrolle**, d. h. Festlegung eines Maßnahmen- und Zeitplanes, wie konkret vorgegangen werden soll sowie die regelmäßige Überprüfung der Ergebnisse.

▶ Beschaffung von Personal

Die wichtigste Ressource im künstlerischen Prozess sind zweifelsohne die Künstler selbst bzw. – im Bereich der Volkshochschulen, der Musikschulen, der Jugendkunstschulen und der kulturellen Bildung insgesamt – die Lehrer. Hinsichtlich der Qualität spielen eine wichtige Rolle zunächst die **Ausbildungsstätten**, die Künstler heranbilden: seien es die Kunstakademien oder die Hochschulen für Musik und Darstellende Kunst, die Hochschulen für Gestaltung, die Schauspielschulen usw.

Im professionellen Kulturbetrieb spielen darüber hinaus bei der Vermittlung von Künstlern die **Agenten** bzw. **Agenturen** eine ganz wesentliche Rolle. Der Agent ist ein selbstständig arbeitender Unternehmer, der einzelne Künstler, Autoren, Ensembles usw. unter Vertrag hat und diese an Bühnen, Verlage, Konzertunternehmen oder sonstige Veranstalter, ggf. auch für längere Vertragszeiten, vermittelt.[42] Er betreibt für die von ihm vertretenen Künstler das Marketing, organisiert deren Reisen und betreut sie bei Proben und Auftritten. Bisweilen übernehmen Agenturen auch die Geschäftspost ihrer Künstler, bis hin zur Fan-Post und der Steuererklärung. Sie bezeichnen sich im musikalischen Bereich als Konzertdirektion oder Konzertagentur, in der Bildenden Kunst als Ausstellungsbüro, sofern nicht ohnehin der Galerist die Aufgaben der Vermittlung und Betreuung übernimmt.

Das Verhältnis zwischen Künstler und Agentur ist häufig durch eine **Generalvertretung** geregelt, d. h. die Agentur ist Vermittler für alle Auftritte des Künstlers, auch solche, die der Künstler vielleicht selbst akquiriert hat. Die rechtlichen Regelungen sind auf jeden Fall in einem **Arbeitsvermittlungsvertrag** zu regeln.[43] Die Agenturen bzw. Agenten finanzieren sich über Vermittlungsprovisionen, die sie in der Regel von den Künstlern, aber auch den Veranstaltern beziehen.

Über Jahrzehnte lag das Monopol der Arbeitsvermittlung (also auch für Künstler) bei der Bundesanstalt für Arbeit bzw. von ihr autorisierten Einrichtungen, denn nach ihrem Beitritt zu zwei Internationalen Abkommen zur Arbeitsvermittlung der ILO (International Labour Organization) war die BRD verpflichtet, eine kostenlose öffentliche Stellenvermittlung einzurichten und eine private Vermittlertätigkeit zuzulassen. Diese ILU-Abkommen hat Deutschland 1994 gekündigt und durch das am 1. August 1994 in Kraft getretene Beschäftigungsförderungsgesetz eine Neuregelung der privaten Stellenvermittlung für einige ausgesuchte Tätigkeiten im Kulturbereich eingeführt (Musiktheater, Klangkörper, Show/Unterhaltung, Studiomusik, Sprechtheater, Film und Fernsehen). Durch EU-einheitliche Regelungen sind hier weitere Veränderungen zu erwarten.

▶ **Beschaffung von öffentlichen Finanzmitteln (Zuwendungen)**

Um arbeiten zu können, benötigen die sehr personalintensiven Kultureinrichtungen erhebliche **finanzielle Ressourcen**. Dies betrifft sowohl die Kultureinrichtungen, die in direkter staatlicher oder kommunaler Trägerschaft stehen als auch privatrechtlich (in der Regel als GmbH oder e. V.) organisierte Einrichtungen, die **Zuwendungen** erhalten. Die jahrzehntelang herrschende Praxis der Mittelverteilung zwischen Kämmerei einerseits, Kultureinrichtungen andererseits beschreibt ein Kenner ironisch: „Natürlich gab es schon immer ein munteres Fingerhakeln um die Kulturfinanzierung: die Kulturverwaltung reichte ihre Haushaltsansätze für das nächste

Jahr ein, die Kämmerei antwortete postwendend Ausgeschlossen!, worauf die Kulturverwaltung alle Register apokalyptischer Horror-szenarien zog. Am Ende einigte man sich unter Schmerzen, um beim Jahreswechsel festzustellen, dass man noch Geld in der Kasse hatte. Das war ein großes Spiel, das dem Tarifpoker der Arbeitge-berverbände und Gewerkschaften nicht unähnlich war und das ne-ben dem sich doch recht regelmäßig einstellenden Erfolg auch noch Spaß machte. Soweit man hier überhaupt von ernsthaften Proble-men sprechend konnte, reichten stets kurzfristige Problemlösungen aus, um eine vorübergehende finanzielle Schieflage wieder ins Lot zu bringen."[44]

Dieses „Spiel" scheint allerdings angesichts immer knapper wer-dender öffentlicher Mittel ausgespielt. Unter den Stichworten **Bud-getierung**[45], **Dezentrale Ressourcenverantwortung**[46] bzw. **Neues Steuerungsmodell für die öffentliche Verwaltung (New Public Mana-gement)**[47] werden seit Beginn der neunziger Jahre nachdrücklich Diskussionen darüber geführt, wie die geringer werdenden öffentli-chen Mittel effizienter eingesetzt werden können. Der Kerngedan-ke dabei ist, die finanziellen Ressourcen nicht länger zentral (Käm-merei) zu verwalten, sondern in Globalbudgets den einzelnen öffentlich getragenen Kultureinrichtungen (also der Musikschule, dem Museum, der Volkshochschule, dem Stadttheater usw.) zur eigenverantwortlichen Bewirtschaftung zur Verfügung zu stellen, also unternehmerisches Denken auch in das „Unternehmen Kul-tur"[48] einzuführen.

Finanzielle Mittel von Bund, Land und Gemeinden an Dritte wer-den **Zuwendungen** genannt. Aus haushaltsrechtlicher Sicht sind sie Zahlungen an Dritte, die nur unter den Voraussetzungen von § 23 Bundeshaushaltsordnung/Landeshaushaltsordnung bewilligt wer-den dürfen: „Ausgaben und Verpflichtungsermächtigungen für Leis-tungen an Stellen außerhalb der Bundesverwaltung/der Verwaltung zur Erfüllung bestimmter Zwecke (Zuwendungen) dürfen nur ver-anschlagt werden, wenn der Bund/das Land an der Erfüllung durch solche Stellen ein erhebliches Interesse hat, das ohne die Zuwen-dungen nicht oder nicht im notwendigen Umfang befriedigt werden kann." Gleiches gilt übertragen auch für die Gemeinden und Land-kreise.

In dieser Festlegung sind zwei Merkmale besonders hervorzuheben:

• Es muss sich um **Zahlungen an Dritte** handeln, also beispielsweise des Bundes oder eines Landes an eine kommunale Einrichtung oder der Kommune an einen gemeinnützigen Kulturverein. Handelt es sich dagegen um Zahlungen des Trägers an eine eigene Einrichtung, so spricht man nicht von Zuwendungen, sondern von Zuschüssen oder – im Sinne des Haushaltsrechts – vom Zuschussbedarf (Fehlbedarfsfinanzierung).

• Es muss ein **erhebliches Interesse**, wie es im Gesetz heißt, vorhanden sein, d. h. die Veranstaltung muss im Interesse einer breiteren Öffentlichkeit liegen und es muss erkennbar sein, dass die Veranstaltung ohne die Zuwendung nicht stattfinden könnte.

Unterschieden werden kann dabei zwischen einer **Projektzuwendung**, die sich jeweils auf ein ganz bestimmtes Projekt bezieht, also zeitlich genau befristet ist und einer **institutionellen** Zuwendung, die eine bestimmte Einrichtung (meist zeitlich unbefristet) unterstützt. Weiterhin kann differenziert werden zwischen einer **Vollfinanzierung**, bei der der Zuwendungsgeber alle Kosten übernimmt, und einer **Teilfinanzierung.** Bei letzterer ist wiederum zu unterscheiden zwischen der **Fehlbedarfsfinanzierung,** (d. h. es wird der Fehlbedarf übernommen), der **Festbetragsfinanzierung** (es wird ein vorher betraglich genau festgelegter Fehlbedarf übernommen) und der **Anteilsfinanzierung** (d. h. ein prozentual festgelegter Fehlbedarf). Die Voraussetzung für den Erhalt einer Zuwendung sind die Einreichung eines entsprechenden **Zuwendungsantrages** sowie, bei positiver Entscheidung, der Erhalt eines entsprechenden **Zuwendungsbescheides.** Nach Abschluss der Maßnahme bzw. des entsprechenden Haushaltsjahres ist vom Zuwendungsempfänger gegenüber dem Zuwendungsgeber ein **Verwendungsnachweis** zu erbringen.[49]

Auf Grund der zurückgehenden öffentlichen Finanzmittel spielt eine zunehmend wichtigere Rolle auch für öffentlich getragene bzw. geförderte Kultureinrichtungen die Beschaffung von zusätzlichen finanziellen Ressourcen. Hierzu zählen – neben Einnahmen aus Stiftungen – vor allem das **Sponsoring** und das **Fundraising.**

▶ **Beschaffung von privaten Finanzmitteln (Sponsoring/Fundraising)**

Unter **Sponsoring**[50] versteht man die Planung, Organisation, Durchführung und Kontrolle sämtlicher Aktivitäten, die mit der Bereitstellung von Geld, Sachmitteln, Dienstleistungen oder Know-how durch Unternehmen und Institutionen zur Förderung von Personen und/oder Organisationen in den Bereichen Sport, Kultur, Soziales, Umwelt und/oder Medien verbunden sind, um damit gleichzeitig Ziel der Unternehmenskommunikation zu erreichen.[51] Deutlich wird bei dieser Definition, dass – im Gegensatz zur **Spende** – Sponsoring ein **Geschäft auf Gegenseitigkeit** ist, dessen Ausgestaltung daher in einem entsprechenden Sponsoringvertrag[52] festzuhalten ist. Sponsoring unterscheidet sich also durch folgende Merkmale eindeutig von anderen Einnahmearten wie öffentliche Spenden, Zuwendungen usw.:

• Sponsoring ist **nicht mäzenatisch**, sondern setzt – gerade aus steuerrechtlicher Sicht – die Gegenleistung durch die Kultureinrichtung voraus. Nach § 4 Abs. 4 Einkommensteuergesetz können Betriebsausgaben für Lohn- und Einkommenspflichtige als Werbungskosten, für körperschaftspflichtige Unternehmen als Betriebsausgaben abgesetzt werden, denn diese Betriebsausgaben dienen dazu, die Grundlagen zu schaffen, die eine Besteuerung erst möglich machen. Betriebsausgaben vermindern folglich den zu versteuernden Gewinn und senken damit die Bemessungsgrundlage für die Einkommensteuer, die Körperschaftssteuer und auch die Gewerbesteuer.[53]

• Selbst wenn die Motive für ein Sponsoringengagement nicht selten in der Person des Geschäftsführers begründet liegt, so ist das Sponsoring **eine Leistung der Gesamtunternehmung**, nicht von Privatpersonen.

• Sponsoring ist somit an den Unternehmenszielen ausgerichtet und **in das Marketingkonzept des Sponsors eingebunden**, d. h. das zu fördernde Projekt muss diesen Marketing- und Unternehmenszielen dienen.[54]

Gilt das bisher Gesagte für jede Art von Sponsoring (etwa auch Sport-, Umwelt oder Sozialsponsoring), so lässt sich **Kunst**- bzw.

Kultursponsoring weiter präzisieren. Kultursponsoring ist eine Form des kulturellen Engagements von Unternehmen, bei dem durch die Unterstützung von Künstlern, kulturellen Gruppen, Institutionen oder Projekten auch Wirkungen im Hinblick auf die (in- und externe) Unternehmenskommunikation erzielt werden.[55] Die Ziele des Kultursponsoring bzw. dessen Motivation auf Unternehmensseite können dementsprechend ganz unterschiedlich sein, z. B. die Dokumentation von gesellschaftspolitischer Verantwortung, die Profilierung des Unternehmensimages, die Aktualisierung der Öffentlichkeitsarbeit, die Verbesserung der Kundenbeziehungen, die Integration in das gesellschaftliche Umfeld der Region oder die Steigerung der Mitarbeiteridentifikation.[56]

Dementsprechend sind die Besonderheiten des Kultursponsoring gegenüber anderen Sponsoringarten zu beachten, die z. B. darin liegen, dass vielfach kein Massenpublikum erreicht wird, sondern eher individuelle Zielgruppenansprache erfolgen kann (Potential für Dialog- und Direktmarketing), eher Meinungsführer erreicht werden, ein exklusives Auftreten möglich ist, eher Dienstleister als Konsumgüterhersteller Kultursponsoring betreiben (Affinität zu eigenem Handeln) und großes kreatives Potential hinsichtlich der Ausgestaltung des Sponsoring vorhanden ist. Nicht zu übersehen ist allerdings auch, dass eine stärkere Auseinandersetzung mit dem Gesponserten und ein höheres persönliches Engagement durch den Sponsor als z. B. im Sport notwendig ist und oft noch Zurückhaltung und Ängste der Verantwortlichen im Kulturbereich gegenüber Sponsoring bestehen.

Da sich dementsprechend das Engagement der Sponsoren in einer Partnerschaft mit öffentlichen Einrichtungen oft nicht so darstellt, wie die Sponsoren sich dies erhofften, sind viele inzwischen dazu übergegangen, Kulturförderung in eigener Verantwortung vorzunehmen. Da ohnehin der Anteil der Sponsorengelder am Gesamtförderungsbedarf des Kulturbetriebs relativ gering geblieben ist, hat die neuere Entwicklung im Sponsoring die Bedeutung dieser Finanzierungsform für öffentliche Kultureinrichtungen weiter geschmälert.[57]

Der Grundgedanke von Marketing als Organisation von Austauschbeziehungen wird im Sponsoring besonders deutlich. Auf der

einen Seite stehen **mögliche Leistungserwartungen an den Sponsor**
(z. B. eine direkte Finanzierungsbeteiligung bzw. die Übernahme
einer Ausfallbürgschaft; der Ankauf von Werken; die Gewährung
von Arbeits- bzw. Werkstipendien; die Wettbewerbsauslobung; bestimmte PR-Leistungen in unternehmenseigenen Veröffentlichungen; die Gewährung von Infrastruktur, Logistik und Transportfahr-
zeugen; Versicherungsleistungen; die Bereitstellung bzw. Anmie-
tung von Räumen usw.). Dem stehen mögliche **Gegenleistungen der
Kultureinrichtung** gegenüber: z. B. die Namensnennung der Unternehmung und die Präsentation deren Logo auf Plakaten, in Broschüren, Programmheften usw.; der Hinweis auf den Sponsor in
Eröffnungsreden, Interviews, Statements; die Nennung des Sponsors bei allen PR-Maßnahmen; die Mitwirkung des Sponsors bei allen PR-Maßnahmen (z. B. durch persönliche Präsenz während einer
Pressekonferenz); ein Informationsstand des Sponsors im Rahmen
der Veranstaltung; Freikarten für den Sponsor und Geschäftsfreunde; Vermittlung von Exklusivkarten für Geschäftsfreunde; Empfang
für Künstler mit Geschäftspartnern; Nutzen des Ambientes der Kulturveranstaltung für andere Unternehmenszwecke usw.[58]

Gerade weil das Sponsoring für Wirtschaftsunternehmen ein immer wichtiger werdender Teil ihrer mittel- bis langfristigen Marke-
ting- und Kommunikationsstrategie ist, muss es auch von Seiten der
Begünstigten, also der Kultureinrichtungen, strategisch angelegt
werden. Eine **Sponsoring-Strategie** sollte daher mindestens folgende Punkte enthalten:

(1) Zunächst sollte von der Kultureinrichtung ein **klares Profil
des Vorhabens**, also die zugrundeliegende **Idee** bzw. das **Konzept** des
Programms entwickelt und beschrieben werden.

(2) Im nächsten Schritt sollte eine möglichst differenzierte **Analyse des erwarteten Publikums** bzw. der möglichen Zielgruppe vorgenommen werden.

(3) Darüber hinaus ist ein entsprechender **Kosten- und Finanzie-
rungsplan** des Projektes zu entwickeln.

(4) Außerdem ist der **Wirkungsradius** des Projektes (z. B. die geplante Öffentlichkeitsarbeit und Medienpräzenz) detailliert darzustellen.

(5) Sodann sind die von der Kultureinrichtung angestrebten

Sponsorenbeteiligungen festzulegen (ggf. ein Hauptsponsor mit mehreren Nebensponsoren).

(6) Des Weiteren sind von der Kultureinrichtung (und in dieser Phase nicht vom Sponsor!) mögliche **Gegenleistungen** festzulegen, die von den beteiligten Künstlern und der Kultureinrichtung tatsächlich auch akzeptiert werden. So gestaltet beispielsweise das ausgesprochen erfolgreiche Rheingau-Musikfestival zunächst sein Programm mit jedem einzelnen Konzert und bietet diese Konzerte erst dann einem Sponsor an. Findet sich keiner, kann das Konzert nicht veranstaltet werden oder muss aus anderen Mitteln finanziert werden (z. B. aus erwartetem Überschuss in anderen Konzerten). So kann es nicht geschehen, dass Sponsoren bestimmte Veranstaltungen, die sie ganz persönlich interessieren, ins Programm drücken.

(7) Daraufhin sind die **steuerliche Aspekte** zu prüfen, d. h. festzustellen, welche steuerlichen Abzugsmöglichkeiten sich für den Sponsor ergeben könnten.

(8) Erst wenn diese Leistungen von der Kultureinrichtung erbracht worden sind, kann eine sog. **Schnittstellenanalyse** vorgenommen werden, d. h. das Aufzeigen von Gemeinsamkeiten zwischen Sponsoringgeber und Sponsoringnehmer. Diese Gemeinsamkeiten können sich ergeben hinsichtlich (a) der vom Unternehmen hergestellten und von der Kultureinrichtung genutzten Produkte und Dienstleistungen (z. B. Musikinstrumente/Musikschule), (b) der gemeinsamen Zielgruppen (z. B. Jazzpublikum/Zigarettenwerbung) oder (c) der Imagedimension (z. B. führende Bank/Spitzenorchester bzw. Sparkasse/lokale Veranstalter).

(9) Erst nach diesen Schritten folgt die eigentliche Sponsoren-Akquisition durch die **Vorbereitung eines Sponsoren-Gesprächs**. Hierbei sucht man vor allem nach Ansprechpartnern, die sowohl die Kultureinrichtugen, als auch das ausgewählte Wirtschaftsunternehmen kennen. Hier spielen die sog. **Türöffner** bzw. **Gatekeeper/Gateopener** eine wichtige Rolle: wer kennt jemand, der jemanden kennt, der einem die gewünschte Tür öffnen, d. h. den entsprechenden Zugang verschaffen könnte?

(10) Gelingt dieser Zugang, schließt sich ein **Sponsorengespräch** an, in dem die Details des gemeinsamen Vorgehens erläutert werden. In diesem Gespräch werden dann ggf. von Seiten des Sponsors

weitere Wünsche nach Gegenleistungen eingebracht. Diese müssen allerdings für die Kultureinrichtung bzw. die dort auftretenden Künstler akzeptabel sein.

(11) Diese Details werden in einem sog. **Sponsoringvertrag** (mit den Elementen: Leistungen des Sponsors, Gegenleistung des Sponsoringnehmers, finanztechnische Abwicklung, gegenseitige Informationspflicht und Ausschluss inhaltlicher Einflussnahme) festgelegt.[59]

Gerade aus Gründen der steuerlichen Abzugsfähigkeit sind die Aspekte (1) der Festlegung der Sponsoring-Ziele, (2) der systematischen Planung und Entwicklung einer Sponsoring-Strategie (3) sowie schließlich der Integration der Sponsoring-Strategie in die allgemeine unternehmerische Marketing- und Kommunikationsstrategie sowie die Ausrichtung der Sponsoring-Aktivitäten auf eine längerfristige Konzeption der Unternehmung von zentraler Bedeutung.[60]

Damit das Kultursponsoring zu beiderseitiger Zufriedenheit funktionieren kann, sollte sich die Kulturorganisation stets bewusst machen, dass sie Dienstleister nicht nur gegenüber ihren Besuchern, sondern auch gegenüber ihren Sponsoren ist und diese ggf. während des gesamten Prozesses beraten sollte (z. B. bei der Beratung hinsichtlich einer besonderen „location" für einen Empfang etc.). Nur wenn diese Voraussetzungen erfüllt sind, wird es auch in diesem Austauschprozess zu einer Bindung zwischen Sponsor und Gesponsertem kommen.

Vom Sponsoring klar abzugrenzen ist das sog. **Fundraising**. Als Fundraising[61] bezeichnet man das systematisch angelegte, professionelle Sammeln von Spenden für eine bestimmte kulturelle (oder andere gemeinnützige) Einrichtung oder Aufgabe, also das „Werben um Gunst und Geld".[62] (Im englischen Sprachgebrauch wird Fundraising auch als Oberbegriff für alle Zuwendungen von privater und öffentlicher Seite verwendet. Dies entspricht einem amerikanischen Verständnis im Sinne der wörtlichen Übersetzung als „Mittel beschaffen". In der deutschen Tradition aber ist Fundraising eher und besser mit „Spenden-Marketing" zu übersetzen, weil hier das Sammeln von Spenden und damit der mäzenatische Charakter im Gegensatz zum eindeutig nutzenorientierten Sponsoring im Vordergrund stehen). Damit knüpft das Fundraising eng an das im ersten Kapitel geschilderte Beziehungsmarketing an.

Nicht nur der Begriff, auch die Philosophie des Fundraising stehen eng in der amerikanischen gesellschaftlichen Tradition des **Philantrophic Giving**. Dabei wird davon ausgegangen, dass der **Impuls zu geben** von Menschen, nicht von Institutionen, durch **Gemeinsinn**, also durch den Wunsch, etwas Gutes tun zu wollen, motiviert ist. Auf eben dieser Motivationsebene werden die privaten Geldgeber (und nicht „die Unternehmen") angesprochen nach dem Motto: „People give to people". Dabei sollte deutlich gesehen werden, dass Fundraising keineswegs nur eine Methode des Geldeinsammelns ist, denn es geht nicht (nur) um die (meist kurzfristig angelegte) Beschaffung von Geld zur jeweiligen Projektfinanzierung oder Budgetausgleich.[63] Fundraising lässt sich viel besser verstehen als „Vermögensbildung für eine gute Sache."[64] (Daher führt der Titel einer der ersten deutschen Veröffentlichungen zu diesem Thema: „Die Kunst des Bettelns. Tipps für erfolgreiches Fundraising"[65] in die völlig falsche Richtung).

Der erfolgreiche Fundraiser wird vielmehr von folgenden Prinzipien geleitet:

(1) Er ist leidenschaftlich überzeugt von der kulturellen Bedeutung des jeweiligen Projektes bzw. der Einrichtung, denn nur wer selbst von etwas überzeugt ist, kann andere überzeugen.

(2) Er geht von der o. a. Überlegung aus: „people give to people", d. h. dass eine gute Idee alleine noch kein Geld bringt, sondern dass Menschen mit überzeugenden Anliegen andere Menschen, die Gutes tun wollen, ansprechen müssen.

(3) Er nimmt ein „Nein" nie als endgültige Antwort – „Never take no for an answer" – sondern hofft, dass es vielleicht beim nächsten Projekt klappt, weshalb die höfliche Nachfrage: „Für welches Kulturprojekt würden Sie sich denn engagieren?" der Schritt für die nächste Fundraising-Aktion ist.

(4) Er weiß, dass das Werben um Geld, selbst wenn es im Einzelfall nicht klappen sollte, ein Zweck an sich ist, denn es macht das jeweilige Projekt bekannt.

(5) Er geht kreativ und flexibel vor, d. h. stellt sich sehr genau auf die jeweiligen Gesprächspartner ein. Die „one-fits-for-all"-Strategie,

d. h. das alle-über-einen-Kamm-Scheren ist von vornherein zum Scheitern verurteilt.

Deshalb wird auch beim Fund-Raising – im Gegensatz zu dem herkömmlichen Spendensammeln – wie beim Sponsoring **strategisch** vorgegangen. Die grundlegenden Marketingfragen stellen sich daher ähnlich wie beim Sponsoring:

(1) Wer sind wir – bzw. unsere Kultureinrichtung – und welche Werte können wir bieten? (Diese Frage steht in direkter Beziehung zu dem oben ausführlich dargestellten Mission Statement Kapitel 4). Im Rahmen der möglichst kritischen Selbstbefragung stehen dabei folgende Fragen:

• Welcher künstlerische bzw. kulturelle Bedarf stehen im Mittelpunkt unserer Aktivitäten?

• Welche ganz besonderen Angebote machen wir in unserer Kultureinrichtung, um diesen Bedarf zu befriedigen?

• Für wen machen wir diese Angebote, d. h. wen genau wollen wir vorrangig ansprechen?

• Wie sieht die Nachfrage für unsere Angebote aus?

• Haben wir eine (vorzeigbare) Selbstdarstellung unserer Mission, unserer Ziele und Aufgaben, der Geschichte und bisherigen Leistungen unserer Einrichtung?

• Und schließlich und besonders wichtig: Was können wir den Personen, die wir um Unterstützung bitten wollen, an Werten/Values bieten?

(2) Erst wenn die eigene Position genau geklärt ist, werden die möglichen Partner innerhalb des Austauschprozesses angesprochen, d. h. die Frage gestellt: Wer sind die von uns anzusprechenden Zielgruppen und was wollen wir von ihnen? Was genau können wir ihnen im Tausch bieten?

(3) Sind diese Hausaufgaben gemacht, können die entsprechenden Zielgruppen angesprochen werden bzw. Antworten gefunden werden auf die Frage: Wie können wir zum Austausch dieser Werte kommen? Das sollte möglichst **persönlich** geschehen, d. h. durch ein indidivuelles Anschreiben oder einen persönlichen Besuch. Sowohl bei der persönlichen Ansprache als auch beim Anschreiben sind vor allem auch die Gegenleistungen wie gewisse Privilegien und Bevorzugungen deutlich herauszustellen.

Kommt es dann zur Spende, beginnt in einer dritten Phase die sehr sorgfältige und bisweilen auch recht aufwendige Betreuung der Spender, um sie möglichst immer wieder zu einer Erneuerung ihrer Spende zu bewegen.

Der entscheidende Unterschied zum traditionellen Spendensammeln besteht folglich darin, dass (1) das Fund raising eng mit dem (Beziehungs-)Marketing verknüpft ist, (2) dass Fund raising sehr systematisch und personenbezogen vorgeht und damit meilenweit entfernt von allgemeinen Spendenaufrufen oder Straßensammlungen ist. (3) Fund raising pflegt vielmehr den Spender und versucht so, ihn möglichst lange und fest an die eigene Einrichtung zu binden.[66]

Anmerkungen:

[1] Vgl. hierzu ausführlich: Heinrichs (1997a) S. 73–160

[2] Beck (1986) S. 48

[3] Beck (1986) S. 7

[4] Popcorn (1999); vgl. hierzu auch Kotler/Bliemel (1999) S. 265–270

[5] Gerken/Konitzer (1996)

[6] Das Internet revolutioniert den Vertrieb von Musiktiteln. In: *Frankfurter Allgemeine Zeitung* vom 12. 8. 1999

[7] *Statistisches Bundesamt* (Hrsg.): Datenreport 1997. Zahlen und Fakten über die Bundesrepublik Deutschland, Bonn 1997 S. 20 ff

[8] Statistisches Bundesamt (1997) S. 24

[9] Vgl. zum Folgenden: Statistisches Bundesamt (1997) S. 27 f

[10] Opaschowski, Horst W.: Freizeitökonomie: Marketing von Erlebniswelten, Opladen 1995 S. 14

[11] *Statistisches Bundesamt* (1997) S. 32

[12] Arendt, Hannah: Vita Activa oder Vom tätigen Leben, München 1985 S. 12

[13] Opaschowski (1995) S. 17

[14] Opaschowski (1995) S. 17 f

[15] Beck (1986) S. 127 f

[16] *Kommission für Zukunftsfragen der Freistaaten Bayern und Sachsen*: Erwerbstätigkeit und Arbeitslosigkeit in Deutschland. Entwicklung, Ursachen und Maßnahmen. Teil III: Maßnahmen zur Verbesserung der Beschäftigungslage, Bonn 1997, S. 51

[17] Bericht der *Kommission „Zukunftsperspektiven gesellschaftlicher Entwicklungen"* erstellt im Auftrag der Landesregierung Baden-Württemberg, Stuttgart 1983 S. 31 f

[18] Zukunftsperspektiven (1983) S. 39

[19] Göschel (1991)

[20] Vgl. hierzu u. a. die Reihe *Kulturpraxis und Recht*, hrsg. von der Stiftung für kulturelle Weiterbildung und Kulturvermittlung (5 Bände), Köln 1994; Bischoff, Friedrich.: Kunstrecht von A-Z, München 1990

[21] Vgl. hierzu Böckel, Ernst.: Künstlersozialversicherungsgesetz (KSVG) Freiburg [2]1988 und Ergänzungsbeilage zur 2. Auflage, Freiburg 1989

[22] Vgl. hierzu: Heinrichs (1997 a); Heinrichs, Werner und Armin Klein: Studienbrief Kulturpolitik. (Fernuniversität Hagen – Weiterbildungsstudiengang Kultur-Management), Hagen 1994; Wagner, Bernd: Zwanzig Jahre Neue Kulturpolitik. Eine Bibliographie, Essen 1993

[23] Vgl. hierzu Heinrichs (1997a) S. 77–96

[24] Johann Wolfgang von Goethe in einem Brief an Lili Parthey vom 23. 7. 1823

[25] Pröhl, Marga: Einführung in den Workshop: Kultur-Management und neue Organisationsstrukturen S. 27; in: Siebenhaar, Klaus u. a. (Hrsg.): Kultur-Management. Wirkungsvolle Strukturen im kommunalen Kulturbereich, Gütersloh 1993

[26] Vgl. hierzu die vorliegenden Zwischenberichte zu den Musikschulen, den Theatern, den Naturkunde- und Historischen Museen, den Volkshochschulen (alle Gütersloh 1995), den Kunstmuseen (Gütersloh 1996), den Kulturämtern (alle Gütersloh 1996), sowie die ausführlichen Materialien der Betriebsvergleiche an den Öffentlichen Bibliotheken (Gütersloh 1994 und 1997)

[27] Langemeyer, Gerhard: Statement. In: Schmidt, Kerstin (Hrsg.): Mit Phantasie und Effizienz gegen die Finanzmisere. Ergebnisse der Leistungsvergleiche Kultur, Gütersloh 1998 S. 19

[28] Vgl. zur Übertragung auf den Kulturbetrieb: Dußling, Peter: Benchmarking im Kulturbetrieb. Modellhafter Einsatz mit dem Ziel eines kundenclubähnlichen Fördervereins, dargestellt anhand eines Beispiels aus der Praxis. (Wissenschaftliche Arbeit für die Magisterprüfung im Fach Kulturwissenschaft im Aufbau-Studiengang Kultur-Management an der PH Ludwigsburg), Ludwigsburg 1999

[29] Nach: Gablers Wirtschaftslexikon, Wiesbaden 1993 S. 390

[30] Leibfried, Kathleen und Carol Jean McNair: Benchmarking. Von der Konkurrenz lernen, die Konkurrenz überholen, München 1995 S. 13 f.

[31] Siebert, Gunnar und Stefan Kempf: Benchmarking. Leitfaden für die Praxis, München 1998 S. 7

[32] Siebert/Kempf (1998) S. 11

[33] Rau, Harald: Mit Benchmarking an die Spitze. Von den Besten lernen, Wiesbaden 1996 S. 34

[34] Kotler/Bliemel (1999) S. 118

[35] Dehr/Biermann (1998) S. 69

[36] Kotler/Bliemel (1999) S. 199 f

[37] Kotler/Bliemel (1999) S. 120

[38] Pepels (1996) S. 1007

6. Welche Chancen und Risiken gibt es?

[39] Dehr/Biermann (1998) S. 68

[40] Koppelmann, Ulrich: Beschaffungsmarketing, Berlin 2000

[41] Vgl. hierzu: Horak u. a. (1999) S. 175

[42] Hasselbring, Julia: Private Künstlervermittlung. Verordnungen und Voraussetzungen für die private Arbeitsvermittlung. In: Handbuch Kultur-Management, Stuttgart 1992 ff (Lieferung August 1994 Handmarke H 6.1)

[43] Ein solcher Mustervertrag findet sich bei Hasselbring (1994) S. 16 ff

[44] Heinrichs, Werner: Nichts wird mehr so sein wie gestern! Die neuen Mühen und Chancen der Kulturfinanzierung. In: Handbuch Kultur-Management Stuttgart 1992 ff (Lieferung Dezember 1995 Handmarke F 2.6)

[45] *Kommunale Gemeinschaftsstelle (KGSt)*: Budgetierung: Ein neues Verfahren der Steuerung kommunaler Haushalte, Köln 1993 (Bericht 6/1993)

[46] *Kommunale Gemeinschaftsstelle (KGSt)*: Dezentrale Ressourcenverantwortung: Überlegungen zu einem neuen Steuerungsmodell, Köln 1991 (Bericht 12/1991)

[47] *Kommunale Gemeinschaftsstelle (KGSt)*: Das Neue Steuerungsmodell. Umsetzung, Begründung, Konturen, Köln 1993 (Bericht 5/1993)

[48] Richter u. a. (1995)

[49] Nagel, Hans-Georg: Wer Kultur sagt, muß auch Verwaltung sagen. In: Handbuch Kultur-Management, Stuttgart 1992 ff (Lieferung Mai 2000 Handmarke F 2.1)

[50] Bruhn, Manfred: Sponsoring. Systematische Planung und integrativer Einsatz, Wiesbaden [3]1998; Bortoluzzi Dubach, Elisa und Hansrudolf. Frey: Sponsoring. Der Leitfaden für die Praxis, Bern 1997; Bruhn, Manfred. und Richard Mehlinger: Rechtliche Gestaltung des Sponsorings (2. Bände), München 1994 und 1995; Brockes, Hans-Werner (Hrsg.): Leitfaden Sponsoring & Event-Marketing für Unternehmen, Sponsoring-Nehmer und Agenturen, Stuttgart 1995 ff. (Loseblattsammlung); Braun, Günther, Thomas Gallus und Oliver Scheytt: Kultursponsoring für die kommunale Kulturarbeit, Köln, 1996; Witt, Martin: Kunstsponsoring, Berlin/Bilefeld/München 2000

[51] Bruhn (1998) S. 22

[52] Weiand, Neil Georg: Der Sponsoringvertrag, München 1995

[53] Heinrichs (1997 a) S. 201

[54] Heinrichs (1997 a) S. 193

[55] Bruhn (1998) 218

[56] Zu den Gründen der Unternehmen für das Kultursponsoring vgl. Heinrichs (1997 a) S. 197

[57] Vgl. hierzu auch das Stichwort „*Fundraising*" in Heinrichs/Klein (2001)

[58] Vgl. hierzu ausführlich Heinrichs (1997 a) S. 200 f

[59] Vgl. hierzu Heinrichs/Klein (2001)

[60] Boochs, Wolfgang und Felix Ganteführer: Kunstbesitz, Kunsthandel, Kunstförderung im Zivil und Steuerrecht, Neuwied 1992 S. 163 f

[61] Burens, Peter-Claus: Der Spendenknigge. Erfolgreiches Fundraising für Kultur, Sport, Wissenschaft, Umwelt und Soziales, München 1998; Haibach, Marita: Handbuch Fundraising. Spenden, Sponsoring, Stiftungen in der Praxis, Frankfurt am Main 1998; Luthe, Detlef: Fundraising. Fundraising als beziehungsorientiertes Marketing – Entwicklungsaufgaben für Nonprofit-Organisationen, Augsburg 1997

[62] Vgl. zum Folgenden ausführlich: Lissek-Schütz, Ellen (1997)

[63] Lissek-Schütz (1997) S. 3; diess: Marketing im Kulturbetrieb – Impulse aus den USA. In: Wagner, Bernd und Annette Zimmer (Hrsg.): Krise des Wohlfahrtsstaates – Zukunft der Kulturpolitik, Bonn/Essen 1997 S. 179–185

[64] Schöffmann, Dieter: Fundraising: Vermögensbildung für eine gute Sache, Krefeld 1995

[65] Burens, Peter-Claus: Die Kunst des Bettelns. Tips für erfolgreiches Fundraising, München 1995

[66] Vgl. das Stichwort „Fundraising" bei Heinrichs/Klein (2001)

7. Was sind unsere Ziele?

7.1 Funktion von Zielen im Kultur-Marketing-Mangementprozess

Im Mission-Statement wird, wie in Kapitel 4 ausführlich dargestellt, die **grundsätzliche** Orientierung und Ausrichtung einer Kultureinrichtung festgelegt. Aus dieser allgemeinen und über einen längeren Zeitraum hinweg beständigen Zielvorstellung lassen sich allerdings noch nicht unmittelbare **Handlungsziele**, die das operative Tagesgeschäft, wie z. B. die Programmgestaltung eines Theaters, einer Musikschule oder eines soziokulturellen Zentrums usw. steuern könnten, ableiten. Darüber hinaus dürften die einzelnen Analyseschritte mit sehr großer Wahrscheinlichkeit die Notwendigkeit aufgezeigt haben, die zunächst allgemein formulierte Zielsetzung des Mission-Statements zu relativieren bzw. zu konkretisieren.

• Was bedeuten die prognostizierten längerfristigen Umweltentwicklungen konkret für die jeweilige Zielsetzung der Kultureinrichtung?

• Wie wirkt sich die jeweilige Konkurrenzsituation darauf aus?

• Wie verhält sich das, was die eigene Kultureinrichtung realistisch gesehen kann, mit der (vielleicht zu hoch gesteckte) Zielsetzung?

• Gibt es tatsächlich die Nachfrage, der die Kultureinrichtung dienen möchte?

• Mit welchen Beschaffungsproblemen ist zu rechnen? usw.

Deshalb müssen nun, auf der Grundlage des im Mission-Statement festgelegten **allgemeinen** Organisationsziels, in einem nächsten Schritt die strategischen und operativen Ober- und Unterziele präzisiert und konkretisiert werden. Unter **Ziel** wird dabei **die möglichst exakte Beschreibung eines zu erwartenden Ergebnisses** oder die **konkrete Beschreibung eines gewünschten Zustandes zu einem festgelegten Zeitpunkt** verstanden.[1]

Möglichst präzise formulierte Ziele sind daher

• die **Steuerungsgrundlage** einer Kulturunternehmung,

- die sowohl den prozessbegleitenden, steuernden **Controlling-maßnahmen** als auch
- der abschließenden **Erfolgskontrolle** dienen (vgl. Kap. 14).

Da es in öffentlichen Kultureinrichtungen vorrangig um die Formulierung und Erreichung **qualitativer** Ziele geht, wird allerdings sehr häufig der **Zielvereinbarungsprozess** angesichts der vorgeblichen Schwierigkeiten einer solchen Erfolgsmessung gar nicht erst in Angriff genommen. Es fehlt in einer solchen Situation häufig an konkret vereinbarten Zielen und an operationalisierten Kriterien zur Überprüfung der Zielerreichung, d. h. man fängt sehr häufig „einfach mal an". Ergebniskontrollen beschränken sich dann in der Regel auf operative und damit meistens finanzwirtschaftliche Ziele, während strategische Ziele kaum thematisiert werden. Erfolgreiche Organisationsführung im öffentlichen Kulturbetrieb bedeutet aber, dass Prozesse der Zielbildung und der Strategieformulierung über finanzwirtschaftliche Dimensionen hinausgehen. Ohne strategische Überlegungen sind operative Handlungen nicht auf ein **übergeordnetes Ziel** ausgerichtet und in vielen Fällen daher nicht effektiv.[2]

So müssen – so schwer dies im Einzelfall zunächst sein mag – auch im **inhaltlichen** Bereich Erfolgskriterien durch die Kultureinrichtung möglichst konkret und präzise formuliert und definiert werden. Zum einen ist dies wichtig, weil die Kultureinrichtung andernfalls kaum zu steuern ist, zum anderen aber, weil ansonsten die große Gefahr besteht, dass solche Erfolgskriterien **von außen** (und somit von der Kultureinrichtung **unkontrolliert**!) und damit häufig auch **sachfremd** definiert werden (z. B. durch die Politik, die Kulturverwaltung, die Presse, Sponsoren usw.). Jede Marketingplanung ohne explizite inhaltliche und präzise Zielformulierung ist unvollständig – sie entzieht sich damit einer Diskussion und rationalen Beurteilung.[3]

Was die *Kommunale Gemeinschaftsstelle (KGST)* in ihrem Gutachten zur Führung und Steuerung des Theaters schon vor mehr als zehn Jahren angesichts häufig fehlender oder unzureichend definierter Ziele im Theaterbereich schrieb, gilt ebenso für alle anderen öffentlichen Kultureinrichtungen: Ohne klare Ziele „fehlen den Verantwortlichen der Trägergemeinde (Politik und Verwaltungsführung) Maßstäbe, um die Notwendigkeit der vom Theater geforderten Finanzmittel vor allem in Relation zur Wirksamkeit der örtlichen Theaterarbeit begründen zu können. An die Stelle **rationaler** und **begründbarer** Entscheidungen treten in der Praxis Gewohnheiten, individuelle Vorstellungen von Theaterarbeit und das taktische Geschick des Kulturdezernenten/-referenten. Den Zuschussforderungen des Theaters können die Entscheider in Politik und Verwaltung in der Regel nichts anderes als Sach- und Finanzzwänge entgegensetzen."

Demgegenüber ermöglichen (garantieren allerdings noch nicht!) klar definierte Ziele eine möglichst rationale Diskussion. Denn an ihnen können „die Theaterleitung ihr Leistungsangebot orientieren" und „Politik und Verwaltungsführung den Erfolg ihres Theaters messen: Je besser es gelingt, die Rolle und den Beitrag der Theaterarbeit im kommunalen Wirkungsgefüge darzustellen, desto sachlicher und sicherer kann über die Dringlichkeit von Einzelentscheidungen oder die Höhe der hierfür bereitzustellenden Finanzmittel diskutiert und entschieden werden."[4]

Um den Anforderungen der arbeitsteiligen Struktur innerhalb von Betrieben und Organisationen entsprechen zu können, müssen Ziele weiter in **Teil-** oder **Subziele** zerlegt werden, die für einen organisatorischen Teilbereich (z. B. Aufgabe, Stelle) aufgabenbestimmend sind.[5] Dabei sollten die für die Leistungserbringung verantwortlichen Mitarbeiterinnen und Mitarbeiter nach dem Managementprinzip des **Management by objectives**, d. h. dem **Führen nach Zielvereinbarung**, so früh und so umfassend wie möglich in die Ziele-Definition mit einbezogen werden, weil dadurch

- das **ergebnisorientierte** Denken gefördert wird;
- die Mitarbeiterinnen und Mitarbeiter sich als **vollwertige Fachleute** in ihrem Aufgabenbereich erleben;
- sie zu **gleichberechtigten Gesprächspartnern** werden;
- sich ihre **Sensibilität** für die **Komplexität dieser Prozesse** erhöht;
- viele organisatorische Erfordernisse **transparenter** werden;
- sie lernen, **Situationen besser einzuschätzen**;
- sie eher das **Gefühl für die eigenen Leistungsmöglichkeiten** und die der anderen entwickeln können;
- sie den gemeinsam erarbeiteten Beschlüsse, Regelungen usw. **mehr Akzeptanz** entgegenbringen und

• sie diese dann auch entsprechend **motiviert und mit Überzeugungskraft nach außen tragen.**[6]

Dies wird in der Praxis allerdings nur dann gelingen, wenn die allgemein akzeptierte Überzeugung und der gemeinsame Willen vorhanden sind, Ziele klar und präzise zu definieren und zu kommunizieren. Um die effiziente Steuerung von Organisationen sicherzustellen, sollten die Ziele daher für die zuständigen Aufgabenträger **verständlich** und in **Inhalt**, **Ausmaß** und **Zeitbezug** verbindlich festgelegt werden.[7]

7.2 Zielinhalt

Der **Zielinhalt** richtet sich erstens auf die grundsätzliche Überlegung, welche inhaltlichen Ziele angestrebt werden sollen („**Was** soll erreicht werden?"). Diese **Leistungsziele** (z. B. Pflege neuer und neuester Musik, Förderung vorrangig heimischer Komponisten und Interpreten, Aufbau eines Repertoires zeitgenössischer Dramen im Schauspielbereich des Stadttheaters, Ausstellungen aktueller deutscher Graphik usw.) leiten sich unmittelbar aus der möglichst klar und präzise formulierten Mission ab. Die zu formulierenden inhaltlichen **Leistungsziele** haben also direkt das Erreichen der Mission zum Inhalt.[8]

Die *KGST*[9] nennt für den Bereich des Theaters folgende Beispiele:
• Wird ein gesellschaftspolitisches, aufklärendes Theater gewünscht?
• Soll das klassische Theater gepflegt werden?
• Soll das Theater der Gegenwart gefördert werden durch Pflege und Aufführung zeitgenössischer Stücke?
• Welche Bedeutung soll dem zeitgenössischen Theater zukommen?
• Welche örtliche, regionale, überregionale oder internationale Ausstrahlung (Wirkung) soll das Theater haben?
• Welche Qualitätsansprüche werden an die Künstler gestellt?

Für öffentliche Kulturbetriebe gilt auch hier ganz allgemein, was die *KGST* für das Theater schreibt: „Leistungsziele kombinieren – häufig im Wege des Kompromisses – **das politisch Gewollte** mit dem aus der Sicht der Theaterleitung **Leistbaren**. Sie dürfen nicht durch inhaltlich-künstlerische Vorgaben die künstlerische Freiheit des Theaters gefährden."[10]

In einem nächsten Schritt sind von dieser grundsätzlichen Zielfestlegung einzelne **Aktivitätsfelder** abzuleiten, für die in der Folge **konkrete Maßnahmenziele**, wie etwa die Planung einer konzertanten Opernaufführung als Teil eines Abonnementschwerpunkts zu entwickeln sind. Auch die **Einzelziele** hinsichtlich der künstlerischen Gestaltung, der Verpflichtung von Künstlern, der termingerechten Vorbereitungsaktivitäten und der Aufführung selbst gehören zum Zielfeld der Leistungsziele, obwohl es sich dabei bereits um eine konkrete ‚produktpolitische' Maßnahme handelt.[11]

Zweitens geht es bei der Festlegung des Zielinhalts aber auch um die Frage, **wer** mit den inhaltlichen Zielsetzungen (ggf. auch **mit welchen Wirkungen**) erreicht werden soll, d. h. um **Beeinflussungs-** oder **Marketingziele**. Hier wird der besondere Stellenwert einer möglichst sorgfältigen Nachfrageanalyse unmittelbar deutlich. Marketingziele lassen sich zunächst recht einfach quantifizieren, indem etwa eine Nominalzahl oder der Prozentsatz eines bestimmten Marktsegments als Ziel angegeben wird. So setzte sich z. B. die Leitung des Nationaltheater Mannheim vor einigen Jahren das konkrete Ziel, durch die verschiedensten Aktivitäten des Programmes *ENTER* im Laufe einer Spielzeit mindestens 5000 junge Menschen ins Theater zu holen.[12]

Eine Musikschule kann sich beispielsweise für das nächste Schuljahr zum Ziel setzen, durch entsprechende Marketingaktivitäten die Anmeldungen in der Musikalischen Früherziehung um 30 % zu steigern. Ein Museum kann für eine geplante Sonderausstellung die Zahl der erwarteten Besucher im Voraus auf 60 000 festlegen oder die Teilnehmer an Museumsführungen oder die erreichten Schulklassen pro Zeiteinheit usw. und feststellen, ob dieses Ziel erreicht wird. Ein Orchester, das erstmals ein Konzert mit zeitgenössischer Musik in sein Abonnement aufnimmt, kann die absolut erwartete Besucherzahl (z. B. 250 Personen) fixieren oder eine prozentuale Festlegung im Hinblick auf die übliche Besucherzahl innerhalb des Abonnements (z. B. 30 % der sonst üblichen Besucherzahl) abgeben.

Werden die Planzahlen nicht erreicht, kann im Nachhinein möglichst präzise nach den Ursachen hierfür gefragt werden:

- Waren die angenommenen Zahlen von vornherein unrealistisch, war also das Ziel zu hoch gesteckt?
- Gab es am selben Tag oder in derselben Woche Konkurrenzveranstaltungen?
- Wurden die anvisierten Zielgruppen verfehlt?
- Wurden Fehler in der Öffentlichkeitsarbeit gemacht?
- Waren die Eintrittspreise möglicherweise zu hoch? usw.

Neben diesen recht einfach operationalisier- bzw. quantifizierbaren Marketingvariablen gibt es indes noch eine ganze Reihe von **marketingpsychologischen** Zielen, die nicht so direkt und umstandslos messbar sind, wie z. B.

- die Steigerung des **Bekanntheitsgrades** der jeweiligen Kultureinrichtung,
- die Verbesserung des **Images** der Organisation,
- die Erhöhung der **Besucherzufriedenheit**,
- die Erhöhung des **Beliebtheitsgrades**,
- die Intensivierung der **Kundentreue** usw.

Die Verfolgung solcher recht schwer quantifizierbarer marktpsychologischer Ziele ist deshalb so entscheidend, weil die Nachfrage von Kulturangeboten entsprechende Kenntnisse, Einsichten, Vorstellungen und Erfahrungen voraussetzt. Die marktpsychologischen Ziele kann man in dieser Hinsicht auch als vor-ökonomische Ziele bezeichnen. Das heißt nichts anderes, als dass in den Köpfen (oder ,Herzen') der Besucher psychologische Vorgänge wie Wahrnehmen, Lernen, Vertrauen, Zuneigung usw. ausgelöst werden müssen.[13]

Eine weitere wichtige, in den nächsten Jahren gerade für den öffentlichen Kulturbetrieb sicherlich immer drängender werdende Zielsetzung ist drittens das **ökonomische** Ziel der **Sicherung der Ressourcen**, denn Ziele sind nur dann realistisch, wenn sie auch finanzierbar sind. Da die Bestandsgarantie öffentlicher Kultureinrichtungen von den jeweiligen Trägern, d. h. den Kommunen und den Bundesländern (bzw. zu einem geringen Teil vom Bund) prinzipiell gewährleistet wird, ist **wirtschaftliches** (nicht kommerzielles!) Denken in den entsprechenden Einrichtungen leider immer noch nicht sehr weit verbreitet und wurden in der Vergangenheit (und werden leider vielfach noch heute) nur wenige Gedanken an die Sicherung der ökonomischen Ressourcen verwendet.

„Noch bis vor wenigen Jahren stand bei allen finanziellen Erörterungen nur die Frage an: Welche Kultur wollen wir uns in diesem Jahr leisten und welche erst später? Heute dagegen lautet die Frage: Sollen wir uns überhaupt noch Kultur leisten und wenn ja, wie können wir sie außerhalb allgemeiner Deckungsmittel finanzieren? Statt kurzfristiger Problemlösungen müssen wir folglich nach strukturellen Lösungen suchen, die langfristig zu einer fast völligen Veränderung der Finanzierung öffentlicher Kulturangebote führen werden. Das aber wird:

- eine **größere Nähe von öffentlichen und privatwirtschaftlichen Formen der Kulturfinanzierung** zur Folge haben;
- ganz **andere Kompetenzen** erforderlich machen und
- sich ganz erheblich niederschlagen im **Arbeitsaufwand**, der künftig allein für Finanzierungsstrategien aufgewendet werden muss".[14]

Kurz gesagt, es muss der Schritt „von der Eindimensionalität zur Mehrdimensionaliät"[15] in der öffentlichen Kulturfinanzierung vollzogen werden.

Die erfolgreiche Erreichung finanzieller Ziele ermöglicht gleichzeitig die Planung neuer Programmlinien für kommende Spielpläne usw. Die Sicherung von Ressourcen ist aber nicht nur von konkreten, gegen Entgelt abgegebenen Leistungen abhängig, sondern auch vom Verhältnis zu Sponsoren, öffentlichen Subventionsgebern, und Personen, die Sachmittel, Räume und Arbeitskraft als freiwillige oder nur teilweise abgegoltene Mitarbeiter oder Projektteams zur Verfügung stellen.[16]

Finanzziele müssen daher

- eindeutig benannt,
- frühzeitig gesetzt,
- zuverlässig eingehalten werden und
- ihre Erreichung von der Kultureinrichtung beeinflussbar und
- ohne großen Aufwand kontrollierbar sein.

Ober- und Unterziele sind **konkrete Aussagen über angestrebte Zustände** bzw. **Ergebnisse**, die aufgrund der organisatorischen Maßnahmen der Kultureinrichtung erreicht werden sollen.[17] Sie bilden somit notwendige **Steuerungsgrundlagen** für eine konsequente,

247

zweckorientierte Organisationsführung. So kann z. B. das Marketingoberziel **Steigerung der Besuchszahlen um 20 % innerhalb der nächsten drei Spielzeiten** auf Grund einer sorgfältigen Marktanalyse (vgl. Kap. 5 und 6) über folgende Unterziele erreicht werden.

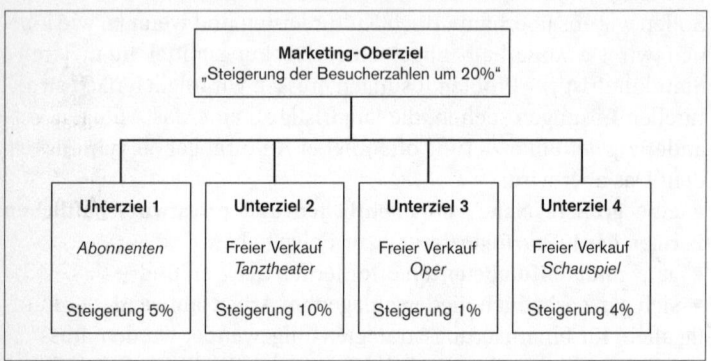

Abb. 20: Marketing-Zielplanung

Dieser Zielsetzung liegt die Marktanalyse zugrunde, dass der Opernbereich hinsichtlich der Zuschauerresonanz weitgehend abgedeckt ist, im Tanztheaterbereich aber noch erhebliche Potentiale vorhanden sind und sich sowohl die Abonnements- wie die Schauspielauslastung ebenfalls noch erheblich steigern lassen. Sinnvollerweise wird man diese selbstgesteckten Ziele in einem nächsten Schritt auf die einzelnen Spielzeiten herunterbrechen, so dass beispielsweise der Abonnementbereich im ersten Jahr eine Steigerung von 1,3 % Prozent erfüllen sollte. Zeichnet sich bereits nach der ersten Spielzeit ab, dass die Unterziele völlig unrealistisch waren (z. B. die Abonnementzahlen sinken statt steigen), trotzdem aber am Oberziel festgehalten werden soll, so muss entsprechend in den anderen Bereichen gegengesteuert werden, indem z. B. die Zahlen im Tanzbereich höher angesetzt werden, um das Gesamtziel dennoch zu erreichen.

Für eine durchgängige, zielgeleitete Steuerung und Kontrolle ist also prinzipiell ein vollständiges und hierarchisch differenziertes Zielprogramm notwendig. Ein schlüssiges marketing-konzeptionelles Handeln setzt vor allem auch ein entsprechendes Marketingziele-Subsystem voraus. Die Steuerungs- und Kontrolleistung eines Zielprogramms ist dabei umso besser, je vollständiger und präziser die Zielfestlegungen sind.[18]

Bei der Erarbeitung eines Marketingkonzeptes müssen im Rahmen der Zielkonkretisierung also folgende Fragen beantwortet werden:

(1) Welche **inhaltlichen** Ziele (Leistungsziele) sollen erreicht werden?

(2) Welche **Marketingziele** sollen verfolgt werden?

(3) Durch welche Maßnahmen (**Finanzziele**) sind die ökonomischen Ressourcen so zu sichern, dass die inhaltlichen Ziele erfolgreich angestrebt werden können?

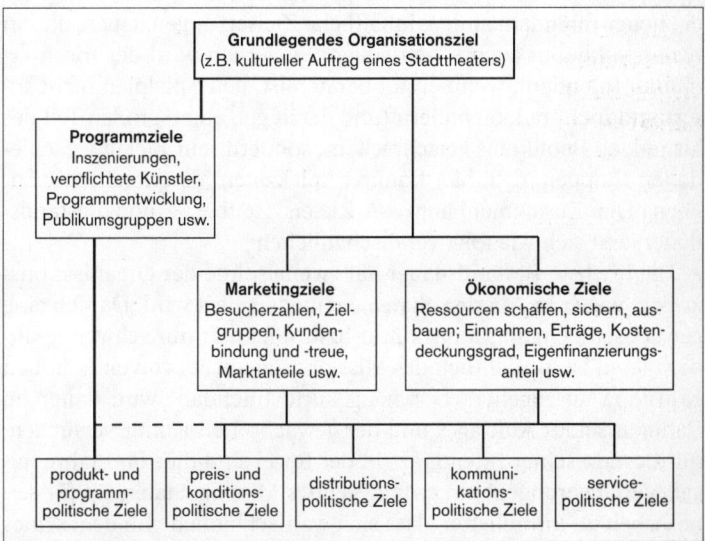

Abb. 21: Zielhierarchie in einem Stadttheaterbetrieb

Die Steuerungsfunktion der Ziele ist umso besser, je vollständiger und aufeinander abgestimmter ein Zielsystem ist. Für die konsequente Führung einer Kultureinrichtung ist es daher notwendig, auf allen behandelten Zielebenen schlüssige, mit den anderen Zielebenen abgestimmte Ziele aufzustellen, zu verfolgen und ihre Erfüllung entsprechend zu kontrollieren.[19]

7.3 Zeitbezug von Zielen

Ziele unterscheiden sich nicht nur inhaltlich, sondern auch in ihrem **Zeitbezug**, d. h. manches lässt sich unmittelbar angehen und realisieren, anderes erst später oder nach der erfolgreichen Erfüllung von Teilzielen. Nehmen wir beispielsweise ein Stadttheater, das über viele Jahre hinweg von nur einem einzigen Intendanten geleitet wurde, dem dieser seine unverwechselbare Handschrift gegeben und entsprechend das Publikum geprägt hat. Möglicherweise wird ein neuer Intendant andere inhaltliche Zielsetzungen haben, die ein neues Publikum ansprechen sollen. Sicherlich wird der frisch ernannte Intendant, wenn er gut beraten ist, den Spielplan nicht sofort und nicht radikal ändern (und damit ggf. einen großen Teil des bisherigen Publikums verschrecken), sondern sein Ziel in verschiedenen Etappen, d. h. hier konkret Spielzeiten, zu erreichen versuchen. Der Zusammenhang von Zielen, Zeitbezug und Bestandsdauer lässt sich wie folgt veranschaulichen:

• Die höchste Bestandsdauer hat zweifelsohne der Organisationszweck, wie er im **Mission-Statement** niedergelegt wird. Da sich eine gewachsene Organisationskultur bzw. -identität nur schwer verändern lässt, ist hinsichtlich des Mission-Statements von einer hohen Konstanz auszugehen. Der neugekürte Intendant wird daher im Rahmen seines Auftrages und der gewachsenen Kultur versuchen, für die Zeit seiner Intendanz (in der Regel sind dies fünf Jahre mit ggf. Verlängerungen) ein grundlegendes Mission-Statement für seine Arbeit zu formulieren, dass sich wahrscheinlich von dem seines Vorgängers deutlich abhebt.

• Aus dieser grundlegenden Orientierung werden **Oberziele** bzw. **Positionierungsziele** für die geplanten fünf Jahre seiner Intendanz abgeleitet. So kann sich das Haus beispielsweise ausdrücklich dem zeitgenössischen, aufklärerischen, gesellschaftskritischen Theater verschreiben. Damit ist zunächst die Auswahl der Dramen, Musik-

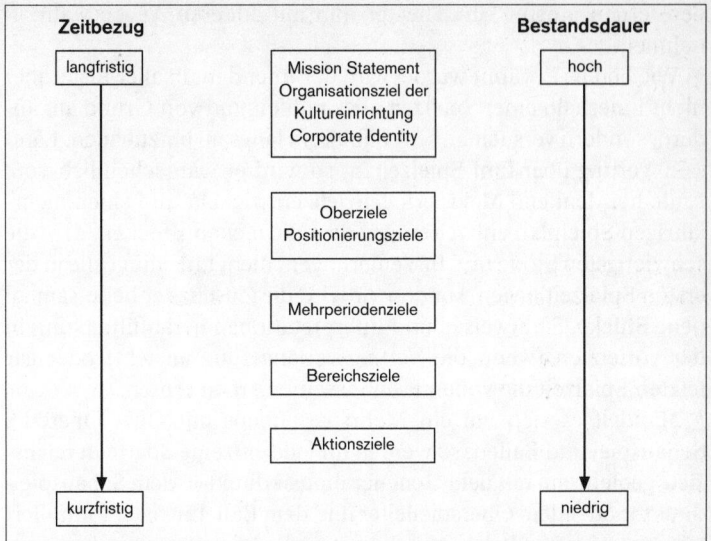

Abb. 22: Ziele und Zeitzusammenhang

stücke, Texte usw. deutlich begrenzt; reine Unterhaltungsstücke, Boulevardtheater wird es in einem solchen Haus wohl kaum geben. Aber auch hinsichtlich des Inszenierungsstils sind dadurch gewisse Vorentscheidungen getroffen: Wenn überhaupt Operetten gespielt werden, müssen sie auf ihre jeweiligen kritischen Intentionen hin abgeklopft werden!

Und auch bei den Zielgruppen werden gewisse Weichenstellungen vorgenommen: das pure Entertainment, die schiere Unterhaltung wird es – im Gegensatz zum früheren Intendanten – kaum noch geben. Gleichzeitig **positioniert** sich das Theater durch die Oberziele innerhalb seines Umfeldes: hinsichtlich möglicher Konkurrenten (etwa im Bereich des Freien professionellen Theaters, des engagierten Kellertheaters oder der Studentenbühne, die ähnliche Intentionen haben), aber auch gegenüber den möglicherweise ebenfalls am Ort anzutreffenden Boulevardtheatern oder einem kommerziellen Musicalproduzenten, die von der neuen Führung keine Konkurrenz mehr zu befürchten haben. Auch Sponsoren, die Presse usw. werden lernen müssen, ihr Theater nun mit anderen Augen wahrzunehmen.

• Wie bereits erwähnt wurde, wird der Intendant in aller Regel aber nicht innerhalb einer Spielzeit alles radikal und von Grund auf ändern, sondern versuchen, sein Publikum langsam umzubauen. Läuft sein Vertrag über fünf Spielzeiten, so wird er wahrscheinlich vom Ende her denkend **Mehrperiodenziele** entwickeln und einen mehrjährigen Spielplan entwerfen, bei dem die dicken Brocken, d. h. die schwierigsten Stoffe und Inszenierungen, nicht unbedingt alle in der ersten Spielzeit liegen, sondern er wird die Zuschauer behutsam an neue Stücke, Sichtweisen und Interpretationen heranführen und in der vorletzten (wenn die Vertragsverlängerung ansteht) oder gar letzten Spielzeit die vollen Früchte seiner Arbeit ernten.

• Handelt es sich um ein Mehrspartenhaus mit Oper/Operette, Schauspiel und Ballett, so werden für jede einzelne Sparte **Bereichsziele** gemeinsam mit dem Geneneralmusikdirektor, dem Schauspieldirektor oder dem Oberspielleiter und dem Ballettmeister formuliert werden müssen. Welche produkt- bzw. programmpolitischen Entscheidungen treffen die einzelnen Sparten in welcher Spielzeit, welches Zielpublikum wollen sie ansprechen usw. Verfügt z. B. der Tanztheaterbereich bereits über ein hohes Zuschauerpotential, weil sich hier in der Vergangenheit durch die Angebote des alljährlichen städtischen Tanztheaterfestivals entsprechendes Interesse, Kennerschaft und Nachfrage gebildet haben, so kann hier u. U. die insgesamt angestrebte Profilveränderung am raschesten angegangen werden. Im Opernbereich, wo entsprechende Vorreiter fehlen, wird man nur langsam Veränderungen vorantreiben können. Positiver sieht es dagegen wiederum im Schauspielsektor aus, weil hier einige namhafte Verlage und Buchhandlungen in der Vergangenheit im Rahmen von Literaturtagen und Buchwochen wichtige Vorarbeit geleistet haben. Auf der Basis solcher Analysen und Überlegungen kann ein mittelfristig wirksamer Spielplan aufgebaut werden.

• Auf der untersten Stufe sind schließlich die **Aktionsziele** (wie z. B. ein Theaterfestival oder bestimmte werbewirksame Aktivitäten zur Spielzeiteröffnung oder dem Beginn des Vorverkaufs usw.) anzusetzen, mit denen das ganze Haus oder einzelne Sparten bestimmte kurzfristige Effekte erzielen wollen und deren Bestandsdauer entsprechend niedrig sind. Auch diese sollten allerdings in den gesamten Zielkatalog eingebunden sein. Besonders wichtig ist dies bei Maßnahmen im Eventbereich, wenn Wert darauf gelegt wird, dass ein zunächst nur am kurzfristigen Event (z. B. „Lange Museumsnacht") interessiertes Publikum auf Dauer und längerfristig eingebunden werden soll.

7.4 Zielausmaß und Erfolgskriterien

Als dritte wesentliche Dimension ist festzulegen, in welchem Umfang die Ziele realistischerweise erreicht werden sollen. Denn damit Ziele die ihnen zugewiesene Aufgabe erfüllen können, müssen sie **smart** sein:

S	=	specific (auf den jeweiligen Bereich zugeschnitten)
M	=	measurable (messbar)
A	=	achievable (erreichbar)
R	=	realistic (realistisch)
T	=	time-scaled (zeitlich präzisiert)

Die Qualität von Organisationszielen misst sich an ihrer **Operationalität**, d. h. ein Ziel ist dann operational formuliert, wenn es durch praktisches Handeln tatsächlich verwirklicht und diese Verwirklichung auch kontrolliert werden kann. Diese quantifizierenden Steuerungsgrößen werden auch **Kennzahlen** genannt. Sie sind zunächst nur **Indikatoren des Leistungsstands**, die in absoluten Zahlen/z. B. Einnahmen), aber auch in Verhältniszahlen ausgedrückt werden können (z. B. durchschnittlicher Kostendeckungsgrad je Ausstellung oder Besucherzahl pro Jahr).[20] Den **Ist**-Zahlen der gegenwärtigen Situation werden somit Zielvorgaben in Form von **Soll-Zahlen** für einen bestimmten Zeitraum vorgegeben.

Die Operationalisierung insbesondere der **inhaltlichen** Ziele ist, es wurde bereits mehrfach darauf hingewiesen, zwar nicht immer ganz einfach, keineswegs aber unmöglich. Die *KGST*[21] schlägt für einen Theaterbetrieb folgende möglichen Erfolgskriterien vor:
- Theaterkritiken in der örtliche, regionalen, überregionalen, internationalen Presse;

- Berichte und Hinweise auf das Theater bzw. auf Inszenierungen in Presse, Rundfunk und Fernsehen;
- Bereitschaft bedeutender Regisseure, Schauspieler und Bühnenbildner, in dem Theater zu arbeiten;
- Anzahl der Inszenierungen, die im Fernsehen übertragen werden;
- Anzahl der Gastspiele an fremden Bühnen in der Region, im Inland, im Ausland;
- Ergebnisse von Besucherbefragungen.

Die vorgeschlagenen Indikatoren können noch ergänzt werden durch

- Einladungen zu jurierten Theatertreffen;
- Kooperationen mit bedeutenden Festivals (etwa den Salzburger Festspielen);
- Hervorbringung herausragender Künstlerinnen und Künstler.

(Ebenso wurden für den Bereich der Museen entsprechende Indikatoren ermittelt[22]).

Als mögliche Indikatoren für **Leistungsziele** im Theater werden vorgeschlagen:

- Anzahl der Vorstellungen im Spieljahr;
- Anzahl der Vorstellungen in den einzelnen Häusern (bei mehreren Theatergebäuden);
- Anteile der Sparten an den Gesamtvorstellungen (bei Mehrspartentheatern);
- Anzahl der Kinder- und Jugendtheatervorstellungen;
- Anzahl der vom Intendanten selbst zu inszenierenden Stücke;
- Anzahl der Gastspiele;
- Anzahl der Fernsehaufzeichnungen (soweit beeinflussbar);
- Mindestzahl der Neuinszenierungen;
- Zahl der Besucher.[23]

Als Beispiele für mögliche (sicherlich noch nicht sehr differenzierte) **Finanzziele**[24] werden vorgeschlagen:

- Die Höhe der Zuschussbeiträge (fallend, gleich bleibend oder steigend) bzw. die Zuschussanteile an den Gesamtkosten des Theaters;
- Ein anzustrebender Kostendeckungsgrad
  - im Theater insgesamt
  - in einer Sparte

– im Vergleich zu Theatern / Sparten vergleichbaren Niveaus.
Sicherlich lässt sich über jeden einzelnen Indikator lange streiten;
Zahlen ohne entsprechende Erläuterungen, für was sie stehen, sagen in der Tat zunächst sehr wenig aus. Andererseits kommt es aus
Gründen der Steuerbarkeit und (vor allem der eigenen!) Kontrol-
lierbarkeit darauf an, die für die jeweilige Kultureinrichtung aussa-
gekräftigsten Zielindikatoren zu finden. Solche Kriterien für Erfolg
sind in Musikschulen beispielsweise Zahl der eigenen Preisträger
beim alljährlichen Wettbewerb *Jugend musiziert*. Dieses Erfolgskriterium ist allerdings sehr stark auf individuelle Qualität ausgerichtet; mögliche weitere (z. B. soziale) Ziele könnten daher auch die
Zahl der Ensembles, der Prozentanteil der Schülerinnen und
Schüler, die sich in Ensembles engagieren, die Zahl der öffentlichen
Ensemblevorspiele usw. sein.

Zusammenfassend ist also festzuhalten, dass Ziele im Idealfall der
Kultureinrichtung nicht von außen vorgegeben und somit für diese
als etwas Fremdes (und deshalb möglichst zu umgehendes!) aufge-
fasst werden, sondern dass diese Ziele innerhalb der Organisation
(als Selbstverpflichtung) erarbeitet und dann gemeinsam mit dem
Träger vereinbart und festgeschrieben werden (**Kontraktmanage-
ment** bzw. **Management by objectives**). Hierdurch wird die Eigenverantwortung gestärkt. Dies setzt allerdings auch voraus, dass beide Partner (Kultureinrichtung und öffentliche Geldgeber) sich auch
an diese vor der Fixierung sorgfältig überlegten und diskutierten Ziele verbindlich halten (und nicht, wie in den letzten Jahren leider
sehr häufig zu beobachten, einseitig während laufender Haushalts-
jahre Kürzungen oder Haushaltssperren vornehmen).

Anmerkungen:

[1] Meier (1998) S. 13
[2] Horak u. a. (1999) S. 133
[3] Müller-Hagedorn (1993) S. 45
[4] *Kommunale Gemeinschaftsstelle (KGST):* Führung und Steuerung des
Theaters, Köln 1989 S. 26
[5] Horak u. a. (1999) S. 154
[6] Meier (1998) S. 16

[7] Horak u. a. (1999) S. 154

[8] Horak u. a. (1999) S. 155

[9] *KGST* (1989) S. 26 f

[10] *KGST* (1989) S. 29

[11] Scheuch, Fritz: Marketing für NPO's. In: Badelt (1999) S. 245

[12] Bolte, Meike: Die Zuschauer von morgen gewinnen. Zukunftsmarketing für Theater am Beispiel des Schulprojektes enter vom Nationaltheater Mannheim. (Wissenschaftliche Arbeit für die Magisterprüfung im Fach Kulturwissenschaft im Aufbau-Studiengang Kultur-Management an der PH Ludwigsburg) Ludwigsburg 1998

[13] Becker (1999) S. 33

[14] Heinrichs, (1995) S. 2 f;

[15] A. a..O; vgl. ausführlich hierzu: Heinrichs (1997) S. 161–229

[16] Scheuch (1999) S. 246

[17] Becker (1999) S. 7

[18] Becker (1999) S. 40

[19] Becker (1999) S. 36

[20] *KGST*: (1988) S. 23

[21] *KGST*: (1989) S. 29

[22] *KGST*: (1988) S. 24–27)

[23] *KGST*: (1989) S. 29

[24] *KGST*: (1989) S. 30

8. Welche Strategien haben wir?

8.1 Die Funktion von Strategien im Kultur-Marketing-Managementprozess

Sind die **Ziele** der Kultureinrichtung – also das **Was**, das sie erreichen möchte – möglichst präzise und auf einen zeitlichen Rahmen bezogen formuliert, so kommt es im nächsten Schritt darauf an, diese differenzierten Zielsetzungen durch den entsprechenden Einsatz der Marketinginstrumente (vgl. hierzu die Kap. 9 bis 13) optimal umzusetzen. Der entsprechende Mitteleinsatz – also welches **Produkt** zu welchem **Preis** über welchen **Vertriebskanal** mit welcher **Kommunikation** und welchem **Service** welchem Zielpublikum angeboten werden soll – erfolgt jedoch nicht automatisch aus der Zielformulierung. „Festgelegte Ziele können nicht einfach in operatives Handeln umgesetzt werden – im Marketing also unmittelbar zum Einsatz der Marketinginstrumente führen –, sondern der zielorientierte Instrumentaleinsatz bedarf der strategischen Lenkung. Nur **strategie-geleitet** lässt sich ein konsequenter Marketingmix festlegen und realisieren."[1] Über das **Wie** der Umsetzung wird also im Rahmen der **Strategien** entschieden, wobei in diesem Entscheidungsprozess immer wieder auf die detaillierten Ergebnisse der möglichst sorgfältig durchgeführten Analysen zurückgegriffen werden wird.

Strategie ist, wie so viele Begriffe im Management, ein Begriff der Militärwissenschaft und meinte ursprünglich die Kunst bzw. die Wissenschaft von der Heerführung, Vorbereitung, Planung und Durchführung der Feldzüge.[2] Auf den Bereich des Management übertragen machen Strategien Aussagen darüber, wie eine Organisation ihre vorhandenen und potentiellen Stärken einsetzen kann, um Veränderungen der Umwelt zielgerecht zu begegnen[3] bzw. – wo immer möglich – nicht nur zu reagieren, sondern aktiv die Umwelt im eigenen Sinne zu gestalten. Auf den spezifischen Bereich des Marketing bezogen ist die Strategie also ein **bedingter**, **langfristiger**, **globaler** Verhaltensplan zur Erreichung der Unternehmens- und Marketingziele[4].

Strategisches Handeln ist einem rein emotionalen Handeln „aus dem Bauch heraus" entgegengesetzt. Wer ein neues Kulturprogramm startet oder ein vorhandenes weit reichend verändern möchte, dem sollte klar sein, dass dies niemals voraussetzungslos geschieht, sondern immer an einem bestimmten **Ort**, zu einem bestimmten **Zeitpunkt**, in einer bestimmten gesellschaftlichen **Situation**, im Zusammenhang mit ganz individuellen **Menschen** usw. Diese jeweils eigene Geschichte (auch die Neueinrichtung einer Kulturorganisation, wie die Neuetablierung eines Veranstaltungsortes oder eines Museums hat eine solche Geschichte, nämlich eben die ihrer Planung bzw. Gründung und aller damit, oft jahrelanger Diskussionen) bestimmt die eigenen Handlungsmöglichkeiten. Die eigenen Zielsetzungen können dabei in aller Regel nicht auf einen Schlag umgesetzt werden, sondern bedürfen des berühmten langen Atem – nicht zuletzt um ggf. bereits vorhandene Zuschauer mitzunehmen in die neue Programmausrichtung.

Strategien sind also per se **langfristig** angelegt; **global** sollten sie sein, um möglichst viele relevante Elemente aus der Umwelt des Kulturbetriebs zu erkennen und bei der Planung zu berücksichtigen; **bedingt** ist dieser Verhaltensplan insofern, als jede Organisation, jeder Kulturbetrieb in einer Umwelt agieren, die bestimmte Rahmenbedingungen darstellt und die eigenen Entscheidungen mehr oder minder von dieser Umwelt abhängig sind (ob es z. B. Konkurrenz gibt, wie sich das Besucherverhalten entwickelt, wie sich die Rahmenbedingungen verändern usw.). Kaum ein Ziel lässt sich also **unbedingt** durchsetzen, sondern muss auf die Umstände Rücksicht nehmen – wie, das verrät die Strategie.

Vielen Kunst- und Kulturschaffenden mag der bloße Gedanke an strategische Planung ein Graus sein: sie haben ihre künstlerischen Ideen hier und jetzt und wollen sie möglichst umgehend umsetzen. Ist Strategie nicht der natürliche Feind jeder kreativen Spontaneität? Dazu ist zweierlei zu sagen: zum einen bedingt der Einsatz großer Apparate (wie z. B. im Rahmen einer Opernproduktion oder der Organisation einer Sonderausstellung) per se langfristige Planung: Welche Sängerinnen und Sänger werden benötigt? Welche Orchesterbesetzung erfordert die Komposition? Welche Exponate müssen ausgeliehen, welche Leihgeber angesprochen, welches Bühnenbild gebaut werden usw.? Zweitens – so paradox dies zunächst klingen mag – erlaubt gerade die Existenz einer langfristigen strategischen Planung auch die spontane Aufnahme einer Ausnahme, da diese – von der stützenden Konstruktion eines Gesamtrahmens getragen – stets und in jeder Hinsicht weitgehend überschaubar, steuerbar und kalkulierbar bleibt. Erst wenn alles fließt, wird die Zurechnung von Ursachen und Wirkungen schwierig bis ganz unmöglich. Gerade um der Spontaneität willen sollte also das, was langfristig planbar ist, eben auch langfristig geplant werden!

Die Marketingstrategie bildet somit das **Bindeglied**, um das Instrumentarium des Marketing-Mix im Hinblick auf die Marketing- und Unternehmensziele zu koordinieren,[5] d. h. die Strategie bestimmt, wie welche Mittel wo und wann eingesetzt werden. Strategien legen somit den notwendigen Handlungsrahmen bzw. den Fahrplan fest, um auf diese Weise sicherzustellen, dass alle operativen (taktischen) Instrumente auch konsequent und stimmig eingesetzt werden.[6]

Strategien sind allerdings nicht unbedingt der Garant für Erfolg, denn natürlich können Strategien auch scheitern: sei es, weil die Ziele zu ehrgeizig gesteckt waren, sei es, weil die Umwelt nicht ausreichend analysiert wurde, sei es, weil Denkfehler gemacht wurden oder was auch immer. Allerdings haben ausführlich formulierte Strategien gegenüber jedwedem Handeln aus dem Bauch heraus **einen** unschätzbaren Vorteil: sie lassen sich überprüfen, d. h. es kann ziemlich genau festgestellt werden, woran es gelegen hat (oder haben könnte, wenn mehrere Störfaktoren ausgemacht werden können), dass sich der erwartete Erfolg nicht in gewünschter Weise eingestellt hat. Auf diese Weise ermittelte Fehler können und sollten dann in der Zukunft vermieden werden.

8.2 Die grundlegende Strategie des STP-Marketing

Um Entwicklungen und Prozesse erkenn- und vor allem steuerbar zu machen, empfiehlt es sich, sie in einzelne überschaubare Schritte und Maßnahmen zu zerlegen. Die Nachfrageanalyse (vgl. Kap. 5) hat bereits deutlich gemacht, dass es wenig sinnvoll ist, den

gesamten Markt, d. h. alle tatsächlichen bzw. möglichen Besucher bzw. Besuchergruppen mit einer einzigen Marketingstrategie zu bearbeiten. Sehr viel sinnvoller scheint daher die Strategie des **STP-Marketing**, die Strategie des

(1) **Segmenting** (d. h. der **Marktsegmentierung nach Zielgruppen**), des

(2) **Targeting** (d. h. **Auswahl der Zielgruppen nach Attraktivität**) sowie schließlich des

(3) **Positioning** (d. h. die **spezifische Positionierung künstlerischer und kultureller Produktionen** für jedes einzelne Marktsegment).[7]

Im Folgenden soll nun zunächst das Prinzip dieser grundlegenden Strategie erläutert und dann (in 8.3) sechs verschiedene Strategiemöglichkeiten skizziert werden, die im Rahmen dieses Dreischritts von **Segmentierung**, **Zielgruppenbestimmung** und **Positionierung** angewandt werden können.

▶ **Marktsegmentierung (Segmenting)**

Auch Kulturmärkte bestehen aus ganz unterschiedlichen Nachfragern und diese unterscheiden sich in verschiedenen Aspekten voneinander – z. B. in ihren inhaltlichen Wünschen, finanziellen Möglichkeiten, unterschiedlichen Wohnorten, ihren Besuchseinstellungen und -gepflogenheiten usw. Zunächst gilt es deshalb, wie in Kapitel 5 ausführlich dargestellt, den künstlerisch-kulturellen Gesamtmarkt nach verschiedenen Kriterien systematisch in **Segmente** aufzuteilen. Dadurch wird die (tatsächliche oder mögliche) Gesamtnachfrage in Untergruppen mit unterschiedlichen Bedürfnisstrukturen differenziert, um hierfür jeweils ganz spezielle **Marktbearbeitungstrategien** entwickeln und anwenden zu können. Ein Marktsegment besteht dabei aus einer **größeren identifizierbaren Besuchergruppe** innerhalb eines Marktes.

Voraussetzungen für eine (sinnvolle) Marktsegmentierung sind:

● **Messbarkeit**, d. h. die einzelnen Segmente müssen tatsächlich feststellbar und beschreibbar sein (nach ihrer Größe sowie nach ihrer Differenziertheit und Komplexität);

● **Substantialität**, d. h. das Segment muss von seiner Größe und Wirtschaftlichkeit her bearbeitbar sein. Dies ist allerdings keine absolute Größe, sondern hängt von der Einrichtung ab: mag ein Stamm von 300 treuen Besuchern für ein soziokulutelles Zentrum in einer Kleinstadt durchaus substantiell sein, ist diese Größenordnung für ein Staatstheater eher irrelevant.

- **Erreichbarkeit**, d. h. die möglichen Segmente müssen effizient erreicht und bedient werden können. Viertausend Fans eines Liedermachers, verstreut über die ganze Bundesrepublik, machen ein Konzert an einem bestimmten Ort sicherlich zum Problem!

- **Trennbarkeit**, d. h. die Segmente müssen vom Konzept her klar unterscheidbar sein, indem sie z. B. auf verschiedene Marketingprogramme auch unterschiedlich reagieren. Bietet beispielsweise die Deutsche Grammophongesellschaft ihre Einspielungen in spezifischen Reihen zu Sonderpreisen wie **eloquence** oder **Millenium** an, so zielt sie auf ein anderes Marktsegment als auf ihre traditionelle Stammkundschaft.

- **Handlungsfähigkeit**, d. h. die Kulturorganisation muss tatsächlich auch in der Lage sein, das festgestellte Marktsegment bedienen zu können. So kann beispielsweise das Marktsegment Musicalpublikum in einer Stadt sehr stark ausgeprägt sein, wie die zahlreichen von einem örtlichen Busunternehmer mit großem Erfolg in andere Städte mit entsprechendem Angebot durchgeführten Reisen signalisieren. Das örtliche Stadttheater ist an diesem Besuchersegment ausgesprochen interessiert; damit ist aber noch längst nicht ausgemacht, ob es tatsächlich auch über alle Ressourcen (etwa hinsichtlich künstlerischem Personal, Technik, Marketingkompetenz usw.) verfügt, dieses Segment auch tatsächlich bedienen zu können.

- **Gewisse zeitliche Stabilität**, d. h. das ins Visier genommene Marktsegment muss über eine gewisse Dauer verfügen und darf nicht allzu modeabhängig sein. Dieses Problem stellt sich besonders stark im Bereich der Jugendkulturen; hier fluktuieren die Mitglieder bestimmter Zielgruppen sehr stark.[8]

Die Marktsegmentierung kann weiter nach dem **Grad ihrer Differenzierung** unterschieden werden; die beiden Extreme bilden dabei die **Nullsegmentierung** und die **Atomisierung.**

- Im Falle der **Nullsegmentierung** erfolgt überhaupt keine Segmentierung zwischen all den potentiellen Besuchern in einem Markt. Die

Folge davon ist ein Massenmarketing, d. h. der Anbieter betreibt Massenproduktion, möglichst flächendeckende Massendistribution und Massenkommunikation für ein Produkt, das alle ansprechen soll. Wenn nicht alles täuscht, verfahren immer noch viele öffentliche Kultureinrichtungen nach diesem Konzept, indem sie sich mit **einem** Werbemittel, **einem** Produkt usw. undifferenziert an **einen** Markt wenden – wohl in der Hoffnung, durch diese breite Streuung dann schon genug Interessenten zu gewinnen!

• Das genaue Gegenteil ist die **atomistische Segmentierung**, bei der keine weitere Gruppenbildung mehr möglich ist, d. h. **jeder** einzelne Kunde als **ein** Marktsegment betrachtet und entsprechend behandelt wird. Ein spezifisches Produkt wird allein auf ihn zugeschnitten, er wird mit individueller Kommunikation angesprochen und ein einzelner Preis vereinbart. So abwegig die atomistische Strategie zunächst klingen mag, so setzt sich diese Tendenz (Stichwort: Individualisierung) immer mehr durch. Längst ist dies der Fall etwa in der Flugzeugindustrie, wo Flugzeuge entsprechend der Kundenwünsche gebaut werden, mehr und mehr aber auch im Automobilbau und auch in der Bekleidungsindustrie. War früher der Gang zum Maßschneider nur wenigen Reichen möglich, so haben wir es in den USA und Japan längst mit dem (paradoxen) Phänomen der „Mass Customization" (der maßgeschneiderten Massenfertigung) zu tun. Hier gibt es Bekleidungsgeschäfte, die Maßkleidung auf völlig neue Weise herstellen: Nachdem am Kunden elektronisch Maß genommen wurde, gehen die entsprechenden Informationen an eine Werkstatt („segmentierte Fabrik"[9]), wo das Zuschneiden und Nähen mit Hilfe von Laserstrahlen automatisch geschieht. Am nächsten Tag kann sich der Kunde seine Maßbekleidung abholen.

Aber auch in der Computerproduktion selbst ist diese Entwicklung zu beobachten: Die Firma Dell Computer beispielsweise ist in der Lage, über 14 000 unterschiedliche individuelle Konfigurationen von PC-Systemen bereitzustellen, deren Produktion erst dann beginnt, wenn zuvor eine kundenspezifische Bestellung eingegangen ist. Ski-Schuh-Produzenten eröffnen schon längst die Möglichkeit, dass sich die Käufer im Sportgeschäft den Skischuh durch Einfüllen und Aushärten von Silikon einmalig individuell anpassen

lassen können (gleiches gilt für Motorrad-Helme). Im Allgemeinen
ist zu erwarten, dass immer mehr Unternehmen zum Individualmarketing übergehen werden, wenn die Kosten der Individualisierung sich den Kosten der Segmentierung annähern.[10]

Aber auch im Kulturbereich ist diese Tendenz mehr und mehr zu
beobachten, wenn z. B. ein spezifisches Kulturprogramm für einen
Sponsor zugeschnitten wird oder wenn ein Kulturtourismus-Anbie-
ter für seine Kunden individuelle Pakete mit entsprechenden Angeboten schnürt. Auch hier erlaubt die interaktive Kommunikation
per Internet zunehmend mehr ein „one-to-one"-Marketing, wenn
etwa der Buchversand Amazon nach individuellen Kundenwünschen die Annoncierung von bestimmten Neuerscheinungen (etwa
zum Thema Kultur-Marketing) dem potentiellen Käufer per e-mail
in den elektronischen Briefkasten wirft.

Zwischen Nullsegmentierung und atomistischer Segmentierung
liegt das **Segment-Marketing**, d. h. es werden breitere Käufergruppen
ermittelt, die sich in ihren Produktinteressen erkennbar von anderen Gruppen unterscheiden. Segment-Marketing ist weniger zielge-
nau hinsichtlich der Besucher als Individualmarketing, aber sehr
viel zielgenauer als ein Massenmarketing. Hierauf wird unten ausführlicher unter **Marktparzellierung** (vgl. 8.3.3) eingegangen.

Aus einer möglichst systematischen und differenzierten Marktsegmentierung ergeben sich eine ganze Reihe von Vor-, aber auch
Nachteilen.

• Die **Vorteile** bestehen u. a. darin, dass abweichende bzw. spezielle Besucherinteressen besser erkannt und befriedigt werden kön-
nen. Gerade der bereits mehrfach erwähnte Prozess der Individua-
lisierung macht eine sorgfältige Differenzierung immer wichtiger.
Dies gilt insbesondere für Kunst- und Kulturprodukte, für die ein
spezifischer Markt erst noch aufgebaut werden muss, wie etwa im
Bereich der zeitgenössischen Musik (oder vor Jahren für die Alte
Musik). Durch die sorgfältige Differenzierung können spezifische
Produkte und Leistungen für ausgewählte Segmente erstellt werden.
Dem Besucher kann ein angemessener Service angeboten werden.
Über spezifischere Vertriebswege und effizientere Kommunikati-
onskanäle können die Besucher besser erreicht werden, als über die
sonst üblichen. Eine sorgfältig durchgeführte und vor allem perma-

nent fortgeschriebene Segmentierung macht die eigene Kulturorganisation reaktionsfähiger und ermöglicht es, die Marktstruktur (zumindest teilweise) zu steuern, indem z. B. systematisch Zielgruppen erweitert werden.

• Unübersehbar sind allerdings auch die **Nachteile**: Zunächst wird der Marketingmix sehr viel komplizierter und ggf. auch teurer (wenn etwa für jedes Segment eine eigene Kommunikation aufgebaut werden muss). Produktionsgrößen-Vorteile entfallen dementsprechend (wenn z. B. ein Programmheft nicht mehr in fünfzigtausender-Auflage gedruckt werden kann, sondern spezielle Druckerzeugnisse für spezifische Zielgruppen erstellt werden müssen). Unter Umständen besteht auch die Gefahr, dass bestimmte Marktsegmente übersehen bzw. ausgelassen werden bzw. auch die Gefahr der Verzettelung. Die Notwendigkeit permanenter Marktbeobachtung bzw. Marktforschung ist unleugbar arbeitsintensiv.

Von jedem Besuchersegment bzw. von jeder Zielgruppe, an der die Kulturorganisation interessiert ist, sollte ein detailliertes Profil entwickelt werden, z. B. die Besucher von modernem Tanztheater genau erfasst und beschrieben werden (Wie alt sind diese? Sind sie überwiegend männlich oder weiblich? Welche Schulbildung haben sie? Und welche Informationsgewohnheiten? Von wie weit kommen sie? Welche sonstigen (kulturellen) Interessen haben sie? Wie viel sind sie bereit, für eine Veranstaltung zu bezahlen? usw.). Wahrscheinlich im Gegensatz dazu wäre dann zu fragen, welche Merkmale haben die typischen Operettenbesucher, das Opernpublikum usw.?

Für eine erste **Vorstrukturierung** sind sicherlich die o. a. **Lebenstiltypen** (vgl. Kap. 5.2.3) oder **spezifische Nutzertypen** für den jeweils eigenen Bereich hilfreich, z. B. die unterschiedlichen **Typen von Musikschulkindern** oder **Volkshochschulnutzern** (z. B. der **technisch Interessierte**, **der Sprachenlerner**, der **Kontaktsuchende**, der **politisch Engagierte** usw.). Bei dieser Kategorisierung werden die Besucher und ihr Verhalten nach bestimmten, selbstgewählten Kriterien eingeordnet. So hilfreich diese möglichen Vorstrukturierungen sind, so wichtig ist es, dass jede Kulturorganisation ihre jeweils eigene Besuchersegmentierung anhand von harten Daten, die durch entsprechende Befragungen ermittelt werden können, vornimmt und dabei eine ganz spezifische Typologie entwickelt, mit der sie dann auch zu arbeiten im Stande ist.

▶ Segmentauswahl (Targeting)

Die Marktsegmentierung zeigt der Kulturorganisation Chancen für ihr eigenes Handeln auf, wobei diese Möglichkeiten in aller Regel unterschiedlich ausgeprägt sein werden: in dem einen Segment z. B. wird man aller Wahrscheinlichkeit nach sehr schnell mit einer bestimmten Maßnahme Erfolge haben, in einem anderen wird sich dieser Erfolg möglicherweise sehr viel langsamer einstellen. Deshalb kommt es im zweiten Schritt darauf an, die **Attraktivität** der jeweiligen Marktsegmente abzuschätzen. Diese Attraktivität hängt wiederum von einer ganzen Reihe von Fragen ab.

• Für einen kommerziellen Anbieter ist naturgemäß dasjenige Marktsegment am attraktivsten, das am nachhaltigsten den höchsten Gewinn abwirft. Für den öffentlichen Kulturbetrieb steht dagegen die Frage der **inhaltlichen Zielsetzung** naturgemäß an allererster Stelle, d. h. die Frage **was** und **wer** soll mit den künstlerischen und kulturellen Anstrengungen erreicht werden? Soll mit der Kinderkulturarbeit des Kulturamtes ein bestimmtes inhaltliches (z. B. Aufklärung über bestimmte gesellschaftliche Phänomene wie Arbeitslosigkeit, Fremdenfeindlichkeit, Gewalt in der Gesellschaft) oder ästhetisches Ziel (z. B. Weckung des Interesses für Theater, Musik, Bildende Kunst usw.) Ziel erreicht werden? Sollen möglichst **alle** Kinder in einer Stadt erreicht werden oder konzentriert man sich auf bestimmte Zielgruppen? Sicherlich wäre es für die Mitarbeiterinnen und Mitarbeiter des Kulturamtes sehr viel attraktiver, Kinderkultur-Angebote in bürgerlichen Wohnvierteln als in sog. sozialen Brennpunkten anzubieten, weil hier ein bestimmtes Interesse bereits vorausgesetzt werden kann. Ob damit allerdings das selbstgesteckte Ziel, möglichst alle Kinder in der Kommune zu gewinnen, erreicht wird, ist fraglich.

• Ein zweiter Blick richtet sich auf das **eigene Potential**, d. h. hier stellt sich nicht nur die Frage, ob die eigene Kultureinrichtung mit ihren Möglichkeiten das ausgewählte Segment überhaupt erreichen kann, sondern ebenso auch die Kalkulation, mit welchem Leistungsaufwand dies geschieht. Um im obigen Theaterbeispiel zu bleiben: wenn sich das Stadttheater ausdrücklich als Ziel gesetzt hat, das Segment Musicalbesucher zu erreichen, kann dies ggf. dazu führen, dass der eigene Betrieb, d. h. das künstlerische Personal, die Technik, die Probebühne, die Werbeaufwendungen sowie das Theater auf Monate hinaus blockiert und der Etat in ungebührlicher Weise allein für diesen Zweck belastet wird. Somit stellt sich die Frage, ob die Realisierung dieses Ziels im Gesamtzusammenhang der sonstigen Tätigkeit des Theaters vertretbar ist.

• Im Zusammenhang mit der Frage nach dem eigenen Potential ist auch der **Beschaffungsmarkt** zu analysieren. Dies bezieht sich zum einen auf die finanziellen Ressourcen (z. B. die Frage, ob es für bestimmte Projekte Zuschüsse und öffentliche Förderungen gibt oder ob ein potenter Sponsor sich für dieses Marktsegment interessiert). Zum anderen ist aber auch zu klären, welche sonstigen **Ressourcen** (z. B. Künstler, Rechte und Lizenzen usw.) akquiriert werden müssen bzw. können. So kann der o. a. Musicaltraum des Stadttheaters ggf. daran scheitern, dass die für die Musicalproduktion notwendigen Tänzer/Sänger/Schauspieler nicht zur Verfügung stehen oder die Rechte für das geplante Musical gesperrt oder zu teuer sind usw.

• Im Zusammenhang mit den einzusetzenden Ressourcen ist auch die Frage der **Markt-Eintritts-/Markt-Austritts-Barrieren** von besonderer Bedeutung. Liegen sowohl die Eintritts- als auch die Austrittsmöglichkeiten niedrig, so handelt es sich um einen **Flohmarkt** mit einer starken Fluktuation der Anbieter, da Marktchancen ohne allzu großes Risiko getestet werden können. Dies ist vor allem dort zu beobachten, wo keine großen Sach- oder Anlagevermögen (Gebäude, Technik usw.) eingesetzt werden, wie z. B. bei Amateurrockbands, die sich rasch gründen und häufig auch ebenso schnell wieder der auflösen.

Das genaue Gegenteil ist der **Goldene Käfig**, bei dem sowohl die Eintritts- als auch die Austrittsmöglichkeiten sehr hoch liegen, weil zum einen hohe Anlageinvestitionen getätigt werden müssen (bzw. ggf. individuelle oder hoheitliche Zugangsbeschränkungen wie bei Notaren, Ärzten usw. vorhanden sind) und auch der Ausstieg sehr schwierig ist, weil die erworbenen Gebäude (wie z. B. Theaterräume) nur unter erschwerten Bedingungen einer neuen Nutzung zugeführt werden können.

Bestehen niedrige Markteintritts-, aber hohe Marktaustrittsbarrieren, spricht man von einer **Mausefalle**. Dies ist z. B. dann der Fall, wenn eine Organisation ohne großen vorherigen Sachmittelaufwand langfristig wirksame vertragliche Bindungen eingeht, z. B. einen auf vier Jahre angelegten, privat finanzierten Lehrgang Kultur-Management anbietet, dieses Angebot dann aber auch über den vollen Zeitraum gegenüber den Teilnehmern durchhalten muss. Als **Goldgrube** bezeichnet man schließlich die Situation, in der hohe Markteintrittsbarrieren vor lästiger Konkurrenz schützen, niedrige Marktaustrittsbarrieren aber ein rasches Beenden der Aktivitäten ermöglichen; dies ist beispielsweise dann der Fall, wenn sich die einmal getätigten hohen Investitionen amortisiert haben und ohne großen weiteren eigenen Aufwand Erträge abgeschöpft werden (beispielsweise in der Atomindustrie).

• Die Attraktivität eines Marktsegments wird des Weiteren auch durch die Tätigkeit der **Konkurrenz** bestimmt, d. h. die Frage, ob es in diesem Marktsegment überhaupt Konkurrenz gibt, wie stark ggf. ein entsprechendes Marktsegment umkämpft ist bzw. wie schnell es der Konkurrenz u. U. gelingen kann, ein entsprechendes Produkt nachzuahmen. Ein Beispiel hierfür sind nahezu in jeder Mittelstadt die vorweihnachtlichen Konzerte: hier unterbreiten Chöre und Gesangsvereine, semiprofessionelle Vokalensembles, kommerziell arbeitende Konzertagenturen und vielleicht auch noch das kommunale Kulturamt eine Vielzahl von Angeboten. Die starke Konkurrenz wird die zweifelsohne vorhandene Attraktivität dieses Marktsegment **Vorweihnachtliche Konzerte** sicherlich relativieren.

• Unter dem Gesichtspunkt der Nachhaltigkeit stellen sich Fragen nach der längerfristigen **Entwicklung der Umweltbedingungen**. Welche Zukunft hat das entsprechende Marktsegment? Welche rechtlichen Entwicklungen auf Grund der europäischen Einigung sind noch zu erwarten? Welche technologischen Rahmenbedingungen zeichnen sich ab (Internet, E-Commerce usw.)? Wenn die technische Zukunft DVD gehört, ist es für eine Stadtbibliothek sicherlich wenig sinnvoll, in die Anschaffung von Videos zu investieren. Wie ändern sich Geschmack und Mode in einem bestimmten Bereich?

• Schließlich beeinflusst auch das zu erwartende zukünftige **Besucherverhalten** die Attraktivität eines Marktsegments, d. h. die Frage, wie treu bzw. zuverlässig die Besucher innerhalb eines spezifischen Marktsegmentes vermutlich sein werden. Besucher, deren Geschmack ständig wechselt oder die beim Auftauchen des ersten Konkurrenten sofort zu diesem übergehen, sind kostenintensiver und schwieriger zu behandeln als eine treue Stammkundschaft, die mit einer Kultureinrichtung auch schwierige Zeiten durchsteht.

Unter sorgfältiger Abwägung aller dieser Gesichtspunkte wird die Kultureinrichtung die Attraktivität der verschiedenen Marktsegmente beurteilen. Aller Wahrscheinlichkeit nach wird sie nicht alle möglichen Zielsegmente von Anfang an mit gleicher Intensität bearbeiten, sondern einzelne unter ganz bestimmten Gesichtspunkten auswählen.

▶ **Platzierung auf dem Markt (Positionierung)**

Ist darüber entschieden, welche Zielgruppen in einem bestimmten Zeitraum (zunächst) vorrangig bearbeitet werden sollen, sind mögliche **Positionierungskonzepte** für jedes ausgewählte Zielsegment zu erarbeiten. Dabei ist die **Positionierung eines neuen Angebots** bzw. die **Umpositionierung eines Angebots** in einem bestimmten Marktsegment eine zentrale strategische Marketingentscheidung der Kultureinrichtung. Die Position eines Produktes kennzeichnet seine Stellung im Markt, insbesondere gegenüber den Konkurrenzprodukten. Wodurch unterscheidet sich z. B. das Angebot von Klavierunterricht in der öffentlichen Musikschule von einem vergleichbaren Angebot eines Privatlehrers? (z. B. preiswerter/teurer? Qualität des Unterrichts? Sozialer Aspekt, z. B. Lernen in der Gruppe oder Ensemblespiel? Räumliche Erreichbarkeit usw.)

Dabei kann kaum von objektiven Qualitätsgrößen ausgegangen werden, sondern man ist auf die subjektive Einschätzung der Angebote durch die potenziellen Nachfrager angewiesen. Ausgangspunkt sind also die Einstellungen, die die Interessenten zu den Angeboten haben. Ziel der Produktpositionierung muss es deshalb sein, den Abstand zwischen den **von den potenziellen Interessenten wahrgenommen Eigenschaften eines Angebots** und den **von ihnen für**

ideal betrachteten Angebotseigenschaften zu minimieren. Damit dies gelingt, sollte man über die Interessen- und Bedürfnislage möglichst Bescheid wissen, d. h. klären: Was erwarten die Eltern, die Kinder idealerweise von einem Musikschulangebot? Soll ein neues Kulturangebot (z. B. Elektrogitarre in der Musikschule) in den Markt eingeführt werden, so muss es das Ziel sein, das Angebot so zu gestalten, dass es möglichst den Idealvorstellungen der potenziellen Nachfrager entspricht.[11] Zwei Beispiele aus der kommunalen Kulturarbeit zur Positionierung mögen dies verdeutlichen.

• Seit vielen Jahren verleiht eine Stadt einen hochdotieren Literaturpreis; dabei sind regelmäßig nicht nur die meist renommierten Preisträger, sondern auch die hochkarätig besetzte Jury anwesend. Um die Gemeindebürger an diesem Ereignis teilhaben zu lassen, veranstaltete das Kulturamt jeweils am Abend nach der Preisverleihung eine „Podiumsdiskussion". Allein die Bezeichnung wirkte offensichtlich jedoch so abschreckend, dass in der Vergangenheit nur wenige Besucher den Weg in den Veranstaltungsraum fanden. Daraufhin änderte man (nur leicht) das Konzept: der Abend wurde eingeführt und unterbrochen durch eine Jazzband, es gab Getränke und Snacks – und das Ganze wurde „LiteraturTalk" genannt. Seither gibt es keinerlei Besucherprobleme mehr – höchstens, dass trotz der mittlerweile erhobenen 12,00 DM Eintritt zu Viele Einlass begehren.

• Der Gemeinderat beschließt, etwas für die Förderung zeitgenössischer Musik zu tun und bewilligt für vier Konzerte 20 000 DM im Haushalt. Die Durchführung wird dem örtlichen Konzertverein übertragen, der ansonsten Konzerte mit den Bamberger Symphonikern und ähnlichen Orchestern veranstaltet. Dieser nennt die Konzertreihe „Musik nach 1945" und platziert sie in die örtliche Stadthalle – mit dem Erfolg, dass teilweise mehr Musiker auf der Bühne als Besucher im Zuschauerraum sitzen. So ziemlich zur gleichen Zeit stellt das engagierte örtliche soziokulturelle Zentrum „Garage" den Antrag auf Bezuschussung von – Konzerten mit zeitgenössischer Musik! Nach Ausräumung der üblichen gegenseitigen Vorurteile gelingt es dem Kulturdezernenten, beide Vereine zur Kooperation zu überreden. Die inhaltliche Planung wird nun von beiden getragen, die Konzerte werden im überschaubaren Rahmen der

„Garage" durchgeführt – und tragen den provozierenden Titel: „Lauschangriff"! Seither steigen die Zuhörerzahlen permanent!

Die beiden Beispiele machen deutlich, dass das **Kernprodukt** – hier die Diskussionsveranstaltung, dort das Konzert mit zeitgenössischer Musik – nicht verändert wurde. Lediglich die Kommunikation wurde sehr viel zielgruppenorientierter ausgerichtet. Das Positionierungskonzept betrifft aber nicht nur die zielgerichtete Werbung und Kommunikation, sondern alle Instrumente des Marketingmix und gibt Antwort auf folgende Fragen:

• Welche **Produkteigenschaften** sollen gegenüber einer bestimmten Zielgruppe in den Vordergrund gerückt werden?

• Welche **Preisstruktur** ist der jeweiligen Zielgruppe angemessen?

• Auf welche **Kommunikationsmitteln** (z. B. Presse, Anzeigen, Plakate oder aber Internet oder persönliche Ansprache) reagiert die entsprechende Zielgruppe vermutlich am ehesten?

• Wie ist die **Distribution** (z. B. der Kartenvorverkauf) zu organisieren bzw. kommen die Interessenten zur Kultureinrichtung oder muss die Kultureinrichtung zu diesen kommen (z. B. die Frage eines zentral gelegenen Musikschulgebäudes oder eines dezentralen Unterrichts vor Ort oder ein Abholservice für ältere Besucher usw.).

• Schließlich: welche besonderen personellen **Serviceleistungen** sind angebracht (z. B. Kinderbetreuung bei Ausstellungen, Bereitstellung eines Catering-Services bei überlangen Veranstaltungen usw.).

Sind die Positionierungskonzepte für die jeweiligen Zielgruppe fertig gestellt, so müssen diese sowohl innerhalb der Institution allen Beteiligten vermittelt werden (**internes Marketing**) als auch nach außen, d. h. gegenüber den tatsächlichen oder potentiellen Besucher signalisiert und umgesetzt werden. Wenn z. B. ein spezieller Abholservice eingerichtet ist, muss dies den Besuchern rechtzeitig **vor** der Veranstaltung mitgeteilt werden (z. B. in Presseveröffentlichungen oder beim Bestellen eines Tickets), ebenso die Existenz der Kinderbetreuung, deren Fehlen wahrscheinlich viele Eltern davon abhalten wird, überhaupt zu kommen.

8.3 Einzelne Strategieüberlegungen

Wie bereits in 2.2 dargestellt wurde, ist ein auffälliges Kennzeichen der **organisations**zentrierten Kultureinrichtung die Suche nach der **einen besten Marketingstrategie**; Ausdruck einer **besucher**orientierten Kultureinrichtung ist dagegen die Entwicklung von **differenzierten, möglichst passgenau auf die jeweilige Zielgruppe abgestimmten Strategien**. Dementsprechend werden im Folgenden sechs mögliche Strategieentscheidungen vorgestellt, die das Verhältnis der Kultureinrichtung zu ihrer Umwelt unter den verschiedenen Aspekten

(1) der **Marktparzellierung**
(2) der **Marktfelder**
(3) der Form der **Marktbeeinflussung**
(4) der **Marktrealisierung**
(5) der **Besucherstrategien** sowie schließlich
(6) der Auseinandersetzung mit der **Konkurrenz** analysieren.

▶ Marktparzellierungsstrategien

Die Marktparzellierungstrategien knüpfen an die obigen generellen Ausführungen zur Marktsegmentierung an und differenzieren den Markt weiter. Welche Möglichkeiten sich hier ergeben, lässt sich anhand folgender Grafik verdeutlichen.

Die **waagerechten** Zeilen bezeichnen die **Produkte** einer Kultureinrichtung, die diese auf den einzelnen Zielmärkten anbieten kann (z. B. einzelne Ausstellungen eines Museums neben den Sammlungen, spezifische Kursangebote einer Volkshochschule, Autorenlesungen einer Stadtbibliothek usw.); die **senkrechte** Spalte markiert mögliche **Zielmärkte** (Marktsegmente) dieser Kulturorganisation. Hier sind nun verschiedene Konstellationen möglich, die am Beispiel des Theaters bzw. der Typologie der Theaterbesucher von Harald Hilger (vgl. hierzu Kap. 5.4.2) erläutert werden sollen. Der Einfachheit halber beschränken wir uns auf die drei Besuchertypen der **Gesellschaftsbewussten**, der **Traditionalisten** und der **Experimentierfreudigen**; selbstverständlich sind hier sehr viel differenziertere Segmentierungen möglich.[12]

	Markt 1	Markt 2	Markt 3
Produkt 1			
Produkt 2			
Produkt 3			

Abb. 23 a: Produkt-Markt-Matrix

Bereits die o. a. leere Matrix impliziert einige grundsätzliche Fragen, über die sich der Intendant, die Dramaturgie, die Regisseure usw. im Rahmen ihrer vertraglichen Festlegungen und vor dem je konkreten Hintergrund ihrer Trägergemeinde klar werden sollten: Soll überhaupt jede ermittelte Zielgruppe mit spezifischen Produktionen erreicht werden? Soll man sich auf bestimmte Marktsegmente konzentrieren? In welchen Bereichen kann auf Repertoire-Produktionen zurückgegriffen werden, in welchen müssten neue entwickelt werden? Sollen die angestrebten Marktsegmente Schritt für Schritt oder möglichst auf einen Schlag erreicht werden? usw. Jede dieser strategischen Entscheidungen zur Besetzung der einzelnen Felder impliziert eine ganze Reihe von inhaltlichen Spielplanentscheidungen.

▶ Marktspezialisierung

Im Falle der **Marktspezialisierung** konzentriert sich das Theater ausschließlich auf **ein** Marktsegment, hier beispielsweise auf die ganz bestimmte Zielgruppe der **Traditionalisten** und bietet dieser in allen Sparten des Hauses entsprechende Produktionen an. Das Theater entwickelt sich also durchaus zum Spezialisten für diese

	Gesellschafts-bewusste	Traditionalisten	Experimentier-freudige
Oper		Barbier von Sevilla	
Schauspiel		Don Carlos	
Ballett		Schwanen-see	

Abb. 23 b: Markstspezialisierung

Zielgruppe. Die Zielmärkte der **Gesellschaftsbewussten** bzw. der **Experimentierfreudigen** werden dagegen nicht gezielt mit Produkten angesprochen (wenn Besucher dieser Zielgruppe dennoch kommen, werden sie natürlich nicht abgewiesen; aber es werden auch keine systematischen Anstrengungen unternommen, sie planvoll zu erreichen). Die großen Chancen bestehen sicherlich darin, die anvisierte Zielgruppe intensivst ausschöpfen zu können und sein Publikum relativ genau zu kennen; die große Gefahr ist augenfällig die hohe Abhängigkeit von diesem einen Zielmarkt (und unter Umständen damit verbunden das Problem der Überalterung der Besucher in vielen Theatern).

▶ **Produktspezialisierung**

Der Fall der **Produktspezialisierung** ist oftmals bereits durch die äußeren Rahmenbedingungen vorgegeben; handelt es sich wie in unserem Beispiel um ein Einspartentheater Schauspiel, so wird es sich zwangsläufig auf die Produktlinie Schauspiel konzentrieren (müssen), also weder eigene Oper- noch Ballettproduktionen noch sonst etwas (z. B. Musicals) entwickeln (können). Gleichzeitig erar-

	Gesellschafts-bewusste	Traditionalisten	Experimentier-freudige
Oper			
Schauspiel	Faust	Iphigenie	Neue englische Dramatiker
Ballett			

Abb. 23 c: Produktspezialisierung

beitet es hinsichtlich aller drei Zielmärkten gezielt ganz unterschiedliche Schauspielproduktionen.

Dieses Theater wird somit zum Spezialisten für ein ganz bestimmtes Produkt und entwickelt im Glücksfall ein eigenes Markenzeichen (wie z. B. viele Jahre lang **die** Schaubühne am Halleschen Ufer in Berlin, **das** Schauspielhaus Bochum oder **die** Münchner Kammerspiele in der Ära Dieter Dorn usw.). Die Gefahr besteht hier in der Abhängigkeit vom Publikumsgeschmack; so kann sich dieses im Laufe der Jahre beispielsweise weitgehend vom Sprechtheater ab- und verstärkt dem (sog. kulinarischen) Musiktheater zuwenden. Hier wäre dann zu überlegen, inwieweit das Theater diese Entwicklung abfangen kann und entsprechend diversifiziert, d. h. unter seinem Markenzeichen (bzw. Logo) gezielt zu den eigenen Produktionen musikalische Gastspiele (ggf. auch an anderen Spielorten) einladen kann. Ohne selbst entsprechende Aufführungen zu produzieren, könnte das Stammpublikum gegen Abwanderungsgedanken gefeit und weiter ans eigene Haus gebunden werden.

▶ **Selektive Segmentierung**

In diesem Falle wählt das Theater nach möglichst objektiver Beurteilung mehrere attraktive Segmente aus, die jeweils zu seinen Zielsetzungen und Ressourcen passen. Die *selektive Segmentierung* bietet **unterschiedlichen Zielmärkten** ganz **unterschiedliche Produkte** an und erfordert dabei ein sehr konzentriertes Marketing, d. h. Spezialisierung in Produktion, Distribution, Kommunikation, Preisgestaltung und auch im Service. Auf diese Weise kann es im positiven Falle zu einer Risikostreuung kommen, d. h. das Theater konzentriert sich nicht nur auf eine oder zwei Zielgruppen.

	Gesellschafts-bewusste	Traditionalisten	Experimentier-freudige
Oper	Aida		
Schauspiel		Iphigenie	
Ballett			Inszen. H. Kresnik

Abb. 23 d: Selektive Segmentierung

▶ **Die Strategie der völligen Marktabdeckung**

Die **Strategie der völligen Marktabdeckung** schließlich kann in zwei völlig entgegengesetzte Richtungen gehen:
• im Falle des **undifferenzierten Marketing** ignoriert die Kulturorganisation die Unterschiede zwischen den einzelnen Marktsegmenten völlig und bietet dem **gesamten Markt** ein **einziges Angebotsprogramm** (bzw. eine Angebotspalette) an, ohne sich näher zu fragen,

für welche Segmente die jeweiligen Angebote speziell vorgesehen sind („**Ein** Spielplan für Alle"). Dem Besucher bleibt es dann überlassen, sich aus dem Gesamtspielplan das für ihn Interessante herauszupicken. In dieser Ausprägung haben wir es mit dem oben beschriebenen Fall des Massenmarketings zu tun; meistens wird das Gesamtpublikum dabei mit einem einzigen, uniformen Werbemittel (z. B. dem Jahresspielplan) beworben.

• Die genau entgegengesetzte Strategie ist die des **differenzierten Marketing**. Auch hier verfolgt die Kulturorganisation das ehrgeizige Ziel, den gesamten Markt abzudecken, beabsichtigt aber im Gegensatz zu dem uniformen Massenmarketing ganz gezielt mit **bestimmten Produkten bestimmte Segmente** zu erreichen, d. h. für jede Zielgruppe ein entsprechendes Stück anzubieten. Dies hat verständlicherweise große Auswirkungen sowohl auf die **Produktpolitik** (d. h. Intendanz und Dramaturgie müssen bei der Aufstellung des Spielplans sehr genau überlegen, für welches Marktsegment welche Produktion in den Spielplan genommen wird) als auch für die **Kommunikationspolitik**, denn im Extremfall müssen alle Stücke einzeln beworben werden.

▶ **Nischenstrategie**

Das sog. Nischen-Marketing stellt eine hochkonzentrierte Strategie auf bestehende bzw. potentielle Marktlücken (Marktnischen) dar, wobei es sich um ganz spezielle Teilmärkte handelt, die vielfach für große Kultureinrichtungen nicht (mehr) interessant sind und die sie deshalb den kleineren Anbietern (Spezialisten) überlassen.[13] Eine **Nischenstrategie** liegt also dann vor, wenn eine Kultureinrichtung durch Spezialisierung **gezielt ein einziges Marktsegment** bedient. Das Beispiel des öffentlich getragenen Theaters scheint auf den ersten Blick zunächst wenig hilfreich, da gerade Dreispartenhäuser per se mehrere Produkte anbieten müssen.

Bei näherem Hinsehen wird allerdings deutlich, dass gerade im öffentliche Kulturbetrieb Nischenstrategien keineswegs selten sind, da viele Städte oder Kultureinrichtungen sich durch ein ganz besonderes Angebot (unter Verzicht auf andere Angebote) profilieren wollen, das zumeist in – bisher von anderen Anbietern noch nicht erschlossenen – Nischen angesiedelt ist. So kann ein bestimmtes Theater z. B. durchaus die Nische „Uraufführung aktueller Theaterstücke aus Lateinamerika" besetzen; wahrscheinlich wird es diese aber auf der Werkstattbühne präsentieren, da hierfür nur ein begrenztes regionales Interesse vorhanden ist.

Darüber hinaus gibt es auch sonst im Theaterbereich durchaus Beispiele für das Entstehen bzw. Besetzen von Nischen. Die Entstehung sog. Freier Theatergruppen zu Beginn der siebziger Jahre in Deutschland lässt sich auch als die Geschichte erfolgreicher **Nischenbesetzung** erzählen. Kinder- und Jugendtheater gäbe es in vielen Städten ohne die Freien Theatergruppen nicht oder nur in einem solch geringen Umfang, dass hier von einem kulturellen Notstand gesprochen werden müsste. Tanztheater und die Grenzbereiche zwischen Sprech-, Tanz- und Musiktheater, Pantomimen- und Puppentheater, experimentellem Literaturtheater und aktuellen, gesellschaftsbezogenen Produktionen werden zum überwiegenden Teil von den Freien Theatern angeboten, und ohne ihre Impulse würde es viele dieser theatralischen Formen an den öffentlichen Bühnen nicht geben.[14] Gerade der letzte Satz macht allerdings deutlich, dass frühere Nischenangebote im Erfolgsfall von großen Kulturbetrieben übernommen werden können, wie das Beispiel des Kinder- und Jugendtheaters oder des neuen Tanztheaters, die längst Einzug in öffentliche Theater gefunden haben, zeigt.

Zeitgenössische Musik ist – zumindest in Deutschland – stets ein Nischenmarkt. Viele Jahre galt das auch für die sog. **Alte Musik**, die in den letzten Jahren durchaus einen Boom erlebte. Filme aus der Dritten Welt sind ein Nischenmarkt, weshalb sie bevorzugt in öffentlich geförderten Kommunalen Kinos gezeigt werden und dort ihr Publikum finden.

Damit eine Nischenstrategie auf Dauer erfolgreich sein kann, müssen allerdings eine Reihe von Voraussetzungen gegeben sein:

• Die Nische muss ausreichend groß sein, damit sich der Aufwand überhaupt lohnt.

• Die Nische sollte kaum von Interesse für größere Konkurrenten sein, die diese alsbald besetzen und so die Anfangsinvestitionen gefährden.

• Der Nischenbesetzer sollte über ausreichende Ressourcen, Fähigkeiten und vor allem Ausdauer verfügen, um die Nische erfolgreich über einen längeren Zeitraum besetzen und halten zu können.

- Der Nischenbesetzer sollte darüber hinaus weitere Stützstrategien (z. B. durch einen Förderverein oder Freundeskreis usw.) entwickeln, mit dessen Unterstützung er sowohl mögliche Ressourcenknappheit abfangen als auch Angriffe größerer Konkurrenten abwehren kann.

▶ Marktfeldstrategien

Ist über die Marktsegmentierung entschieden, so steht die **marktfeld-strategische** Entscheidung an, welche die grundsätzliche Ausrichtung des Leistungsprogramms einer Kulturorganisation bzw. vor allem seine wachstumsorientierten Zielrichtungen festlegt.[15] Die Möglichkeiten lassen sich in folgender Matrix darstellen, die **Märkte** und **Angebote** unter Entwicklungsgesichtspunkten, d. h. unter der Frage, ob **bestehende** Märkte bzw. Produkte bearbeitet bzw. **neu** entwickelt werden sollen, analysiert.

Märkte / Angebote	Bestehend	Neu
Bestehend	(1) Marktdurchdringung	Marktentwicklung
Neu	(2) Produktentwicklung	Diversifikation

Abb 24: Vier grundlegende marktfeld-strategische Optionen der Organisation

(1) Konzentriert die Kulturorganisation ihre Anstrengungen darauf, **bestehende Märkte** mit **bestehenden Angeboten** zu versorgen, so wird von **Marktdurchdringung** gesprochen. Diese **Intensivierungsstrategie** beinhaltet die Ausschöpfung des Marktpotentials vorhandener Angebote in bestehenden Märkten; sie stellt somit quasi die Plattform dar, von der aus alle anderen strategischen Planungen ihren Ausgangspunkt nehmen.[16] Die Marktdurchdringung stellt somit die natürlichste Strategie-Richtung einer Organisation dar, d. h. auch diejenige Kulturorganisation, die sich nicht ausgesprochen strategieorientiert verhält, wählt normalerweise auf jeden Fall diese Wachstumsrichtung (**Minimumstra-tegie**).[17] Die Kultureinrichtung versucht für ihr Angebot so viele Zuschauer wie möglich zu finden. Innerhalb dieser grundsätzlichen Strategieentscheidung sind wiederum drei Handlungsweisen zu unterscheiden.

• **Erhöhung (Intensivierung) der Verwendung bei bestehenden Besucher**. Ein Museum mit seinen diversen Sammlungen beispielsweise versucht im Rahmen dieser Strategie, sein vorhandenes, treues Publikum immer wieder mit demselben Produkt zu locken. Dies ist sicherlich dann eine mögliche Strategie, wenn das Museum über ganz exzellente Exponate verfügt, an denen sich die Besucher einfach nicht satt sehen können. Dieser Effekt lässt sich möglicherweise auch dann erreichen, wenn die Bilder in anderen Kombinationen gehängt werden, so dass zwar das Produkt dasselbe bleibt, aber der Zuschauer, der es in und auswendig kennt, stets neue Perspektiven und Blickwinkel erkennt.

• **Gewinnung von Besuchern der Konkurrenz für das eigenen Produkt**. In diesem Falle erweitert das Museum zwar seinen eigenen Besucherkreis, erschließt aber nicht grundsätzlich neue Besucherschichten (Zielgruppen bzw. -märkte) für das Museum, sondern greift auf bereits erschlossene Museumsbesucher der Konkurrenz zurück. Insgesamt erhöht sich also nicht der Markt der Museumsbesucher, sondern er verteilt sich nur anders.

• **Erschließung von Nicht-Verwendern**. Diese Strategie ist sicherlich ein Grenzfall hin zur – gleich zu behandelnden – Frage der Marktentwicklung. Gemeint damit ist, dass – um im Beispiel zu bleiben – das Museum versucht, all diejenigen Mitglieder einer Zielgruppe zu erreichen, die eigentlich prädestiniert dafür sind, in das Museum zu kommen, z. B. weil sie dieselben soziodemographischen Merkmale oder Lebensstileigenschaften wie das Stammpublikum haben, dagegen aus irgendwelchen spezifischen Gründen bisher nicht ins Museum gehen (z. B. weil die Öffnungszeiten zu ungünstig sind oder sie keine ausreichenden Informationen über die Ausstellungen erhalten usw.). Auch in diesem Falle wird also kein prinzipiell neues Marktsegment erschlossen, sondern ein bereits vorhandenes mit eingeführten Angeboten nur effizienter ausgeschöpft.

(2) Wird dagegen versucht, für ein **gegenwärtiges Angebot** einen

neuen Markt zu finden, d. h. über die bereits vorhandenen Zielgruppen hinaus völlig neue zu erschließen, so sprechen wir von einer **Marktentwicklungsstrategie**. Diese Strategie lässt sich wiederum in zweifacher Weise realisieren.

• **Schaffung neuer Verwendungszwecke (New Uses)**. Am Beispiel: Ein Museum ist normalerweise der Ort der Präsentation von Sammlungen und Ausstellungen. Das Badische Landesmuseum Karlsruhe hat diesem originären Zweck einen originellen weiteren unter dem Motto „Kindergeburtstag im Museum" hinzugefügt: „Feiere deinen Geburtstag doch mal bei uns im Schloss! Das wird bestimmt ein unvergesslicher Tag für dich und bis zu vierzehn deiner Freunde. Nach einem Ausflug ins Museum lasst ihr die Vergangenheit lebendig werden: mit einem Fest am Hofe des Markgrafen. Als Markgraf, Markgräfin und Hofstaat verkleidet spielt, singt und musiziert ihr usw."

Ein Beispiel aus dem Buchmarkt: Unter dem bezeichnenden Titel „Wachstum am Buchmarkt ist nur schwer zu halten" heißt es über eine Initiative *des Börsenvereins des Deutschen Buchhandels* (bezeichnenderweise nicht im Feuilleton, sondern im Wirtschaftsteil!): „Jetzt hat man sich auf der Suche nach einem Neuanfang zum Glück auch an eine Erfolgsgeschichte erinnert, die der Buchhandel selbst geschrieben hat: die Gewinnung des **Geschenkemarktes**. Aktuelle Feststellungen des Instituts für Demoskopie bestätigen das. 40 % aller deutschen Erwachsenen haben 1998 ein oder mehrere Bücher verschenkt, zu Weihnachten 1984 taten das nur 34 %. 1968, als der Buchmarkt erstmals durch die Allensbacher Meinungsforscher vermessen wurde, hatten sich nur 23 % über ein literarisches Weihnachtsgeschenk gefreut. So hat sich das Buch inzwischen auf der Skala beliebter Geschenke auf einen Spitzenplatz vorgeschoben. Es nimmt hinter Blumen (72 %), Wein und Sekt (45 %), Musikkonserven (42 %) mit 41 % den vierten Platz ein. Das war der Branche merkwürdigerweise lange nicht so deutlich. Die Berichte der Demoskopen zeigten ihnen, wie weit man schon in die Vertikalkonkurrenz eingedrungen war und was man im Wettbewerb mit Floristen, Süßwarenhändlern und Musikhäusern noch erreichen könnte. Sie zeigten ihnen vor allem auch die Besonderheiten, den eigentümlichen Charme des Bücherschenkens im Vergleich mit anderen Geschenkritualen. Bücherschenken ist nämlich ein sensibler Kommunikationsvorgang zwischen Personen:

In diesen beiden Untersuchungen hat die Demoskopie dem Buch zu einer Neuinterpretation verholfen, die vom Buchhandel in unterschiedlichsten Initiativen aufgegriffen und umgesetzt wurde. Ohne dass es einer kostenträchtigen Kampagne bedurft hätte, kam es zu einem Marktgewinn und sogar zu messbaren Einbrüchen in das Segment der Nichtleser."[18] Mit dem letzten Satz sind wir bereits bei der zweiten Handlungsmöglichkeit im Rahmen der Marktentwicklungsstrategie, nämlich der

- **Gewinnung neuer Verwender (New Users)**. Hierbei geht es, in Abgrenzung zur o. a. Strategie der Erschließung von Nichtverwendern (d. h. einer im Prinzip bereits – wenn auch noch nicht vollständig – erschlossenen Zielgruppe) um die Gewinnung völlig neuer Zielgruppen; dies kann z. B. durch eine regionale, nationale oder internationale Ausdehnung geschehen. Sehr häufig sind die beiden Aspekte **new uses/new users** eng miteinander verbunden. Die „Lange Nacht der Museen" mit ihren überlangen Öffnungszeiten, die seit kurzem in vielen Städten durchgeführt wird, zielt sicherlich auf Besucherinnen und Besucher, die sich zunächst einmal durch das Event anlocken lassen. Aber auch die seit Jahren so beliebten „Gesprächskonzerte", die vielfach musikalische Laien zur Musik (insbesondere zur zeitgenössischen) hinführen, dienen dem Ziel der Gewinnung neuer User. Insgesamt ging und geht auch das gesamte Konzept einer „Kultur für alle" in die Richtung, neue Besucher zu gewinnen, d. h. „den traditionell kleinen Kreis der Kenner zu einem großen Kreis der Kenner zu machen."[19]

(3) Die Strategie der **Produktentwicklung** besteht darin, für die **gegenwärtigen Märkte neue Angebote** zu entwickeln. Auch hier sind unterschiedliche Handlungsmöglichkeiten gegeben, auf die im Kap. 9 im Rahmen der Produktpolitik näher eingegangen wird, weshalb sie hier nur knapp skizziert seien.

- **Echte Produktinnovationen**. Hiermit sind originäre Angebote gemeint, die es in dieser Art bisher noch nicht gab (oder gibt). Beispiele hierfür sind die Ablösung der Schallplatte durch die CD oder die Verdrängung von Videofilmen durch digitale Bildplatten oder Offline-Angebote auf CD durch Online-Angebote im Internet usw.

- **Quasi-neue-Produkte**, d. h. neuartige Angebote, die aber an bestehende anknüpfen und sie zu verbessern suchen.
- **Me-too-Produkte**, übersetzt als „Ich-auch-Produkte", die mehr oder weniger reine Nachahmungen vorhandener Produkte, aber preisgünstiger, darstellen.

(4) Die sicherlich anspruchsvollste, aber auch **risikoreichste Strategie** ist die der **Diversifikation**, d. h. wenn **für neue Märkte neue Angebote** entwickelt werden. Sie ist vor allem deshalb risikoreich, weil man es gleich mit zwei Unbekannten zu tun hat: unbekannten Märkten (und dem Verhalten des Zielpublikums auf ihnen) und noch unbekannten Angeboten (mit allen darinsteckenden Problemen bis hin zum Scheitern). Auch diese Strategie lässt sich weiter differenzieren.

- Von **horizontaler Diversifikation** spricht man, wenn eine Erweiterung des bisherigen Leistungsangebotes um verwandte Angebote und Leistungen vorgenommen wird. Der Verwandtschaftsgrad ist dabei vor allem durch gleiche Produktionstechniken und/oder gleiche Abnehmer/Besucher gekennzeichnet. Ein Beispiel hierfür wäre, wenn das Stadttheater seine eigenen Theaterproduktionen um entsprechende Gastspiele erweitert, um damit die Angebotspalette für die Besucher bunter zu gestalten.
- Im Gegensatz dazu ist die **vertikale Diversifikation** dadurch gekennzeichnet, dass in diesem Falle dem bisherigen Angebots- und Leistungsprogramm – bezogen auf die Wertschöpfungskette – entweder neue Programme bzw. Aktivitäten vor- oder nachgeschaltet werden (=Vorstufen- oder Nachstufen-Diversifikation). Der strategische Ansatz besteht darin, den eigenen Anteil an der gesamten Wertschöpfungskette zu erhöhen, um sich so Markt-, Prozess- und/oder Kostenvorteile zu verschaffen.[20] Beispiele für eine vertikale Diversifikation finden sich z. B. im kommerziellen Bereich, wenn Musicaltheater den Vorverkauf für ihre Produktionen mit einem eigenen Ticketsystem betreiben bzw. – wie in Stuttgart – mit eigenen Hotels versuchen, auch die Übernachtungsgewinne abzuschöpfen.

Nicht unter finanziellen, sondern unter künstlerischen Gesichtspunkten sind Beispiele für mögliche vertikale Diversifikationen die Einrichtung einer eigenen Ballettschule für den künstlerischen

Nachwuchs (wie die *John-Cranko-Schule* in Stuttgart) oder die feste Bindung eines Theaterschriftstellers an ein Haus, d. h. dass der Rohstoff Spielvorlage nicht von einem Verlag bezogen, sondern im eigenen Hause produziert wird.

• Der **lateralen Diversifikation** schließlich kommt die Bedeutung eines zweiten Standbeins zu, d. h. dass Kulturbetriebe in für sie völlig neue Angebots- und Marktfelder vorstoßen und in weitabliegenden Aktivitätsfeldern tätig werden.[21]. Im kommerziellen Bereich geschieht dies vor allem deshalb, um über ein zweites finanzielles Standbein zu verfügen bzw. um sich bei in absehbarer Zeit auslaufenden Technologien (Kohleverstromung, Atomwirtschaft) rechtzeitig neue Tätitgkeitsfelder zu erschließen (beispielhaft der Wandel der großen Energieproduzenten hin zu Mobilfunknetzbetreibern). Typisches Beispiel hierfür ist z. B. das in den letzten Jahren zunehmende Bedeutung gewinnende Kulturmerchandising als der „Vertrieb von Produkten in und für Kultureinrichtungen, entwickelt aus deren Themen und Aufgaben, mit dem Ziel des wirtschaftlichen Erfolgs in Verbindung mit Bildungsauftrag und Popularisierung der jeweiligen Themen."[22]

Weitere Beispiele sind die Einrichtung eines Buchladens im Theater bzw. die Betreibung eines Theatercafés durch das Theater selbst (d. h. keine Vergabe an einen Pächter). Sowohl die häufig fehlende Kompetenz als auch die öffentliche Trägerschaft (mit allen damit verbundenen Fragen der zu entrichtenden Steuern bzw. der Gemeinnützigkeit) ziehen entsprechenden Aktivitäten allerdings enge Grenzen.

▶ **Strategien der Marktbeeinflussung**

Die **Marktbeeinflussungsstrategien** bestimmen darüber, mit welchen Mitteln der Markt stimuliert werden soll. Hier bieten sich zwei grundsätzliche Möglichkeiten an:

(1) Die **Qualitäts**- (bzw. Präferenz-)Strategie, die auf höchste Qualität des Angebots setzt und dabei in Kauf nimmt, dass diese ihren entsprechenden Preis (für die Besucher) hat.

(2) Die **Preis**(-**Mengen**)-Strategie, die vorrangig auf die Preisgestaltung setzt.

Im kommerziellen Güter- und Dienstleistungsmarkt sind diese beiden Strategien sehr stark ausgeprägt und verfolgen die Konsumenten tagtäglich in den Erscheinungsformen von Supermärkten, Discountläden, Sonderangeboten, Schnäppchenmärkten usw. bzw. im anderen Falle im Versprechen von Qualität („Es war schon immer etwas teurer, einen besonderen Geschmack zu haben"). Im Kulturbereich, besonders im öffentlichen, greift die Preisstrategie nur sehr bedingt, weil hier (mindestens) zwei Besonderheiten zu beobachten sind.

(1) Zum einen sind die Angebote der öffentlichen Kulturbetriebe in aller Regel **nicht betriebswirtschaftlich** kalkuliert, sondern die Preise sind – orientiert am Einnahme- bzw. Ausgabensoll der Kameralistik – weitestgehend fiktiv festgelegt. So kann kein Theaterintendant – obwohl dies immer wieder behauptet wird – exakt sagen, was die einzelne Aufführung am Abend das Theater **tatsächlich** kostet, da in den allermeisten öffentlichen Theatern eine auch nur annähernd präzise Kosten-Leistungs-Rechnung fehlt. Üblicherweise gelten bislang ca. 80–90 % der Ausgaben im Theater als **Fixkosten**, nur der Rest sind variable Kosten. Allenfalls kann dann am Jahresende errechnet werden, mit wie vielen DM jede verkaufte Karte im Jahresdurchschnitt subventioniert wurde. Der auf der Karte aufgedruckte Preis ist demnach mehr oder weniger willkürlich, orientiert lediglich an dem im Haushalts- oder Wirtschaftsplan vorgegebenen Einnahmesoll bzw. an vagen Mutmaßungen darüber, was man dem Publikum noch zumuten könne. Dies gilt nicht nur für Theater, sondern für öffentliche Kulturbetriebe generell.[23]

(2) Zweitens dürfte sich auch die sog. **Preiselastizität** – d. h. die Bereitschaft, bei niedrigeren Preisen mehr zu kaufen bzw. umgekehrt, bei Preisanstiegen das Produkt weniger nachzufragen – im Konsumgütermarkt und im öffentlichen Kulturbereich prinzipiell voneinander unterscheiden. Wie Hasitscheck[24] schon vor Jahren am Beispiel der Kenntnis (besser gesagt: der weit reichenden Unkenntnis) der Preise für Theaterkarten in Wien aufgezeigt hat, herrscht nur ein sehr geringes Wissen über die tatsächliche Höhe der Kosten für Eintrittskarten. Auf Befragen schätzte ein nicht unerheblicher Prozentsatz der Bevölkerung die Theaterkarten für ein bestimmtes Theater viel zu hoch bzw. viel zu niedrig ein, so dass vermutet werden kann, dass der Preis nicht das ausschließliche Kriterium für den Erwerb bzw. Nichterwerb einer Eintrittskarte ist. Dabei soll keineswegs bestritten werden, dass es selbstverständlich objektive finanzielle Grenzen gibt;dennoch kann sicherlich behauptet werden, dass die Zahlungsbereitschaft in hohem Maße davon abhängt, was dem oder der einzelnen ein Angebot tatsächlich **wert** ist.

Ein Gemeinschaftsgutachten des ifo-Instituts für Wirtschaftsforschung in München und des Instituts für Museumskunde in Berlin zur Frage der Eintrittspreise in Museen (auf das im Zusammenhang mit der Preispolitik in 9.2 noch ausführlicher einzugehen sein wird), kam u. a. zu folgenden Schlussfolgerungen: Der Eintrittspreis ist nur **ein** und für viele Besucher nicht der entscheidende Faktor für einen Museumsbesuch. **Qualität der Sammlungen**, **attraktive Vermittlungs- und Serviceangebote** sowie **besucherfreundliche Öffnungszeiten** können wesentlich zu einer Erhöhung der Preisakzeptanz beitragen. Darüber hinaus lassen sich durch die Verbindung mit Veränderungen der Qualität und des Umfanges von Angeboten Eintrittspreiserhöhungen dem Publikum besser vermitteln. Veränderungen der Eintrittsgeldregelungen sollten daher in ein **integriertes langfristiges Konzept**, das auf die **Erhöhung der Besucherfreundlichkeit** abzielt, eingebettet werden.[25]

Diese Ergebnisse machen deutlich, welche herausragende Rolle **Produktqualität** und **Besucherorientierung** spielen, wie bedingt die Preiselastizität ist und welche besondere Rolle deshalb die **Präferenz-Strategie** (Markenartikel-Strategie) spielt. Sie besteht darin, für das eigene Angebot bzw. Leistungsprogramm Vorzugsstellungen (Präferenzen) aufzubauen, die es ermöglichen, dass Markenkäufer für das eigene Angebot gezielt gewonnen und gebunden werden können. Sog. **Markenkäufer**, die mit einer Präferenzstrategie mobilisiert werden können, disponieren ihre Käufe primär unter **Qualitätsgesichtspunkten** (hohe Qualität), der Preis spielt erst in zweiter Linie eine Rolle (im Gegensatz zu den sog. Preis-Käufern, die sich primär durch einen ‚aggressiven Preis' mobilisieren lassen).[26]

Ein Beispiel aus dem Bereich Kleinkunst mag dies verdeutlichen. Die in den siebziger Jahren in Mainz gegründete Kleinkunstbühne *Unterhaus* (die mittlerweile längst bundesweite Berühmtheit erlangte durch den alljährlich vergebenen Deutschen Kleinkunst-

preis) warb in ihren Anfängen mit dem (tatsächlich zu beobachtenden) Besucherverhalten: „Der Kunde kauft zwei Tickets und fragt
dann: wer tritt denn heute Abend auf?" Bei einem solchen Besucherverhalten wird voll auf die **Marke** Unterhaus gesetzt, die Qualität
garantiert. Ebenso galt über Jahrzehnte das *Frankfurt Theater am
Turm* als Marke für experimentelles, innovatives Theater, dass die
Augen von Theaterfans (den **Eperimentierfreudigen** nach Hilger) bis
heute zum Glänzen bringt, verbindet es sich doch mit den Marken-
namen Peter Stein, Claus Peymann und Rainer Werner Fassbinder
– wobei zumeist geflissentlich übersehen wird, dass letzterer nur
ganze neun Monate dort wirkte! Gleiches gilt sicherlich für die *Festspiele* in Salzburg und Bayreuth, aber auch beim noch relativ jungen *Rheingau Musikfestival* sind rund 70 % der Karten bereits verkauft, bevor der offizielle Prospekt erscheint!

„Präferenzen (Vorzugsstellungen), die bei Markenkäufern Kauf-
impulse auslösen, werden über **Marken** und ihre kundenspezifische
Profilierung (via Bekanntheitsgrad, Image, Kompetenz, Sympathie)
aufgebaut. Grundlage einer klaren, kunden-fokussierten Profilierung bildet eine möglichst eigenständige Positionierung im Markt.
Sie wird z. B. durch spezielle Nutzenmerkmale einer Marke geprägt,
und zwar objektiver (produkthafter) und/oder subjektiver (psychologischer) Art."[27]

▶ Marktarealstrategien

Im Rahmen der **Marktarealstrategien** wird darüber entschieden,
in welchen geographischen Absatzgebieten das Produkt angeboten
wird. Unterschieden werden können dabei **nationale** Strategien (mit
lokaler, regionaler, überregionaler oder überregionaler Markter-
schließung) und **übernationale** Strategien (mit multinationaler, internationaler oder Weltmarkterschließung).[28]

Insofern es sich nicht um den Absatz von Kultur**gütern** (wie
Bücher, Tonträger, Kunstwerke usw.) handelt, kommt im Kulturbereich der Kunde in der Regel zum Kulturprodukt (vgl. unten ausführlich in Kap. 11). In diesem Zusammenhang stellt sich hinsichtlich der **Marktarealstrategie** zunächst die Frage, **woher** die Besucher
wie zu der Kulturproduktion kommen. Die Frage **Für wen produzie-**

ren wir? erfährt hier ihre geographische Ausrichtung. So erfordert beispielsweise die Produktion eines ensuite-gespielten Musicals ein entsprechendes Umland (allgemein wird ein Radius von 200 km angegeben), aus dem die Besucher – zumeist per Bus – an den Aufführungsort gebracht werden. Im Vordergrund stehen hier naturgemäß vor allem Fragen der **Kommunikation** (d. h. welche Gebiete sollen beworben werden?) bzw. der **Distribution** (d. h. wie kommen Interessenten an ihre Eintrittskarten bzw. zum Aufführungsort?).

Die auch im Kulturbereich immer stärkere Nutzung des Internet macht – zumindest im Bereich von Kommunikation und Werbung – **internationale** Strategien immer einfacher und das Zusammenwachsen Europas sowie die zunehmende Öffnung der Grenzen eine **Internationalisierung** im Kulturbereich (gerade in Grenzgebieten) immer selbstverständlicher. Regionen wie Saar-Lor-Lux oder die Euregio um Aachen und Maastricht kooperieren im Kulturbereich seit Jahren erfolgreich, und für die Theaterbesucher am Oberrhein stellt sich längst das verlockende Angebot, den Theaterabend in den Stadttheatern von Basel oder Freiburg oder in der Opera du Rhin in Strassburg oder Colmar zu genießen.

In diesem Zusammenhang ist nachdrücklich auf den Bereich des Kulturtourismus[29] hinzuweisen, der in den letzten Jahren in den unterschiedlichsten Formen enorme Wachstumzahlen verzeichnen kann. Aufgrund zunehmender Mobilität, gestiegener Bildung, gewachsenen Wohlstandes und mehr Freizeit nehmen Zweit-, Dritt- und sogar Viert-Kurzurlaube mit kulturellem Schwerpunkt (Städtereisen) zu. Die allabendlichen Busreihen mit ihren jeweiligen Herkunftsorten vor der Deutschen Oper in Berlin geben eine Ahnung davon, wie sich das Publikum dort zusammensetzt. Für Kultureinrichtungen stellt sich hier die Frage, inwieweit sie dies gezielt in ihre Marketingstrategien einbauen und gemeinsam mit örtlichen Fremdenverkehrsverbänden bzw. Touristikfirmen gezielt Packages entwickeln können, um ihre Produktionen überregional zu vermarkten.

Die Frage des angezielten Marktareals stellt sich für Kulturbetriebe zweitens auch dann, wenn die Kulturproduktionen (etwa Tourneetheater, Orchesterkonzerte, Ausstellungen usw.) ihrerseits reisen sollen. Auch hier muss sehr sorgfältig überlegt werden, in welchen Richtungen man sich ausdehnt. Die seit Ende des Zweiten Weltkriegs entstandenen Landestheater bzw. Landesbühnen, die sog. „Theater auf Rädern", die in den einzelnen Bundesländern in bestimmten Trägerstädten ihren Sitz haben, sind vertraglich gebunden, einen Teil ihrer Produktionen (in der Regel bis zu 50 %) außerhalb ihres jeweiligen Standortes aufzuführen. Hier stellt sich die Frage **Für wen produzieren wir?** teilweise besonders drängend, wenn man sich vor Augen führt, dass beispielsweise die Nordhessische Landesbühne mit Sitz in der Universitätsstadt Marburg sowohl für ein vorwiegend akademisch bzw. studentisch geprägtes Auditorium in der Sitzgemeinde wie auch für ein Publikum im weitgehend ländlich-agraisch geprägten nordhessischen Hinterland spielen muss. Aus rein ökonomischen Gründen sind auch viele freie Theatergruppen gezwungen, sowohl für einen inländischen wie auch für einen internationalen Markt zu produzieren, denn nur über die Einladung zu den diversen Festivals können sie entsprechende Einnahmen erzielen, um neue Produktionen zu entwickeln.

Hinsichtlich des **Marktareals** kann zwischen drei unterschiedlichen Strategien differenziert werden: einer **konzentrischen**, einer **selektiven** und einer **inselförmigen** Gebietsausdehnung.

• Bei der **konzentrischen** Gebietsausdehnung versucht eine Kultureinrichtung, ihren Besucherkreis quasi ringförmig um das Kerngebiet auszuweiten, z. B. indem sie ganz gezielt Werbung in den entsprechenden Lokalzeitungen macht, Plakatierungen und die Verteilung von Werbemitteln in den jeweiligen Gemeinden vornimmt usw. Im Erfolgsfall kann der Radius so immer mehr erweitert werden.

• Eine **selektive** Ausdehnung ist vor allem in zwei Fällen sinnvoll: zum einen, wenn ein Gebiet aufgrund der Marketinganalyse über ein besonders erfolgversprechendes Besucherpotential verfügt (weil dort z. B. viele jener Besucher wohnen, deren Interesse erfolgreich für die eigenen Produkte geweckt werden kann) und die durch gezielte Werbung angesprochen werden können. Zum anderen empfiehlt sich ein selektives Vorgehen, wenn in bestimmten Regionen deutlich erkennbare Absatzlücken sichtbar sind, d. h. von dort z. B. weniger Besucher kommen als aus anderen Bereichen. Hier ist zunächst genauer zu analysieren, woran dies liegen könnte (z. B. schlechte Verbindungen im ÖPNV, mangelhafte Werbung, fehlende

Traditionen und Bindungen usw.) und dann sind entsprechende Strategien zur Aufhebung dieser Mängel zu entwickeln (z. B. Verbesserung der Werbung, Stellung eines kostengünstigen Zubringerdienstes usw.)

• Die **inselförmige** Ausdehnung ist ein Spezialfall der selektiven; hier geht es – etwa in Groß- und Mittelstädten – um die Gewinnung von für Neuerungen besonders aufgeschlossenen Zielgruppen, sog. Trendsettern, die ihrerseits wiederum als Multiplikatoren andere Zuschauer mitziehen. Um in dem o. a. Beispiel von Harald Hilger zu bleiben: in dieser Zielgruppe sind vor allem die **Neugierigen** und die **Experimentierfreudigen** zu finden. Die strategische Aufgabe besteht nicht nur darin, diese ausfindig zu machen und als Besucher zu gewinnen, sondern durch die Schaffung entsprechender Anreizsysteme diese ganz gezielt zur Besucherwerbung einzusetzen, um von diesen „Inseln" aus größere Marktsegmente zu erreichen.

▶ **Besucherstrategien**

Die sog. Besucherstrategien geben zunächst Antworten auf die Frage, an welche Besucher, Zuschauer oder Teilnehmer sich die Kulturangebote **primär** richten. Wie in der Nachfrageanalyse (vgl. Kap. 5.3) ausführlich dargestellt, können **Stammkunden, Noch-Nicht-Kunden** und **Nicht-Mehr-Kunden** unterschieden werden, die für eine Kulturorganisation von Interesse sind. Dementsprechend sind für die einzelnen Kundengruppen ganz unterschiedliche und spezifische Angebote (inklusive Service, Preisgestaltung usw.) zu entwickeln.

• Will man vorrangig die **Noch-Nicht-Kunden** erreichen, so wird man vielleicht ein **Schnupperangebot** entwickeln, das den Besuchern die Möglichkeit gibt, sich erst zu informieren und ein eigenes Bild zu machen, bevor sie eine langfristig wirksame Entscheidung (z. B. Kauf eines Abonnements oder einer Jahreskarte im Museum) treffen.

• Bei **Nicht-Mehr-Kunden** ist zunächst der Grund für dieses „nicht mehr" zu erfragen. Je nach den unterschiedlichen Ursachen (Enttäuschung und Verärgerung über ein unzureichendes Leistungsangebot, Nichtwahrnehmung auf Grund organisatorischer Regelungen usw.) sind dann entsprechende Angebote aufzubauen und entsprechend zu kommunizieren.

• Aber auch bei den **Stammkunden** gibt es durchaus unterschiedliche Ausprägungen hinsichtlich der Intensität der Nachfrage. Je nachdem, welche Marketingziele festgelegt sind (z. B. aus den Gelegenheitskunden Dauerkunden zu machen), werden auch hier ganz spezifische Vorgehensweisen einzuschlagen sein.

Aufgrund der zunehmenden Konkurrenz im Kulturbetrieb einerseits, der (in jeder Hinsicht!) wachsenden Mobilität der Besucher andererseits, gewinnen **Besucherbindungsstrategien** immer mehr an Bedeutung. Die industrielle Produktion hat dies[30] schon vor Jahren erkannt. Früher sahen viele Unternehmen es als ganz selbstverständlich an, dass sie immer eine feste Kundschaft hatten; es gab für die Kunden nur wenige alternative Anbieter, oder anderen Anbietern mangelte es an Qualität und Service, oder aber der Markt wuchs so schnell, dass das Unternehmen sich um seine Kundschaft kaum Sorgen machen musste. Dies hat sich in den letzten Jahren gründlich geändert. Viele Kulturorganisationen werden sich immer mehr bewusst, dass sie durch den Verlust von Kunden Schaden erleiden und dass es sie bei weitem mehr kostet, einen neuen Kunden zu gewinnen, als einen bestehenden Kunden im Kundenstamm zu behalten. Sie erkennen, dass es in ihrem eigenen Interesse liegt, die Kunden an sich zu binden[31], denn ein durch Zufriedenheit und Vertrauen verbundener Kunde

• bleibt länger treu
• bevorzugt auch neue Angebote von einer Kultureinrichtung oder der Marke, der er sich verbunden fühlt,
• denkt und spricht gut über die Kulturorganisation und ihre Angebote,
• verzeiht auch mal Pannen (wenn sie sich nicht häufen),
• beachtet Marken, Werbe- und Preisangebote der Konkurrenz weniger stark,
• bietet der Kulturorganisation gern neue Ideen zu Angeboten und Service an,
• ist kostengünstiger zu betreuen, da Beziehungen mit ihm im Laufe der Jahre zur Routine werden.[32]

Gerade im öffentlichen Kulturbereich ist dabei von zentraler Bedeutung, dass die Besucherbindungsstrategien nicht nur zur Steigerung der Eigeneinnahmen beitragen, sondern vor allem als Instrument der **Legitimitätsbeschaffung** gegenüber öffentlichen Geldgebern dienen können – denn die Schließung eines ständig ausverkauften Theaters lässt sich weniger leicht legitimieren bzw. durchsetzen als die eines halb leeren! Setzt die Kultureinrichtung nicht (nur) darauf, (ausschließlich) neue Besucher zu gewinnen, sondern (mindestens) ebenso auch vorhandene Besucher zu binden, so stehen ihr zwei Handlungsmöglichkeiten offen: zum einen kann sie Hürden errichten, die dem Besucher einen Wechsel zur Konkurrenz schwer machen und entsprechende **Gebundenheits**strategien entwickeln. Im positiven Falle kann sie aber auch **Verbundenheits**strategien aufbauen, die den Besucher in so hohem Maße zufrieden stellen, dass er gar nicht wechseln will.

	Verbundenheitsstrategie	Gebundenheitsstrategie
Besucherbindende Aktivitäten des Anbieters:	• Management der Besucherzufriedenheit und des Besuchervertrauens	• Aufbau von Wechselbarrieren für den Besucher
Bindungswirkung:	• Kunde will nicht wechseln	• Kunde kann nicht wechseln
Freiheit des Besuchers:	• Uneingeschränkt	• Eingeschränkt
Bindungsinteresses:	• Geht vom Besucher aus	• Geht vom Anbieter aus
Bindungszustand des Besuchers:	• Verbundenheit	• Gebundenheit

Abb. 25: Ver-/Gebundenheitsstrategie

• Hinsichtlich der **Gebundenheitsstrategie** muss deutlich gesagt werden, dass die Einführung der angesprochenen Hürden in der Regel im Interesse des **Anbieters** und nicht des Besuchers liegt. Wenn z. B. die Musikschule ein Kind in einen Kurs mit einer Jahresverpflichtung aufnimmt, so geschieht diese Bindung vor allem im Hinblick auf organisatorische Notwendigkeiten in der Musikschule: ein Lehrer muss ausgewählt werden und dessen Unterrichtskapazität ist für ein Jahr blockiert. Der Vorteil eines Abonnements liegt für ein Theater darin, dass man auf ein Jahr hinaus weiß, welcher Platz an welchem Tag belegt ist (oder zumindest verkauft ist – ob der Besucher dann tatsächlich kommt oder nicht, kann dem Theater – zumindest zunächst – gleichgültig sein).

Mit der **Gebundenheitsstrategie** wollen Anbieter ihre Kunden daher durch den Aufbau von Wechselbarrieren binden und somit ein Abwandern zur Konkurrenz erschweren. Unzufriedene Kunden, die gerne den Anbieter wechseln möchten, können dies nicht ohne gewisse Einbußen tun, die meistens finanzieller Art sind. Die Bindung zum Anbieter beruht also weniger auf Loyalität der Kunden als auf hohen Wechselkosten, die vom Anbieter aufgerichtet werden. Allerdings können organisatorische Sachzwänge dazu führen, bestimmte Bedingungen obligatorisch zu machen. Die jeweilige Kultureinrichtung sollte sich aber immer bewusst sein, dass dies nur die zweitbeste Möglichkeit ist und sich anstrengen, die Besucher immer wieder neu zu gewinnen, damit sie gerne kommen.

• Im Gegensatz dazu zielt die **Verbundenheitsstrategie** darauf, dass sich die Besucher einer Kulturorganisation und ihren Angeboten gegenüber verbunden fühlen, sie sie im Vergleich zur Konkurrenz bevorzugen und beabsichtigen, die Austauschbeziehungen fortzusetzen. Dies kann durch Aufbau von Besucherzufriedenheit, -vertrauen und vor allem -bindung erreicht werden. Der Kerngedanke ist es, loyale Besucher zu gewinnen und dauerhaft zu halten.[33]

Strategien der Besucherbindung kennt der öffentliche Kulturbetrieb bereits seit Jahrzehnten, bzw. Jahrhunderten, wenn auch unter anderem Namen: der klassische **Förderverein** für eine öffentliche Kultureinrichtung wie ein Museum oder die bereits mehrfach angesprochenen **Besucherorganisationen** bzw. **Abonnements** im Theater existieren bereits seit dem letzten Jahrhundert. Sie haben nach wie vor – gerade in Zeiten, wo industrielle Anbieter wie *IKEA* („Family") oder auch Rundfunksender („Wild Card") sich bemühen, **Besucherclubs** aufzubauen – ihre besondere Bedeutung, die den Betroffenen selbst oftmals allzu unklar und deren Möglichkeiten dementsprechend leider viel zu wenig entfaltet sind. „Unter **Kundenbindung** versteht man die **Intensivierung** und **Schaffung einer dauerhaften Beziehung zwischen Anbietern und Kunden** und den Aufbau einer Geschäftstreue oder Markentreue beim Besucher"; sie umfasst dabei „alle Aktivitäten, die ein Unternehmen gezielt einsetzt, um jeden einzelnen seiner Kunden besser kennen zu lernen, wertzuschätzen, zu seiner Zufriedenheit zu bedienen und mit ihm zusammenzuarbeiten."[34]

Im Rahmen von Besucherbindungsprogrammen lassen sich mehrere **Intensivitätsstufen** unterscheiden:

- **Reaktiv**: Das Angebot wird verkauft und der Kunde wird ermutigt, sich zu melden, wenn sich Fragen oder Beschwerdeanlässe ergeben. Das kann mit den bereits an anderer Stelle angesprochenen Möglichkeiten erfolgen, wie z. B. Befragungskarten, Durchführung eines Elternabends in der Musikschule, Kursteilnehmerversammlungen in der VHS, Einrichtung einer Hotline bzw. einem interaktiven Internetangebot usw. Der Kulturbetrieb stellt die entsprechenden Kanäle zur Verfügung, die Initiative muss hierbei allerdings mehr oder weniger vom Besucher ausgehen.

- **Verantwortung zeigend**: Kurz nach dem Kauf wird der Kunde von der Kultureinrichtung angerufen, um herauszufinden, ob das Angebot und die Kontakterlebnisse mit dem Anbieter seinen Erwartungen entsprechen (Beispiel: in der Musikschule nach der ersten Unterrichtsstunde). Dies ist allerdings nur möglich, wenn die Adresse vorliegt. Im Falle einer längerfristigen Bindung – wie z. B. in der Verpflichtung zu einem Abonnement im Theater- oder Konzertbereich oder im Unterrichtsangebot einer Musikschule – ist eine solche Strategie sicherlich recht sinnvoll. Der Kunde wird ermutigt, Verbesserungsvorschläge und eventuell Einzelheiten über seine mögliche Unzufriedenheit zu äußern; diese Informationen helfen der Organisation in der ständigen Verbesserung seiner Angebote und Besucherbeziehung.

- **Proaktiv**: Der Kunde wird von Zeit zu Zeit angeschrieben oder angerufen und auf erfolgreiche, auf neue oder auf Sonderangebote (Sondergastspiele; „Noch einige Karten frei" usw.) aufmerksam gemacht.

- **Partnerschaftlich**: Das Unternehmen arbeitet Hand in Hand mit dem Besucher daran, Angebote oder neue Distributionsmöglichkeiten zu entwickeln (z. B. in Form der Besucherorganisationen).

▶ Wettbewerbs- und Konkurrenzstrategien

Im Rahmen der **Konkurrenz**- bzw. **Wettbewerbsstrategien** geht es vor allem darum, Pläne für das eigene Verhalten gegenüber Konkurrenten bzw. Mitwettbewerbern festzulegen; wer diese sind, wird in der Wettbewerbsanalyse (vgl. oben Kap. 6.2) festgelegt. Ziel ist es, für den Kulturbetrieb insgesamt (z. B. die Musikschule, das Stadttheater usw.) bzw. einen Teilbereich (z. B. das Angebot von Keyboardunterricht in der Musikschule oder die Sparte Tanztheater im Stadttheater) eine eigenständige Position zu finden, die sich gegenüber den wettbewerbsbestimmenden Kräften innerhalb einer Branche mit Aussicht auf Erfolg behaupten lässt. Im Mittelpunkt der Wettbewerbsstrategien steht die Schaffung und Verteidigung strategischer Wettbewerbsvorteile als einer im Vergleich zur Konkurrenz überlegenen Leistung.[35]

Hierbei kann zunächst zwischen **aktivem** und **passivem** Konkurrenzverhalten unterschieden werden.

• Ein **passives** Verhalten zeigt sich immer dann, wenn die Aktivitäten der Konkurrenten **nicht** in die eigenen Organisationsentscheidungen einbezogen werden. Dies kann aus unterschiedlichen Gründen geschehen: im negativen (und leider wohl häufigsten) Falle kennt man die Konkurrenz nicht bzw. nimmt sie nicht entsprechend wahr. Es mag aber auch Fälle geben, in denen eine Kulturorganisation so stark ist, dass sie der Konkurrenz keine Aufmerksamkeit schenken muss; diese Fälle dürften angesichts der Konkurrenz im Freizeitsektor allerdings immer seltener werden. Passive Kulturbetriebe entwickeln keine konkurrenzgerichteten Strategien und realisieren auch keine auf den Wettbewerb gerichteten Aktivitäten."[36] So kann die akute (und gegenwärtig gut zu beobachtende) Gefahr entstehen, dass sog. **wettbewerbsautonomes Verhalten** (wenn es nämlich tatsächlich keine nennenswerte Konkurrenz gibt) sehr rasch in **wettbewerbsignorantes Verhalten**[37] (wenn diese nämlich einfach nicht zur Kenntnis genommen wird) umschlägt – mit allen längerfristigen Folgen für die Unternehmung.

• **Aktives** Verhalten geht indes von einer breiten Konkurrenz aus und entwickelt entsprechende Strategien. Tatsächliche (und mögliche) Konkurrenten werden – anders als im passiven Verhalten –

nicht nur nicht ignoriert, sondern sehr sorgfältig analysiert und mögliche Handlungsalternativen diskutiert. Diese lassen sich entlang der beiden Typologisierungsdimensionen **innovativ** vs. **imitativ** sowie **wettbewerbsvermeidend** vs. **wettbewerbsstellend** in folgender Matrix darstellen.[38]

Verhaltensdimensionen	Innovativ	Imitativ
Wettbewerbsvermeidend	(1) Ausweichen	(2) Anpassung
Wettbewerbsstellend	(3) Konflikt	(4) Kooperation

Abb. 26: Wettbewerbsstrategien

Die vier möglichen Strategien lassen sich wie folgt näher kennzeichnen:

(1) Im Rahmen von **Ausweichstrategien** versuchen Kulturbetriebe dem erhöhten Wettbewerbsdruck durch **innovative Aktivitäten** zu entgehen. Dies kann durch die ständige Entwicklung von neuen Produkten erfolgen oder durch ausgeprägte Marketinganstrengungen in einem bestimmten Segment. Sie sind besonders dann erfolgreich, wenn die Realisierung von Spezialisierungs- und Erfahrungseffekten gelingt. Dies lässt sich gut am Beispiel des Kinobetriebs demonstrieren. Hier befindet sich der Markt seit Ende der 80er Jahre in einem erheblichen Umbruch; die Zukunft des Kinos wird jetzt definiert als großes Kinocenter mit mindestens sechs Leinwänden. Thomas Krall, im Vorstand der UFA-Theater AG Düsseldorf zuständig für die Bereiche Recht, Personal und Immobilien sagte 1996 auf einem Kongress: „Einzelne Häuser und kleinere Kinos zwei bis drei Säle, gehören wahrscheinlich der Vergangenheit an, aber ich denke, dass **Programmkinos** immer noch existieren können. Im Markt findet nach unserer Überzeugung eine ganz klare Polarisierung statt: Multiplex hier Programmkino, Kommunales Kino da. Aber die typischen Schachtelkinos der 70er Jahre wird es in absehbarer Zeit nicht mehr geben."[39] Während die Kinocenter auf Innovation setzen, vertrauen die Programmkinos auf die entsprechenden Spezialisierungseffekte inhaltlicher Art, die die Besucher auch über Mängel im Service hinwegsehen lassen.

(2) Dagegen zielen die **wettbewerbsvermeidenden**, in ihrer Ausrichtung **defensiven** sog. **Anpassungsstrategien** auf die Erhaltung der einmal realisierten Marktposition ab. Dabei wird das eigene Verhalten auf die Reaktion der anderen Wettbewerber abgestimmt. Auch dieses Modell ist in der öffentlichen Kulturarbeit nicht selten zu beobachten, wenn z. B. im Musikbereich (aber auch in der Soziokultur) die „Claims" (d. h. die Verteilung der Zuschauer bzw. Szenen und der öffentlichen Zuwendungen) sorgfältig abgesteckt sind und durch entsprechende Einflussnahmen auf Kulturpolitiker bewahrt werden sollen. Aktivitäten werden meistens erst dann entfaltet, wenn neue Mitwettbewerber von außen in den Markt drängen.

(3) Im Rahmen von **Konfliktstrategien** wird zumeist versucht, durch ein im Vergleich zu dem oder den Wettbewerbern innovatives Verhalten Marktanteile (d. h. Zuschauer und Zielgruppen) zu gewinnen. Eine Konfrontation mit dem Wettbewerber wird dabei bewusst in Kauf genommen. Ein Beispiel hierfür ist – bei wie gesagt allem eingeschränkten Wettbewerb im öffentlichen Kulturbetrieb – sicherlich das erfolgreiche Auftreten des Freien Theaters seit Mitte der 70er Jahre. Da diese in den ersten Jahren um ihre Anerkennung, vor allem aber öffentliche Zuschüsse kämpfen mussten, waren sie gegenüber dem etablierten öffentlichen Theater durchaus konfliktbereit und entwickelten argumentativ entsprechende Konfliktparolen, z. B.: „Gemeinsam ist der Bewegung die Abneigung gegen bürokratische Theaterapparate, feste Häuser, Orte und Texte, der Versuch, Gegenorte zur Gesellschaft zu erschaffen, in denen man sich selbst und seine Umgebung handelnd begreifen und selbstbestimmt, kreativ und phantasievoll auf sein Leben zugehen lernt. Schließlich sind sich die freien Gruppen einig, die Tradition zu ‚beklauen wie die Raben', um das Rohmaterial freiheitlicher Theaterformen der Geschichte für die Gestaltung eigener Bedürfnisse, individueller Phantasie und heutiger gesellschaftlicher Realität zu nutzen."[40]

(4) Das Gegenteil von Konfrontation ist die Zusammenarbeit; **Kooperationsstrategien** sind dann sinnvoll, wenn zwei Mitbewerber zwar in derselben Branche, nicht aber im gleichen Marktsegment aktiv sind. Dem aggressiven Wettbewerb wird das offene oder stillschweigende Einverständnis bezüglich bestimmter Geschäftspoliti-

ken vorgezogen.[41] Beispiele hier können die Kooperation eines Stadttheaters, das auf die Sparte Schauspiel fixiert ist, mit einer freien Tanztheatergruppe sein oder eines Mehrspartenhauses ohne Kinder- und Jugendtheater, das diesen Bereich ebenfalls in Zusammenarbeit mit einer freien Truppe abdeckt. Kooperationen gibt es in den letzten Jahren verstärkt auch im Ausstellungssektor, wo große Ausstellungen ohne internationale Partner nicht mehr bewältigt werden können.

8.4 Die Auswahl der richtigen Strategien

Die oben dargestellten Marketingstrategien schließen einander keineswegs aus, sondern können sich überschneiden bzw. teilweise ergänzen. Ein Beispiel mag dies verdeutlichen (die in Klammern gefassten Zahlen verweisen auf die entsprechende, oben dargestellte Strategie). Einerseits hat die Potentialanalyse in einem Dreispartentheater (Oper/Operette, Schauspiel und Tanz) ergeben, dass das Ballett mit seinen entsprechenden Diensten im Rahmen von Oper/Operette sowie seinen zwei jährlichen traditionellen Balletteinstudierungen nicht ausgelastet ist und Interesse an weiteren Produktionen hat. Andererseits hat eine Besucherbefragung ergeben, dass beim vorhandenen Tanzpublikum durchaus der Wunsch nach modernen Tanzproduktionen vorhanden ist. So kann sich das Theater entschließen, im Bereich seines Balletts eine **Produktentwicklung** (1) dahingehend vorzunehmen, dass ab der nächsten Spielzeit mit Gastchoreographen zwei eigenständige moderne Tanzproduktionen erarbeitet und unter dem Titel „Off Dance" ins Programm aufgenommen werden.

Da auf Grund bisher fehlender diesbezüglicher Erfahrungen kaum anzunehmen ist, dass aus dem Stand heraus eine **Qualitätsführerschaft** (3) in der Region übernommen werden kann, entscheidet man sich hinsichtlich der Marktbeeinflussung (zumindest zunächst) über **das Instrument des Preises** zu gehen, d. h. die Veranstaltungen möglichst kostengünstig anzubieten. Darüber hinaus will man die experimentellen Tanzproduktionen nicht im Abonnement anbieten, sondern sich zunächst auf die beiden festgestellten Marktfelder **Traditionelles Tanzpublikum** und **Experimentier-freudiges Schauspielpublikum** (2) konzentrieren und versuchen, so viele Zuschauer wie möglich aus diesen beiden Segmenten für das neue Angebot zu gewinnen.

Weil die Gefahr besteht, dass dieses Marktsegment für eine entsprechende Auslastung zu klein ist, entschließt man sich außerdem, das tanzinteressierte Publikum der **gesamten Region** (4) anzusprechen und richtet die Werbung entsprechend aus. Um das neue und sicherlich recht kritische Publikum entsprechend zu binden, gestaltet man die Arbeit von Anfang an sehr offen: offene Proben, Videopräsentationen moderner Tanztheaterproduktionen, eine Fotoausstellung zur Geschichte des Modernen Tanzes im Theaterfoyer, begleitende Diskussionsabende mit Choreographen, Tanzdramaturgen, Bühnen- und Kostümbildnern begleiten von Anfang an den Produktionsprozess, um auf diese Weise Interesse und Engagement, d. h. eine **hohe Bindungswirkung** (5) für die neue Arbeit zu finden. Da es in der weiteren Region durchaus respektable künstlerische Leistungen im Bereich der freien Tanztheatergruppen gibt, lädt man diese zu gemeinsamen Workshops ein und bietet ihnen für die übernächste Spielzeit eine **Gemeinschaftsproduktion** (6) an.

Diese Strategieplanung findet sinnvollerweise statt, **bevor** überhaupt die erste **künstlerische** Entscheidung gefallen ist. Bis zu diesem Zeitpunkt werden in aller Regel noch keine Mittel verausgabt (bis auf möglicherweise die Kosten einer Publikumsbefragung). In einem offenen Diskussionsprozess sollten alle davon Betroffenen (Intendanz, Ballettdirektor, Dramaturgie, Choreographen, Marketing, Presse- und Öffentlichkeitsarbeit, Künstlerisches Betriebsbüro usw.) ihre Gedanken, Ideen und Anregungen einbringen, denn es gibt nicht – wie bereits mehrfach betont – die **eine** richtige Strategie. Vielleicht hat das Ballett den Ehrgeiz, aus dem Stand heraus die künstlerische Qualitätsführerschaft zu übernehmen und fordert ganz selbstbewusst drastisch höhere Eintrittsgelder. Möglicherweise ist man (künstlerisch) selbstbewusst genug, von vornherein ins Abonnement aufgenommen werden zu wollen. Da allein die künstlerische Leistung der Aufführung überzeugen soll, werden alle geschilderten Begleitmaßnahmen vehement abgelehnt. Eventuell wird die künstlerische Leistung der freien Theaterszene als miserabel eingestuft und statt Kooperation strebt man von Anfang an die Abgrenzung bis hin zur (künstlerischen) Konfrontation an usw.

Aus diesen anderen Annahmen (bzw. Behauptungen) ergibt sich natürlich eine völlig andere Strategie und ein entsprechend anderer Einsatz der Marketinginstrumente: niedriger/hoher Preis; freier Verkauf/Abonnement; lokale/regionale Werbung; spezifische/allgemeine Werbemittel; zusätzliche/keine Begleitveranstaltungen usw. Im Vornherein kann kaum eindeutig und hundertprozentig festgelegt werden, welche Strategie nun die richtige ist – hier helfen nur Plausibilität, Erfahrung, offene Wirklichkeitswahrnehmung, strenge Selbstkritik – und der Sieg des besseren Arguments. Man sollte sich dabei auch keineswegs scheuen, wo immer es möglich ist, auf Erfahrungswerte aus Statistiken und empirische (Langzeit-)Untersuchungen zurückzugreifen. So ist immer wieder verblüffend, wie träge sich das Besucherverhalten entwickelt, welche Konstanten und langfristig ungebrochene Trends zu beobachten sind usw.

Gleichzeitig bedeuten solche Entscheidungen aber auch die Übernahme einer hohen Eigenverantwortung. Ist die künstlerische Qualität letztendlich doch nicht so hoch wie erhofft, sind die erhöhten Eintrittspreise kaum zu rechtfertigen. Bleiben die Abonnenten bei der zweiten Premiere scharenweise zu Hause, ist die Aufnahme ins Abonnement problematisch. Erweist sich die freie Tanzszene in der Konkurrenz als stärker, ist ein Konfrontationskurs auf Dauer wenig sinnvoll usw. Eine sorgfältig und gewissenhaft entwickelte Strategie schützt also keineswegs vor Fehlschlägen: Es kann sein, dass sich das Publikum letztendlich doch anders verhält, als zuvor in der Befragung geäußert oder das Tanzinteresse in der Region rein quantitativ doch geringer, als zunächst vermutet. Eventuell hat die Ballettruppe doch nicht die künstlerische Potenz, wie alle glaubten und womöglich verfehlten die beiden eingesetzten Choreographen den Publikumsgeschmack. Unter Umständen stimmt die künstlerische Leistung, aber die Eintrittspreise sind zu hoch. Möglicherweise stimmen aber alle Faktoren, nur die Werbung war miserabel.

Die klare Strategienformulierung hat indes den großen Vorteil, dass Fehlannahmen bzw. Störfaktoren in einer offenen und vor allem (selbst-)kritischen Diskussion relativ schnell fixiert werden können: Das tatsächliche Abonnentenverhalten beispielsweise zeigt, dass das experimentelle Tanztheater dort (zumindest zunächst) noch nichts zu suchen hat oder die Befragung der Besucher nach dem Herkunftsort zeigt, dass die überlokale Ausstrahlung maßlos überschätzt wurde. Lässt sich eine überschaubare Zahl von (vermutlichen) Faktoren herausfinden, so kann prinzipiell die einmal gewählte Strategie beibehalten werden und können in der nächsten Spielzeit die isolierten Faktoren verändert werden – in der dann begründeten Hoffnung, dass die Strategie insgesamt aufgeht. Zeigt sich im Rahmen der kritischen Selbstbefragung indes, dass sich die überwiegende Mehrzahl der Annahmen im Nachhinein als falsch erweist, so ist sicherlich umgehend eine völlig andere Strategie zu wählen, statt an einzelnen Symptomen herumzudoktern, meist von dem fatalen Wunsch beseelt, im Nachhinein vielleicht doch noch Recht behalten zu haben.

Gerade der letzte Satz spricht im Übrigen keineswegs gegen einen künstlerisch langen Atem, ganz im Gegenteil. Die Geschichte des modernen Tanzes in Deutschland in den letzten zwei, drei Jahrzehnten zeigt, wie schwierig es zunächst war, am Anfang diese Produktionen, die zunächst nur mit einigen wenigen Namen verbunden waren, erfolgreich durchzusetzen. Eine langfristig angelegte **künstlerische** Strategie, die unbeirrbar an ihrem Ziel festhält, wird indes umso sorgfältiger alle anderen strategischen Mittel mitbedenken, mit deren Hilfe der so wichtigen Grundidee – gegen alle sonstigen Widerstände – auf Dauer zum Erfolg verholfen werden kann – und viele der oben beispielhaft erwähnten Zusatzangebote sind ja genau aus dieser Strategie heraus entwickelt worden.

8.5 Strategienplan und Marketingpolitik

Bislang wurde beispielhaft nur für **einen** Bereich innerhalb des Kulturbetriebs Theater eine Strategie entwickelt. Wie das Beispiel des Theaters, aber auch die Arbeit eines soziokulturellen Zentrums, einer Musikschule, eines Museums, einer Volkshochschule usw. zeigen, sind die allermeisten Kulturorganisationen indes in einer ganzen Reihe von Bereichen von sog. **Strategischen Geschäftsfel-**

dern aktiv. Eine **Strategische Geschäftseinheit** ist ein klar definierbarer Teil eines umfassenden Gesamtangebotes der jeweiligen Kulturorganisation und umspannt ggf. mehrere verwandte Produkte mit gleichartigen Merkmalen (z. B. Blasinstrumente in einer Musikschule), für die – mehr oder weniger – getrennt vom Rest des Unternehmens eine eigene Planung erstellt werden kann und die somit eine eigene, von anderen Geschäftseinheiten unabhängige **Marktaufgabe** hat.[42] Sie nimmt am Markt als vollwertiger Konkurrent (**Eigenständigkeit**) mit eindeutig identifizierbaren Konkurrenzorganisationen (z. B. Fanfarenzug, private Musiklehrer, Kirchenmusik, Blaskapellen usw.) teil und hat einen eigenen Kreis von Konkurrenten, mit denen sie gleichziehen oder die sie ausstechen möchte und wird von einem/einer Zuständigen (z. B. Fachbereichsleiter Blasinstrumente) geleitet, der für die strategische Planung und die Ergebnisse verantwortlich zeichnet und einen eigenständigen Beitrag zur Steigerung des Erfolgspotentials der Gesamtunternehmung leistet.[43]

Für jede Strategische Geschäftseinheit ist somit eine eigene Strategie zu entwickeln, die festlegt, welche inhaltlichen Ziele in diesem Bereich kurz-, mittel- und langfristig angestrebt werden sollen (wobei diese Ziele natürlich alle kompatibel mit dem Oberziel der Kultureinrichtung sein müssen, d. h. diesem nicht widersprechen dürfen), auf welche langfristigen Umweltentwicklungen besonders geachtet werden soll, welche Zielgruppen angesprochen werden sollen, wie mit der (jeweils) spezifischen Konkurrenz umzugehen ist, wie die eigenen Potentiale eingesetzt werden sollen bzw. welche Beschaffungsprobleme sich bei der Zielrealisierung möglicherweise ergeben können.

Weil jedes Geschäftsfeld seine ganz eigenen Bedingungen aufweist (die Oper hat im Vergleich zum Schauspiel beispielsweise einen sehr viel längeren Planungsvorlauf; die Produktionskosten sind bei ihr höher; die Bereitschaft, höhere Eintrittspreise zu zahlen, ist größer usw.), können nicht umstandslos in einem Geschäftsfeld erfolgreiche Strategien in andere Geschäftsfelder übertragen werden. Funktioniert beispielsweise in der Tanzszene das Kommunikationsinstrument Mund-zu-Mund-Propaganda möglicherweise ganz hervorragend, so muss dies keineswegs für das Opernpublikum zutreffen. Legt das Stammpublikum von Opernproduktionen möglicherweise besonderen Wert auf Pausenservice, ist dies bei den Besuchern experimenteller Schauspielaufführungen vielleicht von nachrangiger Bedeutung usw. Deshalb sollte in der Analysephase jeweils ein besonderes Augenmerk den spezifischen Bedingungen innerhalb der einzelnen Geschäftsfelder gewidmet werden.

Da eine Kulturorganisation aber, unter einem umfassenden Gesamtziel operiert, ist es sinnvoll, diese einzelnen Strategien nach Möglichkeit zu **integrieren**, damit nicht unliebsame Störeffekte in der eigenen Organisation auftreten (z. B. unkoordinierter Rückgriff auf Räumlichkeiten oder Technik, unabgestimmte Akquisition desselben Sponsors, unabgesprochene Ansprache derselben Zielgruppen usw.).

(1) Dieser **strategische Marketing-Masterplan**, der die einzelnen Aktivitäten innerhalb der Kulturorganisation koordiniert, ist die Grundlage für das nach außen gerichtete Gesamthandeln der Organisation. Intern dient er als grundlegende Information für alle Geschäftseinheiten hinsichtlich der Koordination der Marketingaktivitäten. Einerseits ist er verbindlich in dem Sinne, dass von der Organisation herbeigeführte Abweichungen von der **Generallinie** stets **begründet** sein müssen (z. B. weil sich neue Erkenntnisse ergeben, weil Ziele nicht wie erwartet erreicht wurden, unvorhergesehen neue Konkurrenten auftauchen usw.). Andererseits ist er insofern flexibel, als seine Umsetzung in den einzelnen Geschäftsfeldern zwar stets aufmerksam verfolgt werden sollte, andererseits aber diese neuen Erkenntnisse (im Sinne eines steuernden Controlling) in das aktuelle Handeln einfließen müssen, denn kein verantwortlicher Leiter einer Organisation wird mit notwendigen Korrekturen warten, bis ein Projekt abgelaufen ist, sondern rechtzeitig versuchen, gegenzusteuern.

(2) Durch seine Gesamtsicht eröffnet der strategische Masterplan darüber hinaus die notwendigen Handlungsspielräume. Um dies am oben gewählten Beispiel des Tanztheaters zu demonstrieren: gerade weil das Mehrspartentheater **insgesamt** (also vor allem im Bereich von Oper und Schauspiel) so überaus erfolgreich arbeitet, wie dies aus der hohen Auslastung innerhalb dieser Geschäftsfelder hervorgeht, kann es sich in einem anderen Geschäftsfeld (Moderner Tanz)

neue, experimentelle Ansätze leisten, die wahrscheinlich zunächst nur wenige Besucher anziehen, ohne allerdings gleich das Haus als Ganzes zu gefährden.

(3) Die in diesen strategischen Masterplan eingeordneten Einzelstrategien sind ihrerseits die Basis für den Einsatz der einzelnen Marketinginstrumente. Wie aus obigem Beispiel ersichtlich wird, resultieren aus bestimmten strategischen Entscheidungen entsprechende instrumentelle Konsequenzen hinsichtlich des angebotenen Produkts, der Höhe des Preises, der Wahl der Vertriebskanäle und der Kommunikation/Werbung sowie schließlich besonderer Serviceleistungen. Diese Entscheidungen wiederum betreffen den Ressourceneinsatz generell.

Kultur-Marketing als zielorientiertes, analysierendes Vorgehen und gestaltendes Handeln will nicht nur erklären, wie Austauschbeziehungen zwischen Kulturorganisationen und deren Nutzer zustande kommen, sondern diese aktiv gestalten. Da diese Gestal-

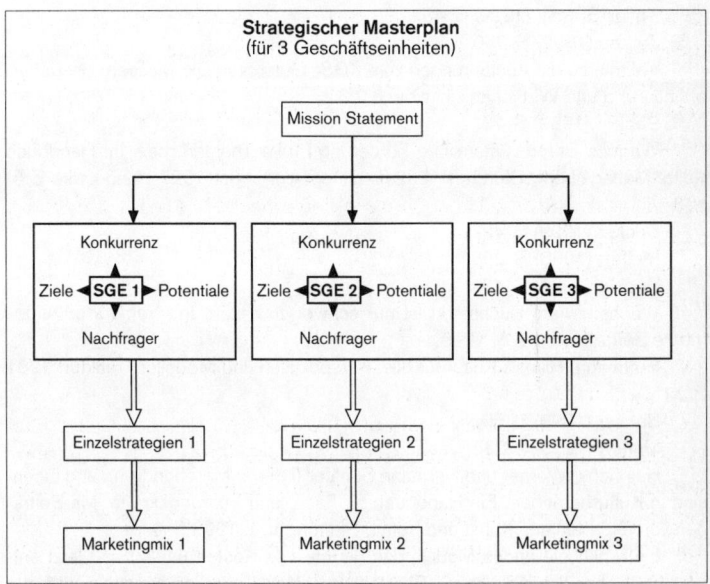

Abb. 27: Strategischer Marketing-Masterplan

tungsmöglichkeiten in **freiwilligen** Austauschbeziehungen immer durch die Bedürfnisse, Interessen und Ziele Anderer bedingt (und damit begrenzt) sind, spricht man ausdrücklich auch von Marketing**politik**, da ebenso wie im genuin politischen Handeln auch im Marketing die Intentionen der jeweils anderen die Bedingung des eigenen Handeln sind.

Anmerkungen:

[1] Becker (1999) S. 41

[2] Etymologisches Wörterbuch des Deutschen, München 1997 S. 1374

[3] Schneck, Otmar: Lexikon der Betriebswirtschaft, München 1993 S. 567

[4] Meffert (1986) S. 55

[5] Zentes, Joachim: Grundbegriffe des Marketing, Stuttgart [3]1992 S. 264

[6] Becker (1999) S. 41

[7] Vgl. hierzu ausführlich Kotler/Bliemel (1999) S. 425

[8] Kotler/Bliemel (1999) S. 456

[9] Becker (1999) S. 74

[10] Kotler/Bliemel (1999) S. 432

[11] Zentes (1992) S. 350

[12] Vgl. hierzu die Ausführungen zum *KGSt*-Gutachten Die Museen. Besucherorientierung und Wirtschaftlichkeit in 5.2.3

[13] Becker (1999) S. 73

[14] Wagner, Bernd: Öffentliche Förderung Freier Theaterarbeit. In: Handbuch Kultur-Management, Stuttgart 1992 ff (Lieferung August 1997 Handmarke E 5) S. 3

[15] Becker (1999) S. 42

[16] Meffert (1998) S. 235

[17] Becker (1999) S. 43

[18] Wachstum am Buchmarkt ist nur schwer zu halten. In: *Frankfurter Allgemeine Zeitung* vom 9. 6. 1999

[19] Hoffmann, Hilmar: Kultur für alle. Perspektiven und Modelle, Frankfurt 1981 S. 31

[20] Becker (1999) S. 50

[21] Meffert (1998) S. 235

[22] Heinrichs, Werner und Hermann Schäfer (Hrsg.): Merchandising und Licensing in Kulturbetrieben. Ein Handbuch für Fach- und Führungskräfte. Mit Beiträgen von Experten aus Kunst und Kultur, Stuttgart u. a. 1999 S. 9

[23] Ein funktionierendes Modell, das die meisten Kosten umfaßt, hat jetzt entwickelt: Schneidewind, Petra: Entwicklung eines Theaterinformationssystems, Frankfurt 2000

[24] Hasitschka, Werner: Marketing für Nonprofit-Organisationen. Eine empirische Studie über Barrieren des Kulturverhaltens *(Arbeitspapiere der absatzwirtschaftlichen Institute der Wirtschaftsuniversität Wien),* Nr. 10,1977), Wien 1977

[25] Eintrittspreise von Museen und Ausgabeverhalten der Museumsbesucher. Ein Gemeinschaftsgutachten des ifo-Instituts für Wirtschaftsforschung und des Instituts für Museumskunde, Berlin 1996 (Materialien aus dem Institut für Museumskunde Heft 46) S. 121

[26] Becker (1999) S. 55

[27] Becker (1999) S. 55

[28] Becker (1999) S. 75

[29] Vgl. hierzu Dreyer, Axel (Hrsg.): Kulturtourismus, München1996; Heinze, Thomas: Kulturtourismus. Grundlagen, Trends und Fallstudien, München 1999

[30] Kolter/Bliemel (1999) s. 76f

[31] Kotler/Bliemel (1999) S. 71

[32] Kotler/Bliemel (1999) S. 28

[33] Kotler/Bliemel (1999) S. 75; vgl. hierzu auch ausführlich: Bliemel, Friedhelm W. und Andreas Eggert: Besucherbindung – die neue Sollstrategie? In: *Marketing ZFP*, 1. Quartal 1998 S. 37–46

[34] Zentes (1992) S. 238

[35] Zentes (1992) S. 459

[36] Meffert (1999) S. 273

[37] Meffert (1999) S. 273

[38] Vgl. hierzu Meffert (1999) S. 275 ff

[39] Krall, Thomas: Multiplex – Kino der dritten Generation. In: Heinrichs, Werner: Macht Kultur Gewinn? Kulturbetrieb zwischen Nutzen und Profit, Baden-Baden 1997 S. 65

[40] Weihs, Angie: Freies Theater. Berichte und Bilder, die zum Sehen, Lernen und Mitmachen anstiften, Reinbek bei Hamburg 1981 S. 14

[41] Meffert (1999) S. 275

[42] Vgl. Heinrichs (1996) S. 11

[43] Vgl. Kotler/Bliemel (1999) S. 102 und Meffert (1999) S. 225

9. Welche Programme entwickeln wir? (Produktpolitik)

In den nächsten fünf Kapiteln sollen nun die einzelnen Instrumente der Marketingpolitik (**Marketingmix**) aufgezeigt werden. Diese einzelnen „Politiken" müssen, ähnlich wie die die kommunzierenden Röhren in der Physik, sorgfältig aufeinander abgestimmt sein. Im Einzelnen sind dies:

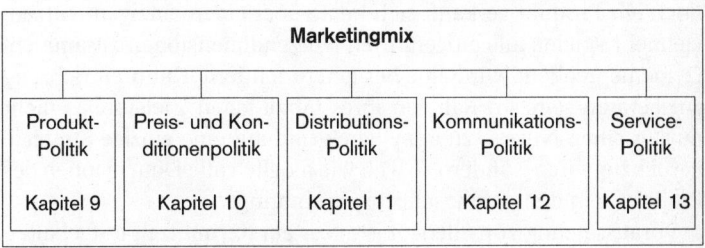

Abb. 28: Übersicht über die Marketinginstrumente

9.1 Produktnutzen und USP

Im Mittelpunkt des Austauschprozesses steht das jeweilige **Produkt**; auf die besondere Rolle des Produkts Kultur im öffentlichen Kulturbetrieb wurde bereits im ersten Kapitel ausführlich eingegangen. **Produkt** wurde dort der Einfachheit halber zunächst definiert als alles, was einer Person oder einer Gruppe von Personen angeboten werden kann, um ein Bedürfnis bzw. einen Wunsch zu befriedigen, also sowohl ein hergestelltes **Gut** (beispielsweise ein Gemälde, Buch, CD usw.) als auch eine **Dienstleistung** (z. B. eine Theateraufführung oder ein Kursangebot in der Volkshochschule). Es wurde dabei betont, dass die meisten Produkte in aller Regel keineswegs nur **ein** Bedürfnis befriedigen oder nur **einen** Wunsch stillen, d. h. nicht nur einen einzigen, sondern meist mehrere Nutzen erfüllen. **Produkt** wurde deshalb präziser definiert als ein **Satz/Set**

von möglichen Nutzen bzw. Vorteilen, und zwar **wie sie von den Nachfragern wahrgenommen werden**.

Als wesentliches Unterscheidungsmerkmal (und auch als Legitimationsgrundlage) für öffentliche Kultureinrichtungen gegenüber kommerziellen Kulturunternehmen war ausdrücklich die **Nichtanpassung des Produktes** an den jeweiligen Publikumsgeschmack genannt worden. Diese rigide Beschränkung auf das inhaltliche Zielsystem schließt allerdings nicht aus, dass neben den sog. **Kernnutzen**, den ein Produkt erfüllen muss, weitere Nutzenaspekte treten, wie z. B. der **soziale**, der **symbolische/affektive** und schließlich der durch den entsprechenden **Service** entstehende Nutzen. Kaum noch ein Produkt verkauft sich heute über einen einzigen Nutzen; vielmehr spielen alle aufgeführten Nutzendimensionen zusammen. Dementsprechend wird eine besucherorientierte Kultureinrichtung gut beraten sein, im Rahmen ihres inhaltlichen Zielsystems nicht nur an **einen** Nutzen zu appellieren und auf eine **einzige** Strategie zurückzugreifen, sondern so weit wie möglich alle Dimensionen des Produktes in den Austauschprozess einbringen.

Voraussetzung von alledem ist, dass am **Kernnutzen** festgehalten wird. Im Marketing-Management-Prozess sollte allerdings gegenüber den einzelnen definierten Zielgruppen ganz pragmatisch der jeweils erfolgreichste weitere Nutzenaspekt herausgestellt werden – genau so, wie man einen Urlaubsort, an dem man wunderschöne Ferien verbracht hat, seinen verschiedenen Freunden unter ganz unterschiedlichen Aspekten vorstellen wird. Gegenüber dem Sportlerfreund wird man die Möglichkeiten zu entsprechenden körperlichen Aktivitäten betonen, gegenüber dem Gourmetfreund die entsprechenden kulinarischen Genüsse schildern, der befreundeten kinderreichen Familie gegenüber die hervorragende Kinderbetreuung vor Ort hervorheben und den Kunstfreund auf die zahlreichen romanischen Kirchen hinweisen – und dennoch war man nur an einem einzigen Urlaubsort.

Am Beispiel der Präsentation des schwierigen Konzeptkünstlers könnte dies beispielsweise so aussehen:

• gegenüber der definierten Zielgruppe der interessierten Singles (**sozialer Aspekt**) wird die Ausstellung als ein Ort positioniert, an dem sie andere Menschen mit einem ähnlichen Lebensstil treffen können (und dabei einen sehr interessanten künstlerischen Entwurf sehen);

• gegenüber denjenigen, für die Ausstellungen Orte sind, um zu sehen und gesehen zu werden (**symbolischer/affektiver Aspekt**), wird die Präsentation als jene Bühne positioniert, wo alle diejenigen sich treffen, die aufgeschlossen und innovativ sind (und dabei einen sehr interessanten künstlerischen Entwurf sehen);

• gegenüber all denjenigen, die von einer Ausstellung mehr erwarten als die bloße Präsentation von Objekten (**Serviceaspekt**), wird auf die Möglichkeit der Diskussion mit dem Künstler im Anschluss an die Vernissage, auf verschiedene Vorträge im Rahmen der Ausstellung sowie die extra für diese Präsentation in der Galerie eingerichtete Handbibliothek mit allen Katalogen bisheriger Ausstellungen des Künstlers verwiesen (und dabei die Möglichkeit betont, einen sehr interessanten künstlerischen Entwurf sehen).

Jenen Puristen, die die Betonung der unterschiedlichen Nutzerdimensionen möglicherweise als Mätzchen ablehnen mögen und die sich stattdessen vor allem auf diejenigen konzentrieren wollen, die nur der Kunst wegen (**Kernnutzen**) kommen, sei gesagt, dass diese in der Regel sowieso kommen. Wichtig ist es aber, auch die zahlreichen anderen zu begeistern, die den Kernnutzen bisher noch nicht erkannt haben! Damit diese Strategie aber tatsächlich funktioniert, muss sie wesentlicher Bestandteil der Kommunikation sein: unterschiedliche Zielgruppen brauchen unterschiedliche Ansprachen! Außerdem zeigt ein Blick in die Historie, dass die Konzentration auf das Kunstwerk an sich, das **autonome Kunstwerk** eine noch recht junge Konvention ist – jahrhundertelang standen Musik, Malerei, Theater, Tanz, Literatur usw. stets im Dienste eines anderen Zweckes, erfüllten einen anderen, außerhalb des Kunstwerks liegenden Nutzen – von der Begleitung bei festlichen Essen, vom Lob Gottes bis zu dem des jeweiligen Landesfürsten!

Ein schönes Beispiel für die strategische Betonung der unterschiedlichen Nutzen von Bildender Kunst und den Appell an die unterschiedlichen Nutzenaspekte bietet der sog. **Stuttgarter Aufbruch** der Staatsgalerie vom Sommer 1998; dort heißt es u. a.: „Wir streben an:

• dem **Ereignis** Kunst und dem **sinnlichen** wie **intellektuellen Ver-**

gnügen daran den größtmöglichen Spielraum zu geben. Wir setzen das Kunstwerk in sein Recht und sorgen für offene Präsentationsordnungen.

• die Lust an der **ästhetischen Erfahrung** zu steigern und **ästhetische Erkenntnis** als geistige Bereicherung zu vermitteln. Wir respektieren die Vieldeutigkeit des Kunstwerks und zeigen es in wechselnden Konstellationen. Wir schaffen eine Atmosphäre **geistiger Lebendigkeit** und **Kreativität**.

• die **Wissbegier des Betrachters**, ausgelöst durch die Begegnungen mit der Kunst, zu fördern und seine Erfahrung zu vertiefen durch Information über Werk, Künstler und historischen Kontext. Wir bieten wissenschaftliche Literatur, Vorträge, Gespräche und übergreifende Veranstaltungen an.

• den Betrachter zu überzeugen, dass der Dialog mit dem Kunstwerk nicht endet und dass ästhetische Erfahrung immer neue Perspektiven eröffnet. Wir machen bewusst, dass der Reichtum eines Kunstwerks sich nicht begrifflich fassen lässt. In dieser Offenheit liegt die Kontinuität unserer Arbeit begründet.

• die Staatsgalerie als Ort der Erkenntnis und individuellen Meinungsbildung im allgemeinen Bewusstsein zu verankern. Wir wirken als Ort ‚permanenter Konferenz' (Beuys) und sind damit ein wesentliches Element kultureller Identität."[1]

Der Hervorhebung der unterschiedlichen Nutzenaspekte gegenüber unterschiedlichen Zielgruppen steht auf den ersten Blick eine andere Strategie entgegen, die der sog. **USP** (**Unique Selling Proposition** = einzigartiges Verkaufsversprechen[2]). Jedes künstlerische oder kulturelle Produkt wird nämlich nicht nur gegenüber möglichen und tatsächlichen Interessenten positioniert (und verspricht diesen einen jeweiligen Nutzen, wie oben dargestellt), sondern es steht in aller Regel in Konkurrenz mit anderen Anbietern: Flötenunterricht wird in einer Stadt möglicherweise von der öffentlichen Musikschule, von zwei Privatmusikschulen, von Vereinen, der evangelischen Kirche sowie diversen Privatlehrern angeboten. Wie kann sich nun die öffentliche Musikschule gegenüber der Konkurrenz positionieren, was kann sie als ihre USP, als ihr **einzigartiges Verkaufsversprechen** gegenüber der Konkurrenz in den Vordergrund stellen?

Die Produkt**qualität** wird wahrscheinlich ganz ähnlich sein, da die Lehrer eine ähnliche oder gleiche Ausbildung genossen haben; hinsichtlich des Preises sind die anderen Anbieter möglicherweise sogar billiger. Was die öffentliche Musikschule allerdings gegenüber anderen Anbietern auszeichnet ist die Möglichkeit, das Erlernte in diversen Ensembles zusammen mit anderen Kinder anzuwenden. Dies wird kaum eine private Einrichtung tun, da hierfür zusätzliche Kosten entstehen würden. Der Ensembleunterricht ist also ein „Leistungsversprechen mit Alleinstellungsanspruch."[3]

Damit die Strategie der USP tatsächlich funktioniert, müssen allerdings verschiedene Voraussetzungen erfüllt sein. Erstens muss dieses Versprechen einen relevanten Nutzen für den Kunden haben, d. h. wenn das oberste Ziel der Eltern ist, bereits in frühesten Jahren einen jungen Spitzensolisten heranzuziehen wird der **soziale** Nutzen, der hier formuliert ist, kaum greifen. Deshalb sollte man sich vor der Formulierung der USP eine genaue Kenntnis der Nutzerpräferenzen verschaffen. Zweitens sollte dieses Versprechen auch real bzw. reell sein, d. h. wird hier nur etwas behauptet, was dann in der Praxis nicht eingelöst werden kann, wird die Lüge schnell entlarvt und fällt somit auf die Einrichtung zurück. Eine besondere Möglichkeit ist, einen Vergleich durch Dritte vornehmen zu lassen bzw. hinsichtlich der USP die Kunden selbst zu einem Vergleich aufzurufen: „Testen sie selbst!" Drittens muss der Anbieter (bzw. alle Mitarbeiterinnen und Mitarbeiter) in der Lage sein, dieses einzigartige Verkaufsversprechen nicht nur möglichst exakt zu formulieren, sondern dies auch zu kommunzieren, so dass die Nutzer davon überzeugt werden können

Bei dieser **Profilierungsstrategie** geht es vor allem darum, den entsprechenden Zielgruppen einen einfachen, klaren und gegenüber den Konkurrenten hervorstechenden Nutzen zu versprechen. Die kreative Marketingaufgabe besteht darin, eine Produktpositionierung vorzunehmen, die einen möglichst hohen Annäherungsgrad an das jeweilige vom Nachfrager gewünschte Idealprodukt gewährleistet („Ihr Nutzen!"). Gleichzeitig soll eine klare Abgrenzung gegenüber – den Konkurrenten erreicht werden („Nur bei uns"!).

Idealerweise wird dieser Vergleich nicht von der Kultureinrichtung selbst vorgenommen und kommuniziert („Wir sind besser als die anderen"), sondern (weil jeder unterstellt, dass sie dies subjektiv tut) von attraktiven Dritten, die die entsprechende Botschaft vermitteln (Testimony). Dies können zum einen anerkannte und beliebte **Prominente** und **Stars** sein, die glaubhaft artikulieren, dass sie das Produkt getestet haben und empfehlen (z. B. berühmte Musiker, die ihre ersten musikalischen Schritte in einer öffentlichen Musikschule getan haben, verkünden in einer Plakatserie: „Ohne den Unterricht in einer Musikschule wäre ich heute nicht bei dem Orchester xyz"). Ebenso können dies aber auch **Kunden wie du und ich** sein, die ebenfalls überzeugend darlegen, warum sie ihre Kinder in die Musikschule schicken.

9.2 Produkt- und programmpolitische Alternativen

Im Folgenden wird nun genauer differenziert zwischen **Produktpolitik** und **Programmpolitik**, denn die überwiegende Mehrzahl der Kulturorganisationen stellt nicht nur **ein**, sondern mehrere Produkte her und bietet sie ihren verschiedenen Interessenten an: eine Volkshochschule bietet ihren ganz unterschiedlichen Nutzern eine ganze Palette von Kursen, Vorträgen, Exkursionen usw.; Museen zeigen ihre Sammlungen, daneben Sonderausstellungen, bieten Führungen an, entwickeln pädagogische Programme für Kinder, führen einen Museumsshop, verfügen über ein Museumscafé usw. Das soziokulturelle Zentrum hat mehrere Programmschienen: von der Folkmusik bis zum Kabarett, von der Disconacht zur politischen Diskussion, vom Filmabend zur Comedy usw.

Das Mehrspartentheater hat nicht nur die Produkte Schauspiel, Oper/Operrette und Tanz, sondern bietet eigene Konzertabende und Autorenlesungen an, hat eine Theaterbuchhandlung, ein Café usw. Und mit ihren einzelnen Inszenierungen stellen sie jeweils sehr spezielle Produkte her, die sich zu einer spezifischen Programmpolitik zusammenfügen. Das Beispiel des Theaters zeigt ein weiteres: Wesentliches Kennzeichen des öffentlich getragenen Theaters in Deutschland (neben der Ensemblebildung) ist das **Repertoire**, d. h. es werden nicht nur in jeder Spielzeit neue Stücke produziert und auf die Bühne gebracht, sondern aus dem Bestand, dem Repertoire der in den letzten Jahren hervorgebrachten Stücke, werden immer wieder Inszenierungen in den aktuellen Spielplan genommen, so dass es ein breites Spektrum von Neuem und Älterem gibt. Daher ist bei der Entwicklung eines mehrere Spielzeiten umfassenden Spielplans von besonderer Bedeutung, welche Produktionen ins Repertoire aufgenommen werden (in der Regel werden dies die von der künstlerischen Leistung überzeugendsten, sicherlich wohl aber auch vom Publikumszuspruch her attraktivsten Inszenierungen sein).

Sowohl die Produkt- als auch die Programmpolitik leiten sich in allererster Linie von dem jeweiligen künstlerischen bzw. kulturellen Selbstverständnis einer Organisation ab, so wie sie im entsprechenden Mission Statement niedergelegt ist. Die produktpolitischen Ziele müssen also eng mit den Oberzielen der Unternehmung und den daraus abgeleiteten Marketingzielen korrespondieren, um eine abgestimmte Planung und Gestaltung im Gesamtsystem aller Marketinginstrumente zu gewährleisten.[4]

Wenn auch bei der Inszenierung eines Stückes die absolute künstlerische Freiheit gewährt sein muss und dabei nicht von vornherein auf eine mögliche Publikumsresonanz geschaut werden sollte, so spielen in der Phase der **konkreten Programmplanung** die Marketingziele ihre besondere Rolle. Denn kaum ein Intendant wird ein beim Publikum beliebtes Stück aus dem Repertoire nehmen (außer z. B. Dispositionszwänge, wie das überaus kostspielige Engagement vieler auswärtiger Künstler machen eine Wiederaufnahme unmöglich) bzw. umgekehrt eine Inszenierung mit Macht im Repertoire halten, die bei den Zuschauern auf keinerlei Resonanz stößt. Wie dieses Beispiel zeigt, ergeben sich somit verschiedene produkt- bzw. programmpolitischen Alternativen.

▶ **Produkt- und Programmneuentwicklung**

Unter **Produktneuentwicklung** (bzw. auch Neuproduktentwicklung)[5] versteht man die Entwicklung und Markteinführung eines Produktes, das es so bislang noch nicht gegeben hat. In diesem Sinne sind jedes neue Gemälde, jedes neue Theaterstück, jede neue Komposition, jeder Roman, sofern sie keine Plagiate, d. h. Nachahmungen bereits vorhandener künstlerischer Leistungen sind, neue

Produkte. Aber auch jede neue Ausstellungskonzeption mit bekannten Werken, jede neue Inszenierung eines Theaterstückes, jede Interpretation eines Orchesterwerkes ist ein neues Produkt, da es den bereits vorhandenen eine völlig neue Interpretation hinzufügt.

Da die Kunst (zumindest die der Moderne) ihrem Wesen nach auf Innovation, auf dem Neuen[6] beruht, ist der Natur der Sache gemäß die Produktinnovation das wesentliche Handlungsfeld der öffentlichen Kulturpolitik. (Hier liegt im Übrigen wiederum ein ganz grundlegender Unterschied zum kommerziellen Kulturbetrieb, für den Innovation häufig ein unkalkulierbares Risiko bedeutet. So heißt es beispielsweise über die weltweit finanziell so erfolgreichen Musicals von Andrew Lloyd Webber: „Die Musicals werden in der ganzen Welt **in gleicher Weise aufgeführt**, so dass sie auch im gleichen Stil vermarktet werden können. Webber-Musicals sind international gängige Produkte geworden wie Levi's Jeans oder Coca-Cola."[7]

Auch bei der Produktneuentwicklung ist sinnvollerweise zu unterscheiden hinsichtlich einer **künstlerischen Innovation**, die ihren eigenen ästhetischen, kunstimmanenten Gesetzen folgt und über die weder unter Management- noch unter Marketinggesichtspunkten sinnvollerweise diskutiert werden kann, und der **Programmneuentwicklung**, d. h. der Planung von neuen Angebots- und Veranstaltungsreihen. Während also künstlerische Entscheidungen absolut autonom gefällt werden, spielen bei der Programmentwicklung sehr wohl Management- und Marketinggesichtspunkte sowie entsprechende Techniken eine wichtige Rolle, so z. B. bei der Kreation eines Festivals, der Planung einer Veranstaltungsreihe einer Volkshochschule, der langfristigen Angebotsplanung einer Musikschule, den Überlegungen zur Feier eines Stadtjubiläums usw. Beispielsweise wird aus eben diesen Gründen die Präsentation einer musikalischen Uraufführung eines zeitgenössischen Komponisten von den Orchestervorständen oftmals eingebettet („sandwiched") in die Aufführung bereits bekannter und akzeptierter Moderner, um so Verständnis beim Publikum für das in jeder Hinsicht Unerhörte zu wecken.

Bei dem Entwurf von entsprechenden Programmen kann durchaus auf Management- und Marketingerfahrungen und -techniken zurückgegriffen werden. Dies heißt, dass Neuproduktentscheidungen in diesem umfassenden Sinne nicht dem Zufall überlassen werden sollten, sondern Gegenstand eines dezidierten Planungsprozesses sind, der eine enge Kooperation von Programmplanung, Zuschauerforschung und Marketing sicherstellt.[8]

Hierzu sollte der Produktentwicklungsprozess sinnvollerweise in mehrere Phasen unterteilt werden. Am Anfang steht die **Ideensuche**. Da hier die Grundlagen für den gesamten folgenden Produktionsprozess gelegt werden, sollte die Suche nach neuen Produktmöglichkeiten und Chancen möglichst systematisch betrieben werden. Der Prozess der Ideenfindung kann durch bestimmte kreativitätsfördernde Verfahren (z. B. Brainstorming bzw. Brainwriting, Morphologische Methode, Synektische Ideenfindung usw.[9]) angeregt und intensiviert werden. In dieser Phase sollte vor allem auf die Ergebnisse der sorgfältigen Nachfrageanalyse bzw. der Analyse langfristigen Umweltentwicklung zurückgegriffen werden: welche Publikumswünsche und -bedürfnisse sind erkennbar und welche neuen Nachfragemöglichkeiten entstehen auf Grund neuer gesellschaftlicher Tendenzen? So bieten sich in naher Zukunft z. B. auf Grund der Faktoren Altersentwicklung, Freizeitverhalten, Lebenserwartung, Bildungsentwicklung, Einkommen usw. ganz neue Potenziale in dem Sektor eines qualitativ hoch stehenden Kulturtourismus, für den entsprechende Angebote entwickelt werden müssen.

An die Ideensuche schließt sich die Phase der **Vorauswahl** an, in der es zu einer ersten Verdichtung der gewonnenen Programmideen kommt. Dabei werden diejenigen Ideen eliminiert, die auf den ersten Blick mit den grundsätzlichen Zielen bzw. Zwecksetzungen der Kultureinrichtung sowie deren Möglichkeiten und Ressourcen unvereinbar sind. Die verbliebenen Ideen werden dann einer **Machbarkeits-** und **Wirtschaftlichkeitsanalyse** unterzogen, wobei – anders als in der eher subjektiv gesteuerten Vorauswahl – nun eine möglichst objektive Quantifizierung der Bewertung erfolgen sollte. Im Rahmen der sog. **Break-even-Analyse** (vgl. hierzu ausführlich 10.4) beispielsweise wird berechnet, ob und unter welchen Preismengenkonstellationen die Erlöse eines neuen Programms die Kosten decken, d. h. es wird die Mindestabsatzmenge berechnet, die zur Kostendeckung notwendig ist. Dies ist von zentraler Bedeutung etwa bei der Planung eines neuen Festivals, wenn z. B. ermittelt werden soll, wie viele Zuschauer (mindestens) wie viel Eintrittsgeld einbringen müssen, damit Einnahmen und Ausgaben in einem ausgewogenen Verhältnis zueinander stehen.

Diejenigen Programmideen, bei denen ein Erfolg vermutet wird, gelangen in die **Produktentwicklung**. Hierbei werden die bislang nur als Ideen bestehenden Produkte und Leistungen konkretisiert und geplant. Dabei sollten verschiedene strategische Handlungsoptionen geprüft werden. Es sollte dabei z. B. die Frage gestellt werden, ob ggf. auf Innovationen anderer Organisationen zurückgegriffen werden soll und kann. Möglichkeiten bieten sich hier durch **Lizenznahme**, d. h. das Recht zur Nutzung fremder Produktentwicklungen oder durch **Imitation**, die allerdings nur dann eingesetzt werden kann, wenn die Innovationen anderer Organisationen nicht geschützt sind.[10] In der Praxis zeigt sich allerdings häufig, dass jemand eine gute Idee hat, sie vielleicht sogar in der Praxis ausprobiert, aber dann scheitert; erst Nachahmer führen diese dann zum Erfolg. „Meist sind die Pioniere arme Schlucker. Nicht die ersten am Markt und die Innovativsten gewinnen demnach, sondern die Nachahmer, die zweite Reihe."[11]

Eine weitere mögliche Option kann die der **Kooperation** sein, um Innovationen zu ermöglichen. So kooperieren die seit Herbert von Karajans Wirken jahrzehntelang eher traditionell geprägten Salzburger Festspiele in der auf Modernisierung drängenden Ära von Gerard Mortier über die Jahre hinweg zunehmend intensiver mit dem zeitgleich stattfindenden Festival **Zeitfluss**, das noch weit mehr, als es Mortier selbst im Rahmen der Salzburger Festspiele möglich war, auf Innovationen drängt. „**Zeitfluss** setzt sich mit Kunst- und Darbietungsformen auseinander, die den herkömmlichen Kulturbetrieb in Frage stellen. Die zwei Initiatoren glauben nicht daran, dass das, was gegenwärtig in Konzertsälen und auf den Bühnen geboten wird, sich für alle Zukunft so wird fortsetzen lassen. Daher sehen sie sich nach experimentellen Ansätzen um, die möglicherweise entwicklungsfähig sind und die in den kommenden Jahrzehnten an Bedeutung gewinnen werden. Ein entspanntes, neugieriges, für Unerprobtes offenes Publikum bekommt reichlich Gelegenheit, ungewöhnliche Sinnes- und Grenzerfahrungen zu machen."[12]

Der in der Fertigung industrieller Produkte nicht nur mögliche, sondern dort aus wirtschaftlichen Gründen häufig (überlebens-) notwendige **Produkttest** lässt sich im Kulturbereich, der es häufig mit einmaligen Ereignissen bzw. Events zu tun hat, nur höchst selten durchführen. Allerdings muss auch hier nicht gänzlich auf gewisse Vortests verzichtet werden: Gespräche mit Experten, Fachjournalisten, Kritikern sowie gezielte Publikumsbefragungen ergeben häufig wichtige Hinweise über die Chancen bzw. Risiken neuer Produkte. Am Ende des Prozesses steht dann die **Markteinführung** des neuen Produkts: das neue Festival, die unter einem bestimmten Aspekt zusammengestellte Ausstellung, die Vortragsreihe der Volkshochschule usw. werden dem Publikum vorgestellt.

In den beschriebenen einzelnen Phasen der Neuentwicklung sind vor allem zwei Arten von Fehlentscheidungen zu beobachten. Zum einen können erfolgversprechende Ideen zu früh abgebrochen werden; so werden etwa aus Gründen fehlender finanzieller Mittel, häufig aber auch auf Grund mangelnder Vorstellungskraft und Phantasie neue, innovative Ideen nicht weiter verfolgt, sondern bereits im Vorfeld, oftmals von oben her abgewürgt. Der umgekehrte Fehler liegt darin, wenn (spätere) Flops zu lange weiterverfolgt werden – meist aus wenig rationalen Gründen – etwa, weil man nun schon mal so viel investiert hat, weil man einen Gesichtsverlust befürchtet, weil das persönliche Interesse der Veranstalter daran hängt usw.

Es darf nicht zu gering eingeschätzt werden, dass die Einführung von Innovationen und neuen Produkten im Kulturbetrieb (zumindest über einen längeren Zeitraum) mit besonderen Marketinganstrengungen, insbesondere in der Kommunikationspolitik verbunden ist, d. h. keineswegs ausgemacht ist, dass sich Innovationen alleine auf Grund ihres Neuigkeitscharakters durchsetzen. So wurde beispielsweise das Frankfurter *Theater am Turm* zu Beginn der 80er Jahre als Spiel- und Produktionsstätte internationaler freier Theatergruppen eingerichtet. Die Idee dieser Einrichtung war es, international renommierten freien Gruppen zu ermöglichen, zweieinhalb Monate lang unter professionellen Bedingungen in Frankfurt eine neue Produktion zu erstellen und diese dann zwei Wochen lang auf der Bühne des *TAT* zu präsentieren. Da diese Gruppen, aber auch ihre Spielformen in Deutschland zum damaligen Zeitpunkt noch recht unbekannt und ungewohnt waren, herrschte beim Publikum zunächst große Unsicherheit, weil man nicht wusste, was eine Theatergruppe aus den USA, aus Kanada, aus Finnland oder Argentinien wohl bieten würde. Erschienen dann die ersten Kritiken, war das entsprechende Stück meist nur noch ein oder zwei Tage zu sehen oder gar schon abgesetzt. Viel wichtiger für diese Form der Theaterarbeit waren statt der Kritiken daher **probenbegleitende** Berichte – eine Tätigkeit, für die sich allerdings zunächst nur wenige Journalisten begeistern ließen, da dies zu sehr im Geruch der Hofberichterstattung bzw. kostenloser Werbung stand. Es dauerte daher einige Jahre, bis sich neue Publikumsgewohnheiten herausbildeten und die Besucher auch kamen, ohne vorab genau zu wissen, was sie wohl erwarten würde.

▶ Produkt- und Programmvariation

Eine inhaltliche Analyse künstlerischer Produkte, egal in welcher Sparte, würde sehr schnell zeigen, dass die wegweisenden ästhetischen Innovationen nur ganz wenigen genialischen Individuen vorbehalten bleiben, um die herum sich indes sehr schnell Schulen von anderen Künstlerinnen und Künstlern bilden, die in ganz ähnlicher Weise arbeiten und die gefundenen Formen in ihrem Sinne weiterentwickeln. Der Gang durch eine nach Epochen gegliederte Gemäldegalerie, das Hören einer Vielzahl von Komponisten einer Stilrichtung, das Lesen von vielen zur gleichen Zeit geschriebenen Romanen einer Gattung machen deutlich, dass die **Produktvariation** bereits in der ästhetischen Produktion keineswegs selten ist.

So kann es kaum verwundern, dass auch in der Programmentwicklung die sog. **Produktvariation** recht häufig anzutreffen ist. Die 1974 in der kleinen Stadt Bergen-Enkheim (seit 1977 zu Frankfurt am Main gehörend) geborene Idee eines Stadtschreibers war seinerzeit sicherlich ausgesprochen innovativ. Die im Prinzip recht einfache Grundidee, über einen gewissen Zeitraum hinweg einen Schriftsteller an einen Ort zu binden, wurde recht schnell von anderen Städten und Gemeinden aufgegriffen und nur leicht variiert auf den Markt gebracht. Seither gibt es Stadtschreiber in Solingen und Minden, in Offenbach, Mainz und Deidesheim, in Berlin und Hellersdorf, in Rheinsberg, in Beeskow, im thüringischen Ranis wie im sächsischen Dresden, im österreichischen Bludenz und Graz, im schweizerischen Zürich und Winterthur usw. „Mietfrei wohnen am Rand der Dresdner Heide, im Offenbacher Bücherturm, in einem Häuschen in Bergen-Enkheim, im Gutenberg-Museum oder – wem das alles zu romantisch ist – im Hellersdorfer Plattenbau. Als Monatslohn warten 1500 bis 2500 Mark, und im pfälzischen Deidesheim sogar täglich zwei Liter Deputatwein. Stadtschreiber gesucht! Dafür lassen sich Städte und Gemeinden allerhand einfallen."[13]

An diesem Beispiel wird rasch deutlich: Die sog. Produkvariation befasst sich mit der Veränderung von Produkten, die bereits am Markt eingeführt sind. Dabei bleiben bei der Variation die Grundeigenschaften und -funktionen des Produktes erhalten, es werden lediglich vordergründig funktionale und/oder symbolische Eigenschaften verändert. Weiterhin kann eine Produktvariation durch das Angebot neuer oder veränderter Zusatzleistungen, so genannte **Value-Added-Services** erfolgen[14] (hierauf wird gleich eingegangen).

Gerade Museen mit ihren Sammlungen (und ihren oft immensen Magazinbeständen) nutzen sehr gerne das Instrument der Variation, d.h. die Veränderung bestehender Zusammenstellungen und Hängungen. So heißt es beispielsweise über die Staatsgalerie in Stuttgart: „Vor einem Jahr verkündete Christian von Holst, der Staatsgaleriedirektor, den ‚Stuttgarter Aufbruch' und ein ‚Stuttgarter Manifest', das sich gegen die gewohnte ‚Querschnittspräsentation' des Museumsbesitzes und gegen ein ‚statisches, akklamatorisches Bewundern genialer Leistungen' ausspricht. Die Programme versprechen regelmäßige Umhängungen und Angebotswechsel, betonen die ‚integrative Funktion' von Ausstellungen für die Sammlungen und proklamieren (...) ‚neue Perspektiven', ja ein neues ‚Museum in motion', also ein mobiles Museum (...) Vom neuen flexiblen und aufgelockerten Museumsstil gaben die Säle des späten neunzehnten Jahrhunderts eine erste Kostprobe: weg von der Demonstration des eigenen Überflusses und hin zur Heraushebung von Höhepunkten (...) Inzwischen ist die neue wirkungsästhetische Kampagne auf das gesamte zwanzigste Jahrhundert ausgedehnt worden."[15]

Schon vor Jahren erregte der Pariser Louvre große Aufmerksamkeit mit der Umsetzung der Idee, berühmten Philosophen, Filmemachern usw. die Magazine für die Komposition je eigener Ausstellungen zur Verfügung zu stellen. Altbekanntes oder längst Vergessenes wurde so in einen ganz neuen, subjektiven Rahmen gebracht – eine einfache, aber überzeugende Form der Produktvariation.

Die **Produktvariation im engeren Sinne** befasst sich mit der Veränderung von Produkten, um bestimmte Käufersegmente besser ansprechen zu können. Sie folgt dabei im Wesentlichen den Vorgaben der Marktsegmentierung. Demgegenüber ist die Strategie der **Produktvarietät** (**Produktvariation im weiteren Sinne**) nicht segmentgerichtet, sondern bearbeitet mit mehreren Produktvarianten den Gesamtmarkt.[16] So bietet die *Deutsche Grammophon Gesellschaft* ihre klassischen Aufnahmen mittlerweile in ganz unterschiedlichen CD-Varianten an.

Eingangs dieses Kapitel wurde bereits ausführlich über die unterschiedlichen Nutzendimensionen gesprochen, die ein Produkt ansprechen und erfüllen kann. Dies spielt im Rahmen der Produktvariation insofern eine wichtige Rolle, als **zusätzliche** Dienst- oder Serviceleistungen den Wert eines standardisierten Produktes erhöhen. Man spricht dabei von **Value-Added-Services**, d. h. Sekundärleistungen, die in Kombination mit einer Primärleistung (eben dem Kulturprodukt) angeboten werden. Die Value-Added-Services können also eine Mehrzahl von materiellen und immateriellen Zusatzkomponenten sein, mit dem bestimmten Zielgruppen ein höherer Wert vermittelt werden soll als Konkurrenzangebote mit gleicher Primärleistung. Diese zusätzlichen Serviceleistungen können dabei sowohl unentgeltlich als auch entgeltlich angeboten werden.

Auch Value-Added-Services (VAS) gehören zu den Eigenschaften eines Produktes, werden hier aber gesondert in Kapitel 13 behandelt. Veränderungen des Produktes können somit auch bei diesen Dienstleistungen ansetzen, um ein Produkt für den Kunden noch attraktiver zu gestalten. Der Begriff des **Wertes** bezieht sich dabei auf das Verhältnis zwischen gefordertem Preis und dem vom Kunden wahrgenommenen Zusatznutzen der Dienstleistung. Diese subjektive Nutzenbewertung verdeutlicht die Notwendigkeit einer präzisen Marktsegmentierung als Voraussetzung für ein erfolgreiches Angebot von Value-Added-Services zur Produktdifferenzierung.[17]

▶ **Produkt- und Programmvereinheitlichung**

Bemühen sich Produktvariation bzw. -differenzierung, das Kernprodukt im Hinblick auf verschiedene Zielgruppen unterschiedlich zu gestalten, so versteht man unter **Produktvereinheitlichung** umgekehrt die Aufhebung einer zu weit getriebenen Differenzierung in einzelne Produkte, ohne dass noch eine einheitliche Linie erkennbar wäre, und deren Zurückführung auf ein Produkt bzw. Programm. So kann z. B. ein besonders rühriges Kulturamt, das mit einer Vielzahl unterschiedlichster Konzertangebote im Bereich der Neuen Musik versucht hatte, die verschiedensten Zielgruppen zu erreichen, auf einmal feststellen, dass es nur noch Nischenprogramme entwickelt, die immer kleinere Zuschauersegmente erreichen. Diese vielen einzelnen Musikveranstaltungen, die für die unterschiedlichsten Zielgruppen mit jeweils spezieller Werbung vom städtischen Konzertverein an den verschiedensten Orten angeboten werden, werden nun in eine einheitliche Programmstruktur zurückgeführt, bekommen einen konzeptionellen Rahmen und einen Obertitel, so dass für jeden Außenstehenden deutlich wird, dass es sich um eine Musikveranstaltung des Kulturamtes aus der Reihe **Neue Musik** handelt.

▶ **Produkt- und Programmeliminierung**

Die **Produkt**- bzw. **Programmeliminierung** stellt im Gegensatz zur Produktneueinführung die endgültige Herausnahme eines Produktes, einer Produktvariation oder eines Programms aus dem Markt dar. Die Betriebswirtschaftslehre geht dabei von der These eines **Produktlebenszyklus** aus, d. h. einer empirisch feststellbaren Entwicklung eines Produktes während der Zeit, in der es sich am Markt befindet (vgl. hierzu ausführlich 9.3).

Gründe für die sinkende Nachfrage sind z. B. die **Ausschöpfung des Marktpotenzials** (beispielsweise haben nahezu alle Interessierten die Ausstellung ab einem bestimmten Zeitpunkt gesehen), **nachhaltige Nachfrageveränderungen** (z. B. der Wandel der Musikmoden), der **technische Fortschritt** (im Kinosektor die Entwicklung hinzu zu Kinocentern) oder **Veränderungen der wirtschaftlichen Rahmenbedingungen** (sinkende Einkommen wirken sich bei den privaten Haushalten auch auf die frei verfügbaren Mittel für Kultur aus) usw. Innerhalb des Produktlebenszyklus unterscheidet man die **Einführungsphase**, die **Wachstumsphase**, die **Reifephase**, die **Sättigungsphase** sowie schließlich die **Degenerationsphase**. Spätestens wenn erkennbar die vorletzte Phase erreicht ist (z. B. die Besuchernachfrage rapide abnimmt), sollte man sich Gedanken über die Produkteliminierung bzw. über die Einführung neuer Produkte machen.

Alle Produkte einer kulturellen Einrichtung sollten sinnvollerweise in eine umfassende Produktpolitik integriert sein, d. h. der Rückgriff auf die oben skizzierten, verschiedenen produktionspolitischen Alternativen und die Zusammensetzung der Produktpalette sollten kein Zufallsprodukt, sondern das Ergebnis möglichst rationaler strategischer Überlegungen sein: Mit welchem Ziel wird welches Produkt neu eingeführt, wann und warum wird es variiert, differenziert oder eliminiert?

9.3 Der Produktlebenszyklus

Die in den produktpolitischen Entscheidungsmöglichkeiten ausgedrückte Dynamik von Wachstum (bzw. Schrumpfung) resultiert aus dem den meisten Produkten zugrunde liegenden **Produkt-Lebenszyklus**, d. h. Produkte unterliegen wie Lebewesen dem Gesetz des Werdens und Vergehens. Sie werden geboren, wachsen, werden alt und sterben. Dieser Sachverhalt führt dazu, dass Produkte eine begrenzte Lebensdauer haben und während ihres Lebens bestimmte **Phasen** durchlaufen.[18]

Auch im Kulturbereich lassen sich solche Wachstums- bzw. Schrumpfungsprozesse beobachten: der Bereich der Rock- und Popmusik unterliegt wohl dem heftigsten Wandel (mit allerdings recht zuverlässig wiederkehrenden Revivals wie etwa beim Blues oder Rock'n' Roll). Im Bereich des Ausstellungswesens ist seit Jahren ein Boom der klassischen Moderne zu beobachten (der sicherlich irgendwann einmal auch wieder abnehmen wird). Im Bereich des Sprechtheaters stand Bertold Brecht mit seinen Stücken in den siebziger Jahren an der Spitze, während er heute eher selten gespielt wird. Gleiches betrifft die Ausleihe von Musikcassetten in den Öffentlichen Bibliotheken. In den siebziger und frühen achtziger Jahren entpuppten sie sich als Renner, doch mit der zunehmenden Ausbreitung von CDs nimmt ihre Bedeutung ab, und irgendwann werden sie ganz aus dem Bibliotheksangebot verschwinden.[19] Ist im letzteren Fall der technische Fortschritt (hin zur CD) entscheidend, so im Falle Brechts der Wandel der Einstellung zum (gesellschaftspolitischen) Theater.

Was hier für Sparten allgemein gesagt wurde, gilt natürlich ebenso für einzelne Bereiche. So unterliegen auch Theateraufführungen, der Besuch von Ausstellungen, die Nachfrage nach bestimmten Kursen in der Volkshochschule usw. ganz bestimmten Produktlebenszyklen. Im sog. Produktlebenszyklus, der sich als sog. Normalverteilung[20] in einer zunächst aufsteigenden, dann abfallenden Kurve darstellen lässt, können – unabhängig davon, ob die absolute Lebensdauer eines Produktes Jahrzehnte, einige Jahre oder nur wenige Monate beträgt[21] – **fünf Phasen** unterschieden werden.

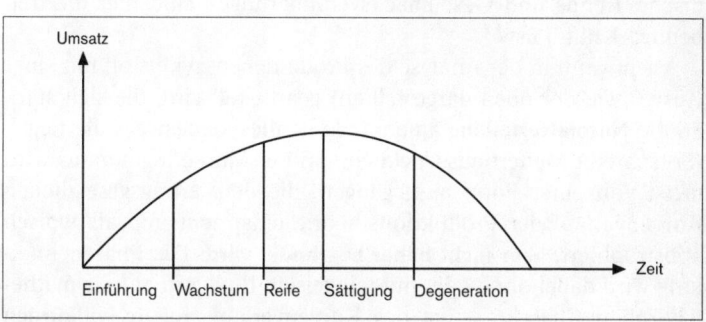

Abb.: 29: Der Produktlebenszyklus analog der Normalverteilung

• In der **Einführungsphase** wird ein neues Produkt auf den Markt gebracht: die Uraufführung eines Theaterstückes, die Eröffnung einer Ausstellung, ein völlig neues Kursangebot an der Volkshochschule usw. In dieser ersten Phase ist der Bekanntheitsgrad noch relativ gering und sind von daher sehr starke Marketingaktivitäten (vor allem Werbung und Pressearbeit) notwendig. Es kommen (bzw. kaufen) in der Regel vor allem die Aufgeschlossenen, Neugierigen, Experimentierfreudigen.

• In der **Wachstumsphase** wird das Produkt allmählich in immer größeren Abnehmerkreisen bekannt. Pressebesprechungen erscheinen, das Fernsehen berichtet, die Mund-zu-Mund- Propaganda entfaltet ihre Wirkung.

• In der **Reifephase** wächst die absolute Marktausdehnung, allerdings wird die Zuwachsrate allmählich geringer als in der Wachstumsphase; Freunde und Bekannte von außerhalb werden in die Ausstellung mitgenommen und in die Theatervorstellung kommen all jene, die (auch noch) mitreden wollen.

• In der **Sättigungsphase** erreicht die Umsatzkurve ihr Maximum bzw. erschöpft sich die Nachfrage zunehmend, die Besuch- bzw. Käuferzahlen gehen langsam aber stetig zurück.

• Die sog. **Degenerationsphase** beschließt den Lebenszyklus eines Produktes; dieses kann damit zusammenhängen, dass der Markt voll ausgeschöpft wurde (jeder Interessierte in der Ausstellung oder Vorführung war), dass neue Angebote auf den Markt drängen (modische Trends und Geschmacksveränderungen sind hier die treibenden Kräfte) usw.

Auch wenn in der Analyse des Produklebenszyklus oft mit einer Kurve (wie der oben dargestellten) gearbeitet wird, die sich stark an die **Normalverteilung** anlehnt, so ist dies keineswegs die Regel. (So schreibt Meffert ausdrücklich: „In der Marketingliteratur wird meist von einer Form ausgegangen, die dem ertragsgesetzlichen Kurvenverlauf der Produktionstheorie entspricht und als typisch apostrophiert, **aber nicht näher begründet wird**. Die Phaseneinteilung wird dabei ohne oder mit teilweisem Rückgriff auf die mathematischen Charakteristika des Kurvenverlaufs **relativ willkürlich angenommen**"[22]). Deshalb ist es für jede einzelne Kultureinrichtung von zentraler Bedeutung, die jeweils vor Ort gültigen typischen Lebenszyklen zu ermitteln. Dies kann – so die Daten sorgfältig erhoben und aufbereitet werden – relativ problemlos mit Hilfe der Besucherstatistik bzw. verkauften Karten pro Tag erfolgen und dann entsprechend in Kurvenverläufen dargestellt werden. So muss jede

Kultureinrichtung für jedes ihrer Produkte die spezifische Lebens-
zykluskurve erarbeiten.

Es dürfte klar sein, dass sich mit einer solchen Technik nur bedingt Aussagen über die Zukunft machen lassen, weil es in der Regel sehr schwer ist, exakt festzustellen, in welcher Phase des Lebenszyklus sich ein Produkt gerade befindet. Dennoch kann auf
diese Weise eine sehr viel größere Sensibilität für den **Verlauf eines
Angebots** erreicht werden. Zeigt sich beispielsweise in der Bele-
gungsstatistik einer Volkshochschule, dass ein bestimmtes Kursangebot nach einer Phase intensivster Nachfrage stagniert (Sättigungsphase), so kann man begründet vermuten, dass es in nächster
Zeit zu einer Degeneration kommen wird. Auf der Basis dieser
(wahrscheinlichen!) Perspektive kann man dann dadurch **operativ**
reagieren, dass man beispielsweise die Werbung für dieses Angebot
erhöht oder die Kursgebühren herabsetzt – oder sich mit dem
Gedanken vertraut macht, das Angebot über kurz oder lang abzusetzen!

Die **strategische**, also langfristig angelegte Reaktion besteht dagegen in der Frage, welches neue Produkt bzw. Angebot mit vergleichbarer Nachfrage künftig an die Stelle der bald auslaufenden
Veranstaltungen gesetzt werden könnte.[23] Diese Frage stellt sich bei
einer Volkshochschule allerdings nicht nur bei **einem**, sondern bei
einer ganzen Vielzahl höchst unterschiedlicher Kurse bzw. in verschiedenen **Strategischen Geschäftseinheiten**. Wie soll man also insgesamt innerhalb des Konzerns Volkshochschule am besten strategisch verfahren?

9.4 Die Portfolio-Analyse als Instrument der strategischen Produktplanung

Als eine solche strategische produktpolitische Planungshilfe, d. h.
für die langfristige Produkt- und Programmentwicklung, setzte sich
im Strategischen Marketing die von Bruce Henderson in der Boston
Consulting Group zu Beginn der siebziger Jahre entwickelte **Portfolio-Analyse** durch, die zuerst von dem amerikanischen Elektrokon-
zern General Electric erfolgreich in die unternehmerische Tagespo-

litik übertragen wurde. Um den Sinn und die Funktionsweise der Portfolio-Analyse zu verstehen und sie entsprechend auf den Kulturbereich übertragen zu können, ist es sinnvoll, wenigstens knapp auf ihren Ursprung zurückzugehen.

Das zugrunde liegende französische Wort ‚Portefeuille' meint u. a. ‚Brieftasche, Dokumentenmappe', d. h. jene Tasche, in der man seine Wertpapiere sammelt und für einen längeren Zeitraum aufbewahrt. Ausgangspunkt der Überlegungen war seinerzeit ein bestimmter, zu Investitionszwecken zur Verfügung stehender Betrag. Man hat eine größere Erbschaft gemacht und will diesen Betrag nun möglichst gewinnbringend anlegen. Im Vergleich zu einer Investition des gesamten Betrags in eine einzige Risikoanlage, lässt sich durch breite Streuung des Betrags auf mehrere Titel bzw. Anlageformen (Diversifikation) einerseits das Risiko der Anlage vermindern, ohne ausschließlich in die risikoärmste, zugleich aber auch niedrigste Renditeform zu investieren.

Legt man beispielsweise sein gesamtes Kapital ausschließlich in Aktien an, so mag die Rendite im Glücksfall am höchsten sein; dabei ist allerdings auch das Risiko des Kursverlustes am größten. Wählt man festverzinsliche Wertpapiere (z. B. Bundesschatzbriefe), sind in der Regel sowohl die Verzinsung als auch das Risiko geringer, aber dennoch vorhanden (etwa, wenn man diese Wertpapiere vor Ende der festgelegten Laufzeit auf dem Markt verkaufen will); am geringsten sind Verzinsung und Risiko auf dem herkömmlichen Sparbuch; dafür kann man jederzeit darauf zurückgreifen.

Um die beiden Nachteile des **maximalen Risikos** (bei Aktienanlage) wie der **minimalen Verzinsung** (beim Sparbuch) zu umgehen, wird man in seine Brieftasche, sein Portefeuille, also eine wohlabgewogene Mischung aus verschiedenen Anlagearten legen (z. B. ein Drittel Aktien, ein Drittel Schatzbriefe und ein Drittel Festgeld auf dem Sparkonto, um im Bedarfsfall liquide zu bleiben) und somit eine mittlere Rendite bei mittlerem Risiko erwarten können. So ist der Begriff zunächst in der **Finanz**wirtschaft gebraucht worden, nämlich als eine Planungsmethode zur Zusammenstellung eines Wertpapierbündels, das nach bestimmten Kriterien bewertet, eine optimale Verzinsung bringen sollte.[24]

Die Portfolio-Analyse der Finanzwirtschaft hat also das Ziel einer

abgewogenen Mischkalkulation; sie wurde Anfang der siebziger Jahre in diesem Sinne auf die Wirtschaft insgesamt übertragen. In den Jahren nach dem Zweiten Weltkrieg führte der wirtschaftliche Aufschwung in den USA zur Entstehung von Konzernen bisher unbekannter Größenordnung. Vielfach betätigten sich diese Konzerne in vielen unterschiedlichen Wirtschaftszweigen (Diversifikation). Damit verfolgten sie das Ziel, konjunkturell bedingte Schwächeperioden in einem Sektor durch Erträge aus einem Sektor mit einem anderen Konjunkturzyklus auszugleichen. Diese Strategie des zweiten (dritten, vierten…) Standbeins diente der besseren Verteilung der Risiken, brachte jedoch in der Folge eigene Probleme mit sich: der aus vielen verschiedenartigen **Geschäftsfeldern** zusammengesetzte Gesamtkonzern erwies sich als zu unübersichtlich und schwer zu steuern. Weitsichtige Unternehmensführer erkannten, dass der Gefahr der Verzettelung und Verschwendung von Ressourcen nur mit Hilfe eines strategischen Management-Ansatzes begegnet werden konnte, der die Konzentration der Kräfte auf die wesentlichen Erfolgsfaktoren sicherstellte.[25] Hier wurde die Portfolio-Analyse als wichtiges Instrument zur Strukturierung der Entscheidungen entdeckt.

Auch öffentliche Kultureinrichtungen sind in dem o. a. Sinne in aller Regel „Konzerne", als sie verschiedene Produkte für unterschiedliche Kundengruppen anbieten bzw. in mehreren unterschiedlichen **Strategischen Geschäftsbereichen** tätig sind und in diesen unterschiedliche Erfolge (etwa hinsichtlich der Zuschauerresonanz bzw. der Einnahmen) haben. Das soziokulturelle Zentrum beispielsweise hat seine Filmschiene, mit der die Bedürfnisse der Cineasten (leider sind dies nicht viele) befriedigt werden sollen. Es gibt den Rockabend mit einheimischen Bands (die meist ihre eigenen Fans mitbringen, darüber hinaus aber – noch – nicht auf allzu große Resonanz stoßen), den Folk-Club (mit seinem treuen Stammpublikum der über 40-Jährigen), die politische Diskussionsrunde (deren Teilnehmer sich zählen lassen), das Literaturforum von Nachwuchsautoren (ein kleiner Kreis von Eingeweihten), die lange Disconacht am Samstagabend (für die das Zentrum dreimal so groß sein könnte) usw. Manche Geschäftsfelder bringen Geld (wie sehr wahrscheinlich die Disco), manche kosten viel Geld (wie das Literaturforum, das aber beibehalten wird, um der Einrichtung ein bestimmtes Profil zu geben).

Ein Stadttheater mit seinen verschiedenen Geschäftsfeldern Oper, Operette, Orchesterkonzerte, Schauspiel, Ballett, Musical, Kinder- und Jugendtheater, Lesereihen, Diskussionsveranstaltungen, Theatercafé usw. ist gleichfalls ein hochgradig diversifizierter Betrieb. Aber auch Volkshochschulen und Musikschulen unterbreiten in ihren verschiedenen Abteilungen ein großes Spektrum unterschiedlicher Kurse und Unterrichtsangebote. Auch in der VHS gibt es Renner (wie wahrscheinlich die EDV-Kurse, Sprachlehrangebote usw.), während andere (wahrscheinlich gesellschaftspolitische Vorträge, Philosophiekurse usw.) eher weniger Interessenten finden. Museen operieren auf den Geschäftsfeldern der Präsentation der Sammlung, Sonderausstellungen, Museumsführungen, Museumspädagogik, Katalogverkauf usw.)

Im öffentlichen Kulturbetrieb erzielen die einzelnen Geschäftsfelder per definitionem keinen Gewinn, sondern erfordern einen mehr oder minder großen Zuschussbedarf. Dennoch (oder gerade deshalb) ist hier von großer Bedeutung, welches **Strategische Geschäftsfeld** bzw. welcher **Strategische Geschäftsbereich** den Eigenwirtschaftsanteil (bzw. den Kostendeckungsbetrag) **erhöht** bzw. **senkt**, um insgesamt eine sog. **Mischkalkulation** vornehmen zu können.

Um nahe liegenden Missverständnissen an dieser Stelle gleich vorzubauen, sei ausdrücklich festgehalten: die Erkenntnis, dass eine Veranstaltung finanziell mehr bringt als eine andere, bedeutet noch keineswegs, dass die mit dem geringeren Deckungsbeitrag damit automatisch wegfallen muss oder sollte! Zunächst geht es bei der Analyse ausschließlich um die notwendige Klarheit, was sich in den einzelnen Geschäftsfeldern der eigenen Einrichtung eigentlich abspielt! Erst in einem zweiten Schritt sollte dann darüber diskutiert werden, welche Strategien für die einzelnen Geschäftsfelder entwickelt werden. So wurde im Beispiel des soziokulturellen Zentrums bereits deutlich, dass das Literaturforum zwar finanziell keineswegs so viel bringt wie die Disconacht, aber aus Inhalts- bzw. Image- und Profilgründen an der Literaturreihe festgehalten wird (im Übrigen würde wohl auch kein verantwortungsbewusster Gemeinderat eine Disco, wohl aber eine Literaturveranstaltung mit öffentlichen Mitteln unterstützen).

Was ist nun eine solche **Strategische Geschäftseinheit** (**SGE**)? Sie sollte folgende Merkmale aufweisen:

* Sie ist ein klar definierbarer Teil eines umfassenden Gesamtangebotes des jeweiligen Kulturkonzerns (z. B. Drei-Sparten-Theater) und umfasst mehrere verwandte Produkte mit gleichartigen Merkmalen (z. B. die Opernproduktionen dieses Theaters).

* Sie umfasst ein einzelnes (oder mehrere verwandte, z. B. noch Operette) Geschäftsfeld, für das – mehr oder weniger – getrennt vom Rest des Unternehmens eine eigene Planung (durch den Operndirektor) erstellt werden kann.

* Sie hat somit eine eigene, von anderen Geschäftseinheiten unabhängige **Marktaufgabe** (**Unique Business Mission**), die auf die Lösung abnehmerrelevanter Probleme ausgerichtet ist (z. B. die Versorgung einer Region mit Opernaufführungen), d. h. es besteht eine bestimmte Produkt/Markt-Kombination.

* Alle Produkte innerhalb einer SGE reagieren dementsprechend relativ gleichartig auf strategische Veränderungen.[26]

* Die SGE nimmt am Markt als vollwertiger Konkurrent (**Eigenständigkeit**) mit eindeutig identifizierbaren Konkurrenzunternehmen (z. B. Operngastspielen durch die Stadthalle) teil und hat einen eigenen Kreis von Konkurrenten, mit denen sie gleichziehen oder die sie ausstechen möchte.

* Sie wird von einem Manager (z. B. Operndirektor) geleitet, der für die strategische Planung und die Ergebnisse verantwortlich zeichnet sowie die meisten ergebnisrelevanten Faktoren der SGE steuert und einen eigenständigen Beitrag zur Steigerung des Erfolgspotentials der Gesamtunternehmung (**Erfolgspotentialbeitrag** bzw. **Deckungsbeitrag**) leistet.[27]

Um das Konzept der Portfolio-Analyse aus der Finanzwirtschaft auf das Strategische Management bzw. Marketing übertragen und nutzen zu können, werden die beiden Faktoren **Renditeerwartung** und **Risiko** nun durch die Achsen **Marktwachstum** und relativer **Marktanteil** ersetzt.[28] Auch öffentliche Kultureinrichtungen, wie z. B. die Staats- und Stadttheater und Landesbühnen, die in hohem Maße zuschussbedürftig sind, haben mit den Problemen des **Markt-**

wachstums (oder der Schrumpfung, nämlich der Besucherzahlen) und des **Marktanteils** (etwa im Vergleich zu den Freien Theatern bzw. den Privattheatern, vor allem im Musicalbereich) zu tun.

Hier setzt nun die Portfolio-Analyse an. Sie basiert erstens auf der Überlegung, dass die verschiedenen Produkte bzw. Strategischen Geschäftseinheiten eines Konzerns bzw. Kulturbetriebs in unterschiedlichen Phasen des Produktlebenszyklus stehen. Waren beispielsweise im Weiterbildungsangebot des Studiengangs Kultur-Management Kurse über Kulturpolitik viele Jahre lang „der Renner", so haben sie längst ihre Attraktivität eingebüßt; dafür stehen jetzt Marketing- und Finanzierungsseminare bzw. Angebote zum Internet und zur Gestaltung einer eigenen Homepage ganz im Vordergrund des Interesses. Die strategisch entscheidende Frage ist dabei, wie sich dieser Markt in Zukunft entwickeln wird, d. h. welches **Marktwachstum** zu erwarten ist und wie die Einrichtung darauf langfristig reagieren kann.

Der Kerngedanke dabei ist, dass **rechtzeitig** neue Produkte oder Programmangebote entwickelt werden, die die in der Degenerationsphase befindlichen ersetzen können. **Rechtzeitig** meint dabei, dass über neue Angebote bzw. Programme nachgedacht werden muss, wenn die meisten Produkte noch in der Reife-, spätestens aber in der Sättigungsphase sind. Dies ist sicherlich für manche Kultureinrichtungen (wie im Übrigen für jedes Unternehmen) zunächst eine etwas befremdliche Vorstellung: gerade dann, wenn alles so richtig gut läuft und die Zuschauer strömen, darüber nachdenken zu müssen, dass der Erfolg nachlassen könnte und in die Produktneuentwicklung einzusteigen! Aber genau in diesem Moment sind ausreichend Zeit und auch personelle Ressourcen hierfür vorhanden und von daher auch die Chance gegeben, als erster mit einem neuen Angebot auf dem Markt zu sein. Man muss dann nicht erst mühsam den Vorsprung anderer Anbieter einholen, wenn man feststellt, dass sich das eigene Angebot im Sinkflug (oder schlimmstenfalls im Absturz) befindet. Da sich die **strategische** Denkweise (Heute die Potentiale für die Erfolge von morgen schaffen!) recht stark von der **operativen** (Den heutigen Erfolg sicherstellen!) unterscheidet, sollten in der Kultureinrichtung die beiden Aufgaben nach Möglichkeit auch organisatorisch und personell getrennt werden.

Das **Marktwachstum** (Wo wird sich in der Zukunft eine Nachfrage bilden?) stellt somit die eine Koordinate der Portfolio-Matrix dar. Doch eine zweite Frage ist genau so interessant, nämlich welchen **relativen Marktanteil** die eigene Kultureinrichtung im Vergleich zur Konkurrenz hat. Es kann durchaus sein, dass sich ein Markt im Wachsen befindet, dort aber eine sehr starke Konkurrenz herrscht und der Marktanteil der eigenen Kultureinrichtung relativ niedrig ist. Die eigene Position kann also nie absolut gesehen werden, sondern immer nur im Vergleich zu anderen Mitwettbewerbern. So hat beispielsweise eine Musikschule, die vor Ort – abgesehen von zwei privaten Klavierlehrern – Instrumentalunterricht anbietet, in diesem Marktsegment einen hohen Marktanteil. Eine Musikschule dagegen, die sich einer starken Konkurrenz von Musikvereinen, freiberuflichen Privatlehrern, privaten Musikschulen und Musikvereinen erwehren muss, kann dagegen möglicherweise nur einen entsprechend niedrigeren Marktanteil vorweisen.[29]

Der eigene Marktanteil alleine sagt allerdings noch wenig aus, sondern ist sinnvoll immer nur in Bezug auf die Konkurrenz bzw. die Zahl der Konkurrenten insgesamt (daher **relativ**) zu sehen. Wenn beispielsweise die oben erwähnte Musikschule über einen 20 % Marktanteil im Bereich Klavierunterricht verfügt, so ist über die **wirkliche** Machtstellung im Wettbewerb noch nicht viel gesagt. Wenn es zehn weitere Anbieter von Klavierunterricht mit beispielsweise jeweils 4 bis 10 % Marktanteil gibt, so steht der zwanzigprozentige Marktanteil für eine klare Marktführerschaft und eine hervorragende wettbewerbliche Ausgangssituation. Existiert aber nur ein einziger weiterer Konkurrent, der 80 % des Klavierunterrichts in einer Gemeinde abdeckt, so ist der zwanzigprozentige Marktanteil der Musikschule völlig anders zu gewichten.

Aus diesem Grund wird in der Portfolio-Analyse statt des absoluten Marktanteils mit dem so genannten **relativen Marktanteil** gearbeitet. Hier wird der Marktanteil – im Beispiel 20 % – zu dem des jeweils größten Mitbewerbers in Bezug gesetzt. Ist man selbst Marktführer, so wird also vor allem der Vergleich zur Nummer 2 relevant (im **Beispiel-Fall 1**: 20 % zu 10 % = relativer Marktanteil: 2); ansonsten vergleicht man sich mit dem größten Anbieter (im **Beispiel-Fall 2**: 20 % zu 80 %= 0,25). Wie aus dem Beispiel hervorgeht, hat ein Marktführer stets einen relativen Marktanteil größer als 1.[30]

Die Portfolio-Analyse geht nun (am Beispiel eines Mehrspartentheaters) in folgenden Schritten vor:

• Zunächst werden für die jeweilige Kultureinrichtung (**Konzern**) die entsprechenden **Strategischen Geschäftseinheiten** identifiziert und definiert. Am Beispiel des Theaters können dies sein:

(1) Opernaufführungen
(2) Operetten
(3) Konzerte des eigenen Orchesters
(4) Musicals
(5) Rockoper für Jugendliche
(6) Schauspiel
(7) Kindertheater
(8) Tanztheater
(9) Kleinkunst
(10) Autorenlesungen
(11) Theatercafé
(12) Theaterbuchladen

Für jedes einzelne Strategische Geschäftsfeld gibt es einen oder eine Verantwortlichen.

• In einem zweiten Schritt wird nun das **Marktwachstum** ermittelt, d. h. festgestellt, wie sich die Nachfrage in dem jeweiligen Strategischen Geschäftsfeld verhält. Dabei ist zu unterscheiden zwischen **allgemeinen, überregionalen Trends** (wie entwickelt sich beispielsweise die Nachfrage nach Musicals, nach Schauspiel, nach Kindertheater usw. in Deutschland) und **Entwicklungen innerhalb des jeweiligen Standorts** (wie hat sich die Nachfrage nach Musicals, nach Tanztheater, nach Schauspielaufführung usw. in X-Stadt in den letzten Jahren entwickelt), die durchaus gegenläufig (Stadt-Land-Gefälle!) sein können.

Zur Ermittlung dieser harten Daten können Wirtschaftsunternehmen auf eine Vielzahl mehr oder weniger allgemein zugänglicher Daten und Statistiken (wie sie z. B. vom Statistischen Bundesamt, den Statistischen Landesämtern oder jenen der Gemeinden bzw. den Industrie- und Handelskammern veröffentlicht werden) zurückgreifen, während diese im öffentlichen Kulturbereich nicht in gleichem Umfang vorhanden sind. Gleichwohl gibt es im Bereich der einzelnen Verbände[31] auf Bundes- und Landesebene hilfreiches Zahlenmaterial (das allerdings nicht immer aktuell, sondern oftmals ein bis zwei Jahre alt ist). In unserem Falle wären dies zum einen die jährlich veröffentlichte *Statistiken des Deutschen Bühnenvereins* sowie dessen Statistik *Wer spielte was* von Interesse.

Insbesondere die langfristigen Nachfrageentwicklungen lassen sich dem jährlich vom Statistischen Bundesamt in Wiesbaden herausgegebenen *Statistischen Jahrbuch für die Bundesrepublik Deutschland* entnehmen. Ebenfalls hilfreich sind Veröffentlichungen der Meinungsforschungsinstitute, so z. B. das *Allensbacher Jahrbuch der Demoskopie*. Für die Nachfrageentwicklung vor Ort sollte auf die eigenen Besucherstatistiken bzw. die Daten der Konkurrenzbeobachtung zurückgegriffen werden.

Darüber hinaus empfiehlt es sich zweitens, zu diesen relativ harten Daten auch die Einschätzung durch entsprechende **Fachleute** heranzuziehen (z. B. die Theaterkritiker der örtlichen Zeitungen; den Kulturdezernenten mit seinem Kulturamtsleiter usw.). Dabei sollte man allerdings sehr sorgfältig darauf achten, dass es nicht zu allzu subjektiven Einschätzungen bzw. zu Fachegoismen kommt.[32]

• Im dritten Schritt wird dann der **eigene relative Marktanteil** (im Vergleich zu den jeweiligen Konkurrenten) abgesteckt. Auch dies ist sicherlich nicht immer ganz einfach, da verlässliche Daten über die Konkurrenz nur in seltenen Fällen offen zugänglich sind. Vielfach wird man sich also mit – allerdings sehr sorgfältig durchzuführenden – Schätzungen behelfen müssen. An dieser Stelle wird wiederum deutlich, welche besondere Bedeutung einer systematischen Konkurrenzbeobachtung und -analyse zukommt. Vielfach kann der eigene Marktanteil nur geschätzt werden, aber dieses sollte – wie oben im Falle des Marktwachstums – durch mehrere Personen so objektiv wie möglich erfolgen.

• Die gewonnenen Daten lassen sich dann viertens – entsprechend der vorgenommenen Analyse – in eine Matrix einzeichnen, deren beide Koordinaten durch den **relativen Marktanteil** der einzelnen Geschäftsfelder des Stadttheaters und das **relative Marktwachstum** dieser Geschäftsfelder in X-Stadt gebildet werden.

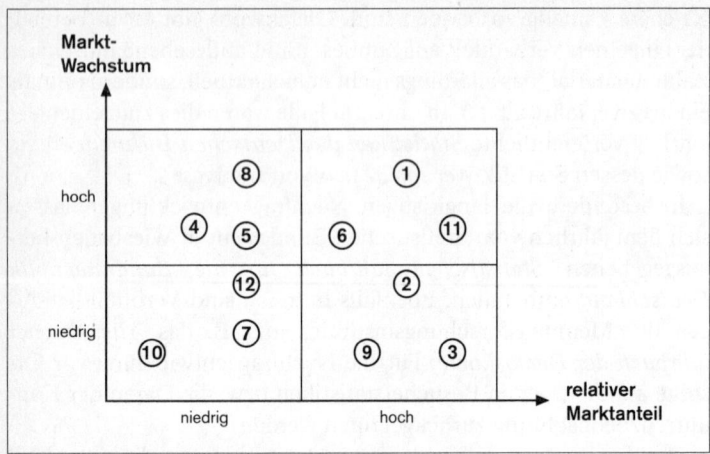

Abb. 30: Portfolio am Beispiel eines Mehrspartentheaters

Die Situation der einzelnen Strategischen Geschäftsfelder lässt sich wie folgt verbalisieren:

(1) Opernaufführungen erfreuen sich zunehmender Beliebtheit in unserer Beispielgemeinde; das Stadttheater ist hier nahezu konkurrenzlos (sieht man von den gelegentlichen Gastspielen in der Stadthalle ab).

(2) Die Nachfrage nach **Operetten** ist nach wie vor vorhanden, aber hier gibt es kaum noch Wachstum; Konkurrenz kommt wiederum von Gastspielen.

(3) Die **Konzerte** des Theaterorchesters haben – nicht zuletzt auf Grund des ausgesprochen konservativen Programms – einen festen Abonnentenstamm, der aber seit Jahren nicht wächst; Konkurrenz ist kaum vorhanden.

(4) Musicals erfreuen sich steigender Beliebtheit; da aber vor Ort ein kommerzieller Musicalanbieter vorhanden ist, ist der eigene Marktanteil nur recht gering.

(5) Auch die **Rockopern** für Jugendliche kommen sehr gut an; allerdings gibt es hier erhebliche Konkurrenz durch verschiedene Veranstalter sowie das soziokulturelle Zentrum.

(6) Die Arbeit des engagierten Schauspieldirektors hat dazu geführt, dass – wider den Trend – in X-Stadt **Schauspiel-Aufführungen** sehr stark nachgefragt werden; Konkurrenz gibt es hier lediglich durch das Studententheater, das unter einem ebenfalls sehr engagierten Leiter arbeitet.

(7) Die Nachfrage nach **Kindertheater** stagniert seit Jahren; darüber hinaus tummeln sich in diesem Feld eine Vielzahl freier Gruppen. Die Konkurrenzsituation wird noch dadurch verschärft, dass das Kulturamt alljährlich ein Kindertheaterfestival mit bundesweiter Beteiligung durchführt.

(8) Die Nachfrage nach **Tanztheater** in jeder Form ist seit Jahren wachsend; der eigene Marktanteil ist allerdings niedrig, da bis jetzt das hauseigene Ballett jährlich nur zwei eigene Produktionen erarbeitet, die allerdings stets ausverkauft sind. Konkurrenz kommt vor allem von den Freien Gruppen sowie diversen Gastspielen internationaler Tanzgruppen im soziokulturellen Zentrum.

(9) Die Nachfrage nach **Kleinkunst** ist sinkend, da hier die Konkurrenz des Fernsehens übermächtig ist. Mit Liveaufführungen steht das Stadttheater in seinem Theaterkeller vor Ort allerdings weitgehend konkurrenzlos dar.

(10) **Autorenlesungen** interessieren nur noch die eingefleischten Literaturfans; diese werden allerdings durch die Angebote zweier miteinander konkurrierender Literaturvereine bereits bestens bedient.

(11) Das **Theatercafé** ist seit Jahren einer der beliebtesten Treffpunkte in der Stadt; trotz eines in den letzten Jahren durchgeführten Anbaus findet man dort selten einen freien Stuhl; zwar gibt es in der Stadt jede Menge Cafés, keines ist jedoch so beliebt wie dieses. Dies kommt nicht zuletzt daher, dass hier regelmäßig um 23.00 Uhr entsprechende „Mitternachtsprogramme" durchgeführt werden.

(12) Es gibt eine kontinuierliche Nachfrage nach spezifischer **Theaterliteratur**, besonders zu den jeweiligen Stücken. Da X-Stadt allerdings mit einer Reihe sehr guter Buchhandlungen gesegnet ist, kaufen sich die meisten Theaterbesucher ihre entsprechende Lektüre dort, um nicht den ganzen Abend ihre Bücher herumschleppen zu müssen.

Betrachtet man dieses Tableau der eigenen Produkte, so wird man auf den ersten Blick feststellen, dass einige von ihnen sehr gut positioniert sind, d. h. sowohl voll im Trend liegen als auch nahezu konkurrenzlos sind. Bei anderen Angeboten kann man sich des Eindrucks nicht erwehren, dass sie irgendwann einmal – seinerzeit sicherlich aus guten Gründen – eingeführt wurden (wie das Kindertheater oder die Autorenlesungen), nun aber die Angebote anderer längst die eigenen Produktionen mehr oder weniger überflüssig gemacht haben. Bei der Rockoper für Jugendliche bzw. den Musicals ist die Situation allerdings noch unklar bzw. offen, wie sich diese Angebote entwickeln werden. Entscheidend ist nun, welche **Handlungsstrategien** sich ggf. aus dieser Darstellung ableiten lassen. Die Boston-Consulting-Group[33] gibt den einzelnen Feldern Namen und schlägt hierfür folgende Bezeichnungen bzw. strategische Handlungsanweisungen vor:

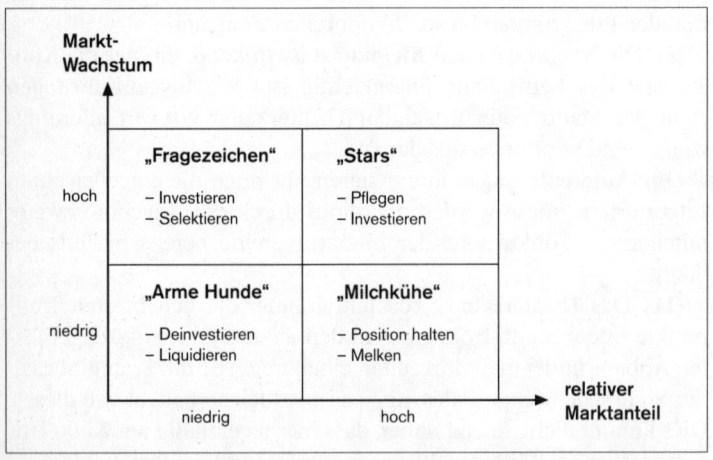

Abb. 31: Handlungsvorschläge im Rahmen der Portfolio-Analyse

▶ Fragezeichen

Hierbei handelt es sich um SGE, die zwar in Wachstumsmärkten operieren, bei denen die eigene Einrichtung allerdings nur über einen geringen relativen Marktanteil verfügt. Der Begriff **Fragezeichen** ist deshalb angebracht, weil es noch durchaus unklar ist, ob die

SGE sich zum zukünftigen **Star** entwickelt oder zum **Armen Hund** abstürzt. Wird es den Stadttheater-Musicals gelingen, dem kommerziellen Anbieter den Rang abzulaufen? Wird die Tanztheatercompagnie des Stadttheaters so stark werden, dass sie sich zum Marktführer entwickeln kann?

In ihrer Anfangsphase sind die meisten SGEs dieser Kategorie zuzuordnen, denn mit ihrer Gründung will sich die Kulturorganisation Zutritt zu einem Wachstumsmarkt verschaffen, auf dem sich bereits ein Marktführer etabliert hat. Ein Fragezeichen erfordert zunächst einen laufenden hohen Zuschuss von Ressourcen, denn um mit dem Marktwachstum Schritt zu halten und nach Möglichkeit selbst Marktführer werden zu können, muss laufend investiert werden – sei es personell (dass mehr Tanztheaterproduktionen pro Spielzeit erarbeitet werden), sei es finanziell (weil ein höherer Werbeaufwand nötig ist). Irgendwann wird sich die Betriebsleitung fragen müssen, ob sich die weiteren Investitionen lohnen oder ob es nicht sinnvoller ist, vom Markt zu gehen, da sich die erhoffte Entwicklung zum **Star** trotz aller Hoffnungen nicht erfüllt.

▶ **Stars**

Möglicherweise kann aus einem anfänglichen Fragezeichen im Laufe der Entwicklung ein **Star** werden, der Marktführer in einem Wachstumsmarkt ist. Der Star erfordert allerdings ebenfalls Investitionen, um sowohl mit dem Marktwachstum Schritt halten zu können als auch Konkurrenten abzuwehren, die ebenfalls in dieses Marktsegment vorstoßen wollen. Lässt der Star in seinen Anstrengungen nach, kann er rasch von seiner Spitzenposition verdrängt werden. Ein Betrieb ganz ohne Stars muss sich sehr große Sorgen machen, denn aus den Stars von heute können/sollen die **Milchkühe** von morgen werden.

▶ **Milchkühe**

Sinkt die jährliche Wachstumsrate eines Marktes unter 10 %, so wird aus dem Star eine **Milchkuh**, wenn sie immer noch einen größeren Marktanteil hat. Eine Milchkuh (wie beispielsweise die Operettenaufführungen in öffentlichen Theatern) erhöht die Liquidität des

Gesamtbetriebs, denn sie erfordert jetzt weniger Investitionen für eine Kapazitätsausweitung, da sich das Marktwachstum verlangsamt hat. Die Milchkühe liefern die Einnahmen, um die Stars, Fragezeichen und die Armen Hunde zu unterstützen, die oft hohe Investitionen (z. B. in Werbung) erfordern. Allerdings dürfen nicht so viele Geldmittel umgeschichtet werden, dass die Milchkühe ihren Marktanteil verlieren und zusammenbrechen.

Ein gutes Beispiel für solche – über die Jahre bedauerlicherweise viel zu wenig gepflegten – Milchkühe sind die **in öffentlichen Theatern produzierten Musicals**. Wie bereits eine 1985 veröffentlichte Langzeituntersuchung[34] feststellte, sind die Besuchszahlen der von den **öffentlichen** Theatern angebotenen Musicals von 1949 bis 1981 weitgehend konstant geblieben bzw. sogar gestiegen. Für die 80er Jahre belegt die Statistik sogar einen Zuwachs der Besuchszahlen der von **öffentlichen** Theatern produzierten Musicals um 50 %[35]. Wenn man die Besuchszahlen der Spielzeiten 1991/92 bis 1996/97 analysiert, zeigt sich, dass die Musicals mit einem **prozentualen Anteil an Aufführungen der öffentlichen Theater** zwischen 4,4 % und 5,2 % einen **Anteil an Zuschauern öffentlicher Theater insgesamt** zwischen 6,4 % und 8,3 % erreichten! Besten Gewissens und ohne vermeintlichen Trends hinterherzulaufen, könnten die öffentlichen Theater hier also an eine eigene Tradition anknüpfen und – wenn jetzt auf Grund der Entwicklung der privaten Konkurrenz allerdings mit sehr viel höheren Investionen – sich (wieder) in einem Geschäftsfeld engagieren, das Zuschauer garantiert.

▶ **Arme Hunde**

Arme Hunde sind Geschäftseinheiten mit geringem relativen Marktanteil in nur langsam wachsenden oder stagnierenden Märkten. Sie erwirtschaften üblicherweise einen sehr niedrigen Deckungsbeitrag, d. h. verschlingen Mittel ohne entsprechende Einnahmen zu schaffen. So muss sich die Organisationsleitung ernsthaft fragen, ob sie diese Geschäftseinheiten wie die Autorenlesungen, das Kindertheater oder den Theaterbuchladen nicht bloß aus reiner Sentimentalität am Leben erhält und mit welchen plausiblen Gründen sie sie weiterführen will. Tragischerweise kostet ein Armer

Hund das Management oft mehr Zeit als er verdient. Deshalb ist ernsthaft zu überlegen, ob die Tätigkeit in dieser Strategischen Geschäftseinheit sinnvollerweise nicht eingestellt wird.

Gerade im öffentlichen Kulturbetrieb wimmelt es von solchen Armen Hunden. Damit sind ausdrücklich nicht jene schwierigen Nischenfelder (Zeitgenössische Musik, junge Theaterautoren, experimentelle Kunstangebote usw.) gemeint, die noch auf der Suche nach einem Publikum sind und die zu fördern durchaus Aufgabe der öffentlichen Träger ist. Wohl aber sind damit alle jene Bereiche gemeint, die trotz aller eingesetzter Kreativität und Engagements und der größten Anstrengungen aller Beteiligten kein Publikum finden. Die oben angesprochene Sentimentalität (die allzumeist aus der entsprechenden Neigung des jeweiligen Mitarbeiters oder Leiters herrührt, der diese Aktivität begründet hat) sollte daher durch entsprechende analytisch fundierte Kritik rationalisiert werden.

Es muss allerdings noch einmal klar und deutlich wiederholt werden, dass diese Vorschläge keineswegs verbindlich sind, sondern lediglich zum Analysieren, zum Reflektieren und strategischen Entscheidungshandeln anhalten sollen. Entscheidet sich ein Kulturbetrieb aus wohl abgewogenen Gründen dafür, bestimmte **Arme Hunde** am Leben zu erhalten, so ist dies seine ureigene Entscheidung. Vielleicht ist mit dem Theaterbuchladen ein langfristiger Vertrag geschlossen worden, der sich gar nicht umstandslos kündigen lässt? Möglicherweise entscheidet sich der Theaterintendant aus Profil- oder Imagegründen für die Beibehaltung des Kindertheaters?

Problematisch wird die Situation für eine Kultureinrichtung allerdings dann, wenn eine vernünftige Mischung aus Stars, Milchkühen, Fragezeichen und Armen Hunden fehlt und sich stattdessen in ihr nahezu ausschließlich die Armen Hunde trollen! Aus diesem Grunde sollte der jeweils Verantwortliche den strategischen Überblick behalten und sich rechtzeitig um die Entwicklung von Fragezeichen bemühen, in der Hoffnung, dass sich zumindest einige von ihnen zu den Stars von morgen entwickeln!

9.5 Das Event als Produkterweiterung

In 9.2 wurde bereits ausführlich auf die Möglichkeiten der Produktvariation bzw. Produktinnovation als Möglichkeiten der Produktveränderung eingegangen; in 13.2 werden unter dem Stichwort **Value Added Services** Erweiterungen des Kernproduktes mithilfe zusätzlicher Serviceleistungen dargestellt. Das sog. Eventmarketing, das Ereignismarketing ist sicherlich die radikalste Erweiterung des Kernproduktes, das nun in ein inszeniertes Umfeld gestellt wird. Es ist ein typisches Produkt der **Erlebnisgesellschaft** (Schulze). Denn was Faust in seinem Pakt mit Mephisto noch als Kriterium für seinen eigenen Untergangen bestimmt hat – „Werd' ich zum Augenblicke sagen:/Verweile doch! Du bist so schön!/Dann magst du mich in Fesseln schlagen,/Dann will ich gern zugrunde gehn"[36] – scheint die Erlebnisgesellschaft zu ihrem Credo erkoren zu haben.

Erlebnisrationalität – im ersten Kapitel wurde dies bereits dargestellt – bedeutet das Bestreben, die Außenwelt im Verhältnis zur Innenwelt optimieren. „Man betrachtet die Welt als Speisekarte und stellt sich ein optimales Menü zusammen."[37] Während in eher außenorientierten Gesellschaften die Ziele des Handelns immer nach außen, d. h. auf die jeweilige Situation, gerichtet sind, richten sie sich in eher innenorientierten immer auf das Subjekt selbst. Erlebnisgesellschaft bedeutet somit eine Wendung des Denkens von außen nach innen, von der Situation zum Subjekt, im Konsumbereich von objektiven Nutzendefinitionen von Produkten (z. B. die Brille als Mittel, um besser sehen zu können) zum Nutzen als subjektivem Erlebnis (die Brille als neues Seherlebnis).

Während beim außenorientierten Konsum die Qualität von Produkten unabhängig vom Konsumenten definiert wird, haben beim innenorientiert-erlebnisrationalen Konsum Waren und Dienstleistungen den Status eines Mittels für innere Zwecke. Beim erlebnisorientierten Handeln richtet sich der Anspruch ohne Zeitverzögerung auf die aktuelle Handlungssituation.

Allerdings begeht – so Schulze – die Erlebnisgesellschaft einen zentralen Denkfehler: Wenn wir uns erlebnisrational orientieren, behandeln wir uns selbst wie Sachen, wir sind aber keine Sachen.

Erlebnisse lassen sich nicht in ähnlicher Weise rationalisieren, wie sich Sachzusammenhänge rationalisieren lassen, indem man das Verhältnis von Input und Output optimiert. Erlebnisrationalität bewährt sich manchmal gut, manchmal nicht, und die beglückendsten Momente im Leben sind diejenigen, die man überhaupt nicht beabsichtigt hat. Die entscheidende Arbeit muss der Konsument selbst leisten! Das Erfolgsgeheimnis von Events liegt deshalb genau darin, dass dem Konsumenten von Anfang an mehr Verantwortung für sein Erleben ermöglicht oder auch abverlangt wird, und dass er gleichzeitig massive Unterstützung für seine Erlebnisarbeit bekommt.[38]

Schulze sieht Events an der Schnittstelle von Erlebnisrationalität und Subjektivität und erkennt im Event vor allem vier Wirkfaktoren:

(1) **Einzigartigkeit**, d. h. es muss sich um ein Ereignis handeln, das zu einem bestimmten Zeitpunkt an einem bestimmten Ort stattfindet und mit seltenen Erfahrungen verbunden ist.

(2) **Episodenhaftigkeit**, d. h. der Ablauf muss einen gewissen Spannungsbogen aufweisen. Das Event folgt einer Dramaturgie, es hat einen Anfang und ein Ende und dazwischen einige Höhepunkte; „der Augenblick müsse prägnant und sich selbst genug sein, um ein würdiger Einschnitt in Zeit und Ewigkeit zu werden."[39]

(3) **Gemeinschaftlichkeit**; sie entsteht durch die Wahrnehmung, dass neben einem selbst noch viele andere Personen anwesend sind. In der Regel arbeitet das Publikum eine Art Gemeinschaftserlebnis heraus durch Applaudieren, Pfiffe, Phasen atemloser Konzentration, Wunderkerzen usw.

(4) **Beteiligung**, wie z. B. Sprechgesänge beim Fußball, Herumgehen und Anfassen bei Messen, Tanzen bei Techno-Partys, La-Ola beim Fußball usw.[40]

Für das Kultur-Marketing ist Eventmarketing vor allem aus zwei Gründen wichtig.

(1) Zum einen nutzen Wirtschaftsbetriebe das wichtige Kommunikationsinstrument Kunst und Kultur, um sich in einem immer differenzierteren, **lebensstilorientierten Marktgeschehen** zu positionieren. Hieraus ergeben sich die vielfältigsten Kooperationsmöglichkeiten zwischen Wirtschafts- und öffentlichen Kulturbetrieben, denn die wenigsten Produkte und Dienstleistungen verkaufen sich nur noch über einen bzw. ihren Kernnutzen!

So ist die Firma *AUDI* eine der Hauptsponsoren der Salzburger Festspiele. Dieses kulturelle Engagement wird zum einen für werbliche Zwecke (z. B. Platzierung des Logos auf allen entsprechenden Schriftstücken), ebenso aber auch als **Event** zur Motivation der Absatzmittler genutzt. So heißt es beispielsweise in einer entsprechenden Broschüre aus dem Jahr 1998: „Die Salzburger Festspiele sind aber nicht nur ein großartiges Musikfest, sondern auch ein elegantes gesellschaftliches Ereignis allerhöchsten Ranges. Immer mehr Audi-Partner und Importeure laden ihre wichtigsten Kunden im Sommer in die Mozartstadt ein." Ein Händler wird zitiert: „Wir waren mit 40 VIP-Kunden bei den Salzburger Festspielen. Eine tolle Möglichkeit, auf eine besondere Art und Weise mit wichtigen Kunden ins Gespräch zu kommen." Und der Händler-Prospekt wirbt: „Auch Sie haben die Möglichkeit, von dem kulturellen Engagement der AUDI-AG zu profitieren. Wir bieten Ihnen an, über den Audi Ticket-Service Karten für die Salzburger Festspiele zu bestellen" – und es folgt ein umfangreicher Katalog mit Vorschlägen zu Zusatzveranstaltungen in der malerischen Salzachstadt. Aber auch das Firmenjubiläum eines mittelständischen Betriebes kann als kulturelles Produkt, als Musical inszeniert werden.[41]

Dementsprechend werden unter Events im Auftrag inszenierte Ereignisse sowie deren Planung und Organisation im Rahmen der Unternehmenskommunikation verstanden, die durch erlebnisorientierte firmen- oder produktbezogene Veranstaltungen emotionale und physische Reize darbieten und einen starken Aktivierungsprozess auslösen[42]. Sie haben im Hinblick auf Unternehmen oder Marken das zentrale Ziel, den Teilnehmern Erlebnisse zu vermitteln bzw. bei diesen Emotionen auszulösen, die gleichzeitig geeignet sind, zur Durchsetzung der Marketingstrategie, d. h. zum Aufbau von Unternehmens- und Markenwerten, einen positiven Beitrag zu leisten.[43] Hieraus können sich für Kulturorganisationen, die vor allem die Produktivkraft **Kreativität** in diesen Prozess einbringen, neue Chancen (durchaus aber auch Risiken, vor allem dann, wenn die eigene Mission nicht klar genug definiert ist) ergeben.

(2) Die zweite Beziehung des Kulturbetriebs zum Eventmarketing besteht darin, dass Kunst- und Kulturbetriebe ihrerseits für ihren eigenen Bereich Event-Marketing betreiben müssen, um sich in der Vielfalt der Angebote und Veranstaltungen eigenständig zu positionieren. War der Theater- oder Konzertbesuch noch vor zwei, drei Jahrzehnten für die meisten Menschen etwas Herausragendes, ein Event an sich, so ist ein erfreuliches Ergebnis der Demokratisierungsbemühungen der **Neuen Kulturpolitik**, dass Kunst und Kultur im Alltag angekommen sind. Kulturelle Veranstaltungen – sieht man von einigen absoluten Höhepunkten ab – haben durchaus **Alltagscharakter** gewonnen. Zugespitzt könnte man sagen, dass sie nach der Möglichkeit ihrer **technischen Reproduzierbarkeit** (Walter Benjamin) durch den Demokratisierungsprozess der siebziger und achtziger Jahre nun zum Zweiten mal ihre **Aura** verloren haben. Das Event versucht, sie ihnen in gewisser Weise zurückzugeben.

Ein Event ist allerdings nicht unbedingt dann erfolgreich, wenn es möglichst spektakulär, teuer, Aufsehen erregend, medienwirksam ist, sondern wenn die anvisierte Zielgruppe mit diesem Event möglichst optimal erreicht wird. Mit einem in die Gesamtstrategie der Kulturorganisation integrierten Event erreicht dieses (im Gegensatz zu den Mitteln der Massenkommunikation, wie Anzeigen, Plakate, Fernsehspots usw.) idealerweise **nicht bei vielen wenig, sondern bei wenigen viel!** Das Event muss also zum Lebensstil der jeweiligen Zielgruppe passen.

Events tragen deshalb idealerweise folgende Merkmale nichtklassischer Kommunikationsmittel:
• hoher Neuigkeitsgrad des Instrumentes im Markt/in der Branche
• Nutzung von Medien der Individualkommunikation
• Einsatz in spezifischen Kundensituationen
• Hoher Grad an Zielgruppengenauigkeit im Einsatz
• Diskontinuität im Einsatz[44]
Allerdings sollte sich jede Kultureinrichtung bei der Kreation, Planung und Durchführung von Events selbstkritisch einige Prüffragen stellen:
• Passt das geplante Event zur Produktkategorie oder ggf. zu dem bereits etablierten Angebotsimage der eigenen Einrichtung?
• Entspricht das Event den Lebensstiltrends, welche die verschiedenen Zielgruppen der Kultureinrichtung langfristig ansprechen?

- Welches Event erlaubt eine Abgrenzung zur Konkurrenz („nur bei uns"!)?
- Welches Event erschwert eine Imitation durch zukünftige Konkurrenten?
- Eignet sich das Event zur Umsetzung durch möglichst viele Marketinginstrumente?
- Lassen sich prägnante Umsetzungen für das Event finden?
- Wie können Event und Produktinformation glaubhaft aufeinander abgestimmt werden?
- Und vor allen Dingen: wie können langfristige Bindungen der (Event-)Besucher an die Kultureinrichtung aufgebaut werden?[45]

Damit das Event sinnvoll kommuniziert werden kann, muss der Inhalt in eine prägnante **Botschaft** gefasst werden. Die Event-Marketing-Botschaft wird aus der Marketingstrategie abgeleitet und muss auf die im Mittelpunkt des Events stehenden Objekte, die mit dem Event verfolgten Ziele, die zu erreichenden Zielgruppen, sowie die übrigen kommunikativen Aussagen und Maßnahmen des Unternehmens (Corporate Identity) genau abgestimmt werden.

Jedes Event braucht wegen seiner **Episodenhaftigkeit** darüber hinaus eine inhaltliche **Dramaturgie** (Spannungsbogen).[46] Die Dramaturgie beantwortet dabei vor allem folgende Fragen:

(1) Wie wird das Publikum zum Event hingeführt?
(2) Wie wird das Event eingeleitet?
(3) Wie beginnt das Event?
(4) Welches ist der erste Höhepunkt?
(5) Welches sind die weiteren Höhepunkte?
(6) Wie endet das Event?
(7) Wie klingt es aus?

Während die Dramaturgie den inhaltlichen Aufbau bildet, regelt das **Drehbuch** die organisatorischen Fragen des Events. Gerade weil das Event auf Episodenhaftigkeit angelegt ist, müssen die Einsätze klappen, da ansonsten die Wirkung verpufft. Ein detailliertes Drehbuch regelt jeden Auf- und Abtritt aller am Event Beteiligten (inklusive der technischen Abläufe). Abschließend sei daher auf einige selbsterzeugte Risiken bzw. Fallen im Eventmanagement hingewiesen:

- Falsche Konzeption (= Event muss Teil der grundlegenden strategischen Überlegungen sein, d. h. sich in grundlegende Konzeption einpassen optimale Vernetzung aller Kommunikationsmedien)

• Einbeziehung externer Partner
• Fehleinschätzung des Faktors Zeit
• Fehleinschätzung der „Location", d. h. dem des Ortes, an dem das Event stattfindet
• Fehleinschätzung der Akteure
• Fehleinschätzung des Faktors Technik
• Fehleinschätzung der Logistik
• Fehleinschätzung der begleitenden Maßnahmen[47]

Die Kernfrage für Kulturbetriebe lautet bei alledem: Wie gelingt es, die Besucher eines (einmaligen) Kultur-Events zu dauerhaften Kunden der Kultureinrichtung zu machen? Hier kommt dem **Nachkaufmarketing**, d. h. dem Anknüpfen an die Interessen der Besucher, wiederum eine ganz besondere Rolle zu (z. B. Zusendung von **Erinnerungsmöglichkeiten** wie Fotos, Videos, Presseveröffentlichungen des Events sowie die vielen Möglichkeiten des Merchandising). Ebenso bietet ein Event eine hervorragende Ausgangsbasis für ein zukünftiges Data-Base-Marketing!

Anmerkungen:

[1] Rede von Prof. Dr. Christian von Holst, Direktor der Staatsgalerie Stuttgart, anlässlich der Pressekonferenz „Stuttgarter Aufbruch – Neuaausrichtung der Staatsgalerie" am 16. Juli 1998 in Stuttgart
[2] Schäfer, Wilhelm: Management & Marketing Dictionary, München 1995 S. 493
[3] Nieschlag u. a. (1997) S. 90
[4] Meffert (1998) S. 319
[5] Vgl. zum Folgenden: Stichwort *Neuproduktentwicklung*. In: Zentes (1992) S. 308
[6] Vgl. hierzu Groys, Boris: Über das Neue. Versuch einer Kulturökonomie, München/Wien 1992
[7] Schulz (1995)
[8] Meffert (1998) S. 365
[9] Vgl. hierzu Heinrichs, Werner: Einführung in das Kultur-Management, Darmstadt 1993 S. 116–127
[10] Meffert (1998) S. 371

[11] Arme Schlucker. In: *Wirtschaftswoche* vom 25. 4. 1996 S. 128–131

[12] Thuswaldner, Werner: Klänge mit eigenem Willen und im Dienst der Kunst. In: *Salzburger Festspiele* 1999, eine Sonderbeilage der *Salzburger Nachrichten*, Juli 1999 S. 18

[13] Göcmener, Bettina: Zwei Liter Wein täglich. Festredner, Chronist, Vorzeige-autor: Stadtschreiber müssen sich ihre Lorbeeren schwer verdienen. In: *Berliner Morgenpost* vom 4. 8. 1999

[14] Meffert (1998) S. 42

[15] Beaucamp, Eduard: Verlockungen eines Museums in Bewegung. In: *Frankfurter Allgemeine Zeitung* vom 12. 8. 1999

[16] Meffert (1998) S. 426

[17] Meffert (1999) S. 438 bzw. 429

[18] Meffert (1999) S. 329

[19] Vogt, Hannelore: Marketing-Management in der Stadtbibliothek. Mit betriebswirtschaftlichen Methoden das Angebot optimieren. In: Handbuch Kultur-Management, Stuttgart 1992 (Lieferung Oktober 1995 Handmarke D 1.5) S. 9

[20] Mit „Normalverteilung" wird die Verteilung einer zufälligen Größe, bei der die Wahrscheinlichkeitsdichte die Form einer Glockenkurve annimmt, bezeichnet. Eine Abbildung dieser sog. Gauß'sche Normalverteilung findet sich auf jedem Zehnmarkschein.

[21] Meffert (1999) S. 330; vgl. zum Folgenden ebenda

[22] Meffert (1999) S. 329

[23] Heinrichs (1996) S. 9

[24] vgl. hierzu Gablers Wirtschaftslexikon, Wiesbaden [13]1993 S. 2609

[25] Dehr/Biermann (1998) S. 81

[26] Vgl. Heinrichs (1996) S. 11

[27] Vgl. Kotler/Bliemel (1999) S. 102 und Meffert (1999) S. 225

[28] Dehr/Biermann (1998) S. 83

[29] Heinrichs (1994) S. 12

[30] Dehr/Biermann (1998) S. 83

[31] Sehr hilfreich hierfür ist das vom Deutschen Kulturrat herausgegebene Adressenverzeichnis, Wer ist Wer' bundesweiterKulturverbände 1998/99, Bonn 1999

[32] Heinrichs (1996) S. 12

[33] Vgl. hierzu ausführlich Kotler/Bliemel (1999) S. 103 ff

[34] Hilger (1985) S. 51

[35] *Theater Heute* Nr. 4/95 S. 48

[36] Faust I/Studierzimmer

[37] Schulze, Gerhard: Die Zukunft der Erlebnisgesellschaft. In: Nickel, Oliver: Eventmarketing.Grundlagen und Erfolgsbeispiele, München 1998 S. 308 f

[38] Schulze (1998) S. S. 305 ff

[39] Goethe an Zelter 19. 10. 1829

[40] Schulze (1998) S. 308 f

[41] Raschke, Rudi: Wenn die Firmengeschichte als Musical gestaltet wird. In: *Der Sonntag* vom 29. 11. 1998

[42] Definition BDW

[43] Nickel, Oliver: Event – Ein neues Zauberwort? In: Nickel, Oliver: Eventmarketing, München 1998 S. 7

[44] Bruhn, Manfred: Die Rolle der Nicht-Klassiker in der integrierten Unternehmenskommunikation. In: *Thexis*, St. Gallen 1995 S. 34

[45] Nach: Weinberg, Peter und Oliver Nickel: Emotionales Erleben: Zentrale Determinante für den Erfolg von Marketingevents. In: Nickel, Oliver: Eventmarketing.Grundlagen und Erfolgsbeispiele, München 1998
S. 68

[46] Goethe an Zelter 19. 10. 1829

[47] Nach: Inden, Thomas: Typische Probleme bei der Planung und Durchführung von Events. In: Nickel, Oliver: Eventmarketing.Grundlagen und Erfolgsbeispiele, München 1998 S. 107 ff

10. Was kosten unsere Programme? (Preis- und Konditionenpolitik)

10.1 Öffentliche Kulturangebote als meritorische Güter

Die Kernfrage der Preis- bzw. Entgeltpolitik im Rahmen des Kultur-Marketing lautet: Welches Entgelt kann, soll, will oder darf eine Kultureinrichtung für ihre Produkte und Leistungen verlangen? In privatwirtschaftlich-kommerziellen Kulturbetrieben spielt die Preisbildung eine wichtige Rolle, denn sie entscheidet letztendlich über die Erfüllung des zentralen Unternehmenszwecks, einen möglichst hohen Gewinn zu erzielen.

Öffentliche Kulturangebote dagegen haben die Erfüllung bestimmter inhaltlicher Ziele zur Aufgabe. Kulturelle und künstlerische Dienstleistungen werden daher vielfach auch als **öffentliche Güter** bzw. als sog. **meritorische Güter** bezeichnet.[1] Damit werden jene Güter bzw. Dienstleistungen benannt, deren Bereitstellung durch den Staat dadurch gerechtfertigt wird, dass dieser deren Nachfrage aus bestimmten Zielsetzungen heraus wünscht (z. B.: „Deutschland als Kulturnation"), die Bürger diese aber auf der Basis von Marktpreisen zu wenig nachfragen würden.[2] So kostete in der Spielzeit 1997/98 den Besucher in Deutschland eine Eintrittskarte in einem Staats- oder Stadttheater durchschnittlich 29,70 DM an der Theaterkasse. Bei jeder einzelnen verkauften Karte legten Land und Kommune als Träger zusätzlich aber noch jeweils 168,22 DM dazu. Der realistische Durchschnittspreis einer Theaterkarte in Deutschland müsste also rund 200 DM betragen![3]

Ein solches inhaltliches Leitziel, mit dem die massive Unterstützung der Bildung durch den Staat begründet wird, ist in Deutschland z. B. „Bildung für alle". Eine gute Bildung kommt zwar dem Einzelnen zugute (und könnte theoretisch auch von den Einzelnen bezahlt werden, wie z. B. in den USA). Da aber der Staat in Deutschland ein großes Interesse an einem möglichst hohen Bildungsniveau der Gesamtbevölkerung hat (z. B. aus historischen Gründen, aber auch weil Bildung auf Grund des Rohstoffmangels in Deutschland eine zentrale Zukunftsressource ist), finanziert er diese sehr weit reichend. Auch das Prinzip der „Kultur für alle", das 1973 erstmals vom Kulturausschuss des Deutschen Städtetages[4] formuliert und mittlerweile als kulturpolitische Zielsetzung im demokratischen Sozialstaat durchgehend akzeptiert wird, definiert Kunst und Kultur mehr oder weniger als **meritorische Güter**.

Da in Deutschland der öffentlich getragene Kulturbetrieb sehr weit reichend (und der privatwirtschaftlich-gemeinnützige Kulturbetrieb zumindest teilweise) von den Ländern und Kommunen bzw. zu einem wesentlich geringeren Teil auch vom Bund, insgesamt also der öffentlichen Hand, finanziert wird, werden der **Preisgestaltung** und -**differenzierung** als einem Instrument zur aktiven Gestaltung von Austauschbeziehungen bislang noch viel zu wenig Aufmerksamkeit geschenkt. Dadurch kommt es häufig von Seiten der Kulturanbieter zu völlig falschen Vorstellungen darüber, was ein Kulturangebot den Nachfrager „kosten darf". Oft wird in Verbindung mit diesen Fehleinschätzungen noch dazu unreflektiert und pauschal die Forderung nach kostenlosem Eintritt und Zugang verbunden.

Andererseits lässt sich beobachten, dass von Seiten der Kulturnachfrager häufig die erstaunlichsten Eintrittspreise für bestimmte (privatwirtschaftlich-kommerzielle!) Kulturveranstaltungen ohne Murren bezahlt werden bzw. mit einem kostenlosen Kulturangebot wird häufig die Einschätzung verbunden, dass das, was nichts kostet, auch wenig wert sei. So ist es wenig verwunderlich, dass empirische Untersuchungen etwa zur Einschätzung der Höhe von Eintrittspreisen an Theatern beim Publikum recht verzerrte Vorstellungen ergaben[5] – und dabei geht es keineswegs um die tatsächlichen Entstehungskosten, sondern nur um die an jeder Theaterkasse erfragbaren Verkaufspreise! Würde man etwa die betriebswirtschaftlichen Produktionskosten auf die jeweilige Eintrittskarte umrechnen, dann würde erst recht deutlich werden, wie preiswert die angeblich so teuren Theaterkarten sind. (Rein marketingtechnisch gesehen, ließe sich für die Theater aus dieser Tatsache eine wunderbare Werbestrategie entwickeln nach dem Motto: „Abend für Abend sparen Sie bei uns 170 DM").

In Untersuchungen des *Instituts für Museumskunde Berlin* wurde beispielsweise festgestellt, dass hohe Eintrittspreise für bedeutende Sonderausstellungen zum Museumsbesuch eher anreizen als diesen verhindern. Demgegenüber hält eine Neueinführung oder spürbare Erhöhung der Eintrittspreise für Dauerrepräsentationen besonders lokale Besucher und das Stammpublikum vom Museumsbesuch fern.[6] Aus den jährlichen Erhebungen der Besucherzahlen in Museen des Berliner Instituts lässt sich allerdings eine weitere interessante Tendenz ablesen. Hinsichtlich der Gründe für das **Ansteigen** der Besucherzahlen nimmt über die Jahre hinweg der Grund **Senkung/Abschaffung von Eintrittsgeld** gleich bleibend nur einen geringen Prozentsatz der Nennungen bzw. einen nachgeordneten Rangplatz ein: 2,0 % und 10. Rang (1989); 1,3 % und 10. Rang (1990); 0,8 % und 10. Rang (1991); völlig ohne Nennung (1992 und 1993). D. h. für diejenigen, die ein Museum oder eine Ausstellung tatsächlich besuchen, spielt der Preis nur eine nachgeordnete Rolle: er geht nicht ins Museum, weil es nichts kostet!

Umgekehrt ergibt sich bezüglich des **Absinkens der Besucherzahlen** ein völlig anderes Bild: **Erhöhung/Einführung von Eintrittsgeld** kam 1989 mit 4,6 % noch auf Rang 8 der Gründe; auf 1,6 % und 10. Rang (1990); auf 2,4 % und den 8. Rang (1991); 1992 allerdings bereits auf 4,5 % und den 4. Rang und 1993 auf 8,8 % und ebenfalls den 4. Rang.[7] Dies zeigt zum einen, dass in Zeiten knapper werdender privater Haushaltsmittel bei manchen Besuchern der Preis ganz offensichtlich zunehmend an Bedeutung gewinnt. Zum anderen wird deutlich, dass die Nichterhebung bzw. Senkung von Eintrittspreisen nur einen geringen Anreiz zum Museumsbesuch darstellt, während umgekehrt die Erhebung bzw. Erhöhung von Eintrittsgelder durchaus einen Abschreckungseffekt haben kann.

Die Vernachlässigung der realistischen Preisbildung wird durch die noch vielfach geltende Form der Rechnungslegung in öffentlichen Kulturbetrieben, die Kameralistik, weiter befördert, da in den meisten Kulturbetrieben eine Kostenrechnung nicht vorhanden ist. Im Klartext: öffentliche Kulturbetriebe wissen zwar, was sie insgesamt einnehmen müssen (Einnahmesoll), sie wissen auch, was sie insgesamt ausgeben dürfen (Ausgabesoll), sie wissen allerdings in der Regel nicht, was ihr jeweiliges Produkt bzw. Leistung im Einzelnen tatsächlich kostet. Was hier also in Rede steht, ist das fehlende Bewusstsein über Kosten- und damit auch Preisstrukturen (und nicht die Frage, ob der Staat Kunst und Kultur finanziell unterstützen soll!)

Im Folgenden soll zunächst auf den Prozess der **Preisbildung** allgemein eingegangen werden, nicht zuletzt um zu zeigen, welche wichtigen Steuerungsmöglichkeiten auf Grund der leider noch weit verbreiteten Preisermittlung nach der berühmten Pi × Daumen-Methode vergeben werden (vgl. 10.2 bis 10.4). In einem zweiten Schritt (10.5) werden die Möglichkeiten der sog. **Rabatt**- bzw. **Konditionenpolitik** erläutert, die die festgelegten Preise verändern, um damit ganz gezielt Kundenverhalten zu steuern. So bieten differenzierte Preise beispielsweise die Möglichkeit der längerfristigen und dauerhaften Kundenbindung (etwa durch Jahres- und Dauerkarten bzw. Abonnements), die Erreichung neuer Zielgruppen (etwa durch Familien- und Gruppenkarten) oder die Lenkung der Besucherströme weg von traditionell überbuchten hin zu nachfrageschwachen Terminen (etwa durch verbilligten Eintritt an Wochentagen mit traditionell schwachem Besucherzuspruch).

10.2 Preis und Leistung im Austauschprozess

Im ersten Kapitel wurde der Marktprozess zunächst definiert als ein Austauschprozess von Dingen oder Leistungen von Wert, wobei sich hierbei Angebot und Nachfrage gegenüberstehen. Die mikroökonomische Theorie sah über mehr als 150 Jahre den **Preis** (und zwar im ausschließlichen Sinne der **monetären** Gegenleistung) als die einzige Variable, mit der sich die abzusetzende Menge an Gütern oder Dienstleistungen beeinflussen lasse. Ursachen für die Überschätzung des Preises waren zum einen, dass seinerzeit vorwiegend Rohstoffe und **homogene Konsumgüter** produziert wurden und die mittlerweile gängigen Differenzierungsmöglichkeiten, beispielsweise durch attraktive Verpackung, Markenbildung, Werbung usw. noch nicht bekannt waren und dementsprechend nicht genutzt wurden. Zweitens orientierten sich auch die Konsumenten seinerzeit bei ihren Einkäufen vorrangig am Preis, da das damalige ausgesprochen

niedrige durchschnittliche Pro-Kopf-Einkommen in Deutschland ihren eigenen Entscheidungsspielraum sehr deutlich einschränkte.

Ein dritter Grund für die starke Konzentration der ökonomischen Fachwissenschaft auf das Kriterium (monetärer) Preis lag schließlich darin, dass dieser sich auf Grund seiner scheinbar rein quantitativen, eindimensionalen Natur und somit **einfachen Operationalisierbarkeit** sehr viel einfacher in ein Modell von Angebot und Nachfrage einbringen ließ als sehr viel komplexere Produkteigenschaften. Daraus entwickelte man schließlich das in sich geschlossene **Modell der Preisbildung auf vollkommenen Märkten**, bei dem davon ausgegangen wurde, dass sich über flexible Preise am einfachsten ein Ausgleich zwischen Angebot und Nachfrage und damit ein Höchstmaß an volkswirtschaftlicher Effizienz erreichen ließe. Bei einem Überangebot käme es somit automatisch zu niedrigeren Preisen und zu einer Drosselung der Produktion auf Seiten der Anbieter, bei den Nachfragern aber auf Grund sinkender Preise wiederum zu einer Zunahme der Kaufbereitschaft.

Im umgekehrten Falle, d. h. einer Knappheit des Angebotes und somit einem Nachfrageüberschuss stiegen die Preise, während sich die Käufer in dieser Situation zurückhielten und auf ein Fallen der Preise hofften. Die erhöhte Produktion könne ihrerseits also nur bei sinkenden Preisen abgesetzt werden, so dass es in der Folge zu einem Gleichgewichtspreis kommt, d. h. gerade so viel angeboten wie nachgefragt wird.[8] Preis ließe sich in diesem (eingeschränkten) Sinne definieren als die „Geldsumme, die auf dem Markt für die Mengeneinheit eines Gutes bezahlt wird."[9]

Auf diesen Überlegungen basiert die sog. **Preis-Absatzfunktion**,[10] die eine funktionale Beziehung zwischen der nachgefragten Menge eines Gutes und der Höhe seines Preis herstellt und sich in ihrer einfachsten Ausprägung so darstellen lässt.

In der Regel ist die Preis-Absatz-Funktion fallend, d. h. sinkt der Preis, so steigt die Menge der nachgefragten Güter/Leistungen, steigt dagegen der Preis, so sinkt die Menge der nachgefragten Güter/Leistungen. Dieser funktionale Zusammenhang muss allerdings keineswegs (wie in der Darstellung) immer linear verlaufen, sondern kann durchaus auch die unterschiedlichsten Kurvenformen annehmen. In jedem Falle gibt es aber ein eindeutig beschreibbares Wenn-

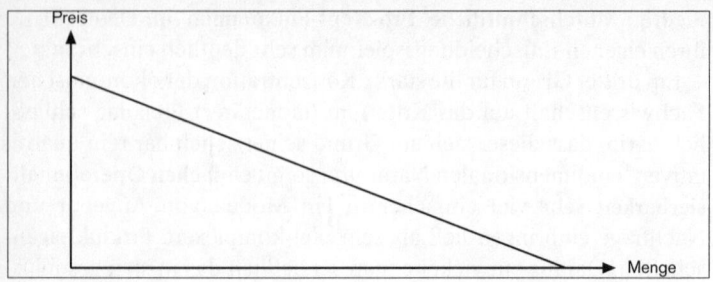

Abb. 32: Preis-Absatz-Funktion

Dann-Reaktionsverhalten, das aus Vergangenheitsdaten (d. h. wie haben sich die Nachfrager bisher verhalten) rekonstruiert werden kann.

Interessant in diesem Zusammenhang ist für den – zumal öffentlichen – Kulturbetrieb, dass bei entsprechenden Diskussionen dieses Modell in aller Regel und sehr zu Recht wegen seiner zu großen Simplizität abgelehnt wird. Fragt man indes, welche konkreten Maßnahmen das Theater, die Musikschule, das Orchester, die Volkshochschule usw. angesichts vorhandener Konkurrenten zu ergreifen beabsichtigen, wird erstaunlicherweise zumeist geantwortet: „Runter mit den Preisen!".

In diesem Kontext spielt der Begriff der **Preiselastizität** eine große Rolle.

• Wenn bereits eine kleine Preiserhöhung zu einem überproportionalen Nachfragerückgang führt, spricht man von einer **hohen Preis- bzw. Nachfrageelastizität**. Beispiel: Eine öffentlich getragene Musikschule erhöht die Gebühren für den Klaviereinzelunterricht von monatlich 110 DM auf 115 DM. Als Folge davon wechseln 50 % der Schüler zu privaten Lehrern. Hier verhält sich die Nachfrage also ausgesprochen elastisch.

• Sinkt umgekehrt die Nachfrage auch bei großen Preiserhöhungen nur unterproportional, so hat man es mit einer **niedrigen Preis- bzw. Nachfrageelastizität** zu tun. Beispiel: Dieselbe Musikschule erhöht den Klavierstundenpreis auf einen Schlag um 50 DM; dennoch sind kaum Abmeldungen zu verzeichnen. Hier ist die Nachrfrage also recht starr.

Als Extremfälle sind die **voll flexible** (bereits minimalste Preiserhöhungen führen zu drastischen Nachfragerückgängen) bzw. die **völlig starre** (auch die größten Preiserhöhungen führen zu keinen Reaktionen bei den Kunden) Nachfrage anzusehen. In diesen Fällen spielen indes zumeist andere Faktoren (z. B. die erbrachte bzw. nichterbrachte Leistung bzw. Produktqualität) die entscheidende Rolle. Das geschilderte Modell der Preisbildung auf vollkommenen Märkten geht allerdings von einer ganzen Reihe von Annahmen aus (z. B. homogene, jederzeit völlig subsituierbare, d. h. austauschbare Güter, Markttransparenz, das Fehlen von individuellen Präferenzen, entsprechende Reaktionsgeschwindigkeiten beider Marktseiten usw.), die in der Realität so kaum anzutreffen sind.

Bereits die Überlegungen in 5.1, die die Nachfrage als ein **Entscheidungshandeln unter Risiko** darstellten, haben gezeigt, dass die Wirklichkeit doch sehr viel komplexer ist und Faktoren wie steigendes Qualitätsbewusstsein, Prestige-, Status- bzw. Lifestylekonsum, Rückgang der Preiselastizität usw. eine zunehmend wichtigere Rolle spielen. Basierend auf dem Kaufentscheidungsverhaltens des Nachfragers, in dessen Rahmen die auf dem Markt angebotenen Produkte zur Befriedigung bestehender Bedürfnisse bewertet werden, kann daher davon ausgegangen werden, „dass es keinen ‚Preis an sich, sondern stets nur einen Preis für etwas' gibt,"[11] d. h. dass Kunden nicht ausschließlich über Preise, sondern vielmehr auch über Preis-Leistungs-Verhältnisse disponieren.[12]

• Dabei ist unter **Leistung** die Gesamtheit aller Nutzen stiftenden Komponenten dinglicher oder ideeler Natur zu verstehen, die der Nachfrager in Anspruch nimmt.

• Unter **Preis** sind demgegenüber alle objektiven oder subjektiven Kosten bzw. Leistungsäquivalente aufzufassen, die für den Nachfrager aus der Inanspruchnahme der Leistung erwachsen. Der Preis kann dabei ganz oder teilweise in Form von Geldeinheiten, Produkten (beim Naturaltausch oder bei Kompensationsgeschäften), Dienstleistungen oder in Gestalt eines wie auch immer bewerteten Aufwandes zur Beschaffung einer Leistung entrichtet bzw. vermittelt werden.[13]

Dieses Modell entspricht somit sehr viel eher der Realität des Austauschprozesses, in dem von Seiten der Nachfrager eine Vielzahl von Nutzendimensionen abgefragt werden. Umgekehrt fließen aber auch sehr viel mehr als bloß finanzielle Leistungen (wie etwa Zeit, emotionaler und intellektueller Aufwand, Kommunikationskosten usw.) in den Entscheidungsprozess ein. Dies bedeutet, dass in die Preispolitik die Gesamtheit aller Entscheidungen einbezogen werden muss, die der zielorientierten Gestaltung des Preis-/Leistungsverhältnisses dienen, d. h. dass von allen Betroffenen im Austauschprozess nicht nur die Art und Höhe der monetären (d. h. in Geldeinheiten zu messenden) Preisforderung zu berücksichtigen ist, sondern auch denjenigen Preisanteilen Beachtung geschenkt werden muss, die beim Käufer üblicherweise als Zusatzkosten anfallen.

Der Preis eines Theaterbesuches besteht daher nicht allein in der Höhe der Eintrittskarte, sondern hinzu kommen beispielsweise monetäre Kosten für die Vorbestellung per Telefon, die An- und Abreise, die Parkgebühr, die Garderobengebühr, die Kosten für das Programmheft und das Pausengetränk, den vielleicht anschließenden Restaurantbesuch, ggf. die Kosten für den Babysitter (inklusive dessen An- und Abtransportes), vorheriger Friseurbesuch, möglicherweise Erwerb entsprechender Garderobe usw. Und hier noch nicht eingerechnet sind die zeitlichen Kosten, die eine immer größere Rolle spielen. „Die Gesamtkosten eines Theaterbesuchs beinhalten neben dem Geldpreis der Eintrittskarte jedoch auch die Opportunitätskosten einer alternativen Verwendung der Zeit (etwa zum Arbeiten oder für andere Freizeitaktivitäten), und schließlich dürften auch die Preise solcher Güter in die Nachfrageentscheidung eingehen, die von den Individuen als Substitute für einen Theaterbesuch angesehen werden (z. B. Ausstellungen, Kinovorstellungen)."[14]

10.3 Bestimmungsfaktoren der Preisbildung

Welche Bestimmungsfaktoren spielen nun eine Rolle bei der Festsetzung der (monetären) Preise? Im Wesentlichen sind es vier Faktoren[15]:

(1) Die Bedingungen bei den Lieferanten: Jeder Betrieb, der Rohstoffe verarbeitet und die so produzierten Güter oder Dienstleistungen wiederum absetzt, ist auf **Lieferanten** angewiesen – in dieser Hinsicht unterscheidet sich ein Kulturbetrieb nicht von einer Reifenfabrik. Denn auch hier geht es um Rohstoffe: um **personelle** (z. B. Schauspieler, Sänger, Volkshochschuldozenten, Musikschullehrer, Musiker, Maler, aber auch technische Dienste, Verwaltungspersonal, Hilfskräfte usw.), um **materielle** (Musikinstrumente, Stoffe für Kostüme, Leinwand und Holz für Kulissen, um Gemälde für Ausstellungen, technisches Equipment usw.) sowie schließlich um mehr oder weniger **immaterielle** Rohstoffe (Texte, Aufführungsrechte, Lizenzen, Libretti, Noten, Versicherungsgebühren bei Ausstellungen usw.).

Wie in jedem anderen Betrieb auch bestimmen die Kosten der Lieferanten ganz maßgeblich die betriebswirtschaftlichen Preise: wenn ein berühmter Sänger in einem Konzert auftritt, so wird seine hohe Gage ein wesentlicher Faktor der betrieblichen Kosten sein, der sich auch im Verkaufspreis der Eintrittskarten niederschlägt. Ist eine Ausstellung mit berühmten Bildenden Künstlern geplant, so wird der Versicherungspreis eine zentrale Rolle spielen. Die Kosten für ein aufwendiges Programmheft zur Theateraufführung hängen wesentlich von der Papierqualität, der Zahl der Druckfarben und der Fotos, der Honorare für die Texte usw. ab. Alle diese Kosten haben einen ganz wesentlichen Einfluss auf den endgültigen Gesamtpreis (etwa eines Konzertes) bzw. die Kosten pro Stück (etwa eines Ausstellungskataloges). Gelingt es dem Kulturbetrieb, diese Kosten zu senken, so kann er dies an seine jeweiligen Kunden (etwa die Besucher eines Konzertes oder eines Theaterstücks) weitergeben bzw. den eigenen Deckungsbeitrag erhöhen.

(2) Die Bedingungen beim Anbieter: Die interne Situation des Anbieters spielt ebenfalls eine wichtige Rolle: wenn weitestgehend mit freien Mitarbeitern gearbeitet wird, so wird sich die interne Kostensituation wahrscheinlich ganz anders darstellen, als wenn fest angestellte Fachkräfte bezahlt werden müssen. In den letzten Jahren haben dies insbesondere die deutschen Orchestermanager zu spüren bekommen, die – an die hohen tarifvertraglich fixierten Musikergagen gebunden – ihr Produkt Konzert wesentlich teurer verkaufen mussten als Orchester aus den Ländern des ehemaligen Ostblocks, die sehr viel kostengünstiger auf den Markt kamen.

Aber auch das Zielsystem des Betriebs spielt eine wichtige Rolle: steht z. B. die **Gewinnmaximierung** im Zentrum aller Bemühungen, so wäre hier genauer zu fragen, ob diese **unmittelbar**, **mittel-** oder **längerfristig** realisiert werden soll. Auch wenn die Gewinnmaximierung in Wirtschaftsbetrieben sicherlich im Zentrum steht, so können andere Ziele hinzu oder – zumindest zeitweise – gar an ihre Stelle treten: **Umsatzsteigerung** bei nur geringen Gewinnmargen, Gewinnung von neuen **Marktsegmenten** (weshalb der Betrieb sich möglicherweise für sehr niedrige Preise, in Ausnahmefällen vielleicht sogar zu befristet hinnehmbaren Verlusten entschließt) oder **Gewinnung von Stammkunden** oder **Gewinnung von besonders zahlungskräftigen zukünftigen Kunden** usw.

(3) Die Bedingungen bei den Konkurrenten: Eine wichtige Rolle bei der Festlegung der eigenen Preise spielen die Preisfestsetzungen der direkten und indirekten Konkurrenten. Dazu ist eine genaue Konkurrenzanalyse Voraussetzung. Zunächst ist festzustellen, welche Konkurrenten überhaupt vorhanden sind. Gibt es einen großen und viele kleine Konkurrenten? Wie gestalten diese ihre Preise? Gibt es viele gleichwertige Konkurrenten und einige kleinere? Wie sehen deren jeweiligen Preise aus? Ist man selbst (schon/noch) der größte und kann somit die Preisführerschaft übernehmen? Neben der bloßen Benennung der Konkurrenten sind vor allem auch Informationen über deren jetziges bzw. zukünftiges Verhalten von großer Bedeutung: Halten die Konkurrenten an den jetzigen Preisen fest oder planen sie in absehbarer Zeit Erhöhungen oder womöglich sogar Senkungen? Wie will man selbst darauf reagieren?

(4) Die Bedingungen bei den Abnehmern: Von zentraler Bedeutung in diesem Zusammenhang ist das tatsächliche bzw. das zu vermutende Verhalten der Abnehmer. Wie sind deren (vor allem finanziellen) Ressourcen **objektiv**? Wie verändern sich diese langfristig (etwa durch Inflation bzw. umgekehrt erhöhte Lohnabschlüsse) usw.? Wie sind deren (vor allem finanziellen) Ressourcen **subjektiv**, d. h. was sind diese bereit, für die entsprechenden künstlerischen und kulturellen Produkte auszugeben? Wo liegen die finanziellen Obergrenzen usw.?

Fasst man diese Überlegungen zusammen, so ergeben sich zwei unterschiedliche Ansätze im Rahmen der Preisbildung:

- die **kostenorientierte Preisfindung**, die auf den Informationen aus (1) und (2) basiert, verlangt, dass das geforderte Entgelt die Kosten deckt (Kostenpreise); die für die Preisgestaltung erforderlichen Informationen entstammen dementsprechend der Kostenrechnung. Gefragt wird hierbei: wie viele Produkte muss ich zu welchem Preis verkaufen, um meine Selbstkosten (ggf. plus einem bestimmten Gewinn) zu decken? Die Preisgestaltung erfolgt auf der Basis unterschiedlicher Kalkulationsverfahren (z. B. der Break-Even-Analyse; vgl. unten). Eines der grundlegenden Probleme dieser Form der Preisfindung ist ihr nur geringer Marktbezug, d. h. die Frage, ob der Preis am Markt tatsächlich realisierbar ist, die Nachfrager also bereit sind, diese Preise tatsächlich zu bezahlen.

- die **marktorientierte Preisfindung**, die sich vor allem an den Bestimmungsfaktoren (3) und (4) orientiert, richtet sich nach den Gegebenheiten am Markt. Sie schaut insbesondere nach dem Preisbewusstsein der Nachfrager und dem Preisverhalten der Konkurrenz, etwa bei der Bestimmung von Preisobergrenzen, wenn diese nach der Preisbereitschaft der Kunden oder der Preiselastizität der Nachfrager festgelegt wird. Die wettbewerbsorientierte Preisfindung bezieht in die Bestimmung der eigenen Preise auch das Verhalten der Konkurrenten konsequent mit ein, was z. B. durch die Unterordnung unter einen Preisführer, durch systematisches Preisunterbieten (sog. Dumping-Preise) oder durch die Orientierung an einem Durchschnittspreis, der innerhalb der gesamten Branche gilt, geschehen kann.[16]

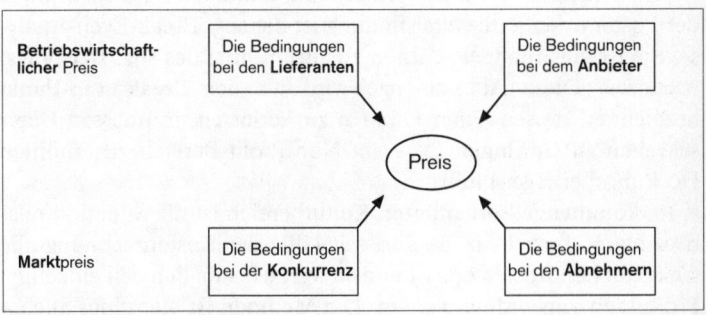

Abb. 33: Faktoren der Preisbildung

10.4 Die Preisfindung

Im Prozess der Preisfindung stehen sich die beiden aufgeführten Ansätze keineswegs konträr gegenüber, sondern ergänzen sich. Will ein Betrieb nicht permanent Verluste realisieren, muss er natürlich wissen, was ihn seine geplanten Produkte bzw. Dienstleistungen selbst kosten (kostenorientierte Preisfindung). Bei der Kalkulation können und müssen – um dies gleich vorwegzunehmen – durchaus auch die gewährten bzw. in Aussicht gestellten öffentlichen Zuwendungen miteinfließen, denn auch in diesem Falle entstehen irgendwo Obergrenzen, die nicht überschritten werden können, ohne Haushaltsdefizite von vornherein miteinzuplanen.

Erst wenn dies klar kalkuliert ist, kann weiter gehend gefragt werden, was die Kunden bereit sind, für das Produkt bzw. die Dienstleistung zu bezahlen (marktorientierte Preisfindung). Deshalb sollte der Prozess der Preisfindung sinnvollerweise nicht erst dann einsetzen, wenn die Produkte bzw. Dienstleistungen hergestellt sind, sondern bereits in der Analysephase darüber nachgedacht werden, ob der eigene (Kultur-)Betrieb überhaupt in der Lage ist, Produkte oder Leistungen zu einem konkurrenzfähigen Preis zu erstellen (so dass man in dieser Phase aus finanziellen Gründen ggf. noch die Finger von der Produktion lassen kann).

▶ Die kostenorientierte Preisfindung: Break-Even-Analyse

Ein wichtiges und relativ einfach zu handhabendes Instrument der kostenorientierten Preisfindung ist die sog. Break-Even-Analyse. Sie ist ein Analyseverfahren zur Ermittlung des sog. **Deckungsumsatzes**. Diese Absatzmenge wird als der **Break-Even-Punkt** bezeichnet, dessen **Unterschreiten zu Verlusten** und dessen **Überschreiten zu Gewinnen** (bzw. im Non-Profit-Bereich zu erhöhten Deckungsbeiträgen) führt.

Im kommerziell orientierten Kulturbereich ist die Situation relativ einfach darstellbar, da dort mit Hilfe der Kostenrechnung alle tatsächlichen Kosten erfasst und so weit wie möglich den einzelnen Produkten zugeordnet werden. Die Methode ist allerdings auch – mit spezifischen Einschränkungen, auf die noch einzugehen sein wird – auf den öffentlichen, d. h. nicht profit-orientierten Bereich übertragbar. Mit ihrer Hilfe kann eine Kultureinrichtung, die die **Herstellungskosten** ihres Produktes bzw. Leistung (z. B. Konzert, Ausstellungskatalog, Theatergastspiel usw.) kennt bzw. ermitteln kann, relativ leicht ausrechnen, welchen Preis sie bei welcher (geschätzter) Ausbringungsmenge zu fordern hat, um kostendeckend bzw. sogar mit einem erhöhten Kostendeckungsbeitrag zu arbeiten. Die Break-even-Analyse lässt sich daher auch im Kultur-Marketing sehr gut zur Analyse des Verhältnisses von Kosten und Erlösen einsetzen und ist „ein formales, inhaltlich vielseitig einsetzbares, dabei in seiner Grundstruktur einfach zu handhabendes Planungsinstrument."[17]

Die **Break-Even-Analyse** geht von folgenden Größen aus[18], wobei eine jeweils unbekannt ist und mit Hilfe der unten aufgeführten Formel errechnet werden soll:

P	=	Preis
K_f	=	fixe Kosten
K_v	=	variable Kosten
G_U	=	Gewinnpunkt (Umsatz)
G_M	=	Gewinnpunkt (Menge)

Unter K_f = **fixe Kosten** werden zunächst alle diejenigen Kosten gefasst, die unabhängig von der Menge bzw. der Stückzahl der produzierten Güter anfallen. Hierzu zählen:

(1) alle **Infrastrukturkosten** wie z. B. das fest angestellte Personal, die Gebäudekosten, Kosten für Heizung, Strom, Wasser usw. Hier ist für den öffentlichen Bereich bereits eine Einschränkung zu machen, da die Kameralistik diese Kosten nur unzureichend erfasst: sei es in so genannten **Sammelnachweisen**, sei es in entsprechenden Erfassungen im Vermögenshaushalt. Allerdings bemüht man sich seit einiger Zeit in Weiterentwicklung der klassischen Kameralistik über Abschreibungen, Innere Verrechnungen usw. im Verwaltungshaushalt auch diese Kosten zu erfassen und zuzuordnen, um zu einer einigermaßen realistischen Kalkulation zu kommen.

(2) Darüber hinaus fallen **produktspezifische Fixkosten** an. Wenn beispielsweise ein Museum die Produktion eines Ausstellungskataloges über zeitgenössische Kunst in den USA plant, so fallen hier **fixe** Kosten an für Honorare, Bildrechte, Satzkosten, Lithographien, Maschineneinrichtung in der Druckerei usw., völlig unabhängig davon, ob dieser Katalog einmal oder einhundertausendmal gedruckt wird (es sei denn, die Honorare oder Bildrechte sind abhängig von der gedruckten Auflage). Beides zusammengenommen ergibt die **fixen Kosten**.

Als K_v = **variable Kosten** bezeichnet man dagegen all jene Kosten, die in direktem Zusammenhang mit der Stückzahl des herzustellenden einzelnen Kataloges stehen, also beispielsweise Papierkosten, Druckfarben, Bindekosten, Umschlag usw.

Dieser Zusammenhang kann durch folgende Grafik verdeutlicht werden. Ein Koordinatensystem wird gebildet, in dem die beiden Koordinatenachsen x (= Ausbringungsmenge) und y (= Umsatz/ Kosten) markiert werden. Um die einzelnen Schritte nachvollziehen zu können, sei zunächst die Kostenermittlung dargestellt:

• In einem ersten Schritt werden die **fixen** Kosten K_f, die – wie gesagt, völlig unabhängig von der Ausbringungsmenge G_M sind – dargestellt (dunkler Block). Sie umfassen die o. a. (1) Infrastrukturkosten des Museums sowie die auflagenunabhängigen Fixkosten des Kataloges.

• Die Linie der **variablen** Kosten K_v, die von den produzierten Ein-

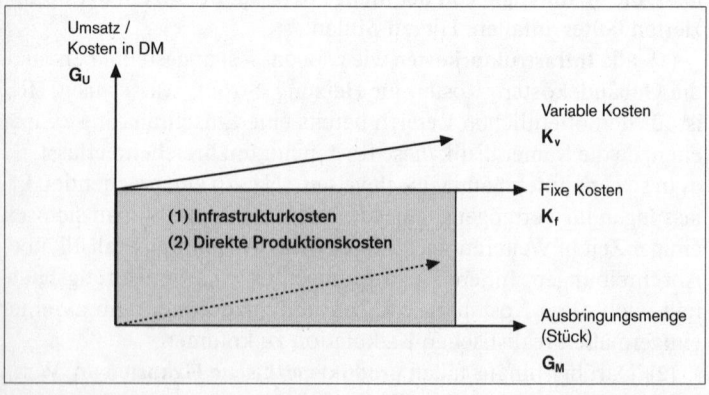

Abb. 34 a: Fixkosten und variable Kosten

zelstücken abhängt, beginnt exakt dort, wo die Fixkosten (K_f) die y-Achse schneidet (sie entstehen bereits beim ersten Produkt und sitzen quasi auf dem Block der Festkosten auf).

Wenn die Zahl der produzierten Einzelstücke steigt, steigen also entsprechend auch die Kosten. Der Steigungsgrad dieser Linie hängt von der Höhe der Kosten pro Einzelstück ab.

In einer zweiten Darstellung soll nun die **Erlössituation** dargestellt werden.

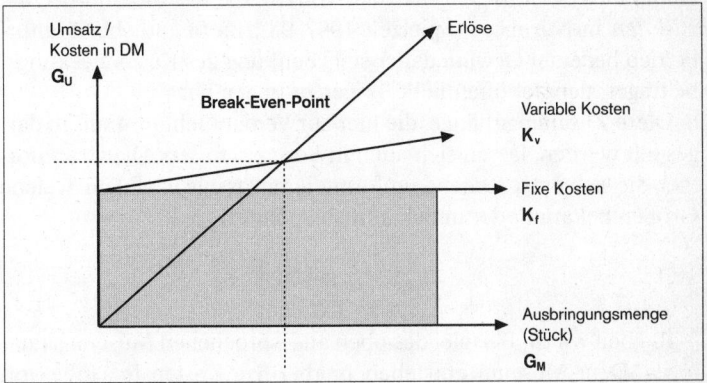

Abb. 34 b: Produktions-/Erlös-Situation

In die erste Grafik wurde nun die (kräftigere) Linie der **Erlöse** eingetragen. Diese beginnt im Nullpunkt, d. h. wenn kein einziges Produkt verkauft wird, wird auch kein Umsatz getätigt; beim Verkauf des ersten Produktes beginnt bereits der erste Umsatz, der in dem Maße steigt, wie die Zahl der verkauften Produkte. Der Steigerungsgrad der Erlöslinie hängt seinerseits von der Höhe des Preises ab: liegt der Preis niedrig, verläuft die Erlöslinie flach; wird ein hoher Preis genommen, so steigt die Erlöslinie entsprechend steiler an.

Dort, wo die **Erlöslinie** die **Linie der variablen und fixen Kosten** schneidet, liegt der angesprochene Break-Even-Point. Unterhalb dieses Break-Even-Punktes arbeitet in unserem Beispiel das Museum, das einen Katalog herstellt, mit Verlust, oberhalb dieses Punktes mit Gewinn und genau **auf** diesem Punkt exakt kostendeckend (gestrichelte Linie).

Hier ist die zweite Einschränkung – zumindest begrifflicher Art – zu machen. Wie eingangs festgestellt wurde, arbeitet eine öffentliche Kultureinrichtung nicht mit Gewinn, sondern wird stets von öffentlichen Zuwendungen abhängig sein. Aber die Höhe dieser Zuwendungen kann natürlich variieren. Es macht für den öffentlichen Träger bzw. Zuwendungsgeber natürlich schon einen wesentlichen Unterschied, ob ein Theater wie das *Opernhaus Zürich* ein Einspielergebnis (d. h. verkaufte Karten im Verhältnis zu den Gesamteinnahmen) von 37,3 % hat oder von 10,9 % wie die *Städtischen Bühnen* in Nürnberg (Spielzeit 1997/98). Im öffentlichen Kulturbetrieb bedeutet **Gewinn** daher stets Senkung des Kostendeckungsbeitrages, den der öffentliche Träger zu tragen hat.

Diese Zusammenhänge, die hier zur Verdeutlichung grafisch dargestellt wurden, lassen sich auch in Formeln fassen. Die Grundformel, die sich entsprechend umformulieren lässt je nachdem, welche Größen bekannt oder unbekannt sind, lautet:

$$G_M = K_f / (P - K_v)$$

Bleiben wir im Beispiel des oben angesprochenen Museumskataloges. Dem Museum entstehen hierbei **fixe** Kosten in Höhe von 60 000 DM (die Infrastrukturkosten sind hierbei allerdings nicht berücksichtigt) und **variable** Kosten pro Katalog von 12 DM. Nun stellen sich dem Museum verschiedene Fragen, z. B.

• Wie hoch muss der Verkaufspreis je Katalog sein, um nach 1000 Exemplaren in die Gewinnzone zu kommen? Oder:

• Nach wie vielen verkauften Exemplaren werden die fixen Kosten gedeckt sein, wenn man einen Verkaufspreis von 29.00 DM zugrunde legt.

Wie hier bereits deutlich wird, müssen hinsichtlich der Preiskalkulation (1) die fixen und variablen Kosten klar sein, und (2) eine Festlegung entweder hinsichtlich des **Verkaufspreises** oder der **Verkaufsmenge** getroffen werden. Da dies alles aber noch im Rahmen der Planung geschieht, lässt sich mit diesen Festlegungen allerdings spielen (was wäre wenn?). Mit Hilfe der Formeln können also verschiedene Möglichkeiten durchgespielt werden. Kommen wir daher zurück auf obige Beispielfragen:

- Nach wie vielen verkauften Exemplaren werden die fixen Kosten gedeckt sein, wenn man einen Verkaufspreis von 29.00 DM zugrundelegt.

Bekannt (da angenommen) ist P = Verkaufspreis (29.00 DM) sowie die vorab ermittelten **fixen** Kosten K_f (60 000 DM) sowie die **variablen** Kosten K_v (12.00 DM pro gedrucktem Katalog). Dementsprechend lautet die obige Formel:

$$60\,000/(29-12) = 3530 \text{ Exemplare (gerundet)}$$

Bei genau 3530 verkauften Exemplaren sind die Fixkosten gedeckt. Will das Museum die Fixkosten schneller decken, so muss es den Verkaufspreis erhöhen, z. B. auf 35.00 DM. Die Rechnung lautet dann:

$$60\,000/(35-12) = 2609 \text{ Exemplare (gerundet)}$$

Gefragt wurde oben auch:
- Wie hoch muss der Verkaufspreis je Katalog sein, um nach 1000 Exemplaren in die „Gewinnzone" zu kommen?

Dazu muss die Formel entsprechend umgestellt werden, denn jetzt ist G_M bekannt und P wird gesucht. Die Formel lautet daher zunächst:

$$\boxed{P = K_f \,/\, G_M + K_V}$$

Setzt man die Beispielzahlen ein, so ergibt dies folgenden Preis:

$$\text{Preis} = 60\,000/1000 + 12.00 = 72.00$$

Will das Museum bereits bei 1000 Exemplaren die Fixkosten wieder einnehmen, muss es den Preis auf 72 DM festlegen.

Die Beispiele haben gezeigt, wie mit (relativ) einfachen Mitteln eine sinnvolle Kostenkalkulation vorgenommen werden kann. So selbstverständlich dies auf den ersten Blick scheinen mag, so sei an manchen, gar nicht so seltenen öffentlichen Konzertveranstalter erinnert, der in Unkenntnis (oder Desinteresse) seiner Kostenstrukturen Eintrittspreise für seinen Veranstaltungsort kalkuliert, die von vornherein eine doppelt so hohe Zuhörerzahl voraussetzen, als der entsprechende Saal Plätze hat!

▶ Die nachfrageorientierte Preisfindung

Die **kostenorientierte** Preisfindung ist die unabdingbare Voraussetzung für jede realistische Preisbildung, wenn nicht davon ausgegangen wird, dass ein Kulturbetrieb sehenden Auges in den Ruin treibt. Selbst wenn er – aus welchen Gründen auch immer – bestimmte Produkte bzw. Leistungen unterhalb der Selbstkosten abgibt, so muss er diese Defizite an anderer Stelle wieder gutmachen (**Mischkalkulation**), damit **insgesamt** die Kalkulation stimmt.

Eine ganz andere Frage ist indes, ob – um im obigen Beispiel zu bleiben – sich in ausreichender Zahl Kunden finden, die bereit sind, für einen Katalog zur zeitgenössischen Kunst in den USA die veranschlagten 72.00 DM zu bezahlen, so dass für das Museum die Gesamtkalkulation aufgeht. Wenn es entsprechend mehr produziert, kann es auch den Verkaufspreis erheblich senken, was den Katalog für die Besucher preislich interessanter macht – aber gibt es tatsächlich so viele an dieser spezifischen Materie interessierte Käufer, die eine entsprechend hohe Auflage rechtfertigen?

Wie bereits mehrfach erwähnt, spielen vor allem die **subjektiven** Kundenwünsche eine ganz wichtige Rolle bei der Akzeptanz von Preisen. Bei der **nachfrageorientierten Preisbildung** geht es also vor allem um Fragen wie:

• Welchen Preis (bzw. welche Preise) sind einzelne Nachfrager-(schichten) bereit für ein bestimmtes Gut zu zahlen bereit?

• Wie reagieren die Nachfrager(schichten) auf mögliche Preisänderungen (Verteuerungen oder Verbilligungen)?

Die **nachfrageorientierte Preisbildung** macht die Preisermittlung daher vom **Urteil der Nachfrager** abhängig. Der Verkaufserfolg hängt daher ganz wesentlich vom positiven Urteil der Nachfrager über das Preis-Leistungs-Verhältnis ab. Das Verbraucherurteil orientiert sich also nicht – wie im Falle der kostenorientierten Preisbildung – an der Höhe der Produktionskosten eines Gutes, sondern an seinem Bedürfnisbefriedigungsgrad, d. h. am Nutzen, den das Produkt oder die Leistung aus seiner Sicht zu stiften vermag. Die Zahlungsbereitschaft der Besucher orientiert somit am (Nutz-)Wert des jeweiligen Gutes.[19] In diesem Zusammenhang sei noch einmal zum einen auf die große Bedeutung von hoher Produkt- bzw. Leistungsqualität hingewiesen, zum anderen aber auch auf die wichtige Rolle von Kundenbindung, Kundentreue, Beschwerdemanagement und Serviceleistungen.

Im Prozess der preisabhängigen Kaufentscheidung spielen eine ganze Reihe von Bestimmungsfaktoren eine wichtige Rolle: so das **Preisinteresse**, die **Preiskenntnis**, das **Preisbewusstsein** und die **Preisbeurteilung** (Preiswürdigkeitsurteil).[20]

(1) Unter **Preisinteresse** wird das motivationale Bedürfnis des Nachfragers verstanden, gezielt nach Preisinformationen zu suchen und diese dann bei ihren Kaufentscheidungen zu berücksichtigen. Sowohl das Preisinteresse wie auch die Preiskenntnis sind in hohem Maße vom jeweiligen Gegenstand abhängig: der Nichtraucher wird kaum den aktuellen, exakten Preis für eine Stange Zigaretten nennen können und wer kein Auto besitzt, kaum die Benzinpreise kennen. Der Dieselfahrer wird ziemlich sicher den exakten Preis für einen Liter Diesel wissen, aber nur ungefähr jenen für den Liter Super bleifrei. Dies führt in der Regel zu großen subjektiven Verzerrungen in der Preiswahrnehmung bzw. zum Aufbau von pauschalen Fehlurteilen. Hierauf wird gleich unter dem Stichwort Preiskenntnis näher eingegangen.

Hinsichtlich des **Preisinteresses** lassen sich drei Dimensionen unterscheiden: die **Intensität und Stärke** des Preisinteresses; der **Gegenstand** des Preisinteresses und die **beobachtbaren Konsequenzen** des Preisinteresses. **Intensität** und **Stärke** des Preisinteresses sind von einer ganzen Reihe von Faktoren abhängig: zum einen von der objektiven ökonomischen Situation, z. B. dem Einkommen bzw. besser gesagt dem frei verfügbaren Einkommen (was **kann** sich jemand leisten?) und der subjektiven Motivation bzw. dem Anspruchsniveau (was **will** sich jemand leisten?). Mit steigenden Preisen dürfte auch die Intensität und Stärke des Preisinteresses wachsen: der Preis für eine abendliche Vorstellung im Stadttheater dürfte wahrscheinlich weniger intensiv eruiert werden als der Erwerb einer Eintrittskarte für die nächsten Bayreuther Festspiele.

Der **Gegenstand** des Preisinteresses ist nicht nur die Markenwahlentscheidung („Für eine Opernaufführung während der Bayreuther Festspiele bin ich bereit, auch 200,00 DM zu bezahlen, weil dort Qualität mehr oder weniger selbstverständlich ist."), sondern oftmals auch die Wahl der Verkaufsstätte („Das ist eben Bayreuth und nicht das Stadttheater") oder der Einkaufszeitpunkt („Das diesjährige Weihnachtsgeld ermöglicht mir den Erwerb von Eintrittskarten als Weihnachtsgeschenk für die ganze Familie").

Wie bereits im Zusammenhang mit dem Kaufentscheidungsverhalten dargelegt wurde, läuft dieser Prozess nicht immer nach den Regeln reiner Rationalität ab. Die Verhaltenskonsequenzen des Preisinteresses sind oftmals geprägt durch ein Entlastungsstreben der Nachfrager, die mit einer ihrem Preisinteresse entsprechenden umfassenden Analyse aller Preise sicherlich überfordert wären. Er wendet **Vereinfachungsstrategien**, insbesondere bei Gütern des kurzfristigen Bedarfs, an. Solche Vereinfachungsregeln können z. B. durchaus subjektive Vorstellungen davon sein, was eine Theaterkarte kosten darf oder die Festlegung von subjektiven Preisobergrenzen („Mehr bin ich für eine Theaterkarte zu zahlen nicht bereit!") und Preisuntergrenzen („Was so billig ist kann nichts wert sein!").

(2) Die **Preiskenntnis** bzw. das **Preiswissen** betreffen vor allem den kognitiven Bereich des Preisverhaltens. Hierunter werden alle Informationen aus dem Langzeitgedächtnis der Nachfrager verstanden, die für die Beurteilung der preisbezogenen Vorteilhaftigkeit beliebiger Produkte oder Dienstleistungen subjektiv relevant sind. Empirische Untersuchungen (Befragungen) haben ergeben, dass die Verbraucher auch bei häufig nachgefragten Produkten kaum in der Lage sind, die einigermaßen exakten Preise für bestimmte Güter zu nennen. Hasitschek[21] hat bereits 1977 das Ausmaß von richtigen und falschen Vorstellungen über die Preise von Wiener Theatern untersucht und kam zu folgendem Ergebnis:

Wie aus der rechten Spalte deutlich wird, wurden die Theaterkarten in vielen Fällen als teurer eingeschätzt, als sie tatsächlich sind; interessanterweise gilt dies für die billigsten Sitzplätze in weit größerem Maße als für die teuersten. Dies heißt, dass der (in diesem Falle der Wiener) Bevölkerung gar nicht klar ist, wie preisgünstig Theater tatsächlich ist.

Die Preiskenntnisse können sich

• auf **Einzelpreise** (z. B. den Preis einer Einzelstunde Klavier in verschiedenen Musikschulen),

Es schätzten ein:	Im Vergleich zu den tatsächlichen Preisen:		
	Billiger	Richtig	Teurer
Burgtheater			
Billigster Platz	2	0	73
Teuerster Platz	41	11	23
Staatsoper			
Billigster Platz	3	0	35
Teuerster Platz	13	7	19
Josefstadt			
Billigster Platz	0	0	66
Teuerster Platz	22	14	31
Akademietheater			
Billigster Platz	6	9	19
Teuerster Platz	25	2	8

Abb. 35: Einschätzung von Theaterkartenpreisen in Wien

- auf **Preisverteilungen** (z. B. über verschiedene Zeitpunkte „Früher kostete ein Theaterabonnement nur 150,00 DM"),
- auf **verschiedene Produktionsstätten** („Ein Theaterabonnement kostet in Heidelberg nur 150,00 DM, während es in Mannheim 270,00 DM kostet."),
- verschiedene **Bezugsmengen** („Die Einzelkarte an der Abendkasse kostet 27 DM; ein Abonnement mit zwölf Vorstellungen auf demselben Platz nur 250,00 DM.") wie auch
- auf sog. „**Preisurteilsanker**" beziehen. Solche „Preisurteilsanker" können **Referenzpreise** („Eine Musikschulstunde Klavier kostet durchschnittlich 120,00 DM im Monat.") bzw. **Preisbereitschaftsschwellen**. Preise unterhalb der unteren Preisschwelle führen gewöhnlich zu Zweifeln an der Qualität der Produkte („Ein Sinfoniekonzert zum Preis von 10,00 DM kann nur schlecht sein."), Preise oberhalb der oberen Preisschwelle werden z. B. wegen fehlender Kaufkraft oder dem (subjektiven) Gefühl der Überteuerung abgelehnt („Keine Theateraufführung ist es wert, hierfür 600,00 DM zu nehmen.").

(3) Preisbewusstsein und Preiswürdigkeitsurteile basieren auf dem Preisinteresse und der Preiskenntnis. Dabei kann weiter diffe-

renziert werden hinsichtlich **Preisgünstigkeitsurteilen** (hier wird ausschließlich der Preis und nicht die Qualität beziehungsweise der Leistungsumfang des jeweiligen Gutes bewertet) und **Preiswürdigkeitsurteilen** (diese betreffen das Preis-Leistungsverhältnis eines Güterbzw. Dienstleistungsangebotes). Dabei wird die Preiswürdigkeit durch die wahrgenommene Relation zwischen Produktnutzen und zu zahlendem Preis beurteilt, d. h. dieses Verhältnis wird sehr stark von Art und Ausmaß des subjektiv empfundenen Produktnutzens beeinflusst. Es handelt sich hier (anders als bei der Preisgünstigkeit) um mehrdimensionale Bewertungsprozesse, in die auch vom Nachfrager wahrgenommene Teilnutzen der Produkte miteinfließen.

Dies ist z. B. die Grundlage jedweder Pauschalreise bzw. sog. Packages etwa im Kulturtourismus. Die einzelnen Leistungsbausteine und ihre jeweiligen Preise (etwa Anreise per Bahn, Hotelunterbringung, Eintrittskarte zur Veranstaltung, anschließendes mehrgängiges Menü sowie Stadtführung) sind im Paket zum einen billiger als beim separaten Erwerb, zum anderen spart der Nachfrager aber auch Zeit bzw. möglichen Verdruss, da ihm die Mühe der Einzelbuchungen abgenommen wird.

Voraussetzung für die nachfrageorientierte Preisfindung ist somit die möglichst detaillierte Erfassung der Nutzeneinschätzung seitens der Nachfrager. Wie kann nun ein Kulturbetrieb feststellen, welchen Preis seine Besucher zu zahlen bereit sind, wie sie ein vorgegebenes Preis-Leistungs-Verhältnis beurteilen oder wie sie auf Preisänderungen reagieren werden? Hierzu gibt es im Prinzip zwei Wege: die direkte **Konsumentenbefragung** oder die **Beobachtung des Konsumentenverhaltens**.

(1) **Direkte Konsumentenbefragung:** Das Instrument der Befragung (mittels Interview oder Fragebogen) wurde bereits im Zusammenhang mit der Markt- bzw. Nachfrageforschung dargestellt. Beim Einsatz dieses Instrumentariums im Rahmen der Preisfindung ist allerdings von einer recht geringen Validität auszugehen. Dies bedeutet, dass Auskünfte der befragten Testpersonen nicht für bare Münze genommen werden dürfen und dass die bekundete Kaufbereitschaft nicht mit tatsächlich vollzogenem Kauf gleichgesetzt werden kann. Von Vorteil ist allerdings, dass Befragungen relativ einfach und auch kostengünstig sind.

Um die angesprochenen Probleme zu umgehen, werden folgende Befragungsarten angewandt:

- **Preisschätzungstest** (z. B. „Wie viel darf Ihrer Meinung nach eine Konzertkarte maximal kosten?")
- **Preis-Reaktions-Test** (z. B. „Halten Sie die Preise x, y, z für die Konzertkarten für: zu niedrig/angemessen / zu hoch?")
- **Preis-Kaufbereitschafts-Test** (z. B. „Sind Sie bereit, eine Konzertkarte zum Preis von 80,00 DM in nächster Zeit zu kaufen?")
- **Preisklassen-Test** (z. B. „Bei welchem Höchstpreis x, y, z würden Sie eine Konzertkarte noch kaufen?" „Bei welchem Niedrigpreis x, y, z beginnen sie an der Produktqualität zu zweifeln?").[22]

Die Formen der Fragestellung zeigen bereits, wie schwierig es ist, tatsächlich ehrliche Antworten zu bekommen, denn die Nachfrager realisieren natürlich, dass sie von entsprechenden Preiserhöhungen direkt betroffen sind – und wer möchte schon gern mehr bezahlen als unbedingt notwendig?

(2) Die Beobachtung des Konsumentenverhaltens: Kundenreaktionen auf Preise lassen sich auch in verschiedenen Testverfahren feststellen, indem z. B. Preise erhöht bzw. verringert werden. Dieses Verfahren hat zwar im Gegensatz zur Befragung eine hohe Validität, d. h. die Reaktionen sind greifbar (Kunden äußern nicht spekulativ Wünsche und Absichten, sondern handeln tatsächlich, indem sie kaufen oder nicht kaufen). Diese Sicherheit kann die Kultureinrichtung u. U. aber auch teuer zu stehen kommen: ist der Preis zu hoch und die Kunden bleiben weg, sind sie nur schwierig wieder zurückzuholen.

Analysiert man unter diesen Voraussetzungen das Reaktionsverhalten von Nutzern von Kultureinrichtungen differenziert, so kommt man zu durchaus erstaunlichen Ergebnissen, wie das das folgende Beispiel belegt. Ein Gemeinschaftsgutachten des *ifo-Instituts für Wirtschaftsforschung* in München und des *Instituts für Museumskunde* in Berlin zur Frage der Eintrittspreise in Münchner Museen kam u. a. zu folgenden Schlussfolgerungen:

- Die Ergebnisse der Simulationen höherer Eintrittspreise für ermäßigte und reguläre Normalzahler zeigen, dass der Spielraum für Erhöhungen der Eintrittspreise in den einzelnen Museen differenziert zu beurteilen sind. Maßgebend für die Unterschiede sind in erster Linie das Niveau der gegenwärtigen Eintrittspreise sowie die jeweilige Besucherstruktur.

• Dass die Spielräume nach oben begrenzt sind, zeigen die starken Besuchsrückgänge in den Museen, deren Eintrittspreise auf einem vergleichsweise hohen Ausgangsniveau liegen.

• Der Spielraum für Eintrittspreiserhöhungen hängt zudem von der Ausrichtung des Museums und den eng damit zusammenhängenden Besucherstrukturen ab. Bestimmend ist hierbei vor allem der Anteil von Touristen, die im Unterschied zu Besuchern aus dem Museumsort oder dem Umland höhere Eintrittsgelder akzeptieren. Dies bedeutet, dass Museen die in hohem Maße Touristen anziehen, deutlich höhere Erhöhungsspielräume besitzen als Museen, deren Publikum hauptsächlich aus ortsnahen Besuchern besteht.

• Darüber hinaus beeinflussen auch Unterschiede der soziodemographischen Struktur des Publikums die zu erwartenden Reaktionen maßgeblich:

– Trotz des geringeren Eintrittspreises weisen ermäßigte Normalzahler eine geringere Preiserhöhungsakzeptanz auf als reguläre Normalzahler.

– Jüngere Besucher weisen eine geringere Preiserhöhungsakzeptanz auf als ältere Besucher.

– Preiserhöhungen wirken sich bei den Besuchern mit einem geringen monatlichen Kulturbudget stärker aus als bei Besuchern mit hohem Budget.

– Wiederholungsbesucher weisen eine geringere Preisakzeptanz auf als Erstbesucher.

Das Ergebnis lässt sich so zusammenfassen: Der Eintrittspreis ist nur ein und für viele Besucher keineswegs der entscheidende Faktor für einen Museumsbesuch. Qualität der Sammlungen, attraktive Vermittlungs- und Serviceangebote sowie besucherfreundliche Öffnungszeiten können wesentlich zu einer Erhöhung der Preisakzeptanz beitragen. Darüber hinaus lassen sich durch die Verbindung mit Veränderungen der Qualität und des Umfanges von Angeboten Eintrittspreiserhöhungen dem Publikum besser vermitteln. Veränderungen der Eintrittsgeldregelungen sollten daher in ein integriertes langfristiges Konzept, das auf die Erhöhung der Besucherfreundlichkeit abzielt, eingebettet werden.[23]

Wenn der Preis als Entscheidungsgröße beim Nachfrager eine wichtige Rolle spielt, so muss er auch entsprechend kommuniziert werden. Pepels nennt dies **Ankergrößen** für die persönliche Entscheidung des Kunden und gibt eine Reihe von Beispielen wie:

• die demonstrative **Gegenüberstellung des aktuellen Preises zum regulären Preis**, z. B. bei begrenzten Sonderangeboten („Der Eintritt für die Operngala kostet 150,00 DM – die ersten 100 Besucher bekommen die Karte jedoch zum Preis von 125.00 DM");

• **den kognitiven Vergleich des aktuellen Preises mit der Preiskenntnis** der Vergangenheit („Alles wird teurer; doch in dieser Spielzeit senken wir die Kosten für das Abonnement");

• die Suggestion von Preisgünstigkeit **über zeitliche/räumliche Limitation des Angebots oder Preiszusätze** („Nur wenn Sie hier im Theater während dieser Aktionswoche ein Abonnement für die nächste Spielzeit buchen, erhalten Sie zusätzlich und kostenlos eine Eintrittskarte für das heiß begehrte Neujahrskonzert");

• das **Preisgefüge**, das sich innerhalb eines Programms über mehrere Produkte hinweg als eine Mischung aus Zugartikeln und Ausgleichsträgern ergibt und insgesamt preisgünstiger ist („Der Opernabend mit Einführungsvortrag, Sektempfang, Vorstellung und anschließendem Candlelightdinner im Theaterfoyer zum Gesamtpreis von 250,00 DM);

• die sog. **Schwellenpreise** bzw. **Preisschwellen**, die sich jeweils vor runden Zahlen ergeben und daher zu sog. **gebrochenen Preisen** unmittelbar unterhalb der Preisschwelle führen. Ein Preis soll damit gefühlsmäßig der Preiskategorie unterhalb der Preisschwelle zugeordnet werden. („Unser günstigstes Opernabonnement bereits für 199,00 DM").[24]

Gerade das letzte Beispiel macht indes sehr deutlich, wie problematisch solche Preisstrategien sein können – gerade im Falle eines relativ hochpreisigen Opernangebotes kann sich ein Theater mit gebrochenen Preisen schlichtweg lächerlich machen. Dennoch sei immer wieder darauf hingewiesen, dass entscheidend die Sicht der Kunden ist.

10.5 Preisstrategien

Da im öffentlichen bzw. non-profit-orientierten Kulturbetrieb die eigenen Kosten teilweise sehr stark von öffentlicher Seite finanziert werden (im Theaterbereich z. B. zu ca. 85 %) herrscht dort leider nur ein geringes Preis und Kosten-Bewusstsein. Vor allem wird viel zu wenig über mögliche **Preisstrategien** nachgedacht, d. h. welche Steuerungsleistungen mit dem Preis erzielt werden können. So ist eine Auffälligkeit beispielsweise im Theaterbetrieb, dass in den meisten Theatern der Preis sehr stark um einen Mittelwert streut, d. h. sie sind nicht so richtig teuer aber auch nicht wirklich billig. Viele praktische Beispiele (Rheingau-Musikfestival, Opernhaus Zürich usw.) zeigen aber, dass Diejenigen, die bessere Plätze nachfragen, durchaus bereit sind, hierfür auch sehr viel höhere Preise zu bezahlen. Dies zeigt sich z. B. an dem weit verbreiteten Phänomen, dass in der Regel die teuren Karten bei Veranstaltungen immer zuerst verkauft sind! Umgekehrt sollte es aber auch möglich sein, Theater oder Konzertbesuche auch sehr preisgünstig realisieren zu können. Die Praxis zeigt, dass **eine tiefe Preisstaffelung** (d. h. bessere Plätze sehr teuer, schlechtere sehr billig zu verkaufen) insgesamt die Einnahmen steigert.

Nicht nur für wirtschaftliche, gewinnorientierte Unternehmen, sondern ebenso für öffentlich getragene bzw. unterstützte Kultureinrichtungen dürfte klar sein, dass es kaum möglich ist, höchste Qualität zu einem Niedrigstpreis anzubieten – ganz unabhängig von den Finanzierungsproblemen ist dies auch eine Frage der (notwendigen) Schaffung von Qualitätsbewusstsein, d. h. dass hohe Qualität nicht nur einen entsprechenden Wert, sondern notwendigerweise auch ihren Preis hat. Das Violinenkonzert No. 5 in A Major, gespielt von Anne-Sophie Mutter, hat sicherlich eine andere Qualität als dasselbe Stück, gespielt vom Mitglied eines B-Orchesters oder einer Nachwuchskünstlerin. Und ganz selbstverständlich bezahlen die Besucher der jeweiligen Konzerte in aller Regel ohne Murren unterschiedliche Preise.

Daraus folgt, dass im Preis-Qualitäts-Wettbewerb durchaus über unterschiedliche Strategien nachgedacht werden sollte. Kotler und

Bliemel[25] haben hierfür eine Neun-Felder Matrix entwickelt, die sich an den beiden Koordinaten **Preis** und **Qualität** orientiert.

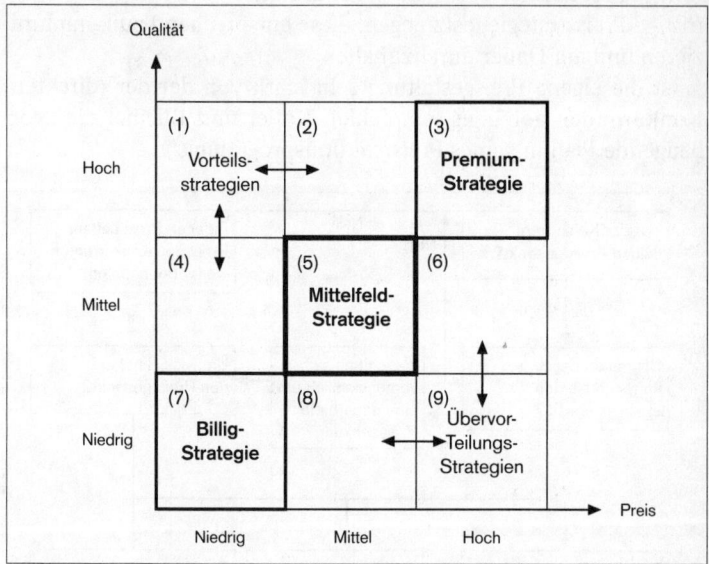

Abb. 36: Preisstrategien

Die Felder 3,5 und 7 markieren **ausgewogene Strategien**, d. h. für eine ganz bestimmte Qualität wird ein ganz bestimmter Preis genommen. Die Felder 6, 8 und 9 dagegen stellen **Übervorteilungsstrategien** des Anbieters gegenüber dem Kunden dar: diesem wird zu einem jeweils überhöhten Preis eine schlechtere Qualität angeboten. Die Felder 1, 2 und 4 dagegen sind vor allem **für den Kunden vorteilhaft**: hohe und mittlere Qualität wird zu jeweils günstigeren Preisen angeboten.

Letztere Strategie ist sicherlich sinnvoll, um neue Kunden zu gewinnen: sie haben das Gefühl, für ihr Geld mehr als die übliche Qualität zu bekommen. Diese Strategie lässt sich indes kaum auf Dauer durchhalten (Kotler/Bliemel sprechen deshalb auch ausdrücklich von einer „Angriffsposition" zur Gewinnung neuer Kunden), denn irgendwann haben sich auch die qualitätsbewusstesten

Kunden an die Niedrigpreise gewöhnt und stehen den aus produktionstechnischen Kostengründen notwendigen Preiserhöhungen unwillig gegenüber. Von daher ist es dringend notwendig, eine langfristige Preisstrategie festzulegen, diese entsprechend zu kommunizieren und auf Dauer durchzuhalten.

Ist die eigene Preisgestaltung sehr stark von der der (direkten) Konkurrenten abhängig, empfehlen Kotler und Bliemel die „vorbeugende Planung eines Preisreaktionsprogramms":

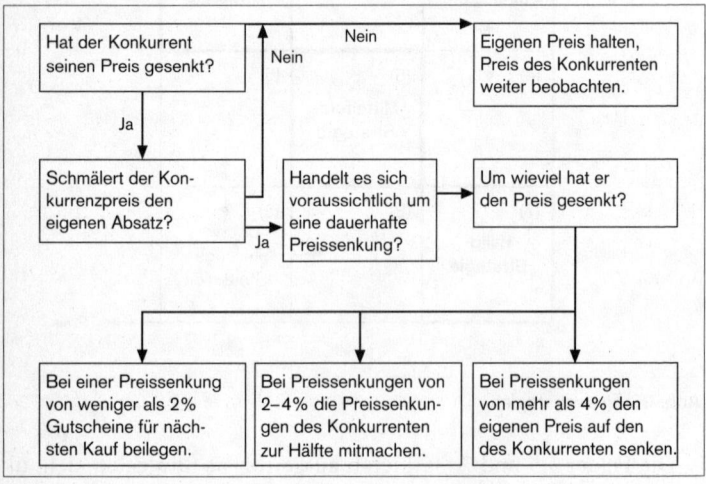

Abb.: 37: Preisreaktionsprogramm

10.6 Konditionen- und Rabattpolitik

Neben der bisher dargestellten Preisfindung bzw. Preisstrategie kennt die praktische Preispolitik noch weitere Instrumente; hierzu zählen vor allem:

- Rabatte
- Zahlungs- und Lieferbedingungen
- Garantieversprechen
- Umtausch- und Rückgaberechte

In ihrer Gesamtheit bezeichnet man sie – in Abgrenzung zur bisher dargestellten Preispolitik – als **Konditionenpolitik**. Die Konditionenpolitik unterliegt in Deutschland (im Unterschied zu anderen europäischen Ländern) einer ganzen Reihe von juristischen Regelungen. Hierzu zählen insbesondere: das **Gesetz gegen Wettbewerbsbeschränkungen** (GWB), das **Gesetz gegen unlauteren Wettbewerb** (UWG), das **Rabattgesetz**, die **Zugabeverordnung** und schließlich die **Verordnung über Preisangaben**, die regelt, dass Preisangaben der Preisklarheit und Preiswahrheit entsprechen und gut wahrnehmbar sein müssen.

Allerdings sollte man auf Grund der (noch) starken Reglementierung in Deutschland keineswegs die Hände in den Schoß legen. Die europaweiten Diskussionen über die Buchpreisbindung, aber auch um verbilligte Reimporte von deutschen Autos aus europäischen Nachbarländern zeigen, dass es der Europäischen Kommission, insbesondere ihrer Kommission für Wettbewerb, ernst ist mit dem europaweitem Wettbewerb. Über kurz oder lang wird sich auch Deutschland und hier auch der Kulturbereich (im Buchsektor ist dies bereits Realität) mit diesen Problemen auseinander setzen müssen

Der **Rabatt** ist ein Nachlass auf einen allgemein angekündigten oder geforderten Verkaufspreis für Waren bzw. Leistungen, der angewendet wird, wenn ein formell einheitlicher Angebotspreis trotzdem gegenüber verschiedenen Nachfragern, unter verschiedenen Umständen oder zu verschiedenen Zeiten differenziert werden soll. Dies kann beispielsweise geschehen, um bestimmte Leistungen der Käufer zu honorieren oder bestimmte Kundensegmente unterschiedlich behandeln zu können.[26] Die Gewährung von Rabatt kann dabei ganz unterschiedliche Gründe haben: der Anbieter will ggf. **frühe Kaufentscheidungen**, um langfristig planen zu können; er will **mehr verkaufen**, als der Kunde eigentlich abnehmen möchte; er will den Besucher **dauerhaft binden**; er will die Nachfrage **auf einen bestimmten Termin lenken** usw. Bevor der Kulturbetrieb sich für die Einführung einer bestimmten Rabattform entscheidet, sollte er genau festlegen, welches Ziel damit verbunden wird.

Das 1933 erlassene Rabattgesetz (RabG) wurde beschlossen, um den Wettbewerb nicht durch willkürliche Preisnachlässe zu gefährden. In seinem § 1 ist festgelegt, dass das Gesetz für Waren und Leistungen des täglichen Bedarfs gilt und nur beim Verkauf an den letzten Verbraucher (also nicht gegenüber dem Zwischen- bzw. Einzelhandel) zur Anwendung kommt. § 7 erlaubt den Preisnachlass oder die Zugabe von Waren beim Verkauf einer größeren Warenmenge und § 9 regelt, in welchen Fällen Sondernachlässe oder Sonderpreise gewährt werden dürfen, nämlich an Personen, die die Ware beruflich verwenden, an Großverbraucher und an Arbeiter, Angestellte, Leiter und Vertreter des eigenen Unternehmens. In allen diesen Fällen ist eine Rabattgewährung über 3 % hinaus möglich.

Die für den Kulturbetrieb interessanten Rabattsysteme lassen sich nach dem **Grund** der Rabattgabe wie folgt unterscheiden:[27]

(1) Barzahlungsrabatt. Hier handelt es sich um eine allgemein zulässige Vergütung für eine schnelle Bezahlung. Als sog. **Skonto** stellt sie einen prozentualen Nachlass dar, der vom Kaufpreis entsprechend den Zahlungsbedingungen auf den Rechnungsbetrag bei Barzahlung innerhalb einer bestimmten Frist gewährt wird. Hier ist auch eine Staffelung möglich, z. B. die Regelung **zahlbar in 3 Monaten netto**, **binnen 1 Monat 2 %**, **binnen 10 Tagen 3 % Skonto**. Der Verkäufer kommt schneller an sein Geld und kann dieses zinsbringend anlegen. Die Skontierung ist für den Kulturbetrieb selbst von besonderem Interesse beim Beschaffungsmarketing, wenn etwa gegenüber Zuliefer-Betrieben möglichst gute Skonto-Bedingungen ausgehandelt werden. Bei größeren Aufträgen (etwa Katalog- oder Programmheftedruck) können angesichts von 3 % Preisnachlass teilweise erhebliche Beträge gespart werden.

(2) Warenrabatt. Diese Berechnungsart verändert den **endgültigen** Kaufpreis. Im Falle des **Mengenrabatts** wird ein Preisnachlass für die Abnahme von größeren Mengen in einer Lieferung oder in einem bestimmten Zeitraum gewährt. Diese Rabattierungsform ist im Kulturbereich nicht selten, z. B. wenn mehrere Kinder in ein und derselben Musikschule Unterricht nehmen (Familienrabatt), wenn in Museen und Ausstellungen Gruppentickets angeboten werden oder auch in Form des Theaterabonnements, wo ebenfalls mehr Karten im Paket verkauft werden. Auch die Jahreskarte ist eine Form des Mengenrabatts, da hier in der Regel kostenloser Zugang zu einer Vielzahl von Ausstellungen gewährt wird.

(3) Funktionsrabatt. Für die Übernahme eines Teils der Handelsfunktionen im Distributionssystem kann gegenüber dem Abnehmer eine Vergütung gewährt werden (Vgl. unten 11.3: Der zufriedene Kunde als Absatzmittler). Wer z. B. zu den jährlich stattfinden Sommerkursen für Malerei weitere Teilnehmer wirbt und dabei selbst weiterhin an den Kursen teilnimmt, erhält entsprechend der geworbenen Teilnehmer Preisnachlasse oder Sondergeschenke/Prämien; ebenso verfährt die Mitgliederwerbung bei Buchclubs oder Zeitungen und Zeitschriften.

(4) **Frühbezugsrabatt**. Dieser Preisnachlass wird für die vorzeitige Abnahme von Gütern und Dienstleistungen gewährt. Er bezieht sich auf den Zeitpunkt der Bestellung und stellt einen Preisnachlass für die vorzeitige Abnahme von Gütern oder Leistungen dar. Bei der Neueinführung aufwändiger Druckerzeugnisse (z. B. von Buch-, Grafik- und Musikeditionen) spielt der sog. **Subskriptionspreis** (d. h. ein Preisnachlass bei Bestellung bis zu einem bestimmten Zeitpunkt) eine wichtige Rolle. Für den Nachfrager bringt er den Vorteil, das Werk preisgünstiger als zum späteren Zeitpunkt zu erhalten; für den Anbieter liefern die Vorausbestellungen wichtige Planungsdaten für die zu erwartende Nachfrage und dementsprechend eine sinnvolle Auflage.

(5) **Treuerabatt**. Dieser ist die Belohnung für langandauernde Geschäftsbeziehungen. Wer über viele Jahre eine bestimmte Dienstleistung einer Kultureinrichtung in Anspruch nimmt (z. B. Mitglied in einem Buchclub ist, sich an Sommerkursen des Kulturamtes beteiligt usw.) kann gewisse Preisnachlässe bzw. Prämien (Buchprämie, besondere Grafik, Sonderdruck usw.) erhalten.

(6) **Sonderrabatte**. Hierbei handelt es sich um unterschiedliche Formen von Rabatten an bestimmte Bezugsgruppen, z. B. Betriebsangehörige (Personalrabatt), Berufsgruppen (Beamte, Vereinsrabatt usw.) oder bestimmte soziale Schichten und Gruppen (z. B. Schüler, Studenten, Arbeitslose, Wehrpflichtige, Zivildienstleistende, Senioren usw.). So betrug der Anteil der **Ehrenkarten, Frei- und Dienstplätze** in den öffentlichen Theatern Deutschlands in der Spielzeit 1997/98 6,1 %. Dem häufig vorgebrachten Einwand, durch eine stärkere Annäherung der Eintrittspreise an die tatsächlichen betriebswirtschaftlichen Kosten würden bestimmte soziale oder und kulturpolitisch wichtige Zielgruppen von kulturellen Angeboten

ausgeschlossen, kann mithilfe eines durchdachten Preisgestaltungs-
systems sowie eines rationalen (und ggf. großzügigen) Rabattie-
rungssystems durchaus wirkungsvoll begegnet werden.

Eine recht originelle Rabattierungsform dachte sich das *Schmidt-
Theater* in Hamburg im Sommer 2000 aus. Um auf das Besucher-
loch an heißen Sommertagen aktiv zu reagieren, wurde ein sog.
Hitzerabatt gewährt. Wenn die Temperatur zum Beispiel 25 Grad betrug, kosteten die Eintrittskarten 25 Prozent weniger, bei 30 Grad
sogar 30 Prozent. Die Temperatur wurde jeweils mittags um 12 Uhr
gemessen und galt für den ganzen Tag und zwar sowohl für die
Eigenproduktionen als auch das Schwesterhaus *Schmidts Tivoli*.

Leitend sollte bei jedweder Rabattierung im öffentlichen Kulturbetrieb die Grundüberlegung sein: Diejenigen, die sowohl in der
Lage als auch dazu bereit sind, zahlen Preise, die sich stärker an den
betriebswirtschaftlichen Kosten orientieren; dadurch werden entsprechend Mittel für diejenigen freigesetzt, die diese Preise nicht bezahlen können. Gleichzeitig können auf diesem Wege durch entsprechende Maßnahmen neue Zielgruppen erschlossen werden.
Hier bieten sich auch interessante Sponsoringformen: so sponsert
beispielsweise die *Migros* in der Schweiz ausdrücklich Opernplätze
für Interessenten, die sich diese aus finanziellen Gründen nicht leisten können (Sozialsponsoring). Und die Salzburger Festspiele bieten den Einwohnern der Stadt, die die hohen Festspielpreise nicht
bezahlen können oder wollen den kostenlosen Besuch der jeweiligen Generalproben bzw. Übertragungen auf Großleinwand auf dem
Domplatz.

Die Kombination verschiedener Rabattierungsformen (und des
damit verbundenen Einnahmeanteils) lässt sich sehr gut am Theaterbetrieb (bezogen auf die Spielzeit 1987/98)[28] verdeutlichen (Abb.
38a):

Wie aus der Tabelle hervorgeht, erbringt ⅓ der Karten (nämlich
die Kartenart Tageskarten) fast ⅔ der Betriebseinnahmen. Welch
dramatische Verschiebungen sich hier in weniger als zehn Jahren ergeben haben, zeigt ein Vergleich mit der Spielzeit 1989/90 (Abb.
38b):[29]

	Spielzeit 1997/98	
Kartenarten	Anteil an abgegebenen Karten	Anteil an Einnahmen
Tageskarten	33,3 %	63,3 %
Platzmieten	21,9 %	23,1 %
Besucherorganisationen	15,0 %	10,7 %
Kinder- und Jugendkarten	15,8 %	2,9 %
Vorzugskarten	7,8 %	0
Ehren-, Frei- und Dienstplätze	6,1 %	0
Summe	99,9 %	100 %

Abb. 38 a: Preiskategorien in öffentlichen Theatern Spielzeit 1997/1998

	Spielzeit 1989/90	
Kartenarten	Anteil an abgegebenen Karten	Anteil an Einnahmen
Tageskarten	29,1 %	47,6 %
Platzmieten	28,4 %	32,8 %
Besucherorganisationen	24,3 %	16,6 %
Kinder- und Jugendkarten	12,9 %	3,0 %
Vorzugskarten, Ehren-, Frei- und Dienstplätze	5,3 %	0 %
Summe	100 %	

Abb. 38 b: Preiskategorien in öffentlichen Theatern, Spielzeit 1989/1990

Vor weniger als zehn Jahren brachten die rabattierten Platzmieten und Besucherorganisationen zusammen immerhin noch knapp 50 % (genau: 49,4 %) der Einnahmen; 1997/98 waren dies nur noch 33,8 %, sicherlich Grund genug für die Theater über ihr Rabattierungs- und Distributionssystem nachzudenken!

Anmerkungen:

[1] Pommerehne/Frey (1993) S. 10
[2] Gablers Wirtschaftslexikon, Wiesbaden [13]1993 S. 2255
[3] *Deutscher Bühnenverein*/Bundesverband Deutscher Theater: Theaterstatistik 1997/98 S. 179
[4] Wörtlich heißt es dort: „Im demokratischen Staatswesen ist *Kultur für alle* als kommunale Gemeinschaftsaufgabe ständig neu zu definieren: Kulturarbeit muss

der Entfaltung und Entwicklung der sozialen, kommunikativen und ästhetischen Möglichkeiten und Bedürfnisse aller Bürger dienen." (Wege zur menschlichen Stadt)

[5] Vgl. hierzu etwa die Ergebnisse zu den Preisvorstellungen des Publikums der Wiener Theater bei Hasitschka (1977); ebenso Klein, Hans-Joachim: Barrieren des Zugangs zu öffentlichen kulturellen Einrichtungen, Karlsruhe 1978

[6] *Institut für Museumskunde Berlin* (Hrsg.): Eintrittsgeld und Besucherentwicklung an Museen der BRD mit Berlin (West) Heft 10, Berlin 1984 S. 28

[7] *Institut für Museumskunde Berlin* (Hrsg.): Erhebung der Besuchszahlen an den Museen der Bundesrepublik Deutschland für die Jahre 1989–1993; Hefte 31, 34, 36, 38, 40. Berlin 1990 ff

[8] Nieschlag/Dichtl/Hörschgen (1997) S. 296

[9] Schneck (1993) S. 473

[10] Gablers Wirtschaftslexikon, Wiesbaden [13]1993 S. 2629

[11] Nieschlag/Dichtl/Hörschgen (1997) S. 297

[12] Becker (1999) S. 115

[13] Nieschlag/Dichtl/Hörschgen (1997) S. 298

[14] Pommerehne/Frey (1993) S. 20

[15] Vgl. Müller-Hagedorn (1990) S. 173 ff und Hagedorn (1993) S. 136

[16] Vgl. hierzu: Raffée, Hans, Wolfgang Fritz und Peter Wiedmann: Marketing für öffentliche Betriebe, Stuttgart/Berlin/Köln 1994 S. 211

[17] Steinmann, Horst und Georg Schreyögg: Management. Grundlagen der Unternehmensführung. Konzepte, Funktionen und Praxisfälle, Wiesbaden [2]1991 S. 295–304

[18] Vgl. hierzu Heinrichs, Werner und Armin Klein: Kultur-Management von A-Z, München 1996 S. 35 f

[19] Wöhe, Günter: Einführung in die Allgemeine Betriebswirtschaftslehre, München 1993 S. 719

[20] Meffert (1998) S. 479 ff

[21] Hasitschka (1997)

[22] Wöhe (1993) S. 720

[23] Eintrittspreise (1996) S. 120 f

[24] Vgl. Pepels (1996) S. 828

[25] Kotler/Bliemel (1999) S. 760

[26] Müller-Hagedorn (1993) S. 135

[27] Vgl. Gablers Wirtschaftslexikon, Wiesbaden [13]1993 S. 2747

[28] Vgl. Deutscher Bühnenverein (1999) S. 175 und 176

[29] Vgl. Müller-Hagedorn (1993) S. 142

11. Wie kommen die Besucher zu unseren Programmen? (Distributionspolitik)

11.1 Distributionsbeziehungen im Kulturbetrieb

Die kulturellen und künstlerischen **Leistungen** müssen auf geeigneten Wegen die Nachfrager bzw. Käufer erreichen. In engem Zusammenhang mit der künstlerischen bzw. kulturellen Leistung stehen daher die **Zugangsbedingungen** zu diesen Produkten, seien es nun Güter oder Dienstleistungen. Von Bedeutung sind hier also ebenso **Eintrittskarten**, entsprechende **Anmeldeformulare** (z. B. für Kurse in Volkshoch- und Musikschulen), aber auch die notwendigen **Informationen** sowie schließlich die für die Finanzierung immer wichtiger werdenden **Merchandisingartikel**[1], die möglichst bereits vor Veranstaltungen zum Verkauf angeboten werden sollten. Diese „**Präsenzleistung**" d. h. die ausreichende Verfügbarkeit des künstlerisch-kulturellen Produktes (und seiner Begleitprodukte) auf dem Markt kann auch als die „**Pipeline**"[2] des Marketing bezeichnet werden, die notwendig ist, damit die Produkte bzw. Dienstleistungen die anvisierten Zielgruppen tatsächlich und zwar möglichst optimal erreichen.[3]

Die hervorragendste Kunstausstellung gewinnt nicht die ihr angemessene Besucherzahl, wenn die Öffnungszeiten des Museums völlig ungünstig liegen; der schönste Ausstellungskatalog nützt wenig, wenn er bei der Eröffnung nicht vorliegt; die engagierteste Musikschularbeit kann weitgehend in die Leere laufen, wenn die Unterrichtszeiten nicht Rücksicht nehmen auf die Zeitstrukturen der Kinder und Jugendlichen bzw. deren Eltern; die spannendste Theaterarbeit an einem ausgefallenen Spielort wird längst nicht alle potentiellen Interessenten erreichen, wenn nicht für eine entsprechende Verkehrsinfrastruktur gesorgt ist usw. Im Zentrum der Distributionspolitik stehen somit alle Entscheidungen und Handlungen im Zusammenhang mit **dem Weg eines (künstlerischen bzw. kulturellen) Produktes bzw. einer Dienstleistung vom Hersteller zum Abnehmer**.[4]

Zunächst ist zu klären, wie sich die Distributionsbeziehungen in dem jeweiligen Kulturbetrieb gestalten, d. h. ob das **kulturelle bzw. künstlerische Produkt zum Kunden** oder umgekehrt **der Kunde zum Produkt kommt**. Beide Alternativen stellen völlig unterschiedliche Herausforderungen an eine entsprechende Distributionspolitik.

• Wenn der Ort der Produktion und der Rezeption örtlich und zeitlich getrennt sind, wie in der künstlerischen bzw. kulturellen **Güterproduktion**, kommt das Produkt zum Kunden und steht die möglichst optimale Lösung der Distributionsfragen – wie in jedem anderen Bereich der wirtschaftlichen Güterproduktion auch – demgemäß im Vordergrund. Eine Musik-CD wird in einem Tonstudio aufgenommen und dann (ggf. weltweit) an den unterschiedlichsten Verkaufsstellen verkauft und an den verschiedensten Orten (z. B. mittels der aufwendigen Tonanlage zu Hause oder beim Joggen mit Walkman) gehört, d. h. rezipiert. Ein Verlag stellt ein Buch her und bringt es im jeweiligen Sprachraum an seine Kunden und diese lesen es zu Hause oder in der Bahn, beim Friseur oder in einer Bibliothek. Ein Film wird in einem Studio gedreht und kommt dann (ggf. mit Untertiteln weltweit) in die Kinos, wird über Video vertrieben oder vom Fernsehen gesendet. Die hierzu notwendigen Verteilungsaufgaben übernimmt die sog. Distributionspolitik, die die Regelung bzw. Festlegung aller betrieblichen Aktivitäten umfasst, die dazu beitragen, eine Leistung vom Ort ihrer Entstehung unter Überbrückung von Raum und Zeit an jene Stellen heranzubringen, wo sie nach dem Wunsch von Anbietern und Nachfragern in den Verfügungsbereich des letzteren übergehen soll.[5]

• Fallen der Ort der Produktion und der Rezeption örtlich und zeitlich zusammen, so kommt in der Regel der Kunde zum Produkt, sei er Zuschauer im Theater, Besucher eines Museums, Hörer eines Konzertes, Teilnehmer eines Volkshochschul- oder Musikschulkurses. Selbst im Falle der Stadtbibliothek kommt der Nutzer in aller Regel wenn schon nicht zum Ort der Produktion (Schreibstube des Autors oder Verlag), so doch zu dem der Distribution. Dass der Kunde zum Produkt kommt, trifft im Wesentlichen daher nur für die **künstlerischen bzw. kulturellen Dienstleistungen** zu und ihr spezifisches Marketing orientiert sich dementsprechend am sog. Dienstleistungsmarketing. Deshalb steht im Zentrum hier die Frage: wie kommt der Kunde möglichst komfortabel zum Produkt (bzw., um es noch einmal zu betonen, zu den entsprechenden Zugangsvoraussetzungen wie Eintrittskarten und Anmeldeformularen)?

Allerdings sind diese Trennungslinien in der Praxis keineswegs immer so klar zu ziehen und werden durch die rasante Entwicklung der Medien, speziell des Mediums Internet, die Grenzen immer mehr hin zur Interaktivität verschoben.

Durch die Entwicklung des Internet mit seinen vielfältigen Möglichkeiten, insbesondere des sog. E-Commerce, deuten sich hier in den einzelnen Bereichen weitere grundlegende Veränderungen an, die die jeweiligen Branchen teilweise in ihren Grundfesten erschüttern. Durch die Möglichkeiten des direkten Austausches zwischen Produzent und Konsument (sowohl was die Kommunikation/Bestellung als auch den materiellen Austausch betrifft) wird der Zwischenhandel zunehmend an Bedeutung verlieren. Wer sein Buch, seine CD, seinen Videofilm ohne dass ihm dabei zusätzliche Versandkosten entstehen, entweder direkt beim jeweiligen Produzenten bestellen oder diese Produkte sogar aus dem Netz herunterladen kann (beispielsweise Electronic publishing im Printbereich, MP3 im Musiksektor), wird diese Möglichkeiten auch zunehmend nutzen. Damit nähern sich die Absatzchancen zwischen großen und kleinen Anbietern wieder sehr stark an, denn im Netz platzierte Bücher eines Multis stehen neben denen eines Kleinverlages![6]

Die Tatsache, dass im Falle der oben skizzierten kulturellen bzw. künstlerischen Dienstleistungen der Besucher das Produkt in aller Regel direkt an der jeweiligen Produktionsstätte nachfragen muss, verführt in diesem Bereich leider vielfach noch immer dazu, die entsprechenden Distributionsleistungen nicht nur zu vernachlässigen, sondern sie komfortabel vor allem aus der Sicht des jeweiligen Kulturbetriebes, weniger bzw. gar nicht aus der Perspektive des Kunden zu gestalten.

„Karten zu ordern muss einem leicht gemacht werden. Man muss ohne strategischen Aufwand an sie kommen können, rund um die Uhr, von überall her. Und man muss auf eine heute gebräuchliche, bequeme Art, etwa mit Kreditkarte, bezahlen können"[7] – lautete die Schelte des deutschen Bundespräsidenten beim Jubiläum des Deutschen Bühnenvereins. Unter Marketinggesichtspunkten sollte daher nicht die Frage sein, wie die Kundenwünsche möglichst an die Leistungsfähigkeit des Kulturbetriebes angepasst werden können, sondern (genau umgekehrt), wie die Leistungsfähigkeit der Einrichtung am besten den Kundenwünschen angepasst werden kann.

Die Frage der Erreichbarkeit des künstlerischen bzw. kulturellen Produktes betrifft aber auch die **Öffnungszeiten** von Kultureinrichtungen: haben in einer Stadt etwa alle Museen am selben Tage geschlossen? Sind die Öffnungszeiten so gestaltet, dass ein Arbeitnehmer nur am Wochenende Ausstellungen besuchen kann oder gibt es – ähnlich wie in vielen Verwaltungen – einen **Dienstleistungsabend** mit verlängerten Öffnungszeiten? Wie werden Vernissagen zeitlich platziert? Sind diese nur für geladene Gäste oder für jedermann? Wann beginnen Theatervorstellungen, wann enden sie? Wie sind Anfang und Ende von Veranstaltungen mit den Fahrplänen öffentlicher Verkehrsmittel abgestimmt? Endet der große Opernabend 20 Minuten **nach** Abfahrt der letzten S-Bahn? In engem Zusammenhang mit der letzten Frage stehen die Probleme der **verkehrstechnischen Anbindung**. Ist das kulturelle Ereignis (etwa eine spezielle Festivalveranstaltung an einem besonderen Ort, z. B. einer alten Lagerhalle oder einer Burgruine) nur für Privat-PKW-Nutzer erreichbar? Wenn ja, lässt sich ein Pendelbusverkehr zur nächsten ÖPNV-Verbindung organisieren? Wie ist das Parkplatzangebot? Schließt das Parkhaus u. U. eine Viertelstunde vor Vorstellungsende?

Weitere wichtige Punkte sind die möglichst problemlose Verfügbarkeit von entsprechenden **Anmeldevoraussetzungen** (etwa bei Volkshochschul- bzw. Musikschulkursen). „Hier kann man sich in vielen Kulturinstitutionen durchaus Verbesserungen vorstellen. Kundenfreundliche Öffnungszeiten der Verkaufsstellen von Eintrittskarten gehören ebenso dazu wie die Erreichbarkeit eines Verantwortlichen bei Reklamationen. Kulturverwaltungen sollten sich nicht als Abholstellen verstehen, wo der Bürger für sein Kulturerlebnis ansteht, sondern als ein Service-Center, wo der Bürger seinen Anspruch auf einen Anteil an der kulturellen Daseinsvorsorge einlöst. Kulturverwaltungen sollten deshalb weniger die Atmosphäre von Bürostuben als vielmehr von Treffpunkten und Kommunikationsorten haben."[8]

Eine wichtige Rolle neben dieser objektiven Erreichbarkeit spielt auch die **subjektive**. Sowohl aus eigenen Erfahrungen als auch aus entsprechenden empirischen stadtsoziologischen Untersuchungen ist hinlänglich bekannt, dass die Einschätzung von Entfernungen (z. B. zwischen Parkplätzen und Einkaufs- oder Veranstaltungsorten) in hohem Maße davon abhängt, was sich zwischen diesen beiden Punkten befindet: gut beleuchtete, freundlich gestaltete Fußgängerzonen mit attraktiven Geschäften lassen die Entfernungen in der subjektiven Wahrnehmung schrumpfen, während unbeleuchtete, unbebaute Zwischenräume den Weg unerträglich lang werden lassen – völlig unabhängig von der metrisch messbaren tatsächlichen Entfernung! Wenn die eigene Kultureinrichtung an einem entsprechenden Ort angesiedelt ist, sollte alles nur Erdenkliche (Beschilderung, Beleuchtung, Wegesicherung usw.) unternommen werden, um subjektive Entfernungsempfindungen gleichsam schrumpfen zulassen.

11.2 Distributionskanäle und Absatzwege

Eine zentrale Rolle im Rahmen der Distribution spielen die Distributionskanäle bzw. Absatzwege. Diese lassen sich definieren als die Gesamtheit aller ineinander greifenden Organisationen, die am Austauschprozess beteiligt sind, um ein Produkt oder eine Dienstleistung zur Verwendung oder zum Verbrauch verfügbar zu machen.[9] Die Frage der Absatzwege richtet sich somit auf die rechtlichen, ökonomischen und kommunikativ-sozialen Beziehungen aller am Distributionsprozess beteiligten Personen bzw. Institutionen.[10]

Zu unterscheiden ist hierbei zunächst ganz allgemein zwischen **Absatzmittlern** bzw. **Distributionsorganen** auf der einen Seite (d. h. wirtschaftlich und rechtlich selbstständige Organe, wie z. B. Großhandel und Einzelhandel) und auf der anderen Seite den sog. **Absatzhelfern** (d. h. ebenfalls eigenständigen Organen, die jedoch nur eine unterstützende Funktion haben, d. h. Hilfsbetriebe der Absatzwirtschaft sind wie z. B. Speditionen, Lagerhäuser usw.). Ein Kulturbetrieb (z. B. ein Buchverlag) kann durchaus ohne Absatzmittler wie den Großhandel auskommen (wenn z. B. ein Kleinverlag entscheidet, seine Bücher nicht über den Großhändler auszuliefern, sondern **direkt** die Buchhandlungen bzw. die Kunden zu beliefern). Er wird allerdings kaum auf Absatzhelfer (z. B. die Post oder Paketdienste) verzichten können, will er die Bücher nicht persönlich bei seinen Kunden abliefern.

Die Beziehungen zwischen Produzent und Kunden können zum einen **direkt** sein, d. h. in diesem Falle treten zwischen die beiden Austauschpartner beim Absatz keine organisationsfremden, rechtlich selbstständigen Absatzorgane. So kann z. B. das Museum seine Karten ausschließlich im eigenen Gebäude, das Theater seine Billets nur an der Abendkasse bzw. über das eigene Abonnementbüro, das Festival seine Tickets allein am jeweiligen Einlass usw. verkaufen. Alle Absatz- bzw. Verkaufsaufgaben werden dann ausschließlich von organisationseigenen Verkaufsorganen wahrgenommen. In diesem Falle spricht man auch von Direktkanal, Direktverkauf oder **Nullstufenkanal**[11] – im Gegensatz zu den indirekten Beziehungen, auf die gleich näher eingegangen werden soll.

Eine alte Faustregel im allgemeinen Marketing lautet: **Personal selling is the best selling**, d. h. die **direkte**, **persönliche** Beziehung zwischen Produzent und Kunden ist meist auch die erfolgreichste. Aber nicht nur die Produzenten selbst, sondern auch die zufriedenen Kunden können als – persönlich engagierte – Absatzmittler eingesetzt werden, eine Chance, die viele Kultureinrichtungen noch gar nicht begriffen haben geschweige denn nutzbringend anwenden. Hierauf wird gleich näher eingegangen.

Eine Form des organisierten **direkten** Absatzes, d. h. ohne die Einschaltung von Absatzmittlern, findet sich auch im sog. **Abonnementsystem**. Das Abonnement beruht auf dem Anrecht auf einen festen Sitzplatz im Theater bzw. in Konzerten. Im modernen Theater- bzw. Konzertbetrieb sichert das Abonnement auch in ständig ausverkauften Häusern dem Besucher seine Theaterkarte. Wer bereit ist, vor Beginn einer Theatersaison eine bestimmte Anzahl von Vorstellungen zu buchen, erhält einen reservierten Platz zu einem wesentlich günstigeren Preis. Abonnementreservierungen machen im deutschen Theater zurzeit (Spielzeit 98/99) etwas mehr als ein Fünftel aller Theaterplätze aus – Tendenz leider jährlich sinkend!

Der Rückgang der per Abonnement verkauften Karten ergibt sich vor allem aus gewandelten Lebensstilen gerade in Großstädten: der Hang zur Multioptionaliät bzw. die permanente Suche nach der Chance, Entscheidungen so weit wie möglich hinauszuschieben, lässt vielen Theaterbesuchern das Abonnement als unzeitgemäße Fessel erscheinen: wer will schon im Frühsommer eine Terminentscheidung für das nächste Frühjahr treffen? Viele Orchester und Theater haben deshalb findige Alternativen entwickelt; so ist eine mögliche Abwandlung das sog. Wahl-Abo mit übertragbaren Gutscheinen, die ohne Bindung an Wochentag und Monat für alle Spielplanwerke einzeln (oder zum gemeinsamen Gruppenbesuch auch gesammelt) in Zahlung gegeben werden können. Manche Abonnementformen in Großstädten bieten nicht nur ein Haus, sondern verschiedene Theater an.

Allerdings lässt sich gerade am Beispiel des Abonnementssystems recht gut demonstrieren, was Kolter und Bliemel mit dem warnenden Satz meinen: „Entscheidungen über das Distributionssystem sind für das Unternehmen äußerst kritisch. Sind die Distributionskanäle gewählt, dann üben sie einen ganz wesentlichen Einfluss auf alle anderen Marketingentscheidungen des Unternehmens aus."[12] Abonnements verkaufen sich (zumindest in Deutschland; in den USA ist dies z. T. genau entgegengesetzt) vor allem über den meist erheblichen Preisnachlass, d. h. die Preispolitik steht (auch hinsichtlich des freien Verkaufs) in enger Beziehung zum Abonnementsystem.

Zweitens stellt die Abonnementstruktur eines Hauses das Grundgerüst für die Spielplangestaltung dar, weil es im Laufe einer Spielzeit gelingen muss, in einem zyklischen Abstand von etwa 4 Wochen den Abonnenten jeweils ein Stück zu präsentieren. Auf grund dieser Vorgaben sind Absetzungen (z. B. wenn ein Stück misslungen ist) oder Verlängerungen (wenn es umgekehrt sehr gut gelungen und ständig ausverkauft ist) nur sehr schwer durchführbar. Ein flexibles Wirtschaftshandeln, das sich an der Nachfrage orientiert (also ein Stück so lange zu spielen, wie direktes Interesse besteht) ist somit kaum möglich. Darüber hinaus sollen drittens nach Möglichkeit auch keine Vorstellungen ausfallen, woraus die Notwendigkeit von Doppelbesetzungen (und damit finanzielle Mehrbelastungen) resultiert. Und schließlich nimmt das Abonnementpublikum – wie wahrscheinlich jeder Intendant leidvoll berichten kann – hinsichtlich seines Geschmacks zumindest indirekt Einfluss auf Stückauswahl und Inszenierungsstil. Die Sicherheit des verkauften Platzes wird somit erkauft mit großen disponiblen Einengungen.

Gegenüber dem direkten Absatzweg ist der **indirekte** dadurch charakterisiert, dass in die Beziehung zwischen Hersteller und Kunde eine bestimmte Anzahl organisationsfremder, rechtlich selbstständiger Absatzmittler eingeschaltet ist, wobei hier ganz verschiedenartige Absatzmittler tätig werden können. Das Museum, das eine herausragende Sonderausstellung zeigt, kann seine Eintrittskarten (zusätzlich zum hauseigenen Verkauf) auch über eine Tourismusagentur verkaufen. Ein Theater kann seine Tickets über Besucherorganisationen anbieten, ein Musikfestival die ortsüblichen Vorverkaufsstellen nutzen, die auch von anderen Anbietern eingeschaltet werden. Und zwischen den amerikanischen Popstar, der eine Deutschlandtournee plant, und seine Fans auf dem Kontinent, treten in der Regel sein amerikanischer Agent, der eine amerikanische Agentur mit der Konzertplanung betreuen wird, die sich ihrerseits an eine deutsche Agentur wendet, die einen örtlichen Veranstalter einschalten kann, der sich wiederum zum Verkauf der Tickets eingeführter Vorverkaufsstellen bedienen wird. Und innerhalb dieser Absatzkette können eine Vielzahl von Konflikten entstehen, wenn nicht vorab eindeutige Regelungen getroffen worden sind!

In der kulturellen **Güter**produktion kommt den Absatzmittlern eine ganz besondere Bedeutung zu. In der Buchindustrie entscheidet etwa die Zahl und Leistungsfähigkeit des Großhandels darüber, wie schnell ein Buch nach Bestellung tatsächlich in der örtlichen Buchhandlung landet, die Zahl der Buchhandlungen darüber, wann es für den Kunden verfügbar ist. Aber auch in der **Vermittlung kultureller Dienstleistungen** kommt den Absatzmittlern oder Verkaufshelfern eine wichtige Rolle zu. Der **persönliche** Verkauf, so wurde oben dargelegt, ist immer der beste Verkauf. Dieser persönliche Aspekt spielt auch bei der Wahl bzw. dem Aufbau der Absatzmittler eine zentrale Rolle, denn derjenige Absatzmittler, der sich am meisten mit einer künstlerischen bzw. kulturellen Produktion persönlich identifiziert, ist sicherlich auch am meisten interessiert, diese weiter

zu vermitteln. Neben dem oder den Produzenten ist dies sicherlich
der zufriedene Besucher!

11.3 Der zufriedene Besucher als Absatzmittler

Unter dieser Perspektive sind die zufriedenen Besucher eine sehr
große Gruppe, die sich ganz hervorragend als Absatzmittler eignen.
In der Regel treten sie aber nicht als Gruppe in Erscheinung, weil
sie unorganisiert sind und deshalb von den allermeisten Kultureinrichtungen als (mögliche) Absatzmittler auch gar nicht wahrgenommen werden! Aufgabe einer entsprechenden Distributionspolitik ist es daher, diese zufriedenen Kunden so weit wie möglich zu
organisieren. Befragungen von Besuchern von Kulturveranstaltungen oder Seminarteilnehmern in kulturellen Weiterbildungsangeboten ergeben mehr oder weniger immer das gleiche Bild: die meisten
sind durch die berühmten „Freunde und Bekannte" aufmerksam geworden.

Trotz der Entwicklung neuer und neuester Medien, trotz eines
teilweise enormen finanziellen Werbeaufwandes von Seiten der
Kultureinrichtungen mit Anzeigen, Rundfunkspots, Werbekarten,
Plakaten usw. (oder vielleicht gerade deshalb?!) ist die Absatzvermittlung durch zufriedene Kunden nach wie vor nicht nur die
kostengünstigste, sondern auch die wirksamste. Es ist kaum nachzuvollziehen, wieso sie immer noch so wenig von den Kultureinrichtungen genutzt wird. Um allerdings Missverständnissen an dieser Stelle vorzubeugen: sie ist zwar kostengünstig (vielleicht sogar
die kostengünstigste von allen Distributionsmitteln), aber keineswegs umsonst zu haben oder quasi selbstläufig. Der **Einsatz des zufriedenen Kunden als Absatzmittler** muss daher sowohl organisiert
als auch vergütet werden.

Bei Kursen und Veranstaltungen, deren Teilnehmerkreise sich
klar eingrenzen und erfassen lassen (etwa Musikschul- und Volkshochschulkurse, Seminare etc.), ist diese Form der Absatzvermittlung sicherlich am nahe liegendsten; sie lässt sich allerdings mit ein
wenig Phantasie auch auf Konzert-, Theater- (hier kann auf das
Abonnementsystem zurückgegriffen werden) und auch Museums-

besucher übertragen. Das Prinzip der Vergütung ist bei diesem Vorgehen besonders sorgfältig und differenziert zu entwickeln, denn oftmals ist es keineswegs der materielle oder der geldwerte Vorteil, der die zufriedenen Besucher als Absatzmittler motiviert: häufig sind es, wie beim Fundraising oder den Fördervereinen, die **immateriellen** Anreize, die die Kunden zu entsprechendem Handeln motivieren: ein exklusives Dinner mit den Künstlern der Veranstaltung, die Teilnahme an einem Fest für Gönner und Freunde des Hauses, ein Sonderdruck des ausstellenden Graphikers mit persönlicher Widmung, eine Vor-Vernissage im kleinen Kreise usw. – alles dies sind Vergütungen, die je nach Zielgruppe ihren ganz speziellen Reiz entfalten können.

Auf diesem Gedanken, zufriedene Besucher vor Ort gezielt als Absatzmittler einzusetzen, basiert letztlich auch das mittlerweile mehr als hundert Jahre alte Konzept der sog. Besucherorganisationen bzw. Besucherringe im Bereich von Theatern und Orchestern. Besucherorganisationen basieren auf dem Engagement einzelner Vertrauensleute des Theaters vor Ort. Sie sind, insbesondere im Theaterbereich, in erster Linie wichtige Kulturvermittler, die immer wieder neue Schichten und Gruppen von Theaterbesuchern erschließen. Mit ihrem Service der **Vermittlung deutlich ermäßigter Theaterkarten**, der **inszenierungsbegleitenden Vor- und Nachbereitung von Theaterbesuchen**, **Diskussionen in Mitgliederrundbriefen**, **vereinseigenen Zeitschriften**, **Gesprächskreisen** sowie **Theaterreisen** wird für ein breiteres Interesse am und Verständnis von Theater geworben. Die Theaterkarten bzw. -plätze werden den Mitgliedern nach einem demokratischen Rollsystem zugewiesen, das feste Platzmieten wie im Abonnementssystem ausschließt. Die Zusammenstellung von durchschnittlich zehn Vorstellungen für jedes Mitglied pro Spielzeit wird bei den meisten Organisationen von den Vorständen oder von den jeweiligen Fachausschüssen aus dem Spielplanangebot ausgewählt und verbindlich vorgegeben. In manchen Organisationen gibt es auch Wahlangebote, mit deren Hilfe sich die Mitglieder ihren eigenen Spielplan aus dem Gesamtangebot zusammenstellen können.

Die dabei von den Theatern angebotenen bzw. mit ihnen vereinbarten Kartenermäßigungen sind angesichts der von den Besucherorganisationen erbrachten Werbe-, Service- und Vermittlungsleistungen größer als beim Abonnement. Durch die Besucherorganisationen werden z. Z. (Spielzeit 98/99) rund 15 % der angebotenen Plätze abgenommen – Tendenz (wie bei den Abonnements) ebenfalls von Jahr zu Jahr sinkend. Ohne Not – so scheint es – geben die Theater hier ein bewährtes und kostengünstiges Marketinginstrument aus der Hand.

11.4 Kundenkarte, Kundenclub und Mitgliedschaft

Es ist ein merkwürdiges Phänomen unserer Gegenwart, auf das in diesem Buch bereits mehrfach hingewiesen wurde: auf der einen Seite streben zunehmend mehr Menschen in der Multioptionsgesellschaft danach, so wenig Festlegungen wie irgend möglich zu treffen bzw. ihre Entscheidungen so weit wie möglich hinauszuschieben. Traditionelle Bindungsformen bzw. Buchungsverhalten haben daher immer weniger Chancen. Das **Last-minute-Verhalten** in vielen gesellschaftlichen Bereichen ist sicherlich nicht nur eine Frage des (niedrigeren) Preises (dieses natürlich auch), sondern entspricht vielmehr einem gewissen Lebensgefühl bzw. -stil. Dieses Problem haben nicht nur, wie oben beschrieben, die öffentlichen Theater, sondern nahezu alle Veranstalter: gerade das Publikum zwischen etwa 15 und 45 Jahren lässt sich nur noch schwer in den herkömmlichen Besucherbindungsprogrammen (wie es beispielsweise Abonnement oder Besucherorganisation darstellen) organisieren, frei nach dem berühmten Satz von Woody Allen: Ich würde nie Mitglied in einem Verein werden, in den man mich aufnimmt!

Auf der anderen Seite wollen die Menschen aber auch irgendwo dazugehören, ohne sich sogleich fest zu binden. Diesem Wunsch kommen die sog. **Kundenkarten** und **Kundenclubs** entgegen, die sich auch in Deutschland wachsender Beliebtheit erfreuen. Die erste Stufe auf dem Weg zu einer langfristiger Kundenbindung ist sicherlich die sog. **Kundenkarte**: auf der einen Seite signalisiert sie die angestrebte Ungebundenheit, die kein Abonnement bieten kann (man kann sie – wie eine Kreditkarte – nutzen oder man kann es auch lassen), auf der anderen Seite garantiert sie zwei Dinge: zum einen gewisse materielle Vorteile, auf der anderen Seite eine gewisse Zugehörigkeit. Die sog. **Clubkarte** (wie sie z. B. von Hotels ausgegeben wird) ist in ihrer Verbindlichkeit zweifelsohne am lockersten. Man erhält sie meist kostenlos oder gegen eine geringe Schutzgebühr und benutzt sie dann, wenn man die entsprechende Einrichtung besucht.

Die Kundenkarte hat die Aufgabe, dem Kunden einen tatsächlichen **Zusatznutzen** zum Kernnutzen zu vermitteln. Diese materiellen Vorteile bzw. Leistungen können vielfältigster Art sein und dabei den spezifischen Einsatz sämtlicher Marketinginstrumente umfassen: von besonderen **Produkt**- bzw. **Leistungsangeboten** (z. B. Einladung zu Previews oder Teilnahme am Gespräch mit dem Regisseur) zu einem exklusiven **Service** (z. B. reservierte Parkplätze oder einem Pausengetränk); von speziellen **Kommunikationsmaßnahmen** (z. B. Mitgliederzeitschrift oder Direct Mails und Newsletter) zu gesonderten **Preisnachlässen** (z. B. spezifische Rabatte und Bonussysteme). Auch die Distribution selbst kann besondere Leistungen beinhalten, wie z. B. Karten frei Haus. Bei alledem steht im Vordergrund die Überlegung, dass sich für den Kunden die dauerhafte Beziehung zu seiner Kultureinrichtung lohnen muss.

Der Intendant des Hamburger Schauspielhauses, Tom Stromberg, antwortete in einem Zeitungsinterview (mit dem bezeichnenden Titel: „Trete ein, mein Gast!") auf die Frage: „Sie arbeiten auf ein neues Publikum zu?": „Natürlich. Deswegen will ich mit einer Clubkarte eine neue Bindung an das Haus erreichen, da zwanzig- bis dreißigjährige Menschen einfach kein Abonnement mehr kaufen. Ich will gnadenlos die Gastgeberrolle des Theaters mit Gastronomie ausbauen."[13] Das Wiener Volkstheater brachte schon vor Jahren eine eigene „theatercard" heraus. Diese ermöglicht gegen Vorlage neben 20 % Ermäßigung auf alle Veranstaltungen des eigenen Hauses darüber hinaus 10 % Preisnachlass in einer Reihe von Lokalen der Umgebung sowie das Parken in der Parkgarage am Messeplatz in den Abend- und Nachtstunden zum Festpreis von ÖS 50,00 sowie 20 % tagsüber.

Der Verein *Oberrheinischer Museums-Pass*, getragen von schweizerischen, französischen und deutschen Museen und anderen öffentlichen Einrichtungen, brachte 1999 den Museumspass

Museen/Musées heraus. Er kostet 88,00 DM bzw. 45,00 Euro; sein Motto: „Statt nur ein paarmal, öfter ins Museum gehen. Statt nur in seiner Umgebung in der weiteren. Statt alleine mit der Familie. Statt nur in einem sich in vielen Fachgebieten tummeln. Nimmt man alles nur in allem: Er steht für ‚den Horizont erweitern'".[14]

Um die Auslastungsprobleme der vielen Veranstaltungsorte im Hamburger Sommer angesichts der Vielzahl der Veranstaltungen zu überbrücken, brachte die Tourismus-Zentrale der Hansestadt Hamburg 1996 erstmals ihre **Hamburg-Card** zum Preis von 20,00 DM heraus. Im Preis inbegriffen war die 72-Seiten-Broschüre **Hamburger Kultursommer**. Mit der sog. **Kultur-Karte** konnten zwei Personen vom 1.6. bis zum 31.8. 1996 bis zu 20 % bei vielen Veranstaltungen im Hamburger Sommer sparen. „Da spart man", so die Werbung „z. B. bei einem Musicalbesuch schon mehr als die Kultur-Karte kostet." Ausdrückliche Zielsetzungen waren in Hamburg:

• Unterstützung der Vermarktung des Hamburger Sommers
• Bessere Auslastung der Hamburger Veranstaltungen
• Bessere Buchbarkeit von Veranstaltungen
• Image-Werbung für den Kulturstandort Hamburg
• Verstärkte Refinanzierung der Veranstaltungsvorschau **Hamburger Sommer**.[15]

Mittlerweile präsentieren auch andere Städte (z. B. Stutt-Card) und Regionen (z. B. Bodensee-Card) ganz ähnliche Angebote.

Für Kultureinrichtungen liegt in ähnlichen Kundenkarten-Angeboten die große Chance, Besucher nachhaltig und langfristig an die eigene Kultureinrichtung zu binden, ohne hierzu auf die traditionellen Instrumente zurückgreifen zu müssen. Was der zusätzliche Service mehr kostet, wird andererseits längerfristig an Werbung und Kommunikationskosten eingespart. Stefan Butscher[16] listet eine ganze Reihe von Voraussetzungen auf, die für die Entwicklung und das Gelingen einer Kundenkartenkonzeption unabdingbar sind:

(1) Die Kundenkarte muss tatsächlich handfeste, nutzenbringende und exklusive Leistungen anbieten, die auch als solche wahrgenommen werden. Im Beispiel des Wiener Theaters sind im Wesentlichen deutliche Preisnachlässe, die vor allem in ihrer **Gesamtheit** (d. h. Vorstellungsbesuch plus Gastronomie plus Parken) interessant sind. Die Festlegung der Zusatzleistungen sollte sich dabei stets am tatsächlichen Kundennutzen (und weniger an entsprechenden eigenen Vorstellungen der Kultureinrichtung darüber!) orientieren. Ohne überzeugende Leistungen wird kein solches Kundenbindungsinstrument langfristig überleben können. Es genügt daher nicht, aus dem Bauch heraus Leistungen festzulegen oder sich über einen Dienstleister an ein Standard-Leistungspaket anzuhängen. Im Mittelpunkt muss der jeweils **eigene** Kunde stehen; es reicht nicht aus, wenn ein **objektiver** Nutzen vorhanden ist: viel wichtiger ist, dass dieser Nutzen von den Mitgliedern auch wahrgenommen wird.

(2) Die Leistungsauswahl muss sich daher strikt am wahrgenommenen Kundennutzen orientieren. Hierbei sollte in den folgenden drei Schritten vorgegangen werden: (a) internes Brainstorming und externe Recherche, um eine Liste potentieller Kartenleistungen zusammenzustellen; (b) kleine Vorstudie mit potentiellen Mitgliedern, um die Leistungen mit der geringsten und der höchsten Attraktivität herauszufiltern; (c) umfangreichere Marktstudie, um die **Nutzentreiber** innerhalb der attraktiven Leistungen zu identifizieren, ihren Nutzen zu messen und die mögliche Nutzung abzuschätzen und ein vorläufiges nutzenorientiertes Kartenleistungspaket zu entwickeln.

(3) Bei der Festlegung der Kartenleistungen sollten die wirklich zugkräftigen Leistungen in einem dreistufigen Entscheidungsprozess herausgefiltert werden. Wiederum sollten potentielle Mitglieder in diesen Entscheidungsprozess durch entsprechende Befragungen intensiv miteinbezogen werden. Dabei sollten **echte Topleistungen**, **interessante** Leistungen sowie **schließlich weniger interessante** bzw. **uninteressante** Leistungen herausgefiltert werden.

(4) Als Ergebnis dieses Filterungsprozesses müssen nun weitere Entscheidungen gefällt werden. Die letzte der oben genannten Gruppen („Uninteressante Leistungen") sollte nicht weiterverfolgt werden. Leistungen der ersten und ggf. auch der zweiten Gruppe sollten indes unter juristischen (Rabattgesetz sowie das Gesetz gegen den unlauteren Wettbewerb von 1909) sowie Machbarkeits-, Kompetenz- und Kostengesichtspunkten **vorläufig** ausgewählt und weiter geprüft werden. Unter Umständen ist eine Leistung auf den ersten Blick sehr teuer, hat aber einen derart hohen Kundennutzen, dass sie auf jeden Fall angeboten werden sollte.

(5) Bei der endgültigen Festlegung der Leistungen sollten – vorausgesetzt, es sind genug echte Zugpferde vorhanden – die Top-Leistungen nicht alle von Anfang an angeboten werden. Eine Kundenkarte hat, wie jedes Produkt, einen Lebenszyklus, d. h. nach einer gewissen Zeit veralten die Angebote und werden als selbstverständlich mitgenommen. Ein immer neues Topangebot ist daher für die Erneuerung unabdingbar. Allerdings sollte eine konstante, unveränderliche Basisleistung angeboten werden. Die Kostenkalkulation sollte dabei auf einer Mischkalkulation basieren, d. h. dass sich nicht jede Leistung umgehend selbst finanzieren muss, sondern dass umsatz- und gewinnproduzierende Leistungen andere mitfinanzieren können. Dabei sollte nicht vergessen werden, dass die Karte vor allem durch ihren Bindungseffekt auch umsatzsteigernd wirkt und so indirekt wiederum Mehreinnahmen bringt.

(6) Unter Potentialgesichtspunkten sind vor allem zwei Fragen zu beantworten. Kann erstens die (Zusatz-)Leistung mit einem vertretbaren Aufwand erbracht werden? Und hat die Kultureinrichtung zweitens die entsprechende Kompetenz für die Leistungserbringung oder muss diese (mit welchen Kosten) zusätzlich eingekauft werden? Aufwand und Ertrag müssen auch hier in einer vernünftigen Relation stehen. Und schließlich: Qualität geht vor Quantität, d. h. es ist nicht die (manchmal verwirrende) Vielzahl von Vorteilen, die eine Kundenkarte attraktiv macht; auch eine Kundenkarte mit wenigen, dafür aber handfesten und wirklich nutzbringenden Vorteilen kann sehr erfolgreich sein.

In den letzten Jahren entwickelten zunehmend mehr Wirtschaftsunternehmen (z. B. die IKEA-Family mit mehr als 200 000 Mitgliedern alleine in Deutschland[17], der Porsche-Club, die Firma Grohe, Sparkassen und Banken usw.), aber auch öffentlich-rechtliche Organisationen (wie z. B. der Hörfunksender SWR 3 mit seiner Wild-Card) sog. Kundenbindungsprogramme in Form von **Kundenclubs**[18]. Der Schritt von der schier grenzenlosen Ungebundenheit der bloßen Kundenkarte (man nutzt sie oder nutzt sie nicht) hin zur Mitgliedschaft in einem **Kundenclub** ist ein großer und wichtiger. Wie empirische Untersuchungen im kommerziellen Bereich ergeben haben, – und dies ist vor allem auch für öffentliche Kultureinrichtungen von besonderer Bedeutung – steigt durch Kundenclubs nicht nur die Bindungswirkung, sondern auch die **Nutzungsintensität**.

„Rund 53,5 Prozent der Clubmitglieder nutzen das Angebot regelmäßig. 39,5 Prozent kommen gelegentlich auf die Angebote zurück. Diese Intensität der Clubchancen werde nur von den Mitgliedern der Buchclubs überboten. Diese würden von 57,2 Prozent der Mitglieder regelmäßig genutzt. Und noch 36,4 Prozent bedienen sich gelegentlich der Angebote. Die **persönlichen Vorteile** sind in den meisten Fällen die Gründe für Clubmitgliedschaften oder die Nutzung der Angebote. 65,2 Prozent der Befragten stellen diesen persönlichen Vorteil in den Vordergrund, und für 77,4 Prozent ist es besonders wichtig, die Rabatte oder Vorteile sofort zu realisieren. Eine wichtige Rolle spielt für 31,8 Prozent auch der **bevorzugte Service**, den sie durch die Mitgliedschaft in einem solchen Club erhalten."[19]

Natürlich sind Preisnachlässe wichtig; aber eine echte Bindung an eine Kultureinrichtung kann nur auf der **emotionalen** Ebene erreicht werden, indem den Mitgliedern spezielle Services und Angebote, eine VIP-Behandlung und individuelle Kommunikation angeboten werden.

Gegenüber den traditionellen Abonnementreihen und Besucherorganisationen bzw. Fördervereinen, die sich viele Kultureinrichtungen (in den letzten Jahren meist leider nur aus reinen Finanzierungsgründen) zugelegt haben, zeichnen sich die neuen Besucherbindungsprogramme der **Mitgliedschaften** (Memberships) durch ihren sehr viel höheren Aktivitäts- und auch Aktivierungsgrad aus. Wer in den USA ein Museum betritt, wird in aller Regel am zentralen Informationstisch einen gesonderten Schalter für die Memberships sehen. Sollte er ihn übersehen, so wird er spätestens beim Bezahlen des Eintritts feststellen, dass die **Mitglieder** des jeweiligen Museums nicht nur einen erheblichen Preisnachlass (wenn nicht sogar freien Eintritt) haben, sondern auch an der langen Warteschlange vorbei einen schnellen Zugang zu den Ausstellungen haben. Es **lohnt** sich also, Mitglied einer Kultureinrichtung zu werden. Die Austauschgewinne gehen weit über bloße Rabattvorteile hinaus und rücken sehr viel stärker den Austauschgedanken (what is in it for me?) in den Vordergrund.

Der zentrale Gedanke, der hinter der Membership oder **Patronage** steht, ist, dass die Mitglieder solcher Programme durchaus bereit sind, mehr (als beispielsweise nur den obligatorischen Mitgliedsbeitrag in einem herkömmlichen Förderverein zu entrichten) für die jeweilige Kultureinrichtung zu geben und zu tun bereit sind (sowohl ein mehr an Geld als vor allem auch an **Fertigkeiten** und **Wissen** und gerade für Kultureinrichtungen so wichtigen **Kontakte** und **Verbindungen**), wenn dementsprechende Leistungen gegenüberstehen. Die Mitglieder sind somit Teil der Kulturorganisation und es lässt sich auf diese Weise an ihre Verpflichtung dieser gegenüber appellieren.

In den großen amerikanischen Museen gibt es personell stark besetzte Abteilungen, die tagtäglich nichts anderes tun, als telefonisch den Kontakt mit den Patrons des Museums zu halten; (das Wort **patron** hat dabei einen Doppelcharakter: zum einen bezeichnet es den **Gönner**, der gleichzeitig aber auch **Kunde** ist). In diesen Telefonaten wird zum einen der persönliche Kontakt zum **Patron** gehalten („Wie geht es Ihnen? Wie gefällt Ihnen unser Ausstellungsprogramm? Haben Sie Kritik?"), zum anderen aber auch an dessen Verantwortung und Unterstützerfunktion appelliert („Wir stehen vor dem Ankauf eines großartigen Gemäldes, suchen aber dringend noch nach weiteren Spendern, um das Bild tatsächlich kaufen zu können!"). Neben der (dauerhaften) persönlichen Ansprache ist ein weiterer Schlüssel zum Erfolg, den Mitgliedern Leistungen anzubieten, die **produktbezogen** und möglichst **exklusiv** sind („Nur für Mitglieder!").[20]

Ein **Besucherclub** bzw. eine **Mitgliedschaft** in diesem Sinne lässt sich definieren als kommunikative Einheit von Personen oder Organisationen, die von einer Kultureinrichtung initiiert und betrieben wird, um mit den Mitgliedern in regelmäßigem, direkten oder indirekten Kontakt zu stehen und ihnen ein kulturelles Leistungspaket mit hohem wahrnehmbaren Nutzen anzubieten. Ziel ist die Aktivierung der Mitglieder und die Zunahme der Besucherbindung durch den Aufbau einer emotionalen Bindung.[21]

11.5 Das Management der Absatzkanäle

Absatzkanäle ergeben sich nicht von selbst, sondern sie müssen entwickelt, aufgebaut, gepflegt und ihre Effizienz muss kontrolliert werden. Egal, welche(n) Absatzkanäl(e) man wählt, man sollte sich stets bewusst sein, dass dies Distribution immer ein konfliktanfälliger Prozess ist, der gemanagt werden muss.

Wie gestaltet sich nun das Verhältnis zwischen Absatzmittlern und Herstellern kultureller und künstlerischer Produkte und Dienstleistungen? In der obigen Definition von Absatzmittlern wurden bereits die **rechtlichen**, **ökonomischen** und **kommunikativ-sozialen** Beziehungen angesprochen. Zwischen Produzent, Absatzmittler(n) und Kunden gibt es eine Vielzahl von Verbindungen, deren jeweilige Bedeutung für eine möglichst störungsfreie Austauschbeziehung kaum zu überschätzen ist. Kotler/Bliemel unterscheiden recht plastisch folgende Flüsse, die durch die Absatzkanäle fließen:

- **Materieller Güterfluss**, d. h. die Inbesitznahme und Lagerung von materiellen Gütern auf ihrem Wege zum Kunden. Dies betrifft im Kulturbereich zum einen Produkte wie Bücher, Tonträger, Filme usw., zum anderen im Bereich der Dienstleistungen vor allem die Tickets, aber auch Programmhefte bzw. -bücher, Ausstellungskataloge und die schon mehrfach angesprochenen Merchandising-Artikel, die ggf. in Kommission genommen werden.
- **Finanzfluss**, d. h. die Beschaffung und Zuordnung von Geldmitteln auf die Finanzierung in den einzelnen Stufen innerhalb des Distributionssystems. Dies betrifft z. B. den Verbleib der Vorverkaufseinnahmen. Das Beispiel eines großen Popkonzertes mit einjähriger Vorplanung, hohen Eintrittspreisen und sehr frühem Vorverkauf mag dies verdeutlichen: bleibt das eingenommene Geld zunächst bei den Vorverkaufsstellen, bei der deutschen Agentur, der amerikanischen Agentur oder wird es direkt an den amerikanischen Agenten weitergeleitet (der die teilweise immens hohen Summen möglichst optimal als Festgeld anlegt)?
- **Informationsfluss**, d. h. die Sammlung und Weitergabe von Informationen über den jeweiligen Markt und die Marktteilnehmer

ebenso wie über gegenwärtige und potentielle Kunden, Konkurrenten und andere Akteure im Marketingumfeld. Gibt eine Kultureinrichtung ihren gesamten Vorverkauf an eine oder mehre Vorverkaufstelle(n) ab, so verliert sie auch weitgehend den direkten Kundenkontakt (er reduziert sich weitgehend auf den Vorstellungsbesuch). Somit ist dieser Kulturbetrieb in hohem Maße darauf angewiesen, von den Vorverkaufsstellen die entsprechenden Kundenrückfragen oder ggf. auch Beschwerden zu erhalten. Umgekehrt muss die Vorverkaufsstelle umgehend informiert werden, wenn sich Leistungsänderungen ergeben (z. B. eine Theatervorstellung durch eine andere ersetzt wird). Gleiches gilt natürlich auch für andere Absatzmittler wie Besucherorganisationen, Touristikunternehmen usw.

• **Risikofluss**, d. h. die Übernahme von Risiken, die mit der Wahrnehmung von Distributionsaufgaben verbunden sind. Wer ist beispielsweise bei der Absage eines großen Popkonzerts für die Rücknahme der Karten bzw. die Auszahlung der bereits geleisteten Eintrittsgelder verantwortlich, wer trägt die dabei entstehenden Kosten, was ist mit der Provisionsbeteiligung?

• **Absatzförderungsfluss**, d. h. die Erstellung und Verbreitung entsprechend überzeugender Marketingkommunikation über das Angebot, für das man das Besucherinteresse wecken will. Wird dies – um im Beispiele des Popkonzerts zu bleiben – von der amerikanischen oder der deutschen Agentur geleistet, vom lokalen Veranstalter oder der Vorverkaufsstelle?

• **Bestellfluss**, d. h. die Rückmeldung über das Kaufverhalten der einzelnen Stufen innerhalb der Absatzkette an den Hersteller . So kann es für die gegenseitigen Beziehungen fatal sein, wenn die einzelne Vorverkaufsstelle sehr viel mehr Tickets verkaufen könnte, aber vergessen hat, rechtzeitig neue zu bestellen. Umgekehrt ist es den Beziehungen auch nicht förderlich, wenn der Hersteller es versäumt, rechtzeitig zusätzliche Tickets bereitzustellen, obwohl er mehrfach dringend gebeten wurde. Dem Zwischenhändler gehen entsprechende Provisionseinnahmen verloren und wahrscheinlich wird er sich beim nächsten Mal nicht entsprechend für eine Produktion einsetzen.

Auf allen diesen Kanälen kann es zu erheblichen Störungen kommen. Bei der Inanspruchnahme eines oder mehrerer Absatzmittler sollte sich der Produzent daher immer im Klaren sein, dass er mit der Übertragung der Aufgaben der Distribution sich auch entscheidet, gewissermaßen sein Schicksal in die Hände anderer zu legen. Je nachdem wie engagiert (oder lasch) der oder die Zwischenhändler agieren, wird der Verkauf seines speziellen Produktes florieren oder stagnieren.

Kotler und Bliemel empfehlen daher, die Beziehung zwischen Produzent und Distributionspartner quasi als Marketingbeziehung zu verstehen und entsprechend zu gestalten: „Man muss seine Distributionspartner ständig dazu motivieren, ihr Bestes zu geben. Zum Teil wirken die **Konditionen** motivierend, zu denen der Partner gewonnen wurde. Doch Konditionen sind nicht alles: Sie müssen durch **Schulung**, **Anleitung** und **Unterstützung** von Seiten des Herstellers ergänzt werden. Der Hersteller muss seine Produkte nicht nur **durch**, sondern auch **an** den Distributionspartner verkaufen."[22]

Die bereits mehrfach zitierte Untersuchung von Karin Mayer zum Stand des Marketing in deutschen Theatern kam zu einem bemerkenswerten Ergebnis: Auf die Frage, auf welchen Vertriebswegen die Theater ihre Karten absetzen, antworteten 86 % der Befragten **über Besucherorganisationen**. Auf die weitere Frage, was zu den vorrangigen Aufgaben der Öffentlichkeitsarbeit gezählt wird, landeten die **Gespräche mit Vertretern der Besucherorganisationen und Abonnement-Vertrauensstellen** allerdings mit 15 % weit abgeschlagen auf dem letzten Platz – noch hinter der **Schaffung eines ansprechenden Foyers und einer guten Atmosphäre im Haus!**[23] Dies dürfte das krasse Gegenteil einer sorgfältigen Pflege des Distributionspartners sein!

Bezogen auf die oben beschriebenen Flüsse bedeutet dies:
• Der **materielle Güterfluss** (vor allem Tickets, Programmhefte, Kataloge, Merchandising-Artikel, Werbeplakate usw.) ist so zu gestalten, dass alle benötigten materiellen Güter rechtzeitig und vor allem in ausreichendem Umfang beim Absatzmittler sind.
• Der **Finanzfluss** muss so vereinbart werden, dass genau feststeht, wann welche Zahlungen von welchem Absatzmittler an den Produzenten gehen bzw. wie mit den Provisionen verfahren wird.

- Der **Informationsfluss** muss so geregelt werden, dass alle für den Absatzmittler relevanten Daten (z. B. Absage von Programmen, zeitliche Verschiebungen, Umbesetzungen usw.) so schnell wie möglich zu diesem gelangen, damit dieser zeitnah reagieren kann. Umgekehrt sollten entsprechende Informationen über Kundenverhalten (Verärgerung, Protest ebenso wie Begeisterung etc.) umgehend an den Produzenten zurückfließen, damit dieser sie in seinen Planungen berücksichtigen kann.

- Die Austauschbeziehungen sind so zu gestalten, dass das **Risiko** möglichst gleichmäßig verteilt ist, d. h. dass nicht ein Teil der Distributionskette alleine etwaige Risiken zu tragen hat.

- Der **Absatzförderungsfluss** ist so zu organisieren, dass sämtliche vorgesehenen Marketingmaßnahmen (z. B. Fernsehauftritte, die Möglichkeit von Vorab-Interviews, die Bereitschaft zu Autogrammstunden, die Teilnahme bei Wohltätigkeitsveranstaltungen usw.) so früh wie möglich beim betreffenden Absatzmittler eintreffen, dass dieser sie ggf. in seine eigene Kommunikationsstrategie einbauen kann.

- Insbesondere der **Bestellfluss** muss so geregelt sein, dass gewährleistet ist, dass die Verkaufsstellen optimal mit Karten versorgt sind, um diese an Kunden weitergeben zu können bzw. möglichen Besuchern stets zuverlässig mitgeteilt werden kann, wo ggf. noch Karten erhältlich sind.

Aus dem Gesagten dürfte deutlich geworden sein, dass die Entscheidungen **gegen** bzw. **für** Absatzmittler (und im Falle der Entscheidung **für** Absatzmittler die Frage nach deren Zahl) für das Marketing der Kulturorganisation eine von kaum zu überschätzender Bedeutung ist. Bei der Entscheidung über die **direkte** oder **indirekte** Vermarktung (also unter Einschaltung von Absatzmittlern) sollten verschiedene Dinge berücksichtigt werden. Erstens muss die jeweilige Transaktion (also z. B. der Verkauf eines Buches) für jedes Glied innerhalb der Vermarktungskette Gewinn abwerfen. Der Großsortimenter im Buchhandel, der riesige Lagerhaltungskosten hat, will, wenn er zuverlässig über Nacht liefern möchte, ebenso verdienen wie der Buchhandel vor Ort. Der Tourismusveranstalter, der ein Musical in sein Programm aufnimmt, will ebenso einen Profit erzielen, wie die Besucherorganisation ihren Mitgliedern verbilligte Karten anbieten möchte. Je mehr Zwischenhändler in die Absatzkette eingeschaltet sind, umso geringer fällt daher der Gewinn für den Produzenten aus.

Zweitens nimmt jeder Zwischenhändler Einfluss auf die Kommunikationspolitik, da er seinerseits das Produkt vermarkten muss. So verkauft die Dramaturgieabteilung des Staatstheaters die neue hauseigene Musicalproduktion möglicherweise der Besucherorganisation als aufklärerisches, ironisches, gesellschaftskritisches Musiktheater. Die Besucherorganisation ihrerseits, die ihr Publikum besser kennt und weiß, was sie diesem anbieten kann (und vor allem was nicht), betont vor allem die Internationalität („drei Jahre ausverkauft am Broadway") und Frivolität („Das haben sie im Theater noch nicht gesehen!") – die Probleme, die aus solchen falschermaßen aufgebauten Erwartungshaltungen resultieren können, liegen auf der Hand.

Beide Möglichkeiten, direkter und indirekter Absatz, haben daher ihre Vor- und Nachteile[24], wie am Beispiel eines Musikfestivals erläutert werden kann. Der **direkte** Absatzweg erlaubt stets die unmittelbare Kontrolle des gesamten Absatzgeschehens. Wer die Tickets direkt ohne Einschaltung eines Absatzmittlers verkauft (z. B. in einem speziellen Festivalbüro oder durch Zusendung per Post), hat ständig die aktuellen Daten parat. Dementsprechend kann er schnell auf Veränderungen (wenn etwa durch Krankheit ein Konzert ausfallen muss) reagieren und auch sicher sein, dass seine Verkaufsergebnisse keinem Außenstehenden bekannt werden (was in allgemeinen Vorverkaufsstellen mit mehren Kunden nicht unbedingt gewährleistet sein muss). Darüber hinaus führt er die unmittelbare Kommunikation mit Endabnehmern, d. h. die Organisation kann die Kunden im Falle ausgebuchter Konzerte entsprechend beraten und auf andere Angebote umleiten, was in fremden Verkaufsstellen nur selten der Fall ist. Und schließlich werden keine Provisionen durch die Absatzmittler abgezogen, d. h. die Einnahmen bleiben vollständig beim Produzenten.

Die entsprechenden Nachteile sind ebenso deutlich zu sehen: der eigene absatzorganisatorische Aufwand ist gewöhnlich sehr hoch, wenn beispielsweise eine oder mehrere eigene Vorverkaufsstellen aufgebaut und unterhalten werden müssen. Zu den anfallenden Personalkosten treten vor allem Kosten der internen Kommunikation. Zweitens ist in den meisten Fällen keine Massendistribution möglich, d. h. der Verkauf beschränkt sich auf die eigenen, meist überschaubaren Vorverkaufsstellen.

Die Nachteile des direkten Absatzes sind die Vorteile des indirekten: so ist in diesem Falle eine breite Massendistribution (beispielsweise über die unterschiedlichsten Vorverkaufsstellen) möglich und kann die Absatzfunktion (mit all dem damit verbundenen Aufwand) auf Absatzmittler abgewälzt werden. Die Nachteile der indirekten Distribution spiegeln ebenfalls die Vorteile der direkten. Gewöhnlich gibt es keinen unmittelbaren Zugriff auf das Absatzgeschehen (u. U. muss dies mit entsprechender Verzögerung, wenn beispielsweise bereits etwas schief gelaufen ist, nachträglich korrigiert werden) und ist darüber hinaus die Kommunikation bzw. der Informationsaustausch mit den Endabnehmern ebenfalls erschwert. Unter finanziellen Gesichtspunkten ist die Abwälzung der Absatzfunktion auf den Absatzmittlern durch die Gewährung von Provisionen (prozentualer Anteil an den verkauften Karten) oder die Zahlung einer Festsumme entsprechend zu vergüten, so dass ein entsprechender Anteil an den Einnahmen den Produzenten nicht erreicht.

Entscheidet man sich für die Einschaltung von Absatzmittlern, so stellen sich hinsichtlich der adäquaten Gestaltung des Distributionssystems eine ganze Reihe von Fragen.

(1) Zunächst ist zu fragen, **welche Distributionspartner** für eine Kultureinrichtung in Frage kommen. Am Beispiel des Ticketvertriebs wäre z. B. zu überlegen, ob eine Kultureinrichtung auf ortsübliche, eingeführte Vorverkaufsstellen zurückgreift oder sich eigene, ggf. auch neue Partner sucht bzw. aufbaut. So kann z. B. ein neu gegründetes Musikfestival für zeitgenössische Musik seine Tickets sowohl über die traditionelle Vorverkaufsstelle der örtlichen Zeitung (die auch Eintrittskarten für Volksmusik und Heimatabende anbietet), des Kartenhauses (das auch Billets für Sechstagerennen, Bundesligafußballspiele, Formel-1-Rennen usw. im Angebot hat) und des örtlichen Musikalienhändlers (der Tickets für Kirchenkonzerte anbietet) vertreiben. Der Vorteil ist sicherlich, dass hier jeweils große Erfahrungen vorliegen und wahrscheinlich ein reibungsloser

Ablauf garantiert sind. Mögliche Nachteile könnten indes sein, dass das eigene Angebot nur eines unter vielen und die entsprechende Bewerbung nur zurückhaltend ist. Auch ist es durchaus möglich, dass die bereitgestellte Routine mit recht hohen Provisionen bezahlt werden muss. Drittens ist es wahrscheinlich, dass das anvisierte Zielpublikum diese Vorverkaufsstellen nur ungern oder gar nicht aufsucht. So könnte es durchaus Sinn machen, neue Verkaufsstellen zu suchen, wo das entsprechende Zielpublikum verkehrt (z. B. Musikgeschäfte mit einem spezialisierten Tonträgerangebot, bestimmte Restaurants und Lokale, der örtliche Jazzclub, Programmkinos, soziokulturelle Zentren usw.).

(2) Eng verbunden mit der voherigen Fragestellung ist die nach der **Zahl** der Distributionspartner, d.h. **wie viele Distributionspartner** sollten sinnvollerweise gewählt werden. Hier gibt es drei mögliche Strategien:

• **Exklusive Distribution**, d. h. die Kultureinrichtung wählt nur einen oder eine ganz geringe Zahl von Distributionspartnern aus. Der Produzent baut in diesem Falle bei seinem Vertriebspartner auf eine hochmotivierte und qualifizierte Verkaufsunterstützung; umgekehrt kann er diesen optimal betreuen und stets aktuell informieren. Bei der Wahl des oder der wenigen Distributionspartner wird es naturgemäß eine hochgradige Überschneidung hinsichtlich der Zielgruppen bzw. des Images sowohl des Produzenten als auch des Distributionspartners geben.

• **Selektive Distribution**, d. h. die Kulturorganisation benutzt mehrere mögliche, aber nicht alle vor Ort vorhandenen Distributionseinrichtungen. Der Vorteil ist dabei, dass der Anbieter seine Anstrengungen nicht auf eine Vielzahl von Verkaufsstellen verteilen muss (und dabei leicht in jeder Hinsicht den Überblick verlieren kann), sondern sich auf die ausgewählten Vertriebswege konzentrieren und diese im oben genannten Sinne pflegen kann. Dies ermöglicht ihm eine angemessene Marktabdeckung bei geringen Überwachungskosten.

• **Intensive Distribution**, d. h. die Angebote müssen für die möglichen Nachfrager möglichst überall leicht verfügbar sein. Um im obigen Beispiel zu bleiben, werden die Karten für das Musikfestival an allen nur vorstellbaren Vorverkaufsstellen zum Verkauf angeboten.

Die Gefahr der Verzettelung und der daraus resultierenden Probleme liegt auf der Hand!

(3) Zu klären ist darüber hinaus die Frage der **Konditionen** bzw. der **wechselseitigen Verpflichtungen**. Alle Mitglieder innerhalb des Distributionssystems müssen das Gefühl haben, fair behandelt zu werden und auch entsprechende Gewinne erzielen zu können. Festgelegt werden müssen also die **Preisgestaltung** (Rabattsystem auf der Produzentenseite für die Vorverkaufsstelle), die **Verkaufsbedingungen** (Zahlungsbedingungen, Möglichkeit von Barzahlungsrabatten, mögliche Garantieleistungen bzw. Haftungsfragen, z. B. bei Ausfall von Konzerten) und die wechselseitigen **Leistungsverpflichtungen** (z. B. Bereitstellung von Werbematerial, Bereitstellung von Buchhaltungs- bzw. Ticketsystem, entsprechende Systemschulungen, Dauer der Öffnungszeiten der Vorverkaufsstellen, Rückgaberechte usw.).

Um zu prüfen, welche Gestaltungsalternative schließlich ausgewählt wird, sollte die Kultureinrichtung mindestens vier Kriterien heranziehen:

• Welche Lösung ist die **kundenfreundlichste** (und nicht die bequemste für die eigene Einrichtung)?

• Welche Alternative ist die **wirtschaftlichste**, d. h. wie stehen Aufwand und Ertrag zueinander?

• Welche **Steuerungs- und Kontrollmöglichkeiten** bieten die verschiedenen Modelle, d. h. wie kann möglichst effizient sichergestellt werden, dass Produkte und Nachfrager möglichst optimal zueinander finden?

• Welche Variante bietet eine **optimale Modifizierbarkeit**, d. h. wie langfristig werden Verträge mit Vorverkaufsstellen abgeschlossen, wie irreversibel werden entsprechende Entscheidungen, etwa auf Grund eingesetzter technischer Systeme (z. B. der Hard- und Softwareeinsatz inklusive Datentransfer) beim Wechsel von Vorverkaufsstellen?[25]

11.6 Vermittlungsagenten und Vermittlungs-organisationen

Die meisten güterproduzierenden Unternehmen kennen den Absatzmittler **Handelsvertreter** bzw. entsprechende Außendienstmitarbeiter, die das Produkt gegenüber dem Handel verkaufen. Auch im Bereich der kulturellen Präsenzleistung können **Vermittlungsagenten** bzw. **-organisationen/-agenturen** zwischen Produzent (z. B. Theater) und Nachfrager treten. So ist es z. B. expliziter Auftrag der sog. Landesbühnen, in Städten ohne eigenem Theater zu spielen; in der Regel muss über die Hälfte der Vorstellungen außerhalb des Stammhauses (d. h. am Sitz der Landesbühne) stattfinden.

Die Landesbühnen sind also Wandertheater („Stadttheater auf Rädern"), die mit Gastspielen jene Städte bereisen, die kein eigenes Ensemble unterhalten und nur Aufführungsspielorte (Theatergebäude, Stadthallen, Mehrzweckhallen) bereitstellen. Die Auswahl der zu zeigenden Stücke trifft dabei gewöhnlich der Kulturamtsleiter in der jeweiligen Stadt (oder, falls es kein eigenständiges Kulturamt gibt, ein anderes Amt der Stadtverwaltung), die Leitung der Stadthalle oder des entsprechenden Aufführungsortes, manchmal aber auch – beispielsweise in Kurorten – das Fremdenverkehrsamt.

In den Austauschprozess zwischen Publikum (als Nachfrager) und Theater (als Produzent) tritt somit ein Vermittlungsagent, der mit den entsprechenden Marketingstrategien von dem jeweiligen Angebot überzeugt werden muss, damit dieses überhaupt das Publikum erreicht. In erster Linie geht es bei den entsprechenden Marketingaktivitäten darum, diesen Vermittlungsagenten zu überzeugen, der natürlich in ganz bestimmten Handlungszwängen steckt. So wird z. B. der Leiter einer Stadthalle, die in der Rechtsform eines Eigenbetriebs geführt wird, darauf achten müssen, dass die Einnahmen entsprechend seinem Wirtschaftsplan ausfallen. Ein Kulturamtsleiter, dem aufgetragen wurde, ein möglichst ambitioniertes Theatergastspielprogramm zusammenzustellen, wird vielleicht weniger unter wirtschaftlichen Zwängen stehen als vielmehr vom örtlichen Feuilleton mit Argusaugen beobachtet werden, ob seine Auswahl tatsächlich dessen hoch gesteckten Ansprüchen genügt.

In jedem Falle ist es Aufgabe des jeweiligen Kulturproduzenten bzw. seines Handlungsbevollmächtigten (ob es sich dabei um den Leiter des Künstlerischen Betriebsbüros eines Landestheaters oder den Manager eines Orchesters handelt), eine **Strategie gegenüber dem einzelnen Vermittlungsagenten** (Kulturamts- oder Stadthallenleiter, Kurdirektor oder wer auch immer) zu entwickeln, die dessen mögliche Risiken klar erkennt, benennt und nach Möglichkeit ausschaltet, um erfolgreich verkaufen zu können. Deshalb sollten von den Kulturproduzenten selbst (nach Möglichkeit in enger Zusammenarbeit mit den Vermittlungsagenten vor Ort) entsprechende Analysen durchgeführt und Strategien entwickelt werden.

Allerdings agieren diese Veranstalter vor Ort selten alleine; vielmehr haben sich viele von ihnen bereits 1980 in der sog. *Interessengemeinschaft der Städte mit Theatergastspielen e. V. (INTHEGA)* zusammengeschlossen, der mittlerweile über 300 Städte aus dem gesamten deutschsprachigen Raum angehören. Nach ihrer Satzung verfolgt sie den Zweck, die öffentlich- und privatrechtlichen, insbesondere aber die kommunalen und gemeinnützigen Veranstalter von Theater- und Konzertgastspielen bei ihrer Arbeit zu unterstützen und deren Interessen gegenüber Dritten durch Empfehlungen, Verhandlungen (z. B. Aushandlung der Höhe von Tantiemen), Abschluss von Vereinbarungen und andere geeignete Schritte zu wahren. Die in regelmäßigen Abständen stattfindenden *INTHEGA*-Herbsttagungen, sind traditionell der Diskussion und Information über die darauf folgende Saison gewidmet. Neben dem öffentlichen Vortrags- und Diskussionsteil dieser Herbsttagung ist der Service der Spielplanberatung einer internen Sitzung vorbehalten, die nur den Mitgliedern zugänglich ist. In einer jeweils im Oktober vorgelegten Sonderausgabe (des ansonsten viermal jährlich erscheinenden) *INTHEGA Kultur-Journal* werden die Spielplanangebote der Tourneetheater und Gastspieldirektionen für die darauf folgende Spielzeit zusammengefasst und praxisgerecht aufgearbeitet. Die *INTHEGA* ist somit für die anbietenden Theater ein wichtiger Distributionskanal.[26]

Was am Beispiel der Theater dargestellt wurde, gilt längst auch für andere Bereiche des öffentlichen Kulturbetriebs. So gaben alle der 55 deutschen Kulturorchester Konzerte sowohl am Ort (insgesamt

3214 in der Spielzeit 1997/98) als auch außerhalb (2089).[27] Dies kann teilweise erhebliche Konsequenzen auch für die Programmplanung haben. Denn spielt das Orchester nicht in eigener Organisation, an seiner eigenen Spielstätte und auf eigene Kosten bzw. Einnahmen, so ist zwischen Orchester und Publikum „eine dritte Instanz geschaltet, z. B. ein Veranstalter oder ein Rundfunkredakteur, der Ort, Zeit, Programm und Rahmenbedingungen der musikalischen Darbietung beeinflussen kann, d. h. er ‚filtert' aus dem Gesamtangebot klassischer Musik nach seinen Kriterien und Vorstellungen ein bestimmtes Produkt für eine bestimmte Gelegenheit heraus. Dies ist typischerweise bei Fremdveranstaltungen bzw. Gastspielen und bei Rundfunkaufnahmen (Radio und TV) der Fall. Tonträgeraufnahmen (CD, Schallplatten, Cassette) lassen ungefilterten Zugang zum Publikum zu, sofern das Orchester selbst verantwortlich für die Aufnahme zeichnet; eine Zusamenarbeit mit einer Tonträgergesellschaft führt demgegenüber ebenfalls zu einer Filterung."[28]

Daher ist auch bei der Distributionspolitik darauf zu achten, „eine ausgewogene, auf die Unternehmensziele bezogene Auswahl aus den verschiedenen Möglichkeiten vorzunehmen. Die verschiedenen Distributionswege müssen qualitativ und quantitativ aufeinander abgestimmt werden. Konkret kann das z. B. bedeuten: Auch wenn das Orchester überwiegend auf Fremdveranstaltungen angewiesen ist und dort eventuell höhere Deckungsbeiträge erzielen kann, so muss es doch an seinem Sitzort in geeigneter Weise präsent sein, um nicht die Beziehung zu seinem Träger und Subventionsgeber zu beeinträchtigen. Im umgekehrten Fall: Wenn das Orchester nicht so sehr auf Fremdveranstaltungen angewiesen ist, sollte es doch in gewissem Maße Gastspiele durchführen, weil diese mehr als die Heimspiele dazu beitragen, das Renommee zu steigern. Wenn bei einem Orchester Fremdveranstaltungen dominieren – bei den kleineren Orchestern ist dies meist der Fall – und damit wichtigster Faktor bei den Eigenerlösen sind, dann müssen die zur Verfügung stehenden Ressourcen in entsprechender Weise für diesen Distributionsweg eingesetzt werden."[29]

11.7 Die Absatzlogistik

In der Analyse der Umweltbedingungen wurde bereits festgestellt, dass die meisten Menschen (vor allem die Kulturinteressierten) immer weniger Zeit haben, immer mobiler werden, immer mehr kulturelle Angebote nachfragen. Die Konkurrenz (vor allem im privatwirtschaftlichen Sektor) wächst und setzt Maßstäbe. Angesichts von Zeitknappheit und Mobilität stellt sich diesem kultur-aktiven Publikum immer drängender die Frage: wie kommt man so unproblematisch wie irgend möglich an sein Ticket, das zum Besuch des Konzerts, der Theateraufführung oder sogar einer Ausstellung (wie das Beispiel der stark nachgefragten Ausstellungen in Tübingen eindrucksvoll belegt, werden mittlerweile auch für solche kulturellen Angebote bereits zeitlich begrenzte Eintrittskarten vergeben) berechtigt.

Die Absatzlogistik hängt ganz eng mit der Auswahl und Gestaltung des jeweiligen **Ticketsystems** und seiner jeweiligen Reichweite zusammen. Petra Schneidewind und Jürgen Pelz geben wertvolle Entscheidungshilfen zur Auswahl eines Ticketsystems. Hinsichtlich der Ticketsysteme kann generell zwischen zwei unterschiedlichen Lösungen unterschieden werden[30]: (1) der traditionellen Inhouselösung und (2) der Vertrieb über einen Netzbetreiber.

(1) Bei der **Inhouselösung** konzentrieren sich die einzelnen Kulturbetriebe allein auf den Absatz ihrer eigenen Produktionen bzw. Veranstaltungen. Dabei handelt es sich um eine sog. Insellösung des jeweiligen Kulturbetriebs, die auf die internen Ansprüche dieser Einrichtung ausgerichtet werden kann. Aufgrund von Wartung, Pflege und Systembetreuung bindet die Inhousevariante erhebliche finanzielle und personelle Ressourcen.

(2) Bei dem Vertrieb über einen **Netzbetreiber** wird die entsprechende Dienstleistung als Serviceleistung eingekauft, also im Rahmen eines gezielten Outsourcing betrieben. Die angeschlossenen Vorverkaufsstellen können nur vom jeweiligen Kulturbetrieb zum Kartenverkauf autorisiert bzw. selektiert werden, wobei der Aufwand für die Systembetreuung für den einzelnen Kulturbetrieb entfallen und durch eine entsprechende monatliche Grundgebühr bzw. Servicegebühren abgegolten werden.

(3) Eine Zwischenlösung stellt der Aufbau von **kleinen Netzen** (z. B. Kölnticket, Frankenticket usw.) dar, die mithilfe eines zentralen Servers die Tickets für die Angebote möglichst aller Kulturbetriebe einer Stadt vertreiben.

Mittlerweile gibt es eine ganze Reihe von Ticketsystemen, von MUETHOS über ORESTES bis VIBUS, von ArtSoft/SQL über Show Soft bis Ticket Soft, von Easy Ticket Service über Ticket online bis Ticket Wizzard. Um den Überblick über die verschiedenen Angebote zu behalten bzw. für die eigene Kultureinrichtung das Richtige auszuwählen, schlagen Schneidewind und Pelz folgende Beurteilungskriterien in einem Anforderungskatalog vor:

(1) Hardwarevoraussetzungen (zentraler Server, Datenbank, Arbeitsplatzgestaltung, PC oder Terminal)

(2) Aufbau der Softwarelösung (Baukastensystem mit Komponenten oder Komplettlösung)

(3) Schnittstellen (Internet, EC-Cash, Datenübernahme anderer Abrechnungssysteme, externe Aufbereitung)

(4) Notprogramm bei Systemausfall (Batteriepack)

(5) Entwicklung, Ausbaumöglichkeiten und -planungen

(6) Service (Hotline, Schulungen, garantierte Reparaturzeit, Vor-Ort-Dienste)

(7) Stammdaten (Anzahl von Spielstätten, Preiskategorien, Sonderkonditionen, Ermäßigungen)

(8) Bedienungsmöglichkeiten (Benutzeroberfläche, Benutzerführung, farbliche Darstellung)

(9) Aboverwaltung und -betreuung (Aboausweise, Rechnungen, Mitteilungen, Briefe, Umtausch)

(10) Vorverkauf (Anzahl der Vorverkaufsstellen, Veranstalter, Zugriffsberechtigte, Standortgebundenheit)

(11) Ticketgestaltung (persönliches Lay-out, wechselnde Werbung)

(12) Auswertungsmöglichkeiten (Standardstatistiken, Tantiemen, AVA, ÖPNV, kassiererbezogene Abrechnungen)

(13) Preis (Anschaffungskosten, monatliche Gebühren)

(14) Vorrangige Einsatzmöglichkeiten (Anwender, Theater, Konzertveranstalter)

(15) Kundenkreis (regional-, bundes-, europa- oder weltweit).

Diese detaillierte Auflistung macht nicht nur deutlich, welche Anforderungen an ein modernes Ticketsystem im Rahmen der Distributionspolitik gestellt werden sollten, sondern auch, welche gravierenden (und kostenträchtigen!) Fehler die Kultureinrichtung machen kann, wenn sie sich mit unklaren Vorstellungen für ein entsprechendes System entscheidet und an dieses ggf. über einen längeren Zeitraum vertraglich gebunden ist.

11.8 Data-Base-Marketing

Wenn, wie dargestellt, die Besucherwünsche und entsprechenden Verhaltensweisen der Kunden auch im Kulturbereich immer individueller werden, so muss auch der Einsatz der entsprechenden Marketinginstrumente (etwa was Werbung und Kommunikation, aber auch Distribution und Preisgestaltung, ggf. sogar die Produktgestaltung angeht), immer differenzierter werden. Die Tendenz wird in Zukunft immer mehr in Richtung One-to-one-Marketing gehen, das die individuellen Kundenwünsche möglichst optimal erkennt und befriedigt.

„Heute reicht es nicht mehr aus, soziodemographische Daten zu sammeln. Gezieltes Marketing braucht Informationen über die Präferenzen und die Nachfragestruktur **einzelner** Besucher, um auf deren Bedürfnisse zugeschnittene Angebote unterbreiten zu können. Dies ist ohne eine gut geführte Besucherdatenbank nicht realisierbar. Keine Firma wird im Wettbewerb der Zukunft bestehen können, ohne gezielt wichtige Kundendaten zu sammeln und auszuwerten. Die Datenbank ist das Unternehmensgedächtnis, welches hilft, individuelle Transaktionsbedürfnisse und Verhaltensinformationen festzuhalten, zu analysieren und zu gruppieren. Sie hilft, diese Informationen zu nutzen, um diejenigen operativen und strategischen Entscheidungen zu treffen, die von einem Unternehmen in einer bestimmten Situation und Umwelt zum Überleben verlangt werden."[31]

Manche der o. a. Kriterien lassen sich nur durch gezielte Befragungen ermitteln. Darüber hinaus ergibt aber die sorgfältige und systematische Auswertung bereits der Buchung einer Eintrittskarte wichtige Aufschlüsse über den Besucher. Diese Daten, entsprechend ausgewertet und aufbereitet, ermöglichen eine zielgerichtete Besucheransprache. Ein einfaches Beispiel mag dies verdeutlichen. Man stelle sich vor, ein Kunde bucht für sich und seine Frau Anfang März per Internet zwei Eintrittskarten für die Aufführung der „Zauberflöte" am 30. Juli desselben Jahres bei den Festspielen in Salzburg. Hierbei fallen eine ganze Reihe von wichtigen Informationen quasi nebenbei an, die wichtige Aussagen über den Besucher machen.

• Zunächst liegt die **Adresse** des Besuchers vor; diesem können in den folgenden Jahren die jeweils aktuellen Angebote zugesandt werden.

• Im Namen sind ggf. bestimmte **Titel** (Dr., MA., Dipl.-Ing., Prof. usw.) enthalten, die Rückschlüsse auf **Status** bzw. **Einkommen** zulassen können.

• Die **Ortsangabe** der Adresse zeigt überdies, dass der Kunde bereit ist, für eine entsprechende Produktion eine weite Anreise (wahrscheinlich mit Übernachtung) in Kauf zu nehmen.

• Die **Zahl** der georderten Tickets gibt an, dass die Veranstaltung zu zweit nachgefragt wird.

• Darüber hinaus verrät die Buchung etwas über den **Besuchergeschmack**: der Kunde interessiert sich für eine Mozart-Oper.

• Die gebuchte **Preiskategorie** informiert darüber, was der entsprechende Kunde bereit ist, für eine Theateraufführung zu bezahlen.

• Die Buchung erfolgte über das **Internet**; der Kunde verfügt also wahrscheinlich über einen Internetzugang und nutzt diesen auch aktiv für Buchungen; er kann entsprechend zukünftig auf diese Informationsquelle hingewiesen werden.

• Die **Bezahlung** erfolgte mit Kreditkarte; diese Zahlungsart kann Aufschluss geben über den möglichen Lebensstil des Besuchers.

• Die **frühe Buchung** signalsiert, dass der Kunde entweder mit seiner Buchung möglichst sicher gehen will oder aber, dass er in längerfristige Terminplanungen eingebunden ist.

Voraussetzung für ein möglichst gezieltes, **besucherorientiertes One-to-One-Marketing** ist allerdings, dass die entsprechenden Informationen nicht nur **erfasst** und **gesammelt**, sondern auch **aufbereitet** und entsprechend **rasch zugänglich** bzw. **problemlos bearbeit-**

bar sind. Die hierfür aufzubauende **Datenbank** (Data-Base) geht dabei in Inhalt und Umfang weit über die in den meisten Kultureinrichtungen vorhandene, mehr oder weniger gut gepflegte bloße Adressenkartei hinaus. Sie hat vielmehr das Ziel „dem Besucher Angebote zu unterbreiten, die Reaktionen von Einzelbesuchern und Zielgruppen zu erfassen, die Aufträge zu erfüllen und langfristig ergiebige Besucherbeziehungen herzustellen."[32]

Weiß man mehr über das spezifische Verhalten bestimmter Besuchergruppen, können sehr viel gezielter Angebote (bzw. Angebotspakete) entwickelt und vermittelt werden. Statt also beispielsweise undifferenziert **Sonderangebote für alle** auf den Markt zu werfen, werden diese besonderen Angebote ganz gezielt auch an ganz bestimmte Zielgruppen gerichtet. Dies können beispielsweise sein

- Karten für eine bestimmte Theateraufführung zu einem **günstigeren** Preis als üblich an bestimmte Zielgruppen, etwa für die Zielgruppe **Jugendliche** oder **neuzugezogene Bürgerinnen und Bürger zum Kennenlernen der Einrichtung** bzw.

- speziell zugeschnittene Programminhalte an spezielle Zielgruppen in Verbindung mit inhaltlicher Diskussion zu dem Problem oder

- genau umgekehrt, zu einem **höheren Preis** an **Stammbesucher** in Verbindung mit gezielten Zusatzangeboten wie Gespräch mit dem jeweiligen Regisseur, Theaterführung, Empfang durch Intendanten usw.

Diese Form der Distribution kann allerdings aus unmittelbar einleuchtenden Gründen nur funktionieren, wenn eine entsprechend aktuelle Besucherdatei vorhanden ist. Eine **Kundendatenbank für das Direktmarketing** ist eine systematisch organisierte Sammlung von Daten über einzelne Kunden, Interessenten oder mögliche Interessenten, die für Marketingzwecke zugänglich ist und den Marketer handlungsfähig macht. Zu den Marketingzwecken gehören insbesondere das Aufspüren und Beurteilen von qualifizierten Interessenten, der Verkauf von Gütern und Dienstleistungen sowie die Pflege der Kundenbeziehungen. **Data-Base-Marketing** beinhaltet den Aufbau, die Pflege und die Benutzung von Kundendatenbanken und anderen Datenbanken zum Zweck der Kontaktherstellung und Geschäftsabwicklung.[33]

Zu der Frage, inwieweit die Kunden bereit sind, ihre entsprechenden Daten zur Verfügung zu stellen, schrieb unlängst die *Frankfurter Allgemeine Zeitung* unter der Überschrift „Kundendaten als Marketinginstrument erfolgreich einsetzen": „Gegen die Verwendung ihrer persönlichen Daten haben weit mehr als die Hälfte der Konsumenten in Europa nichts einzuwenden. Dies ist das Ergebnis einer repräsentativen Untersuchung, die von der amerikanischen NCR Corporation in Europa erstellt wurde. Allerdings erwarten die Befragten von diesem Vorgehen Preisnachlässe, Bonuspunkte und einen persönlichen Service. Nach Aussagen der Studie sind es vor allem jüngere Verbraucher, die auf die Vorteile eines individuell zugeschnittenen Kundenmanagements setzen würden."[34]

Um ein funktionierendes Data-Base-Marketing für eine Kultureinrichtung aufzubauen sind zunächst die entsprechenden technischen Voraussetzungen (PC und entsprechende Datenbank-Software) zu schaffen. Die zu sammelnden Daten sind in drei große Kategorien einzuteilen:

(1) Grunddaten; hierzu zählen vor allem die soziodemographischen Daten wie Name, Titel, Geschlecht, Adresse, Geschlecht, Beruf, Alter, Bildung, Familienstand usw., soweit sie für das Marketing relevant sind;

(2) von besonderer Bedeutung sind darüber hinaus vor allem die **Reaktionsdaten** der Kunden, in erster Linie also die oben angesprochenen verhaltensorientierten Merkmale des Besucher wie: Zeitpunkt der Buchung, Zeitpunkt Erstbuchung Abonnement bzw. eventuell Kündigung, Änderungen der Mitgliedschaft, Langfristigkeit der Buchung, Beschwerden oder Lob an die Kulturorganisation, gegebene Spenden usw.

(3) Aktionsdaten; hierunter fallen alle **von der Kulturorganisation an die jeweiligen Interessenten gerichteten Aktivitäten**, wie Telefonanrufe (Telefon-Marketing), Briefe (Mailing-Aktionen) ggf. sogar Besucherbesuche und vor allem feststellbare Reaktionen hierauf.

Der Aufbau bzw. die permanente Pflege des Datenmaterials lässt sich durch folgenden Kreislauf veranschaulichen:

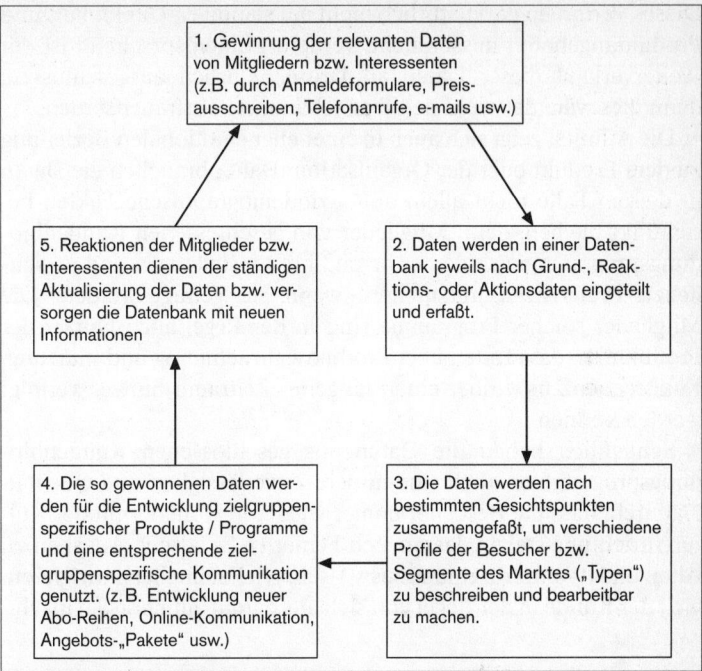

Abb. 39: Data-Base-Marketing

Data-Base-Marketing sollte im Kulturbetrieb **langfristig** sinnvollerweise in ein **geschlossenes** Kundenbindungsprogramm (Kundenclub, Mitgliedschaft, Förderverein usw.) integriert sein statt ein jedem zugängliches, weniger fokussiertes, eher auf die Masse abzielendes, **offenes** Kundenbindungsprogramm (Kundenkarte) zu präsentieren,[35] und zwar aus mehreren Gründen:

• Die Mitglieder in einem geschlossenen Kundenbindungsprogramm sind eher bereit, Informationen über sich preiszugeben, da sie eine höhere Affinität und ein größeres Vertrauen zu dem Produkt oder der Organisation haben. Durch den Beitritt in das Programm erlauben die Mitglieder implizit oder erwarten sogar, dass über sie bestimmte Informationen gesammelt werden, was vorhandene Bedenken über Datenschutz und Eingriff in die Privatsphäre reduziert.

Dieses Vertrauen darf natürlich nicht mit ständigen Direktmails und Produktangeboten missbraucht werden. Dementsprechend ist der Weiterverkauf dieser Daten an Dritte natürlich ausgeschlossen, denn dies wäre der wohl denkbar schlimmste Vertrauensbruch.

• Die Affinität zeigt sich auch in einer eher emotionalen Beziehung zu dem Produkt oder der Organisation. Daher brauchen die Daten in diesem Falle nicht allein auf soziodemographische Fakten beschränkt bleiben, denn Mitglieder von geschlossenen Kundenbindungsprogrammen sind eher bereit, ihre **Einstellungen** und **persönlichen Präferenzen** mitzuteilen, wenn sie gefragt werden. Die Mitglieder solcher Programme sind in der Regel auch Nutzer der Produkte, so dass Daten über Produktwahrnehmung und -nutzung, Kauffrequenz usw. über einen längeren Zeitraum hinweg verfolgt werden können

• Schließlich haben die Daten aus geschlossenen Kundenbindungsprogrammen auch eine höhere Zuverlässigkeit und Qualität. Dadurch, dass die Besucher immer wieder in Kontakt mit der Kultureinrichtung stehen, lassen sich Fehler (z. B. falsche Angaben zu Alter und Wohnort, Umzug usw.) sehr viel schneller korrigieren, weil der Kunde in der Regel von sich aus darauf aufmerksam macht.

Anmerkungen:

[1] Vgl. hierzu ausführlich: Heinrichs/Schäfer (1999)
[2] Becker (1999) S. 132
[3] Becker (1999) S. 132
[4] Vgl. Zentes (1992) S. 94
[5] Nieschlag/Dichtl/Hörschgen (1997) S. 426
[6] Vgl.: Otto-Hörbrand, Martin: Das Internet. Potenziale für unabhängige Publikumsverlage. Wissenschaftliche Arbeit für die Magisterprüfung im Fach Kulturwissenschaft im Aufbau-Studiengang Kultur-Management an der PH Ludwigsburg, Ludwigsburg 2000
[7] Herzog, (1996) S. 496
[8] Heinrichs, (1993) 184
[9] Kotler/Bliemel (1999) S. S. 818
[10] Meffert (1999) S. 582
[11] Kotler/Bliemel (1999) S. 822
[12] Kotler/Bliemel (1999) S. 18

[13] „Trete ein, mein Gast." Ein Gespräch mit dem Theatermanager Tom Stromberg. In: *Stuttgarter Zeitung* vom 31. 7. 1999

[14] *Verein Oberrheinischer Museumspass*: Museen/Musées

[15] *Tourismuszentrale Hamburg GmbH*: Konzept Hamburger Sommer-Pass, Stand 15. 1. 1996, Hamburg

[16] Butscher, Stephan: Basis für strategisches Database Marketing, *Database Magazin* 1999

[17] Butscher, Stephan: Germany provides a blueprint for customer clubs. In: *Direct Marketing International*, 1996

[18] Vgl. hierzu ausführlich: Butscher, Stephan: Handbuch Besucherbindungsprogramme & Besucherclubs, Ettlingen 1998

[19] Zuwenig Programme zur Kundenbindung. Vernachlässigung des Loyalitäts-Marketings in Deutschland. In: *Frankfurter Allgemeine Zeitung* vom 19. 5. 1999

[20] Butscher, Stephan: Besucherbindungsprogramme – Emotionale Ebene. In: *Auslandskurier* 1998

[21] Vgl. hierzu Butscher, Stephan: Kundenbindungsprogramme und Kundenclubs, Ettlingen 1998 S. 57 f

[22] Kotler/Bliemel (1999) S. 839

[23] Mayer (1999) S. 149 bzw. 153

[24] Vgl. hierzu Becker (1999) S. 135

[25] Kotler/Bliemel (1999) S. 830 ff

[26] Die INTHEGA und ihre Verträge, Darmstadt 1995 S. A 1

[27] Deutscher Bühnenverein/Bundesverband Deutscher Theater (1999) S. 180

[28] Conzelmann, Peter: Marketing für kleinere Orchester. Chancen und Möglichkeiten auf einem schwierigen Markt. In: Handbuch Kultur-Management, Stuttgart 1992 ff (Lieferung August 1995) S. 11

[29] Conzelmann (1995) S. 12

[30] Vgl. hierzu ausführlich: Schneidewind, Petra und Jürgen Pelz: Das Ticket auf dem Weg zum Kunden. Entscheidungshilfen zur Auswahl eines Ticketsystems. In Handbuch Kultur-Management, Stuttgart 1992 ff (Lieferung März 1999)

[31] Butscher (1999)

[32] Kotler/Bliemel (1999) S. 1118

[33] Kotler/Bliemel (1999) S. 1118

[34] Besucherdaten als Marketinginstrument erfolgreich einsetzen. In: *Frankfurter Allgemeine Zeitung* vom 12. 5. 1999

[35] Vgl. zum Folgenden ausführlich: Butscher (1999)

12. Wie bewerben wir unsere Programme?

Ein weit verbreitetes Missverständnis von Marketing geht von dessen Gleichsetzung mit Werbung und Öffentlichkeitsarbeit aus. Die **Kommunikationspolitik** bzw. das **Kommunikationsmanagement**[1] ist allerdings nur **ein** Element im weitaus umfassenderen Marketing-Management-Prozess. Sie trifft Ziel- und Maßnahmenentscheidungen zur aktiven Gestaltung der auf den (Meinungs-)Markt gerichteten **Informationen** einer Organisation. Ihre zentrale Frage lautet deshalb: was soll wann wem wie mit welchem Ziel gesagt werden? Ihre Aufgabe ist das Finden bzw. die Entwicklung der zielgruppen-adäquaten Kommunikationsformen zur Übermittlung von Informationen und Bedeutungsinhalten, die der Steuerung und Beeinflussung von Meinungen, Einstellungen, Erwartungen und Verhaltensweisen spezifischer Zielgruppen dienen.

Zentrale Aufgabenfelder der Kommunikationspolitik sind daher die klassischen **Werbemaßnahmen** bzw. **Reklame** (Außenwerbung, Plakatwerbung, Transparente, Anzeigen in Zeitungen, Zeitschriften, Werbespots in Rundfunk, Fernsehen und Kino usw.; vgl. 12.1); die **Öffentlichkeitsarbeit** bzw. **Public Relations** (Veröffentlichungen, Broschüren, Handzettel, Kataloge, Beilagen, Gespräche usw.; vgl. 12.2), die **Pressearbeit** (vgl. 12.3) und die **verkaufsfördernden Maßnahmen** (Aufkleber, Werbegeschenke, Preisausschreiben, Gutscheine, Sonderangebote, Festwochen, Festivals, Theatertage usw.; vgl. 12.4). Durch das **Internet** als Kommunikationsinstrument schließlich ergeben sich völlig neue Möglichkeiten der Kommunikation (Interaktivität, Multimedialität durch die Einbindung von Audio und Video usw.; vgl. 12.5).

12.1 Werbung und Reklame

Unter Werbung bzw. Reklame kann man die versuchte Meinungsbeeinflussung durch besondere (Massen-)Kommunikationsmittel in verschiedenen Medien verstehen, die das Ziel hat, beim Adressaten

Einstellungen und Verhaltensweisen zu verändern.[2] Jede Werbe-
aktivität hat in der Regel vier Komponenten, die in der konkreten
Umsetzung unterschiedlich ausgeprägt sein können: (1) die Information, (2) die Überzeugung, (3) die Veranlassung und (4) die Unterhaltung.[3] Werbung und Reklame sind sicherlich die ausgepräg-
teste Form der **One-way-communication ohne Feed-back**, d. h. der
Sender richtet sich mit bestimmten Instrumenten (Anzeigen, Plakaten usw.) an den Empfänger. Der Begriff der Werbung lässt sich nach
unterschiedlichen Kriterien[4] systematisieren:

(1) So kann man nach der **Art des Werbeobjekts** unterscheiden
zwischen **Produktwerbung**, **Programmwerbung** und der **Organisationswerbung**. Bei der **Produktwerbung** steht das einzelne Angebot
im Vordergrund: so kann z. B. ein einzelnes Konzert, eine bestimmte Theaterproduktion, eine besondere Ausstellung mit den
unterschiedlichsten Medien (vgl. unten) beworben werden. Im
Rahmen der **Programmwerbung** geht es darum, z. B. das Jahres-
programm des Stadttheaters oder sämtliche Schauspielproduktionen einer Spielzeit oder das Filmprogramm im soziokulturellen
Zentrum oder die Ausstellungen im Herbst und Winterhalbjahr zu
bewerben. Die **Organisationswerbung** schließlich wirbt nicht für
bestimmte Veranstaltungen oder Programme, sondern stellt die
Kulturorganisation selbst dar und wirbt für diese; dies kann z. B.
der Fall sein, wenn eine Kultureinrichtung neu eröffnet oder nach
längerer Renovierungspause wieder die Tore öffnet oder ein neuer
Intendant mit neuer Mannschaft beginnt. Ein schon legendäres
Beispiel hierfür ist das Plakat „Mein Städel" auf dem das Frankfurter Museum alle seine Bilder im Briefmarkenformat abgebildet
hat.

(2) Aus der Sicht der **Werbetreibenden** kann unterschieden werden zwischen **Individualwerbung** (wenn sie von einem einzigen betrieben wird) und **Kollektivwerbung** (Werbung durch mehrere Wer-
betreibende, z. B. Agenturen).

(3) Bezogen auf die **Zahl der Umworbenen** kann es folgende Un-
terscheidungen geben: **Einzelwerbung**, **Mengenwerbung** sowie **Massenwerbung**. Auf die sich angesichts der gesellschaftlichen Indivi-
dualisierungsprozesse und der Möglichkeiten des Internets immer
mehr durchsetzende **Einzelwerbung** (One-to-one-Marketing) wurde

bereits an verschiedenen Stellen eingegangen. Grundsätzliche Merkmale der Einzelwerbung bzw. des **Direktmarketing** sind: die **zielgerichtete Ansprache von Käufergruppen** (z. B. auf der Basis von Adressenlisten), die **Sammlung kundenindividueller Marketingdaten**, **individualisierte Ansprache des einzelnen Kunden** sowie die (mehr oder weniger) **genaue Messbarkeit der Maßnahmen** (Direct Response Marketing). Ihre üblichen Medien sind Werbebriefe (Mailings), Telefonate (Telefonmarketing) sowie interaktive Medien wie das Internet.[5]

Der Begriff der **Mengenwerbung** bezieht sich auf ganz bestimmte Teilmengen bzw. Zielgruppen im Publikum (so leuchtet sicherlich unmittelbar ein, dass Jugendliche von anderen textlichen und graphischen Ausdrucksformen angesprochen werden als ältere Menschen und umgekehrt). Die (leider gerade im Kulturbereich immer noch sehr weit verbreitete) **Massenwerbung** schließlich spricht undifferenziert, meist mit einem Medium (wie z. B. Folder, Flyer, Jahresprogrammheft etc.) das Publikum generell an – nach dem meist uneingestandenen Motto: Ein paar wird's schon treffen. In weiten Bereichen dürfte dies allerdings die teuerste und zugleich nutzloseste Form der Werbung sein.

(4) Schließlich kann nach den **eingesetzten Medien** differenziert werden in **Anzeigen- und Beilagenwerbung** (Zeitungen, Publikumszeitschriften, Fachzeitschriften, Kundenzeitschriften, Anzeigenblätter, Adressbücher, Zeitungsmagazine, Lesezirkel, Sonstige Insertionsmöglichkeiten wie z. B. Telefonbücher, Stadtpläne usw.); **Außenwerbung** (Anschlagwerbung, Verkehrsmittelwerbung, Licht- und Schilderwerbung, Sonstige Daueraußenwerbung, Luftwerbung, Kraftfahrzeugbeschriftungen)**; Fernseh-, Rundfunk-, Film-, BTX- und Internetwerbung**; Direktwerbung mit **grafischen Werbemitteln** sowie **Schauwerbung**.

Alle diese Medien werden von nahezu allen anderen Marktteilnehmern ebenfalls genutzt, so dass sich die Kulturorganisationen schon etwas besonderes einfallen lassen müssen, um ihre jeweiligen Botschaften aus der Vielzahl von Informationen, die z. B. an Litfaßsäulen prangten, den Leser in Anzeigen entgegenspringen oder im Hörfunk die Zuhörer nahezu dauerberieseln, herauszuheben. Andererseits haben Kunst und Kultur gegenüber allen anderen Anbietern einen unschätzbaren Vorteil: ihre eigene Kreativität und Ästhetik, die sie wiederum als Kooperationspartner (etwa im Rahmen des Sponsoring oder des Eventmarketing) so attraktiv macht.

Einige Beispiele können dies verdeutlichen. Schaufenster z. B. eignen sich ganz hervorragend nicht nur für kulturelle Werbung, sondern durchaus auch als künstlerische Präsentationsorte. So stellte ein großes Warenhaus eines seiner Schaufenster während eines Internationalen Pantomimenfestivals als Bühne zur Verfügung. Da es das Definitionsmerkmal des Körpertheaters ist, ohne Worte auszukommen, war dies die ideale Spielstätte für die Pantomimen, die damit auf ihre Abendveranstaltung in der Stadthalle aufmerksam machten. Viele Jahre nutzte das Kulturamt Marburg von den Einzelhändlern zur Verfügung gestellte Schaufenster, um dort Bildhauerarbeiten, Italienische Masken, Deutsche Puppenbühnen usw. im Rahmen eines „Museums in der Straße" vielen vorbeigehenden Interessierten zu präsentieren.

Werbung bzw. Reklame haben einen großen Vorteil und einen großen Nachteil gegenüber anderen Kommunikationsmitteln: Der große Nachteil ist, dass sie bezahlt werden muss (und dies bei manchem Werbemittel teilweise mit recht hohen Preisen). Der große Vorteil ist, dass derjenige, der bezahlt, den Inhalt weitestgehend selbst bestimmen kann. Diese Kosten zwingen Kulturorganisationen dazu, sich möglichst genau Gedanken zu machen, welche Mittel sie wie einsetzen wollen. Um die eigenen Gelder möglichst effizient zu verwenden, empfiehlt sich daher in jedem Fall vorab die Aufstellung eines möglichst differenzierten **Werbeplans**.[6]

Keineswegs zufällig ähnelt der unten dargestellte Werbeplan dem allgemeinen Marketing-Managementprozess. Ausgangspunkt bzw. **Plattform** ist – analog zum oben dargestellten Mission-Statement – die übergreifende Marketingkonzeption mit ihrer fixierten Zielsetzung. Dies heißt im Klartext: es wird keine Werbeaktion nur deshalb geben, weil sie irgendwie originell oder witzig ist, sondern sie muss sich in die allgemeine Marketingkonzeption einbinden lassen (dies gilt insbesondere für die Kreation irgendwelcher Events, die der Gefahr unterliegen, zum bloßen Selbstzweck zu werden!). „Gerade strategische Festlegungen – speziell für Strategien ‚höherer Ordnung' wie Präferenz- oder Marktsegmentierungsstrategien – bilden die notwendige Plattform, auf der ein Werbekonzept und seine operativen Maßnahmen aufzubauen sind."[7]

Bevor also mit konkreten Werbeaktivitäten begonnen wird, muss die **Ausgangssituation** analysiert werden: Vorrangige Fragen sind hier:

- An wen (welche spezifischen Zielgruppen) richten sich die geplantenWerbeaktivitäten?
- Welche Informationsquellen und Medien nutzen diese Zielgruppen vorrangig (z. B. die Tageszeitung, bestimmte Rundfunksendungen, das Internet, Freunde und Bekannte usw.)?
- Welche Werbung betreibt die Konkurrenz?
- Kann und will man sich man sich von der Konkurrenzwerbung absetzen?
- Welche Medien gibt es vor Ort/regional/überregional/national?
- Welche wollen/können wir erreichen?
- Welche können/wollen wir durch andere Kommunikationsinstrumente (z. B. Pressearbeit, Public Relations usw.) erreichen?
- Welche Budgetmittel für Werbung stehen zur Verfügung?
- Richtet sich deren Festlegung nach der **Finanzkraft** („Wir können 10 % vom Gesamtetat für Werbung ausgeben."), nach der **Konkurrenz** („Die Konkurrenz setzt so starke Werbemittel ein, dass wir hier mithalten müssen; lieber sparen wir für eine gewisse Zeit am Programmetat.") oder nach den gestellten **Zielen und Aufgaben** („Wir wollten den Zuschauerschnitt in diesem Jahr um 50 % anheben und dafür müssen wir entsprechend Werbemittel einsetzen; daher müssen wir für die Werbekampagne unbedingt einen Sponsor suchen.").

Nach sorgfältiger Klärung dieser und vieler anderer Fragen sollten die zu verfolgenden **Werbeziele** möglichst klar und eindeutig bestimmt werden. Im Wesentlichen handelt es sich dabei um vier Dimensionen:

- **Werbeintentionen**, d. h. die Frage, **was** genau mit der geplanten Werbekampagne erreicht werden soll – und die Begründung, warum dies nur mit Hilfe von Werbung und mit keinem der anderen Kommunikationsinstrument optimal möglich ist. Hier gibt es – bezogen auf die jeweiligen Zielgruppen – ganz unterschiedliche Ansatzpunkte: z. B. die **Vermittlung von Kenntnissen** („Die Musikschule bietet folgenden Kurse an"), die **Weckung von Motiven** („Man müss-

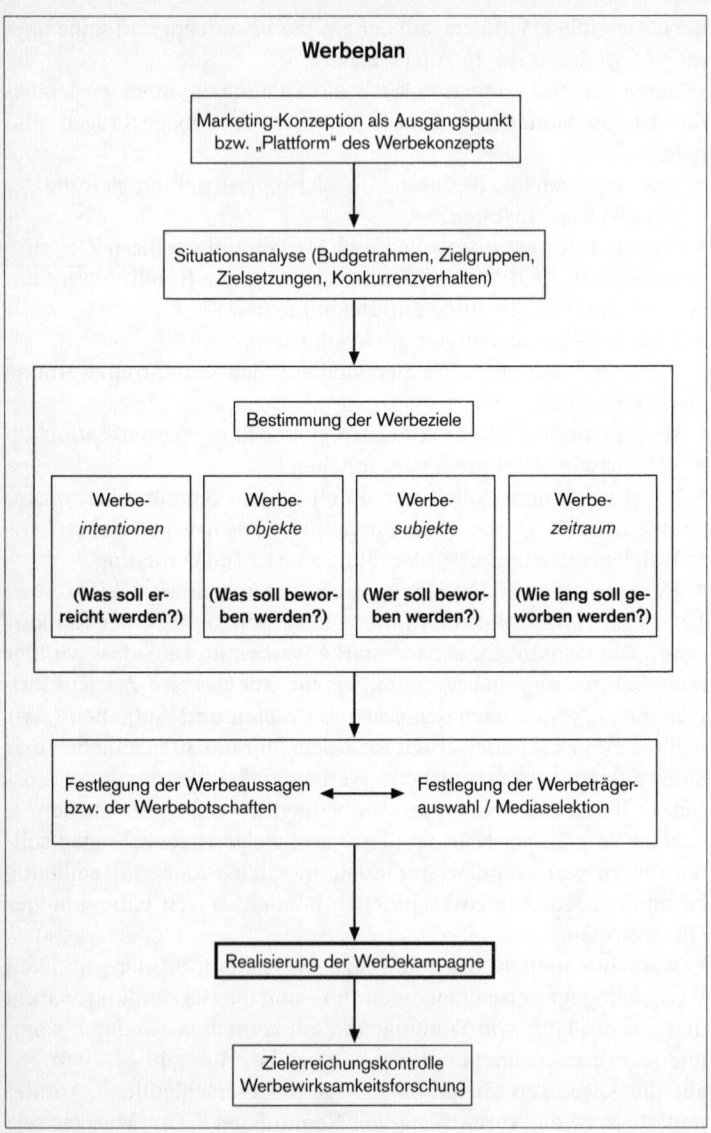

Abb. 40: Darstellung eines Werbeplans

te Klavier spielen können…"); die **Veränderung von Einstellungen** („Musikschule ist total in"), die **Setzung von Präferenzen** („Musik hören ist out – selbst spielen ist in!"), die **Lösung von Problemen bzw. Problemlösungswünsche** („Angst vorm Notenlesen – bei uns lernen Sie's im Handumdrehen") oder schließlich die **Beseitigung von Zugangshemmnissen** („Unsere Musikschule – für alle da.").[8] Das Ziel bzw. möglicherweise die Ziele der Werbekampagne sollten dabei so präzise wie möglich festgelegt werden, um nach Abschluss der Werbekampagne eine Erfolgskontrolle durchführen zu können.

• **Werbeobjekte**, d. h. die Frage, was genau beworben werden soll: eine einzelne Veranstaltung, ein ganzes Programm oder die Kulturorganisation insgesamt. Hieraus lassen sich wichtige Rückschlüsse für den Werbeaufwand ziehen: Eine kostenträchtige Einzelveranstaltung wie ein Rockkonzert mit vielen teuren Gruppen wird sicherlich intensiver beworben werden müssen als eine Kleinkunstprogrammreihe, die sich an ein von vornherein begrenztes Publikum wendet.

• **Werbesubjekte**, d. h. die Frage, welche Zielgruppen genau angesprochen werden sollen. Diese Zielgruppen (z. B. die 15- bis 25-Jährigen, die Bewohner eines bestimmten Stadtteils, die Singles, die an Tanztheater Interessierten, die Computerfreaks usw.) sollten ebenfalls möglichst exakt festgelegt und in ihren Merkmalen beschrieben werden, um eine abschließende Erfolgskontrolle zu ermöglichen.

• **Werbezeitraum**, d. h. die Frage, wie lange eine entsprechende Werbekampagne (z. B. die Anzeigenschaltung, die Außenwerbung, die Werbung in Bussen und Straßenbahnen usw.) genau laufen soll. Hier ist nicht nur die **Dauer** („Wie lange dauert es gewöhnlich, bis in Ort X Werbebotschaften von der anvisierten Zielgruppe aufgenommen und registriert werden?"), sondern vor allem die **Wahl des Zeitraums** von besonderer Bedeutung. Eine Werbekampagne, die beispielsweise in den Sommerferien oder wenige Tage vor Weihnachten beginnt, hat recht große Chancen, zum grandiosen Flop zu werden!

Ist diese Zielbestimmung möglichst präzise erfolgt, müssen zwei grundlegende Entscheidungen über das weitere Vorgehen getroffen werden: zum einen die Fixierung der **Werbeaussagen** (Werbebotschaft) und zum anderen die Festlegung der **Werbeträger** (Media-selektion).

(1) Festlegung der Werbebotschaft. Zunächst muss auf der rein rationalen Ebene **inhaltlich** möglichst knapp und präzise festgelegt werden, was in der Werbebotschaft mitgeteilt werden soll: was ist die „Message", was soll vermittelt werden? Die präzise und möglichst knappe inhaltliche Fixierung ist deshalb von entscheidender Bedeutung, weil die textliche, (foto-)grafische und akustische Umsetzung der Werbebotschaft gewöhnlich nicht durch die oder denjenigen erfolgt, der sie formuliert hat, sondern dabei – so weit es die Finanzmittel erlauben – auf professionelle Texter, Grafiker, Fotografen, Musiker oder sonstige Fachleute zurückgegriffen werden sollte.

Damit die jeweiligen Fachleute optimal arbeiten können, ist ein entsprechendes **Briefing** („Wem soll was mit welchem Ziel vermittelt werden?") [9] nötig. Hierunter versteht man die Auftragserteilung für werbliche Arbeiten an Agenturen oder an ein vom Auftraggeber selbst zusammengestelltes Team von Textern, Grafikern, Fotografen usw. Hauptaufgabe des Auftraggebers ist dabei, den Auftrag ebenso knapp wie ausreichend zu präzisieren, dass ein seinen Wünschen entsprechendes Ergebnis erwartet werden kann. Umgekehrt sollten die Auftragnehmer ein hohes Interesse daran haben, möglichst präzise Informationen zu bekommen, um ihren Auftrag optimal erfüllen zu können. Aus Erfahrung ist nur davor zu warnen, dass hierfür nicht qualifizierte Kulturmanager beginnen, in dieser Phase mit Schere, Klebstoff und Fotoapparat bzw. – das ist die neuere Variante – mit Text- und Zeichenprogrammen des Computers „kreativ" zu werden, da ihnen sowohl die Kenntnisse und Fähigkeiten fehlen als sie auch selten genug die nötige Distanz zu ihrem eigenen Produkt haben.

Neben der präzisen Beschreibung der Werbebotschaft ist indes auch die prinzipielle **Tonality** festzulegen, d. h. die Art des werblichen Grundtons bzw. des Werbeauftritts bzw. die **atmosphärische Verpackung** der Werbebotschaft. Grundsätzlich kann hier unterschieden werden zwischen einer eher **rationalen**, d. h. sachargumentierenden und einer eher **emotionalen**, d. h. erlebnisorientierten Werbung.

In der Praxis kommt es auch zu einer Kombination von rationaler und emotionaler Tonalität, wenn etwa unterschiedliche Zielgruppen angesprochen werden (z. B. in der Werbung von Banken zu beobachten, abhängig davon, ob sie sich an ein jugendliches oder an ein älteres Publikum wenden). „Rein rationale oder rein emotionale Werbebotschaften sind Extreme, die nur selten auftreten. Meist sind in einer Anzeige emotionale und informative Elemente vertreten. Tendenziell dürfte bei der heutigen Informationsflut emotionale Werbung in den meisten Produktmärkten effizienter sein. Ob aber im spezifischen Einzelfall eine eher emotionale oder eher rationale Ansprache wirksamer ist, hängt von zahlreichen Faktoren ab."[10] Die Wahl der richtigen Tonality ist indes keineswegs ins Belieben oder die Befindlichkeit der Leiter oder Mitglieder der Kulturorganisation gelegt, sondern abhängig von den jeweils anzusprechenden Zielgruppen. Deshalb sollte man sich hüten, im Kunst- und Kulturbetrieb mehr oder weniger unbesehen bzw. unreflektiert Werbemethoden zu übernehmen, die in der Konsumgüterwerbung Erfolg haben oder hatten („Stadttheater – nie war es so gut wie heute!").

Exemplarisch lassen sich die Elemente des Briefings am Beispiel einer neuen Initiative des örtlichen Kulturamtes zur besseren Präsentation zeitgenössischer Musik wie folgt darstellen:

• **Basis der Werbestrategie**, d. h. Klärung der Frage, was soll grundsätzlich erreicht werden (Weckung und Stärkung des Interesses für Konzerte zeitgenössischer Musik; Impulsgebung und Innovation, dabei Suche nach Kooperationsmöglichkeiten mit ähnlichen Anbietern dieser Art; „Musik für Kopfhörer");

• **Vermittlung der Corporate Identity**, **Corporate Design** und **Corporate Communication** der veranstaltenden Kultureinrichtung (Wie fügt sich die Werbung in das Gesamterscheinungsbild der Organisation? Welche Farben, Schriften, Formate usw. sind zu berücksichtigen?)

• **Darstellung** bzw. **Abgrenzung des Nachfragemarktes**, d. h. auf welchem Markt/welchen Märkten will man sich bewegen (Sowohl auf dem Markt für klassische Musik bzw. Musik der Moderne als auch auf dem Markt für Jazzmusik und Rockmusik/Stichwort „Grenzüberschreitungen");

• **Darstellung des Angebotsumfeldes**, d. h. welche möglichen Kon-

kurrenten bewegen sich ebenfalls auf diesem Markt bzw. in Über-
schneidungsbereichen (Orchester des Stadttheaters; Arbeitsgemeinschaft der Musiklehrer des örtlichen Gymnasiums; Folkclub; Jazzinitiative; diverse private Musikensembles);

- **Besucherverhalten**, d. h. was ist über das Besucherverhalten vor
Ort, in der Region bekannt (großes Interesse für Innovationen in bestimmten Zielgruppen, Flexibilität, Neugier, Bereitschaft zu Grenzüberschreitungen);
- **Bestimmung der Werbeziele**, d. h. was soll genau erreicht werden
(Gewinnung eines Stammpublikums von 250 regelmäßigen Zuhö-
rern in der ersten Spielzeit);
- **Bestimmung der Werbesubjekte**, d. h. wer soll erreicht werden
(Als mögliche Zielgruppen kommen in Frage: aufgeschlossene traditionelle Konzertbesucher; Besucher des Folkclubs und der Jazzinitiative; Lehrer und Musiker; „Grenzgänger" aus den Bereichen
moderner Film, Tanztheater, Literatur);
- **Bestimmung der Werbeobjekte**, d. h. was soll beworben werden
(Da es sich um ein völlig heterogenes Angebot handelt und sich kein
Konzert mit dem anderen vergleichen lässt, soll jede einzelne Veranstaltung beworben werden; um sowohl den Reihencharakter zu
betonen als auch ein Stammpublikum zu gewinnen, soll allerdings
auch das Programm insgesamt beworben werden).
- **Bestimmung des Werbebudgets**, d. h. wie viel DM stehen insgesamt für Personal- und Sachkosten zur Verfügung (Da es sich um
den Einstieg in eine neue Programmschiene handelt, stehen im ersten Jahr insgesamt maximal 75 000 DM für Personalkosten für Tex-
ter/Grafikerin/Fotograf sowie Sachkosten für Plakatdruck/Anzei-
gen usw. zur Verfügung).

Nach jedem Briefing ist eine möglichst kritische Diskussion darüber zu führen, ob die vorgelegten Informationen ausreichen, welche ggf. noch einzuholen sind bzw. welche Informationen fehlerhaft
oder völlig falsch sind. Ebenso ist ein sog. **Re-Briefing** durchzuführen, in dem ermittelt wird, ob die Auftragnehmer tatsächlich verstanden haben, was der Auftraggeber will. Von der Qualität des
Briefings ist ganz entscheidend die Qualität der Arbeitsergebnisse
der Fachleute abhängig.

(2) **Festlegung der Werbeträger**. Die Festlegung der Werbeträger

bzw. die **Mediaplanung** (d. h. Auswahl jener Medien, die im Zuge der Werbekampagne benutzt werden sollen) sollte sehr sorgfältig und differenziert erfolgen, da der Medieneinsatz meist die teuerste Aktion innerhalb des gesamten Marketing-Management-Prozesses ist. Diese Festlegung hängt ganz entscheidend von den anzusprechenden Zielgruppen ab: Lesen diese Zeitungen und Zeitschriften und/oder Stadtmagazine, Anzeigenblätter usw., hören diese Radio und sehen Fernsehen, sind sie aktive Internetnutzer, achten sie auf Plakate und Poster, informieren sie sich über Handzettel und Flyer usw.? Wenn auf die meisten diese Fragen mit **nein** geantwortet wird, ist es wenig sinnvoll, hierfür Geld auszugeben.

Sehr viel sinnvoller als dieser oftmals planlose (dafür aber umso teuere) Aktivismus ist eine möglichst genaue Erfassung der Informationsgewohnheiten der tatsächlichen und potentiellen Besucher. Hierfür bieten sich eigene Befragungen, aber auch der Rückgriff auf allgemein zugängliche Daten an: In entsprechenden publizistischen Zeitschriften, in Werbejahrbüchern, in Jahrbüchern der Rundfunkgesellschaften und des Demoskopischen Instituts Allensbach, im Internet oder auch in ganz simplen entsprechenden Veröffentlichungen in Tageszeitungen und Magazinen.

Eine besondere Rolle innerhalb des Kommunikationsprozesses spielen die sog. **Meinungsführer/Opinionleader**. Diese Erkenntnis wird in der sog. **Testimonialwerbung** mit der wichtigen Ressource **Vertrauen** verknüpft: besondere Personen, denen – aus welchen Gründen auch immer – in einem spezifischen Umfeld besonderes Vertrauen entgegengebracht wird, setzen sich quasi als Werbeträger (im übertragenen Sinne) für ein bestimmtes Produkt oder eine Dienstleistung ein, legen quasi **Zeugnis** für deren Qualität ab. Als Zeugen können **Stars**, **Experten** oder **typische Kunden** eingesetzt werden.

• **Stars** sind in besonderer Weise geeignet, um einen Image oder Bekanntheitstransfers auf das Produkt zu ermöglichen (Ein Beispiel wäre, wenn es den Musikschulen gelänge, bekannte Künstler, Solisten und Dirigenten als Werbeträger zu gewinnen);

• **Experten** in bestimmten Sachgebieten sollen durch ihre Sachkenntnis und Objektivität für die Qualität bürgen (das Handbuch Kultur-Management warb bei Markteinführung mit Statements und

Photos bekannter Kulturpolitiker und -manager für das neue Produkt).

• Die Darstellung **typischer Kunden** soll signalisieren, dass das Angebot für jedermann sinnvoll ist; die erwartete Reaktion bei den Nachfragern sollte sein: „Stimmt, das ist auch etwas für mich oder meine Familie"! (Statt mit Stars konnte die Musikschule daher mit den unterschiedlichsten **Eltern-Typen** für ihr Angebot werben und die potentiellen Kunden durch den Wiedererkennungs- bzw. Identifikationseffekt ansprechen).[11]

In der **Realisierungsphase** werden die Zielgruppen mit der Werbebotschaft konfrontiert. Doch damit ist die Werbekampagne keineswegs beendet, der Werbeplan noch längst nicht erfüllt. Denn begleitend zu den Maßnahmen muss sorgfältig kontrolliert werden, ob erstens die Werbemittel korrekt distribuiert werden und wie zweitens die Botschaft tatsächlich wirkt. Dazu gehört an erster Stelle eine aufmerksame Überprüfung, ob die einzelnen Werbemittel tatsächlich auch so verteilt werden, wie dies der Werbeplan vorsieht: ist die Anzeige auch exakt zu dem Termin in der Zeitung, zu dem dies vertraglich beschlossen wurde? Hängen die Plakate genau zum vereinbarten Zeitpunkt dort, wo sie hängen sollen? Werden sie von wilden Klebekolonnen ständig überklebt? Liegen die Werbebroschüren auch wirklich an den Orten, die hierfür vorgesehen wurden? Werden sie regelmäßig nachgefüllt? Müssen sie ggf. umgehend nachgedruckt werden? Hängen die DIN-A2-Plakate auch wirklich in den Bussen, wie dies mit den Stadtwerken abgesprochen wurde? usw.).

Zweitens ist eine wachsame Wirkungskontrolle zu organisieren. Lässt sich beobachten, dass die Zielgruppen positiv auf bestimmte Werbemaßnahmen reagieren (beispielsweise dass Passanten vor dem aktuellen Plakat angezogen werden und stehen bleiben, die Werbebroschüren eifrig mitgenommen werden usw.), so kann man einigermaßen beruhigt dem weiteren Verlauf der Werbekampagne entgegensehen. Zeigt sich indes, dass die Zielgruppen auf die eigenen Werbemaßnahmen überhaupt nicht reagieren (z. B. indem das von der Theaterleitung einhellig als supertoll eingestufte Spielzeitplakat an den Litfaßsäulen keines Blicks gewürdigt wird) oder – noch schlimmer – negativ reagieren (Plakate werden abgerissen oder beschmiert, Programmhefte stapelweise mitgenommen und in die nächste Mülltonne geworfen), so sollten schnellstmöglich flankierende bzw. Gegenmaßnahmen ergriffen werden. Dies kann z. B. dadurch geschehen, dass die Werbekampagne erklärt wird, indem z. B. eine Podiumsdiskussion darüber stattfindet, warum bewusst welches Plakatmotiv gewählt wurde. Oder diese Diskussion kann auch ganz allgemein darüber geführt werden, was Werbung darf und nicht darf – erinnert sei hier beispielsweise an die heißen Diskussionen um die verschiedenen Benetton-Werbekampagnen, die sich über weite Strecken völlig vom Produkt lösten und verselbstständigten[12]. Die letzte, sicherlich bitterste Konsequenz ist, die Werbekampgne umgehend zu stoppen.

Diese Wirkungskontrolle ist prozessbegleitend und gibt stets nur Momentaufnahmen (die jedoch keineswegs zu unterschätzen sind, nicht zuletzt unter dem Aspekt, auf sie umgehend reagieren zu können). Diese Augenblickseindrücke sind indes keineswegs die ganz Wahrheit, denn es kann sich u. U. herausstellen, dass eine Werbekampagne, die von den begleitenden Beobachtern als müde und lahm beurteilt wurde, insgesamt als durchaus erfolgreich zu bewerten ist, da die selbstgesteckten Werbeziele alle zufrieden stellend erreicht wurden! Daher ist eine möglichst fundierte abschließende **Werbewirkungs-Kontrolle** unbedingt notwendig – nicht zuletzt, um in die Zukunft nicht dieselben Fehler zu wiederholen.

Grundlage der Werbewirkungskontrolle sind die festgelegten Werbeziele (von daher wird deutlich, wie wichtig es ist, diese so präzise wie möglich zu definieren). Dabei kann zum einen zwischen der **ökonomischen** (Wie schlägt sich die Werbekampagne im Verkauf von Eintrittskarten nieder?) und der **kommunikativen** Werbewirkung (Inwieweit erinnern sich die Menschen an die Werbekampagne? Welche Eindrücke verbinden sie mit der Veranstaltung, dem Programm, der Kultureinrichtung?) unterschieden werden. Die Werbewirkungskontrolle bezieht sich also auf die Überprüfung der tatsächlichen Durchschlagskraft der einzelnen Werbemittel und der eingesetzten Werbeträger.

Hierzu gibt es eine ganze Reihe von Methoden und Instrumenten: eine der verbreitetsten ist sicherlich die Befragung (z. B. dass vor oder nach einer Veranstaltung die Besucher kurz befragt werden, wie sie aufmerksam geworden sind); möglich sind aber auch Verhaltensbeobachtungen (indem man sich z. B. eine gewisse Zeit lang neben eine Plakatanschlagsäule stellt oder im Café möglichst unauffällig neben den dort ausgelegten Stapel der Informationsbroschüren setzt und die Reaktionen der Cafébesucher testet). Möglich ist allerdings auch, Anzeigen als Gutscheine für Preisermäßigungen zu verwenden und an ihrer unterschiedlichen Gestaltung zu erkennen, welcher Tageszeitung oder Wochen- bzw. Monatsschrift sie entnommen sind und somit Rückschlüsse auf die entsprechende Mediennutzung ziehen.[13]

12.2 Öffentlichkeitsarbeit/Public Relations

Jede Organisation – so auch jede Kultureinrichtung – steht in der Öffentlichkeit in Verbindung mit einer ganzen Reihe von Bezugsgruppen bzw. Teilöffentlichkeiten; diese Bezugsgruppen bzw. Teilöffentlichkeiten sind in erster Linie:
• die **Abnehmer** der Produkte (also die Besucher, die Veranstaltungs- und Kursteilnehmer usw.),
• die **Zulieferer** (also Druckereien, Lieferanten von Holz, Stoff, Leinwand etwa im Theater, Musikalienhändler in der Musikschule, aber auch Künstler, Leihgeber für Ausstellungen usw.),
• die **Träger** bzw. Geldgeber (also Politik, Verwaltung, Sponsoren usw.) sowie schließlich
• die *eigenen* **Mitarbeiterinnen** und **Mitarbeiter** bzw. Organisationsmitglieder.

Vor allen diesen Bezugsgruppen möchte die Kultureinrichtung möglichst gut dastehen, denn die Realisierung ihres grundsätzlichen kulturellen bzw. künstlerischen Organisationsziels, ihrer Mission, hängt weitgehend von der Unterstützung bzw. dem Interesse dieser Bezugsgruppen ab. Gegenüber diesen Teilöffentlichkeiten verfolgt die Kulturorganisation jeweils spezifische Teilziele zur Erreichung ihres Oberziels:
• gegenüber den **Abnehmern/Besuchern** fasst die Kulturorganisation vorrangig absatzpolitische Ziele ins Auge (es sollen möglichst viele der anvisierten Zielgruppenmitglieder das kulturelle Produkt,

also die Ausstellung, die Theateraufführung, das Konzert, den VHS-Kurs usw. nachfragen);

• gegenüber den **Lieferanten** werden Beschaffungsziele angestrebt (die erforderlichen Materialien sollen qualitativ gut, preiswert, termingerecht usw. geliefert werden; die Künstler sollen möglichst gerne und preisgünstig kommen; die Theaterverlage sollen Aufführungsrechte der eigenen Kultureinrichtung zu möglichst großzügigen Bedingungen gewähren usw.);

• gegenüber den **Trägern** (also vor allem den Landesparlamenten und Gemeinderäten) soll die Berechtigung der eigenen Existenz legitimiert und somit die (vor allem) finanzielle Unterstützung sichergestellt werden, die Existenz der eigenen Kultureinrichtung soll nach Möglichkeit nicht zur Disposition gestellt werden, die jährlichen Zuwendungen sollen möglichst nicht gekürzt, sondern erhöht und unbürokratisch gewährt werden usw.:

• gegenüber den eigenen Mitarbeiterinnen und Mitarbeitern schließlich sind **personalpolitische** Ziele dominant, man erwartet eine möglichst hohe Motivation in der jeweiligen Tätigkeit, die Bereitschaft zur Arbeit zu ungewöhnlichen Arbeitszeiten (Kultur findet in der Regel in der Freizeit der Anderen statt) usw.

Alle diese Unterziele lassen sich sehr viel leichter erreichen, wenn die Kulturorganisation ein **grundsätzlich positives Image** hat, d. h. die Träger wie selbstverständlich ihre Unterstützung gewähren, die Künstler gerne in der eigenen Kulturorganisation mitarbeiten, die Lieferanten großzügig kooperieren, die Besucher möglichst zahlreich kommen und auch die eigenen Mitarbeiterinnen und Mitarbeiter engagiert ihre Arbeit einbringen. Da aber jeweils unterschiedliche Teilziele in Bezug auf die verschiedenen Teilöffentlichkeiten angestrebt werden, differiert auch die entsprechende Kommunikation mit den einzelnen Bezugsgruppen: die Politik bzw. die Politiker interessieren sich im Zusammenhang mit der jeweiligen Kultureinrichtung für ganz andere Dinge als die dort tätigen Künstler oder die internen Mitarbeiter usw. Die entsprechende Kommunikation sollte also jeweils sehr genau die anzusprechende Zielgruppe ins Auge fassen.

Das angestrebte positive Image kommt allerdings in den seltensten Fällen von allein zustande, sondern die Verbindungen (relations) zu den öffentlichen (public) Beziehungsgruppen bedürfen des sorgfältigen Aufbaus und – wie in jeder privaten persönlichen Beziehung auch – der ständigen Pflege bzw. Arbeit (wie es in der deutschen Übersetzung Öffentlichkeits**arbeit** recht gut zum Ausdruck kommt). Public Relations bzw. Öffentlichkeitsarbeit lässt sich von daher definieren als die planmäßig zu gestaltende Beziehung zwischen einer Organisation und ihren verschiedenen Teilöffentlichkeiten mit dem Ziel, bei diesen Teilöffentlichkeiten Vertrauen und Verständnis zu gewinnen bzw. auszubauen.[14]

Diese Definition macht deutlich, dass Öffentlichkeitsarbeit weit über Werbung hinausgeht. Sie ist sehr viel langfristiger und dauerhafter orientiert, konzentriert sich nicht auf eine einzelne Veranstaltung oder ein kulturelles Ereignis, sondern will insgesamt eine positive Gesamteinstellung gegenüber der Organisation aufbauen, sie verfolgt eher einstellungs- anstelle von direkt produkt- oder veranstaltungsbezogenen Werbezielen. Andere sollen gut über einen reden – das ist das Ziel der Öffentlichkeitsarbeit.

Als großer Vorteil der Werbung wurde oben genannt, dass der Sender mehr oder weniger alleine über den Inhalt der Botschaft bestimmen kann; der entsprechende Nachteil ist der hohe finanzielle Preis, der hierfür zu zahlen ist. Bei der Öffentlichkeitsarbeit verhält es sich dagegen mehr oder weniger umgekehrt: der zu entrichtende Preis ist überschaubar, doch der Inhalt der Botschaft hängt nicht mehr allein vom Sender ab. Er muss – um im obigen Beispiel zu bleiben – jemand finden, der bereit ist, gut über ihn zu sprechen, um seine Chancen beim Empfänger zu erhöhen.

Die Öffentlichkeitsarbeit einer Kultureinrichtung übernimmt somit eine ganze Reihe von Funktionen:[15]

- eine **Informationsfunktion**, d. h. die Öffentlichkeitsarbeit vermittelt Informationen nach außen (durch Informationsgespräche, Tage der offenen Tür, Bilanzen, Informationsforen, Veröffentlichungen usw.), aber auch in die Kultureinrichtung hinein (z. B. durch regelmäßige Sitzungen und Besprechungen, Mitarbeiterzeitungen, schwarze Bretter und Anschläge, Schulungen usw.);
- eine **Kontaktfunktion**, d. h. sie baut Verbindungen zu allen für die Kulturorganisation wichtigen Personen, Gruppen, Organisationen (z. B. Schulen, Meinungsführern und Multiplikatoren, Politikern

und Verwaltungsmitarbeitern, Besucherorganisationen und Medien usw.) auf und hält diese aufrecht (dies reicht von persönlichen Kontakten über regelmäßige Treffen, von Telefonanrufen über gemeinsame Essen und sog. Hintergrundgespräche usw. bis hin zum Aufbau eines regelrechten Netzwerkes, auf das immer wieder und in den unterschiedlichsten Situationen zurückgegriffen werden kann);

• eine **Imagefunktion**, d. h. das angestrebte Image steht in enger Verbindung zum Mission Statement und zur Corporate Identity bzw. der Coporate Communication. Dieses gewünschte Organisationsbild muss aufgebaut und sorgfältig gepflegt (und natürlich immer wieder kritisch hinterfragt) werden;

• eine **Harmonisierungsfunktion**, d. h. die internen Wünsche und Bedürfnisse der Mitarbeiterinnen und Mitarbeitern müssen immer wieder mit den äußeren Anforderungen und Notwendigkeiten abgeglichen werden, um sicherzustellen, dass Selbstbild und Fremdbild möglichst weitgehend harmonieren und nicht auseinander fallen;

• eine **Stabilisierungsfunktion**, d. h. eine Erhöhung der Standfestigkeit der Kulturorganisation in kritischen Situationen auf Grund der stabilen Beziehungen zu den Teilöffentlichkeiten. Gerade im Kulturbetrieb ist diese Funktion ganz besonders hervorzuheben, denn es ist ja ein Wesensmerkmal moderner Kunst, dass sie innovativ und damit häufig auch provokativ ist; stabile Beziehungen zu den relevanten Beziehungsgruppen verhindern, dass beispielsweise durch eine provozierende Ausstellung oder Theateraufführung gleich die jeweilige Kulturorganisation als Ganze in Frage gestellt wird;

• eine **Kontinuitätsfunktion**, d. h. nach außen und innen wird – im Sinne der Unternehmenskultur – ein einheitlicher Stil nach innen und nach außen bewahrt;

• eine **Absatzförderungsfunktion**, d. h. Anerkennung und Vertrauen seitens der Nachfrager erhöhen den Absatz.

Die zentrale Ressource der Öffentlichkeitsarbeit ist das gegenseitige Vertrauen! Ebenso wie private Beziehungen nur bei einem gewissen Maß an gegenseitigem Vertrauen funktionieren können, ist dies bei den public relations der Fall. Ist öffentliches Vertrauen erst einmal verspielt, bedarf es unendlicher Anstrengungen, dieses wieder aufzubauen! (In der Wirtschaft spricht man daher teilweise sogar explizit von **Reputation Management** und versteht darunter die zielgerichtete und systematische Planung, Steuerung und Kontrolle aller Handlungen einer Organisation, die zur Steigerung von Glaubwürdigkeit und Vertrauen bei den Bezugs- und Interessengruppen beitragen[16]).

12.3 Pressearbeit

Gerade im Kulturbereich werden Presse- und Öffentlichkeitsarbeit sehr häufig in einem Atemzug genannt: so ist dies in den meisten Theatern ein gemeinsamer Aufgabenbereich innerhalb der Dramaturgie. Aus dem bisher Gesagten sollte allerdings deutlich geworden sein, dass sich die Öffentlichkeitsarbeit an eine ganze Reihe von unterschiedlichen Teilöffentlichkeiten wendet. Die **Pressearbeit** richtet sich dagegen an die ganz spezielle Zielgruppe der Journalisten in den Medien (Fernsehen, Hörfunk, Printmedien), diese dann wiederum an ein Massen- bzw. Fachpublikum. Deshalb ist es zweckmäßig, die Pressearbeit gesondert zu behandeln. Der Deutsche Städtetag hat hierzu eine Arbeitshilfe unter dem Titel **Städtische Presse- und Öffentlichkeitsarbeit**[17] herausgegeben; verwiesen sei außerdem auf den sehr nützlichen **Leitfaden für die Pressearbeit**.[18]

Sinnvollerweise sollten zunächst folgende Mediengattungen (vereinfacht) unterschieden werden:[19]

• **Printmedien**. Hierzu zählen zunächst die **Zeitungen**. Sie erscheinen täglich oder wöchentlich, werden auf der Straße/Kiosk oder im Abonnement verkauft und haben unterschiedliche Erscheinungsgebiete. Sie lassen sich wie folgt systematisieren: **Tageszeitungen lokal** (z. B. *Kölner Stadtanzeiger*); **Tageszeitungen regional** (z. B. *Stuttgarter Zeitung*); **Tageszeitung überregional** (z. B. *Frankfurter Rundschau*); **Wochenzeitungen** (z. B. *Die Zeit*); **Sonntagszeitungen** (z. B. *Welt am Sonntag*); **Kauf-/Boulevardzeitungen** (z. B. *Bild-Zeitung*); **Wirtschaftszeitungen** (z. B. *Handelsblatt*); kostenlose **Anzeigenblätter**; **Stadtmagazine** (z. B. *Prinz* oder *Lift*); **Publikumszeitschriften** (Sie erscheinen überregional mit unterschiedlichen Themenschwerpunkten wie Lifestyle, Sport, Technik, Wissenschaft, Wohnen, Garten, Hobby usw.); **Fachzeitschriften** (Sie erscheinen unter berufsspezifischen Gesichtspunkten, wie z. B. *Das Orchester, Die Bühnengenossenschaft, Die Deutsche Bühne, Kulturpolitische Mitteilungen* usw.)

• **Elektronische Medien**. Hierzu zählen der **Hörfunk** und zwar (1) **öffentlich-rechtliche Rundfunkanstalten** (Landesrundfunkanstalten wie z. B. *Hessischer Rundfunk, Radio Bremen, Norddeutscher Rundfunk* usw.; nationale Rundfunkanstalten wie z. B. *Deutschlandradio, Deutschlandfunk*) und (2) **private Rundfunksender** (lokal, regional oder national wie z. B. *Radio FFH, RPR, Klassik Radio* usw.). Außerdem das **Fernsehen**, hier ebenfalls die **öffentlich-rechtlichen Sender** (Landessender wie *WDR, NDR, BR. HR* etc.; national wie *ARD, ZDF*; international: *arte, 3sat*) sowie **private Sender** (*RTL, PRO 7, SAT 1* usw.).

• Hinzu kommen noch die **Nachrichtenagenturen**. Sie recherchieren mit eigenen Journalisten und geben deren Berichte an Abonnenten (Zeitungen, Hörfunk und Fernsehen) ab (z. B. *Deutsche Presseagentur, Reuters, Agence France Press* usw.).

Die allermeisten dieser Medien berichten (zumindest: auch) über Kultur und Kunst: manche ausschließlich (etwa Fachzeitschriften wie die *Kulturpolitischen Mitteilungen*, Radiosendungen wie *Klassik Radio*, Fernsehsender wie *arte* usw.); manche unter speziellen Rubriken (Feuilleton, Kultursendungen usw.) und manche schließlich im allgemeinen Teil (z. B. in den Lokalnachrichten oder in Nachrichtensendungen zum Abschluss als sog. **Rausschmeißer**).

Um die eigenen Botschaften optimal zu platzieren, ist eine genaue Kenntnis der Medienlandschaft unabdingbar. Im Zentrum steht dabei stets die Frage: welche Medien werden von den die eigene Kultureinrichtung interessierenden Zielgruppen (bzw. Teilöffentlichkeiten) wahrgenommen? Welche Fernsehsender werden z. B. gesehen? Welche Rundfunkprogramme gehört? Welche Zeitungen, welche Zeitschriften gelesen? Welche Anzeigenblätter, welche Stadtmagazine spielen eine Rolle? Einen hervorragenden und stets aktuellen Überblick hierüber geben die im Auftrag der Arbeitsgemeinschaft der ARD-Werbegesellschaften jährlich herausgegebenen **Media-Perspektiven**.[20] Eigene Publikumsbefragungen sind darüber hinaus ausgesprochen wertvoll, da sie es ermöglichen, die entsprechende Pressearbeit sehr viel effizienter zu fokussieren.

Die Bedeutung der verschiedenen Zielgruppen bzw. Teilöffentlichkeiten wird deshalb so sehr betont, weil die Medienpräsenz der Kultureinrichtung durchaus unter unterschiedlichen Aspekten, je nach Zielorientierung, gewertet werden kann. Unter absatzpolitischen Gesichtspunkten kann ein umfangreicher Artikel in einem viel gelesenen Stadtmagazin oder in einem kostenlos verteilten Anzeigenblatt Gold wert sein. Eine Kritik im Feuilleton der *Frankfurter Zeitung* ist unter rein absatzpolitischen Gesichtspunkten wahrscheinlich nicht so wertvoll. Ihre Bedeutung liegt dagegen vor allem im Hinblick auf den Träger (d. h. also lokale Politik, Verwaltung usw.) bzw. unter beschaffungspolitischen Aspekten, denn Künstler sind normalerweise an überregionalen Kritiken interessiert, weniger an einer Vorankündigung in einem Anzeigenblatt. Ein ausführlicher Artikel in der Fachzeitschrift *Theater heute* erreicht ein ganz spezifisches Fachpublikum, macht vor allem die Kollegen im Theaterbereich und die Feuilletons aufmerksam, weniger die breite Besucherschaft. Ein Fachartikel in der *Bühnentechnischen Rundschau* über die neue hochmoderne Theatertechnik ist wahrscheinlich weder für das Publikum noch den Träger besonders interessant, wohl aber für die spezifischen Lieferanten des Theaters. So ist eine zentrale Aufgabe erfolgreicher Pressearbeit, möglichst genau die jeweiligen Medien (mit ihren spezifischen Nutzergruppen) nicht nur zu erkennen, sondern sie mit ganz spezifischen Informationen zu beliefern. Zugespitzt gesagt: unter Umständen bedeutet dies, ein und dieselbe Nachricht den verschiedenen Medien unter völlig unterschiedlichen Aspekten anzubieten.

Damit dies möglich wird, gilt es zunächst einen möglichst zuverlässigen, spezifischen Verteiler aufzubauen, in dem alle relevanten Medien bzw. die jeweiligen Ansprechpartner mit Namen und Adressen verzeichnet sind. Dieser Verteiler sollte alle o. a. relevanten Mediengattungen erfassen. Als Hilfsmittel hierzu können spezifische Adressenverzeichnisse dienen.

• Am handlichsten bzw. für den ersten Einstieg geeignetsten sind die im *Kroll-Verlag* erscheinenden Taschenbücher bzw. Branchenverzeichnisse; für den Kunst- und Kulturbereich etwa das „Presse-

Taschenbuch Kunst, Architektur, Design"[21], das auf fast 450 Seiten ein umfangreiches Adressenverzeichnis von Medienadressen, aber auch Kulturorganisationen bietet.

• „Der Stamm" (jährlich erscheinendes Presse- und Medienhandbuch im *Stamm-Verlag*, Essen; auch als CD-Rom unter dem Titel „Point Impressum" erhältlich) ist ebenso wie

• „Der Zimpel" (mehrbändige Loseblattsammlung mit über 1000 Seiten im Verlag Dieter Zimpel, München; ebenfalls auf CD-Rom erhältlich) und

• „Der Oeckl" (jährlich erscheinendes Taschenbuch des öffentlichen Lebens im Festland-Verlag, Bonn) sehr viel umfangreicher und detaillierter.

Diese ausgesprochen umfangreichen Adressenverzeichnisse müssen ausgewertet und für die Anforderungen der jeweiligen eigenen Kultureinrichtung maßgeschneidert werden, d. h. der eigene Adressenverteiler sollte möglichst alle relevanten Ansprechpartner der eigenen Kulturorganisation enthalten. Dabei sollte zum einen berücksichtigt werden, dass alle größeren Zeitungen, Zeitschriften, Radiosender und Fernsehanstalten für die einzelnen kulturellen und künstlerischen Bereiche bestimmte Mitarbeiter und Mitarbeiterinnen bzw. teilweise sogar eigene Abteilungen haben. Diese gilt es direkt anzusprechen. Eine noch so gute Pressemitteilung, adressiert **An das Feuilleton** oder **An die Fernsehredaktion Kultur** hat wahrscheinlich größere Chancen, im Redaktionspapierkorb als auf dem Schreibtisch der zuständigen Person zu landen. Zum anderen sei darauf hingewiesen, dass viele Medien, vor allem aber die Nachrichtenagenturen, freie bzw. feste-freie Mitarbeiterinnen und Mitarbeiter bzw. Korrespondenten in der jeweiligen Region haben. Diese haben ihrerseits selbst großes Interesse daran, Themen zu finden und ihren Auftraggebern anzubieten bzw. sie u. U. sogar mehrfach zu verkaufen. Diese freien oder festen-freien Mirarbeiter gilt es zu ermitteln und in die Kartei aufzunehmen bzw. mit diesen im konkreten Falle am besten direkt in Kontakt zu treten.

Ein pfiffiger Kulturamtsleiter in einer Provinzstadt hatte ausgesprochen gute Kontakte zu freien Mitarbeitern des Hörfunks. Er wusste, dass diese für einen Hörfunkkurzbeitrag (im dritten Programm, der so beliebten und daher verbreiteten Autofahrersendung mit Verkehrsnachrichten) in der Regel 300,00 DM, für einen Hörfunkkurzbeitrag mit O-Ton (also einem Originalton, wie beispielsweise Probenmitschnitt, Interview usw.) aber 450,00 DM bekamen. Ihm war klar, dass sich kein Journalist wegen 300,00 DM auf die beschwerliche Reise aus der Landeshauptstadt begeben würde. Also stellte er eine ganze Reihe von interessierenden Themen (durchaus auch aus anderen Feldern als der Kultur) zusammen und bot den Journalisten so ein durchaus lohnenswertes Programm für ihre mühselige Reise. Ebenso gelang es ihm, sehr gute Kontakte zu den regionalen Mitarbeiterinnen und Mitarbeitern der großen Presseagenturen aufzubauen, so dass viele der von ihm durchgeführten Veranstaltungen bundesweit als Fünfzeiler Erwähnung fanden.

Heinemann[22] empfiehlt über die bloße Adresskartei hinaus als Optimum ein Verzeichnis, das – ähnlich dem Database-Marketing – folgende Merkmale aufweist: Name des Mediums; Name des spezifischen Ansprechpartners (Vor- und Zuname sowie Titel); Straße, Hausnummer, Postleitzahl und Ort; Telefondurchwahl; Faxnummer; E-mail; Bemerkungsfeld (für Spezialgebiete, Vorlieben, Eigenheiten des Journalisten, z. B. Interesse an Originalinterviews, Benötigung von Bildmaterial usw.); Kontakte (sämtliche bisher stattgefunden Kontakte zwischen der eigenen Kultureinrichtung und dem Journalisten, z. B. Teilnahme an Pressekonferenzen, Telefonate, Hintergrundgespräche); Kriterium/Selektionsmerkmal (z. B. CD-Rezensionen, Veranstaltungskalender, Konzertkritik, Lokales).

Quasi das Gegenstück zur Presseaussendung ist die **Pressebeobachtung** bzw. **-auswertung**. So sehr sich die Kultureinrichtung über einzelne gute Kritiken freuen und sich ganz besonders herausragende vielleicht sogar in einen Rahmen stecken und aufhängen mag, so sehr muss auch hier auf systematische Sammlung und Auswertung geachtet werden. Lokale, regionale und besonders wichtige überregionale Zeitungen und Zeitschriften sollten von der Kultureinrichtung abonniert und regelmäßig ausgewertet werden: Wer hat wann wie über die Einrichtung, über die Veranstaltung, über ein Ereignis berichtet? Wenn die finanziellen Mittel hierfür bereitstehen, sollten sog. Ausschnittdienste mit der Auswertung beauftragt werden, die die allermeisten Zeitungen systematisch durchforsten und in bestimmten zeitlichen Abständen die betreffenden Ausschnitte zusenden (die dann ebenfalls ausgewertet werden sollten).

Leider ist in vielen – auch größeren – Kultureinrichtungen, die sich sogar einen Ausschnittdienst leisten, zu beobachten, dass – meist aus Gründen der Zeitknappheit oder fehlender personeller Ressourcen – die vielen Ausschnitte in irgendwelchen Pappkartons landen. Die besonders interessanten (d. h. meist die positiven!) werden möglicherweise noch gelesen und Kopien angefertigt für die betroffenen Mitarbeiterinnen und Mitarbeiter; der große Rest indes fristet ein unbeachtetes Dasein bis zum nächsten Großreinemachen und wird entsorgt! Dies ist allerdings das Gegenteil einer systematischen Wirkungskontrolle und schafft denkbar schlechte Voraussetzungen für die Planung zukünftiger Pressearbeit!

In professionell gemanagten Presseabteilungen (vor allem in den USA) werden für jeden einzelnen Pressekontakt – nach obigem Schema – eigene Dateiblätter angelegt, auf denen der Anlass (z. B. eine bestimmte Ausstellung im Museum), die Anfrage bzw. der Kontakt (Name des Journalisten), das Medium (z. B. bestimmte Kunstzeitschrift), der antwortgebende Mitarbeiter (z. B. Name der Ausstellungskustodin), die eigene Maßnahme (Übersendung der Pressemitteilung sowie eines Kataloges) vermerkt sind. Als entscheidende weitere Ergänzung kommt dann die Reaktion des Journalisten hinzu (z. B. der übersandte Belegartikel bzw. der Hinweis auf Erscheinungsort und -datum bzw. im negativen Falle die Nichtberichterstattung). Auch die Nichtberichterstattung ist somit ein wichtiges Datum, das es auszuwerten gilt, denn bei einem nächsten Gespräch kann nachgefragt werden, warum nicht berichtet wurde bzw. was die eigene Kultureinrichtung tun kann, damit in Zukunft berichtet wird (bessere oder frühere Informationen, andere Informationen wie Interviewvermittlung, Fotos usw.). Nur wenn die Presseauswertung gut funktioniert, kann auch die eigene Pressearbeit professionalisiert werden!

Der Aufbau einer soliden Adressenkartei ist nicht nur mühsam, sondern niemals abgeschlossen, da Journalisten und Medienarbeiter wechseln; ein Adressenverzeichnis ist deshalb nur so gut, wie die Pflege, die in es investiert wird. Die hierauf verwendete Mühe wird sich allerdings mit Sicherheit lohnen, und zwar in zweierlei Hinsicht:

• Zum einen ist die Chance, mit der eigenen Botschaft tatsächlich abgedruckt oder gesendet zu werden, umso größer, je besser diese in den Gesamtzusammenhang des jeweiligen Mediums passt. Um die Botschaft entsprechend passend zu machen, benötigt der Sender (also hier die Kultureinrichtung) seinerseits ausführliche Informationen über den Empfänger (hier: die Journalisten und die jeweiligen Arbeitsbedingungen innerhalb des Mediums).

• Zum anderen ist Kommunikation in den seltensten Fällen einseitig ausgerichtet; eine vertrauensvolle Zusammenarbeit mit den Medien kann der Kultureinrichtung ihrerseits als wichtige Informationsquelle (durchaus im Sinne eines „Frühwarnsystems") dienen, um gegen plötzliche Überraschungen einigermaßen gefeit zu sein.

Ein sorgfältig aufgebauter und akribisch gepflegter Verteiler ist, wie gesagt, die unabdingbare Voraussetzung erfolgreicher Pressearbeit. Hinzu kommen aber noch eine ganze Reihe **inhaltlicher** und **formal-handwerklicher** Regeln. Unter dem **inhaltlichen** Gesichtspunkt **Medien-Relevanz** sollte sich jede Kultureinrichtung vor Aussendung entsprechender Pressemitteilungen bzw. gar der Einberufung von Pressekonferenzen möglichst selbstkritisch folgende vier (nur auf den ersten Blick banale) Grundfragen[23] stellen:

(1) Welchen Anlass hat die Kultureinrichtung, sich an die Medien zu wenden? Es gibt naturgemäß unendlich viele Anlässe sich an die Öffentlichkeit zu richten: neue Produkte und Produktionen (z. B. Premiere im Theater, neues Schuljahr in der Musikschule, neues Kursangebot in der VHS, Produktion einer neuen CD usw.), Personalia (z. B. neue Mitarbeiter im Museum, Kündigungen bzw. Nichtverlängerungen zum Spielzeitende im Theater, Sterbefälle usw.); Zahlen und Fakten (Besucherzahlen bzw. -rekorde, Einspielergebnisse usw.); runde Daten (z. B. geschichtliche Ereignisse, Jubiläen usw.). Journalisten wählen notgedrungen aus der Vielzahl an Informationen, die ihnen zufließen, aus. Kriterien sind hierbei vor allem öffentliches bzw. Leser-/Hörer-/Zuschauerinteresse, Aktualität und Neuigkeitswert. Um sich selbst, aber auch den Journalisten unnötige Arbeit und ggf. Frustration zu ersparen, sollte die Kultureinrichtung vor entsprechenden Aktivitäten daher fragen:

- Ist der Anlass wichtig genug, um sich damit an die Medien zu wenden?
- Welche Bedeutung hat der Anlass, das Ereignis für das lokale, regionale, nationale bzw. internationale Umfeld?
- Welche mediale Relevanz hat der Anlass für die Printmedien, für die elektronischen Medien?
- Lässt sich der angestrebte Kommunikationseffekt nicht mit anderen Mitteln (z. B. direct-mailing, Telefonmailing usw.) viel effektiver erreichen?
- Benutzt man die Medien nur, weil sie am billigsten sind (und verbaut man sich unter Umständen somit Chancen, bei wirklich wichtigen Ereignissen mediale Erwähnung zu finden)?

(2) Welche Zielgruppe(n) soll(en) erreicht werden? Um die eigene Botschaft möglichst optimal kommunizieren zu können, ist bzw. sind die Zielgruppe(n) im Vorfeld möglichst genau zu analysieren und zu beschreiben. Wer soll überhaupt mit welchem Ziel angesprochen werden? Geht es um absatzpolitische, geht es um legitimatorische, geht es um beschaffungspolitische Ziele? Entsprechende Prüffragen sind hier:

- Lässt sich das anzusprechende Publikum genauer kennzeichnen?
- Wie lassen sich die Zielgruppen näher beschreiben (Lebensstiltypologien)?
- Welche Zielgruppen überschneiden sich ggf.?
- Welche Mediengewohnheiten haben die einzelnen Zielgruppen? Was lesen, hören, sehen sie?
- Welche Fachpublika (z. B. klassischer Tanz, Modern Dance, Theater, Performance) sollen gezielt über die Medien angesprochen werden?
- Welche Reichweiten erfordert der Anlass: lokal/regional/überregional/national/international?

(3) Mit welchen Einzelmedien sollen die jeweiligen Zielgruppen erreicht werden? Wie bereits deutlich geworden ist, bestimmen sowohl der Inhalt als auch die Reichweite die Auswahl der Einzelmedien. Richtet sich etwa ein zeitgenössisches Tanzfestival an ein ganz spezifisches Fachpublikum, so kommen als Medien sicherlich vor allem entsprechende Fachzeitschriften bzw. überregionale Feuilletons in Frage; daneben kann aber auch das Stadtmagazin durchaus geeignet sein, ein neugieriges und offenes lokales Publikum anzusprechen. Zu fragen ist daher:

• Welche spezifischen Einzelmedien passen zum Anlass?
• Welche Ressorts, Seiten, Abteilungen oder Sendungen müssen angesprochen werden?
• Welche Einzelpersonen sind dort zuständig?
• Wen kennt man?
• Gibt es weitere Zielgruppen innerhalb der Medien, die interessiert werden können?
• Wie kann man diese erreichen?

(4) **Wie muss die Information** bzw. das Material entsprechend den **Zielgruppen und den Medien** aufbereitet werden? Jedes Medium hat seinen spezifischen Markt, d. h. seine spezifischen Zielgruppen und dementsprechend unterschiedliche Präsentationsformen. Die Lokalzeitung hat ggf. auch einen Kulturteil; dieser wird aber mit Sicherheit anders aussehen als das Feuilleton beispielsweise der *Süddeutschen Zeitung*. Veranstaltet ein Kulturamt beispielsweise ein Festival zum modernen Körpertheater, wird es für die lokale Zeitung sicherlich hilfreich sein, wenn der Veranstalter ausführliches Hintergrundmaterial mitliefert und ggf. auch argumentativ-ästhetische Hilfestellung leistet. Gegenüber dem überregionalen Feuilleton würde dasselbe Verhalten wahrscheinlich eher blamabel wirken, da dort Fachleute für alle Bereiche vorhanden sind. Zu fragen ist deshalb:

• Welche Präsentationsformen haben die spezifischen Einzelmedien?
• Was benötigen sie von daher an Material (z. B. Verwendung von Bildmaterial, Hintergrundgeschichten, Interviews, historische Darstellungen usw.)?
• Welche Veröffentlichungspolitik wird dort verfolgt „Edutainment", Häppchenkultur, umfassende Gesamtdarstellungen usw.)?
• Wie weit soll man die Informationen streuen?
• Wann ist Exklusivität geboten?
• Wen verprellt man durch Exklusivität?
• Wann ist der Redaktionsschluss der einzelnen Medien?
• Soll eine Sperrfrist verhängt werden?

Die wichtigsten Instrumente der Pressearbeit sind – neben dem persönlichen Gespräch bzw. Interview – die **Pressemitteilung**, die **Pressemappe**, das **Pressegespräch** und die **Pressekonferenz**. Damit diese erfolgreich wirken können, gilt es neben den bereits oben angesprochenen inhaltlichen auch eine ganze Reihe **formaler** bzw. **organisatorischer**[24] Punkte zu beachten.

(1) Die Pressemitteilung[25]. Aufgabe der Pressemitteilung ist es, möglichst knapp und klar Informationen zu einem ganz bestimmten Ereignis (Veranstaltung, Ausstellungseröffnung, Premiere, Kursbeginn usw.) zu vermitteln. Ihr Umfang ist von daher begrenzt; sie soll Antworten geben auf die berühmten **W-Fragen**: **Wer, was, wann, wo, wie, warum**? Die Sprache sollte möglichst einfach sein; das Wichtigste kommt an den Anfang, da Redakteure gewöhnlich vom Ende her kürzen. Folgende Formalia sind unbedingt zu beachten: DIN-A4-Bogen/klare Kennzeichnung als **Presseinformation**/ Überschrift/Untertitel/maschinengeschrieben/Fließtext/ca. 30   Zeilen/ ca. 40 Anschläge pro Zeile mit einem Korrekturrand links und rechts für den Redakteuer/1 ½ zeilig/Papier einseitig beschriften/ Seiten durchnummerieren / klare Absenderkennzeichnung mit Telefon- bzw. Telefaxnummer und e-mail für eventuelle Rückfragen/ keine Hervorhebungen im Text durch Versalien, Fett- oder Kursivschrift. [26]

Beim Versand von Pressemitteilungen sollte auf jeden Fall darauf geachtet werden, ob eine sog. **Sperrfrist** vereinbart wird, d. h. dass vor einem genau festgelegten Zeitpunkt kein Journalist Gebrauch von einer Nachricht machen darf. Sperrfristen kann es aus den verschiedensten Gründen geben. So verleiht z. B. eine Stadt einen hoch dotierten Literaturpreis; in der Satzung des Preises ist festgelegt, dass die Jury als erstes den Beirat über die Wahl der Preisträger informiert. Da diese Sitzung aber gewohnheitsmäßig erst abends stattfindet, wenn die meisten Redaktionen bereits Redaktionsschluss haben, empfiehlt es sich, diese vorab zu informieren, damit sie die Nachricht in die nächste Ausgabe aufnehmen können. Um allerdings zu verhindern, dass schnellere Medien, wie z. B. der Hörfunk, die Nachricht früher verbreiten (und das renommierte Beiratsmitglied das Juryergebnis möglicherweise bereits im Autoradio auf der Fahrt zur Gremiumssitzung erfährt), werden bestimmte Sperrfristen vereinbart: das Radio darf die Nachricht ab 22.00 Uhr verbreiten und die Tageszeitung hat sie dennoch am nächsten Morgen in ihrer Ausgabe.

(2) Die Pressemappe. Will man umfangreichere Informationen vermitteln, die weit über eine bloße Pressemitteilung hinausgehen, empfiehlt sich die Zusammenstellung einer Pressemappe. Anlässe hierfür können beispielsweise sein die Wiedereröffnung eines Theaters, die Vorstellung des Jahresprogramms im soziokulturellen Zentrum, die Jahrespressekonferenz des Orchesters, die Präsentation eines Festivals; aber auch bei Redaktionsbesuchen oder anlässlich von Hintergrundgesprächen ist eine Pressemappe sehr nützlich. Ihre Aufgabe ist es, dem Gesprächspartner schriftliche Informationen, Bildmaterial, ggf. auch Tondokumente (CDs) auszuhändigen, die das mündlich Vorgetragene unterstützen. Ihr Inhalt sollte wohl überlegt sein, denn sie dient den Journalisten als Arbeitsgrundlage. Daher sollte man – wie leider keineswegs selten – auf gar keinen Fall wahllos alles hineinpacken, was einem von Künstlern, Theatergruppen, Agenturen usw. zugeschickt wird und was recht hübsch und bunt wirkt: auf DIN-A4 gefaltete Veranstaltungsplakate, Werbepostkarten, Give-aways und ähnlicher Tand! Es kann schon peinlich werden, wenn der Gesprächspartner im eigenen Beisein erst einmal demonstrativ mit der Entrümpelung der überreichten Pressemappe beginnt und diese auf das Wesentliche, ihn Interessierende reduziert!

Die Pressemappe sollte daher enthalten **Deckblatt** (Name und Adresse der Kultureinrichtung, Anlass der Überreichung, Ablaufplan mit Reihenfolge der Redebeiträge samt Rednername, Name und Adresse des/der Ansprechpartner für spätere Rückfragen); **Datenblatt/Waschzettel** (enthält in knapper Übersicht die wichtigsten Daten des Ereignisses, über das es zu berichten gilt: z. B. Veranstaltungsdaten, Vorverkaufsbeginn, Eintrittspreise, Vorverkaufsstellen usw.); **Redebeiträge** (Statements der Repräsentanten und/oder Experten; komplett in vollem Wortlaut oder wichtige Zitate in Auszügen); **Ausführlichere Informationstexte** (bei einem Festival z. B. Vorstellung der einzelnen teilnehmenden Künstler und Künstlergruppen); **Grafiken** und **Statistiken**; **Hintergrundartikel** (z. B. ausgewählte Pressekritiken renommierter Zeitungen aus dem In- und

Ausland, die ihrerseits wieder von den Journalisten zitiert werden können); **Bildmaterial** (stets mit Angabe des Fotografen und Urheberrechtsnachweis, d.h. Angabe, ob das Copyright, d.h. der Abdruck frei ist bzw. Angabe der entsprechenden Kontonummer bei Abdruck); **ggf. Pressekarten**; **ggf. Tonträger** (CDs), die ebenfalls einen besseren Eindruck vermitteln können.

(3) Die Pressekonferenz. Eine Pressekonferenz ist für alle Beteiligten ausgesprochen aufwendig, denn die Journalisten müssen für einen bestimmten Zeitraum nicht nur ihr Büro verlassen, sondern auch eine mehr oder weniger lange An- bzw. Rückreise in Kauf nehmen, und die Veranstalter haben – wie unten erläutert wird – ebenfalls einen erheblichen Aufwand. Auch hier sollte daher sehr kritisch gefragt werden, ob der Anlass relevant und substantiell genug für die beiderseitigen Kosten ist; es gibt wenig Unangenehmeres in der Pressearbeit als eine Versammlung ärgerlicher Journalisten, die das Gefühl haben, ihnen werde die Zeit gestohlen! Eine Pressekonfrenz ist vor allem dann sinnvoll, wenn die Informationen recht **umfangreich** sind (z.B. Präsentation eines Festivals, Vorstellung eines Jahresspielplans, Wiedereröffnung eines kulturellen Zentrums); die Informationen **sinnlich vor Ort vermittelt** werden sollen (z.B. Führung durch eine zwei Tage später zu eröffnende Ausstellung; Rundgang durch ein renoviertes und vor der Wiedereröffnung stehenden Theaters usw.); die Informationen **brisant** bzw. **kontrovers** sind und Rückfragen möglich sein sollten (z.B. Präsentation einer provokativen Ausstellung, Vorstellung des neugewählten Intendanten oder Kulturdezernenten usw.).

Eine Pressekonferenz bedarf der sorgfältigen und längerfristigen Planung (außer bei kurzfristigen Anlässen, z.B. Rücktritt des Kulturdezernenten, Entlassung des Intendanten, Absetzung eines Theaterstückes, Schließung einer Ausstellung etc.). Dabei sollten folgende Regeln beachtet werden:[27]

• Etwa **8–10 Wochen** vorher soll der genaue Zeitpunkt, der Ort (Räumlichkeiten) sowie die Teilnehmer (sowohl seitens der Veranstalter als auch der Journalisten) der Pressekonferenz festgelegt werden. Der Termin sollte möglichst nicht in den Ferien, nicht zu bestimmten „Hoch-Zeiten" (Sport, Fasching etc.), nicht am Freitag oder Montag oder gar am Wochenende und nicht vor 10 Uhr oder nach 17 Uhr gelegt werden. Der Ort sollte möglichst zentral bzw. leicht erreichbar gewählt werden; im Idealfall soll sich der entsprechende Raum rasch vergrößern oder verkleinern bzw. umstuhlen lassen, um sowohl gähnende Leere wie heillose Überfüllung zu vermeiden. Die Einladungsliste sollte die lokale/regionale/überregionale sowie die Fachpresse enthalten. Die auszuhändigende Pressemappe ist zusammenzustellen bzw. die Materialrecherche hierfür zu forcieren.

• Etwa **drei Wochen vorher** sollten der Ablauf der Pressekonferenz fixiert und die Einladungsschreiben (inklusive Antwortschein) versandt werden. Die Einladung sollte Antworten enthalten auf die Fragen: Wer (Veranstalter), Was (Thema der Pressekonferenz), Wann (Zeit) und Wo (Ort inklusive Anfahrtsskizze und Parkplatzangebot). Kontakttelefon, Fax und E-mail-Adresse für schnelle Rückfragen sind nicht zu vergessen! Der Einladungstext sollte nicht ausschweifend formuliert sein; möglichst knapp und präzise sind die entscheidenden Sachinformationen an den Anfang zu stellen oder typographisch hervorzuheben. Allerdings kann durchaus eine gewisse Erwartungshaltung zur Motivation aufgebaut werden: so sollte man z. B. ankündigen, was alle Teilnehmer vor Ort erhalten (z. B. Hintergrundinformationen, Pressemappe, Presseausweis usw.) oder was exklusiv zu vereinbaren ist (z. B. Fototermine, Interviews etc.). Einladungen an größere Zeitungen oder Sender sollten mehrfach verschickt werden: ohne Redakteursname an das entsprechende Ressort und namentlich an den verantwortlichen Redakteur oder/und einen persönlich bekannten Redakteur oder freien Mitarbeiter. Gemäß der Rückantworten ist eine Teilnehmerliste anzulegen und fortzuführen. Sowohl die technische Logistik als auch die Versorgung mit Getränken und kleinem Imbiss ist vorzubereiten.

• Etwa **drei Tage vor der Pressekonferenz** sollte anhand des Abgleichs von Einladungs- bzw. Antwortliste bei denjenigen Medien telefonisch nachgehakt werden, die noch nicht geantwortet haben. Der Ablauf wird mit allen Teilnehmern besprochen, die Redezeiten sind festzulegen und ein verbindlicher Ablaufplan (Begrüßung, Themennennung, Vorstellung der Vortragenden, Stellungnahmen, Frage-Antwort-Runde) zu vereinbaren. Überprüfung einzusetzender technischer Geräte (z. B. Videobeamer, Power-Point, Overhead-Folien, Tonanlagen, Mikrofone usw.) sowie des Caterings. Vorbereitung von Namensschildern für Vortragende der Kultureinrichtung, ggf. für Journalisten. Kontrolle der Vollständigkeit der Pressemappen und sonstigen auszuhändigenden Materialien. Sicherstellung eines gewissen Journalistenservices (Parkplätze reservieren, Pförtner verständigen, Beschilderungen vorbereiten, Telefon-, Fax- und Mail-Anschlüsse vorbereiten).

- Am **Tag der Pressekonferenz** sollte der Raum (inklusive Präsentationsmittel und Technik!) noch einmal überprüft, entsprechende Hinweisschilder sollten aufgehängt, Namensschilder und Pressemappen ausgehändigt und Anwesenheitslisten ausgelegt werden. Die Journalisten sollten so weit wie möglich persönlich begrüßt werden (dies ist durch Aufteilung der Mitarbeiter vorab zu regeln!). Pünktlich beginnen und enden (mindestens dreißig Minuten, durchschnittlich 60 Minuten, maximal 90 Minuten). Empfehlenswert ist eine dreiphasige Zeiteinteilung: (1) Begrüßung, Vorstellung, Einführung sowie Statements vom Podium aus (max. 20 Minuten); (2) Frage- und Antwortrunde (mindestens 20 Minuten); (3) Individualgespräche und Stehimbiss am Schluss.

- **Direkt nach der Pressekonferenz** sollte bei Abstinenz von Pressevertretern nachgehakt werden, warum sie verhindert waren und wie man ihnen ggf. durch Materialversand und weitere Auskünfte helfen kann. Pressemappen sollten an die Journalisten verschickt werden, die nicht persönlich anwesend waren. Falls notwendig, sollten in der Pressekonferenz nicht zu beantwortende Fragen umgehend geklärt und den entsprechenden Journalisten mitgeteilt werden. Mit allen Teilnehmern von Seiten des Kulturveranstalters sollte eine möglichst selbstkritische Manöverkritik durchgeführt werden, um die entsprechenden problematischen Punkte festzuhalten und für die Zukunft zu berücksichtigen. Neue Kontakte und wichtige erhaltene Informationen seitens der Journalisten austauschen und in den entsprechenden Verteiler aufnehmen (z. B. bei Zuständigkeitsveränderungen in den einzelnen Ressorts, Umzügen, neue Mitarbeiter usw.).

- **Zwei Wochen nach der Pressekonferenz** sollte eine Mediendokumentation der Berichterstattung erstellt und an alle Teilnehmer versandt werden (mit entsprechendem Dankeschön für die Teilnahme);

die Medienresonanz sollte darüber hinaus sorgfältig analysiert und hieraus Folgerungen für die Zukunft gezogen werden.

(4) Das Pressegespräch. Ein weiteres wichtiges Instrument der Pressearbeit ist das Pressegespräch, das verschiedene Grade der Formalisierung kennt: vom einfachen, informellen **Gedankenaustausch** (der durchaus zitierfähig sein darf) über das ausdrücklich als solches deklarierte **Hintergrundgespräch** (aus dem in der Regel nicht zitiert wird) bis hin zum **förmlichen Interview**. Auch hier gibt es eine ganze Reihe von Aspekten, die beachtet werden sollten, um Pannen (oder Schlimmeres!) zu vermeiden. Sowohl auf das Hintergrundgespräch wie auf das Interview[28] sollte man sich sorgfältig vorbereiten: Wer ist der Journalist? Für welches Medium berichtet er? Kennt man bereits Veröffentlichungen von ihm? Wie schätzt man diese ein? Was will der Journalist (nach seinen Wünschen fragen! Schwerpunkte vorab vereinbaren und sich darauf vorbereiten). Welche kritischen bzw. sensiblen Fragen könnte er stellen? (Auf Fangfragen gefasst bzw. vorbereitet sein!)? Welche Botschaft will man selbst vermitteln? (Sammlung aller wichtigen Informationen, die man weitergeben will; ggf. Erstellung eines Stichwortzettels; Zusammenfassung der wichtigsten Aussagen in präzisen, zitierfähigen Sätzen)

Jedes Medium folgt seinen eigenen Gesetzen bzw. kennt seine jeweiligen Regeln, die man kennen und berücksichtigen sollte:

• Gegenüber Printmedien sollte man z. B. vorab (!) vereinbaren, dass die Textfassung des Interviews zur Korrektur und Genehmigung vorgelegt wird (Autorisierung); sog. Hintergrundgespräche (off-the-records) sollten ebenfalls vorab (!) und ganz ausdrücklich als solche deklariert werden – seriöse Journalisten werden sich daran halten und entsprechende Desavouierungen tunlichst vermeiden.

• Gegenüber dem Hörfunk sollte man, vor allem als ungeübter Interviewpartner, nicht nur die thematischen Schwerpunkte, sondern auch die einzelnen Fragen bzw. den Gang des Gesprächs so weit wie möglich festlegen. Langsam und deutlich sprechen, kurze Sätze, einfache Begriffe, Konjunktive vermeiden („Ich würde…", „Ich möchte…", „Eigentlich sollte man…") – all dies kann man vorab am Tonband üben.

- Ähnliches gilt für Fernsehinterviews: auch diese kann man vor der Videokamera üben und sich selbst testen: Sprache, Gestik, Mimik, Blickkontakte usw.

Erfolgreiche Pressearbeit ist nur bedingt eine Sache des Naturtalents, sondern weitgehend erlernbar und systematisch betreibbar.

12.4 Verkaufsförderung

Verkaufsförderung ist der Sammelbegriff für alle Aktionen, die kurzfristig und unmittelbar starke Anreize zum Kauf bzw. Verkauf eines Produkts bzw. einer Dienstleistung geben sollen („Kaufen Sie hier und jetzt die Tickets für die Veranstaltung am ..."). Es handelt sich dabei vorrangig um kommunikative Maßnahmen, die der Erhöhung der Effizienz

- der **eigenen Absatzorgane** (z. B. Vorverkaufsstelle im Theater, Ticketverkauf im Museum, im soziokulturellen Zentrum usw.),
- der **Marketing-Aktivitäten der Absatzmittler** (Besucherorganisationen, Vorverkaufsstellen usw.) und
- der **Beeinflussung der Endkunden** (der Besucher und Zuschauer) bei der Beschaffung und Benutzung der Produkte dienen sollen.[29]

Verkaufsfördernde Maßnahmen liefern den Nutzern zwar auch Informationen, zielen vor allem aber auf die **Motivation** der jeweiligen Zielgruppen. Bei der Verwendung verkaufsfördernder Maßnahmen in Kulturorganisationen sollten daher drei Aspekte besonders berücksichtigt werden:

- Der **kommunikative Wert**, d. h. die entsprechenden Maßnahmen sollten in ester Linie Aufmerksamkeit wecken und in knapper Form Informationen liefern, die den Interessenten an das Produkt oder die Dienstleistung heranführen. Ein typisches Beispiel hierfür sind Straßentheateraktionen, die meist einen hohen Aufmerksamkeitswert haben und das Publikum für die Abendveranstaltung anlocken können.
- Der **Anreizgehalt**, d. h. die Aktionen sollten bestimmte Anreize enthalten, die der Interessent schätzt und die in ihm den Wunsch wecken, mehr als ursprünglich beabsichtigt, nachzufragen. Als Beispiel hierfür seien genannt die **Schnupperstunde** in der Musikschu-

le an einem bestimmten Musikinstrument oder das sog. **Instrumenten-Karussell**, an dem Kinder sich selbst im Umgang mit Instrumenten ausprobieren können.

• Der **Aufforderungsgehalt**, d. h. die Aktionen sollten eine besondere Aufforderung enthalten, die Kaufentscheidung möglichst hier und jetzt zu treffen. Bei den o. a. Straßentheateraktionen sollte also auf jeden Fall darauf geachtet werden, dass der unmittelbare Kauf von Tickets für die Abendvorstellung möglich ist (und der Interessierte nicht auf die Abendkasse verwiesen wird).[30]

Solche Aktionen können sich, wie oben angesprochen, (1) direkt an die **Endkunden**, an (2) die **Absatzmittler** oder an (3) die **eigenen Mitarbeiterinnen und Mitarbeiter** richten.

(1) **Verkaufsförderung für Endkunden**. Verkaufsförderungsmaßnahmen, die sich an die Endkunden im Kulturbetrieb richten, zielen vorrangig auf die Schaffung eines Kaufanreizes durch die Verbesserung des von den Betroffenen wahrgenommenen Preis-/Leistungsverhältnis ab.[31] Sie können ganz vielfältiger Natur sein: beispielsweise die Veranstaltung von **Gewinnspielen**, **Lotterien** und **Preisausschreiben**; die Durchführung von **Auktionen** (z. B. Versteigerungen von Kostümen und Requisiten aus dem Fundus des Theaters); die Einräumung von **Preisnachlässen** (z. B. in Form von Einführungspreisen oder Treueprämien); die kostenlose Gewährung bzw. Verteilung von **Produktproben** oder **Gutscheinen** (hierzu zählen z. B. öffentliche Proben des Orchesters, Einführungen durch den Regisseur, Straßenaktionen des Theaters, „Schnupperstunden" in der Musikschule usw.).

Möglich ist auch die Verteilung von **Werbegeschenken** (z. B. das Erste Notenheft bei der Anmeldung in der Musikschule, schön gestaltet, mit dem Namen des Kindes oder eine CD mit der Aufnahme des letzten Konzertes des Musikschulensembles) oder die **Zugabe** von kostenlosen Zusatzgütern beim Erwerb einer Eintrittskarte (wie das eingangs beschriebene kostenlose Textheft im Städel/Frankfurt). Das Würth-Museum in Künzelsau beispielsweise gestaltete anlässlich seiner Ausstellung „Gauguin und die Schule von Pont-Aven" sein Eintrittsticket als Postkarte mit einem Gauguin-Motiv; gleichzeitig diente ein Ticket-Abschnitt als Gutschein für eine Tasse Kaffee in der firmeneigenen Cafeteria, die an das Museum angrenzt.

(2) Verkaufsförderung für Absatzmittler. Diese Maßnahmen richten sich nicht an die Endkunden, sondern an die entsprechenden Absatzmittler (z. B. Vorverkaufsstellen oder Reiseunternehmen), die motiviert werden sollen, entsprechend mehr Güter oder Dienstleistungen abzusetzen. Solche Maßnahmen können ebenfalls ganz unterschiedlich sein: zusätzlich zu den vereinbarten Provisionen beim Kartenverkauf können noch **Sonderprämien** oder **Sachpreise** für besonders eifrige Vorverkaufsstellen ausgesetzt werden; darüber hinaus können **Incentives** (= Anreiz, Ansporn) gewährt werden, indem z. B. besonders tüchtige Absatzmittler zu Gala-Dinners oder einer Kulturreise eingeladen werden; die Durchführung von **Informations- und Schulungsveranstaltungen an attraktiven Orten**, um die Verkäufer über das neue Programme zu informieren, sie aber auch entsprechend emotional einzustimmen; **Schulungen**, um sie mit neuen Verkaufstechniken oder technologischen Entwicklungen (Ticketsysteme) vertraut zu machen; **Bereitstellung von Verkaufshilfen**, z. B. in Form von Broschüren, kostenlosen Videos über Aufführungen, CDs der Orchester usw.

(3) Verkaufsförderungsmaßnahmen für eigene Mitarbeiter. Was für die Absatzmittler gilt, kann auch für die eigenen Mitarbeiterinnen und Mitarbeiter des jeweiligen Kulturbetriebs gesagt werden, d. h. auch intern können alle oben eingesetzten Incentives und Wettbewerbsformen genutzt werden, um das eigene Verkaufspersonal zu motivieren.

12.5 Das Internet als Kommunikationsinstrument

1932 entwickelte der Schriftsteller Bertold Brecht in seiner „Rede über die Funktion des Rundfunks" einen bemerkenswerten „Vorschlag zur Umfunktionierung des Rundfunks: Der Rundfunk wäre der denkbar großartigste Kommunikationsapparat des öffentlichen Lebens, ein ungeheures Kanalsystem, das heißt, er wäre es, wenn er es verstünde, nicht nur auszusenden, sondern auch zu empfangen, also den Zuhörer nicht nur hören, sondern auch sprechen zu machen und ihn nicht zu isolieren, sondern ihn in Beziehung zu setzen (...) Der Rundfunk muss den Austausch ermöglichen. Er allein kann die großen Gespräche der Branchen und Konsumenten veranstalten."[32]

Das, was vor fast siebzig Jahren noch völlig utopisch klang, ist durch das **Internet** längst Wirklichkeit geworden; kein anderes Medium veränderte in den letzten Jahren sowohl die Kommunikationsgewohnheiten als auch die Austauschbeziehungen in vergleichbarer Weise wie das Internet und wird es in den nächsten Jahren weiterhin revolutionieren. Das Marketingmanagement, insbesondere das von Kunst und Kultur, ist hiervon ganz nachhaltig betroffen. Allerdings ist – trotz der ständig zunehmenden Bedeutung des Internets für das Kultur-Marketing – festzuhalten, dass es die bereits existierenden Marketinganstrengungen erweitert, keineswegs aber ersetzt.

Selbstverständlich kann an dieser Stelle keine Einführung in das Internet gegeben werden, was indes auch nicht nötig ist, da es hierzu umfangreiche und leicht verständliche Literatur gibt.[33] Das Internet ist vor allem durch drei Möglichkeiten gekennzeichnet:

- Die Informations**produktion** über das Netz
- Die Informations**recherche** über das Netz
- Die zeitversetzte und zeitgleiche **Kommunikation** und **Interaktion**.

Für Künstler und Kulturmanager ist das Internet vor allem aus zwei Gründen interessant:

- Der **Austausch von Informationen** ist notwendiger Bestandteil der künstlerischen und kulturellen Arbeit: Künstler tauschen sich untereinander aus, aber auch mit dem Publikum bzw. dem Kultur-Management aus. Das interessierte Publikum sucht seinerseits nach Informationen, um über entsprechende Veranstaltungen informiert zu sein: sei es über die äußeren Rahmendaten (wann, wo, zu welchen Preisen etc.), sei es über inhaltliche Fragen (was erwartet einen dort, welche vorbereitenden bzw. einführenden Informationen können abgerufen werden?). „Je mehr unser Publikum weiß, desto besser vorbereitet ist es, desto nachhaltiger wird die Erfahrung und die Beziehung zur Kultureinrichtung werden."[34]

- Zweitens ist das Internet aber auch als **künstlerisch-kreatives Medium** von Interesse, werden Ausstellungen, Kompositionen, Aufführungen ausschließlich für das Internet kreiert und darüber vertrieben. Dieser Aspekt, der mit Sicherheit in den kommenden Jahren die Künste kräftig verändern wird, kann hier nicht näher betrachtet werden.

Im Wesentlichen sind es folgende Anwendungsmöglichkeiten („Dienste"), die das Internet für das Kultur-Management so interessant macht:

(1) E-mail (elektronische Post). Die Elektronische Post ermöglicht es, in Sekundenschnelle anderen Internet-Nutzern Informationen zu senden – gleichgültig, ob der Empfänger im Haus nebenan oder am anderen Ende der Welt wohnt. Hierzu besitzt jeder Netzteilnehmer weltweit eine eindeutige E-Mail-Adresse und mit seiner Mailbox ein (elektronisches) Postfach, das auf einem speziellen Rechner (Server) installiert ist und wo alle eingehenden Mails landen. Der Empfänger kann sie nicht nur selbst lesen und beantworten, sondern sie bei sich speichern oder an beliebig viele interessierte Nutzer weiterleiten (Serienbrief). Per E-Mail können als Anlage ebenso zusätzliche (auch sehr umfangreichen) Informationen verschickt werden, die vom Empfänger mit den entsprechenden Datenverarbeitungsprogrammen weiter verarbeitet werden können.

Aber auch das gerade für das Kultur-Management so wichtige Prinzip des **Netzwerks**, des **networking**, erhält durch das Internet völlig neue und vor allem beschleunigte Möglichkeiten der Kommunikation. Per E-Mail lassen sich problemlos vielfältige Verbindungen herstellen zwischen der Kulturorganisation und dem Publikum, der Kulturorganisation und Kooperationspartnern (z. B. zwischen Musikschulen untereinander und ihren Landesverbänden, ihrem Bundesverband), der Kulturorganisation und anderen Organisationen (z. B. dem Kinder- und Jugendtheater und den Schulen) und schließlich der Kulturorganisation und Unterstützern (Sponsoren, Spendern usw.).

Auf diese Weise lassen sich relativ preisgünstig Werbematerialien erstellen und vor allem versenden: **Virtuelle Broschüren** (die bei Bedarf vom Empfänger ausgedruckt werden können) mit Texten, Bildern, Audio- und Video-Sequenzen; Elektronische Zeitungen (**Newsletters**); elektronische, individualisierte Kundenanschreiben (**Direkt-Mailing**); **Virtuelle Geschenkeläden** (Giftshops) für das Merchandising; elektronische Marketingforschung usw. Zeichnet sich

457

beispielsweise im Vorverkauf ab, dass noch Restkarten übrig bleiben werden, können ganz kurzfristig per E-Mail **Last-Minute-Angebote** geschnürt und beworben werden. Mühelos lässt sich auch ein **24-Stunden-Service** installieren, d. h. Kulturinteressierte sind nicht auf die Büro- oder Schalteröffnungszeiten verwiesen, sondern können ihre Botschaften jederzeit senden und diese können zeitversetzt beantwortet werden.

(2) **Mailinglisten.** Mailinglisten lassen sich als elektronische Diskussionsforen zu einem vorgegebenen Thema definieren, wobei die Teilnehmer die Möglichkeit haben, sich per E-Mail zu einem bestimmten Thema zu äußern. Das Besondere dabei ist, dass alle E-Mails, die eingehen, an alle anderen Teilnehmer weitergeleitet werden. So bieten diese Listen die Möglichkeiten, aktiv oder passiv an entsprechenden Diskussionen teilzunehmen. Solche Möglichkeiten sind Listen für den **Erfahrungsaustausch unter Berufskollegen** (z. B. Kulturmanager, Verwaltungsleiter, Intendanten usw.); Listen für den regelmäßigen **Austausch zu einem bestimmten Interessengebiet** (z. B. Kultur-Marketing usw.); Ankündigungslisten, die nicht dem gegenseitigen Austausch, sondern **Bekanntmachungen und Ankündigungen** dienen (z. B. Vorbereitung eines Kongresses zum Thema Controlling im Kulturbetrieb).

(3) **Newsgruppen.** Newsgruppen (**Newsgroups**) organisieren ähnlich wie die Mailinglisten Diskussionsgruppen nach dem Prinzip des schwarzen Brettes. Der Unterschied zu diesen liegt in der gewissen Unverbindlichkeit und der relativen Anonymität der Newsgruppen, da es einen wechselnden bzw. keinen verbindlichen Teilnehmerstamm gibt. Um an einer bestimmten Diskussionsgruppe teilzunehmen, werden über bestimmte Menüpunkte der notwendigen Anwendersoftware die verfügbaren Newsgruppen aufgelistet (meist über „Diskussionsforum abonnieren" oder „Newsgruppen hinzufügen"). Dann erhält man die Liste aller Newsgruppen, an denen man sich beteiligen kann.

(4) **World-Wide-Web.** Das World-Wide-Web ist sicherlich der bekannteste Teil des Internet und stellt quasi dessen multimedialen Teil dar; hier finden sich Texte, Grafiken und die verschiedensten Multimedia-Inhalte (Sound- und Videodateien), die von den Nutzern abgerufen werden können. Innerhalb dieses Netzes mit seinen

schier unzähligen Angeboten bewegt man sich mit Hilfe eines sog. **Web-Browsers**. Hiermit kann man nicht nur die sog. **Hypertexte** in lesbare Strukturen umformen, sondern er dient auch dazu, sich im Netz zurechtzufinden und Informationen zu den unterschiedlichsten Themen aufzufinden. Hier finden sich vor allem die unzähligen **Websites** der verschiedensten Kunst- und Kultureinrichtungen, aber auch von Institutionen und Personen des Kultur-Managements. Hierauf wird gleich noch näher einzugehen sein.

Was ist nun das Revolutionäre am Internet, welche Vorteile bietet es für die Öffentlichkeitsarbeit?[35]

(1) Das Internet ist **schnell** (im Vergleich etwa zu traditionellen Versandformen wie Post, selbst Fax); es ermöglicht darüber hinaus eine umgehende Reaktion. Auf diese Weise können Werbung und Öffentlichkeitsarbeit sehr viel schneller reagieren als bislang.

(2) Das Internet ist quasi **omnipräsent**; es ermöglicht eine enorme Vergrößerung der Reichweite; die Entfernung zum Globalen ist genau so weit wie zum Lokalen. Gerade angesichts wachsender Mobilität und der Entwicklung eines genuinen Kulturtourismus wird es für Kultureinrichtungen mehr und mehr unabdingbar, mit ihren Informationen stets aktuell und überall präsent zu sein.

(3) Das Internet ist **preiswert**, d. h. gegenüber herkömmlichen Printmedien ergibt sich eine gewaltige Kostenersparnis (durch den Wegfall der Materialtransporte, durch Streuverluste, Portokosten etc.). Auch umfangreiche Texte (ganze Programmbücher und Kataloge) lassen sich preiswert vertreiben.

(4) Das Internet ermöglicht den problemlosen **Wechsel der Öffentlichkeitsgrade** (Individual-, Gruppen- und Massenkommunikation). Über entsprechende Verteiler lassen sich sowohl individualisierte Briefe als auch zielgruppenspezifische Materialien (z. B. für Jugendliche, für Senioren, für frauenspezifische Themen usw.) wie auch Massenschreiben versenden. Durch die Vergabe von Code-Wörtern lässt sich der Zugang zu bestimmten Informationen (z. B. Unterrichtsunterlagen für einen Kultur-Managementkurs) regulieren.

(5) Digitale Kommunikation ist nichtlinear. Diese **Nichtlinearität** (**Hypertext**) ermöglicht eine Vielzahl von Querverweisen in unbegrenzter Breite und Tiefe. Durch intelligente Navigations- und Orientierungshilfen kann der Nutzer durch eine Vielzahl von Informationen geführt werden und sich auf diese Weise einen eigenen Wissenskosmos erschließen (bzw. im negativen Falle ständig in Sackgassen laufen, die Lust verlieren und sich aus dem Kommunikationsprozess ausklicken).

(6) Das Internet schafft die Voraussetzung für **Interaktivität**, d. h. der (von Brecht vorhergesagte) Rollentausch zwischen Sender und Empfänger, der Schritt von der einseitigen Information zur wechselseitigen Kommunikation ist nunmehr möglich. Dadurch kann die Kultureinrichtung ihre Kundenorientierung erhöhen.

(7) Das Internet erleichtert die **Archivierung** und **Weiterverarbeitung** der Informationen und Daten in Digitalform. Versandte bzw. eingegangene Dateien können problemlos auf Festplatte, CD oder Diskette abgespeichert und aufbewahrt bzw. an Dritte weitergeleitet werden.

(8) Das Internet ermöglicht und demonstriert eine zeitgemäße **Imagepflege**. Die im Internet vertretene Kultureinrichtung zeigt, dass sie auch technisch auf der Höhe der Zeit ist („Das Medium ist die Botschaft"), durch die Interaktivität stellt sie sich darüber hinaus als kundenfreundlich (und damit ebenfalls als auf der Höhe der Zeit stehend) dar.

(9) Mithilfe des Internet lässt sich – über die traditionellen Printmedien hinaus – problemlos ein attraktives **Multimedia-Angebot** (Texte, Töne, bewegte Bilder usw.) nahezu unbegrenzt senden. Damit können Interessierten in weitaus größerem Umfang und sinnlicher Intensität Kostproben gesendet werden.

(10) Das Internet vereinfacht bzw. automatisiert die **PR-Wirkungskontrolle**. Durch entsprechende technische Einrichtungen ist sowohl eine elektronische Besucherstatistik auf der eigenen Web-Site (Zugriffszähler) wie eine elektronische Besucherforschung (durch Fragebogen und Rücksendemöglichkeit per E-Mail) möglich.

(11) Das Internet stellt eine enorme **Zugangserleichterung** zu den einzelnen Kultureinrichtungen dar; pointiert ließe sich formulieren: In der virtuellen Realität lässt sich ständig ein Tag der offenen Tür organisieren.

Angesichts dieser Möglichkeiten kann es für Kunst- und Kultureinrichtungen wie ein Museum, ein Theater, ein soziokulturelles Zentrum, aber auch eine Musikschule, eine Volkshochschule und natürlich auch ein Kulturamt keine Frage mehr sein, im Internet mit einer **Homepage** oder **Website** vertreten zu sein. Da dies aber vielerorts immer noch nicht der Fall ist, seien hier noch einmal eine ganze Reihe von guten Gründen zusammengefasst:[36]

(1) Das sicherlich simpelste Argument für eine Präsenz im World Wide Web lautet schlicht und einfach: Weil die Konkurrenz bereits dort ist! Auch wenn viele dies vielleicht noch immer nicht wahrhaben mögen: Die Präsentation im Internet gilt inzwischen mehr und mehr als **selbstverständlich**. Für viele Menschen läuft die erste Informationssuche (Was gibt es heute Abend im Stadttheater? Wann tritt der Sänger X in München auf? Welche Ausstellungen werden gerade in Hamburg gezeigt?) längst über das Internet. Schon aus besagten Imagegründen ist es daher abträglich, wenn die entsprechenden Kultureinrichtung dort nicht vertreten ist oder nur einen schwachen Auftritt hat, d. h. die Selbstdarstellung wenig phantasievoll ist. „Das wirkt heutzutage so altbacken und verstaubt, als würde man bei den Prospekten und Visitenkarten der 50er Jahre stehen bleiben wollen – ohne die neuen technischen und ästhetischen Möglichkeiten wahrzunehmen. Gerade Kulturbetriebe sollten sich dagegen innovationsfreudig zeigen."[37]

Auch sollte man schleunigst mit dem (vielfach der Selbstberuhigung dienenden) Ammenmärchen aufräumen, Kunst- und Kulturliebhaber wären wenig technikinteressiert bzw. -gewohnt und würden daher auf diese Möglichkeiten nur zögerlich zugreifen. Wie empirische Untersuchungen zeigen,[38] scheint das genaue Gegenteil der Fall zu sein und lässt sich die These aufstellen, „dass aktive Kulturinteressenten keineswegs technikfeindlich sind, sondern im Gegenteil jetzt schon überdurchschnittlich im Netz aktiv, sowie mehrheitlich dem Online-Marketing durchaus aufgeschlossen sind."[39]

(2) Die Publikationsmöglichkeiten auf der eigenen Web-Site verleihen eine gewisse **Unabhängigkeit** gegenüber den Massenmedien, d. h. gegenüber Presse, Funk und Fernsehen. Auf die Funktion der Gate-Keeper wurde oben hingewiesen: Mithilfe der eigenen Web-Site kann die Kultureinrichtung diese umgehen und sich nun direkt und kostengünstig an ihr Publikum wenden! Freilich geht dadurch auch eine große Verantwortung an den (direkten) Sender über, denn die Botschaften werden nicht mehr redigiert – eine Arbeit, die bisher dafür gut ausgebildete Journalisten getan haben.

(3) Durch das Internet und seine Möglichkeiten wird der Zugang zu Kunst und Kultur und ihren Institutionen erleichtert. Trotz aller Bemühungen und Anstrengungen einer Kultur für alle gibt es sie bei vielen Menschen immer noch, die sog. Schwellenangst: Ein Theater, ein Museum zu betreten, das bedeutet bei vielen Fast-Interessierten und Halb-Entschlossenen immer noch einen wichtigen Schritt. Hier kann ein spannendes, attraktives Internet-Angebot quasi Appetit machen – man schaue sich nur die entsprechenden Internetpräsentationen der großen amerikanischen Museen oder des Louvre an!

(4) Während eine kulturelle Werbebroschüre auf Text und Bild angewiesen ist (mit großem Kostenaufwand kann man vielleicht auch noch einen Tonträger beilegen), eröffnet ein entsprechend gestalteter Internetauftritt völlig **neue Darstellungsmöglichkeiten**. Text, farbige Photos, Audio- und Videoeinspielungen, ein Rundgang durch den Zuschauerraum und auf der Bühne, ein Lageplan mit Verkehrsanbindung, Informationen zur Geschichte der Einrichtung, Darstellung der Mitarbeiter – all dies lässt sich multimedial präsentieren und von den Interessierten jederzeit abrufen.

(5) Doch die eigene Homepage sendet nicht nur, mittels der E-Mail-**Rückantwortmöglichkeit** kann sie jederzeit und sekundenschnell auch empfangen. Unter dem Gesichtspunkt der Kundenbindung ist das Internet mit seinen Interaktionsmöglichkeiten ein ganz hervorragendes und für alle Beteiligten darüber hinaus auch preisgünstiges Instrument (wenn man sich einmal für den Erwerb von Hard- und Software sowie eines Anschlusses entschieden hat).

(6) Die besonderen Möglichkeiten der Interaktivität (und damit verbunden wiederum der Kundenfreundlichkeit) zeigen sich vor allem im **Buchungs- und Bestellservice** (E-Commerce). Problemlos kann man sich per Internet – wenn die entsprechenden Voraussetzungen geschaffen worden sind – beispielsweise bei den Salzburger Festspielen über den Spielplan, die Spielorte und die Eintrittspreise informieren, feststellen, ob in der gewünschten Kategorie überhaupt noch Plätze frei sind und ggf. dann die Karten unter Angabe der Kre-

ditkartennummer bestellen. Aber auch der Museumsshop kann im Internet seine Angebote vorstellen und versenden.

Die neuen Möglichkeiten erfordern indes auch bestimmte Verhaltensregeln; Dan J. Martin hat vier solcher **Grundgesetze des Online-Marketing für Kultureinrichtungen** formuliert:

(1) **Das Gesetz des Vertrauens (The Law of Trust)**. Dies ist für ihn das essentielle Bindemittel der Internetkommunikation, die zwar individuell, one-to-one, mehr oder weniger aber anonym stattfindet. Deshalb geht es darum Vertrauen aufzubauen und die Kulturorganisation **in Zeit und Raum zu verankern**, zu zeigen, wer oder was hinter ihr steht. Daher sollten stets volle Namen, Kontaktadressen, E-Mail usw. genannt werden; hilfreich sind ferner Fotos der Mitarbeiter, des Gebäudes bzw. der Veranstaltungsräumlichkeiten usw.; klare, verständliche und umfassende Informationen (Programm, Preise, Geschäftsbedingungen usw.); sorgfältigste Beachtung der Sicherheitsbedingungen bei Transaktionen (z. B. bei der Abfrage der Kreditkartennummer, der Speicherung von Kundendaten etc.) sollten selbstverständlich sein.

(2) **Das Gesetz der Sackgasse (The Law of Dead-End-Street)**. Nutzer brauchen einen Grund, um zu einem Geschäft zu kommen; vernünftigerweise wird niemand ein Schaufenster zum Ende einer Sackgasse hin einrichten! Aktualität bzw. permanente Aktualisierung der Homepage ist unabdingbar dafür, dass Besucher immer wieder kommen. Ein sorgfältig ausgearbeiteter und langfristig angelegter Marketing-Plan sollte stets neues bieten und Interessierte verleiten, immer wieder mal vorbeizuschauen. Gerade im Kunst- und Kulturbereich sollte daher der Inhalt (und nicht irgendwelche technischen Spielereien) im Vordergrund stehen: Informationen, Neuigkeiten, Serviceangebote usw.

(3) **Das Gesetz vom Ziehen und Schieben (The Law of Pull and Push)**. Traditionelle Werbung bedeutet oftmals auf- und eindringliche Ansprache (**push**), der sich der Angesprochene häufig durch eine massive Abwehrhaltung entzieht. Im Rahmen der Internet-Kommunikation tritt an ihre Stelle das völlig unverbindliche Dialogangebot der Homepage an den Umworbenen (der sich jederzeit ausklicken kann). Onlinemarketing folgt also eher dem **Pull**, d. h. hier muss die Werbung als informatives, Nutzen stiftendes oder un-

terhaltendes Dialogangebot um die Beteiligung des Nutzers am Kommunikationsprozess werben. „Online-Marktkommunikation ist ein chamäleonartiges Geflecht aus verschiedenen Formen und Inhalten, die sich je nach Produkt, Nutzer, Kommunikationsziel oder Situation anpassen. Mal ist sie pure Information, mal Gewinnspiel, mal konkreter Zusatznutzen, mal Sponsoring; mal ist sie Mittel des Dialoges, mal Vermittler des Dialoges. Immer jedoch muss sie Frei- und Spielräume bieten, dialog- und prozessorientiert, gleichberechtigt und individuell sein, um aus Werbevermeidern **engagierte Werbesucher** werden zu lassen.“[40]

Durch attraktive Inhalte, durch intelligente Unterhaltungsangebote und nützliche Serviceleistungen sollten daher die Kunst- und Kulturinteressierten (immer wieder) auf die eigene Web-Site gezogen (pull) werden, um ihnen dann qualitätvolle, die Organisation betreffende Informationen (z. B. Programme, Spielpläne, Last-Minute-Angebote etc.) individuell per E-Mail zukommen lassen zu können (push).

(4) Das Gesetz von Geben und Verkaufen (The Law of Giving and Selling). Um die Web-Site attraktiv zu machen, sollte immer etwas kostenlos weggegeben werden, was nur dort erhältlich ist (spezielle Informationen, ein Interview mit dem Künstler, ein Foto, eine Musikeinspielung, Werkbeispiele usw.). Durch die kostenlose Weggabe soll Aufmerksamkeit erregt werden, damit anschließend etwas verkauft werden kann (Eintrittskarten, ein Geschenk im Museumsshop usw.).

Aufbauend auf diesen Grundgesetzen sind eine ganze Reihe von Anforderungen an das Online-Marketing von Kunst- und Kultureinrichtungen zu beachten:

• Grundlage ist auch hier wie im gesamten Marketing eine klare **konzeptionelle** und **strategische Perspektive**: Wer und was soll mit den entsprechenden Aktivitäten erreicht werden? Das eigene Image sollte klar und deutlich erkennbar sein und konsistent gehalten werden, Veränderungen müssen wohl überlegt angegangen werden.

• Auf **die medienadäquate Gestaltung** und **Aufbereitung** wurde bereits hingewiesen; keineswegs sollte dabei alles eingesetzt werden, was technisch möglich oder gerade der letzte Schrei ist. Auf der anderen Seite sollte auch nicht zu den allereinfachsten Mitteln (Standseite) gegriffen werden, sondern die Form stets dem Inhalt folgen, die gestalterische Sprache dem zu Sagenden angemessen sein.

• Ein wesentliches Kennzeichen der Internet-Kommunikation ist ihre Nicht-Linearität. Dies ermöglicht ein Springen zwischen den unterschiedlichsten Querverweisen (**Links**) in einer nahezu frei wählbaren Tiefe und Breite; daher bedarf sie der intelligenten **Benutzerführung** und **Dramaturgie**, neuen **Orientierungs**- und **Navigationsformen**. Der Nutzer muss stets wissen, wo er augenblicklich steht; die Markierung zum Ausgangspunkt (**Home**) muss stets erkennbar sein.

• In der interaktiven Welt des WWW können nur solche Inhalte und Informationen bestehen, die für den Nutzer relevant sind. Diese **relevanten Inhalte** müssen für den Nutzer, der durch das Netz surft, unmittelbar erkennbar und einleuchtend sein (In diesem Zusammenhang spricht man in Anlehnung an die Unique Selling Proposition bereits von der **Unique Content Proposition**). Überflüssiger Text sollte generell vermieden und auf die Aussagekraft von graphischen Darstellungen zurückgegriffen werden.

• Da eine der Besonderheiten der Online-Kommunikation die **Dialog**- und **Feedbackmöglichkeit** ist, sollte diese auch aktiv genutzt, d. h. so kundenorientiert und benutzerfreundlich wie möglich angeboten werden (z. B. durch unmittelbar aktivierbare E-Mail-Adresse direkt auf der Startseite). Innerhalb des Textes lassen sich immer wieder (z. B. bei Informtionen, bei Angeboten etc.) Hinweise anbringen: „Nehmen Sie Kontakt mit uns auf", „Senden sie uns Ihre Meinung", „Bestellen Sie hier" usw.

• Durch das sog. **Webtracking** können eine Reihe von **Benutzerinformationen** unmittelbar erfasst werden; diese sollten ebenfalls regelmäßig analysiert werden.

• Das Medium entwickelt sich inhaltlich, formal und technisch ständig weiter, d. h. die eigene Präsentation muss dieser **Entwicklung** (schon aus den mehrfach angesprochenen Imagegründen) ständig folgen. Dazu sollten konsequent die Web-Seiten anderer Anbieter (insbesondere natürlich die der Konkurrenz, aber auch innovativer und kreativer Anbieter aus völlig anderen Bereichen) beobachtet und analysiert und daraus Folgerungen für die eigene Netzpräsenz gezogen werden.

- Die spezifischen **Gepflogenheiten der Netzkommunikation** (**Netiquette** bzw. **Adiquette**) sind zu beachten.
- Das Online-Marketing steht weder über, neben noch unter den sonstigen Marketingaktivitäten der Kultureinrichtung, sondern ist sinnvoll in diese zu **integrieren**. Dementsprechend ist es auch in der internen Organisationskommunikation der Kultureinrichtung zu verankern.

Anmerkungen:

[1] Vgl. hierzu ausführlich Pepels (1994); vgl. zu diesem Kapitel insgesamt auch: Jürgens, Ekkehard: Kommunikationspolitik und Kultur-Marketing. Von der punktuellen Pressearbeit zur langfristigen ‚Beziehungsarbeit' für Kultur. In: Handbuch Kultur-Management, Stuttgart 1992 ff (Lieferung August 1995 Handmarke K 8.9)

[2] Gablers-Wirtschaftslexikon ([13]1993) S. 3741

[3] Zentes (1992) S. 454

[4] (1) bis (3) nach Meffert (1998) S. 532; (4) nach Müller-Hagedorn (1990) S. 139

[5] Becker (1999) S. 169

[6] Vgl. hierzu Becker (1999) S. 156 ff

[7] Becker (1999) S. 155

[8] Vgl. Becker (1999) S. 159

[9] Vgl. hierzu Pepels (1996) S. 102 bzw. ausführlich in: Pepels (1994) S. 43–150

[10] Kotler/Bliemel (1999) S. 985

[11] Vgl. Meffert (1998) S. 747

[12] Vgl. hierzu aus kunstwissenschaftlicher Sicht: Heinze-Prause, Roswitha: Authentizität als Massenbetrug. Strukturale Analyse des Benetton-‚Friedensplakats' von Oliviero Toscani. In: Heinze, Thomas (Hrsg.): Kultur und Wirtschaft. Perspektiven gemeinsamer Innovation, Opladen 1995 S. 155–168

[13] Vgl. hierzu ausführlich Kotler/Bliemel (1999) S. 1009–1021

[14] Meffert (1998) S. 704

[15] Vgl. Meffert (1998) S. 704 f

[16] Der gute Ruf eines Unternehmens muß gemanagt werden. Im Rahmen der Kommunikationsberatung entdeckt Roland Berger das Reputation Management. In: *Frankfurter Allgemeine Zeitung* vom 8. 4. 1997

[17] Deutscher Städtetag: Städtische Presse- und Öffentlichkeitsarbeit heute. Eine Arbeitshilfe Köln 1991 (Reihe A DST-Beiträge zur Kommunalpolitik Heft 14)

[18] Pauli, Knut S.: Leitfaden für die Pressearbeit. Anregungen, Beispiele und Checklisten, München 1993

[19] Vgl. zum Folgenden ausführlich: Heinemann, Birgit: Der heiße Draht zu Jour-

nalisten. Wie Pressechefs ihre Organisation professionell, effizient und vielschichtig in die Medien bringen. In: Handbuch Kultur-Management, Stuttgart 1992 ff (Lieferung Februar 1998 Handmarke D 4.1)

[20] Media-Perspektiven, hgg. im Auftrag der Arbeitsgemeinschaft der ARD-Werbegesellschaften, Frankfurt 1999

[21] Kroll, Jens M.: Presse-Taschenbuch Kunst, Architektur, Design 1998/99, Seefeld 1999

[22] Heinemann (1998)

[23] Hanemann, Peter: Kultur in die Öffentlichkeit. Ein Handbuch zur kulturellen Presse- und Öffentlichkeitsarbeit, Essen 1991 S. 32

[24] Förster, Hans-Peter: Texten wie ein Profi, Frankfurt 2000

[25] Vgl. hierzu ausführlich Falkenberg, Viola: Pressemitteilungen schreiben, Frankfurt 2000

[26] Vgl. hierzu die Checklisten bei Heinemann (1998) S. 10 und Hanemann (1991) S. 47

[27] Jürgens, Ekkehard: Studienmaterial Planspiel Pressekonferenz im Kontaktstudiengang Kultur-Management des Instituts für Kultur-Management der PH Ludwigsburg und Heinemann (1998) S. 16 f

[28] Falkenberg, Viola: Interviews meistern; Frankfurt 1999

[29] Meffert (1998) S. 701

[30] Vgl. Kotler/Bliemel (1999) S. 958

[31] vgl. hierzu Nieschlag/Dichtl/Hörschgen (1997) S. 534

[32] Brecht, Bertolt: Rede über die Funktion des Rundfunks. In: ders.: Gesammelte Werke 18, Schriften zur Literatur und Kunst 1, Frankfurt 1967 S. 127 ff

[33] Zum Gesamtkomplex sei empfohlen: Bollmann, Stefan und Christiane Heibach (Hrsg.): Kursbuch Internet. Anschlüsse an Wirtschaft und Kultur, Wissenschaft und Kultur, Mannheim 1996; als Einstiegsgrundlage: Stiftung Warentest: Internet. Nichts leichter als das, Berlin 1999 sowie die Beiträge im Handbuch Kultur-Management: Zimmermann, Olaf: Zugang zum Internet. Elektronischer Informationsaustausch für Künstler und Kulturmanager (Mai 1996 Handmarke K 8.5) sowie Jürgens, Ekkehard: Kulturbetrieb im Internet. Wie organisiert man eine Homepage? (Mai 1998 Handmarke K 8.9)

[34] Martin, Dan: Marketing the arts through Internet technology, Seminar auf der European Summer Academy in Salzburg (ESAK)1999

[35] Die folgenden Darlegungen basieren hauptsächlich auf folgenden Seminarmaterialien: Jürgens, Ekkehard und Uwe Schäfer Schäfer: Studienmaterial Internet und Public Relations im Kontaktstudiengang Kultur-Management des Instituts für Kultur-Management der PH Ludwigsburg

[36] Jürgens (1998) S. 3

[37] Jürgens (1998) S. 3

[38] Schreiter, Silke: Internet im Konzertmanagement. Eine Studie zur Einführung des Internets als Kommunikations- und Distributionsinstrument am Beispiel einer

privat-kommerziellen Konzertdirektion. Wissenschaftliche Arbeit für die Magisterprüfung im Fach Kulturwissenschaft im Aufbau-Studiengang Kultur-Management
an der PH Ludwigsburg, Ludwigsburg 1996

[39] Jürgens (1998) S. 5

[40] Bachem, Christian und Ingo Stein: Online-Marketing: Strategien, Kosten und
Controlling. In: Merten, Klaus und Rainer Zimmermann (Hrsg.): Das Handbuch der
Unternehmenskommunikation, Köln/Neuwied 1998 S. 24 f

13. Welchen Service müssen wir bieten?

13.1 Servicepolitik in der besucherorientierten Kultureinrichtung

Die besucherorientierte Kultureinrichtung, wie sie als Zielvorgabe im zweiten Kapitel formuliert wurde, legt aus guten Gründen sehr großen Wert auf den Kundenservice. In der **industriellen** Produktion werden Produkte durch die fortschreitende Technologie in ihrer Leistung und in ihrem Preis immer ähnlicher (und dadurch austauschbarer). Hier bieten hervorragende Serviceleistungen (besonders deutlich wird dies im PC-Sektor mit vor-Ort bzw. im-Laden-Service) ein wichtiges Unterscheidungsmerkmal bzw. entsprechende Wettbewerbsvorteile.

Im **kulturellen** und **künstlerischen** Bereich dagegen erhält der Service auch noch aus ganz anderen Gründen seine besondere Bedeutung, denn hier sind die Produkte in aller Regel gerade nicht umstandslos substituierbar. Aber weil das künstlerische bzw. kulturelle Produkt auf keinen Fall verändert (bzw. gar den Kundenwünschen angepasst) werden soll, gerade weil dieses Produkt oft so schwer sperrig, so ungewohnt, so provozierend und innovativ, im doppelten Wortsinn unerhört ist und weil es dies alles aus künstlerischen Gründen auch sein **muss**, sollte umso größerer Wert auf den entsprechenden **Service** bzw. auf die **personelle Vermittlung** gelegt werden.

Um sich die Bedeutung des Services aus der Sicht der Nachfrager vor Augen zu führen, sei zunächst auf folgende, sicherlich überraschende, Zahlen zum Thema **Kundenklagen** – bzw. in der Regel daraus resultierend – **Kundenverluste** aus der Konsumgüterwirtschaft hingewiesen. Ganz verschiedene Untersuchungen in der Konsumgüterproduktion kommen immer wieder zu sehr ähnlichen Ergebnissen:

▶ Eine Emnid-Studie im Auftrag des *Spiegel* aus dem Jahre 1994 zur Frage „Was Kunden in Deutschland stört" ergab folgendes Bild[1]:
- **72 %: Unfreundliches Personal**

- 70 % Überzogene Preise
- **61 %: Mangelnde Hilfsbereitschaft**
- 57 %: Schlampige Auftragserfüllung
- 56 %: Undurchsichtige Rechnungen
- 56 % Lange Wartezeiten.

▶ Eine **Focus**-Studie zum gleichen Thema aus dem Jahr 1996 ermittelte[2]:

- **80 % bemängeln, dass die Verkäufer mehr am schnellen Umsatz als an der Zufriedenheit der Kunden interessiert sind**
- **67 % haben den Eindruck, dass sie als Kunden wenig willkommen sind**
- 58 % ärgert, dass der Kunde im Handel so viel selbst machen muss und er sich deshalb wie der billigste Mitarbeiter vorkommt
- 44 % finden Aufpreise für Lieferung oder Montage von Möbeln ausgesprochen ärgerlich
- 33 % ärgern sich darüber, dass der Handwerker den vereinbarten Termin nicht pünktlich einhält.

▶ Im **Einzelhandel** wurden folgende Gründe für das Abwandern von Kunden ermittelt[3]:

- 1 % der Kunden stirbt einfach weg
- 3 % der Kunden verschwinden durch Umzug aus dem Einzugsgebiet
- 5 % verändern ihre Wertvorstellungen im Laufe der Zeit
- 9 % gehen bei einer Preiserhöhung nicht mehr mit
- 14 % akzeptieren einen Qualitätsmangel des Produktes oder der Leistung nicht mehr und gehen zur Konkurrenz, aber
- **68 % gehen wegen des Defizits an Kundenfreundlichkeit und der mangelnden Servicequalität.**

In allen drei Untersuchungen stehen an erster Stelle der Beschwerden bzw. der meistgenannten Gründe für die Abwanderung Ursachen, die ausschließlich im Servicebereich liegen. Während an vielen anderen Faktoren, über die sich die Kunden ebenfalls beschweren, die Organisation oder Unternehmung oftmals nur schwer oder indirekt etwas ändern kann, liegt also der alles entscheidende Grund ausschließlich in der Dispositionsgewalt der Organisation: sie selbst hat es in der Hand, die Unzufriedenheit bzw. Abwanderung von Kunden zu verhindern!

Es wäre wenig hilfreich, jetzt zu sagen, in Kultur bzw. Kunst sei alles völlig anders als im normalen Alltagsleben. Denn die oben aufgeführten Studien untersuchen Menschen generell als Kunden; warum sollten sie ausgerechnet im Bereich von Kunst und Kultur das akzeptieren, was sie im alltäglichen Handeln so nachdrücklich bemängeln? Es ist kaum plausibel, dass der Kunde, der sich nachmittags beim Einkauf eines Anzugs maßlos über den schlechten Service im Bekleidungshaus geärgert hat, ein ähnliches Serviceverhalten im Theater oder in einem Museum aber freudig akzeptieren wird.

Mögen die Zahlen auch von Branche zu Branche schwanken, so dürfte allein schon die Größenordnung demonstrieren, welche Bedeutung einem aktiven Servicemanagement zukommt. Aus allen Studien geht hervor, dass Mangel an Service zu Unzufriedenheit führt, die wiederum den Abbruch der Geschäftsbeziehungen nach sich ziehen kann. Und alle diese Mängel sind mehr oder weniger immaterieller Art, d. h. sie können ohne großen Kostenmehraufwand geregelt werden und vor allem: sie haben nichts, aber auch gar nichts mit einem Eingriff in die Produktqualität zu tun! Warum also nicht eine Serviceleistung, die sowieso erbracht werden muss, freundlich und engagiert erbringen?

Was ist nun unter Service zu verstehen? Zunächst kann Service definiert werden als eine besondere Leistung oder Tätigkeit, die gegenüber einem Kunden

• als **eigenständige Leistung** (hierbei ist der Service die Hauptleistung)
• als **Servicepaket** (der Service bietet eine Gesamtlösung) oder
• als **Ergänzung zu einer Kernleistung** (der Service ist eine Zusatzleistung) erbracht wird.[4]

Service als Hauptleistung ist etwa im Kundenverkehr von Banken, Versicherungen, Krankenkassen, Teilen der öffentlichen Verwaltung, in allen Beratungsleistungen, aber auch im technischen Kundendienst usw. anzutreffen. Seit einigen Jahren tritt aber die Serviceleistung zum genuinen Leistungsangebot, d. h. zur Produktpolitik, hinzu, sei es durch das Anbieten von Servicepaketen (packages) oder als Ergänzung der Kernleistung.

Das **Servicepaket als Gesamtleistung**, für das der Kunde entsprechend bezahlt, umfasst zum einen die Kernleistung, zum anderen aber auch eine ganze Reihe von sonstigen (Dienst-)Leistungen. Wer z. B. eine Kulturreise bucht, empfängt zum einen die **Elemente der Reise** (d. h. Beförderung, Unterkunft, Verpflegung, ggf. Visagebühren usw.), zusätzlich die **Elemente der Kultur** (wissenschaftliche Reiseführung, Eintrittsgelder in Sehenswürdigkeiten, Eintrittsgelder für Veranstaltungen, eine detaillierte Beschreibung ggf. inklusive entsprechender Vorbereitungsliteratur usw.) sowie ggf. diverse **Versicherungsleistungen** (für Unfall, Krankheits- bzw. Todesfall, Rücktransport, Reiserücktritt usw.). Solche umfassenden Servicepakete als Gesamtleistung werden mittlerweile auch im Zusammenhang von Kulturveranstaltungen (vgl. z. B. die entsprechenden Aktionen der Deutschen Bahn im Zusammenhang mit der documenta 10, der Europakulturhauptstadt Weimar bzw. der EXPO 2000) immer beliebter.

Bevor näher auf spezielle Serviceangebote als mögliche **Ergänzung zu einer Kernleistung** (Value Added Services = Zusatzleistung) eingegangen wird, sei noch auf die **zeitliche** Dimension der Serviceleistungen hingewiesen. In 5.1 wurde die Kaufentscheidung ausführlich als **Entscheidungshandeln unter Risiko** dargestellt. Service als „bedürfnisorientierte Problemlösung der Zielgruppe"[5] spielt nicht nur im Zusammenhang mit der direkten Kaufentscheidung (also bei dem Erwerb einer Eintrittskarte oder beim Buchen eines Kurses in der Volkshochschule oder dem Vertragsabschluss in der Musikschule) eine Rolle, sondern setzt weit früher ein und endet keineswegs mit der erfolgreichen Kaufhandlung! So kann nach dem **Zeitpunkt der Bereitstellung bzw. der Inanspruchnahme der Serviceleistungen** unterschieden werden in den

• **Pre-Sales-Service**; hiermit sind alle Serviceleistung gemeint, die **vor** der eigentlichen Kaufentscheidung erbracht werden, um den Kulturbesucher oder -teilnehmer zu gewinnen. Hierzu zählen in erster Linie umfassende und zielgerichtete Informationen und Beratungsleistungen. Dazu gehören aber auch Fragen der Distribution, d. h. wie kommt der Kunde z. B. an seine Tickets: kann er sie per Internet buchen und werden sie ihm (kostenfrei?) zugesandt oder muss er einen Scheck einsenden und sie eine Stunde vor Vorstellungsbeginn persönlich an der Theaterkasse abholen? Im Kern geht es also darum, den möglichen Kulturkunden durch ein überzeugendes Leistungs- **und** Serviceangebot für sich zu gewinnen und ihm die Entscheidung so einfach und angenehm wie möglich zu machen. Er muss das Gefühl haben: wenn die Kultureinrichtung sich bereits jetzt schon so um mich bemüht, ohne dass ich bislang etwas gebucht bzw. bezahlt habe, dann bin ich dort sicherlich besonders gut aufgehoben, wenn ich erst meine Kaufentscheiung für sie getroffen habe.

• **Sales-Service**; die Phase der unmittelbaren Kaufentscheidung, ist besonders sensibel, denn noch kann der Kunde diese Entscheidung in Frage stellen, sie revidieren und sich zurückziehen. Er wird daher alle bisher erbrachten Serviceleistungen noch einmal ganz besonders kritisch unter die Lupe nehmen und sich fragen: war man nur deshalb so aufgeschlossen und freundlich zu ihm, weil man ihn einfangen wollte? Halten die ersten positiven Eindrücke der weiteren Wirklichkeit stand usw. Daher ist es sehr wichtig, in der Phase der direkten Kaufentscheidung den bisherigen positiven Eindruck nicht nur in vollem Umfang aufrecht zu erhalten, sondern, wo möglich, noch zu verstärken, z. B. den Kunden, mit dem man schon einige Male persönlich oder telefonisch Kontakt hatte, selbstverständlich mit seinem Namen (den man sich gemerkt haben sollte!) begrüßen. Man sollte nachfragen, ob noch weiterer Informationsbedarf besteht oder man gewisse Dinge noch einmal erklären soll. Man sollte ihn in aller Offenheit auf Rücktrittsfristen (z. B. bei der Buchung eines Volkshochschul- oder Musikschulkurses) aufmerksam machen („Wir werden uns allerdings nach Kräften bemühen, dass dies nicht der Fall sein wird"); und – sehr, sehr wichtig – dem Kunden eine Mitarbeiterin oder einen Mitarbeiter nennen, der nach der Kaufentscheidung für seine Rückfragen zur Verfügung stehen wird („Wenn noch irgendwelche Fragen sind, können Sie gerne Herrn Y während unserer Dienstzeiten anrufen; er wird sich dann bemühen").

• **After-Sales-Service,** d. h. die Zeitspanne nach dem Kauf. Wenn das oberste Ziel der Kultureinrichtung die dauerhafte Kundenzufriedenheit und -bindung ist, so müssen alle Anstrengungen unternommen werden, den entsprechenden Service auch nach der Kaufentscheidung aufrecht zu erhalten. Man sollte sich daher nicht darauf beschränken, zu warten, bis der Kunde mit irgendwelchen Rückfragen oder gar Beschwerden kommt, sondern selbst aktiv werden. Dies kann bei einzelnen Veranstaltungen von den deutlich sichtbar ausgelegten Fragekarten bis zur freundlichen persönlichen Ansprache reichen (allerdings ohne aufdringlich zu sein!). Den guten Theaterintendanten erkennt man unter anderem daran, dass er bei Premieren nicht nur mit Vertretern der Presse oder den VIPs den Smalltalk pflegt, sondern sich durchaus unters Publikum mischt und die Ohren weit offen hält. Bei längerfristigen Vertragsbindungen (z. B. in Musikschulen, aber auch in Volkshochschulkursen) ist ein persönliches oder telefonisches Nachfragen nach der Kundenzufriedenheit in angemessenem Zeitraum durchaus sinnvoll.

Folgende Komponenten spielen eine zentrale Rolle im Servicemanagement:

• der generelle Aufbau von Besucherzufriedenheit durch die Erbringung entsprechender Dienstleistungen bzw. Serviceleistungen und gezielt eingesetzten Sonderleistungen (**Value-Added-Services**; vgl. hierzu 13.2):

• der richtige Umgang mit möglicherweise auftauchenden negativen Zwischenfällen (**Beschwerdemanamgent**; vgl. hierzu 13.3)

• der Aufbau einer möglichst **langfristigen Kundenbindung** (vgl. hierzu 13.4).

13.2 Value-Added-Services

Die sog. **Value-Added-Services** (VAS) sind Sekundärleistungen, die immer in Kombination mit einer Primärleistung angeboten werden. Primärleistungen im Kulturbetrieb sind beispielsweise eine Theateraufführung, eine Gemäldeausstellung, ein Volkshochschulkurs, der Musikschulunterricht, ein Rockkonzert usw. Das Leistungsbündel der Sekundärleistungen aus materiellen und immateriellen Komponenten soll den anvisierten Zielgruppen möglichst einen höheren Wert vermitteln als Konkurrenzangebote mit gleicher Primärleistung und von dort Kunden zugunsten der eigenen Organisation abziehen. VAS können dabei sowohl unentgeltlich als auch entgeltlich angeboten werden. Sie können direkt bei den Produkteigenschaften ansetzen oder aber auch eine nur entfernte Affinität mit diesem haben. Dabei beschreibt die Kategorie **Affinität zum Kernprodukt** „den sachlogischen und inhaltlichen Zusammenhang der angebotenen Serviceleistung zur primären Leistungskompetenz"[6]: die kostenlose Abgabe eines kleinen Verzeichnisses aller ausgestellter Bilde in einer Ausstellung hat beispielsweise eine hohe Affinität zu dem Produkt „Gemäldeausstellung"; die in den Erwerb der Eintrittskarte eingeschlossene Gewährung einer Tasse Kaffee im Museumscafé nur eine geringe.

Veränderungen des Produktes können somit auch bei diesen Dienstleistungen ansetzen, um ein Produkt für den Kunden attraktiver zu gestalten. Der Begriff des **Wertes** bezieht sich dabei auf das Verhältnis zwischen gefordertem Preis und dem vom Kunden wahrgenommenen Zusatznutzen der Dienstleistung. Diese **subjektive** Nutzenbewertung verdeutlicht die Notwendigkeit einer präzisen Marktsegmentierung als Voraussetzung für ein erfolgreiches Angebot von VAS zur Produktdifferenzierung, denn unterschiedliche Zielgruppen haben natürlich häufig auch sehr unterschiedliche Nutzenvorstellungen.[7]

Der **Grad der Erwartungshaltung beim Kunden** und der **Grad der Affinität zwischen der eigentlichen Produktleistung** (z. B. einer Opernaufführung) und den **Sekundärleistungen** bestimmen die Differenzierungswirkung der VAS. Leider beschränken sich manche Kultureinrichtungen immer noch weitgehend auf die Mussdienstleistungen. Wie sehr aber zusätzliche Dienstleistungen, die in ihrer Affinität zum Kernprodukt durchaus differieren können, das Produkt gegenüber der Konkurrenz abheben können, mag folgendes Beispiel einer Theateraufführung verdeutlichen:

Grad der Affinität von Primär- zu Sekundärleistung Erwartungshaltung auf Kundenseite	Hohe Affinität	Mittlere Affinität	Geringe Affinität
Muss-Dienstleistung	• Künstler laut Besetzungszettel • Pünktlicher Anfang	• Spielplanankündigung in Tageszeitungen Telefonischer Auskunftsdienst	• Garderoben • Toiletten • Eintrittskarten • Platzanweiserinnen
Soll-Dienstleistung	• Programmbuch • Obertitel bei fremdsprachigen Stücken • Inhaltsangabe bei fremds. Stücken	• Theaterbuchladen • Theatercafé • Kombiticket ÖPNV • Versand Monatsspielplan	• Öffentliche Telefonzelle • Fahrplanauskunft ÖPNV im Foyer • Ticketbestellung per Internet
Kann-Dienstleistung	• CD-Einspielung • Poster • Einführungs-Vortrag • Merchandising	• Theaterbezogene Ausstellungen • Ausrichtung von Theaterfesten	• Kinderbetreuung • Taxidienst für Besucher

Abb. 41: Value-Added-Services am Beispiel einer Theateraufführung[8]

• Zu den **Muss-Serviceleistungen** zählen alle Serviceleistungen des Anbieters, die aus Sicht der Kunden unabdingbar erbracht werden müssen. Bei einer Theateraufführung etwa muss erwartet werden können, dass tatsächlich die Künstler auftreten, die der Besetzungszettel angibt; entsprechende Vertretungen müssen vor Vorstellungsbeginn angekündigt werden. Ebenso müssen Vorstellungen pünktlich beginnen und muss die Infrastruktur (Sitzplätze, Raumtemperatur, Toiletten, Garderoben usw.) je nach Aufführungsort (im Staatstheater wird man andere Erwartungen hegen als bei einer Freien Theatergruppe) stimmen.

Neben diesen eigentlichen Selbstverständlichkeiten können hierzu aber auch alle Leistungen zählen, die bereits von den meisten Anbietern der Branche als **Standardleistung** (z. B. umgehende Beantwortung von Anfragen, Kartenbestellung per Internet im Veranstaltungsbereich, Leihinstrumente in der Musikschule usw.) erbracht werden, so dass der Kunde das Vorhandensein dieser Leistung voraussetzt. Wenn diese Muss-Serviceleistungen nur unzureichend oder gar nicht erbracht werden, kann davon ausgegangen werden, dass die entsprechende Kultureinrichtung nicht nur schlecht hinsichtlich der Kundenorientierung beurteilt wird, sondern auch die Abwanderungsquote recht hoch sein dürfte.

• Demgegenüber werden die **Soll-Serviceleistungen** von den Besuchern nicht unbedingt zwingend erwartet und stellen somit gewöhnlich kein Ausschlusskriterium zur Inanspruchnahme der übrigen Leistungen des Kulturanbieters dar. So sind z. B. bei der Aufführung fremdsprachiger Theaterstücke kurze Übersetzungen in die Landessprache oder eingeblendete Übertitel mittlerweile in den meisten Theatern üblich. Dennoch wird kein wahrer Opernfreund auf einen Vorstellungsbesuch verzichten, wenn diese fehlen. Hierzu zählen also alle Dienstleistungen, die von der Kultureinrichtung freiwillig und ergänzend zur Primärleistung erbracht werden; aus Kundensicht werden sie als angenehm empfunden.

Vor allem sind hierzu zu rechnen auch sämtliche kostenlosen Beratungsdienstleistungen. Ein erfolgreicher Festivalmanager berichtete, dass er den (aus Kostengründen) lange fremdvergebenen Ticketverkauf über ein Kartenbüro, das auch noch andere Programme verkaufte, ins Haus zurückholte. Diese Maßnahme bedeutete zwar einerseits zunächst sehr viel mehr Aufwand und Personaleinsatz. Andererseits konnten aber durch die dadurch möglichen Beratungsleistungen sowohl unschlüssigen und teilweise noch unsicheren Besuchern sehr viel zielgenauer entsprechende Veranstaltungen verkauft werden als auch im Falle ausverkaufter Veranstaltungen den Interessenten entsprechende andere angeboten werden, die ihren Wünschen möglichst nahe kamen (was das Kartenbüro nicht leisten konnte oder wollte). Im Extremfall kann dies sogar dazu führen, dass man einem Interessenten den Besuch einer bestimmten Veranstaltung, über die er vage bzw. falsche Vorstellungen hat, abrät, um ihn nicht zu enttäuschen und späteren Reklamationen vorzubeugen; stattdessen sollte man ihm eine Vorstellung empfehlen, die mehr seinen Erwartungen entspricht. Letztendlich steigt dadurch nicht nur die Kundenzufriedenheit, sondern man verkauft auch mehr. Ein besonderer Bereich, auf den unter dem Stichwort

Beschwerdemanagement eingegangen wird, ist die Frage der Kulanz.

• Vor allem die **Kann-Serviceleistungen** erhöhen die Attraktivität des Leistungsangebots, also all jene Serviceleistungen, die der Besucher nicht erwartet und die ihn daher positiv überraschen. Ihre Wirkung entfalten sie vor allem dann, wenn sie neu sind und von anderen Konkurrenten noch nicht erbracht werden.

Aus dem Konsumgütermarketing ist bekannt: mittlerweile werden vor allem auch solche Leistungsdimensionen als wichtig für die Kundenzufriedenheit bewertet, die mit der eigentlichen Kernleistung des Unternehmens nichts mehr zu tun haben, wie z. B. die Art und Weise des Telefonkontaktes, die Freundlichkeit, die Höflichkeit, das Auftreten, das Verhalten und die Kompetenz der Mitarbeiter, Glaubwürdigkeit und Vertrauen, Kulanz, Erreichbarkeit, Verlässlichkeit usw.[9] Die Besucher werden immer kritischer und anspruchsvoller – und die Kultureinrichtungen müssen dem Rechnung tragen, ob sie wollen oder nicht!

Zwei Problembereiche sollten allerdings klar gesehen werden: erstens muss die Affinität der zusätzlichen Serviceleistungen in einem sinnvollen Verhältnis zu dem recht sensiblen Primärleistungsbereich Kunst und Kultur stehen. Witzige Give-aways (Kleinstgeschenke) oder auch Merchandisingartikel, die im Sportbereich ein Renner sind, können in der Oper ggf. Peinlichkeit hervorrufen. Zweitens weckt das Erbringen von Zusatzleistungen Erwartungshaltungen, die nicht nur sorgfältig erfüllt werden müssen, sondern es setzt auch eine Spirale in Gang: das, was gestern eine innovative Kann-Leistung war, kann heute zum Standard werden und morgen schon eine Mussleistung sein. Aus der Sicht des Kunden kann dies nur als erfreulich gesehen werden; für die Kultureinrichtung stellt dies allerdings eine permanente Herausforderung dar!

Gute Servicequalität ist – bei aller Notwendigkeit von Aufmerksamkeit und Freundlichkeit – wie so vieles im Marketing nicht etwas, was vor allem aus dem Bauch (oder in diesem Falle besser gesagt: „aus dem Herzen") heraus, sondern mit der notwendigen Rationalität und Kontrolle betrieben werden sollte. Denn in der Praxis lässt sich trotz aller persönlicher Anstrengungen nicht selten ein Verfehlen oder gar Scheitern der Servicequalität in verschiedenen Dimensionen beobachten. Ein Verfehlen oder gar Scheitern kann sich ergeben aus Diskrepanzen zwischen:

- Den **tatsächlichen Kundenerwartungen** und **den von der Leitung der Kultureinrichtung vermuteten Erwartungen**; in diesem Fall hat die Kultureinrichtung – aus welchen Gründen auch immer – falsche Vorstellungen von den Kundenerwartungen: So serviert möglicherweise eine besonders bemühte Volkshochschule den Teilnehmern eines Wochenendkurses ein üppiges Mittagsmahl mit hervorragendem Wein, während die Teilnehmer etwas Leichtes, unalkoholische Getränke und einen Mittagsspaziergang bevorzugen würden, um dem Nachmittagsprogramm aufmerksam folgen zu können.

- Den **vom Management wahrgenommenen Kundenerwartungen** und deren **Umsetzung in spezielle Servicequalitäten**; hier werden die korrekt wahrgenommenen Kundenbedürfnisse unzureichend umgesetzt: So werden Gemüse und Obst gemäß der Teilnehmerwünsche angeboten, aber in so geringen Mengen, dass nach der Mahlzeit der Appetit größer ist als zuvor.

- den **Spezifikationen der Servicequalität** und der **tatsächlich erstellten Leistung**; hier wird von den verantwortlichen Mitarbeitern – aus Gründen fehlender Absprache, ausreichenden Mitdenkens oder warum auch immer – die Leistung nicht in dem Maße wie erforderlich erbracht. Ein Intendant hat im Programmheft ausdrücklich für die Pausen einer überlangen Freilichtaufführung einen kostenlosen Getränkeservice ausgeschrieben; die annoncierten Erfrischungsgetränke sind auf Grund fehlender Kühlung indes so warm, dass niemand sie trinken mag.

- Der **tatsächlich erstellten Serviceleistung** und der **an den Kunden gerichteten Kommunikation**. So kann das Theater in obigem Beispiel möglicherweise die Getränke tatsächlich hervorragend gekühlt, aber es leider verabsäumt haben, bekannt zu geben, dass sie kostenlos sind. Eine solche Diskrepanz kann aber auch aus zu großen Versprechungen resultieren: Wenn beispielsweise eine Musikschule damit wirbt, dass jedes Kind wann immer gewünscht individuelle Beratung erhält, dies aber – z. B. aus Personalgründen – nur einmal im Jahr, etwa bei der Anmeldung, tatsächlich realisieren kann.

- Den **Erwartungen an die Serviceleistungen durch den Kunden** und der **tatsächlich wahrgenommenen Serviceleistung**. Diese Situation kann entstehen, wenn durch den bisherigen Service ein sehr hoher Erwartungshorizont aufgebaut wurde, der beim Kunden in der Zwischenzeit unter Umständen in der Phantasie noch gewachsen ist („Früher war dies doch sehr viel besser") oder durch die entsprechende Mund-zu-Mund-Werbung („Eigentlich hatte ich mir sehr viel mehr erwartet") angeheizt wurde.

Daher sollte im entsprechenden Servicemanagment immer nur so viel versprochen werden, wie tatsächlich eingehalten werden kann. Um in einer Kultureinrichtung ein entsprechendes Servicemanagement aufzubauen, sollten folgende zehn Schritte gegangen werden:[10]

(1) Analyse der Serviceerwartungen bei den Besuchern. Welche Serviceleistungen sind aus der Sicht der einzelnen Zielgruppen der Kultureinrichtung besonders wichtig, welche stiften einen hohen Kundennutzen (vor allem auch in Abgrenzung zur Konkurrenz) und welche wirken als echte Überraschungen? Als Instrumente hierfür dienen persönliche Gespräche mit den Besuchern, Befragungen, Beobachtungen usw.

Als Beispiel sei wiederum eine Musikschule gewählt:

Als sehr wichtige Serviceerwartungen der Eltern wurden in einer Umfrage ermittelt: (1) eine möglichst hohe Flexibilität der Vertragsgestaltung; (2) häufiges Zusammenspiel mit anderen Kindern; (3) pünktlicher Beginn und Ende des Unterrichts; (4) rechtzeitige Informationen über Veränderungen und Verschiebungen.

(2) Festlegen der Profilierungsfelder im Servicebereich. Die Kultureinrichtung muss diejenigen Bereiche bestimmen, in denen sie sich ganz besonders profilieren will, und hierauf eine eigene Servicestrategie (mit Muss-, Soll- und Kannleistungen) aufbauen.

Die beiden letzten von den Eltern angesprochenen Serviceerwartungen lassen sich ohne großen Aufwand verwirklichen und sind eigentlich eine typische Muss-Serviceleistung. Die von den Eltern an erster Stelle genannte ist allerdings mit erheblichen organisatorischen Schwierigkeiten verbunden, denn – wie sich bei näherer Befragung herausstellt – scheuen sich die meisten Eltern dieser Musikschule, ihr Kind frühzeitig mit einem

Jahresvertrag an ein bestimmtes Musikinstrument zu binden bzw. sie wollen diese Entscheidung am liebsten so weit wie irgend möglich hinausschieben. Da dies indes für die Eltern hohe Bedeutung hat und bekannt ist, dass die Privatkonkurrenz hier äußerst rigide verfährt, entschließt sich die Musikschulleitung, sich hier zu profilieren: „Größtmögliche Flexibilität des Unterrichtsangebotes" wird als oberstes Veränderungsziel ausgegeben: großzügigste Ausdehnung der sog. Schnupperstunden, monatliche Kündigungsfristen, geplanter Instrumentenwechsel auf Wunsch, Zusammenspiel und Instrumentenwechsel in Kleingruppen, laufende Elternberatung usw. werden als mögliche Schritte auf dem Weg zu dem Oberziel größtmöglicher Flexibilität entwickelt.

(3) Festlegung verbindlicher Servicestandards. Zunächst muss festgestellt werden, ob und welche festgeschriebenen Leistungsstandards bisher existieren beziehungsweise inwieweit diese den Kundenwünschen angepasst werden müssen (z. B. auch, was die oben angesprochen Erwartungen hinsichtlich Pünktlichkeit und Informationsweitergabe bei Veränderungen betrifft!). Hinsichtlich des neuen Serviceziels muss gemeinsam festgelegt werden, was alles möglich sein muss.

Dies wird die Musikschule sicherlich vor große Herausforderungen stellen, die aber im Sinne der Zielsetzung aktiv angepackt werden müssen. Vor allem muss sichergestellt werden, dass die von der Leitung festgeschriebenen Servicestandards von jeder einzelnen Mitarbeiterin und jedem einzelnen Mitarbeiter tatsächlich auch realisiert werden.

(4) Einführung bzw. Aufbau einer entsprechenden Informations- und Kommunikationstechnologie.

Da das Ziel der Flexibilisierung die Musikschule vor sehr große Herausforderungen hinsichtlich des Informationsflusses, des Kommunikations- und Koordinationsaufwandes stellt, weil ggf. recht kurzfristig reagiert werden muss, ist es erforderlich, eine entsprechende Informationstechnologie aufzubauen: PC mit Internetanschluss zur Versendung kurzfristiger E-mails sowie zur permanenten Programmüberwachung bzw. -koordination, Anrufbeantworter usw. sind unabdingbar und erleichtern natürlich auch die Arbeit.

(5) Einforderung entsprechender Servicequalität auch von vor- und nachgelagerten Stufen. Die von der eigenen Kultureinrichtung

zu erbringende Steigerung der Servicequalität, hier der Flexibilisierung des Unterrichtsangebots, kann natürlich nur gelingen, wenn
auch die vor- und nachgelagerten Bereiche entsprechend der Zielsetzung mitziehen.

Dies bedeutet z. B., dass eine entsprechende Anzahl von Instrumenten
zur Verfügung stehen muss, aber auch dass ausreichend Räume vorhanden sind und vor allem, dass gewährleistet ist, dass diese im Winter auch
entsprechend beheizt werden.

(6) Verbesserung der Servicequalitäten durch entsprechendes
internes Marketing. Dies bedeutet, dass Mitarbeitermotivation (z. B.
entsprechendes Führungsverhalten der Musikschulleitung, Verbesserung der internen Kommunikation, Management by objectives,
Schaffung von Anreizsystemen usw.) und Personalentwicklung
(Aus- und Weiterbildung, Stärkung der Eigenverantwortlichkeit
usw.) sicherstellen, dass alle Mitarbeiterinnen und Mitarbeiter das
Ziel mit tragen und in der Realität verwirklichen.

Für die Musikschule bedeutet dies z. B., dass die Mitarbeiterinnen und
Mitarbeiter für entsprechende Fort- und Weiterbildungsmaßnahmen frei-
gestellt werden, dass ihnen mehr Mitsprache gewährt wird bzw. ihnen Teil-
bereiche in Eigenverantwortung übertragen werden usw.

(7) Steigerung der Servicequalität durch die Einführung entsprechender Anreizsysteme. Es ist zu prüfen, ob und welche Anreizsysteme zur Mitarbeitermotivation in der Kultureinrichtung bereits
vorhanden sind und wie diese ggf. sinnvoll weiterentwickelt bzw. ergänzt werden müssen.

Wenn z. B. von den Musikschullehrern höhere Flexibilität gefordert wird,
sollte dies auch umgekehrt bedeuten, dass ihnen größere Flexibilität bei
ihren Wünschen – natürlich stets im Rahmen des Leistungsangebots – entgegengebracht wird. Zu prüfen ist auch, inwieweit Befreiuungsstunden
bzw. Sondervergütungen gewährt werden können.

(8) Einführung der Serviceorientierung durch Projektteams. Sehr
wahrscheinlich lässt sich die Zielsetzung nicht auf einen Schlag und
für die gesamte Organisation verwirklichen (so wünschenswert dies
sicherlich aus Kundensicht wäre!). Möglicherweise wird man bei
der Umsetzung auch auf ungeahnte Probleme stoßen, für die

zunächst im kleineren Rahmen pragmatische Lösungen zu entwickeln und auszuprobieren sind. Es empfiehlt sich daher, zunächst Projektteams in einzelnen Bereichen einzusetzen, die entsprechende Erfahrungen machen. Hierbei sollten Mitarbeiter aus den unterschiedlichen Hierarchiestufen zusammenwirken und entsprechende Verantwortungen übernehmen.

So kann man z. B. für einen entsprechenden Projektversuch den Fachbereich Zupf- und Streichinstrumente auswählen; in dem entsprechenden Projektteam wirken der Fachbereichsleiter, die einzelnen festen und freien Mitarbeiter sowie die Sekretärin zusammen, um die Idee auszuprobieren und entsprechende Erfahrungen für die Gesamtorganisation zu sammeln.

(9) Aktive Nutzung von Kundeninformationen zur Leistungsverbesserung. Um Erfolg (oder auch Misserfolg) feststellen zu können, muss der Informationsrückfluss der Teilnehmer bzw. Besucher nicht nur genutzt, sondern massiv stimuliert werden (etwa durch die unten dargestellten Instrumente des Beschwerdemanagements) und in einem entsprechenden Informationssystem ausgewertet werden, um kontinuierlich die Servicequalität zu verbessern.

Begleitend zu o. a. Projektversuch sollen die Eltern, vor allem aber auch die Kinder regelmäßig über ihre Zufriedenheit bzw. über Probleme befragt werden. Dies kann informell durch entsprechende Gespräche oder von Zeit zu Zeit auch ganz formal mit entsprechenden Fragebögen geschehen. Diese müssen sorgfältig ausgewertet werden, um Verbesserungen oder auch Rückschläge rechtzeitig zu erkennen.

(10) Kontinuierliche Messung der Servicequalität. Neben diesen Einzelmaßnahmen sind in regelmäßigen Abständen auch die Verbesserung (oder möglicherweise die Verschlechterung) der Servicequalität in dem einzelnen Projektbereich bzw. die Auswirkungen für die Gesamtorganisation zu messen. Steht das Projektteam mit seinen Ergebnissen besser (oder im negativen Falle: schlechter) als die Gesamtorganisation da oder schlechter?

In dem Beispielfall wäre etwa zu fragen: Welche Auswirkungen hat der Modellversuch für die anderen Fachbereiche? Kann er Schritt für Schritt auf die anderen Bereiche übertragen werden oder sollte man besser die Finger davon lassen usw.

Wie bereits deutlich geworden ist, ist der Dreh- und Angelpunkt der Verbesserung der Servicequalität der einzelne Mensch, die und der einzelne Mitarbeiter/-in, denn nur zufriedene Mitarbeiter produzieren zufriedene Kunden.[11] Daher bildet eine gute Organisationskultur die unverzichtbare Voraussetzung für eine gute Servicekultur.[12] Der am meisten zu hörende Satz in entsprechenden Marketingseminaren ist: Das klingt faszinierend, ist aber mit unseren Mitarbeitern leider nicht möglich! Dabei wird geflissentlich übersehen, dass die servicestarken Kultureinrichtungen auch nur mit Menschen und nicht mit überirdischen Wesen zusammenarbeiten. Was allerdings gewährleistet sein muss, sind zwei aktiv betriebene Maßnahmen:

• **Personalentwicklung**; hierzu zählen alle Maßnahmen, die Mitarbeiterinnen und Mitarbeiter im Sinne des Ziels Servicequalität weiterzuentwickeln: Schulungen, Maßnahmen der Mitarbeitermotivation, Stärkung der Eigenverantwortlichkeit, Aufbau entsprechender Führungssysteme, Gewährung größtmöglicher Handlungsfreiräume usw.[13]

• **Schaffung von Anreizsystemen**; um die Motivation zu unterstützen ist es häufig sinnvoll, zusätzlich Anreizsysteme zu schaffen; diese können extrinsich (also quasi von außen) kommen (wie z. B. Prämien für besonders teilnehmerorientierte Beratung, variable Vergütungen bzw. Lohnerhöhungen in Bezug auf erzielte Besucherzufriedenheit, Statussymbole, Anrechte auf Seminarbesuche usw.) oder intrinsich (persönliches Lob, Auszeichnung durch Leitung, Modifikation der bisherigen Arbeitsinhalte, Gewährung größerer Handlungspielräume und Stärkung von Autonomie und Eigenverantwortlichkeit usw.)[14]

13.3 Aktives Beschwerdemanagement

Das genau Gegenteil von angestrebter Besucherzufriedenheit und langfristiger Kundenbindung ist die Unzufriedenheit des Besuchers und sein Fernbleiben von der jeweiligen Kultureinrichtung. Diese Unzufriedenheit kann entweder nach **außen** gerichtet werden und sich in irgendeiner Form als **Beschwerde** ausdrücken, sie kann sich aber auch quasi nach **innen** wenden, d. h. der Besucher schluckt seinen Ärger, ggf. baut sich **Resignation** auf.[15] Letzteres Verhalten ist für die Kultureinrichtung im ersten Moment sicherlich sehr viel angenehmer als eine u. U. lautstark vorgebrachte Beschwerde. Die Abwehrhaltung, die dahinter steht, drückt sich in den eingangs erwähnten, witzig gemeinten Bürosprüchen, aus, z. B. „Jeder Fünfte, der sich beschwert, wird erschossen; der Vierte war gerade da."

Doch die sich aus nicht vorgebrachten Beschwerden ergebenden Probleme reichen leider in die Zukunft der Organisation und können längerfristig deren Bestand gefährden.[16] Eine unterbliebene bzw. nicht registrierte Beschwerde ist daher aus der Sicht der Organisation immer auch eine vergebene Chance, auf mögliche Fehler aufmerksam gemacht zu werden und die eigene Leistung zu verbessern!

Lange Zeit schenkten viele Betriebe, auch Kultureinrichtungen, Beschwerden wenig oder gar keine Beachtung bzw. verfuhren nach dem Handlungsmuster, sie zu ignorieren, d. h. nach außen hin abzuwehren und nach innen hin zu vertuschen. Niedrige Beschwerderaten wurden dabei geradezu als Erfolgsindikator gedeutet. Außerdem wurden die Kosten gefürchtet, denen – vermeintlich – kein direkter Nutzen gegenüberstand.[17] Dementsprechend galt auch die Beschwerdebearbeitung als lästige, wenn auch unvermeidliche Pflichtübung, die in die dunkelsten Ecken der Organisation verbannt wurde. An anderer Stelle nicht (mehr) einsatzfähige Mitarbeiter – vielleicht sogar formal strafversetzte Kräfte – hatten sich mit den Beschwerdeführern auseinander zu setzen. Oft genug bestand die einzige Vorbereitung der für diesen Job ausersehenen Mitarbeiter in einer Einführung in die einschlägigen Rechtsbegriffe. Hinzu kamen gelegentlich Tipps und Tricks der Kundenverunsicherung, um selbst sachlich berechtigte Regressansprüche abwehren zu können.[18]

Auf Grund der Ergebnisse der o. a. Kundenforschung hat hier in den letzten Jahren ein grundlegender Perspektivenwechsel hin zu einem **aktiven Beschwerdemanagement**[19] stattgefunden. Ausschlaggebend hierfür waren über diese bereits zitierten Erkenntnisse hinaus reichend vor allem drei Aspekte:

• Die **nachträgliche** Zufriedenstellung eines enttäuschten Kunden erweist sich als wirtschaftliche Maßnahme zur Kundenbindung. (Um sich die Größenordnung klar zu machen: Einer Berechnung der *Volkswagen AG* zufolge würden 32 Werkstattkunden in der bundesdeutschen VW-Händlerorganisation pro Tag ausreichen, um 1,3 Milliarden Mark Verluste pro Jahr im Werkstattbereich zu verursachen, wenn diese Kunden als Negativmultiplikatoren, die ihr Erlebnis weitererzählen, schlechtlaunig aus der Werkstatt kämen).[20]

• Mit der **Reaktion auf ihre Reklamation** zufriedene Beschwerdeführer entwickeln sich im Nachgang häufig zu besonders loyalen Stammbesuchern. Sie können schließlich sogar mehr Bindung an einen Anbieter zeigen als von vornherein zufrieden gestellte Nachfrager (wobei dies keineswegs zu nahe liegenden Kurzschlüssen führen sollte!).

• Beschwerdeführer sind im Vergleich zur Grundgesamtheit der Enttäuschten eine kleine **Minderheit**. Nur ca. 15 % aller nicht zufriedenen Besucher äußern eine Reklamation, die große Mehrheit wandert wortlos zur Konkurrenz ab.[21]

Beschwerden werden mittlerweile vielmehr im Sinne verstärkter Besucherorientierung als Chance verstanden, die Organisation zu verbessern, nach dem Motto einer Auto-Leasing-Firma: „Wir wissen, dass wir die Nummer zwei sind; helfen Sie uns, dass wir die Nummer eins werden." Eine Untersuchung des Instituts der Deutschen Wirtschaft Köln hat zu der Frage, woher Betriebe ihre Anregungen für neue Produkte bzw. neue Dienstleistungsideen beziehen, herausgefunden, dass 94 % der Anregungen für neue Produkte oder Dienstleistungen von Kunden, 71 % von Messen, aber nur 34 % aus der eigenen Entwicklungsabteilung stammen.[22] Mit der Kultureinrichtung verbundene, kritische Besucher oder Teilnehmer können also die besten Produktentwickler sein, da sie mit den bisherigen Leistungen vertraut sind und Vorschläge zu ihrer Verbesserung machen können. Dieses Potential gilt es adäquat zu nutzen!

Diese Verbesserungen sind allerdings – so widersprüchlich dies zunächst klingen mag – nur dann realisierbar, wenn möglichst viele Beschwerden eingehen! Hierzu ist **eine Öffnung der Beschwerdekanäle** nötig, z. B. durch folgende Maßnahmen:

• Deutlicher Aufdruck von Telefonnummern, Hotlines, Fax- oder E-mail-Adressen der Beschwerdeabteilung auf Tickets, Programmheften, Plakaten, Spielplänen, Rechnungsformularen, Produktverpackungen usw.;

• Namensnennung der jeweils Verantwortlichen (eventuell mit Bild), um die mögliche Kontakterschwernis durch Anonymität aufzubrechen;

• Ausdrückliche Ermunterung zur kritischen Meinungsäußerung („Helfen Sie uns besser zu werden!") und ggf. Information über die im Beschwerdefall zu erwartende Reaktion der Kultureinrichtung („Wir werden das Problem prüfen und Sie werden im Laufe der nächsten vierzehn Tage Nachricht von uns erhalten!").

Besucherunzufriedenheit bzw. **Beschwerdeverhalten** kann sich, wie bereits erwähnt, in verschiedenen Abstufungen äußern[23]:

• **Keine Äußerung** kann im Falle einer Beeinträchtigung der Besuchererwartung – neben dem bereits angesprochenen resignativen Herunterschlucken des Ärger – im positiven Falle auch bedeuten, dass der Kunde die **entsprechende Fehlleistung entschuldigt**. Dies dürfte besonders dann der Fall sein, wenn ansonsten die Besucherbindung und somit die Besucherzufriedenheit sehr hoch sind; das Problem wird dann gewöhnlich als einmaliger Ausrutscher bewertet. Wenn die Organisation von der singulären Unzufriedenheit nichts erfährt, kann allerdings die Gefahr bestehen, dass sich solche verziehenen Einmaligkeiten häufen und unbemerkt im Betriebsablauf einschleifen.

Darüber hinaus akzeptieren die zunehmend kritischer und selbstbewusster werdenden Besucher vielleicht ein- oder zweimal, dass niemand unfehlbar ist, nehmen aber zunehmend weniger hin, wenn sie erleben, dass nichts zur **zukünftigen Fehlervermeidung** getan wird. Die Organisation sollte deshalb nach für sie geeigneten Wegen suchen, **Beschwerden zu stimulieren** (z. B. durch Auslegen eines Gästebuches, durch das Angebot von Ansprechmöglichkeiten, durch immer wiederkehrende Kurzbefragungen mit Karte, durch die Einrichtung einer Beschwerde-Hotline mit entsprechend geschultem Personal usw. nach dem Motto: „Wenn Sie unzufrieden sind, erzählen Sie es uns; wenn Sie zufrieden waren, erzählen Sie es anderen").

• Keine Äußerung des Besucher kann aber auch bedeuten, dass **dieses Angebot in Zukunft nicht mehr nachgefragt** wird. Der Kunde wendet sich in diesem Falle möglicherweise ganz grundsätzlich von diesem Kulturangebot ab („Musikschule ist nichts für mich"; „Nie wieder Stadttheater"! usw.) oder geht vielleicht zur Konkurrenz, ohne dass die Chance zur Wiedergutmachung durch den ursprünglichen Anbieter gesucht wird. Die Unzufriedenheit bleibt für den Anbieter **unsichtbar** und es können dadurch keine Anstrengungen unternommen werden, diesen Besucher zurückzugewinnen. Die Kultureinrichtung kann nur – wenn sie eine Besucherstatistik führt – resignativ feststellen, dass kontinuierlich Besucher verschwinden. Was aber – auf die zukünftige Entwicklung gesehen – viel schlimmer ist: die Kulturorganisation kann nichts lernen, weil sie auf die entstandenen Probleme nicht aufmerksam gemacht worden ist.

• Außer diesen eher passiven Verhaltensweisen steht dem unzufriedenen Besucher allerdings eine ganze Bandbreite **aktiver Handlungsmöglichkeiten** zur Verfügung. An erster Stelle steht hier die **Forderung nach Abhilfe durch den Anbieter**. Die Beschwerde wird dabei entweder schriftlich oder mündlich formuliert und meist mit einer entsprechenden Forderung versehen. Der Besucher kommt aufgrund eines Verkehrsstaus zu spät zur Theatervorstellung und wird nicht mehr eingelassen, obwohl er zuvor nicht ausdrücklich auf den Nichteinlass bei Verspätung hingewiesen wurde: er möchte sein Geld zurück. Die Qualität der angebotenen Musikschulstunde entspricht in keiner Weise den Vorstellungen der Eltern; sie melden ihr Kind ab – obwohl sie einen Einjahresvertrag geschlossen haben – und bitten um Rückzahlung des bereits angewiesenen Betrages. Der Ausstellungskatalog enthält eine ganze Reihe unbedruckter Seiten und der Kunde wünscht einen Umtausch.

Wie diese Beispiele zeigen, ist die Angelegenheit durchaus nicht immer ganz eindeutig. Während ein fehlerhafter Katalog außerhalb der Diskussion steht und sofort umzutauschen ist, wirft die Frage nach den Beurteilungsmaßstäben der Qualität des Musikschulunterrichts schon sehr viel schwierigere Probleme auf. Gleichwohl ist stets zu berücksichtigen, dass in diesem Falle der Kunde sich immerhin noch an die jeweilige Einrichtung wendet und dieser die Chance gibt, entsprechend zu wirken. Deshalb ist im Einzelfall stets sehr sorgfältig abzuwägen, was es auf der einen Seite der Organisation jeweils bringt, wenn diese u. U. nicht eindeutig entscheidbare oder gar ungerechtfertigte Einwendungen des Besucher abschlägig beschieden und welchen möglichen weiteren Schaden, auf den gleich einzugehen sein wird, dieser unzufriedene Kunde ggf. anrichten kann.

Auf der anderen Seite muss sich die Einrichtung natürlich davor hüten, Präzedenzfälle zu schaffen, auf die sich dann in der Folge derselbe oder andere Besucher immer wieder berufen können ("Warum war es damals möglich und heute nicht?"; "Warum war es bei Herrn Meyer möglich und bei mir nicht?"). Dies ist eine Frage der Kulanz, d. h. der Gefälligkeit bzw. des Entgegenkommens im Geschäftsverkehr.

Ein gutes Beispiel für **Kulanz** bzw. **Kundenorientierung** beschrieb vor einiger Zeit in der Wochenzeitung *Die Zeit* ein Dr. Götz von der Abteilung für Öffentlichkeitsarbeit der *Philipps AG* (Firmenmotto: "Let's make things better"!): "Nun, ich habe zu Beginn meiner Studienzeit *Die Zeit* abonniert, also vor etwa zwanzig Jahren. Ich las sie auch gern. Aber dann, 1988 muss es gewesen sein, bin ich fast vom Sofa gefallen. In der *Zeit* erschien eine DDR-Reportage von Theo Sommer, die mit dem Leben in der DDR, wie ich es aus den Erzählungen von Verwandten und auch durch eigene Besuche kannte, nichts zu tun hatte, überhaupt nichts. Ich habe mich über Theo Sommers rosarote Sichtweise dermaßen geärgert, dass ich zum Telefonhörer gegriffen habe, um mein *Zeit*-Abo zu kündigen. Und obwohl der Kündigungszeitpunkt bereits verstrichen war, wollte der Herr bei der *Zeit* meine Kündigung entgegennehmen – er wollte meine Treue belohnen. Das fand ich, nun ja kundenorientiert. Da habe ich die Kündigung zurückgezogen."

• Der Kunde muss allerdings nicht direkt bei der Kultureinrichtung auf Abhilfe drängen, sondern er kann sich mit dem **Anspruch auf Ausgleich auch an staatliche oder private Institutionen** wenden, die dann unter Umständen ihrerseits entsprechend auf den Anbieter einwirken. So kann er z. B. in schwerwiegenderen Fällen versuchen, die Angelegenheit **rechtlich** zu klären und den Anbieter mit der Forderung auf Schadensersatz verklagen. Der unzufriedene Kunde kann sich aber auch an **Verbraucherschutzverbände** oder an **Berufsverbände** wie z. B. die Handwerkskammer wenden und dort auf Missstände hinweisen.

• Eine gerade im öffentlichen Kulturbetrieb durchaus nicht selten anzutreffende Methode unzufriedener Besucher, ihren Unmut zu äußern, ist das Einschalten von örtlichen oder überörtlichen **Politikern** (zumeist verbunden mit der rhetorischen Frage, ob diese wohl glaubten, für „einen solchen Unfug unter dem Deckmantel der Kunst" seien die doch so knappen Steuergelder da). Dieses Vorgehen kann oftmals eine durchaus unangenehme Eigendynamik entfalten, etwa durch Anfragen im Gemeinderat, die dann ggf. wiederum einen beliebten Anlass für eine ausführlichere Presseberichterstattung und entsprechende weitere öffentliche Diskussionen darstellen. Auch wenn sich die Kulturorganisation noch so sehr im Recht fühlt, sollte sie dabei stets die lateinische Weisheit im Gedächtnis behalten „Semper aliquid haesit", immer bleibt etwas hängen, auch wenn man sich (subjektiv) noch so unschuldig fühlt. Und wenn diese Organisation später dann tatsächlich einmal einen Fehler macht, wird man sich rasch daran erinnern („Da war doch schon einmal so eine Beschwerde…").

• Eine weitere, nicht weniger unangenehme Form der Beschwerdeäußerung ist die **negative Darstellung im direkten eigenen sozialen Umfeld** des Besuchers. Dies kann bereits in direktem Zusammenhang mit dem Kulturereignis selbst erfolgen, wenn z. B. auf Grund eines Fehlers im Buchungssystems Plätze doppelt belegt sind oder wegen einer kurzfristigen Entscheidung des Regisseurs eine bereits verkaufte Stuhlreihe entfernt werden musste. Die Besucher, die deshalb auf andere Plätze gesetzt wurden, werden ihrem Ärger hierüber an der Abendkasse laut Luft machen. Sofort bilden sich Gruppen von Interessierten, die nicht nur aufmerksam dem Geschehen lauschen, sondern ggf. aktiv anfangen, ihrerseits Fehler zu suchen, vermeintliche Missstände aufzudecken und lautstark anzuprangern.

• Dies geschieht aber nicht selten auch außerhalb der jeweiligen Kultureinrichtung und zwar im Nachhinein, im **Gespräch mit Freunden und Bekannten**. So rät man möglicherweise dringend vom Besuch des örtlichen Schauspielhauses ab, deklariert das Museum als konservativ und verstaubt, schätzt die pädagogischen Fähigkeiten der Musikschullehrer als miserabel ein usw. Es sei deshalb noch einmal auf die Faustregel: **Ein unzufriedener Kunde erzählt sein Negativerlebnis zehn weiteren potentiellen Besuchern**, hingewiesen, um die Bedeutung dieser Art von Negativwerbung richtig einzuschätzen. Man sollte sich darüber hinaus auch stets vor Augen halten, dass solche negativen Images ein völlig irrationales Eigenleben entfalten können. Es gibt Menschen, die noch nie eine Aufführung des örtlichen Schauspielhauses besucht haben, trotzdem aber standhaft die Meinung vertreten, dass es rabenschlecht sei, weil sie es bereits von so vielen anderen gehört hätten, so dass sie meinen, auf die Bildung einer eigenen Meinung durch eigene Anschauung verzichten zu können.

• Noch gravierender ist es, wenn diese negativen Erfahrungen einem weit über den engen Bekannten- und Freundesbereich hinaus reichenden Kreis zugänglich gemacht werden, etwa durch die Veröffentlichung von **Leserbriefen** bzw. die bereits oben erwähnte **Einschaltung der Presse**, die den behaupteten (oder tatsächlichen) Mängeln dann im Rahmen ihrer redaktionellen Recherche nachgeht.

• Ist die Verärgerung entsprechend umfassend und stark, können sogar Bürgerinitiativen ins Lebens gerufen werden, die sich massiv gegen eine Einrichtung wenden. Dies kann im Extremfall sogar bis zum direkten oder indirekten Aufruf an Dritte, diesen Anbieter zu meiden, führen. Diese für die Kultureinrichtung sicherlich härteste Besuchermaßnahme wird **Boykott** genannt. Hierunter versteht man rein rechtlich die Ächtung eines anderen, um ihn – in aller Regel – zu einem bestimmten Verhalten zu zwingen. (Berühmtestes Beispiel hierfür in den zurückliegenden Jahren war der Boykott von Mineralölprodukten der Firma *Shell*[24], um diese davon abzuhalten, ihre Bohrinsel Brent Sparr auf offenem Meer zu versenken). Der Boykottaufruf kann allerdings unter bestimmten Umständen rechtswidrig sein und Schadensersatzansprüche begründen.[25]

Aus dem Dargestellten sollte nun keineswegs der voreilige Schluss gezogen werden, dass die Kultureinrichtung jedwedem Besucherwunsch entsprechen, jeder tatsächlichen (oder oft auch nur vermeintlichen) Beanstandung ungeprüft nachgeben sollte – schon deshalb nicht, um vor dem Besucher glaubwürdig zu bleiben bzw. sich davor zu hüten, für die Zukunft Präzedenzfälle zu schaffen. Auf der anderen Seite sollte sie aber zunächst sehr sorgfältig prüfen, welche Substanz eine Beanstandung bzw. Beschwerde hat und dies dem Besucher auch vermitteln („Sie können sich darauf verlassen: wir werden dieser Angelegenheit nachgehen und Sie umgehend über das Ergebnis informieren"). Darüber hinaus sollte sorgfältig abgewägt werden, welchen möglichen zukünftigen Nutzen ein zufriedener bzw. zufrieden gestellter Kunde stiften könnte („Toll, wie sich die Volkshochschule um jeden einzelnen Besucher bemüht, die kann ich nur weiter empfehlen") bzw. welchen möglichen Schaden er anrichten kann. Anschließend sollte man möglichen Nutzen und potentiellen Schaden zueinander ins Verhältnis setzen und entsprechend entscheiden.

Das Beschwerdemanagement darf allerdings nicht aus dem Bauch heraus erfolgen, sondern muss **grundsätzlich** geregelt und den Mitarbeitern verbindlich mitgeteilt werden; oftmals sind nämlich die einzelne Mitarbeiterin, der einzelne Mitarbeiter vor Ort – meist unter hektischen Begleitumständen – mit der Entscheidung überfordert. Hier sind allgemeine Regelungen von zentraler Bedeutung, um eine Überforderung zu vermeiden. Darüber hinaus ist auch hier eine zielgerechte Schulung des mit Reklamationsbearbeitung befassten Personals unumgänglich. Dabei muss berücksichtigt werden, dass der stetige Umgang mit enttäuschten Besucher eine extreme psychische Belastung der Betroffenen mit sich bringt.[26]

Ohne Patentrezepte geben zu können und zu wollen, lassen sich doch einige wichtige Punkte formulieren (die auf den ersten Blick banal erscheinen mögen, weil sie jeder einigermaßen sinnvollen Kommunikation zugrunde liegen sollten, was allerdings heute auch keine Selbstverständlichkeit mehr ist):

• Die Beschwerde eines Besuchers sollte immer **aktiv** aufgenommen werden, d. h. in keiner Form „abgebügelt" werden, sei es dadurch, dass der verärgerte Kunde am Telefon stundenlang weiter verbunden wird (meist begleitet von nervtötender Musik), sei es, dass man sich bei mündlich vorgetragener Beschwerde demonstrativ mit anderen Dingen beschäftigt, um dadurch Desinteresse zu signalisieren. Völlig egal, ob die Reklamation des Besuchers aus der eigenen Sicht berechtigt oder unberechtigt ist – dem Gesprächspartner sollte erst einmal die Chance gegeben werden, seinen Dampf abzulassen. Dabei sollte man den Gesprächspartner auf jeden Fall immer ausreden lassen – schon um zu verhindern, dass ständig neue Argumente („Und außerdem war dann da auch noch...") nachgeschoben werden.

• Sinnvollerweise bittet man den Beschwerdeführer im Falle einer sich bildenden Öffentlichkeit (etwa in Warteschlangen oder beim Einlass in den Veranstaltungsraum), die wie oben beschrieben, in der Regel an dem Geschehen lebhaften Anteil nimmt, zur Seite bzw. in einen entsprechenden Raum, um das Problem in aller Ruhe und vor allem ungestört besprechen zu können.

• Dem Besucher sollte von Anfang an signalisiert werden, dass man auf jeden Fall nach Kräften bemüht sein wird, ihm zu helfen, d. h. dem Besucher sollte grundsätzlich **entgegengegangen** werden. Diese Haltung sollte ihm auch in aller Form, z. B. durch eine entsprechende Körpersprache, signalisiert werden! („Wir danken Ihnen, dass Sie sich mit Ihrer Beschwerde an uns wenden, denn dies gibt uns die Möglichkeit, Ihnen zu helfen und zu vermeiden, dass so etwas noch einmal geschieht!"). Dazu muss man allerdings die jeweiligen Ursachen bzw. Gründe der Beschwerde möglichst genau kennen!

• Um den realen Kern der Beschwerde herauszuarbeiten, sollten von den Mitarbeitern der Kultureinrichtung sehr höflich, aber gleichwohl nachdrücklich **möglichst konkrete Fragen gestellt**, deren Beantwortung dem Besucher aber auch abverlangt werden („Wer hat wann was wo warum usw..."). So, wie bekanntermaßen der Teufel im Detail steckt, lassen sich auf diese Weise für denjenigen, der der Beschwerde nachgehen will, all die Nebensächlichkeiten, die den Besucher zusätzlich aufgebracht haben mögen (Typisch: „Also, das hat schon damit angefangen, dass...") und die ganze Angelegenheit ins Monströse zu ziehen drohen, ausschalten.

• Diese sog. **W-Fragen**, haben den großen Vorteil, dass sie sich sinnvollerweise nicht mit einem knappen „ja" oder „nein" beantworten lassen, sondern dass man mit dem Beschwerdeführer ins Reden kommt. Dies gibt dem Bearbeiter der Beschwerde die Möglichkeit, eine kommunikative Situation aufzubauen, eine erste Einschätzung sowohl der Beschwerde als auch des Beschwerdeführers vorzunehmen („Wie ernst ist die Sache...?") und darüber hinaus die notwendige Zeit, selbst nachzudenken. Gleichwohl kann, wenn nötig, immer wieder nachgehakt und die Angelegenheit konkretisiert werden.

• Der Kunde sollte nach Möglichkeit **aktiv in die Lösung eingebunden werden**, d. h. man sollte nicht selbst gleich eine Lösung anbieten. Es sollte – wenn möglich – an die Fähigkeiten des Besucher appelliert und ihm eine hohe Problemlösungskompetenz unterstellt werden („Was könnten Sie sich denn als Lösung vorstellen?"). Das mag zunächst paradox klingen; doch der sicherlich gut gemeinte, aber allzu rasch gemachte Vorschlag hat mehrere Nachteile. So kann er z. B. beim Besucher den (sicherlich nicht unberechtigten) Verdacht erwecken, dass sich ähnliche wie der von ihm beklagte Vorfall öfter ereignen und dass dann immer nach diesem Lösungsmuster verfahren wird. Zweitens ist sein eigener Anteil an der Lösung zu gering, wenn man zu rasch mit einem Vorschlag kommt. Das kann dann drittens dazu führen, dass der Besucher ihn schlicht ablehnt, und nun von der Kultureinrichtung ein neuer gemacht werden muss.

• Ist das Problem einer Lösung zugeführt, so ist die Angelegenheit allerdings noch längst nicht abgeschlossen, sondern es sollten zwei weitere Regeln beachtet werden. Zunächst sollte dem Besucher noch einmal ausdrücklich **gedankt** werden, dass er sich an die Kultureinrichtung gewandt hat und dieser so die Möglichkeit gegeben hat, erstens **ihm** zu helfen („Denn Sie sind uns wichtig und wir möchten Sie auch weiterhin als zufriedenen Besucher behalten"), zweitens der Einrichtung aber auch Verbesserungen **für andere Besucher** ermöglicht (Firmenslogans wie „FORD – die tun was" oder von *Philips* „Let's make things better" signalisieren eindrücklich diese Haltung).

• Darüber hinaus sollte innerhalb des Kulturbetriebs **nachgefasst** werden, ob das beanstandete Problem sowohl im konkreten Falle gelöst als auch für zukünftige Fälle ausgeschaltet wurde. Ist dies der Fall, so sollte – in Form eines kurzen Briefes oder eines persönlichen Telefonanrufes – noch einmal beim Besucher nachgefragt werden, ob tatsächlich alles zu seiner Zufriedenheit geregelt worden ist. Dieses Engagement erscheint zunächst sicherlich sehr aufwendig, doch die mit ziemlicher Sicherheit daraus resultierende langfristige Besucherbindung wird sich lohnen.

Im Beschwerdemanagement können dabei zwei grundsätzliche Strategien eingesetzt werden: die **Prävention** und das **Recovery**.

- Vieles an möglichen Beschwerden ist bereits im Vorfeld **absehbar** und entsprechend **präventiv** zu bearbeiten. Wenn z. B. Plätze doppelt verkauft worden sind oder eine Stuhlreihe am Morgen der Premiere auf Wunsch des Regisseurs entfernt wurde, so ist dies rechtzeitig bekannt und davon auszugehen, dass dies zunächst zumindest Unruhe, wenn nicht deutlich geäußerten Ärger auslösen wird. Paradoxerweise geschieht dies auch dann, wenn die ersatzweise angebotenen Plätze sogar teurer oder besser sind. Viele Besucher werden akribisch suchen, um dennoch einen Nachteil zu finden und man kann sich darauf verlassen, dass sie in irgendeiner Form auch erfolgreich sein werden! Von daher empfiehlt es sich, bereits im Vorfeld, wenn hierzu genug Zeit und Ruhe vorhanden sind, **Auffangstrategien** zu entwickeln („Es tut uns ausgesprochen leid, dass wir Ihnen auf Grund eines Buchungsfehlers einen anderen Platz geben müssen. Dies ist uns sehr unangenehm und wir möchten Sie gerne als kleine Wiedergutmachung zu einem Glas Sekt im Foyer einladen."). Oftmals ist es nur die kleine Geste, die um Verständnis wirbt und der sich die wenigsten verschließen.
- Die zweite Strategie kann mit **Recovery**, was soviel wie **Bergung**, **Wiedergewinnung** (in diesem Falle des Besucher) bedeutet, bezeichnet werden. Denn neben diesen gerade im von lebendigen Menschen getragenen Kulturbetrieb oftmals unvermeidbaren Problemen, die teilweise vorhersehbar sind und auf die noch rechtzeitig eingegangen werden kann, gibt es darüber hinaus genug **unvorhersehbare** Probleme. Auch hier muss dafür gesorgt werden, dass sensibles und ausreichend geschultes Personal vorhanden ist, das den Besucherunmut auffangen kann bzw. auf Möglichkeiten verweist, diesen Unmut zu kanalisieren (Beschwerde-Hot-Line etc.). Darüber hinaus muss den Mitarbeiterinnen und Mitarbeitern ein klar gesteckter und bewusst gemachter (Kulanz-)Handlungsspielraum gegeben werden, in dem sie selbstständig entscheiden können, ohne absurderweise Sanktionen von der jeweiligen Leitung befürchten zu müssen.

Im öffentlichen Kulturbetrieb übernehmen sehr häufig die Kameralistik bzw. die Tätigkeit der Rechnungsprüfungsämter die Rolle der verordenten Unflexibilität. Natürlich haben **Benutzungsordnungen** und **Gebührensatzungen** ihren Sinn. Oftmals erschweren sie aber gerade im Kulturbetrieb rasches, besucherorientiertes Handeln mit dem unterstellten Vorwurf, irgendjemand wolle sich in unzulässiger Weise an Staatseigentum vergreifen – wo es doch nur um die Gewährung von Kulanz geht! Ein wirkungsvolles Beschwerdemanagement kann dazu dienen, die mit einer Schlechterleistung konfrontierten Kunden **im Nachhinein zufrieden zu stellen**. Schnelle Reaktion auf Reklamationen, großzügige Kostenübernahme der Schadensbehebung, Kulanz bei der Erstattung von Folgekosten und mehr oder weniger symbolische Gesten der ‚Wiedergutmachung‘ durch Entschuldigungsschreiben, Warengutscheine etc. stehen unter dieser Zielsetzung des Recovery.[27]

Die Kultureinrichtung, der all' dies zu aufwendig und mühsam ist, sei auf folgende empirische Ergebnisse aus der Marktforschung im Konsumbereich verwiesen: Von den Kunden, die sich beschwert haben, werden 54 bis 70 % wieder beim Unternehmen kaufen, wenn der Beschwerdegrund beseitigt wird. Dieser Wert erhöht sich sogar bis auf 95 %, wenn der Kunde das Gefühl hat, dass seine Beschwerde rasch erledigt wurde. Kunden die sich beschwert haben und deren Beschwerde zu ihrer Zufriedenheit erledigt wurde, berichten im Durchschnitt fünf anderen von der Behandlung, die sie erfahren haben.[28] Bei alledem muss allerdings deutlich gesagt werden, dass die Rückgewinnung stets nur die zweitbeste Strategie ist. Im Sinne von Besucherorientierung und langfristiger Besuchergewinnung ist es auf jeden Fall produktiver, **proaktiv** auf die Bedürfnisse und Wünsche der Besucher einzugehen.

Zusammenfassend lässt sich feststellen, dass aktives Beschwerdemanagement eine ganze Reihe von **Nutzen**, ebenso aber auch entsprechende **Kosten**[29] für die Kultureinrichtung bringt. Die möglichen Nutzen lassen sich zum einen in **organisationsbezogene**, zum anderen in **besucherbezogene** Nutzen systematisieren:

(1) Aus der Sicht der Kultureinrichtung spielt der **Informationsnutzen** die zentrale Rolle. Die Organisation erhält Informationen über sich selbst, die sie so bisher nicht gesehen bzw. ausdrücklich formuliert hatte. Durch (ausgewertete und überprüfte) Beschwerdeinformationen über bisher übersehene Schwachpunkte können notwendige Umorganisationen in die Wege geleitet werden, um die Kultureinrichtung zu verbessern.

(2) Aus der Sicht der Besucher basiert der sog. **Einstellungsnutzen** auf ihrer Erfahrung, dass eine von ihnen vorgebrachte Beschwerde tatsächlich zu Veränderungen im Sinne von Verbesserungen innerhalb der Kultureinrichtung führt. Dadurch werden möglicherweise auftauchende Fehler oder Pannen eher verziehen: die Kultureinrichtung präsentiert sich als **lernende Organisation**.

(3) Die erfolgreiche Durchsetzung einer Beschwerde kann zu einem entsprechenden **Kommunikationsnutzen** führen, wenn der Beschwerdeführer auf Grund einer schnellen, kompetenten und kundenorientierten Beschwerdereaktion diese positive Erfahrung im Zuge der Mund-zu-Mund Kommunikation an andere weitergibt.

(4) Auch im Sinne des bereits ausgeführten **Kundenbindungsnutzen** kann ein entsprechendes Beschwerdemanagement im besten Falle zu verstärkter Identifikationsbildung führen, d. h. dass der Besucher seiner Kultureinrichtung treu bleibt und nicht abwandert.

Ganz deutlich muss allerdings auch gesagt werden, dass dem zu erzielenden Nutzen auch **Kosten** des Beschwerdemanagements gegenüberstehen. Diese lassen sich ebenfalls systematisieren:

(1) Kosten der **Beschwerdestimulierung**, d. h. die Aussendung von entsprechenden Signalen, dass die kritische Meinung des Besuchers durchaus erwünscht ist, z. B. durch Auslegung von Befragungskarten, durch entsprechende Anzeigen (z. B. „Halten Sie mit Ihrer Meinung nicht hinter dem Berg…") usw.

(2) Kosten der **Beschwerdeannahme**, z. B. durch die Bereitstellung entsprechender Hotlines, Personalkosten an den Hotlines oder in Info-Centern usw.

(3) Kosten der **Beschwerdebearbeitung**, z. B. Personalkosten durch die Auswertung der verteilten Karten bzw. der Hotlineanrufe usw.

(4) Kosten der **Beschwerdereaktion**, z. B. durch Kompensationsangebote (Freikarte für die nächste Vorstellung, erneutes Kursangebot, Verfassen entsprechender Anschreiben an Beschwerdeführer usw.) sowie schließlich

(5) Kosten der **Beschwerdekontrolle** (Aufbau entsprechender Kontrollsysteme, Nachhaken, ob sich tatsächlich etwas verändert hat, ggf. spezielle Analyseprogramme usw.)

13.4 Von der Besucherorientierung zur Besucherbindung im Kulturbetrieb

Engagierte Besucherorientierung, zu der jede einzelne Mitarbeiterin und jeder einzelne Mitarbeiter aktiv beitragen können und im Sinne einer erfolgreichen Kultureinrichtung beitragen sollten, und daraus resultierende **Besucherzufriedenheit** sind die Grundvoraussetzungen für eine langfristige **Besucherbindung**. Gerade angesichts der zunehmenden Wettbewerbsaktivitäten vielfältiger Konkurrenten auch im Kulturbereich gewinnt die Kundenbindung immer mehr an Bedeutung. Im kommerziellen Wirtschaftsbereich (Beispiel: Kreditkartenwesen) wurde durch empirische Studien in den USA nachgewiesen, „dass eine Verhinderung der Kundenabwanderung um 5 Prozent langfristig zu einer Steigerung des Gewinns pro Kunde von bis zu 85 % führen kann."[30]

Wie bereits ausführlich dargelegt, geht es im öffentlichen Kulturbereich nicht um Gewinn; gleichwohl trägt aktive Besucherbindung dazu bei, dass zum einen Einnahmen stabilisiert werden (beispielsweise durch Abonnements) bzw. Ausgaben gesenkt werden (z. B. durch verminderte Werbeausgaben bzw. den Einsatz zufriedener Kunden als Werber für die Kultureinrichtung). Vor allem aber kann durch viele treue Kunden die politische Legitimation einer Kultureinrichtung erheblich erhöht werden! Ein immer volles Theater schließt man nicht so schnell wie ein stets nur halb gefülltes!

Sinnnvollerweise sollte unterschieden werden zwischen Besucherbindungs**instrumenten**, die aktuell eingesetzt werden und Besucherbindungs**programmen**, die den Besucher möglichst langfristig an die jeweilige Kultureinrichtung binden. Besucherbindungsmanagement lässt sich dementsprechend definieren als die systematische Analyse, Planung, Durchführung und Kontrolle aller auf den aktuellen Besucherstamm gerichteten Maßnahmen einer Kultureinrichtung mit dem Ziel, mit diesen Besuchern auch in Zukunft Austauschbeziehungen aufrechtzuerhalten und/oder diese noch intensiver zu pflegen.[31]

Bei der Besucherbindung stehen der Kultureinrichtung prinzipiell zwei unterschiedliche Handlungsmöglichkeiten offen: zum einen kann sie Hürden errichten, die dem Besucher einen Wechsel zur Konkurrenz schwer machen und entsprechende **Gebundenheits**strategien entwickeln. Im positiven Falle kann die Kulturorganisation aber auch **Verbundenheits**strategien aufbauen, die den Besucher in so hohem Maße zufrieden stellen, dass er zwar problemlos wechseln könnte, dies aber gar nicht wechseln will.

Unbestritten ist dieser zweite Weg der mühsamere. Dabei sollte man sich aber stets vor Augen halten, dass wir in einer **Multioptionsgesellschaft**[32] leben, d. h. die Menschen immer weniger bereit sind, sich langfristig zu binden und ihre jeweiligen Entscheidungen häufig so spät wie möglich treffen wollen. Jedwedes Bindungsprogramm hat daher von dieser Voraussetzung auszugehen, weshalb den Verbundenheitsstrategien auf jeden Fall der Vorzug zu geben ist. Wiederum: die Menschen sind nur sehr schwer zu verändern; die eigene Kulturorganisation dagegen relativ leicht! Besucherbindung ist das Ergebnis eines freiwilligen Entscheidungsprozesses des Kunden und sollte gekennzeichnet sein durch dessen Verbundenheit gegenüber der jeweiligen Kundeneinrichtung. Sie umfasst von Seiten der Kulturorganisation alle Maßnahmen, die bisherigen und zukünftigen Verhaltensabsichten des Besuchers ihr gegenüber positiv zu gestalten, um die Beziehung zu diesem Kunden für die Zukunft zu stabilisieren bzw. noch auszuweiten.[33]

Anmerkungen:

[1] Zit. nach: Ederer/Seiwert (1998) S. 104

[2] Niebisch, Peter und Birgit Betz: Einstellungen von Konsumenten zum personellen Service in verschiedenen Handels- und Dienstleistungsbranchen. Ergebnisse einer Untersuchung im Auftrag des Nachrichtenmagazins *Focus*, Starnberg 1996; hier zitiert nach Ederer/Seiwert (1998) S. 104

[3] Wilson, Jerry R.: Mund-zu-Mund-Marketing, Landsberg 1991 S. 135

[4] Nagel, Kurt und Carsten Rasner: Herausforderung Kunde. Neue Dimensionen der kunden- und marktorientierten Unternehmensführung, Landsberg 1993 S. 151

[5] Ederer/Seiwert (1999) S. 78

[6] Bruhn (1999) S. 73

[7] Meffert (1999) S. 438 bzw. 429

[8] Nach Meffert (1999) S. 430

[9] Ederer/Seiwert (1998) S. 106

[10] Vgl. hierzu Bruhn (1999) S. 106 ff

[11] Maxime des Baustoffgroßhändlers OBI; zit bei Ederer/Seiwert (1998) S. 236

[12] Maxime der Firma Neuland; zit bei Ederer/Seiwert (1998) S. 266

[13] Vgl. hierzu: Zemke, Ron und Kristin Anderson: Umwerfender Service. Die Bibel für den direkten Kundenkontakt; Frankfurt/New York 1997; Zemke, Ron und Chip R. Bell: Mangement des umwerfenden Service, Frankfurt/New York 1996 sowie Zemke, Ron und Kristin Anderson: Coaching für den umwerfenden Service, Frankfurt/New York 1997

[14] Bruhn (1999) S. 97

[15] Vgl. hierzu Pepels (1996) S. 82

[16] Vgl. hierzu ausführlich: Klein, Armin: Professionelles Beschwerdemanagement im Kulturbetrieb. In Handbuch Kultur-Management, Stuttgart 1992 ff (Lieferung Mai 2000 Handmarke D 4.8)

[17] Pepels (1996)

[18] Dehr/Biermann (1998) S. 57

[19] Vgl. zur Literatur: Beschwerdemanagement. Die Karriere einer besucherorientierten Unternehmensstrategie im Konsumgütersektor in: *Marketing* Heft 2/I.. Quartal 1995

[20] Vgl. Busch (1998) S. 81

[21] Dehr/Biermann (1998) S. 58

[22] Palme, zitiert in Neuland (1999) S. 11

[23] Vgl. hierzu ausführlich: Hansen, Ursula und Ingo Schönheit: Verbraucherzufriedenheit und Beschwerdeverhalten, Frankfurt a. M. 1987

[24] Gerade unter Marketinggesichtspunkten ist ausgesprochen interessant, wie umfassend die Deutsche Shell AG die ursprüngliche und dann viel zu lange durchgehaltene völlige Fehleinschätzung der öffentlichen Meinung aufgearbeitet hat; vgl. hierzu *Deutsche Shell Aktiengesellschaft Hamburg*: Die Ereignisse um BRENT SPAR in Deutschland. Darstellung und Dokumentation mit Daten und Fakten. Die Hintergründe und Einflussfaktoren. Kommentare und Medienresonanzen, Hamburg 1995

[25] Geiger, Harald u. a.: Beck'sches Rechtslexikon, München 1996 S. 131

[26] Dehr/Biermann (1998) S. 60

[27] Dehr/Biermann (1998) S. 58

[28] Kotler/Bliemel (1999) S. 29

[29] Vgl. zum folgenden: Bruhn, Manfred: Kundenorientierung. Bausteine eines exzellenten Unternehmens, München 1999 S. 194 ff

[30] Bruhn (1999) S. 110

[31] Bruhn (1999) S. 112

[32] Gross, Peter: Die Multioptionsgesellschaft, Frankfurt 1994

[33] Bruhn (1999) S. 112

14. Wie kontrollieren wir unseren Erfolg? (Marketing-Controlling)

14.1 Marketing-Kontrolle im Kulturbetrieb

Manageriales Handeln, somit auch kulturmanageriales, ist ziel- und erfolgsorientiert. Daher kommt der Überwachung der Zieleinhaltung ganz besondere Bedeutung zu, denn die Kultureinrichtung will sowohl wissen, ob sie ihre langfristig gesetzten inhaltlichen Ziele erreicht hat, als auch sehen, ob sie bei unmittelbar feststellbaren Zielabweichungen im Marketing-Management-Prozess korrigierend eingreifen kann. Diesem Zweck dienen die **Kontrolle** bzw. das **Controlling**, zwei Begriffe, die zu Unrecht oftmals gleichgesetzt werden, durchaus aber verschiedenes meinen.

Gemeinsam ist beiden Tätigkeiten zunächst, dass sie einen Vergleich zwischen geplanten und realisierten Größen (**Soll-Ist-Vergleich**) innerhalb des Management-Prozesses sowie die Analyse der Abweichungsursachen (**Abweichungsanalyse**) bezeichnen. Im Gegensatz zum Controlling, auf das gleich näher eingegangen wird, beschäftigt sich die (End-)**Kontrolle** aber weder mit der Beseitigung der festgestellten Mängel, noch nimmt sie steuernd Einfluss auf den laufenden Management-Prozess. Sie ist in erster Linie rückwärts gewandt, d. h. sie wird in der Regel erst nach Beendigung eines Produktionsprozesses tätig und fragt, ob die zu Beginn des Marketing-Management-Prozesses fixierten Ziele (vgl. Kapitel 7) tatsächlich erfüllt wurden und ob die Kultureinrichtung das erreicht hat, was sie sich vorgenommen hatte.

Ihre besondere Bedeutung erhält die Kontrolle, indem nach dem Abschluss einer bestimmten Periode – zum Beispiel zum Spielzeitende im Theater, am Ende eines Schuljahres in der Musikschule, nach Ablauf einer Orchestersaison, nach Beendigung einer dreimonatigen Sonderausstellung im Museum usw. – ein resümmierender Schlussstrich gezogen wird. Konkret muss sich die Kultureinrichtung fragen:

(1) Sind die selbstgesetzten inhaltlichen Ziele erfüllt worden?
Über die Schwierigkeit, qualitative Ziele zu operationalisieren wurde bereits ausführlich im siebten Kapitel gesprochen. Ist dies auch schwierig, so ist es gleichwohl möglich. Auskünfte über die Zielerreichung können beispielsweise geben:

- Auswertung von Presseberichten nach **Anzahl** (wie viel ist berichtet worden?), **Ort** (in welchen Organen stand etwas? Welche Hörfund- bzw. Fernsehberichterstattung gab es?), **Umfang** (war es nur ein Hinweis oder eine ausführliche Berichterstattung) und **Bewertung** (war die Berichterstattung eher positiv, negativ oder neutral);
- Besucherbefragungen (wie wurde die Veranstaltung von den Besuchern aufgenommen?);
- Gespräche mit Experten, denen ein Urteil über die Qualität zugetraut wird (Kollegen, Journalisten usw.)
- Persönliche Gespräche mit Besuchern;
- Teilnehmende Beobachtung;
- Auswertung der ggf. ausgelegten Gästebücher (welche inhaltlichen Kommentare geben die Besucher?)
- Briefe an die Veranstalter
- Möglicherweise Beschwerden
- Einladung der Produktion zu Festivals, Weitervermittlung der Ausstellung usw.

(2) Sind die Marketingziele erfüllt worden, d. h. sind tatsächlich jene Zielgruppen erreicht worden, die anvisiert wurden? Diese Kontrolle ist bereits sehr viel leichter durchzuführen, da hier in aller Regel quantitative Aussagen möglich sind, d. h. Zahlen erhoben werden können. Mögliche Maßzahlen ergeben sich vor allem aus:

- Besucherstatistiken;
- Zahl der verkauften Eintrittskarten;
- Typus der verkauften Eintrittskarten (Normaltickets, spezielle Ermäßigungen usw.)
- Besucherbefragungen (mit Auswertung der erhobenen sozio- bzw. psychographischen Daten).

(3) Sind die Finanzziele erreicht worden, d. h. wurde das gesetzte Budget erfüllt (oder überzogen)? Diese Überprüfung ist die einfachste, denn – eine ordentliche Buchführung vorausgesetzt – diese

Zahlen liegen unmittelbar nach Abschluss der Veranstaltung in aller Regel vor.

Gerade in der Phase der Endkontrolle wird die besondere Bedeutung klar formulierter Ziele besonders deutlich: nur wenn die Ziele möglichst konkret formuliert wurden, kann ihre Erreichung auch tatsächlich überprüft werden, kann der Soll-Ist-Abgleich erfolgen. Dabei können sich drei Konstellationen ergeben:

(1) Das vorgegebene Ziel, also der **gewünschte Ist-Zustand wird hundertprozentig erfüllt**. Ein Musikfestival mag sich das Ziel gesetzt haben, rund 30 000 zahlende Zuschauer zu erreichen. Tatsächlich zeigt das Ticketverkaufssystem am letzten Abend den Absatz von exakt 29 798 Eintrittskarten. Wird das Marketingziel so punktgenau erreicht, ist die Festivalleitung zu Recht sehr zufrieden. Es kann hierin ggf. aber auch eine Gefahr liegen: hat man das Ziel vielleicht nicht hoch genug angesetzt? War man angesichts der erfreulichen Zwischenmeldungen über die Besucherzahlen zu selbstzufrieden? Hätte man mit mehr Anstrengungen vielleicht noch mehr Besucher erreichen können?

(2) Das vorgegebene Ziel wird **nicht erreicht**, sondern (ggf. deutlich) **unterschritten**. Dies ist eine Situation, die das Management vor ernsthafte Probleme stellt. Jetzt ist genau zu analysieren, woran es liegen könnte, dass beispielsweise statt der angestrebten Besucherzahl von 30 000 nur 16 932 Menschen den Weg in die Vorstellungen fanden. Im Prinzip gibt es zwei Möglichkeiten: entweder wurde das Ziel zu hoch angesetzt oder es wurden im Marketing-Management-Prozess Fehler begangen. (Von daher ist es wichtig, die einzelnen Schritte dieses Prozesses, insbesondere der Analysephase, möglichst exakt schriftlich festzuhalten, um entsprechende Fehler finden zu können). Mögliche Ursachen können z. B. sein:

- man hat die Nachfrage falsch eingeschätzt;
- verschiedene Programmpunkte stießen auf nur sehr mäßiges Interesse;
- die anvisierten Zielgruppen wurden nicht erreicht;
- im gleichen Zeitraum fanden in unmittelbarer Nähe Konkurrenzveranstaltungen statt;
- man hatte übersehen, dass die Festivalzeit zur Hälfte in den Schulferien lag und viele potentielle Besucher bereits im Urlaub waren;

- die eigenen Ressourcen waren zu schwach, um das Festival professionell durchzuführen, immer wieder gab es Pannen; dies sprach sich sehr schnell bei den möglichen Zuschauern herum;
- die Musikgruppen, die man eigentlich einladen wollte, waren zu teuer, so dass man in einigen Fällen auf zweitrangige Ensembles zurückgreifen musste;
- die Öffentlichkeitsarbeit viel zu spät begonnen worden;
- die Beschränkung auf eine einzige Vorverkaufsstelle erwies sich als völlig unzureichend;
- da man unvorsichtigerweise mit einer Lokalzeitung eine Medienpartnerschaft eingegangen war, boykottierte die andere Zeitung das Festival nahezu komplett;
- die Eintrittspreise waren zu hoch usw.

Voraussetzungen für eine solche möglichst genaue Abweichungsanalyse sind nicht nur die Fähigkeit zu offener Selbstkritik (das Gegenteil von Schönreden!), sondern auch die Erhebung möglichst umfangreicher Daten und deren genaue Analyse. Das oft scheinbar so Plausible und nahe Liegende kann sich bei genauerer Betrachtung als die völlig falsche Ursache erweisen.

In einer Stadt verlor das in der dortigen Stadthalle durchgeführte Theaterabonnement von Jahr zu Jahr mehr Besucher. Der Stadthallenleiter machte gegenüber der Presse folgende Ursachen hierfür verantwortlich:

- das Besucherverhalten habe sich im Laufe der Jahre verändert: die Abonnementbucher würden ihr Ticket jetzt kurzfristig an der Abendkasse lösen;
- der Reiz des Neuen sei nach zehn Jahren verflogen;
- die Konkurrenzangebote der Nachbargemeinden zögen die Besucher ab;
- schwierige Stücke im Spielplan würden von der Bevölkerung nicht angenommen.

Resultat: man wisse nun selbst nicht mehr weiter! Jedes einzelne vorgebrachte Argument klang für sich genommen zunächst durchaus plausibel, hielt aber bei näherer Überprüfung der Realität nicht stand. Denn eine genauere Analyse ergab: die Zahl der Besucher, die ihr Ticket jeweils erst an der Abendkasse lösten, nahm ebenfalls rapide ab; das parallel laufende Musikabonnement, das ebenfalls seit zehn Jahren existiert, blieb mehr oder weniger stabil; die Konkurrenzangebote der Nachbargemeinden existierten teilweise schon mehr als zehn Jahre. Eine genaue Analyse der Herkunftsorte der in der Vergangenheit gekündigt habenden Abonnenten ergab, dass die Mehrheit dieser Nicht-mehr-Kunden keineswegs aus den Konkurrenzorten, sondern aus der eigenen Stadt kamen. Und schließlich: gerade besonders schwierige Sprechtheaterstücke zogen überdurchschnittlich Zuschauer, weil diese in engem Zusammenhang mit dem Lehrplan des dortigen Gymnasiums standen. Die Probleme waren vielmehr hausgemacht und lagen in einem völlig unzureichenden Marketing.

(3) Das vorgegebene Ziel wird **übererfüllt**. Die ist sicherlich der Traum jedes Marketingverantwortlichen. Aber auch hier – so schön es auch wäre – sollte man sich nicht mit bloßem Erfolg begnügen, sondern genau analysieren, in welchen Segmenten man besonders erfolgreich war, in welchen sich eher unterdurchschnittliche Besucherzahlen ergaben usw. Denn beide Abweichungen vom Durchschnitt geben wichtige Hinweise auf die Zukunft: sie zeigen auf, wo ggf. noch weitere Potentiale vorhanden sind bzw. wo ggf. verstärkte Anstrengungen unternommen werden müssen.

14.2 Marketingcontrolling[1] im Kulturbetrieb

Mit Kontrolle nicht zu verwechseln ist das Controlling, das sehr viel stärker prozess- bzw. zukunftsorientiert arbeitet, denn es steht in einem engen Zusammenhang mit Zielsetzungen und Planungsprozessen. Aus den fast 50 Übersetzungsmöglichkeiten des englischen Wortstammes **to control** wird deshalb sinnvollerweise die Übersetzung **lenken**, **steuern**, **regeln** ausgewählt, um Verwechslungen mit dem deutschen **kontrollieren** auszuschließen. Im Mittelpunkt des Controllingprozesses steht die Planung und Entscheidung auf der Basis optimal aufbereiteter **Informationen**. Controlling ist daher in erster Linie zukunfts-, nicht vergangenheitsorientierte Informationsgewinnung!

Die in einem wirtschaftlichen Betrieb am einfachsten aufzubereitenden Daten sind sicherlich die monetären Geldflüsse; **Kosten** sind klare und eindeutig definierbare Daten. Daher ist die wichtigste Grundlage des Finanz-Controllings die **Kosten-/Leistungsrechnung**, die alle Kosten nach Kostenarten, Kostenträgern und Kostenstellen sowie die Erlöse erfasst. Sie bildet den Kern eines **Management-informationssystems**, das der Leitung des Kulturbetriebs jederzeit entscheidungsrelevante Informationen an die Hand gibt und auch prognostisch zu so genannten **Wenn-Dann-Beziehungen** (was geschieht, wenn sich bestimmte Faktoren ändern?) Auskunft geben kann.[2] Wenn-dann-Korrelationen sind per se zukunftsgerichtet: Was geschieht, wenn der Indentant, der Musikschulleiter, der Museumsdirektor diese oder jene Alternative ergreift?

Somit hat Controlling sehr viel mehr mit **Informationen** denn mit bloßen Kosten oder Leistungen zu tun; seine wichtigste Aufgabe ist es, Alternativen (mit ihren jeweiligen Konsequenzen!) im Entscheidungshandeln aufzuzeigen. Wenngleich das Controlling in seiner Entstehungsphase Ende des 19. Jahrhunderts noch sehr mit Finanzierungsfragen verbunden war, stand bereits zu dieser Zeit die Lösung der mit wachsender Unternehmensgröße verstärkt auftretenden **Koordinations**- und **Abstimmungsprobleme** im Vordergrund. Beim Marketing-Controlling geht es um die auch bei der Endkontrolle relevanten Fragen:

(1) Wie werden die inhaltlichen Ziel erfüllt (und wie lässt sich dies messen?)

(2) Wie werden die Marketing-Ziele erfüllt (und woran wird dies gemessen?)

(3) Wie werden die Finanzziele eingehalten (und welche Kennzahlen gibt es hierfür?)

Wie auch die Kontrolle basiert das Controlling auf einem Soll-Ist-Vergleich, der indes nicht erst zum Abschluss des Prozesses greift und seine Bedeutung entfaltet, sondern bereits prozessbegleitend wirksam ist. Von daher wird ein Controller stets darauf drängen,

(1) dass die Organisationsziele klar und ausdrücklich formuliert sind;

(2) dass für alle Bereiche innerhalb der Organisation anhand der angestrebten Ziele Handlungsalternativen entwickelt und ausgewählt werden sowie deren erwarteten Ergebnisse geplant werden;

(3) dass man bereits im laufenden Betrieb feststellt, ob die Planungsziele tatsächlich eingehalten werden;

(4) dass im Abweichungsfall Maßnahmen ergriffen werden, sei es um gegenzusteuern, sei es, um zu neuen Planwerten zu kommen.[3]

Im Mittelpunkt des Controllings stehen daher immer die Information bzw. der Informationsaustausch innerhalb eines Regelkreises. Dessen Funktion kann man sich am besten an der Wirkung eines Heizungsthermostates verdeutlichen: es wird eine bestimmte gewünschte Zimmertemperatur (Zielvorgabe) eingestellt: sinkt diese, liefert der Thermostat die entsprechende Information an das Heizungssystem, das entsprechend aktiviert wird; steigt die Temperatur über das gewünschte Maß hinaus, wird die Heizung heruntergefahren.

Diese Entscheidungen werden in Organisationen von der Führung getroffen, die hierzu allerdings die entscheidungsrelevanten Daten benötigt. Controlling ist daher eine **Denkhaltung** zunächst für alle Führungskräfte. Da diese unter dynamischen Umweltbedingungen – wir haben auf die gegenwärtige Situation im ersten Kapitel ausführlich hingewiesen – in immer kürzeren Abständen immer mehr Entscheidungen zeitnah treffen müssen, ist ein entsprechender controllinggerechter Führungsstil als Ausdruck der Umsetzung der Controllingphilosophie notwendig. Controllinggerechte Führung muss zielorientiert, planungs- und kontrollbasiert, zukunftsorientiert, adaptiv und flexibel (dezentral) gestaltet sein.[4] Die entsprechend notwendigen Informationen werden indes nur fließen, wenn die Mitarbeiter der Kultureinrichtung in die Planungsprozesse eingebunden und dementsprechend hochmotiviert sind.

Dementsprechend kann Controlling als ein **zielorientiertes, funktionsübergreifendes Führungsunterstützungssystem** definiert werden, das die für die Organisationsleitung **notwendigen Daten erfasst, sammelt, Informationspools erschließt, Informationswege kanalisiert und die gewonnen Daten in einem empfängerorientierten Bericht zusammenfasst, der letztendlich in komprimierter Form alle entscheidungsrelevanten Daten beinhaltet.**[5] Der Controller sorgt also dafür, dass ein Instrumentarium zur Verfügung steht, das vor allem durch systematische Planung und der damit verbundenen Kontrolle hilft, die aufgestellten Organisationsziele zu erreichen, wobei diese Zielvorgaben sowohl quantitativer und qualitativer Art sein können.

Damit dies innerhalb der Kultureinrichtung funktionieren kann, ist es unabdingbar ein sog. **Controlling-Informationssystem** im Sinne eines Führungsinformationssystems aufzubauen. Ziel ist es, so schnell wie möglich alle zur Deckung des strategischen, taktischen und operativen Informationsbedarfs notwendigen Daten zur Verfügung zu haben. Hierzu sind **Kennzahlensysteme** notwendig, die die Daten einer entsprechend aufgebauten Datenbanbk problembezogen auswerten und dabei die benötigten Informationen auswerten und dabei die Informationen in der Regel in mehreren Stufen entscheidungsträgerrelevant verdichten.[6]

Am Beispiel des Beschwerdemanagements kann dies gut verdeutlicht werden. Natürlich ist es notwendig, auf der operativen Ebene aufgetretene Beschwerden so rasch wie möglich zu lösen. Es kann aber durchaus passieren, dass die Beschwerden sich in bestimmten Bereichen häufen. Also muss das Problem systematisch angegangen und nach Möglichkeit beseitigt werden. Hierzu ist es aber nötig, dass die entsprechenden Informationen reibungslos fließen! Wenn z. B. der Ticketverkauf im Theater ständig Beschwerden bekommt, dass die Oper eine Viertelstunde nach Abfahrt der letzten S-Bahn endet und dies viele Besucher daran hindert, sie zu besuchen, so muss diese Information umgehend an das Künstlerische Betriebsbüro fließen und hier in Absprache mit Regisseur und Dirigent eine besucherorientierte Lösung gefunden werden.

Bestehende Informationssysteme in Kulturorganisationen sind meist ausgesprochen defizient, denn

- die Informationen kommen zu spät;
- die Informationen sind zu detailliert;
- oder aber die Informationen sind zu umfangreich;
- die Informationen sind überwiegend vergangenheitsorientiert;
- die Informationen enthalten nur die Daten, die sich quantifizieren lassen;
- die Führungskräfte erhalten inkonsistente, häufig sich sogar widersprechende Informationen;
- Informationen für zukünftige, noch unbekannte Zwecke sind un-

zureichend, d. h. die Informationsversorgung für die strategische Planung ist vielfach ungeklärt.[7]

Um ein erfolgreiches Marketing-Controlling innerhalb einer Kultureinrichtung aufzubauen müssen die entsprechenden Defizite positiv umformuliert und entsprechende Informationssystem aufgebaut werden, d. h.:

• Alle notwendigen Informationen müssen so rechtzeitig kommen, dass tatsächlich noch sinnvoll entschieden und auch tatsächlich gehandelt werden kann;

• alle Informationen sind so zu konzentrieren, dass einerseits möglichst keine Informationen verloren gehen, gleichzeitig sie aber gleichzeitig überschaubar sind.

• Die Informationen sind auf ihre Zukunftsrelevanz hin zu überprüfen. Daten, die überwiegend vergangenheitsorientiert sind (Wer hat was wann falsch gemacht) sind für den zukünftigen Erfolg einer Kultureinrichtung nur bedingt relevant und zwar auch nur in dem Sinne, dieselben Fehler nicht zu wiederholen.

• Auch wenn es zunächst als recht schwierig erscheint sind die quantitativen Daten mehr und mehr durch qualitative Informationen zu ergänzen.

• Die Informationen sind auf ihre Konsistenz und Widerspruchsfreiheit hin zu überprüfen.

• In turbulenten, immer unsicherer werden Umwelten sind Informationen für zukünftige, noch unbekannte Zwecke einer Kulturorganisation von besonderer Bedeutung: wie werden die Rahmenbedingungen in Zukunft sein? Wie werden sich unsere Nachfrager dann verhalten? Welche neuen Bedürfnisse wird es geben? Mit welchen neuen Konkurrenten ist zu rechnen? Welche Produkte werden nachgefragt werden? Wie werden sich unsere Besucher informieren? usw.

Der Unterschied zwischen Kontrolle und Controlling kann vielleicht gerade an der letzten Frage deutlich gemacht werden. Die bei der Endkontrolle herausgearbeitete Erkenntnis, dass die Plakatierungsaktion beim letzten Theaterfestival völlig danebengegangen war (die Besucherbefragung hatte ergeben, dass sich nur 3 % der Befragten überhaupt an das Plakat erinnern konnten und nur 0,2 % haben sich auf Grund dieses Plakates zum Kauf einer Eintrittskarte entschlossen) wird hoffentlich in Zukunft vermeiden helfen, ähnliche Fehler zu wiederholen. Das Übersehen der wachsenden Relevanz des Internet innerhalb des Informationsverhaltens der Nachfrager könnte dagegen nahezu tödliche Folgen für das Festival haben.

So ist – in Anknüpfung an die in Kapitel drei gemachten Ausführungen – sinnvollerweise zu unterscheiden zwischen einem **operativen** und einem **strategischen** Controlling innerhalb des Marketings einer Kultureinrichtung. Das **operative Marketing-Controlling** ist vor allem gegenwartsorientiert bzw. eher mittel- bis kurzfristig. Es richtet sich vor allem auf die internen Prozesse: Läuft die Werbung ordentlich? Werden die richtigen Produkte angeboten? Stimmt der Preis? Sind die richtigen Vorverkaufsstellen ausgewählt worden? Alle diese Fragen lassen sich recht zeitnah durch entsprechende Informationen beantworten und durch entsprechende Maßnahmen beeinflussen. Die Zielsetzung dabei ist, den laufenden Prozess möglichst optimal zu steuern, d. h. bereits auf kleine Abweichungen von dem gesetzten Ziel möglichst unmittelbar reagieren zu können (z. B. zusätzliche Werbemaßnahmen ergreifen, um ein bestimmtes Theaterstück zu pushen oder kurzfristig zusätzliche Vorverkaufsstellen zu öffnen oder Sonderpreise an bestimmten Terminen zu machen usw.). Das übergeordnete Ziel hierbei ist die Realisierung der inhaltlichen und Marketing- und Finanzziele.

Die Methoden und Instrumente des operativen Marketing-Controlling sind vorwiegend **quantitativ** orientiert, d. h. es werden bestimmte **Kennzahlen** festgelegt (z. B. erwartete Zuschauer pro jeweiligem Theaterstück, erwartete Einnahmen, erwartete Presseresonanz usw.). Daneben kann ein Korridor von Abweichungen definiert werden, innerhalb dessen nicht reagiert werden muss. Festzulegen ist allerdings auch ein **Signalsystem**, wenn die Abweichungen zu stark sind und entsprechende Maßnahmen zu ergreifen sind: zusätzlich Handzettel verteilen, Plakatierungs- und Straßentheateraktionen, direkter Kontakt zu Pressevertretern usw. (Wobei stets die Gefahr der Panik bzw. des Überreagierens zu vermeiden ist!).

Ein zukunftsorientiertes **strategisches Marketing-Controlling** benötigt zwar in aller Regel auch diese Vergangenheitsdaten, um diese auf mögliche Schwachstellen hin abzuklopfen, die Stoßrichtung der Fragestellung ist aber weniger vergangenheitsorientiert, sondern richtet den Blick vorurteilsfrei in die Zukunft: Wie wird sich die gesellschaftliche Umwelt entwickeln? Welche Normen und Werte werden dominant werden? Wie sieht die wirtschaftliche Entwicklung aus? Wie verändert die Technik die Rahmenbedingungen von Kunst und Kultur? Ziel ist es, rechtzeitig Chancen, aber auch Risiken für die eigene Organisation zu erkennen und daraus eigene Strategien zu entwickeln, um die eigenen Potentiale möglichst optimal zu nutzen.

Innerhalb der strategischen Orientierung ist das oberste Ziel dabei die langfristige Sicherung des Fortbestandes der Existenz der jeweiligen Kultureinrichtung: „Damit es uns auch morgen noch geben wird".[8] Und welches vornehmere Ziel könnte ein Marketing-Management haben, dass sich stets und immer ausschließlich als Dienerin von Kunst und Kultur begreifen muss?

Anmerkungen:

[1] Vgl. Ehrmann, Harald: Marketing-Controlling, Ludwigshafen 1999; Preißner, Andreas: Marketing-Controlling, München/Wien 1999

[2] Als Beispiel für den Kulturbetrieb vgl, hierzu: Schneidewind, Petra: Wie sich Kultur rechnen lässt. Grundlagen des Controlling. In: Handbuch Kultur-Management, Stuttgart 1992 ff (Lieferung Oktober 1996 Handmarke F 5.1)

[3] Weber, Jürgen: Stichwort Controlling In: Gablers Wirtschaftslexikon, Wiesbaden (1993) S. 689

[4] Eschenbach, Rolf und Christian Horak: Rechnungswesen und Controlling in NPOs. In: Badelt (1999)S. 342

[5] Schneidewind, Peter: Studienmaterial Kontaktstudium Kultur-Management, Ludwigsburg 2000

[6] Vgl. Stichwort *Controlling-Informationssystem* In: Gablers Wirtschaftslexikon, Wiesbaden (^{13}1993) S. 691

[7] Schneidewind 2000

[8] Schneidewind 2000

Literaturverzeichnis

Arme Schlucker. In: *Wirtschaftswoche* vom 25. 4. 1996 S. 128–131

Arendt, Hannah: Vita Activa oder Vom tätigen Leben, München 1985

Atteslander, Peter: Methoden der empirischen Sozialforschung, Berlin/
New York 1995

Bachem, Christian und Ingo Stein: Online-Marketing: Strategien, Kos-
ten und Controlling. In: *Merten, Klaus und Rainer Zimmermann*
(Hrsg.): Das Handbuch der Unternehmenskommunikation, Köln/
Neuwied 1998

Badelt, Christoph: Handbuch der Nonprofit-Organisation. Strukturen
und Management, Stuttgart [2]1999

Banning, Thomas: Lebensstilorientierte Marketing-Theorie. Analyse
und Weiterentwicklung modelltheoretischer und methodischer Ansätze der Lebensstilforschung im Marketing, Heidelberg 1987

Beaucamp, Eduard: Verlockungen eines Museums in Bewegung. In:
Frankfurter Allgemeine Zeitung vom 12. 8. 1999

Beck, Ulrich: Risikogesellschaft. Auf dem Weg in eine andere Moderne,
Frankfurt 1986

Becker, Jochen: Das Marketingkonzept. Zielstrebig zum Markterfolg,
München 1999

Benkert, Wolfgang: Marketing und Controlling in öffentlichen Kultureinrichtungen. In: Handbuch Kultur-Management, Stuttgart 1992 ff
(Lieferung August 1994 Handmarke D 1.2)

Bericht der Kommission „Zukunftsperspektiven gesellschaftlicher Entwicklungen" erstellt im Auftrag der Landesregierung Baden-Württemberg, Stuttgart 1983

Bertelsmann-Stiftung: Wirkungsvolle Strukturen im Kulturbereich,
Gütersloh 1992 ff

Besucherdaten als Marketinginstrument erfolgreich einsetzen. In:
Frankfurter Allgemeine Zeitung vom 12. 5. 1999

Beschwerdemanagement. Die Karriere einer besucherorientierten Unternehmensstrategie im Konsumgütersektor In: *Marketing* Heft 2/
I. Quartal 1995

Bischoff, Friedrich: Kunstrecht von A-Z, München 1990

Bleicher, Knut: Stichwort „Unternehmenskultur" In: Gablers Wirtschaftslexikon, Wiesbaden [13]1993

Bleicher, Knut: Das Konzept Integriertes Management, Frankfurt/New York [2]1992

Bliemel, Friedhelm W. und Andreas Eggert: Besucherbindung – die neue Sollstrategie? In: Marketing ZFP, 1. Quartal 1998 S. 37–46

Böckel, Ernst.: Künstlersozialversicherungsgesetz (KSVG) Freiburg [2]1988 und Ergänzungsbeilage zur 2. Auflage, Freiburg 1989

Bollmann, Stefan und Christiane Heibach (Hrsg.): Kursbuch Internet. Anschlüsse an Wirtschaft und Kultur, Wissenschaft und Kultur, Mannheim 1996

Bolwin, Rolf: Theatermarketing. Jungbrunnen für eine alternde Schönheit? In: *Krzeminski, Michael und Clemens Neck (Hrsg.)*: Praxis des Social Marketing. Erfolgreiche Kommunikation für öffentliche Einrichtungen, Vereine, Kirchen und Unternehmen, Frankfurt 1994

Bolte, Meike: Die Zuschauer von morgen gewinnen. Zukunftsmarketing für Theater am Beispiel des Schulprojektes *enter* vom Nationaltheater Mannheim. (Wissenschaftliche Arbeit für die Magisterprüfung im Fach Kulturwissenschaft im Aufbau-Studiengang Kultur-Management an der PH Ludwigsburg) Ludwigsburg 1998

Boochs, Wolfgang und Felix Ganteführer: Kunstbesitz, Kunsthandel, Kunstförderung im Zivil und Steuerrecht, Neuwied 1992

Bortoluzzi Dubach, Elisa und Hansrudolf Frey: Sponsoring. Der Leitfaden für die Praxis, Bern 1997

Bourdieu, Pierre: La distinction. Critique sociale du jugement, Paris 1979 (deutsch: Die feinen Unterschiede. Kritik der gesellschaftlichen Urteilskraft, Frankfurt 1982)

Boyd, Harper W. and Sidney I Levy: Promotion. A Behavioval View, Englewood Cliffs, 1967

Brecht, Bertolt: Rede über die Funktion des Rundfunks. In: ders.: Gesammelte Werke 18, Schriften zur Literatur und Kunst 1, Frankfurt 1967

Brockes, Hans-Willy (Hrsg.): Leitfaden Sponsoring & Event-Marketing für Unternehmen, Sponsoring-Nehmer und Agenturen, Stuttgart 1995 ff. (Loseblattsammlung)

Braun, Günther, Thomas Gallus und Oliver Scheytt: Kultursponsoring für die kommunale Kulturarbeit, Köln, 1996

Bruhn, Manfred: Kundenorientierung. Bausteine eines exzellenten Unternehmens, München 1999

Bruhn, Manfred: Sponsoring. Systematische Planung und integrativer Einsatz, Wiesbaden [3]1998

Bruhn, Manfred: Die Rolle der Nicht-Klassiker in der integrierten Unternehmenskommunikation. In: *Thexis*, St. Gallen 1995

Bruhn, Manfred. und Richard Mehlinger: Rechtliche Gestaltung des Sponsorings (2. Bände), München 1994 und 1995

Bürger, Peter: Theorie der Avantgarde, Frankfurt 1974

Burens, Peter-Claus: Der Spendenknigge. Erfolgreiches Fundraising für Kultur, Sport, Wissenschaft, Umwelt und Soziales, München 1998

Butscher, Stephan: Basis für strategisches Database Marketing, Database Magazin 1999

Butscher, Stephan: Besucherbindungsprogramme – Emotionale Ebene. In: *Auslandskurier* 1998a

Butscher, Stephan: Kundenbindungsprogramme und Kundenclubs, Ettlingen 1998b

Butscher, Stephan: Handbuch Besucherbindungsprogramme & Besucherclubs, Ettlingen 1998c

Butscher, Stephan: Germany provides a blueprint for customer clubs. In: *Direct Marketing International*, 1996

Burens, Peter-Claus: Die Kunst des Bettelns. Tipps für erfolgreiches Fundraising, München 1995

Buß, Eugen: Image-Management: wie Sie Ihr Image-Kapital erhöhen. Erfolgsregeln für das öffentliche Ansehen von Unternehmen, Parteien und Organisationen, Frankfurt 2000

Colbert, Francois: Marketing Culture and the Arts, Montreal 1994 (deutsch.: *Colbert, Francois*: Kultur- und Kunstmarketing. Ein Arbeitsbuch, Wien 1999)

Conzelmann, Peter: Marketing für kleinere Orchester. Chancen und Möglichkeiten auf einem schwierigen Markt. In: Handbuch Kultur-Management, Stuttgart 1992 ff (Lieferung August 1995 Handmarke D 1.4)

Das Ärgernis Kunde. Um den Service im deutschen Handel ist es schlecht bestellt. In: *Die Zeit* Nr. 44, 1995

Das Internet revolutioniert den Vertrieb von Musiktiteln. In: *Frankfurter Allgemeine Zeitung* vom 12. 8. 1999

Das Theater als Behörde. In: *Der Spiegel* Nr. 29/2000

Dehr, Gunter und Thomas Biermann: Marketing Management, München/Wien 1998

Der gute Ruf eines Unternehmens muss gemanagt werden. Im Rahmen der Kommunikationsberatung entdeckt Roland Berger das Reputation Management. In: *Frankfurter Allgemeine Zeitung* vom 8. 4. 1997

Deutscher Bühnenverein/Bundesverband Deutscher Theater: Theaterstatistik 1997/98

Deutscher Städtetag: Neue Rechtsformen für Kultureinrichtungen. Von *Bernd Meyer, Markus Tiedtke und Regine Meißner,* Köln 1996 (Reihe C DST-Beiträge zur Bildungs- und Kulturpolitik, Heft 22)

Deutscher Städtetag: Städtische Presse- und Öffentlichkeitsarbeit heute. Eine Arbeitshilfe Köln 1991 (Reihe A DST-Beiträge zur Kommunalpolitik, Heft 14)

Die Ereignisse um Brent Spar in Deutschland, Hamburg 1995 (Shell-Konzern, Abteilung Öffentlichkeitsarbeit)

Die INTHEGA und ihre Verträge, Darmstadt 1995

Diekmann, Andreas: Empirische Sozialforschung. Grundlagen, Methoden, Anwendungen, Reinbek bei Hamburg 1995

Dreyer, Axel (Hrsg.): Kulturtourismus, München 1996

Dußling, Peter: Benchmarking im Kulturbetrieb. Modellhafter Einsatz mit dem Ziel eines kundenclubähnlichen Fördervereins, dargestellt anhand eines Beispiels aus der Praxis. Wissenschaftliche Arbeit für die Magisterprüfung im Fach Kulturwissenschaft im Aufbau-Studiengang Kultur-Management an der PH Ludwigsburg, Ludwigsburg 1999

Eckermann, Johann Peter: Gespräche mit Goethe in den letzten Jahren seines Lebens. Mit einer Einführung herausgegeben von Ernst Beutler, München 1976

Ederer, Günter und Lothar J. Seiwert: Das Märchen vom König Kunde, Offenbach 1998

Ehrmann, Harald: Marketing-Controlling, Ludwigshafen 1999

Eintrittspreise von Museen und Ausgabeverhalten der Museumsbesucher. Ein Gemeinschaftsgutachten des ifo Instituts für Wirtschaftsforschung und des Instituts für Museumskunde, Berlin 1996 (Materialien aus dem Institut für Museumskunde Heft 46)

Eschenbach, Rolf und Christian Horak: Rechnungswesen und Controlling in NPOs. In: *Badelt, Christoph*: Handbuch der Nonprofit-Organisation. Strukturen und Management, Stuttgart ²1999

Etymologisches Wörterbuch des Deutschen, München 1997

Falkenberg, Viola: Pressemitteilungen schreiben, Frankfurt 2000

Fischer-Lichte, Erika: Die Entdeckung des Zuschauers. Paradigmenwechsel auf dem Theater des 20. Jahrhunderts, Tübingen/Basel 1997

Flaig, Berthold Bodo, Thomas Meyer und Jörg Ueltzhöffer: Alltagsästhetik und politische Kultur. Zur ästhetischen Dimension politischer Bildung und politischer Kommunikation, Bonn 1993

Fraunhofer-Institut für Arbeitswirtschaft und Organisation: Management-Konzepte und betriebswirtschaftliche Instrumente im öffentlichen Theater, Stuttgart 1999

Förster, Hans-Peter: Texten wie ein Profi, Frankfurt 2000

Friedrichs, Jürgen: Methoden empirischer Sozialforschung, Opladen 1990

Gaubinger, Bernd: Die wirtschaftliche Bedeutung der Salzburger Festspiele. Eine Studie über Besucherstruktur und Umwegrentabilität, Salzburg 1998

Geffroy, Edgar K.: Abschied vom Verkaufen. Wie Besucher endlich wieder von alleine den Weg zu Ihnen finden, Frankfurt/New York 1997

Geiger, Harald u. a.: Beck'sches Rechtslexikon, München 1996

Gerken, Gerd und Michael-A. Konitzer: Trends 2015. Ideen, Fakten, Perspektiven, München 1996

Gesellschaft für Konsumforschung im Auftrag des *Interessenverbandes Deutscher Konzertveranstalter und Künstlervermittler e. V.* in Zusammenarbeit mit *Der Musikmarkt e. V.*: Studie zum Verhalten von Konzert- und Veranstaltungsbesuchern. Branchen-Analyse des Veranstaltungsgewerbes (GfK-Panel-Services), o. J. o. O. (Nürnberg)

Gluchowski, Peter: Lebenstile und Wandel der Wählerschaft in der Bundesrepublik Deutschland. In: *Aus Politik und Zeitgeschichte* Nr. 37, B 12 vom 21. 3. 1987

Göcmener, Bettina: Zwei Liter Wein täglich. Festredner, Chronist, Vorzeigeautor: Stadtschreiber müssen sich ihre Lorbeeren schwer verdienen. In: *Berliner Morgenpost* vom 4. 8. 1999

Göschel, Albrecht: Die Ungleichzeitigkeit in der Kultur. Wandel des Kulturbegriffs in vier Generationen, Stuttgart/Berlin/Köln 1991

Gross, Peter: Die Multioptionsgesellschaft, Frankfurt 1994

Groys, Boris: Über das Neue. Versuch einer Kulturökonomie, München/Wien 1992

Gründling, Christian: Bedeutung der Besucherbindung im Rahmen des Eventmarketing. In: *Nickel, Oliver*: Eventmarketing.Grundlagen und Erfolgsbeispiele, München 1998

Haedrich, Günther und Torsten Tomczak: Strategische Markenführung, Bern 21996

Häusser, Tilman und Monika Friedrich: Ökonomische Sekundäreffekte auf den örtlichen Einzelhandel sowie Gastronomie- und Beherbergungsbetriebe durch Ausstellungsbesucher der Kunsthalle Tübingen. In: *Heinrichs, Werner und Armin Klein (Hrsg.)*: Deutsches Jahrbuch für Kultur-Management, Baden-Baden 1998

Häußermann, Helmut und Walter Siebel (Hrsg.): Festivalisierung der Stadtpolitik. Stadtentwicklung durch große Projekte, In: *Leviathan*, Sonderheft 13, Frankfurt 1993

Haibach, Marita: Handbuch Fundraising. Spenden, Sponsoring, Stiftungen in der Praxis, Frankfurt am Main 1998

Hanemann, Peter: Kultur in die Öffentlichkeit. Ein Handbuch zur kulturellen Presse- und Öffentlichkeitsarbeit, Essen 1991

Hansen, Ursula und Ingo Schönheit: Verbraucherzufriedenheit und Beschwerdeverhalten, Frankfurt a. M. 1987

Hasitschka, Werner: Marketing für Nonprofit-Organisationen. Eine empirische Studie über Barrieren des Kulturverhaltens (Arbeitspapiere der absatzwirtschaftlichen Institute der Wirtschaftsuniversität Wien, Nr. 10, 1977) Wien 1977

Hasselbring, Julia: Private Künstlervermittlung. Verordnungen und Voraussetzungen für die private Arbeitsvermittlung. In: Handbuch Kultur-Management, Stuttgart 1992 ff (Lieferung August 1994 Handmarke H 6.1)

Heinemann, Birgit: Der heiße Draht zu Journalisten. Wie Pressechefs ihre Organisation professionell, effizient und vielschichtig in die Medien bringen. In: Handbuch Kultur-Management, Stuttgart 1992 ff (Lieferung Februar 1998 Handmarke D 4.1)

Heinemann, Birgit: In sieben Schritten zu einem guten Kommunikationskonzept. Wie Sie die Voraussetzungen für erfolgreiche Öffentlichkeitsarbeit schaffen. In: Handbuch Kultur-Management, Stuttgart 1992 ff (Lieferung Februar 1998 Handmarke D 4.1)

Heinrichs, Werner: Kultur-Management. Eine praxisorientierte Einführung, Darmstadt 1999

Heinrichs, Werner: Kulturpolitik und Kulturfinanzierung. Strategien und Modelle für eine politische Neuorientierung der Kulturfinanzierung, München 1997 a

Heinrichs, Werner: Macht Kultur Gewinn? Kulturbetrieb zwischen Nutzen und Profit, Baden-Baden 1997 b

Heinrichs, Werner: Strategisches Kultur-Management. Frühzeitig Potentiale für den Erfolg von morgen schaffen. In: Handbuch Kultur-Management, Stuttgart 1992 ff (Lieferung Oktober 1996, Handmarke C 1.2)

Heinrichs, Werner: Privatisierung öffentlicher Kulturbetriebe aus kulturpolitischer Sicht. In: *Heinze, Thomas (Hrsg.)*: Kultur und Wirtschaft. Perspektiven gemeinsamer Innovation, Opladen 1995 a

Heinrichs, Werner: Publikumsbefragungen im Kultur-Marketing. Methodische Grundlagen zur Informationsgewinnung für Kulturinstitutionen. In: Handbuch Kultur-Management (Lieferung August 1995 Handmarke D 2.3) 1995 b

Heinrichs, Werner: Nichts wird mehr so sein wie gestern! Die neuen Mühen und Chancen der Kulturfinanzierung. In: Handbuch Kultur-Management Stuttgart 1992 ff (Lieferung Dezember 1995 Handmarke F 2.6) 1995 c

Heinrichs, Werner: Einführung in das Kultur-Management, Darmstadt 1993

Heinrichs, Werner und Armin Klein: Kultur-Management von A-Z, München 2001 (2., völlig überarbeitete Auflage)

Heinrichs, Werner und Armin Klein: Deutsches Jahrbuch für Kultur-Management 1997 ff (erscheint jährlich), Baden-Baden

Heinrichs, Werner und Armin Klein: Kultur-Management von A-Z, München 1996

Heinrichs, Werner und Armin Klein: Studienbrief Kulturpolitik. (Fernuniversität Hagen – Weiterbildungsstudiengang Kultur-Management), Hagen 1994

Heinrichs, Werner und Hermann Schäfer (Hrsg.): Merchandising und Licensing in Kulturbetrieben. Ein Handbuch für Fach- und Führungskräfte. Mit Beiträgen von Experten aus Kunst und Kultur, Stuttgart u. a. 1999

Heinze, Thomas (Hrsg.): Kulturtourismus. Grundlagen, Trends und Fallstudien, München 1999

Heinze, Thomas (Hrsg.): Kultur und Wirtschaft. Perspektiven gemeinsamer Innovation, Opladen 1995

Heinze, Thomas: Kultur-Management. Professionalisierung kommunaler Kulturarbeit, Opladen 1994

Heinze-Prause, Roswitha: Authentizität als Massenbetrug. Strukturale Analyse des Benetton-‚Friedensplakats' von Oliviero Toscani. In: *Heinze, Thomas (Hrsg.)*: Kultur und Wirtschaft. Perspektiven gemeinsamer Innovation, Opladen 1995 S. 155–168

Heitkamp, Konrad: Weder E noch U. In: *Die Zeit* vom 23. 4. 1993

Herzog, Roman: Zum 150. Jubiläum des Deutschen Bühnenvereins. Rede des Bundespräsidenten in Oldenburg. In: *Presse- und Informationsamt der Bund*esregierung. Bulletin Nr. 46/493 Bonn 10. Juni 1996

Hinterhuber, Hans-Herbert: Strategische Unternehmensführung Band I: Strategisches Denken, Berlin/New York [4]1989

Hilger, Harald: Marketing für öffentliche Theaterbetriebe, Frankfurt am Main/Bern/New York 1985

Hoffmann, Hilmar: Kultur für alle. Perspektiven und Modelle, Frankfurt 1981

von Holst/Direktor der Staatsgalerie Stuttgart, anlässlich der Pressekonferenz „Stuttgarter Aufbruch – Neuausrichtung der Staatsgalerie" am 16. Juli 1998 in Stuttgart

Horak, Christian, Christian Matul und Fritz Scheuch: Ziele und Strategien von NPOs. In: *Badelt, Christoph*: Handbuch der Nonprofit-Organisation. Strukturen und Management, Stuttgart ²1999

Horak, Christian und Peter Heimerl-Wagner: Management von NPOs – Eine Einführung. In: *Christoph Badelt* (Hrsg.): Handbuch der Non-Profit-Organisation. Strukturen und Management, Stuttgart ²1999

Horkheimer, Max und Theodor W. Adorno: Dialektik der Aufklärung. Philosophische Fragmente (Neuausgabe) 1969

Hradil, Stefan: Schicht, Schichtung und Mobilität. In: *Korte, Hermann und Bernhard Schäfers (Hrsg.)*: Einführung in Hauptbegriffe der Soziologie, Opladen ²1993

Hustad, Thomas and Eduard A. Pessemier: Segmenting Consumer Markets with Activity and Attitude Measures, Lafayette (Purdue University) 1971

Inden, Thomas: Typische Probleme bei der Planung und Durchführung von Events. In: *Nickel, Oliver*: Eventmarketing.Grundlagen und Erfolgsbeispiele, München 1998

Inglehard, Ronald: The Silent Revolution. Changing Values and Political Styles Among Western Publics, Princeton 1977

Institut für Demoskopie Allensbach: Kulturverständnis und -präferenzen der westdeutschen Bevölkerung 1984 und 1991, Umfragen 4038 und 5053

Institut für Museumskunde Berlin (Hrsg.): Eintrittsgeld und Besucherentwicklung an Museen der BRD mit Berlin (West) Heft 10, Berlin 1984

Institut für Museumskunde Berlin (Hrsg.): Erhebung der Besuchszahlen an den Museen der Bundesrepublik Deutschland für die Jahre 1989–1993; Hefte 31, 34, 36, 38, 40. Berlin 1990 ff

Irmler, Günter: Der Zuschauer lässt sich nichts vormachen. Zum Publikumserfolg der Musicaltheater. In *Heinrichs, Werner*: Macht Kultur Gewinn? Kulturbetrieb zwischen Nutzen und Profit, Baden-Baden 1997

Jacobs, Inge: Mit „albernen Fragen" zur Kunst beim Staatstheater aufgelaufen. Weshalb eine Theaterbesucherbefragung der Universität Stuttgart scheiterte. In: *Stuttgarter Zeitung* vom 20. 7. 1998

Jürgens, Ekkehard: Kommunikationspolitik und Kultur-Marketing.

Von der punktuellen Pressearbeit zur langfristigen ‚Beziehungsarbeit' für Kultur. In: Handbuch Kultur-Management, Stuttgart 1992 ff (Lieferung August 1995 Handmarke 4.4)

Jürgens, Ekkehard: Kulturbetrieb im Internet. Wie organisiert man eine Homepage? In: Handbuch Kultur-Management, Stuttgart 1992 ff (Lieferung Mai 1998 Handmarke K 8.9)

Kamper, Dietmar, Eberhard Knödler-Bunte, Marie-Louise Plessen und Christoph Wulf: Tendenzen der Kulturgesellschaft. Eine Diskussion. In: *Ästhetik und Kommunikation* Heft 67/68: Kulturgesellschaft. Inszenierte Ereignisse, Berlin 1987

Kastin, Klaus S.: Marktforschung mit einfachen Mitteln. Daten und Informationen beschaffen, auswerten und interpretieren, München 1995

Klages, Helmut und Peter Kmieciak (Hrsg.): Wertewandel und gesellschaftlicher Wandel, Frankfurt a. M./New York 1979

Klein, Armin: Professionelles Beschwerdemanagement im Kulturbetrieb. In Handbuch Kultur-Management, Stuttgart 1992 ff (Lieferung Mai 2000 Handmarke D 4.8)

Klein, Armin: Zur Struktur der kommunalen Kulturausgaben von 1975–1995. In: *Heinrichs, Werner und Armin Klein (Hrsg.)*: Deutsches Jahrbuch für Kultur-Management 1997, Baden-Baden 1998

Klein, Armin: Grundlagen des öffentlichen Haushaltsrechts. In: Handbuch Kultur und Recht, Düsseldorf 1998

Klein, Armin: Der kommunale Kulturhaushalt – Instrument aktiver Kulturgestaltung, Köln 1995

Klein, Armin: Der kommunale Kulturhaushalt. Teil 1: Der Haushaltsplan der Gemeinde: Steuerungselement für die Wirtschaftsführung der Kommune. In: Handbuch Kultur-Management, Stuttgart 1992 (Lieferung Februar 1994 Handmarke F 1.2); Teil 2: Die Bewirtschaftung des kommunalen Kulturhaushalts im Normalfall und in Ausnahmefällen. In: Handbuch Kultur-Management, Stuttgart 1992 ff (Lieferung August 1996 Handmarke F 1.2)

Klein, Hans-Joachim: Barrieren des Zugangs zu öffentlichen kulturellen Einrichtungen, Karlsruhe 1978

Koch, Gerhard A.: Großes Rücken. Albin Hänseroth zur Kölner Philharmonie. In: *Frankfurter Allgemeine Zeitung* vom 12.5.1999

Kommission für Zukunftsfragen der Freistaaten Bayern und Sachsen: Erwerbstätigkeit und Arbeitslosigkeit in Deutschland. Entwicklung, Ursachen und Maßnahmen. Teil III: Maßnahmen zur Verbesserung der Beschäftigungslage, Bonn 1997

Kommunale Gemeinschaftsstelle (KGSt): Kundenbefragungen. Ein Leitfaden, Köln 1997 (Bericht 13/1997)

Kommunale Gemeinschaftsstelle (KGSt): Budgetierung: Ein neues Verfahren der Steuerung kommunaler Haushalte, Köln 1993 (Bericht 6/1993)

Kommunale Gemeinschaftsstelle (KGSt): Das Neue Steuerungsmodell. Umsetzung, Begründung, Konturen, Köln 1993 (Bericht 5/1993)

Kommunale Gemeinschaftsstelle (KGSt): Dezentrale Ressourcenverantwortung: Überlegungen zu einem neuen Steuerungsmodell, Köln 1991 (Bericht 12/1991)

Kommunale Gemeinschaftsstelle (KGST): Führung und Steuerung des Theaters, Köln 1989

Kommunale Gemeinschaftsstelle (KGSt): Die Museen. Besucherorientierung und Wirtschaftlichkeit, Köln 1988

Koppelmann, Ulrich: Beschaffungsmarketing, Berlin 2000

Kotler, Philip: Marketing für Nonprofit-Organisationen, Stuttgart 1978

Kotler, Philip und Friedhelm Bliemel: Marketing-Management. Analyse, Planung, Umsetzung und Steuerung, Stuttgart [9]1999

Kotler, Philip und Friedhelm Bliemel: Marketing-Management. Analyse, Planung, Umsetzung und Steuerung, Stuttgart [7]1992

Kotler, Philip and Joanne Scheff: Standing Rooms only. Strategies for Marketing the Performing Arts, Boston MA, 1997

Krall, Thomas: Multiplex – Kino der dritten Generation. In: *Heinrichs, Werner*: Macht Kultur Gewinn? Kulturbetrieb zwischen Nutzen und Profit, Baden-Baden 1997

Kroll, Jens M.: Presse-Taschenbuch Kunst, Architektur, Design 1998/99, Seefeld 1999

Kroeber-Riel, Werner und Peter Weinberg: Konsumentenverhalten, München [6]1996

Kromrey, Helmut: Empirische Sozialforschung, Opladen 1994

Kultur in Hörfunk und Fernsehen: Publikumsinteressen, Senderimages und -bewertungen. Von *Claudia Dubrau, Ekkehard Oehmichen und Erik Simon*. In: *Media Perspektiven* 2/2000

Kurnitzky, Horst: Der heilige Markt. Kulturhistorische Anmerkungen, Frankfurt 1994

Langemeyer, Gerhard: Statement. In: *Schmidt, Kerstin (Hrsg.)*: Mit Phantasie und Effizienz gegen die Finanzmisere. Ergebnisse der Leistungsvergleiche Kultur, Gütersloh 1998

Leibfried, Kathleen und Carol Jean McNair: Benchmarking. Von der Konkurrenz lernen, die Konkurrenz überholen, München 1995

Lissek-Schütz, Ellen: Die Kunst des Werbens um Gunst und Geld. Fundraising als Marketingstrategie auch für Kulturinstitutionen. In: Handbuch Kultur-Management, Stuttgart 1992 ff (Lieferung Oktober 1997 Handmarke E 4.2)

Lissek-Schütz, Ellen: Marketing im Kulturbetrieb – Impulse aus den USA. In: *Wagner, Bernd und Annette Zimmer* (Hrsg.): Krise des Wohlfahrtsstaates – Zukunft der Kulturpolitik, Bonn/Essen 1997 S. 179–185

Lüdtke, Hartmut: Expressive Ungleichheit, Opladen 1989

Luhmann, Niklas: Funktionen und Folgen formaler Organisationen, Berlin 1964

Luthe, Detlef: Fundraising. Fundraising als beziehungsorientiertes Marketing – Entwicklungsaufgaben für Nonprofit-Organisationen, Augsburg 1997

Makowsky, Arno: Neues Leben in der Nacht. Willkommen in Fun City. In: *Süddeutsche Zeitung* vom 14. 1. 1995

Maslow, Abraham H.: Motivation und Persönlichkeit, Olten 1977

Maul halten, zahlen. In: *Der Spiegel* Nr. 26/1994

Mayer, Karin: Elvira: Zum Stand des Marketings in deutschen Staats- und Stadttheatern. In: *Heinrichs, Werner und Armin Klein*: Deutsches Jahrbuch für Kultur-Management, Band 2, Baden-Baden 1999

Meier, Rolf: Führen mit Zielen, Fördern-Fordern-Motivieren, Regensburg 1998

Meffert, Heribert: Marketing. Grundlagen marktorientierter Unternehmensführung. Konzepte, Instrumente, Praxisbeispiele, Darmstadt [8]1999

Methodik von Befragungen im Kulturbereich. Eine Arbeitshilfe, Köln 1994 (DST-Beiträge zur Statistik und Stadtforschung, Reihe H, Heft 40)

Mitchell, Arnold: The Nine American Life Styles, New York 1983

Müller, Hans-Peter: Lebensstile. Ein neues Paradigma der Differenzierungs- und Ungleichheitsforschung? In: *Kölner Zeitschrift für Soziologie und Sozialpsychologie* Nr. 41, 1989

Müller-Hagedorn, Lothar: Studienbrief Kultur-Marketing, Hagen 1993 (Fernuniversität Hagen – Weiterbildungsstudiengang Kultur-Management)

Müller-Hagedorn, Lothar: Einführung in das Marketing, Darmstadt 1990

Müller-Wesemann, Barbara: Marketing im Theater, Hamburg [2]1992 (hrsg. vom *Deutschen Bühnenverein*)

Müller-Wesemann, Barbara: Die Affäre mit dem Publikum. Mit empirischen Marketing-Methoden Besucherpotentiale gezielt mobilisieren. In: Handbuch Kultur-Management, Stuttgart 1992 ff (Lieferung Oktober 1992 Handmarke D 2.1)

Museum Museen/Musèe Musées. Der Oberrheinische Museumspaß, Karlsruhe 1999

Nagel, Hans-Georg: Wer Kultur sagt, muss auch Verwaltung sagen. In: Handbuch Kultur-Management, Stuttgart 1992 ff (Lieferung Mai 2000 Handmarke F 2.1)

Nagel, Kurt und Carsten Rasner: Herausforderung Kunde. Neue Dimensionen der kunden- und marktorientierten Unternehmensführung, Landsberg 1993

Neuland, Rudi: Der Gegenschrei. Von der konfliktären Reklamation zur Reklamationskultur, Künzell 1999

Nickel, Oliver: Eventmarketing. Grundlagen und Erfolgsbeispiele, München 1998

Nickel, Oliver: Event – Ein neues Zauberwort? In: *Nickel, Oliver*: Eventmarketing, München 1998

Niebisch, Peter und Birgit Betz: Einstellungen von Konsumenten zum personellen Service in verschiedenen Handels- und Dienstleistungsbranchen. Ergebnisse einer Untersuchung im Auftrag des Nachrichtenmagazins *Focus*, Starnberg 1996

Nieschlag, Robert, Erwin Dichtl und Hans Hörschgen: Marketing, Berlin [18]1997

Opaschowski, Horst W.: Freizeitökonomie: Marketing von Erlebniswelten, Opladen 1995

Othello, Rüdiger: Wenn du geredet hättest, Desdemona... In: *Theatermanagement aktuell*, Nov. 1997

Otto-Hörbrand, Martin: Das Internet. Potenziale für unabhängige Publikumsverlage. Wissenschaftliche Arbeit für die Magisterprüfung im Fach Kulturwissenschaft im Aufbau-Studiengang Kultur-Management an der PH Ludwigsburg, Ludwigsburg 2000

Pauli, Knut S.: Leitfaden für die Pressearbeit. Anregungen, Beispiele und Checklisten, München 1993

Pepels, Werner: Lexikon des Marketing, München 1996

Pepels, Werner: Kommunikationsmanagement. Marketing-Kommunikation vom Briefing bis zur Realisation, Stuttgart 1994

Peymann gegen alle. Eine „Abrechnung" in Wien. In: *Frankfurter Allgemeine Zeitung* vom 16. 12. 1998

Peters, Thomas J. und Robert H. Waterman: Auf der Suche nach Spitzenleistungen. Was man von den bestgeführten US-Unternehmen lernen kann, Landsberg am Lech [5]1994

Preißner, Andreas: Marketing-Controlling, München/Wien 1999

Pommerehne, Werner W. und Bruno S. Frey: Musen und Märkte. Ansätze einer Ökonomik der Kunst, München 1993

Popcorn, Faith: Clicking. Der neue Popcorn-Report. Die neuesten Trends für unsere Zukunft, München 1999

Pröhl, Marga: Einführung in den Workshop: Kultur-Management und neue Organisationsstrukturen. In: *Siebenhaar, Klaus u. a. (Hrsg.)*: Kultur-Management. Wirkungsvolle Strukturen im kommunalen Kulturbereich, Gütersloh 1993

Raffée, Hans, Wolfgang Fritz und Peter Wiedmann: Marketing für öffentliche Betriebe, Stuttgart/Berlin/Köln 1994

Raschke, Rudi: Wenn die Firmengeschichte als Musical gestaltet wird. In: *Der Sonntag* vom 29.11.1998

Rau, Harald: Mit Benchmarking an die Spitze. Von den Besten lernen, Wiesbaden 1996

Reichard, Christoph: Umdenken im Rathaus. Neue Steuerungsmodelle in der deutschen Kommunalverwaltung, Berlin 1995

Richter, Reinhard u.a. (Hrsg.): Unternehmen Kultur. Neue Strukturen und Steuerungsformen in der Kulturverwaltung, Hagen/Essen 1995

Rifkin, Jeremy: Access. Das Verschwinden des Eigentums, Frankfurt/New York 2000

Rönz, Bernd und Hans-Gerhard Strohe (Hrsg.): Lexikon Statistik, Wiesbaden 1994

Roth, Peter und Axel Schrand (Hrsg.): Tourismusmarketing München 1995

Schäfer, Helmut: Wie besucherorientiert darf/muss ein Museum sein? Das Beispiel des Hauses der Geschichte der Bundesrepublik Deutschland. In: Das besucherorientierte Museum, hrsg. vom Landschaftsverband Rheinland, Rheinisches Archiv- und Museumsamt, Köln 1997

Schäfer, Wilhelm: Management & Marketing Dictionary, München 1995

Scheuch, Fritz: Marketing für NPO's. In: *Badelt, Christoph*: Handbuch der Nonprofit-Organisation. Strukturen und Management, Stuttgart [2]1999

Schleider, Tim: Wo geht's hier zum Publikum? In: *Das Sonntagsblatt* vom 16.2.1995

Schneck, Otmar: Lexikon der Betriebswirtschaft, München 1993

Scholz, Christian und Werner Hofbauer: Organisationskultur. Die vier Erfolgsprinzipien, Wiesbaden 1990

Schöffmann, Dieter: Fundraising: Vermögensbildung für eine gute Sache, Krefeld 1995

Schmidt, Dietmar N.: Vorwort. In: *Hanemann, Peter*: Kultur in die Öffentlichkeit. Ein Handbuch zur kulturellen Presse- und Öffentlichkeitsarbeit, Essen 1991

Schneidewind, Petra: Entwicklung eines Theaterinformationssystems, Frankfurt 2000

Schneidewind, Petra: Wie sich Kultur rechnen lässt. Grundlagen des Controlling. In: Handbuch Kultur-Management, Stuttgart 1992 ff (Lieferung Oktober 1996 Handmarke F 5.1)

Schneidewind, Petra und Jürgen Pelz: Das Ticket auf dem Weg zum Kunden. Entscheidungshilfen zur Auswahl eines Ticketsystems. In Handbuch Kultur-Management, Stuttgart 1992 ff (Lieferung März 1999)

Schreiter, Silke: Internet im Konzertmanagement. Eine Studie zur Einführung des Internets als Kommunikations- und Distributionsinstrument am Beispiel einer privat-kommerziellen Konzertdirektion. Wissenschaftliche Arbeit für die Magisterprüfung im Fach Kulturwissenschaft im Aufbau-Studiengang Kultur-Management an der PH Ludwigsburg, Ludwigsburg 1996

Schuck-Wersig, Petra und Gernot Wersig: Museumsmarketing in den USA. Neue Tendenzen und Erscheinungsformen, Berlin 1999

Schuck-Wersig, Petra und Gernot Wersig: Museen und Marketing in Europa. Großstädtische Museen zwischen Administration und Markt, Berlin 1992 (Materialien aus dem Institut für Museumskunde Heft Nr. 37)

Schümer Dirk: Ein Pfund Kultur. Deutsche Szene: Theaterkrach in Bremen. In: *Frankfurter Allgemeine Zeitung* vom 10. 2. 1996

Schulz, Bettina: Wir wollen so viel Geld verdienen wie möglich. Andrew Lloyd Webber, Musicals und Manager. In: *Frankfurter Allgemeine Zeitung* vom 25. 11. 1995

Schulz, Gabriele: Verbände – mehr als ein Notpflaster der Demokratie. In: Das ‚Wer ist Wer‘ bundesweiter Kulturverbände 1998/99. Herausgegeben vom Deutschen Kulturrat, Bonn 1998/99

Schulze, Gerhard: Die Zukunft der Erlebnisgesellschaft. In: *Nickel, Oliver*: Eventmarketing.Grundlagen und Erfolgsbeispiele, München 1998

Schulze, Gerhard: Warenwelt und Marketing im kulturellen Wandel. In: *Heinze, Thomas*: Kultur-Management. Professionalisierung kommunaler Kulturarbeit, Opladen 1994

Schulze, Gerhard: Die Erlebnisgesellschaft. Kultursoziologie der Gegenwart, Frankfurt 1993

Schwarz, Peter, Robert Purtschert und Charales Giroud: Das Freiburger Management-Modell für Nonprofit-Organisationen, Bern u.a. [2]1995

Schwarz, Peter: Stichwort: *Nonprofit-Management*. In: Gablers Wirtschaftslexikon, Wiesbaden [13]1993

Seifert, Josef W.: Visualisieren-Präsentieren-Moderieren, Offenbach [9]1996

Siebert, Gunnar und Stefan Kempf: Benchmarking. Leitfaden für die Praxis, München 1998

Sinus: Planungsdaten für eine mehrheitsfähige SPD, Sinus Heidelberg 1984

Spahn, Claus: Jimmys Showroom. Was die neue Dirigententrias Levine, Mehta und Maazel in München bewirkt. In: *Die Zeit* vom 8. April 1999

Städte in Zahlen. Heft 8. Ein Strukturbericht zum Thema Kultur und Bildung. *Verband Deutscher Städtestatistiker*, Oberhausen 1998

Staehle, Wolfgang H.: Management. Eine verhaltenswissenschaftliche Perspektive, München [7]1994

Statistisches Bundesamt (Hrsg.): Datenreport 1997. Zahlen und Fakten über die Bundesrepublik Deutschland, Bonn 1997

Steinhoff, Martin: Vom Aussterben der Dinosaurier. Zur Zukunft des Musiktheaters. In: *Kulturpolitische Mitteilungen* Nr. 59, IV, 1992

Steinert, Heinz: Kulturindustrie, Münster 1998

Steinmann, Horst und Georg Schreyögg: Management. Grundlagen der Unternehmensführung. Konzepte, Funktionen und Praxisfälle, Wiesbaden [2]1991

Stiftung Warentest: Internet. Nichts leichter als das, Berlin 1999

Störenfried Kunde. Vom König zum Bittsteller. In: *Der Spiegel* Nr. 26, 1994

Strategisches Marketing. Hrgg. Von *Hans Raffée und Klaus-Peter Wiedmann*, Stuttgart 1989

The Boston Consulting Group: Vision und Strategie. Die 34. Kronberger Konferenz, München 1988

Thuswaldner, Werner: Klänge mit eigenem Willen und im Dienst der Kunst. In: *Salzburger Festspiele* 1999, eine Sonderbeilage der *Salzburger Nachrichten*, Juli 1999

„Trete ein, mein Gast". Ein Gespräch mit dem Theatermanager Tom Stromberg. In: *Stuttgarter Zeitung* vom 31. 7. 1999

Ulrich, Peter: Management. Gesammelte Beiträge, Bern und Stuttgart 1984 S. 312

Umbach, Klaus: Schwabens neuer Stern. In: *Der Spiegel* Nr. 41, 1998, S. 284

Valentin, Karl: Zwangsvorstellungen. In: ders.: Sturzflüge im Zuschauerraum. Der Gesammelten Werke anderer Teil. München 1969

Vogt, Hannelore: Marketing-Management in der Stadtbibliothek. Mit betriebswirtschaftlichen Methoden das Angebot optimieren. In Handbuch Kultur-Management, Stuttgart 1992 (Lieferung Oktober 1995 Handmarke D 1.5)

Wachstum am Buchmarkt ist nur schwer zu halten. In: *Frankfurter Allgemeine Zeitung* vom 9. 6. 1999

Wagner, Bernd: Öffentliche Förderung Freier Theaterarbeit. In: Handbuch Kultur-Management, Stuttgart 1992 ff (Lieferung August 1997 Handmarke E 1.3)

Wagner, Bernd: Zwanzig Jahre Neue Kulturpolitik. Eine Bibliographie, Essen 1993

Wagner, Bernd: „Lifestyle ohne Emission"? Die Lebensstildiskussion in der Kulturpolitik. In: Lebensstil und Gesellschaft – Gesellschaft der Lebensstile? Neue kulturpolitische Herausforderungen, Hagen 1991 (Dokumentation 39 der *Kulturpolitischen Gesellschaft e. V.*)

Waidelich, Jürgen-Dieter: Studienbrief Problemaufriss und Geschichte des Theatermanagements bis zur Gegenwart (Fernuniversität Hagen – Weiterbildungsstudiengang Kultur-Management) Hagen 1991

Weck, Michael: Die Kultur der Kulturverwaltung. Eine hermeneutische Analyse von Biographie und Verwaltungshandeln, Opladen 1995

Weiand, Neil Georg: Der Sponsoringvertrag, München 1995

Weick, Karl E.: Der Prozess des Organisierens, Frankfurt 1995

Weihs, Angie: Freies Theater. Berichte und Bilder, die zum Sehen, Lernen und Mitmachen anstiften, Reinbek bei Hamburg 1981

Wilson, Jerry R.: Mund-zu-Mund-Marketing, Landsberg 1991 S. 135

„Wir brauchen auch Clowns und Komödianten!" Hellmuth Matiasek im Gespräch mit Claus Spahn über das Verhältnis von Subventionstheater(n) und der neuen deutschen Musicalindustrie. In: *Theater heute*, Nr. 4, 1995

Witt, Martin: Kunstsponsoring, Berlin/Bilefeld/München 2000

Wöhe, Günter: Einführung in die Allgemeine Betriebswirtschaftslehre, München 1993

Wüstenrot-Stiftung (Hrsg.): Kultur und Stadtentwicklung. Kulturelle Potentiale als Image- und Standtortfaktoren in Mittelstädten. Forschungsprojekt der Wüstenrot-Stiftung. *Werner Heinrichs, Armin Klein und Peter Bendixen unter Mitarbeit von Peter Hellmig und Axel Sikorski*, Ludwigsburg 1999

Zemke, Ron und Kristin Anderson: Umwerfender Service. Die Bibel für den direkten Kundenkontakt; Frankfurt/New York 1997

Zemke, Ron und Kristin Anderson: Coaching für den umwerfenden Service, Frankfurt/New York 1997

Zemke, Ron und Chip R. Bell: Mangement des umwerfenden Service, Frankfurt/New York 1996

Zentes, Joachim: Grundbegriffe des Marketing, Stuttgart ³1992

Zimmermann, Olaf: Zugang zum Internet. Elektronischer Informationsaustausch für Künstler und Kulturmanager. In: Handbuch Kultur-Management, Stuttgart 1992 ff (Lieferung Mai 1996 Handmarke K 8.5)

Zu wenig Programme zur Kundenbindung. Vernachlässigung des Loyalitäts-Marketings in Deutschland. In: *Frankfurter Allgemeine Zeitung* vom 19. 5. 1999

Sachverzeichnis